# Stephen P. Robbins
David A. DeCenzo
Robert M. Wolter

# A Nova Administração

**2ª edição**

TRADUÇÃO

Thaïs Costa
Leonardo Pinto
Denise Tavares

REVISÃO TÉCNICA

## Givanildo Silva

Doutor em Ciências Contábeis e Administração pela Universidade Regional de Blumenau (FURB, 2016). Mestre em Gestão Estratégica das Organizações pelo Mestrado Profissional em Administração da Universidade do Estado de Santa Catarina (UDESC, 2010). Especialista em Gestão de Pessoas (2007), Contabilidade Gerencial (2006) e Gestão Estratégica de Negócios (2003). Foi Secretário de Administração da Prefeitura Municipal de Rio do Sul (SC), na gestão 2013-2016. É professor no Programa de Mestrado em Ciências Contábeis e Administração da Universidade Comunitária da Região de Chapecó (Unochapecó-SC) e leciona Estratégia, Governança Corporativa, Finanças, Contabilidade Gerencial, Custos, Gestão de Pessoas, Liderança, Gestão por Competências e Aprendizagem Organizacional em MBAs e especializações *lato sensu*. É Segundo Tenente da reserva do Exército Brasileiro pelo NPOR/23BI/Blumenau.

## João Paulo Bittencourt

Doutor em Administração pela Universidade de São Paulo (FEA-USP). Mestre em Gestão Estratégica das Organizações pela Universidade do Estado de Santa Catarina (UDESC). Especialista em Gestão de Pessoas. Foi consultor acadêmico da Editora Saraiva Educação, gestor de sistema de ensino técnico na Editora Érica e coordenador geral de pós-graduação e pesquisa do Instituto Singularidades. Leciona nas áreas de Gestão e Gestão de Pessoas, Liderança e Inovação na Gestão. É gestor de programas de formação de executivos e coautor dos livros *Leadership development in emerging market economies* (2017) e *Evidence-based initiatives for organizational change and development* (2019).

Avenida Paulista, n. 901, Edifício CYK, 3º andar
Bela Vista – SP – CEP 01310-100

**SAC** Dúvidas referentes a conteúdo editorial, material de apoio e reclamações:
sac.sets@somoseducacao.com.br

| | |
|---|---|
| **Direção executiva** | Flávia Alves Bravin |
| **Direção editorial** | Renata Pascual Müller |
| **Gerência editorial** | Rita de Cássia S. Puoço |
| **Coordenação editorial** | Fernando Alves |
| **Edição** | Ana Laura Valerio |
| | Neto Bach |
| | Thiago Fraga |
| **Produção editorial** | Daniela Nogueira Secondo |
| **Preparação** | Ana Maria Fiorini |
| **Revisão** | MSDE / Manu Santos Design |
| **Diagramação** | Negrito Produção Editorial |
| **Capa** | MSDE / Manu Santos Design |
| **Adaptação capa 2ª edição** | Deborah Mattos |
| **Impressão e acabamento** | Edições Loyola |

ERP 305.524.002.001

---

**DADOS INTERNACIONAIS DE CATALOGAÇÃO NA PUBLICAÇÃO (CIP)**
**ANGÉLICA ILACQUA CRB-8/7057**

Robbins, Stephen P.
　A nova administração / Stephen P. Robbins; David A. DeCenzo; Robert M. Wolter; tradução Thaïs Costa; Leonardo Pinto Silva; Denise Tavares Gonçalves; revisão técnica Givanildo Silva; João Paulo Bittencourt. – 2. ed. – São Paulo: Saraiva Educação, 2021.
　536 p.

Bibliografia
ISBN 978-85-7144-116-3 (impresso)

　1. Liderança. 2. Planejamento estratégico. I. Título. II. DeCenzo, David. III. Wolter, Robert.

20-0350

CDD 658.4092
CDU 658.310.42

Índices para catálogo sistemático:
1. Liderança
2. Planejamento sistemático

Traduzido de *Supervision today!*, 7ª ed., de Stephen P. Robbins, David A. DeCenzo e Robert Wolter.
Tradução autorizada da edição original em inglês publicada por Prentice Hall, uma empresa do grupo Pearson Education.

Copyright © Stephen P. Robbins, David A. DeCenzo e Robert Wolter, 2020.
2021 Saraiva Educação
Todos os direitos reservados.

**2ª edição**

Nenhuma parte desta publicação poderá ser reproduzida por qualquer meio ou forma sem a prévia autorização da Saraiva Educação. A violação dos direitos autorais é crime estabelecido na Lei n. 9.610/98 e punido pelo art. 184 do Código Penal.

COD. OBRA 70500　　CL 651780　　CAE 729924

# AGRADECIMENTOS

Escrever um livro didático envolve o trabalho de muitas pessoas cujos nomes não aparecem na capa, mas sem cuja ajuda e assistência um projeto como este jamais se realizaria. Gostaríamos de reconhecer algumas pessoas especiais que foram tão generosas para fazer este livro virar realidade.

Queremos agradecer aos leitores de edições anteriores e aos estudantes que deram algumas sugestões para esta revisão. A todos que nos deram *feedback*, saibam que levamos seus comentários e sugestões a sério. Examinamos cada comentário para ver se poderia ser incorporado ao texto. Lamentavelmente, em poucos casos, embora os comentários e sugestões fossem absolutamente pertinentes, foi inviável acrescentá-los à obra. Isso não significa que desprezamos o que vocês disseram, mas tivemos que equilibrar o foco do livro com o *feedback* recebido.

Por fim, gostaríamos de acrescentar notas pessoais.

Da parte de Steve: Para minha mulher, Laura Ospanik, que continua sendo uma fonte fenomenal de ideias e apoio. Por isso, sou grato.

Da parte de Dave: Quero fazer agradecimentos especiais para minha família, que me deu estímulo e apoio para fazer este trabalho. Cada um de vocês é especial, pois continua a trazer amor e alegria para minha vida. Terri, Mark, Meredith, Gabriella e Natalie, obrigado. Vocês me dão orgulho por fazer parte de suas vidas.

Da parte de Rob: Quero agradecer à minha mulher, Sheila, por me estimular e apoiar meu trabalho nesta nova edição de *A Nova Administração*. Agradeço também às minhas netas Kennedy, Katherine e Caroline por demonstrarem o amor pela aprendizagem que este livro busca inspirar. Eu continuo grato pela oportunidade de ser parte desta caminhada de aprendizagem.

Nós esperamos que apreciem ler este livro tanto quanto nós tivemos prazer em prepará-lo para vocês.

*Steve Robbins, Dave DeCenzo e Rob Wolter*

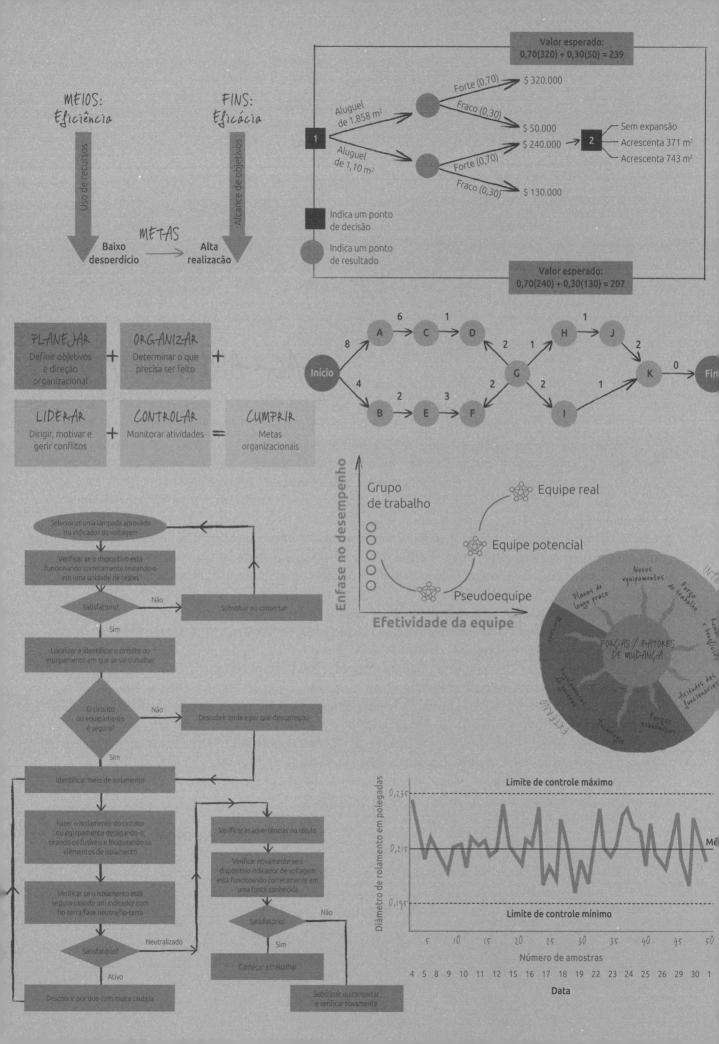

# SOBRE OS AUTORES

**Stephen P. Robbins** cursou doutorado na Universidade do Arizona. Trabalhou anteriormente na Shell e na Reynolds Metals Company e lecionou na Universidade de Nebraska, em Omaha, na Concordia University, em Montreal, na Universidade de Baltimore, na Southern Illinois University, em Edwardsville, e na San Diego State University. É professor emérito de administração na San Diego State.

Seus livros didáticos são campeões mundiais de vendas nas áreas de administração e comportamento organizacional, com mais de 7 milhões de exemplares vendidos e traduzidos em 20 idiomas. Atualmente, suas obras são adotadas em mais de 1.500 faculdades e universidades nos Estados Unidos, assim como em centenas de escolas no Canadá, América Latina, Austrália, Nova Zelândia, Ásia, Europa e Oriente Médio.

Dr. Robbins também participa de competições de *masters track*. Desde que fez 50 anos, em 1993, ganhou 23 campeonatos nacionais e 14 títulos mundiais em corridas – de 60 a 400 metros. Ele entrou no Masters Track & Field Hall of Fame dos Estados Unidos em 2005.

**David A. Decenzo** formou-se em economia na Universidade de Maryland, College Park, fez mestrado com ênfase em economia laboral e doutorado em relações industriais na West Virginia University. Atuou como professor assistente na Universidade de Baltimore; treinador corporativo/especialista em desenvolvimento de funcionários na Blue Cross Blue Shield de Maryland; professor, acadêmico e administrador em várias áreas na Towson University, em Baltimore; e decano do Wall College of Business na Coastal Carolina University. Desde 2007, é presidente da Coastal Carolina University, onde implementou um processo abrangente de planejamento estratégico, assegurou a prestação de contas fiscais por meio de políticas e práticas, e promoveu avaliação e transparência em toda a universidade.

Dr. DeCenzo é autor e/ou coautor de quase 30 livros didáticos adotados em faculdades e universidades nos Estados Unidos e em vários outros países. Seus artigos aparecem em publicações acadêmicas como *Harvard Business Review* e *Business Horizons* da Universidade de Indiana, assim como em numerosas publicações profissionais.

É membro de várias associações acadêmicas e conselhos de organizações locais, comunitárias e corporativas. É membro da diretoria da Aliança Estratégica do Nordeste, do Centro de Desenvolvimento Econômico Regional de Myrtle Beach, da Câmara de Comércio de Conway, do Consórcio Sea Grant da Carolina do Sul e da AVX, entre outras. É diretor do Conselho de Presidentes de universidades públicas na

Carolina do Sul e do Comitê de Desempenho Institucional da NCAA, além de membro do Fórum Presidencial da Divisão I da NCAA.

**Robert M. Wolter** é formado em liderança e gestão pela Indiana University – Purdue University Indianapolis (IUPUI). Concluiu o mestrado em educação para adultos na Universidade de Indiana, em 2002. É palestrante sênior no Departamento de Liderança em Tecnologia e Comunicação na IUPUI, onde trabalha no programa de Liderança Organizacional na Escola Purdue de Engenharia e Tecnologia.

Wolter codesenvolveu um curso em vídeo/livro didático de Apoio Linguístico On-line exibido na TV pública durante cinco anos. Com interesse em comportamentos humanos em organizações, assim como na aplicação de técnicas de liderança, ele leciona em todos os níveis no programa de formação há mais de 16 anos. Ganhou cinco vezes o prêmio Trustees Teaching da Universidade de Indiana e recebeu três vezes o prêmio Wisner-Stoelk de Docente Notável da IUPUI.

Atua no campo de tecnologia automotiva e foi mestre técnico certificado em Excelência em Serviços Automotivos por muitos anos. Antes da carreira acadêmica na IUPUI, lecionou, por 13 anos, tecnologia automotiva em um instituto técnico vocacional privado.

# PREFÁCIO

## NOVIDADES DESTA EDIÇÃO

Estamos muito felizes com a reação à edição anterior deste livro.

Críticos e leitores nos dizem que o conteúdo é sólido e que os exercícios funcionam bem em sala de aula. Nesta edição aperfeiçoamos a apresentação e abordamos os novos papéis que os gestores têm de assumir no trabalho. A seguir, veja alguns acréscimos importantes nesta edição:

### Capítulo 1
# Nova seção: Por que estudar gestão?

### Capítulo 2
# Atualizações sobre trabalhadores temporários

### Capítulo 3
# Atualizações sobre o Six Sigma Quality

### Capítulo 4
# Atualizações sobre teletrabalho
# Novo estudo de caso: Aperte o botão mágico

### Capítulo 5
# Novo estudo de caso: Atraindo o candidato perfeito

### Capítulo 6
# Atualizações sobre redução de custos
# Tópico atualizado: Algo para pensar – Basta de e-mail

### Capítulo 7
# Novo: Notícias rápidas – Decisões na UPS sobre entregas diárias
# Novo: Algo para pensar – Tomando boas decisões

# A NOVA ADM

- # Nova seção: Diversidade global na tomada de decisões
- # Novo estudo de caso: Decisões sobre o Simply Orange

## Capítulo 8

- # Novo: Notícias rápidas – Fazendo chover dinheiro
- # Atualizações sobre programas de reconhecimento de funcionários
- # Novo estudo de caso: Naturalmente motivado

## Capítulo 9

- # Novo: Algo para pensar – Formando novos líderes
- # Novo estudo de caso: Legado de liderança insana

## Capítulo 10

- # Novo: Algo para pensar – Qual é o melhor método para dar más notícias?
- # Atualizações sobre comunicação

## Capítulo 11

- # Novo estudo de caso: Raio X da melhora no trabalho de equipe no setor de saúde

## Capítulo 12

- # Novo: Algo para pensar – Uma avaliação injusta de desempenho
- # Novo: Notícias rápidas – Ferramenta de *feedback* constante na Amazon
- # Novo estudo de caso: Reforce o que é positivo!

## Capítulo 13

- # Novo: Dilema do líder
- # Atualizações sobre ações da Osha
- # Atualizações sobre violência no trabalho
- # Novo estudo de caso: Quando o estresse mata

## Capítulo 14

- # Novo estudo de caso: Lidando com conflito na Nomura Holdings Inc.

## Capítulo 15

- # Novo: Notícias rápidas – Isso muda tudo
- # Nova seção: O que é inovação disruptiva?
- # Novo estudo de caso: Mau desempenho leva a uma transformação na Avon

## RESOLVENDO DESAFIOS DE ENSINO E APRENDIZAGEM

Bem-vindo à edição mais recente de *A nova administração*, que pretende ser ainda mais útil aos leitores do que a versão anterior, que obteve um sucesso retumbante. Nesta edição a experiência de leitura é ainda melhor.

Sabemos que é mais fácil entender conceitos quando os relacionamos à vida cotidiana. Nesta edição, vamos ajudá-lo a entender a gestão por meio de conceitos, exemplos e práticas da vida real. Acreditamos que se você tiver oportunidade de aplicar o que está aprendendo – em um contexto educacional que o estimule a correr riscos –, seu desempenho será mais efetivo no trabalho. Além disso, no processo você formará seu portfólio de habilidades de gestão!

Nós reconhecemos que o trabalho do gestor continua passando por mudanças drásticas. Os gestores estão lidando com uma força de trabalho mais diversificada em termos de culturas, gênero e origem étnica. O trabalho do gestor é constantemente afetado por mudanças tecnológicas, um mercado mais competitivo, reestruturação corporativa e alterações no fluxo de trabalho. Apesar de todas essas mudanças, os gestores ainda precisam entender os elementos tradicionais de dirigir o trabalho de sua equipe e as habilidades específicas requeridas: definir metas, orçar, programar, delegar, entrevistar, negociar, lidar com conflitos, aconselhar funcionários e avaliar o desempenho deles. Por isso, um bom texto sobre gestão deve abordar tanto questões tradicionais quanto contemporâneas.

Nós acreditamos ter feito isso enfocando questões relevantes e incluindo muitos exemplos e estímulos visuais para esclarecer os conceitos. O formato e o design colorido do livro captam visualmente a realidade e a empolgação do trabalho do gestor. Nós também passamos anos desenvolvendo um estilo de escrita que é considerado "vívido, informal e interessante". Essa é apenas outra maneira de dizer que você vai conseguir entender o que estamos dizendo e sentir como se nós estivéssemos de fato diante de você dando uma palestra.

## DESENVOLVENDO HABILIDADES DE EMPREGABILIDADE

Hoje em dia não basta simplesmente saber sobre gestão; é preciso dispor de habilidades para ter êxito em seus esforços em um mercado de trabalho que está mudando rapidamente. Você deve estar ciente de suas opções de carreira e de como desenvolver diversas habilidades. Para enfatizar o desenvolvimento das habilidades de gestão, apresentamos as seções **Reforçando o entendimento** e **Desenvolvendo suas habilidades de gestão** no final de cada capítulo, que incluem os seguintes tópicos:

- Resumo
- Compreensão: Questões para revisão e discussão
- Mais autoconhecimento
- Criando uma equipe
- Praticar a habilidade
- Comunicação eficaz
- Pensando de forma crítica

Esses tópicos ajudam a formar habilidades analíticas, investigativas, de diagnóstico, de formação de equipe e de redação, que abordamos de várias maneiras. Por exemplo, incluímos exercícios experimentais voltados à formação de equipes; casos ligados a habilidades de fazer diagnóstico, análises e tomada de decisões; e tarefas de redação para melhorar sua escrita.

**Resumo** Assim como **Objetivos do capítulo** esclarecem seu rumo, os Resumos refrescam sua memória. Cada capítulo termina com um resumo dos objetivos de aprendizagem e resultados do capítulo.

**Compreensão** Questões para revisão e discussão. Essas questões reforçam o conteúdo do capítulo. Caso tenha lido e entendido esse conteúdo, você conseguirá responder às questões de revisão extraídas diretamente do material no capítulo. As questões de discussão, por outro lado, tendem a ir além da compreensão do conteúdo do capítulo, a fim de promover raciocínios mais complexos, permitindo que você demonstre que sabe os fatos no capítulo e como utilizá-los para lidar com assuntos mais complexos.

**Mais autoconhecimento** Antes de supervisionar bem os outros, você tem de entender seus pontos fortes e aqueles que precisam melhorar. Para ajudar nesse processo de aprendizagem, nós o estimulamos a fazer autoavaliações.

**Criando uma equipe** Esses exercícios são uma oportunidade de aprender e praticar as habilidades de gestão apresentadas no capítulo. Ao combinar os novos conhecimentos com seus talentos naturais, você conseguirá praticar uma atividade de gerência e avaliar seu progresso.

**Praticar a habilidade** Esta parte dá instruções passo a passo para desenvolver uma habilidade diretamente relacionada a um tópico abordado no capítulo.

**Comunicação eficaz** Nessa seção, os projetos de redação sugeridos o ajudam a desenvolver a fluência na escrita. Projetos também podem se tornar apresentações para reforçar habilidades verbais e de apresentação.

**Pensando de forma crítica** Análises de casos. Cada capítulo encerra com dois estudos de casos para fazer você pensar criticamente à medida que toma decisões sobre uma questão de gestão. Tais casos permitem que você aplique seus conhecimentos para resolver problemas encarados por gestores.

## RECURSOS DIDÁTICOS PARA PROFESSORES/MEDIADORES

Antes de começar uma jornada, é importante saber sua direção para evitar desvios. Isso também se aplica a ensinar com um texto. Para tornar a aprendizagem mais eficiente, mantivemos as seguintes seções para aumentar suas interações com os estudantes.

**Conceitos-chave** Cada capítulo contém uma lista dos conceitos-chave nele abordados. Esses termos representam áreas cruciais para a compreensão.

**Objetivos do capítulo** Cada capítulo começa com uma lista de objetivos descrevendo o que os estudantes conseguirão fazer após estudá-lo. Tais objetivos servem para focar a atenção do aluno nas questões principais de cada capítulo. Cada objetivo é um elemento-chave de aprendizagem.

**Dilema do líder** Essas histórias na abertura dos capítulos destacam um assunto ligado a um tópico que será discutido adiante. Embora tenham valor, essas seções muitas vezes são negligenciadas. Para minimizar esse problema e focar em questões de gestão, as quatro seções de abertura trazem dilemas situacionais. Em qualquer lugar que os estudantes venham a trabalhar como gestores, em algum ponto de sua carreira surgirá uma questão difícil que, geralmente, vai além de simplesmente seguir as regras. Essas seções de abertura visam estimular os estudantes a pensarem sobre o que podem encontrar e a começarem a desenvolver um plano de ação para lidar com dilemas no trabalho.

**Notas laterais** Conceitos-chave identificados no início de cada capítulo são destacados nas laterais quando aparecem pela primeira vez naquele capítulo. A nota lateral define o termo para rápida referência.

**Notícias rápidas** Devido à sua popularidade em edições anteriores, essas seções foram mantidas nesta nova edição. Cada seção apresenta uma questão que destaca a distinção entre papéis tradicionais e contemporâneos de gestão. Cada capítulo contém uma notícia ligada aos tópicos nele inclusos.

**Algo para pensar** Gestores tomam muitas decisões diariamente. Certas decisões apresentam respostas claras, baseadas em regras e normas legais e da empresa. Outras resoluções podem não ser tão óbvias. Os estudantes precisam avaliar algumas variáveis para chegar a uma resposta ou plano de ação.

Essas seções são excelentes para iniciar discussões em aula e estão inclusas em cada capítulo para focar os tópicos apresentados.

**Confira o que aprendeu** Em cada capítulo, há dois testes de compreensão com perguntas objetivas. Tais perguntas são respondidas na seção **Soluções** no final do livro e dão um *feedback* rápido se os estudantes entenderam o que leram. Se eles tiverem problemas para responder a essas perguntas corretamente, os professores podem direcioná-los para reler partes específicas antes de partir para novos capítulos.

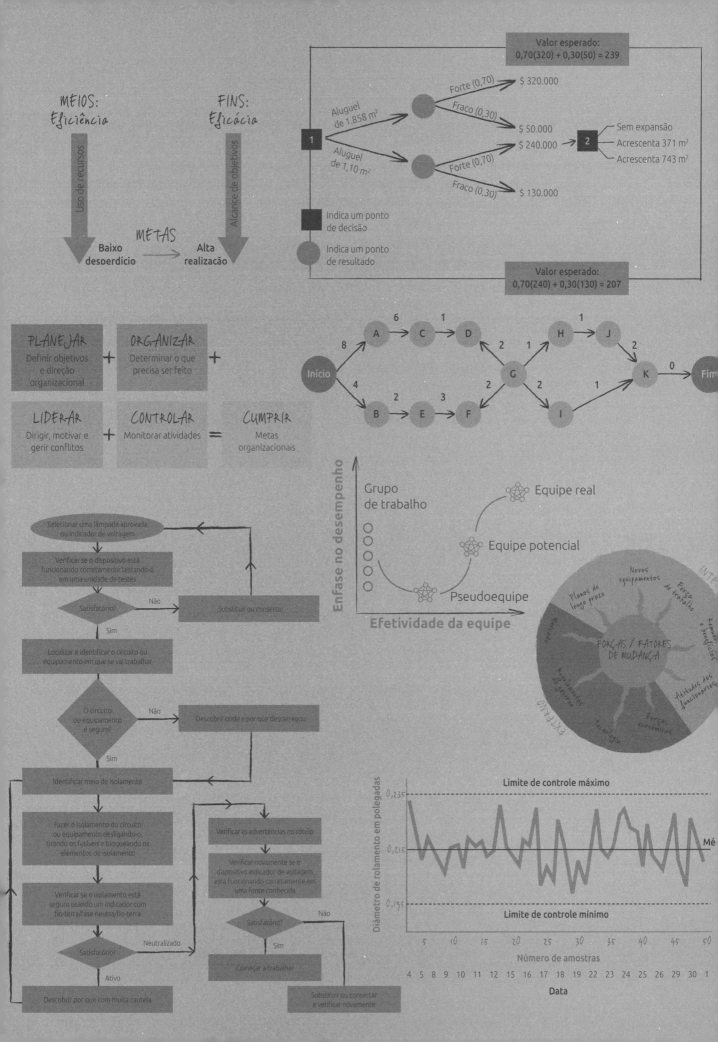

## Parte I
## DEFINIÇÕES E DESAFIOS DA LIDERANÇA

### CAPÍTULO 1
*Definições da liderança* 3

Introdução **4**
1.1 As organizações e seus níveis **5**
1.2 O processo de gestão **7**
1.3 Novas expectativas sobre os gestores **10**
1.4 Transição para gestor **13**
1.5 Competências de gestão **18**
1.6 Dos conceitos às habilidades **23**
1.7 Por que estudar gestão? **26**

### CAPÍTULO 2
*Desafios de gestão* 35

Introdução **36**
2.1 Competitividade global **37**
2.2 Intensificação da tecnologia **41**
2.3 *E-Business* em ação **45**
2.4 Trabalhando em uma organização diversificada **49**
2.5 Mudando o modelo de operação dos negócios **52**
2.6 Prosperando no caos **58**
2.7 Do caos à crise **59**
2.8 A organização boa e lucrativa **60**

## SUMÁRIO

## Parte II
## PLANEJAMENTO, ORGANIZAÇÃO, RECURSOS HUMANOS, CONTROLE E TOMADA DE DECISÃO

### CAPÍTULO 3
*Planejamento e definição de metas* 73

Introdução **75**
3.1 O que é planejamento formal? **75**
3.2 Planejamento e nível na organização **79**
3.3 Orientações-chave de planejamento **84**
3.4 Definição de metas **90**
3.5 Um caso especial de planejamento: o gestor empreendedor **95**
3.6 Como empreendedores recrutam e retêm funcionários? **98**
3.7 Que questões de gestão os empreendedores enfrentam? **99**

### CAPÍTULO 4
*Organização* 107

Introdução **109**
4.1 O que é organização? **110**
4.2 Conceitos básicos de organização **110**
4.3 Da departamentalização à estrutura **123**
4.4 Organizando seus funcionários **130**
4.5 Capacitar outras pessoas por meio da delegação **132**

### CAPÍTULO 5
*Gestão de recursos humanos* 141

Introdução **142**
5.1 O processo de gestão de recursos humanos **143**
5.2 O ambiente jurídico da GRH **144**
5.3 Planejamento de pessoal **146**
5.4 Recrutamento e seleção **147**
5.5 Integração, treinamento e desenvolvimento **157**
5.6 Avaliações de desempenho **160**
5.7 Remuneração e benefícios **160**
5.8 Questões atuais na gestão de recursos humanos **162**

### CAPÍTULO 6
*Controle* 175

Introdução **177**
6.1 Processo de controle **177**
6.2 Tipos de controle **185**
6.3 O foco do controle **187**
6.4 Questões contemporâneas de controle **200**

## CAPÍTULO 7
### Análise de problemas e tomada de decisão 211

Introdução 213
7.1 O processo de tomada de decisão 213
7.2 Ferramentas para decisões 218
7.3 Estilos de tomada de decisão 221
7.4 Problemas × Decisões 225
7.5 Tomada de decisões em grupo 228
7.6 Diversidade global na tomada de decisões 233
7.7 Design thinking na tomada de decisões 235
7.8 Big data na tomada de decisões 236
7.9 Ética na tomada de decisões 237

Parte III
MOTIVAÇÃO, LIDERANÇA, COMUNICAÇÃO E DESENVOLVIMENTO

## CAPÍTULO 8
### Como motivar pessoas 249

Introdução 251
8.1 O que é motivação? 251
8.2 As primeiras teorias sobre motivação 254
8.3 Teorias contemporâneas sobre motivação 258
8.4 Colaboradores realmente conseguem o que esperam? 261
8.5 Projetando empregos motivadores 267
8.6 Desafios atuais de motivação para gestores 269

## CAPÍTULO 9
### Liderança influente 289

Introdução 290
9.1 Entendendo a liderança 291
9.2 As pessoas nascem líderes ou tornam-se líderes? 292
9.3 Como se tornar um líder? 298
9.4 Comportamentos de liderança e estilos 303
9.5 Liderança eficaz 306
9.6 Papéis contemporâneos de liderança 309
9.7 Questões de liderança hoje 313

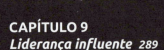

## CAPÍTULO 10
### Comunicação eficaz 323

Introdução 325
10.1 O que é comunicação? 327
10.2 O processo de comunicação 327
10.3 Métodos de comunicação 329
10.4 Quais problemáticas são criadas por mensagens instantâneas de texto? 332
10.5 Barreiras à comunicação eficaz 336
10.6 Uma habilidade de comunicação especial: escuta ativa 345
10.7 A importância das habilidades de oferecer *feedback* 346

## CAPÍTULO 11
### Desenvolvendo grupos 357

Introdução 358
11.1 O que é um grupo? 359
11.2 Por que as pessoas se reúnem em grupos? 359
11.3 Entendendo grupos de trabalho informais 361
11.4 O crescimento no uso de equipes 367
11.5 Gestores e o desafio das equipes 376
11.6 Questões contemporâneas acerca de equipes 381

## Parte IV
### AVALIAÇÃO, SEGURANÇA, NEGOCIAÇÃO, MUDANÇA E RELAÇÕES DE TRABALHO

### CAPÍTULO 12
**Avaliação de desempenho** *393*

Introdução *396*
- 12.1 O propósito das avaliações de desempenho de funcionários *396*
- 12.2 Métodos de avaliação de desempenho *403*
- 12.3 Problemas potenciais nas avaliações de desempenho *410*

### CAPÍTULO 13
**Saúde e segurança no local de trabalho** *427*

Introdução *429*
- 13.1 Normas Reguladoras de Prevenção de Segurança, Medicina e Higiene do Trabalho *430*
- 13.2 Um caso especial de segurança: violência no trabalho *434*
- 13.3 Mantendo um ambiente de trabalho saudável *437*
- 13.4 Estresse *440*
- 13.5 Ajudando o funcionário *443*

### CAPÍTULO 14
**Conflitos, política, disciplina e negociação** *451*

Introdução *453*
- 14.1 O que é conflito? *453*
- 14.2 Entendendo a política organizacional *461*
- 14.3 O processo disciplinar *467*
- 14.4 Negociação *475*

### CAPÍTULO 15
**Gestão da mudança** *489*

Introdução *491*
- 15.1 As forças para a mudança *491*
- 15.2 Dois pontos de vista sobre o processo de mudança *495*
- 15.3 Estimular a inovação *502*

### REFERÊNCIAS *513*

## Parte I
# DEFINIÇÕES E DESAFIOS DA LIDERANÇA

A Parte I lhe apresenta ao mundo do trabalho e às funções de um profissional que esteja assumindo pela primeira vez um cargo de liderança, seja como gestor, gerente ou líder de equipe. Esta seção enfatiza as funções de gestão e as habilidades necessárias para ser bem-sucedido no ambiente de trabalho, que sofre constantes mudanças nos dias de hoje. As posições de liderança também estão sendo influenciadas por diversos fatores ambientais. Serão discutidos quais são esses fatores e como eles afetam a função de um gestor.

Os capítulos que compõem esta parte são:

**CAPÍTULO 1**
*Definições da liderança*

**CAPÍTULO 2**
*Desafios de gestão*

# CAPÍTULO 1
## Definições da liderança

### CONCEITOS-CHAVE

Ao concluir este capítulo, você será capaz de definir os seguintes termos:

| | | |
|---|---|---|
| alta administração | eficiência | habilidade |
| competência conceitual | engajamento dos funcionários | liderar |
| competência interpessoal | funcionários operacionais | organização |
| competência política | funções administrativas | organizar |
| competência técnica | gerentes intermediários | planejar |
| competências de gestão | gestão | processo |
| controlar | gestores de equipes | sustentabilidade |
| eficácia | gestores de primeiro nível | |

### OBJETIVOS DO CAPÍTULO

Após ler este capítulo, você será capaz de:

1.1 Explicar a diferença entre gestores de equipe, gerentes intermediários e alta administração.

1.2 Definir gestor de equipe.

1.3 Identificar as quatro funções da gestão.

1.4 Explicar por que o papel do gestor é considerado ambíguo.

1.5 Descrever as quatro competências essenciais de gestão.

1.6 Identificar os elementos necessários para ter êxito como gestor.

1.7 Identificar o valor de estudar gestão.

## DILEMA DO LÍDER

As organizações estão mudando, mas será que estão mudando suas estruturas tradicionais? Em geral, a resposta é não, pois as estruturas organizacionais tradicionais ainda são evidentes hoje em dia. No entanto, algumas organizações estão mudando a estrutura organizacional tradicional para atrair potenciais funcionários. Uma delas é o Google. Segundo a *Fortune*, o Google/Alphabet é o lugar número 1 para se trabalhar pela sétima vez consecutiva em dez anos.* O que torna essa organização tão diferente das outras? Por que há tantos profissionais indo em peso para organizações como o Google?

A tradicional pirâmide organizacional tem funcionários operacionais na base do triângulo, gestores de equipes acima deles, gerentes intermediários acima dos gestores de equipes, e a alta administração acima de todos (ver Figura 1.1). Essa estrutura organizacional é uma abordagem vertical da administração, em que a tomada de decisões é feita no topo e as ordens são enviadas para baixo aos funcionários operacionais na base da hierarquia. Funcionários operacionais não têm muita voz nas operações da organização.

O Google tem uma estrutura organizacional multifuncional aliada a uma filosofia singular. Sua estrutura organizacional multifuncional é mais como uma abordagem de equipe para a administração e estruturada horizontalmente. O próprio Google.com admite que mantém propositalmente "a cultura aberta" muito associada a *startups*, na qual todo mundo é um colaborador na prática e se sente à vontade para partilhar ideias e opiniões.**

O pacote de benefícios do Google também é altamente atrativo para os funcionários. O Google afirma que, desde planos de aposentadoria a seu programa de almoço e jantar grátis, luta para oferecer programas personalizados que atendam às necessidades de cada um de seus funcionários. O que mais um funcionário poderia querer?

Que estrutura organizacional você acha que funciona melhor e por quê? Você acha que a estrutura organizacional vertical funciona melhor em alguns casos, ao passo que a estrutura organizacional horizontal é melhor em outros? Você iria preferir um ambiente de trabalho mais relaxado ou prefere uma organização mais estruturada?

* FORTUNE. 100 Best Companies to Work For, 2016. Disponível em: http://fortune.com/best-companies/. Acesso em: jan. 2020.
** GOOGLE. Our Culture. Google.com. Disponível em: https://www.google.com/intl/en/about/company/facts/culture/. Acesso em: jan. 2020.

### INTRODUÇÃO

Este livro é sobre (e para) os milhões de gestores que hoje trabalham em organizações dinâmicas e sobre o que eles fazem para ajudá-las a atingir suas metas. Com o conteúdo que se inicia neste capítulo, você ficará sabendo das atividades desafiadoras do mundo da gestão, que hoje passa por mudanças tão velozes!

CAPÍTULO 1
Definições da liderança

## 1.1 AS ORGANIZAÇÕES E SEUS NÍVEIS

Gestores trabalham em lugares chamados organizações. Antes de identificar quem são os gestores e o que eles fazem, é importante esclarecer o significado do termo organização. Uma *organização* é um conjunto sistemático de pessoas que busca atingir um propósito específico. Sua faculdade ou universidade é uma organização, assim como supermercados, agências filantrópicas, igrejas, postos de gasolina de bairro, o time de futebol para o qual você torce, a Nokia, o Conselho Federal de Administração e o Hospital Albert Einstein.

Todos são organizações, pois cada um abrange características específicas em comum.

### 1.1.1 O que é igual em todas as organizações?

Todas as organizações, seja qual for seu tamanho ou atividade, têm três características em comum. Primeiro, toda organização tem uma finalidade. A finalidade distinta de uma organização é expressa em termos de uma missão, visão, objetivo ou conjunto de metas que a organização espera cumprir. Segundo, toda organização é composta de pessoas. Pessoas estabelecem a finalidade e desempenham diversas atividades para transformar o objetivo em realidade. Terceiro, todas as organizações desenvolvem uma estrutura organizacional sistemática que define os vários papéis dos membros e muitas vezes definem limites sobre os comportamentos dos membros no trabalho. Isso pode incluir criar regras e regulamentos, delegar a alguns membros a responsabilidade de liderar outros, formar equipes de trabalho ou escrever descrições de cargos para que os funcionários saibam as suas responsabilidades.

Embora organizações e suas estruturas variem muito, muitas vezes se adaptando ao ambiente em que operam, em organizações mais tradicionais a estrutura é como uma pirâmide contendo quatro categorias gerais (ver Figura 1.1).

**OBJETIVO 1.1**
Explicar a diferença entre gestores de equipes, gerentes intermediários e alta administração.

**ORGANIZAÇÃO**
Um conjunto sistemático de pessoas que busca atingir um propósito específico.

**Figura 1.1** Níveis da pirâmide organizacional tradicional

## A NOVA ADM

### 1.1.2 Quais são os níveis organizacionais?

Em geral, organizações podem ser divididas em quatro níveis: funcionários operacionais, gestores de equipes, gerentes intermediários e alta administração. Vamos examinar brevemente cada nível.

A base da pirâmide é ocupada por *funcionários operacionais*, aqueles que produzem fisicamente os produtos e serviços de uma organização fazendo tarefas específicas.

O balconista no Burger King, o avaliador de solicitações na Progressive Seguros, o trabalhador na linha de montagem da Toyota e o entregador de encomendas da UPS são exemplos de funcionários operacionais. Essa categoria também pode incluir várias outras profissões, como médicos, advogados, contadores, engenheiros e especialistas em tecnologia da informação. O traço em comum desses trabalhadores operacionais é que geralmente eles não administram ou lideram o trabalho de outro funcionário.

Agora dirija sua atenção para os dois níveis superiores na Figura 1.1. Esses são cargos administrativos tradicionais. *Alta administração* é um grupo de pessoas responsável por estabelecer os objetivos gerais da organização e desenvolver as políticas para atingi-los.

Cargos típicos da alta administração em empresas incluem presidente do conselho, executivo-chefe, presidente e vice-presidente sênior. Em organizações sem fins lucrativos, a alta administração pode ter funções como diretor de museu, superintendente de escolas ou governador de um estado.

*Gerentes intermediários* incluem todos os funcionários abaixo do nível da alta administração que administram outros gestores. Esses indivíduos são responsáveis por estabelecer e cumprir metas específicas em seu departamento ou unidade. Suas metas, porém, não são estabelecidas no isolamento. Em vez disso, os objetivos definidos pela alta administração dão orientação específica para gerentes intermediários sobre o que devem atingir. Em teoria, se cada gerente intermediário cumprir suas metas, toda a organização cumpre seus objetivos. Exemplos de posições mantidas por gerentes intermediários incluem vice-presidente de finanças, diretor de vendas, gerente de divisão, gerente de grupo, gerente de distrito, gerente de unidade ou diretor de escola de ensino médio.

Voltemos à Figura 1.1. A única categoria não descrita é *gestores de equipes*. Como gerentes intermediários e superiores, gestores de equipes também integram a equipe administrativa de uma organização. Seu diferencial é que eles supervisionam o trabalho dos funcionários operacionais.

Portanto, gestores de equipes são os únicos gestores que não administram outros gerentes.

Outra maneira de pensar nos gestores de equipes é como *gestores de primeiro nível*, ou seja, partindo da base da organização tradicional em forma de pirâmide, eles representam o primeiro nível na hierarquia administrativa.

Que tipos de posições podem indicar que alguém é gestor de equipe? Embora nomenclaturas possam ser enganosas, pessoas com posições como gestor assistente, chefe de departamento, diretor de departamento,

---

**FUNCIONÁRIOS OPERACIONAIS**
Funcionários que produzem fisicamente os produtos e serviços de uma organização fazendo tarefas específicas.

**ALTA ADMINISTRAÇÃO**
Um grupo de pessoas responsável por estabelecer os objetivos gerais da organização e desenvolver as políticas para atingi-los.

**GERENTES INTERMEDIÁRIOS**
Todos os funcionários abaixo do nível da alta administração que administram outros gestores e são responsáveis por estabelecer e cumprir metas específicas de departamento ou unidade definidas pela alta administração.

coach-chefe, chefe de seção ou líder de equipe atuam tipicamente na gestão. Um aspecto interessante do trabalho do gestor de equipe é que ele pode se envolver em tarefas operacionais com seus funcionários. O balconista no Burger King também pode ser gestor de turnos.

O avaliador de solicitações na Progressive também pode processar formulários. É importante reconhecer que, embora façam tarefas operacionais, gestores ainda são parte da administração. Isso ficou claro em 1947, quando o Congresso americano aprovou a Lei Taft-Hartley. Tal lei exclui especificamente os gestores da definição de *funcionário*. Além disso, a Lei Taft-Hartley afirma que qualquer pessoa que possa "contratar, suspender, transferir, demitir, promover, liberar, incumbir, recompensar ou disciplinar outros funcionários enquanto use julgamento independente é gestor". Como gestores de primeiro nível geralmente têm essa autoridade, o fato de também se envolverem no mesmo tipo de trabalho feito por seus funcionários de forma alguma muda seu *status* administrativo. Na realidade, ainda se espera que eles assumam os deveres e responsabilidades associados ao processo de administração.

## 1.2 O PROCESSO DE GESTÃO

Assim como organizações têm características em comum, o mesmo acontece com gestores em todos os níveis da organização. Embora suas posições variem muito, há vários elementos em comum no que fazem – seja no caso de o gestor de equipe ser um enfermeiro-chefe no Heart Center do Washington Hospital Center que supervisiona uma equipe de onze especialistas na UTI, ou no caso do executivo-chefe da ExxonMobil Corporation, que tem mais de 82.000 membros. Nesta parte, examinamos esses pontos em comum enquanto discutimos o processo de gestão e o que os gestores fazem.

### 1.2.1 O que é gestão?

O termo *gestão* é referente ao processo de assegurar que as coisas sejam feitas, eficaz e eficientemente, por meio de e com outras pessoas. Vários termos dessa definição suscitam discussão: *processo*, *eficiência* e *eficácia*.

O termo *processo* na definição de gestão representa as atividades básicas executadas pelos gestores, ou seja, as funções administrativas. A próxima parte descreverá essas funções.

*Eficiência* significa fazer bem uma tarefa; também se refere à relação entre o que é aplicado e o que é obtido. Caso obtenha mais rendimento com um certo insumo, você tem mais eficiência. Você também aumenta a eficiência quando obtém o mesmo rendimento com menos recursos. Como lidam com recursos escassos de insumos – dinheiro, pessoas e equipamentos –, os gestores se preocupam em usá-los de modo eficiente. Consequentemente, gestores devem se preocupar em minimizar os gastos com recursos.

Embora minimizar os gastos com recursos seja importante, isso não basta para ser eficiente. Um gestor também precisa concluir atividades, ou

---

**GESTORES DE EQUIPES**
Como parte da equipe administrativa de uma organização, gestores de equipes supervisionam o trabalho de funcionários operacionais e são os únicos gestores que não administram outros gerentes. Ver também gestores de primeiro nível.

**GESTORES DE PRIMEIRO NÍVEL**
Gestores que representam o primeiro nível na hierarquia administrativa. Ver também gestores de equipes.

**OBJETIVO 1.2**
Definir gestor de equipe.

**GESTÃO**
O processo de assegurar que as coisas sejam feitas, eficaz e eficientemente, por meio de e com outras pessoas.

**PROCESSO**
As atividades básicas executadas pelos gestores.

**EFICIÊNCIA**
Fazer bem uma tarefa; também se refere à relação entre o que é aplicado e o que é obtido.

**EFICÁCIA**
Fazer a tarefa certa; atingir o objetivo.

seja, ter eficácia. *Eficácia* significa fazer a tarefa certa, mas, em uma organização, representa atingir o objetivo.

A Figura 1.2 mostra o quanto a eficiência e a eficácia são interrelacionadas. A necessidade de eficiência tem um efeito profundo sobre o nível de eficácia. É mais fácil ser eficaz se você ignorar a eficiência. Por exemplo, você poderia produzir produtos mais sofisticados e de maior qualidade se desconsiderasse custos com mão de obra e material – o que muito provavelmente criaria graves problemas financeiros. Consequentemente, ser um bom gestor implica se empenhar para atingir os objetivos (eficácia) da maneira mais eficiente possível.

**Figura 1.2**   Eficiência *versus* eficácia

### 1.2.2 Quais são as quatro funções da gestão?

No início do século XX, o industrial francês Henri Fayol escreveu que todos os gestores executam cinco *funções administrativas*: planejar, organizar, comandar, coordenar e controlar.[1] Em meados dos anos 1950, dois professores da Universidade da Califórnia em Los Angeles usaram as funções de planejar, organizar, formar equipe, dirigir e controlar como a estrutura para seu livro didático sobre administração.[2] A maioria dos livros didáticos sobre administração continua girando em torno das funções administrativas, embora elas geralmente sejam condensadas às quatro básicas: planejar, organizar, liderar e controlar (ver Figura 1.3).

Como organizações existem para cumprir algum propósito, alguém tem de definir esse propósito e os meios para cumpri-lo. Esse alguém é o gestor. A função de *planejar* abrange definir as metas de uma organização, estabelecer uma estratégia geral para cumprir essas tarefas e desenvolver uma hierarquia abrangente de planos para integrar e coordenar as atividades. Definir metas mantém sob o devido foco o trabalho a ser feito e ajuda os membros da organização a se concentrarem no que é mais importante.

**FUNÇÕES ADMINISTRATIVAS**
Planejar, organizar, liderar e controlar.

---

1   FAYOL, H. *Administração industrial e geral*. 10. ed. São Paulo: Atlas, 1994.
2   KOONTZ, H.; O'DONNELL, C. *Principles of management*: an analysis of managerial functions. Nova York: McGraw-Hill, 1955.

# CAPÍTULO 1
## Definições da liderança

Gestores também têm de segmentar o trabalho em componentes administráveis e coordenar resultados para atingir objetivos. Essa é a função de *organizar*, que inclui determinar as tarefas que serão feitas, quem as fará, como serão agrupadas, quem irá se reportar a quem e quando decisões serão tomadas.

Parte do trabalho do gestor é dirigir e coordenar as atividades das pessoas em uma organização. Assumir essa atividade representa a função administrativa de *liderar*. Quando motivam funcionários, dirigem as atividades dos outros, selecionam o canal mais eficaz de comunicação ou resolvem conflitos entre membros, os gestores estão exercendo liderança. A função final dos gestores é *controlar*. Após as metas serem definidas, os planos formulados, os arranjos estruturais determinados, e o pessoal ser contratado, treinado e motivado, ainda pode faltar alguma coisa. Para se assegurar de que as coisas estão indo bem, o gestor deve monitorar o desempenho da organização. O desempenho real deve ser comparado com as metas definidas anteriormente. Se houver quaisquer desvios significativos, é responsabilidade do gestor colocar a organização novamente nos eixos. Esse processo de monitorar, comparar e corrigir constitui a função de controlar.

### 1.2.3 As funções da gestão diferem nos níveis organizacionais?

O nível de um gestor em uma organização afeta como essas funções administrativas são desempenhadas. Um gestor no departamento de vendas na Black & Decker não fará o mesmo tipo de planejamento que o presidente da empresa. O fato é que, embora todos os gestores desempenhem as quatro funções administrativas, há diferenças importantes relacionadas a seu nível.

Tipicamente, a alta administração tem foco em planejamento estratégico de longo prazo, tal como determinar em que atividades econômicas a empresa deveria atuar. Gestores de equipes, por sua vez, cuidam do planejamento tático de curto prazo, como definir cargas de trabalho nos departamentos para o mês seguinte. Ou seja, a alta administração se preocupa em estruturar a organização geral, ao passo que gestores olham para a estruturação dos trabalhos das pessoas e para os grupos de trabalho.

**Figura 1.3** Funções administrativas

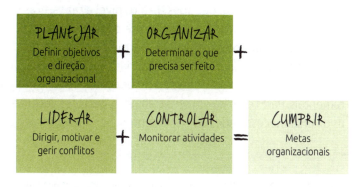

### PLANEJAR
Definir os objetivos de uma organização, estabelecer uma estratégia geral para atingi-los e desenvolver uma hierarquia abrangente de planos para integrar e coordenar atividades.

### ORGANIZAR
Arranjar e agrupar trabalhos, alocar recursos e designar trabalho para que as atividades possam fluir conforme planejado; determinar quais tarefas devem ser feitas, quem irá fazê-las, como devem ser agrupadas, quem se reporta a quem e quando decisões devem ser tomadas.

### LIDERAR
Motivar funcionários, dirigir as atividades dos outros, selecionar o canal mais eficaz de comunicação e resolver conflitos entre os membros de um grupo.

# A NOVA **ADM**

**CONTROLAR**

Monitorar o desempenho de uma organização e compará-lo com metas definidas anteriormente. Se houver desvios significativos, colocar a organização novamente nos eixos.

## OBJETIVO 1.3

Identificar as quatro funções da gestão.

## 1.3 NOVAS EXPECTATIVAS SOBRE OS GESTORES

Setenta anos atrás, se você perguntasse a um grupo de altos executivos sobre o que era o trabalho do gerente, a resposta seria padrão. Eles descreveriam um homem (o que era então predominante) que forçosamente tomava decisões, dizia aos funcionários o que deviam fazer, ficava de olho neles para se assegurar de que seguiam suas ordens, disciplinava-os quando infringiam as regras e demitia aqueles que não se "enquadravam". Gerentes eram os chefes "na base de operações", e cabia a eles manter os funcionários na linha e conseguir que o trabalho fosse executado.

Se você fizer a mesma pergunta hoje a altos executivos, poucos ainda terão a mesma perspectiva do gestor como chefe, mas você também ouvirá executivos descreverem o gerente de hoje em dia usando termos como *treinador, consultor, mentor, facilitador* ou *coach*. Nesta parte examinamos algumas dessas novas expectativas em relação a gestores de equipes.

### 1.3.1 Que papéis os gestores desempenham?

O trabalho do gestor é singular por fazer a ponte entre a retaguarda administrativa e os funcionários operacionais. Ninguém mais na organização pode fazer isso, mas, devido à sua singularidade, os gestores têm um papel ambíguo. Cada um dos tópicos a seguir apresenta um certo ponto de vista sobre o papel do gestor:[3]

- **Pessoa-chave:** gestores ou gestores de equipes servem de elo crucial de comunicação na cadeia de autoridade da organização. Eles são como o eixo de uma roda em torno do qual giram todas as atividades operacionais.
- **Pessoa intermediária:** como são "nem carne nem peixe", eles devem interagir e reconciliar as forças opostas e expectativas conflitantes da alta administração e dos trabalhadores. Se mal resolvido, esse papel turbulento pode criar frustração e estresse para os gestores.
- **Apenas mais um trabalhador:** algumas pessoas, particularmente gestores de nível superior, veem o gestor como "apenas mais um trabalhador", e não como peça importante na administração. Isso é reforçado quando sua autoridade para decidir é limitada, ele é excluído de participar de decisões de alto nível e faz tarefas operacionais junto com as mesmas pessoas que supervisiona.
- **Especialista comportamental:** conforme a crença de que uma das capacidades mais importantes necessárias para os gestores são fortes habilidades interpessoais, eles são vistos como especialistas comportamentais. Para ter êxito em seus trabalhos, gestores devem entender as diversas necessidades de sua equipe, saber ouvir, motivar e liderar.

---

3   Baseado em NEWSTROM, J.; DAVIS, K. *Comportamento organizacional*: o comportamento humano no trabalho. 12. ed. São Paulo: McGraw-Hill, 2008.

*CAPÍTULO 1*
*Definições da liderança*

Embora cada uma dessas quatro descrições tenha uma certa dose de verdade, elas também perpassam uma visão enviesada do trabalho do gestor. Vale destacar que pessoas diferentes têm diferentes percepções sobre o trabalho, o que pode gerar ambiguidade e conflitos para o gestor hoje em dia.

---

### CONFIRA O QUE APRENDEU 1.1

**1.** Todas as alternativas a seguir, exceto uma, são comuns a todas as organizações. Qual delas não é?
   **a.** Propósito.
   **b.** Lucro.
   **c.** Pessoas.
   **d.** Estrutura organizacional.

**2.** O termo *processo*, na definição de administração, refere-se:
   **a.** às atividades básicas desempenhadas por gestores.
   **b.** à transformação de matérias-primas em produtos.
   **c.** à relação entre fazer uma tarefa corretamente e fazer a tarefa correta.
   **d.** ao meio de cumprir metas.

**3.** A função administrativa que envolve monitorar atividades para assegurar que alvos estão sendo atingidos é denominada:
   **a.** Planejamento.
   **b.** Organização.
   **c.** Liderança.
   **d.** Controle.

**4.** Uma pessoa-chave em uma função de gestão é alguém que:
   **a.** interage com forças opostas para reconciliar diferenças.
   **b.** serve como elo de comunicação na organização.
   **c.** é apenas mais um trabalhador.
   **d.** tem forte capacidade para ouvir e entender o que está sendo dito.

---

### 1.3.2 Os gestores são mais importantes nas organizações atuais?

Seja lá o que as pessoas pensem e sejam quais forem suas percepções sobre o papel, pode-se argumentar que o trabalho do gestor será cada vez mais importante e complexo no futuro. Por quê? Pelo menos, por três razões.

Primeiro, organizações estão implementando mudanças importantes e programas de qualidade para cortar custos e aumentar a produtividade. Exemplos desses programas incluem melhoras contínuas de qualidade, a introdução de equipes de trabalho, planos de bônus para grupos, horário de expediente flexível e programas de prevenção de acidentes e de redução de estresse. Tais programas tendem a focar as atividades de funcionários operacionais. Em consequência, gestores têm se tornado cada vez mais importantes, pois assumem a responsabilidade por introduzir e implementar esses esforços de mudança no nível operacional.

Segundo, organizações estão fazendo cortes amplos em seu número de funcionários. Boeing, General Motors, United Airlines, Motorola, IBM e American Express estão entre as grandes companhias que cortaram entre 1.000 e 50.000 postos de trabalho. Organizações estão constantemente enxugando seus quadros entre gerentes intermediários e pessoal de apoio. "Enxutas e ágeis" continua sendo um mantra para as melhores corporações. As implicações desses cortes são

os gestores terem mais pessoas se reportando diretamente a eles. Além disso, muitas tarefas anteriormente desempenhadas por pessoas em unidades de apoio – como planejamento de trabalho, fluxo de processos, escalonamento e controle de qualidade – serão redesignadas para gestores e seus funcionários. O resultado será o acúmulo de responsabilidades para os gestores.

Terceiro, o treinamento de funcionários é mais importante do que nunca à medida que as organizações buscam aumentar a produtividade. Novos funcionários – muitos dos quais despreparados para o trabalho ou com deficiências de linguagem ou comunicação – requerem treinamento básico em leitura, redação e matemática. Mudanças no trabalho acarretadas por computadores, automação e outros avanços tecnológicos requerem o treinamento de outras habilidades entre os funcionários atuais para evitar que se tornem obsoletos. Gestores carregarão o fardo de identificar essas faltas de habilidades, de planejar programas de treinamento apropriados e, em alguns casos, até ministrar o próprio treinamento.

Obviamente, ser gestor de equipes é ao mesmo tempo desafiador e empolgante. Uma certeza inquestionável é que gestores de equipes são importantes para as organizações. O Instituto Gallup, que pesquisa milhões de funcionários e dezenas de milhares de gestores, descobriu que a variável mais importante na produtividade e lealdade dos funcionários não é a remuneração, benefícios nem o ambiente de trabalho; é a qualidade da relação entre funcionários e seus gestores diretos. O Gallup também descobriu que a relação com o gestor é o maior fator no *engajamento dos funcionários* – que ocorre quando estes estão satisfeitos e entusiasmados com seus empregos –, perfazendo pelo menos 70% do nível de seu engajamento.[4] O Gallup descobriu ainda que quando empresas aumentam seu número de gestores talentosos e dobra a taxa de funcionários engajados, seus ganhos por ação são 147% mais altos do que os de seus concorrentes.[5] A mesma pesquisa mostrou que gestores talentosos contribuem com um lucro 48% mais alto para suas empresas do que os gestores medianos.[6] Por fim, outro estudo mostrou que quando um mau gestor era substituído por outro excelente, a produtividade dos funcionários aumentava 12%.[7] O que podemos concluir disso? Gestores importam e continuarão importando para as organizações!

### 1.3.3 A sustentabilidade é importante para um gestor?

Organizações reconhecem a necessidade de lançar produtos que vão ao encontro dos desafios de um mundo em mudança, e a ação corporativa

---

[4] HARTER, J.; ADKINS, A. Employees want a lot more from their managers. *Gallup Business Journal*, 8 abr. 2015. Disponível em: http://www.gallup.com/businessjournal/182321/employees-lot-managers.aspx?g_source=Employees%20Want%20a%20Lot%20More%20From%20Their%20Managers&g_medium=search&g_campaign=tiles. Acesso em: jan. 2020.

[5] BECK, R. J.; HARTER, J. Why great managers are so rare. *Gallup Business Journal*, 26 mar. 2014. Disponível em: https://www.gallup.com/workplace/231593/why-great-managers-rare.aspx. Acesso em: jan. 2020.

[6] BECK; HARTER, 2014.

[7] BAILEY, S. No manager left behind. *Chief Learning Officer*, 3 fev. 2015. Disponível em: http://www.clomedia.com/2015/02/03/no-manager-left-behind/. Acesso em: jan. 2020.

CAPÍTULO 1
Definições da liderança

contemporânea afirma que sustentabilidade e a administração verde se tornaram assuntos do dia para gestores. O que está emergindo no século XXI é o conceito de administrar de modo sustentável, o que tem ampliado a responsabilidade corporativa não só de liderar de maneira eficiente e eficaz, mas também de reagir estrategicamente a uma gama ampla de desafios ambientais e sociais.[8] Embora signifique diversas coisas para pessoas diferentes, essencialmente, segundo a ONU em seu Relatório da Comissão Brundtland (1987), "desenvolvimento sustentável" se refere a "satisfazer as necessidades das pessoas hoje sem comprometer a capacidade de futuras gerações atenderem suas necessidades".[9] Pela perspectiva dos negócios, *sustentabilidade* é a capacidade de uma empresa de atingir suas metas e aumentar o valor acionário em longo prazo, integrando oportunidades econômicas, ambientais e sociais em suas estratégias de negócios.[10] Agora, questões de sustentabilidade estão em alta na agenda de líderes de negócios e das diretorias de milhares de empresas. Conforme gestores no Walmart estão descobrindo, dirigir uma organização de maneira mais sustentável significa tomar decisões de negócios conscientes baseadas em comunicação meticulosa com as várias partes interessadas, entender suas exigências e começar a levar em conta aspectos econômicos, ambientais e sociais na maneira de seguir suas metas.

### 1.3.4 O gestor precisa ser um *coach*?

Hoje é bem menos provável que os gestores consigam realizar todos os aspectos dos trabalhos de seus funcionários. Eles precisam saber o que seus funcionários estão fazendo, mas não se espera que sejam necessariamente tão hábeis em certas tarefas quanto cada funcionário. Além disso, funcionários não precisam de uma figura de autoridade para lhes dizer o que fazer ou para "mantê-los na linha".

Na verdade, eles podem precisar de um *coach* que os ouça, oriente, treine e ajude. Em seu papel de *coach*, os gestores idealmente asseguram que seus funcionários tenham os recursos necessários para fazer um trabalho excelente. Eles também devem desenvolver as habilidades e o conhecimento dos funcionários, esclarecer responsabilidades e metas, motivar o pessoal para níveis mais altos de desempenho, e representar os interesses de seu grupo de trabalho dentro da organização.

## 1.4 TRANSIÇÃO PARA GESTOR

Não foi fácil deixar de ser um dos especialistas em controle de qualidade no departamento para ser o gestor. Na sexta-feira, eu era um

> **SUSTENTABILIDADE**
> A capacidade de uma empresa de atingir suas metas de negócios e aumentar o valor acionário em longo prazo, integrando oportunidades econômicas, ambientais e sociais em suas estratégias.

---

8   KPMG GLOBAL SUSTAINABILITY SERVICES. *Sustainability Insights*, out. 2007.

9   WORLD COMMISSION ON ENVIRONMENT AND DEVELOPMENT. Towards sustainable development. In: *Our common future*. (Capítulo 2). Disponível em: http://un-documents.net/ocf-02.htm. Acesso em: jan. 2020.

10  INSTITUTE FOR SUSTAINABLE LEADERSHIP. *Symposium on Sustainability – Profiles in Leadership*. Nova York, out. 2001.

# A NOVA ADM

## OBJETIVO 1.4
Explicar por que o papel do gestor é considerado ambíguo.

deles e, na segunda-feira seguinte, virei chefe deles. Repentinamente, as pessoas com quem eu trocava piadas e convivi durante anos estavam se distanciando de mim. Era evidente que elas estavam apreensivas, pois não tinham mais certeza se eu continuava confiável. Eu não achava que nossa relação iria mudar muito. Afinal, éramos amigos. Saíamos juntos toda sexta-feira após o expediente. Mas agora eu era da administração. Ainda acho que sou parte do grupo, mas eles não me veem mais dessa maneira. Até quando estamos juntos para tomar uns drinques, a atmosfera não é como antes, pois agora eles estão precavidos. A adaptação tem sido difícil para mim.

Esse comentário de um indivíduo promovido a gerente de controle de qualidade na empresa de biotecnologia Monsanto mostra o dilema de muitos novos gestores ao subir de escalão.

É importante refletir por um momento sobre o real significado do passo de se tornar um gestor. Para muitos na força de trabalho, esse é um salto na carreira. É um momento em que a pessoa se torna responsável não só pelo próprio trabalho, mas também pelo trabalho de outras pessoas. É um momento em que se recebe autoridade – a qual pode ser usada de diversas maneiras. Quando alguém passa a integrar a equipe administrativa, há um aumento de responsabilidade e é preciso prestar contas à organização.

Embora para muitos, esse momento seja empolgante, ser gestor envolve desafios. Pode ser extenuante cumprir metas, tomar decisões apropriadas, liderar funcionários e ser o veículo de informações que devem ser transmitidas aos funcionários. Mas tudo isso também pode ser gratificante quando a pessoa tem as habilidades e competências para ser um gestor eficaz.

Algumas pesquisas recentes de opinião junto a gestores estreantes revelam uma gama ampla de reações às realidades do cargo. Dez por cento dos gestores dizem estar preparados, treinados e qualificados, mas, mesmo assim, 48% dos iniciantes fracassam. Entre os gestores, 68% confessam que realmente não gostam de estar em sua posição; mesmo assim, 40% estão entre os 90 pontos percentuais no topo da eficácia, e 40% estão entre os 10 pontos percentuais na base da eficácia. De qualquer maneira, 42% dos novos gestores acham que sabem como ter êxito em seus empregos. Noventa por cento dos trabalhadores pesquisados disseram que bons gestores são eficazes em aumentar sua lealdade à empresa, e 42% disseram que comunicar ideias/expectativas claramente era a qualidade mais importante de um bom chefe.[11]

---

11  Baseado em ZACK, D. Lead from Your Strengths. *T&D*, fev. 2013, p. 72-73; PLAKOTNIK, M. S.; ROCCO, T. S. A succession plan for first-time managers. *T&D*, dez. 2011, p. 42-45; ZACK, D. *How to manage when you hate being a boss*. Disponível em: https://www.fastcompany.com/3001576/how-manage-when-you-hate-being-manager. Acesso em: fev. 2020; FOX, A. Help managers shine. *HR Magazine*, fev. 2013, p. 43-48; FISHER, A. Unhappy Manager? You're Far from Alone. *Fortune*, jul. 2012. Disponível em: https://fortune.com/2012/07/20/unhappy-manager-youre-far-from-alone/. Acesso em: fev. 2020; YANG, J.; TRAP, P. What is effective in increasing your loyalty to your company. *USA Today*, 14 ago. 2012, p. 1B; MEINERT, D. Executive briefing. *HR Magazine*, maio 2012, p. 18.

*CAPÍTULO 1*
*Definições da liderança*

Nesta seção, nós examinamos os caminhos básicos que as pessoas tomam para se tornar gestores e os desafios enfrentados para moldar uma nova identidade.

### 1.4.1 De onde vêm os gestores?

Muitos novos gestores originalmente estavam entre os funcionários atuais.

A segunda maior fonte de líderes de equipe são recém-formados no ensino superior. Ocasionalmente, funcionários de outras organizações são contratados para ser gestores de primeira linha; no entanto, isso é cada vez mais raro porque se há uma vaga aberta na gestão de uma empresa, muitas vezes é preferível preenchê-la com alguém de dentro da organização. Isso favorece a promoção dos funcionários.

Empregadores tendem a promover funcionários operacionais para cargos de administração de primeira linha por várias razões. Funcionários operacionais sabem como as operações funcionam, entendem como as coisas são feitas na organização e conhecem as pessoas que irão liderar. Outra vantagem é que a organização conhece bem o candidato.

Quando a administração promove "um dos seus" para um cargo de gestão, isso minimiza riscos. Quando contrata alguém de fora, a administração precisa confiar em informações limitadas dadas por empregadores anteriores. Ao promover alguém de dentro, a administração recorre ao histórico que já tem do candidato. Por fim e mais importante, promover alguém de dentro funciona como uma motivação para os funcionários, incentivando-os a trabalhar dando o máximo de si.

Quais critérios a administração tende a usar para decidir quem promover para cargos gerenciais importantes? Funcionários com bons históricos e interesse em administração tendem a ser favorecidos. Ironicamente, nem todos os funcionários operacionais "bons" se tornam bons gestores, pois pessoas com fortes habilidades técnicas não necessariamente têm as habilidades necessárias para administrar os outros. Organizações que promovem com êxito quem é de dentro selecionam funcionários com habilidades técnicas adequadas e oportunizam treinamento no início de suas novas incumbências.

Pessoas formadas recentemente no ensino superior são a outra fonte básica de candidatos para cargos de gestão. Programas universitários de dois e quatro anos de gestão e administração servem como preparação básica para o trabalho do gestor de equipes. Com treinamento organizacional adicional, muitos recém-egressos do ensino superior ficam prontos para ingressar na gestão de primeira linha.

### 1.4.2 A transição para gestor é difícil?

Sair de um emprego administrativo mediano para outro ou para a alta administração raramente cria a mesma ansiedade de quando alguém deixa de ser funcionário e se torna gestor. É bem parecido com a experiência parental. Se já tem três filhos, a chegada de mais um não é uma grande novidade, pois

você já sabe lidar bem com crianças devido à experiência anterior. O desafio reside na transição entre não ter filhos e tornar-se pai ou mãe pela primeira vez. O mesmo se aplica aqui. O desafio é singular quando alguém vai para a gestão de primeira linha, e isso difere de qualquer coisa que aconteça depois em sua ascensão na escada organizacional.[12]

Um estudo anterior sobre o que dezenove novos gestores vivenciaram em seu primeiro ano no cargo nos ajuda a entender como é se tornar um gestor de primeira linha.[13]

Catorze homens e cinco mulheres participaram nesse estudo. Todos trabalhavam com vendas ou marketing, mas suas experiências são relevantes para qualquer um que esteja fazendo a transição de funcionário para gestor.

Embora esses gestores novatos trabalhassem em suas respectivas organizações como vendedores por, em média, seis anos, suas expectativas sobre um cargo de gestão eram incompletas e simplistas. Eles não avaliavam toda a gama de demandas que teriam de encarar. Todos haviam sido astros de vendas e, em grande parte, foram promovidos como recompensa pelo bom desempenho. Mas bom desempenho para um vendedor e bom desempenho para um gestor são muito diferentes – e poucos desses novatos entendiam isso. Ironicamente, seus êxitos anteriores com vendas podem até ter dificultado sua transição para a gestão. Devido à sua forte expertise técnica e alta motivação, eles dependiam menos do apoio e orientação de seus gestores do que o vendedor comum. Quando se tornaram gestores e repentinamente tiveram de lidar com funcionários desmotivados e com baixo desempenho, eles não estavam preparados para isso.

De fato, os dezenove novos gestores tiveram algumas surpresas. A seguir, resumimos as principais, que captam a essência do que muitos gestores encontram quando tentam dominar sua nova identidade.

- **Sua visão inicial do gestor como "chefe" era incorreta:** antes de assumir seus novos cargos, esses gestores deveriam ter sido instruídos sobre o poder que teriam e sobre o fato de que estariam no controle. Conforme alguém disse, "agora eu é que darei as ordens". Após um mês, eles falaram de como é ser um "encarregado de resolver problemas", um "malabarista" e um "artista versátil". Todos enfatizaram que resolver problemas, tomar decisões, ajudar os outros e providenciar recursos eram suas responsabilidades básicas. Eles não se viam mais como "o chefe".
- **Eles estavam despreparados para as demandas e dúvidas que iriam enfrentar:** em sua primeira semana, eles ficaram surpresos com a carga e ritmo de trabalho impiedosos de um cargo de gestão.

---

12 RAMSEY, R. D. So You've been promoted or changed jobs. Now what? *Supervision*, p. 6-8, nov. 1998.

13 Esta seção baseia-se em HILL, L. A. *Becoming a manager*: mastery of new identity. Boston, MA: Harvard Business School Press, 1992.

Em um dia comum, eles tinham de dar conta de muitos problemas simultaneamente e eram constantemente interrompidos.

\# **Expertise técnica não era mais o fator básico de êxito ou fracasso:** os gestores estavam habituados a brilhar em tarefas técnicas específicas e a ser colaboradores individuais, e não por adquirir competência gerencial e assegurar que as coisas fossem feitas por meio dos outros. Foram precisos de quatro a seis meses no cargo para a maioria absorver o fato de que agora seria julgada por sua capacidade de motivar os outros para um alto desempenho.

\# **O trabalho do gestor implica deveres administrativos:** eles descobriram que atividades rotineiras de comunicação, como papelada burocrática e troca de informações, consumiam muito tempo e interferiam em sua autonomia.

\# **Eles não estavam preparados para os "desafios de ordem pessoal" dos novos cargos:** os gestores afirmaram unanimemente que as capacidades mais difíceis que tiveram de aprender em seu primeiro ano tinham a ver com lidar com pessoas. Eles relataram estar particularmente desconfortáveis em aconselhar funcionários e exercer liderança. Um deles afirmou: "Eu não havia percebido como é difícil motivar pessoas, fazê-las se desenvolverem e lidar com seus problemas pessoais".

Diante dessa e de questões semelhantes que surgem quando alguém se torna gestor, o que é preciso para ser um gestor eficaz? Que competências ou categorias gerais de habilidades são necessárias? E elas são as mesmas, independentemente do nível da pessoa na organização? Nós respondemos a essas perguntas na próxima seção.

### 1.4.3 Você realmente quer ser um gestor?

O fato de estudar administração indica que você quer saber como liderar pessoas. Qual seria o seu motivo para isso? É o fato de poder ajudar a organização a atingir suas metas? É o desafio de liderar os outros – dirigir o trabalho deles – que lhe interessa? É o fato de que a gestão pode levar a um cargo de alta administração e a esperanças de ascensão na carreira?

Sejam quais forem suas razões, você precisa de um quadro claro do que se estende adiante.

Cargos de gestão não são fáceis. Mesmo que você seja um grande astro como funcionário, isso não garante seu êxito como gestor. O fato de ser capaz de fazer um trabalho excelente é uma grande vantagem, mas há vários outros fatores a considerar. Você precisa reconhecer que liderar os outros pode significar uma carga horária maior. É comum você chegar antes que seus funcionários no trabalho e só ir embora depois deles. Liderar pode ser literalmente uma função 24 horas por dia, sete dias por semana. Agora, isso não deve ser interpretado como estar no trabalho todas as horas, todos os dias. Mas quando aceita a responsabilidade de liderar os outros, você nunca consegue de fato "escapar" do trabalho. Coisas acontecem, e cabe a você

lidar com elas – seja lá quando aconteçam ou onde quer que você esteja. É bem possível receber um telefonema quando você está de férias se surgirem problemas. A política organizacional pode requerer que pares e subordinados entrem em contato com você pelo telefone celular no caso de um acontecimento inesperado. Como alguém na organização conseguiu contatar você durante sua folga? Provavelmente a política organizacional o obrigou a dar informações de contato para emergências e a telefonar periodicamente para saber como as coisas estão indo.

Você também precisa reconhecer que, como gestor, pode ter uma pilha aparentemente sem fim de papelada burocrática para preencher. Embora organizações trabalhem continuamente para eliminar grande parte da papelada burocrática, muita coisa continua igual. Isso pode incluir escalonamento de trabalho dos funcionários, estimativas de custos, levantamento de estoques e questões orçamentárias e da folha de pagamento.

Outra questão importante é o possível efeito do trabalho do gestor em seu pagamento! Em algumas organizações, um aumento em seu pagamento quando você se torna o gestor pode não significar ganhos anuais mais elevados. Como é possível? Considere que, como gestor, você geralmente não tem mais direito a pagamento por hora extra ou a comissões, embora possa ter folgas compensatórias. Quando você é funcionário operacional, a organização é legalmente obrigada a lhe pagar uma bonificação (tipicamente com valor da hora majorado e metade do valor normal pago) por horas extras, mas isso pode não se aplicar quando você se torna gestor. Se você ganha um aumento de R$ 3.000 quando se torna gestor, mas ganhou R$ 3.500 no ano anterior em horas extras, na verdade está ganhando menos como gestor. Isso é algo para discutir com a organização antes de aceitar o novo cargo.

O que os parágrafos anteriores realmente querem dizer? Que você pense sobre o motivo para querer liderar. Gerir os outros pode ser recompensador. A empolgação é real, assim como as dores de cabeça. Você precisa entender exatamente quais são seus motivos para tornar-se gestor, e que compromissos está disposto a fazer para se tornar o melhor gestor possível.

## 1.5 COMPETÊNCIAS DE GESTÃO

**OBJETIVO 1.5**
Descrever as quatro competências essenciais de gestão.

**COMPETÊNCIAS DE GESTÃO**
Competências conceituais, interpessoais, técnicas e políticas.

Há mais de trinta anos, o professor Robert Katz iniciou um processo para identificar *competências de gestão* essenciais.[14] O que Katz e outros descobriram é que gestores bem-sucedidos devem ter quatro competências cruciais: técnicas, interpessoais, conceituais e políticas. Elas são tão relevantes hoje em dia quanto na época em que Katz as descreveu.

---

14 KATZ, R. L. Skills of an effective administrator. *Harvard Business Review*, p. 90-102, set.-out. 1974; HUMPHREY, B.; STOKES, J. The 21st century supervisor. *HR Magazine*, p. 185-192, maio 2000.

CAPÍTULO 1
Definições da liderança

> ### ALGO PARA PENSAR
> *(e promover discussão em sala de aula)*
>
> #### TORNAR-SE UM GESTOR
>
> Tornar-se gestor é uma oportunidade desafiadora. Certos indivíduos anseiam por "assumir o leme" de uma tripulação de trabalhadores, ao passo que outros são postos nessa situação de uma hora para outra ou sem treinamento adequado. Como você considera assumir um cargo de gestão – ou se tornar um gestor mais eficaz do que atualmente –, faça os exercícios seguintes:
> 1. Liste cinco razões pelas quais você quer ser um gestor.
> 2. Identifique cinco problemas ou dificuldades potenciais que você poderá encontrar ao se tornar um gestor.

### 1.5.1 O que é competência técnica?

A alta administração é composta de generalistas. As atividades que consomem os altos gestores – planejamento estratégico, traçar a estrutura geral e a cultura da organização, manter relações com clientes importantes e banqueiros, comercializar o produto e coisas afins – são essencialmente genéricas por natureza. As demandas técnicas de cargos na alta administração tendem a ser relacionadas ao conhecimento do setor e a uma compreensão geral dos processos e produtos da organização. Isso não se aplica a gestores em outros níveis.

A maioria dos gestores lida com áreas de conhecimento especializado: o vice-presidente de recursos humanos, o diretor de tecnologia de informação, o gerente de vendas regional e o gestor da área de saúde. Esses gestores devem ter *competência técnica*, que é a capacidade de aplicar conhecimento especializado ou expertise. É difícil, se não impossível, liderar funcionários efetivamente com habilidades especializadas sem ter um entendimento adequado dos aspectos técnicos dos trabalhos deles. Embora o gestor não precise ter certas habilidades técnicas, é parte de seu trabalho entender o que cada trabalhador faz. Por exemplo, a tarefa de escalonar o fluxo de trabalho requer competência técnica para determinar o que deve ser feito.

**COMPETÊNCIA TÉCNICA**
Capacidade de aplicar conhecimento especializado ou expertise.

## NOTÍCIAS RÁPIDAS

### O PAPEL DO GESTOR EM ORGANIZAÇÕES MODERNAS*

Durante anos, o papel do gestor de equipes, ou da linha de frente, foi considerado por muitas empresas como pouco mais do que um degrau rumo à administração. Faculdades de negócios e administração se concentravam primordialmente no ensino de princípios e teorias aplicáveis à alta administração.

Muitos professores imaginavam que seus alunos só topariam começar com papéis de gestão por um período breve e depois partiriam para algo mais desafiador. Como as coisas mudaram!

As organizações atuais são complexas, e parte dessa complexidade resulta do seguinte:

- # Uma força de trabalho mais diversificada culturalmente do que nunca.
- # Formação de uma equipe produtiva a partir de uma mistura de trabalhadores de tempo integral, meio período, temporários e por projeto.
- # Implementação de programas de qualidade e produtividade como as certificações ISO e Six Sigma, *just-in-time* e *lean manufactoring* (manufatura enxuta), além da organização do trabalho por meio de equipes autodirigidas.
- # Cumprimento do número cada vez maior de leis relativas a contratação e demissão.
- # Discriminação, assédio moral e sexual, contratação de pessoas com necessidades especiais, violência no local de trabalho, remuneração por horas extras e ergonomia.
- # Globalização e concorrência internacional, *downsizing*, terceirização e nivelamento da estrutura organizacional pela remoção de níveis de administração.

### A boa notícia para os gestores

Para dar conta de todos os desafios inerentes à complexidade das organizações modernas, o papel do gestor na linha de frente mudou drasticamente. Essa é uma ótima notícia para quem aspira a essa posição porque, embora desafiadoras, essas mudanças apresentam excelentes oportunidades de carreira e crescimento.

1. **A estatura do gestor na linha de frente foi elevada.** Em vez de ser um aspirante no degrau baixo da escada administrativa, o gestor passou para uma posição-chave. A razão óbvia é que muitos cargos administrativos medianos e altos foram eliminados. Organizações estão "nivelando" sua hierarquia. Há menos gestores de níveis médio e superior em organizações planas. A estrutura organizacional plana significa mais autoridade, poder e responsabilidade sendo delegados a cargos gerenciais de nível mais baixo. O talento e a habilidade do gestor em uma organização plana é um grande fator para seu sucesso.

2. **O empoderamento do trabalho do gestor continua.** Parte do "poder" anteriormente detido por aqueles cujos trabalhos foram eliminados será delegado aos gestores que eles antes supervisionavam. Essa mudança significa que gestores de linha ou "líderes de equipe" do passado podem assumir uma postura mais positiva e apresentar novas sugestões com mais liberdade e influência. Em suma, o gestor de linha terá um papel maior na equipe administrativa. As altas administrações que restam terão que escutar mais e reagir ao que ouvem.

3. **Gestores têm mais autonomia.** Com menos diretrizes para seguir, menos inspeções por

CAPÍTULO 1
Definições da liderança

parte dos superiores e menos pessoas para agradar, os gestores têm o poder e responsabilidade de dirigir seus departamentos ou "equipes" de maneira semelhante ao proprietário de um pequeno negócio. Gestores estão sendo estimulados a atuar com mais autoridade, mas têm de assumir mais responsabilidade.

4. **Gestores recebem mais treinamento avançado.** À medida que a alta administração delega mais responsabilidades a seus gestores na linha de frente, estes receberão mais treinamento útil para que tenham êxito. Ademais, mais gestores nomearão assistentes e irão prepará-los para assumir papéis temporários em sua ausência. Em outras palavras, gestores na linha de frente irão se aproximar mais daqueles líderes da alta administração que continuam na empresa e cujos papéis, por sua vez, serão expandidos.

5. **Gestores têm enormes benefícios pessoais devido a seu papel na atual cultura de negócios.** Por exemplo:

\# Gestores eficazes se destacam mais facilmente e serão os mais lembrados para promoções.

\# Mulheres que se destacam como gestoras na linha de frente verão que o chamado teto de vidro tem menos chance de afetá-las.

\# Os desafios da gestão na linha de frente são um ótimo campo de treinamento e preparação para cargos administrativos mais altos.

\# A gestão dá oportunidade de se envolver em um trabalho importante e desafiador que aumentará o amor-próprio e conquistará o respeito alheio.

\# Gestores recebem reforço positivo mais imediato por sua contribuição para o êxito organizacional, em resultado de liderar seus funcionários com abordagens colaborativas e baseadas na equipe, do que era possível por meio de antigos métodos administrativos de cima para baixo.

\# Gestores têm maiores oportunidades de se envolver com aprendizagem contínua, o que é um grande motivador.

\* Baseado em GOODWIN, C. B.; GRIFFITH, D. B. The supervisor's role and responsibility in the modern organization. In: *Supervisor's survival kit*. 11. ed. Upper Saddle River, NJ: Pearson-Prentice Hall, 2006.

### 1.5.2 Como as competências interpessoais ajudam?

A capacidade de trabalhar bem com outras pessoas, entender suas necessidades, comunicar-se bem e motivar os outros – tanto individualmente quanto em grupos – constitui a *competência interpessoal*. Muitas pessoas são tecnicamente proficientes, porém incompetentes interpessoalmente. Elas podem ser más ouvintes, não se preocupar com as necessidades alheias ou ter dificuldade para lidar com conflitos. Gestores conseguem que as coisas sejam feitas por meio de outras pessoas. Eles devem ter boas habilidades interpessoais para comunicar, motivar, negociar, delegar e resolver conflitos.

### 1.5.3 O que é competência conceitual?

*Competência conceitual* é a capacidade mental de analisar e diagnosticar situações complexas. Fortes capacidades conceituais permitem que um gestor veja a organização como um sistema complexo de muitas partes inter-relacionadas e que a própria organização é parte de um sistema maior que

COMPETÊNCIA INTERPESSOAL
Capacidade de trabalhar, entender, se comunicar e motivar outras pessoas, tanto individualmente como em grupos.

21

## COMPETÊNCIA CONCEITUAL

*Capacidade mental de analisar e diagnosticar situações complexas.*

## COMPETÊNCIA POLÍTICA

*Capacidade dos gestores de intensificar seu poder, formar uma base de poder e estabelecer as conexões "certas" na organização.*

inclui seu setor de atividade, a comunidade e a economia do país. Isso lhe dá uma perspectiva ampla e contribui para a solução criativa de problemas. Em um nível mais prático, fortes capacidades conceituais ajudam os gestores a tomarem boas decisões.

### 1.5.4 Por que é preciso ter competência política?

*Competência política* é a capacidade de intensificar seu poder, formar uma base de poder e estabelecer as conexões "certas" na organização. Gestores se envolvem em política quando tentam influenciar o desenrolar de uma situação. Isso vai além de atividades normais de trabalho. Sempre que duas ou mais pessoas se juntam para alguma finalidade, cada uma tem alguma ideia do que deveria ocorrer. Se pessoas tentam influenciar a situação de maneira a beneficiar-se mais do que os outros, ou impedem outros de terem alguma vantagem, trata-se de um jogo político. Mas nem todo comportamento político é negativo e não tem que envolver manipular uma série de eventos, reclamar de colegas ou sabotar o trabalho ou a reputação de alguém para beneficiar a própria carreira. Há uma linha tênue entre comportamento político apropriado e política nociva. Nós retomaremos o tema da política organizacional no Capítulo 14.

### 1.5.5 Como as competências mudam conforme o nível gerencial?

Embora gestores precisem ter as quatro competências, a importância de cada competência no trabalho do gestor varia conforme o nível do indivíduo na organização.

Conforme mostra a Figura 1.4, (1) a competência técnica diminui de importância à medida que os indivíduos ascendem na organização; (2) competências interpessoais são uma constante para o êxito, independentemente do nível na organização; e (3) competências conceituais e políticas aumentam em importância à medida que a responsabilidade administrativa aumenta.

Capacidades técnicas tipicamente têm maior relevância para gestores de primeiro nível. Isso se deve a duas razões: primeiro, muitos gestores realizam trabalho técnico, assim como trabalho gerencial – em contraste com outros níveis de administração, a distinção entre colaborador individual e gestor de equipes muitas vezes é tênue; segundo, os gestores gastam mais tempo treinando e desenvolvendo seus funcionários do que outros gestores. Isso requer mais conhecimento técnico sobre os trabalhos de seus funcionários do que aquele necessário para gerentes de níveis médio e alto.

Há evidência indiscutível de que capacidades interpessoais são cruciais em todos os níveis de administração. Afinal, gestores conseguem que as coisas sejam feitas por meio de outras pessoas. Gestores precisam sobretudo de competências interpessoais, pois passam grande parte do tempo em atividades que requerem liderança. Quando conversamos com dezenas de gestores, seu único ponto de vista em comum era a importância das habilidades para atingir os objetivos de suas unidades.

**Figura 1.4** Como demandas por competência variam em diferentes níveis de administração

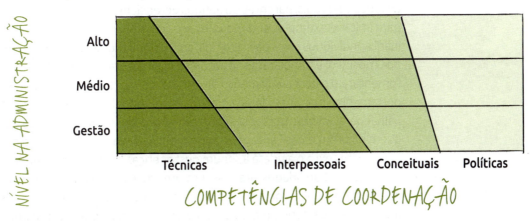

A importância da competência conceitual aumenta à medida que os gestores ascendem na organização, por causa dos tipos de problemas que encontram e das decisões que tomam em níveis mais altos. Em geral, quanto mais ascendem em uma organização, mais os problemas que eles encaram tendem a ser complexos, ambíguos e mal definidos. Esses problemas requerem soluções sob medida. Por sua vez, os gestores geralmente têm problemas mais diretos, conhecidos e facilmente definidos, que se relacionam a tomadas de decisões mais rotineiras. Problemas mal estruturados e soluções sob medida apresentam demandas conceituais maiores do que problemas na estrutura organizacional e tomadas de decisão rotineiras.

Por fim, quanto mais alto alguém ascende na hierarquia da organização, mais crucial se torna a competência política. Como decisões sobre alocação de recursos são tomadas em níveis mais altos em uma organização, gestores de nível médio e alto ficam "lutando" por seu pedaço na torta organizacional. Eles precisam formar alianças, apoiar um projeto em detrimento de outro ou influenciar certas situações, o que envolve habilidades políticas de nível mais alto. Mas isso não implica que a política seja menos importante para os gestores. Como grande parte de seu trabalho é bem definido, eles precisam de fortes habilidades políticas para fazer com que o trabalho de sua unidade seja executado, assim como para sobreviver.

## 1.6 DOS CONCEITOS ÀS HABILIDADES

O conhecimento sobre um assunto é importante, assim como saber o que fazer com esse conhecimento. Você consegue colocar seu conhecimento em prática? Assim como você não quer que um cirurgião que nunca operou alguém use um bisturi em você, nem viajar em um avião com um piloto estreante, não basta apenas saber sobre gestão. É preciso conseguir realmente liderar! Você pode aprender a ser um gestor eficaz. Ninguém nasce com habilidades de gestão, embora algumas pessoas tenham uma vantagem inicial.

Gestão é algo mais fácil para algumas pessoas do que para outras. Indivíduos cujos pais, parentes ou amigos gerenciam funcionários têm modelos para imitar e exemplos sobre o que esse trabalho implica. De maneira semelhante, indivíduos cujos pais os ajudaram a definir metas realistas, deram *feedback* positivo, estimularam sua autonomia, praticaram comunicação aberta e fomentaram o desenvolvimento de um autoconceito forte, aprenderam comportamentos que os ajudarão como gestores. Aqueles que têm a sorte de trabalhar para um bom gestor também têm um modelo para seguir. No entanto, quem não tem essas vantagens pode melhorar suas habilidades de gestão.

Este texto o ajudará a ser um gestor eficaz focando em conhecimento conceitual e habilidades práticas. Em um capítulo posterior, por exemplo, nós discutimos a importância do planejamento para o êxito de um gestor e mostramos que definir metas é uma parte essencial do planejamento. Apresentamos depois técnicas específicas para ajudar os funcionários a definirem metas e damos uma oportunidade para você praticar e desenvolver suas habilidades nesse sentido.

## OBJETIVO 1.6
Identificar os elementos necessários para ter êxito como gestor.

## HABILIDADE
A capacidade de demonstrar um sistema e sequência de comportamento que sejam funcionalmente relacionados a atingir uma meta de desempenho.

### 1.6.1 O que é uma habilidade?

*Habilidade* é a capacidade de demonstrar um sistema e sequência de comportamento que sejam funcionalmente relacionados a atingir uma meta de desempenho.[15] Nenhuma ação isolada constitui uma habilidade. Por exemplo, a capacidade de redigir comunicações claras é uma habilidade. Pessoas com essa habilidade sabem a sequência correta de ações a tomar para propor um projeto ou resumir um relatório. Elas conseguem separar ideias principais e secundárias, e organizar seus pensamentos de maneira lógica, além de simplificar ideias complexas. Nenhuma dessas ações é por si só uma habilidade. Uma habilidade é um sistema de comportamento aplicável a uma ampla variedade de situações.

Que habilidades essenciais são relacionadas à eficácia de gestão? Embora não haja concordância unânime entre professores e treinadores de liderança, certas habilidades se destacam como mais importantes do que outras. A Figura 1.5 lista habilidades essenciais de gestão, de acordo com sua apresentação nesta obra. Em conjunto, elas formam a base da competência para a gestão eficaz.

---

15 BOYATZIS, R. E. *The competent manager*: a model for effective performance. Nova York: Wiley, 1982.

**Figura 1.5**   Habilidades essenciais de gestão

**Relacionadas a planejamento e controle**
> Definição de metas
> Orçamento
> Solução criativa de problemas
> Desenvolver tabelas de controle

**Relacionadas a organização, formação de equipes e desenvolvimento dos funcionários**
> Empoderar as pessoas
> Entrevistar
> Dar *feedback*
> *Coaching*

**Relacionadas a estimular o desempenho individual e do grupo**
> Projetar empregos motivadores
> Projetar carisma
> Ouvir
> Conduzir reuniões de grupo

**Relacionadas a acompanhar a dinâmica do local de trabalho**
> Negociação
> Redução do estresse
> Aconselhamento
> Disciplina
> Negociação de conflitos

## 1.6.2   O que mais devo saber sobre gestão?

Por ora, você pode estar um tanto surpreso com o que os gestores têm de fazer e com as habilidades necessárias para ter êxito em uma organização, mas é preciso considerar diversos outros elementos. Especificamente, com que questões pessoais você irá lidar? Vamos examinar isso.

Uma das primeiras coisas a fazer é reconhecer que, como gestor, você é parte da administração. Isso significa apoiar a organização e os desejos da administração acima de você. Embora possa discordar desses desejos, como gestor, você deve ser leal à organização. Você também precisa ganhar o respeito de seus funcionários, assim como de seus pares e do chefe. Para ser um gestor eficaz, você terá de desenvolver a confiança deles e conquistar credibilidade. Um meio de fazer isso é manter suas habilidades e competências atualizadas. Você deve continuar sua educação, não só porque ela o ajuda, mas também porque isso representa um exemplo para seus funcionários do quanto a aprendizagem é importante.

É preciso também entender que a organização lhe concedeu poder legítimo porque você dirige as atividades de outros. Esse poder legítimo é sua autoridade para agir e esperar que os outros sigam suas orientações. No entanto, impor-se com punho de ferro não é uma boa ideia. É preciso saber quando

afirmar sua autoridade e como conseguir que as coisas sejam feitas sem recorrer ao "porque eu mandei". Em suma, você precisa desenvolver habilidades interpessoais que o ajudem a influenciar os outros. Isso é particularmente importante ao lidar com membros organizacionais que você não supervisiona.

Por fim, você terá de reconhecer que as pessoas da organização são diferentes – não só em seus talentos, mas também como indivíduos. Você terá de ser sensível às necessidades deles, tolerar e até celebrar suas diferenças e ter empatia por eles como pessoas.

Em parte, o êxito começa pelo entendimento do que significa ser flexível. Ao longo desta obra, abordamos cada uma dessas áreas. Por exemplo, no capítulo a seguir, apresentaremos a diversidade da força de trabalho e o que ela significa para você. No Capítulo 9 apresentaremos o papel da confiança e credibilidade para uma liderança eficaz.

## OBJETIVO 1.7
Identificar o valor de estudar gestão.

### 1.7 POR QUE ESTUDAR GESTÃO?

Um número expressivo de estudantes nos diz regularmente que não planeja fazer carreira em administração e nunca pretende ter um cargo nessa área. Suas metas de carreira estão voltadas para tecnologia de informação, engenharia, contabilidade, comunicação e marketing, e eles nem sequer se imaginam em um cargo de liderança em uma organização. Eles perguntam: Por que eu preciso fazer um curso de gestão de equipes? Como estudar administração ajudará minha carreira?

A resposta é: porque entender conceitos de administração e como gestores de equipes raciocinam o ajudará a ter resultados melhores no trabalho e a intensificar sua carreira. Como pai ou mãe, líder e gestor, você está na posição privilegiada de dar apoio e orientação às pessoas que se beneficiarão de seu conhecimento e experiência. Funcionários bem-sucedidos são regularmente promovidos a papéis de gestão. Embora você possa iniciar sua carreira em seu principal campo de estudo, a vida e as oportunidades muitas vezes o levam para lugares não imaginados, e alguns anos depois, você estará liderando uma equipe em sua própria *startup* ou será sócio de um negócio em expansão. Então, se você espera trabalhar com os outros – seja em uma grande empresa listada entre as que estão aparecem na *Fortune 1000* ou em sua *startup* de três pessoas –, estudar administração pode render grandes resultados quando se trata de sua capacidade para liderar e influenciar pessoas.

Ao longo deste livro você encontrará seções intituladas **Algo para pensar** e **Notícias rápidas**, que mostram os desafios que você provavelmente encontrará no trabalho – como a política organizacional, um chefe carrancudo ou uma avaliação de desempenho injusta – e dão sugestões específicas para lidar com esses desafios. Esses aspectos desafiadores, em conjunto com a cobertura abrangente de tópicos de liderança e a seção **Desenvolvendo suas habilidades de gestão**, no final de cada capítulo, ajudarão a desenvolver suas habilidades de comunicação, raciocínio crítico e colaboração.

*CAPÍTULO 1*
*Definições da liderança*

A partir da interação com este livro, esperamos que você venha a perceber que a gestão é necessária em todos os tipos e tamanhos de organizações, em todos os níveis e áreas organizacionais, e em todas as organizações, onde quer que elas estejam. Devido à necessidade disseminada de gestores planejarem, organizarem, liderarem e controlarem, nós queremos encontrar meios de melhorar a maneira com que organizações são lideradas.

No entanto, isso não significa que a gestão seja feita da mesma maneira em todos os lugares; o grau e a ênfase podem variar, mas não a função. Como situações e contextos variam conforme a organização, é óbvio que, embora gestores planejem, organizem, liderem e controlem, o quanto e como eles fazem isso varia amplamente.

A gestão de equipes é muito necessária em todas as organizações, pois elas interagem com pessoas todos os dias. Organizações bem administradas desenvolverão funcionários leais e uma base de clientes, crescerão e prosperarão, mesmo em épocas desafiadoras. Aquelas mal geridas perderão funcionários, clientes e receitas. O estudo de gestão de equipes permitirá que você identifique a má liderança e atue para corrigi-la. Além disso, você conseguirá reconhecer e apoiar a boa gestão, seja interagindo com um cliente ou um funcionário.

Uma razão mais realista para estudar a gestão de equipes é o simples fato de que a maioria dos estudantes, assim que se formar na faculdade e iniciar sua carreira, liderará ou será supervisionado. Se você pretende ser gestor, compreender os fundamentos de gestão dá uma base para adquirir mais conhecimento e habilidades nesse campo. Caso não se imagine liderando, ainda é provável que você trabalhe para ou com os outros e seja supervisionado no processo. E, presumindo que vá trabalhar para se sustentar em alguma organização, provavelmente você terá algumas responsabilidades de gestão. A experiência mostra que, ao estudar a gestão de equipes, você pode entender como seu chefe e colegas se comportam, e como as organizações funcionam. Lembre-se de que não é preciso aspirar a ser gestor para se beneficiar de um curso de administração.

Gestores têm a responsabilidade única de criar um ambiente de trabalho no qual os membros possam dar o melhor de si, assim como de ajudá-los para que a organização atinja suas metas. Gestores ajudam os outros a encontrarem sentido e realização em seus deveres. Eles apoiam, orientam e acalentam seguidores e os ajudam a tomar boas decisões. Como gestor, você terá oportunidades de pensar criativamente e usar sua imaginação. Gestores conhecem e trabalham com uma variedade de pessoas dentro e fora de sua organização, e, muitas vezes, se sentem gratificados por receber reconhecimento e *status* na organização e na comunidade, tendo o papel de influenciar resultados organizacionais e ganhar remuneração atrativa em forma de salários, bônus e remuneração variável. Por fim, as organizações precisam de bons gestores, e é por meio dos esforços conjuntos de pessoas motivadas e entusiasmadas trabalhando juntas que as organizações atingem suas metas. Como gestor, pode ter certeza de que seus esforços, habilidades e capacidades são necessários!

## CONFIRA O QUE APRENDEU 1.2

5. Verdadeiro ou falso? A transição de gerente intermediário para gestor de alto nível cria tanta ansiedade quanto ascender de trabalhador para gestor.

6. Qual das alternativas a seguir é uma competência interpessoal?
   a. Conhecimento especializado.
   b. Motivar os outros.
   c. Analisar habilidades.
   d. Intensificar a base de poder de alguém.

7. _____ é a capacidade de demonstrar um sistema e uma sequência de comportamento que sejam funcionalmente relacionados a atingir uma meta de desempenho.
   a. Esforço de planejamento
   b. Competência política
   c. Habilidade
   d. Planejamento bem-sucedido

8. Qual dos seguintes itens não se relaciona a estimular o desempenho individual e do grupo?
   a. Escutar.
   b. Conduzir reuniões de grupo.
   c. Entrevistar.
   d. Projetar carisma.

## REFORÇANDO A COMPREENSÃO

### RESUMO

Após ler este capítulo, eu posso:
1. **Explicar a diferença entre gestores de equipes, gerentes intermediários e alta administração.** Embora todos integrem as fileiras administrativas, a diferença é seu nível na organização. Gestores de equipe são gestores de primeiro nível – administram funcionários operacionais. Gerentes intermediários abrangem todos os gestores, desde aqueles que administram gestores até os que estão no nível de vice-presidente. A alta administração é composta pelos gestores do mais alto nível – os responsáveis por estabelecer os objetivos gerais da organização e desenvolver as políticas para atingir esses objetivos.
2. **Definir gestor de equipes.** Gestor de equipes é um gestor de primeiro nível que lidera o trabalho dos funcionários operacionais e não ligados à gestão.
3. **Identificar as quatro funções da gestão.** Planejar, organizar, liderar e controlar compõem o processo de gestão. Planejar envolve estabelecer a estratégia geral e definir metas. Organizar envolve arranjar e agrupar incumbências, alocar recursos e designar trabalho para que as atividades possam ser realizadas conforme planejado. Liderar envolve motivar os funcionários, dirigir as atividades dos outros, comunicar apropriadamente e resolver conflitos entre membros da organização. Controlar envolve monitorar o desempenho da organização e compará-lo com metas anteriormente definidas.

CAPÍTULO 1
Definições da liderança

4. **Explicar por que o papel do gestor é considerado ambíguo.** O gestor é (1) uma pessoa-chave (um elo crucial de comunicação na organização); (2) uma pessoa intermediária (que interage e reconcilia forças opostas e expectativas conflitantes); (3) só outro trabalhador (a autoridade para decidir é limitada, e gestores podem fazer tarefas operacionais junto com as mesmas pessoas que supervisionam); e (4) um especialista comportamental (capaz de ouvir, motivar e liderar).
5. **Descrever as quatro competências essenciais de gestão.** As quatro competências essenciais de gestão são a competência técnica, a interpessoal, a conceitual e a política. Competência técnica é a capacidade de aplicar conhecimento especializado ou expertise. Competência interpessoal é a capacidade de trabalhar, entender e se comunicar com os outros, tanto individualmente quanto em grupos. Competência conceitual é a capacidade mental de analisar e diagnosticar situações complexas. Competência política é a capacidade de intensificar o poder, formando uma base e estabelecendo as conexões certas na organização.
6. **Identificar os elementos necessários para ter êxito como gestor.** Vários elementos são necessários para ter êxito como gestor, incluindo entender que você é parte da equipe administrativa, lidar apropriadamente com o poder legítimo e reconhecer diferenças nos funcionários.

## COMPREENSÃO: QUESTÕES PARA REVISÃO E DISCUSSÃO

1. O que diferencia cargos de gestão de todos os outros níveis de administração?
2. O proprietário–gestor de uma pequena loja com três funcionários é um funcionário operacional, um gestor ou um alto gestor? Explique.
3. Que tarefas específicas são comuns a todos os gestores, independentemente de seu nível na organização?
4. Compare o tempo gasto em funções administrativas por gestores com a alta administração.
5. "Os melhores membros das bases de funcionários deveriam ser promovidos a gestores." Você concorda ou discorda? Explique.
6. Por que a competência conceitual é mais importante para altos gestores do que para gestores de primeiro nível?
7. O gestor é tanto "uma pessoa-chave" quanto "apenas mais um trabalhador." Explique esse fenômeno.

## DESENVOLVENDO SUAS HABILIDADES DE GESTÃO

### MAIS AUTOCONHECIMENTO

Antes de liderar bem os outros, você deve entender seus pontos fortes atuais e o que é preciso melhorar. Para ajudar nesse processo de aprendizagem, nós o estimulamos a fazer autoavaliações que podem determinar:

# O quanto estou motivado para gerir?
# Qual é minha personalidade básica?
# Qual é meu tipo de personalidade junguiano ou de Myers-Briggs?
# Qual é minha pontuação em inteligência emocional?

Por fim, após concluir a autoavaliação, sugerimos que guarde os resultados para seu portfólio de autoconhecimento.

## CRIANDO UMA EQUIPE

### Exercício experimental: partilhando e recebendo informações

Ao começar um curso novo, você tem expectativas específicas? Provavelmente sim, mas com que frequência você as expõe ao instrutor?[16] Essas informações são importantes para você e para ele. Como gestor de equipes, você terá de se acostumar a partilhar e receber informações sobre suas expectativas e as expectativas alheias. Para começar, defina suas expectativas em relação a esse curso. Primeiro, pegue um pedaço de papel e escreva seu nome no alto. Então responda às seguintes perguntas:

A. O que eu quero desse curso? Por quê?
B. Por que essas coisas são importantes para mim?
C. Como esse curso se encaixa em meus planos de carreira?
D. Qual é meu maior desafio ao fazer esse curso?

Após responder a essas perguntas, junte-se a outro colega de classe (preferivelmente alguém que você ainda não conhece) e troque com ele os papéis. Como ponto de partida para se conhecer, usem as informações nessas folhas. Prepare uma apresentação de seu parceiro e partilhe as respostas dele às quatro perguntas com a classe e seu instrutor.

## PRATICANDO A HABILIDADE

Mentor é alguém, geralmente mais experiente e em uma posição superior, que apadrinha ou apoia na organização outro funcionário ou estudante, também conhecido como protegido.

PASSO 1: Comunicar-se honesta e abertamente com seu protegido. Para que seu protegido aprenda e se beneficie de sua experiência, você precisa ser aberto e honesto ao falar sobre o que fez. Exponha os fracassos, assim como os êxitos. Lembre-se de que mentoria é um processo de aprendizagem e, para que esta aconteça, é preciso "relatar como as coisas de fato são".

PASSO 2: Estimular a comunicação honesta e aberta de seu protegido. Como mentor, você precisa saber o que seu protegido espera ganhar com essa relação. Você deve estimulá-lo a pedir informações e a ser específico sobre o que quer obter.

PASSO 3: Tratar a relação com seu protegido como uma oportunidade de aprendizagem. Em vez de fingir ter todas as respostas e todo o conhecimento, partilhe o que você aprendeu com suas experiências. E durante as conversas e interações, você pode aprender tanto com essa pessoa quanto ela com você. Portanto, mantenha-se aberto para escutar o que seu protegido diz.

PASSO 4: Investir tempo para conhecer seu protegido. Como mentor, é preciso estar disposto a investir tempo para conhecer seu protegido e os interesses dele. Caso contrário, é melhor não embarcar em uma relação de mentoria.

### Comunicação eficaz

1. Desenvolva uma resposta de três a quatro páginas para a seguinte pergunta: Gestores estão em uma situação desfavorável em uma organização? Apresente ambos os lados da questão e inclua dados de apoio. Para encerrar, defenda e apoie um dos dois argumentos que você apresentou.

---

16 Este exercício é baseado em GOZA, B. Graffiti needs assessment involving students in the first class session. *Journal of Management Education*, v. 17, n. 1, fev. 1993, p. 99-106.

*CAPÍTULO 1*
*Definições da liderança*

## PENSANDO DE FORMA CRÍTICA

### Caso 1A: Transição para gestor

Leonardo começou por baixo na empresa e brilhou em seu cargo por vários anos até ser promovido a um cargo de gestão. Ele ficou empolgado com o aumento de responsabilidade e remuneração, e também apreciava o *status* e respeito obtidos pelo novo cargo.

Cabia a Leonardo liderar o departamento de produção em uma nova unidade de sua pequena empresa regional. Como preparação, ele frequentou um programa de treinamento em gestão de duas semanas na sede. Conforme ele esperava, o treinamento abordou questões de recursos humanos (RH), de satisfação dos clientes e expectativas quanto à qualidade na produção. Como a nova unidade deveria mostrar a ênfase em qualidade da empresa, ele teve permissão para recrutar uma equipe própria entre os funcionários da empresa em todo o estado. Vários trabalhadores experientes, a par da atuação anterior dele na empresa, manifestaram interesse no departamento iniciante.

Viviane foi contratada como assistente administrativa do departamento e William como o novo chefe de linha. Leonardo ficou exultante e sentiu que as coisas estavam avançando com rapidez suficiente para que seus superiores ficassem satisfeitos com seu progresso. Ele continuou a preencher os cargos necessários. No prazo de um mês, o departamento estava pronto para entrar em ação. Todos estavam empolgados, o clima era positivo e ele estava ansioso pelo lote inaugural da produção.

Leonardo nunca havia tido um cargo de gestão antes, mas sabia que Viviane e William eram funcionários ótimos, com uma excelente ética de trabalho. Ele tinha certeza de que todos que selecionara tinham uma ética de trabalho semelhante e queriam ter êxito. No entanto, rapidamente isso se mostrou equivocado, e quando ficou óbvio que o aumento de qualidade na produção não aconteceu, a decepção foi geral. O departamento fracassou em produzir no nível esperado de qualidade, e o alvoroço se espalhou entre os funcionários.

Durante os quase dois anos em que foi gestor, Leonardo nunca conseguiu ganhar o respeito de seus funcionários ou teve sucesso na qualidade de produção almejada pela empresa.

Na realidade, muitos gestores estreantes ganham esse cargo simplesmente por ir bem em seu trabalho; no entanto, sem treinamento apropriado em gestão e liderança, resultados decepcionantes como os de Leonardo são mais comuns do que se imagina. O fato de um funcionário ser bom ou até ótimo não significa que será um grande gestor.

### *Analisando o Caso 1A*

1. Se almeja passar para um cargo de gestão, o que você pode fazer para não acabar como Leonardo?
2. Que competências de gestão você deverá desenvolver? Por quê?
3. Com quais das quatro funções administrativas você acha que a maioria dos gestores precisa ajudar? Por que você acha que esse é o caso?
4. O papel de gestor pode ser considerado um primeiro passo rumo à administração. Quais são os benefícios e potenciais desvantagens de buscar uma carreira em administração?

### Caso 1B: Construir um chefe melhor

Dave não poderia estar mais empolgado. Trabalhando para o Google, ele sabia que a empresa não fazia nada pela metade. Então, quando teve a chance de participar de um novo projeto de treinamento de gestores visando "construir um chefe melhor", ele mal conseguia esperar para começar. Durante o treinamento para entender o que é um grande chefe e o que ele faz, treinadores do Google ajudaram Dave e seus colegas a compararem seus dados de avaliação de

análises de desempenho, pesquisas sobre *feedback* e trabalhos de apoio entregues para indivíduos classificados como altos gestores. Eles logo descobriram que os materiais do treinamento haviam sido criados a partir do Project Oxygen do Google, que identificou oito características ou hábitos dos gestores mais eficazes da companhia.

As "oito grandes" características apresentadas a Dave e aos outros eram:

1. passar uma visão clara do futuro;
2. ajudar os indivíduos a atingirem suas metas de trabalho de longo prazo;
3. demonstrar interesse no bem-estar dos funcionários;
4. assegurar-se de ter as capacidades técnicas necessárias para apoiar os esforços dos funcionários;
5. demonstrar habilidades eficazes de comunicação, especialmente a escuta;
6. atuar como *coach*, quando necessário;
7. ter foco em ser produtivo e nos resultados finais;
8. evitar o excesso de gestão; deixar sua equipe ser responsável.

Inicialmente, Dave e os outros estavam acabrunhados e achavam que esses oito atributos pareciam muito simplistas e óbvios. Dave até questionava por que o Google gastou todo esse tempo e esforço para divulgar isso. Mais tarde ele soube que até o vice-presidente de operações do Google, Laszlo Bock, disse: "Minha primeira reação foi, é isso mesmo?". No entanto, à medida que continuavam o treinamento, Dave e os outros gestores começaram a perceber que havia mais na lista do que ela aparentava. O passo seguinte para eles no treinamento foi analisar como o Google classificava os oito itens por importância. Ao fazer isso, os resultados do Project Oxygen se tornaram surpreendentes e muito mais interessantes! Como gestores, Dave e os outros sabiam que a abordagem do Google para gestão desde sua fundação em 1999 era deixar as pessoas em paz fazendo suas coisas. Se os trabalhadores empacavam, o Google acreditava que eles consultariam seus chefes, cuja profunda expertise técnica os impulsionava sobretudo à gestão. Não foi difícil para Dave e os outros entenderem que o Google queria que seus gestores fossem especialistas técnicos notáveis. A surpresa para Dave foi que anteriormente, no contexto do Google, eles sempre eram lembrados de que para ser um gestor, particularmente na área de engenharia, era preciso ser um especialista técnico ou mais conhecedor do que as pessoas que trabalhavam para eles. Agora, o Project Oxygen virou essa ideia de cabeça para baixo, já que o Google revelou que a importância da expertise técnica ficou em oitavo lugar (bem atrás) na lista.

Eis aqui a lista completa fornecida a Dave e a seus colegas gestores, com a classificação do mais importante até o menos importante, e o que cada característica implica:

# Atuar como *coach*, quando necessário. (Dar *feedback* específico e ter reuniões individuais regulares com funcionários; oferecer soluções sob medida para os pontos fortes de cada funcionário.)
# Evitar o excesso de gestão; deixar sua equipe ser responsável. (Dar espaço para os funcionários atacarem problemas, mas ficar disponível para oferecer conselhos.)
# Demonstrar interesse no bem-estar dos funcionários. (Fazer novos membros da equipe se sentirem bem-vindos e conhecer seus aspectos pessoais.)
# Ter foco em ser produtivo e nos resultados finais. (Focar em ajudar a equipe a atingir suas metas, priorizando o trabalho e superando os obstáculos.)
# Demonstrar boas habilidades de comunicação, especialmente a escuta. (Aprender a escutar e a partilhar informações; estimular o diálogo franco e prestar atenção nas preocupações da equipe.)

# CAPÍTULO 1
## Definições da liderança

\# Ajudar os indivíduos a atingirem suas metas de trabalho de longo prazo. (Notar os esforços dos funcionários para que eles possam ver como seu trabalho duro está impulsionando suas carreiras; mostrar apreço pelos esforços deles.)

\# Passar uma visão clara do futuro. (Liderar a equipe, mas manter todos os envolvidos se desenvolvendo e trabalhando em prol da visão da equipe.)

\# Assegurar-se de ter as necessárias capacidades técnicas para apoiar os esforços dos funcionários. (Entender os desafios encarados pela equipe e ajudar seus membros a resolverem problemas.)

Agora, Dave e os outros gestores do Google estão não só estimulados a ser excelentes gestores; eles sabem o que o Google espera deles para serem excelentes gestores. A companhia continua a fazer sua parte oferecendo treinamento constante em gestão, assim como *coaching* individual e sessões de análise de desempenho para Dave e os outros. O Google acredita que o Project Oxygen insuflou vida nova em seus gestores, e o vice-presidente Bock diz que os esforços da companhia compensaram rapidamente, levando a um aumento estatisticamente significativo na qualidade para 75% de seus gestores que tinham o pior desempenho.[17]

### Analisando o Caso 1B

1. Você está surpreso com o que o Google descobriu sobre "construir um chefe melhor?" Explique sua resposta.

2. Qual é a diferença entre estimular gestores a serem excelentes gestores e saber o que ser um excelente gestor envolve?

3. Você concorda com a ordem de classificação do Google das oito características dos gestores eficazes? Por que ou por que não? Como você as ordenaria e por quê?

4. Como as oito características do Google dos gestores mais eficazes se alinham com a lista de Katz das competências de gestão? E com as quatro funções da gestão?

---

17  Baseado em D'APRIX, R. A simple effective formula for leadership. *Strategic Communication Management*, maio 2011, p. 14; JAISH, R. Pieces of eight. *E-learning Age*, maio 2011, p. 6; STALLARD, M. L. *Google's Project Oxygen*: a case-study in connection culture, mar. 2011. Disponível em: https://www.hrexchangenetwork.com/hr-talent-management/articles/google-a-case-study-in-connection-culture. Acesso em: fev. 2020; AQUINO, J. *8 traits of stellar managers. Defined by Googlers*, 15 mar. 2011. Disponível em: www.businessinsider.com. Acesso em: mar. 2020. BRYANT, A. Google's quest to build a better boss. *New York Times Online*, 12 mar. 2011.

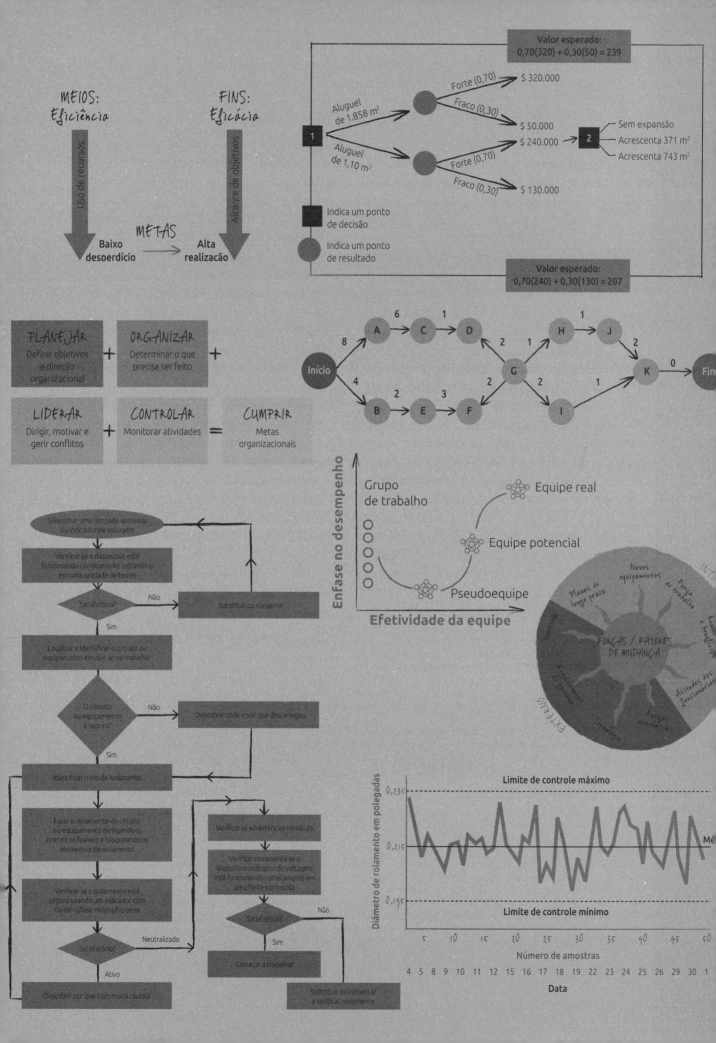

# CAPÍTULO 2
## Desafios de gestão

## CONCEITOS-CHAVE

Após finalizar este capítulo, você será capaz de definir os seguintes termos:

ambientes culturais
aversão a incertezas
*baby boomers*
código de ética
coletivismo
*cyberloafing*
distância do poder
diversidade da força
  de trabalho

*downsizing*
*e-business*
*e-commerce*
engenharia de processos
  de trabalho
ética
individualismo
intensidade de vida
*kaizen*

melhoria contínua
obrigação social
patriotismo
qualidade de vida
responsabilidade social
sensibilidade social
tecnologia
teletrabalho

## OBJETIVOS DO CAPÍTULO

Após ler este capítulo, você será capaz de:

2.1 Explicar como a globalização afeta os gestores.
2.2 Descrever como a tecnologia está mudando o trabalho do gestor.
2.3 Explicar os conceitos de *e-business* e *e-commerce*.
2.4 Identificar mudanças significativas ocorridas na composição da força de trabalho.
2.5 Explicar por que as corporações diminuem sua estrutura.
2.6 Entender o conceito de melhoria contínua e identificar suas metas.
2.7 Descrever por que os gestores devem "prosperar no caos".
2.8 Definir *ética*.

### DILEMA DO LÍDER*

Tecnologia é qualquer tipo de equipamento ou de método operacional para tornar o trabalho mais eficiente. A tecnologia está possibilitando atender melhor aos clientes em muitos setores. Mas, apesar de seus enormes benefícios, a tecnologia no local de trabalho também tem aspectos negativos.

Funcionários são suscetíveis a distrações no trabalho, e a internet apenas intensificou esse desafio. Trabalhadores admitem desperdiçar mais de duas horas por dia no trabalho, e quase metade desse tempo é despendido *on-line*. Alguns funcionários com acesso a redes sociais como Facebook e Twitter perdem tempo olhando o que seus amigos estão fazendo. Fazer compras em sites como Amazon e escrever blogs durante o trabalho desperdiçam muito tempo. Algumas empresas bloqueiam esses sites, de modo que os funcionários são proibidos de usá-los no trabalho. No entanto, com o uso de smartphones, os funcionários podem facilmente entrar no Facebook e em outros sites. Os principais dias de compras são a Black Friday e a segunda-feira após o Dia da Ação de Graças, a Cyber Monday. Funcionários voltam ao trabalho após o feriado e fazem compras durante o expediente. Horas de trabalho e dinheiro da empresa são gastos com atividades impróprias.

Há duas perspectivas conflitantes a respeito de navegar na internet durante o trabalho: (1) esse tempo desperdiçado pelos funcionários custa bilhões de dólares; e (2) diversões ocasionais durante o trabalho são necessárias para refrescar a cabeça dos trabalhadores e estimular sua criatividade, assim impulsionando o "resultado líquido". Como gestor, pode ser difícil combater a navegação na *web* e o *cyberloafing* (ociosidade cibernética). Embora o gestor possa tornar o trabalho mais interessante, permitir pausas para usar a internet e estabelecer diretrizes claras sobre a utilização da Web, o mais provável é que os funcionários ainda fiquem *on-line* em momentos indevidos.

Você acha que navegar na internet é um desperdício de tempo que resulta em perda de dinheiro ou é necessário para os funcionários permanecerem focados? Você usa o expediente na empresa para ficar *on-line* por questões pessoais? Quanto tempo você fica *on-line* no trabalho? Você acha que a chave para manter os funcionários longe da internet é bloquear as redes sociais? Você acha que isso impediria os funcionários de desperdiçar horas de expediente? Como gestor, qual seria sua abordagem com funcionários flagrados usando Facebook e Twitter durante o expediente?

\* OPPERMAN, S. "Surfin' USA' – Accessing the net at work and other time-wasting activities – Are they a cost or a benefit to your agency? *FedSmith*, 11 jul. 2007. Disponível em: https://www.fedsmith.com/2007/07/11/surfin-usa-accessing-net-at-work/. Acesso em: fev. 2020.

### INTRODUÇÃO

É dito com frequência que a única coisa constante na vida é a mudança. A maioria das pessoas indubitavelmente concorda com essa afirmação. Gestores devem estar sempre preparados para eventos transformadores que podem ter um efeito significativo em suas vidas.

Eventos transformadores sempre ajudaram a moldar as interações entre gestores e seus funcionários e continuarão fazendo isso. Alguns dos

*CAPÍTULO 2*
*Desafios de gestão*

adventos mais recentes são a competitividade do mercado global, a intensificação da tecnologia e do *e-business*, a diversidade da força de trabalho, programas de melhoria contínua, a diminuição das estruturas empresariais e a questão da ética. Vamos examinar como essas mudanças estão afetando gestores em organizações.

## 2.1   COMPETITIVIDADE GLOBAL

Muitas companhias americanas cresceram e se tornaram poderosas a partir da Segunda Guerra Mundial porque enfrentavam uma concorrência modesta mundo afora. Por exemplo, nos anos 1950 e 1960, a General Motors (GM) se tornou a maior corporação e a mais lucrativa do mundo. Será que isso aconteceu porque a GM fabricava produtos de alta qualidade que estavam minuciosamente de acordo com as necessidades dos consumidores de automóveis? Talvez em parte; no entanto, o êxito da GM se deveu mais ao fato de que sua maior concorrência era de duas outras montadoras americanas relativamente menos eficientes – a Ford e a Chrysler. Dê uma olhada agora na GM. A GM reduziu custos drasticamente, aumentou a qualidade e reduziu o tempo entre projetar um carro e colocá-lo nos *showrooms* das concessionárias. A GM fez essas mudanças voluntariamente? De jeito nenhum! Ela foi obrigada a isso para enfrentar a recente concorrência global. A Ford e a Chrysler melhoraram muito sua qualidade, desenvolveram produtos inovadores como a minivan e começaram a vender carros importados com suas marcas. A Ford e a Chrysler também impulsionaram sua presença global por meio de uma série de aquisições internacionais. A Ford tornou-se global adquirindo a Jaguar em 1990, a Volvo em 1999 e a Land Rover em 2000. No entanto, devido à competitividade global e a uma reviravolta econômica, a Ford vendeu a Jaguar e a Land Rover para a montadora indiana Tata Motors em 2008. A holding Zhejiang Geely da China adquiriu a Volvo Cars da Ford em 2010. A Chrysler tornou-se global ao adquirir a Maserati em 1987, vendendo-a em 1993, depois se fundindo com a Daimler-Benz em 1998 até formar a DaimlerChrysler. No entanto, a aliança foi breve, e a incerteza econômica resultou em 2007 na venda da Chrysler para a Cerberus Capital Management, então conhecida como a Chrysler LLC. Em abril de 2009, a Chrysler LLC declarou falência e, em 10 de junho de 2009, ressurgiu como o Chrysler Group LLC após se reorganizar da falência. A Chrysler foi vendida à montadora italiana Fiat, cuja participação na Chrysler era de 30%. Em 2011 os donos da Chrysler, além da Fiat, eram o fundo de saúde de aposentados United Auto Workers (UAW) (59,2%), o governo dos Estados Unidos (8,6%), e os governos canadense e de Ontario (2,2%).[1] Agora conhecida nos Estados Unidos como FCA US LLC, a Fiat acabou adquirindo todas as ações da Chrysler, exceto aquelas do fundo de saúde dos aposentados da UAW, e

---

1   MEIER, F. *USA Today*, 12 abr. 2011. Disponível em: http://content.usatoday.com/communities/driveon/post/2011/04/fiat-given-another-5-by-feds-now-owns-30-ofchryslerl. Acesso em: mar. 2020.

# A NOVA ADM

em 1º de janeiro de 2014, anunciou um acordo para comprar também essas ações.[2] Nesse ínterim, a concorrência agressiva de montadoras estrangeiras, como Honda, Toyota, Nissan e BMW, foi aumentando a pressão para que a GM continuasse mudando se quisesse sobreviver.

> **OBJETIVO 2.1**
>
> Explicar como a globalização afeta os gestores.

### 2.1.1 Há mesmo esse lance de *buy american*?

Conforme o exemplo da GM, as organizações não mais se limitam a fronteiras nacionais. Considere, por exemplo, que, na China, o McDonald's vende hambúrgueres e o KFC vende frango. ExxonMobil, Apple, Berkshire Hathaway e Walmart são companhias americanas com porções significativas de sua receita oriundas de operações estrangeiras.[3] Honda, BMW, Mitsubishi, Mercedes-Benz, Subaru, Nissan e Hyundai têm fábricas nos Estados Unidos. Peças para veículos da Ford vêm de vários países: México (assentos, para-brisas e tanques de combustível), Japão (amortecedores), Espanha (controles eletrônicos do motor), Alemanha (sistemas antitravamento de freio) e Inglaterra (peças do eixo).

É importante realçar que, embora as organizações estejam cada vez mais globais e tenham aceitado a realidade de que fronteiras nacionais não mais definem corporações, o público em geral é mais lento para aceitar esse fato, e muitas pessoas acham que a venda de produtos estrangeiros tira empregos dos americanos.

Um clamor frequente é *buy american* (só comprem produtos americanos). A ironia é que muitos supostos produtos estrangeiros são feitos nos Estados Unidos. Por exemplo, a companhia francesa Michelin vende pneus feitos nos Estados Unidos. A mensagem tirada desse exemplo é óbvia: o país de origem de uma companhia não é mais um indicativo seguro de onde ela faz negócios ou da nacionalidade de seus funcionários (ver **"Algo para pensar: Quem é dono do quê?"**). Companhias como Honda e Samsung empregam milhares de pessoas nos Estados Unidos. Ao mesmo tempo, outras como Coca-Cola, ExxonMobil e Citicorp empregam milhares em lugares como Índia, Hong Kong e Reino Unido. Portanto, *slogans* como *buy american* representam velhos estereótipos que não refletem as grandes mudanças na aldeia global.

### 2.1.2 Como a globalização afeta os gestores?

Um mundo sem fronteiras implica novos desafios para gestores, incluindo como considerar pessoas de países estrangeiros e compreender as culturas desses funcionários imigrantes. Um desafio específico para gestores é reconhecer as diferenças existentes e achar maneiras de tornar suas interações com todos os funcionários mais efetivas. Portanto, é preciso analisar bem a percepção de "estrangeiros".

---

2   AUTOMOTIVE NEWS EUROPE. Fiat completes Chrysler acquisition in $4.35 billion deal. *Autonews.com*, 21 jan. 2014. Disponível em: http://europe.autonews.com/article/20140121/ANE/140129979/fiat-completes-chrysler-acquisition-in-$4.35-billion-deal. Acesso em: mar. 2020

3   FORTUNE. *Global 500 2016*. Disponível em: https://fortune.com/global500/2016/. Acesso em: mar. 2020.

*CAPÍTULO 2*
*Desafios de gestão*

## ALGO PARA PENSAR
### *(e promover discussão em sala de aula)*

## QUEM É DONO DO QUÊ?

Uma maneira de apreender a natureza mutante do ambiente global é considerar o país de origem de alguns produtos e empresas conhecidos. Você pode se surpreender ao descobrir que muitas marcas de produtos na realidade não são de companhias americanas. Faça o teste a seguir. Como o mundo dos negócios internacionais é muito dinâmico, faça uma pesquisa *on-line* para ver as respostas corretas ou se houve alguma mudança de propriedade.

1. A companhia controladora da marca Braun (barbeadores elétricos, cafeteiras) fica em que país?
   a. Suíça.
   b. Alemanha.
   c. Estados Unidos.
   d. Japão.

2. A fabricante de canetas Bic é:
   a. japonesa.
   b. britânica.
   c. americana.
   d. francesa.

3. A companhia que produz os sorvetes Häa-gen-Dazs fica em que país?
   a. Alemanha.
   b. Grã-Bretanha.
   c. Suíça.
   d. Estados Unidos.

4. Aparelhos de televisão RCA são produzidos por uma companhia baseada em que país?
   a. França.
   b. Estados Unidos.
   c. China.
   d. Taiwan.

5. A empresa que possui a marca de legumes Green Giant fica em que país?
   a. Estados Unidos.
   b. Canadá.
   c. Grã-Bretanha.
   d. Itália.

6. Os proprietários da companhia de chocolates Godiva ficam em que país?
   a. Estados Unidos.
   b. Suíça.
   c. Turquia.
   d. Suécia.

7. A companhia que produz a Vaseline é:
   a. americana.
   b. holandesa/britânica.
   c. alemã.
   d. francesa.

8. Os jeans Wrangler são feitos por uma companhia sediada em que país?
   a. Japão.
   b. Taiwan.
   c. Grã-Bretanha.
   d. Estados Unidos.

9. A companhia que possui a rede Holiday Inn é baseada em que país?
   a. Arábia Saudita.
   b. França.
   c. Estados Unidos.
   d. Grã-Bretanha.

10. O suco de laranja Tropicana é feito por uma companhia com sede em que país?
    a. México.
    b. Canadá.
    c. Estados Unidos.
    d. Japão.

# A NOVA ADM

**PATRIOTISMO**
Ver as coisas somente por meio dos próprios olhos e da própria perspectiva; acreditar que a própria maneira é a melhor.

Anteriormente, os americanos em geral tinham uma visão patriota do mundo. *Patriotismo* significa ver as coisas somente por meio dos próprios olhos e de uma perspectiva apenas nacional. Isso se traduz por "nós acreditamos que o que fazemos é melhor". Os americanos muitas vezes não reconhecem que outros povos têm maneiras de pensar e fazer as coisas que são válidas, embora diferentes. Devido ao patriotismo, os americanos consideram suas práticas melhores do que as práticas em outras culturas. Obviamente, isso é equivocado. No entanto, mudar essa percepção primeiramente requer entender culturas distintas e seus ambientes.

Todos os países têm o próprio ambiente cultural – valores, moral, costumes e leis. Embora questões culturais envolvam muito mais do que isso e estejam além do escopo deste livro, examinaremos algumas questões culturais básicas que os gestores precisam entender. Por exemplo, nos Estados Unidos, há leis contra a discriminação em contratações e práticas de trabalho, o que não ocorre em todos os países. Portanto, entender ambientes culturais é crucial para o êxito em supervisionar outras pessoas na aldeia global.

**AMBIENTES CULTURAIS**
Valores, moral, costumes e leis dos países.

Um dos estudos mais conhecidos sobre *ambientes culturais* foi feito pelo pesquisador Geert Hofstede.[4] Hofstede analisou vários aspectos das culturas de diversos países e descobriu que a cultura de um país influencia muito os valores e atitudes relacionados ao trabalho. Ao analisar várias dimensões, ele desenvolveu uma estrutura para entender diferenças culturais. Países com culturas semelhantes estão representados na Figura 2.1.

As descobertas de Hofstede agrupam países segundo variáveis culturais como diferenças de *status*, incerteza social e assertividade. Essas variáveis indicam as maneiras com que um país lida com sua população e como as pessoas se veem. Por exemplo, em uma sociedade individualista, as pessoas se preocupam primordialmente com a própria família. Por sua vez, em uma sociedade coletivista, as pessoas se importam com todos os indivíduos que pertencem a seu grupo. Os Estados Unidos são uma sociedade fortemente individualista.

Portanto, gestores americanos podem ter dificuldades em relação a pessoas de países do Círculo do Pacífico, onde o coletivismo domina, a menos que estejam cientes dessa diferença cultural.

Ao trabalhar com pessoas de diversas culturas, aprendemos informalmente as diferenças existentes entre suas culturas e a nossa. Muitas empresas também dão treinamento formal nessa área. Gestores aprendem que devem ser flexíveis e adaptáveis ao lidar com os funcionários estrangeiros. Reconhecer as diferenças em suas formações e costumes fomenta a valorização e até a celebração dessas diferenças (ver **"Notícias rápidas: As variáveis culturais"**).

---

4    HOFSTEDE, G. *Cultural consequences*: international differences in work-related values. Beverly Hills, CA: Sage, 1990.

## CAPÍTULO 2
### Desafios de gestão

**Figura 2.1** Países com características culturais semelhantes

| | | | |
|---|---|---|---|
| **Latino-Americanos** | > Argentina<br>> Brasil<br>> Chile<br>> Colômbia<br>> México<br>> Peru<br>> Uruguai | **Latino-Europeus** | > Bélgica<br>> França<br>> Itália<br>> Portugal<br>> Espanha |
| **Anglo-Saxões** | > Austrália<br>> Canadá<br>> Irlanda<br>> Nova Zelândia<br>> África do Sul<br>> Reino Unido<br>> Estados Unidos | **Nórdicos** | > Dinamarca<br>> Finlândia<br>> Noruega<br>> Suécia |
| **Centro-Europeus** | > Áustria<br>> Alemanha<br>> Suíça | | |

Fonte: adaptada de RONEN, S.; KRANUT, A. Similarities among countries based on employee work values and attitudes. *Columbia Journal of World Business*, Elsevier Limited., 1994.

## 2.2 INTENSIFICAÇÃO DA TECNOLOGIA

Mudança, novidades, incerteza – o que elas significam para os gestores no futuro? Embora fazer previsões possa parecer um exercício fútil, há evidências de que os gestores precisam se preocupar com a mudança. Uma das chaves para o êxito é preparar-se para fazer ajustes. Oportunidades serão abundantes para quem estiver preparado para aceitar e lidar com as informações. Perceba que 35 anos atrás, ninguém tinha um computador nem um telefone celular. Computadores ainda eram tão grandes que não cabiam em mesas. E-mail, *modem* e internet eram termos desconhecidos para o público em geral. Segurança doméstica tipicamente envolvia ter um cão grande. Parafernálias sofisticadas praticamente só eram vistas em filmes de ação!

**OBJETIVO 2.2**
Descrever como a tecnologia está mudando o trabalho do gestor.

### NOTÍCIAS RÁPIDAS

#### AS VARIÁVEIS CULTURAIS

Até hoje, a estrutura desenvolvida por Geert Hofstede[5] é a mais elaborada para ajudar gestores a entenderem melhor as diferenças entre culturas nacionais. Ele pesquisou mais de 116.000 funcionários da IBM em quarenta países. Quais foram os resultados? Hofstede descobriu que gestores e funcionários variam em quatro dimensões da

---
5  HOFSTEDE, 1990.

cultura nacional: (1) individualismo x coletivismo; (2) distância do poder; (3) aversão a incertezas; e (4) intensidade x qualidade de vida.[6]

O *individualismo* se refere a uma estrutura social mais leve em que as pessoas só consideram os próprios interesses e os de seu núcleo familiar. Isso é possibilitado devido à grande liberdade que uma sociedade assim concede aos indivíduos. O oposto disso é o *coletivismo*, que se caracteriza por uma estrutura social rígida. As pessoas esperam que outras nos grupos aos quais pertencem (por exemplo, a família ou uma organização) cuidem delas e as protejam quando surgirem problemas. Em troca, elas têm fidelidade absoluta ao grupo.

*Distância do poder* é uma mensuração da extensão em que uma sociedade aceita o fato de que o poder em instituições e organizações é distribuído de maneira desigual.

Uma sociedade com grande distância do poder aceita diferenças amplas desse atributo em organizações. Os funcionários demonstram muito respeito por aqueles que detêm autoridade. Títulos, classificação e *status* têm muito peso. Por sua vez, uma sociedade com pouca distância do poder dá muito menos importância a diferenças de *status*. Os gestores ainda têm autoridade, mas os funcionários não temem nem reverenciam o chefe.

Uma sociedade com forte *aversão a incertezas* se caracteriza por um nível maior de ansiedade nas pessoas, o que se traduz em mais nervosismo, estresse e agressividade. Como as pessoas se sentem ameaçadas pela incerteza e ambiguidade nessas sociedades, são criados mecanismos para dar segurança e reduzir os riscos. É provável que suas organizações tenham mais regras formais, haja menos tolerância a ideias e comportamentos divergentes, e os membros se esforcem para acreditar em verdades absolutas. Não surpreendentemente, em organizações em países com alta aversão a incertezas, os funcionários demonstram rotatividade relativamente baixa de empregos, e trabalhar a vida inteira em um só lugar é algo comum.

Intensidade de vida *versus* qualidade de vida, assim como individualismo e coletivismo, representam uma dicotomia. Algumas culturas priorizam a *intensidade de vida* e valorizam coisas como a assertividade, ganhar dinheiro e adquirir bens materiais. Outras culturas priorizam a *qualidade de vida*, valorizando os relacionamentos e mostrando sensibilidade e preocupação com o bem-estar alheio.

Com que culturas os gestores americanos se harmonizam mais? E quais têm mais probabilidade de gerar problemas de adaptação? É preciso identificar aqueles países que são mais ou menos como os Estados Unidos nas quatro dimensões. Os Estados Unidos são altamente individualistas, mas mantêm pouca distância do poder. Esse mesmo padrão ocorre na Grã-Bretanha, Austrália, Canadá, Holanda e Nova Zelândia. Os países mais diferentes dos Estados Unidos nesse sentido são Venezuela, Colômbia, Paquistão, Cingapura e as Filipinas. Os Estados Unidos têm baixa pontuação em aversão a incertezas e alta em intensidade de vida. Esse mesmo padrão ocorre na Irlanda, Grã-Bretanha, Canadá, Nova Zelândia, Austrália, Índia e África do Sul. Os países mais diferentes dos Estados Unidos nessas dimensões são Chile e Portugal.

O estudo corrobora o que muitos suspeitavam: o gestor americano transferido para Londres, Toronto, Melbourne ou outra cidade de cultura inglesa teria de fazer menos ajustes. O estudo também identifica os países em que o choque cultural – a sensação de confusão, desorientação e revolta emocional causada pela imersão em uma nova cultura – tende a ser maior, resultando na necessidade de modificar radicalmente o estilo de gestão americano.

---

6   Hofstede denominou essa última dimensão de *masculinidade versus feminilidade*. Nós mudamos isso devido à forte referência a gêneros na escolha de termos de Hofstede.

Hoje em dia, a tecnologia da informação, apoiada por avanços nos chips de silício, alterou definitivamente a vida dos gestores. Comunicações eletrônicas, reconhecimento ótico de caracteres, reconhecimento por voz e bases de armazenamento e recuperação de dados, entre outras tecnologias, estão influenciando maciçamente como as informações são criadas, armazenadas e usadas.

Igualmente importantes são as habilidades e competências em constante evolução que os gestores devem ter. Aqueles que adotam o conhecimento e aprendem continuamente novas habilidades sobreviverão em um mundo de alta tecnologia. Imagine precisar de informações sobre até que ponto sua unidade está cumprindo os padrões de produção. Quarenta anos atrás, obter essas informações podia demandar até um mês. Agora, com poucos toques no teclado do computador em sua mesa você pode conseguir essas informações quase instantaneamente!

Nas últimas quatro décadas, companhias americanas como General Electric, Walmart e 3M passaram a usar escritórios automatizados, robótica na fabricação, *softwares* de design no computador, circuitos integrados, microprocessadores e reuniões eletrônicas. Essas tecnologias combinadas tornaram as organizações mais produtivas e, em alguns casos, as ajudaram a criar e manter uma vantagem competitiva.

### 2.2.1 O que é tecnologia?

*Tecnologia* é qualquer equipamento, ferramenta ou método operacional que torna o trabalho mais eficiente. Avanços tecnológicos envolvem integrar tecnologia em qualquer processo para transformar insumos em produtos e serviços. Em décadas passadas, a maioria das operações de processamento era feita por humanos. A tecnologia possibilitou aperfeiçoar a maioria dos processos de produção, substituindo o trabalho humano por computadores e sofisticados equipamentos eletrônicos. Um exemplo é a operação de montagem na Chrysler Group LLC (agora FCA US LLC) faz uso maciço de robótica. Os robôs fazem tarefas repetitivas, como soldagem elétrica e pintura, com muito mais rapidez do que os humanos. Além disso, os robôs não estão sujeitos aos problemas de saúde causados pela exposição a substâncias químicas e outros materiais perigosos.

O uso de tecnologia vai muito além da aplicação em processos de produção em alta escala. A tecnologia está melhorando o atendimento aos clientes em muitos setores de atividade.

O setor bancário, por exemplo, substituiu milhares de funcionários por caixas eletrônicos e sistemas eletrônicos para diversas operações – inclusive em locais mais convenientes para os clientes. A One Medical desenvolveu um aplicativo para celular que permite que os pacientes escolham um médico, marquem consultas e expliquem seu problema ao médico, e ainda oferece a opção "ser atendido agora" caso surja uma emergência – tudo nas pontas dos dedos dos pacientes. A criação desse sistema fez a One

---

*CAPÍTULO 2*
*Desafios de gestão*

**INDIVIDUALISMO**
Visão que coloca o indivíduo acima do grupo. Essa visão enfatiza independência sobre interdependência.

**COLETIVISMO**
Visão que coloca o grupo acima do indivíduo em política, sociedade e questões econômicas. Essa visão enfatiza interdependência sobre independência.

**DISTÂNCIA DO PODER**
A crença na pequena distância do poder resulta na expectativa de relações de poder que são mais consultivas ou democráticas. A crença na grande distância do poder resulta na aceitação do menos poderoso das relações de poder que são mais autocráticas e paternalistas.

**AVERSÃO À INCERTEZA**
Culturas com elevada aversão a incertezas preferem regras e circunstâncias estruturadas, ao passo que culturas de baixa aversão a incertezas funcionam eficazmente na ausência de regras claras, políticas e procedimentos.

# A NOVA ADM

### INTENSIDADE DE VIDA
Crença que valoriza a competitividade, a assertividade, a ambição e a acumulação de riqueza e posses materiais.

### QUALIDADE DE VIDA
Crença que valoriza mais as relações e o valor geral da vida de alguém em sociedade.

### TECNOLOGIA
Qualquer equipamento, ferramenta ou método operacional que torna o trabalho mais eficiente.

### TELETRABALHO
Interligar o computador e o modem de um trabalhador distante com aqueles de colegas e da administração no escritório.

Medical crescer, reter e rastrear pacientes mais efetivamente, além de reduzir o tempo de espera.[7]

Avanços tecnológicos também são usados para prover informações melhores e mais úteis. Os carros atuais, por exemplo, têm um circuito interno de computador que um técnico pode plugar para diagnosticar problemas no automóvel – o que poupa os mecânicos de horas incontáveis para fazer essa tarefa. Muitos automóveis têm sistemas que permitem que os motoristas mapeiem sua localização e recebam orientações precisas instantâneas sobre o destino em questão.

### 2.2.2 Como a tecnologia muda o trabalho do gestor?

Hoje em dia, poucos trabalhos não foram afetados por avanços na informática. Seja a robótica automatizada no chão de fábrica, *softwares* de design no departamento de engenharia ou sistemas contábeis automatizados, novas tecnologias estão revolucionando o trabalho do gestor.

Embora a tecnologia tenha um efeito positivo sobre as operações internas em organizações, como ela mudou especificamente o trabalho do gestor? Para responder a essa pergunta, basta olhar como é um escritório hoje em dia. As organizações atuais se tornaram centros de comunicações integrados. Graças a computadores, telefones, multifuncionais, copiadoras, scanners, impressoras e afins, os gestores podem obter informações mais completas a uma velocidade antes inimaginável. Com essas informações, os gestores podem formular melhor os planos, tomar decisões mais rapidamente, definir mais claramente as funções dos trabalhadores e monitorar atividades de trabalho em tempo real. Essencialmente, a tecnologia atual aumentou a capacidade dos gestores no trabalho.

A tecnologia também está mudando onde um gestor trabalha. Historicamente, o gestor trabalhava perto do local de operações e havia proximidade estreita com os funcionários. O gestor podia observar como o trabalho estava sendo feito, além de comunicar-se facilmente ao vivo com os funcionários. Graças aos avanços constantes da tecnologia, agora os gestores conseguem supervisionar os funcionários até em locais remotos. A interação ao vivo diminuiu drasticamente. Para muitos, o trabalho é feito onde os computadores estão. O *teletrabalho*, ou trabalho remoto ou *home office* – a interligação do computador de um trabalhador distante com os computadores de colegas e da administração em um escritório – possibilita que os funcionários estejam em qualquer lugar na aldeia global.

Comunicar-se efetivamente com indivíduos em locais distantes e assegurar-se de que seus objetivos de desempenho estão sendo atingidos estão entre os novos desafios para os gestores.

---

7 RASOWSKY, E. 4 Examples of companies using social technology to increase sales. *Get With the Future Blog*, 18 nov. 2013; MAC, R. One medical group: a concierge service by another name (and price). *Forbes*, 27 mar. 2013. Disponível em: http://www.forbes.com/sites/ryanmac/2013/03/27/one-medical-group-a-concierge-service-by-another-name-and-price. Acesso em: mar. 2020.

## 2.3 *E-BUSINESS* EM AÇÃO

O corpo docente de faculdades tem frisado que "o mundo das organizações está mudando" e que "a única coisa constante é a mudança". A maior evidência dessas afirmações é a mudança nos negócios promovida pela internet. Esta parte destaca como os computadores e a internet estão remodelando as práticas de gestão. Para começar essa discussão, vamos dar uma olhada no significado de *e-business* e o que ele tem de singular.

### 2.3.1 O que é *e-business*?

É preciso esclarecer dois termos que causam bastante confusão: *e-commerce* e *e-business*.[8] O termo *e-commerce* descreve a compra e venda *on-line* de produtos ou serviços. Isso abrange apresentar produtos em sites e receber encomendas. A vasta maioria de artigos e a atenção dada pela mídia ao uso da internet nos negócios estão direcionadas para as compras *on-line* – comercializar, divulgar e vender produtos e serviços pela internet. Quando se ouve falar sobre o número imenso de pessoas comprando na internet, e como negócios montam sites para vender produtos, fazer transações, receber encomendas e os devidos pagamentos, o assunto é o *e-commerce*.

Trata-se de uma mudança impactante na relação entre empresas e clientes. Segundo o "censo" do varejo *on-line* brasileiro, o relatório Neotrust, no primeiro semestre de 2019, o faturamento do comércio eletrônico foi de R$ 31,2 bilhões, representando um crescimento nominal de 16,3% em relação ao mesmo período em 2018.[9] Estudos indicam que à medida que despendem mais tempo *on-line* usando smartphones e tablets, os consumidores se habituam a pesquisar os itens desejados, encontrar lojas e encontrar os melhores preços disponíveis.[10] É preciso estar ciente de que 90% das vendas do e-commerce são transações entre empresas. A vasta maioria das vendas no *e-commerce* é de produtos como chips da Intel para a Dell e vendas da Goodyear para a Ford, e não para consumidores como você e eu comprando computadores ou suéteres para uso pessoal.

> **OBJETIVO 2.3**
> Explicar os conceitos de e-business e e-commerce.
>
> **E-COMMERCE**
> A compra e a venda on-line de produtos ou serviços.

---

8  STROUT, E. Launching an e-business: a survival guide. *Sales and Marketing Management*, jul. 2000, p. 90-92; BARTELS, A. The difference between e-business and e-commerce. *Computerworld*, 30 out. 2000. Disponível em: http://www.computerworld.com/article/2588708/e-commerce/e-commerce-the-difference-between-ebusiness-and-e-commerce.html. Acesso em: fev. 2020.

9  E-COMMERCE BRASIL. Compre&Confie divulga relatório Neotrust: o 'censo' do varejo online brasileiro. *E-commerce Brasil*, jul. 2019. Disponível em: https://www.ecommercebrasil.com.br/noticias/compreconfie-divulga-relatorio-neotrust-o-censo-do-varejo-online-brasileiro/. Acesso em: maio 2020.

10  LOMAS, N. Forrester: U.S. online retail sales to rise to $370BN by 2017 (10% CAGR) as ecommerce motors on with help from tablets & phones. *TechCrunch*, 13 mar. 2013. Disponível em: http://techcrunch.com/2013/03/13/forrester-2012-2017-ecommerce-forecast. Acesso em: mar. 2020.

# A NOVA ADM

## E-BUSINESS

Termo abrangente que descreve como uma organização faz seu trabalho usando conexões eletrônicas com seus elementos-chave para atingir suas metas eficiente e eficazmente.

Por sua vez, o *e-business* abrange diversas atividades inclusas em um empreendimento bem-sucedido baseado na internet. Como tal, o *e-commerce* é um subconjunto do *e-business*. O *e-business* inclui desenvolver estratégias para dirigir empresas baseadas na internet, melhorar a comunicação com fornecedores e clientes, coordenar *on-line* com parceiros aspectos de design e produção, identificar um tipo específico de líder para dirigir um negócio "virtual", encontrar pessoas capacitadas para projetar e operar intranets e sites, dirigir os "bastidores" (o lado administrativo) e criar novos mercados e clientes. Além disso, também busca encontrar maneiras ideais para combinar computadores, a *web* e os *softwares* de aplicativos. Um *e-business* usa a internet (a rede mundial de computadores interconectados), intranets (uma rede privada da empresa) e extranets (uma intranet estendida e acessível apenas para funcionários selecionados e gente de fora autorizada) para abrir seus canais de comunicação, assim integrando e partilhando informações, e permitindo que clientes, fornecedores, funcionários e outros se comuniquem com a empresa em tempo real.

Agora que você tem um entendimento melhor do que é um *e-business*, veremos algumas implicações do *e-business* para gestores.

### 2.3.2 Que mudanças o *e-business* traz para os gestores?

Alan Naumann, ex-diretor da Calico Commerce, expressou uma visão comum de gestores de *e-business*: "Apesar de todo nosso foco em velocidade, nós desaceleramos conscientemente na hora de contratar pessoas... Esse o único aspecto do negócio hoje em dia no qual o custo dos erros é maior do que a vantagem de agir em tempo real". Recrutar pessoas competentes é particularmente desafiador para gestores de *e-businesses*. Esses trabalhos requerem um tipo especial de profissionais e técnicos, que têm de ser inteligentes e capazes de sobreviver nas culturas exigentes de empresas de *e-business*. No entanto, pessoas que entendem de *e-business* ainda são relativamente poucas e tendem a ter alta rotatividade,[11] o que dificulta para os gestores recrutarem eficazmente.

Após os candidatos serem identificados, os gestores de *e-businesses* precisam peneirar cuidadosamente os finalistas para se assegurar de que eles se enquadram bem na cultura da organização. Os *e-businesses* tendem a ter características culturais em comum: um local de trabalho informal, espírito de equipe, pressões intensas para concluir projetos rapidamente e a tempo, e uma mentalidade de trabalho 24 × 7 (24 horas por dia, sete dias por semana). Ferramentas de seleção como testes, entrevistas e referências fazem a triagem de pessoas que não se enquadram em equipes e não toleram ambiguidade e estresse.

Outro desafio para os gestores atuais é motivar os funcionários em um *e-business*, pois eles são mais suscetíveis a distrações que podem prejudicar seus esforços de trabalho e diminuir sua produtividade. Ademais, bons

---

11 E-commerce: online recruiting. Notable websites. *Fortune*, 2001, p. 224.

CAPÍTULO 2
Desafios de gestão

funcionários técnicos e profissionais em *e-businesses* são cobiçados no mercado, e muitos percebem o quanto os empregadores dependem de suas habilidades. Em consequência, esses funcionários frequentemente têm expectativas de remuneração diferentes das de seus pares em organizações mais tradicionais e dão conta de diversas distrações que podem não ser aceitas em negócios tradicionais.

Funcionários sempre foram suscetíveis a distrações no trabalho como interrupções por um colega ou telefonemas pessoais. A internet, no entanto, ampliou muito essas distrações, incluindo navegar em sites, checar o Facebook, tuitar, divertir-se com jogos *on-line*, negociar ações, fazer compras e procurar outros empregos. Estimativas recentes indicam que boa parte da produtividade perdida em uma empresa se deve ao *cyberloafing* (ociosidade cibernética). Se o trabalho em si não é interessante ou gera estresse excessivo, os funcionários tendem a fazer outra coisa. Se houver acesso fácil à internet, essa "outra coisa" é se divertir cada vez mais na internet. No entanto, como smartphones e o acesso à internet tornam muitos funcionários tão produtivos em casa quanto no trabalho, a atividade fora do expediente pode mais que compensar o tempo no escritório fazendo coisas não relacionadas ao trabalho.[12]

O quão é comum desperdiçar tempo no trabalho? Uma pesquisa recente sobre trabalhadores indicou que 69% deles desperdiça tempo no trabalho todos os dias. A maioria das pessoas (34%) disse que rotineiramente desperdiça no máximo trinta minutos a cada dia durante o expediente. Quase um quarto (24%) disse que desperdiça entre trinta e sessenta minutos diariamente, e 11% afirmam que desperdiçam várias horas por dia com coisas não relacionadas ao trabalho. Das pessoas que não desperdiçam tempo todo dia, 21% relataram afrouxar o ritmo uma ou duas vezes por semana, ao passo que apenas 10% afirmaram jamais perder tempo no trabalho. Mas eles estão ociosos na internet? Dados de levantamentos mostram que a internet é uma grande fonte de desperdício de tempo, com 37% dos respondentes dizendo que checar as notícias é o que mais os faz desperdiçar tempo; no entanto, 20% dos trabalhadores afirmam que não entram em sites não relacionados ao trabalho durante o expediente. Os sites mais visitados durante o expediente são redes sociais, 14%; compras *on-line*, 12%; entretenimento/estilo de vida, 8%; esportes, 3%; e viagens, 2%. O site mais visitado por lazer entre 9h e 17h é o Facebook, com 15% de todos os respondentes apontando-o como a maior fonte de desperdício de tempo; seguido pelo Yahoo!, 14%; LinkedIn, 10%; Google+, 8%; Amazon, 6%; ESPN, 2%; YouTube, 2%; Twitter, 2%; CraigsList, 2%; e Pinterest, 1%.

É também interessante ver estatísticas demográficas sobre desperdício de tempo. Baseado no desperdício diário de tempo, o levantamento mostra que homens perdem mais tempo do que mulheres por uma margem de 73% a 66%. Isso também indica que 82% dos funcionários entre 26 e 32 anos

**CYBERLOAFING**
Tempo perdido de produtividade devido ao uso da internet no trabalho por motivos pessoais.

---

12  OPPERMANN, 2007.

de idade e 76% dos trabalhadores na faixa etária entre 33 e 39 desperdiçam tempo diariamente – mais de 75% dos trabalhadores na faixa etária entre 18 e 25 disseram o mesmo. Pessoas solteiras e aquelas em relacionamentos sérios desperdiçam o máximo de tempo por dia no trabalho, com 75% cada, comparados a apenas 51% dos respondentes divorciados que desperdiçam tempo diariamente. O levantamento também revela que trabalhadores com mais educação formal têm mais propensão a desperdiçar tempo – 76% dos que fizeram doutorado desperdiçam tempo no trabalho todo dia, comparados a 59% daqueles com diploma do ensino secundário ou menos. Quando indagados por que desperdiçam tempo no trabalho, a razão principal citada por 11% dos respondentes era a falta de incentivo, seguida de perto por 10% que disseram estar insatisfeitos em seus empregos; 9% afirmaram estar entediados, mas apenas 3% disseram que diminuíam o ritmo por causa da remuneração baixa. Além disso, 43% disseram que interagir com colegas fazia com que se desconcentrassem do trabalho, superando os 28% que responderam com navegando na internet, seguidos por mensagens de texto, redes sociais e telefonemas pessoais apontados por 4%, ao passo que compras *on-line* foram a resposta de 2%. Quando se trata do dia em que as pessoas afrouxam mais o ritmo, provavelmente não surpreende que seja a sexta-feira, com 43% das pessoas escolhendo esse dia antes do fim de semana como aquele em que perdem mais tempo. Depois vêm a segunda-feira com 16 %, a quarta-feira com 9%, a quinta-feira com 6% e a terça-feira com 3%. O horário do dia em que se perde mais tempo para 27% é das 15h às 17h, seguido por 16% das 13h às 15h, 13% das 11h às 13h, e 10% das 9h às 11h. Surpreendentemente, 15% das pessoas acordam cedo e chegam ao trabalho entre 7h e 9h para desperdiçar tempo.[13]

Para gestores, a solução para esse problema inclui tornar os trabalhos interessantes para os funcionários, dar pausas formais para combater a monotonia e estabelecer diretrizes claras sobre os comportamentos *on-line* aceitáveis. Muitos gestores também instalam *softwares* que monitoram a internet, embora isso possa afetar o moral dos funcionários. Gestores de *e-businesses* têm de tomar decisões mais rápidas e manter a flexibilidade. Gestores em qualquer organização jamais têm todos os dados que querem quando tomam decisões. Mas o problema é muito pior nos *e-businesses*, pois seu mundo está girando velozmente e a concorrência é intensa.

Gestores de *e-businesses* muitas vezes se veem como corredores de tiros de 1.000 metros, e seus contemporâneos em negócios *off-line* como corredores de longa distância. Seu ambiente de trabalho acelerado torna inefetiva a espera por mais e mais dados para tomar uma decisão. Além da velocidade, esses gestores precisam de alta flexibilidade, no sentido de ser capazes de

---

13 GOUVEIA, A. 2013 Wasting time at work survey: everything you've always wanted to know about wasting time in the office. *SFGate*, jul. 2013. Disponível em: https://www.sfgate.com/jobs/salary/article/2013-Wasting-Time-at-Work-Survey-4374026.php. Acesso em: fev. 2020.

CAPÍTULO 2
Desafios de gestão

conviver com os altos e baixos, redirecionar seus funcionários quando acham que algo não funciona e estimular a experimentação.

Por fim, os *e-businesses* estão reescrevendo as regras de comunicação. Como eles giram em torno de redes integradas e abrangentes de informação, canais tradicionais de comunicação que passam pela "cadeia de comando" não mais refreiam a comunicação. Os *e-businesses* permitem e até estimulam os indivíduos a se comunicarem diretamente sem passar por canais. Os funcionários podem se comunicar instantaneamente a qualquer hora, com qualquer pessoa e em qualquer lugar, e seus gestores podem não saber o que está sendo dito.

Assim, o fluxo da comunicação mudou drasticamente, tornando obsoletos ou alterando conceitos de comunicação interpessoal como a distinção entre redes formais e informais, comunicação não verbal e filtragem. Isso também está redefinindo a condução de atividades como reuniões, negociações, gestão e conversas junto ao "bebedouro".

---

### CONFIRA O QUE APRENDEU 2.1

1. *Patriotismo* se refere a:
   a. religião de alguém.
   b. ver as coisas pelos próprios olhos.
   c. ter valores e moral.
   d. dar importância à qualidade de vida.

2. Permitir que os funcionários trabalhem em lugares distantes e fiquem conectados à organização por meio de alguma forma de tecnologia é denominado:
   a. terceirização.
   b. gestão global.
   c. teletrabalho.
   d. todas as alternativas acima.

3. Refere-se a toda a gama de atividades inclusas em um empreendimento bem-sucedido baseado na internet.
   a. *E-business.*
   b. *E-commerce.*
   c. Teletrabalho.
   d. Nenhuma das alternativas acima.

4. O tempo perdido de produtividade em consequência de os funcionários usarem a internet por razões pessoais é denominado:
   a. comércio eletrônico.
   b. teletrabalho.
   c. roubo.
   d. *cyberloafing.*

---

## 2.4 TRABALHANDO EM UMA ORGANIZAÇÃO DIVERSIFICADA

Há meio século, trabalhadores e suas necessidades eram extraordinariamente semelhantes. Nos anos 1950, por exemplo, a força de trabalho americana era primordialmente composta por homens brancos, muitos dos quais provenientes dos mesmos bairros ou cidades, que eram empregados

# A NOVA ADM

em fábricas e tinham mulheres que ficavam em casa cuidando de no mínimo dois filhos. A força de trabalho atual é muito mais diversificada e continuará mudando. A diversidade tem sido um dos principais tópicos de negócios nas últimas duas décadas e faz parte das disciplinas modernas desse campo, como qualidade, liderança e ética, mas também é um dos assuntos mais polêmicos e menos compreendidos.[14]

## OBJETIVO 2.4
Identificar mudanças significativas ocorridas na composição da força de trabalho.

### 2.4.1 O que é diversidade da força de trabalho?

Hoje em dia, a questão mais importante de recursos humanos em organizações talvez seja adaptar políticas e práticas organizacionais devido à crescente *diversidade da força de trabalho*. Essa força de trabalho diversificada é composta por homens, mulheres, brancos, negros, hispânicos, asiáticos, indígenas, pessoas com deficiências, LGBTQ e idosos. Há alguns prognósticos excelentes que indicam exatamente como será a composição dessa força de trabalho no futuro. Segundo o Departamento do Trabalho dos Estados Unidos, a força de trabalho no país deverá crescer para 163,5 milhões em 2022, um aumento de 8,5 milhões em relação a 2012. Em 2022, a força de trabalho será diferente de 2012, afetada pela composição demográfica dos que se aposentam, entram ou permanecem na força de trabalho. Projeta-se que os estreantes serão sobretudo homens, com a expectativa de que, entre 2012 e 2022, 19,7 milhões de homens entrarão na força de trabalho, comparados com 15,7 milhões de mulheres. A cota de mulheres na força de trabalho deverá ser de 46,8% em 2022, ao passo que a cota de homens deverá ser de 53,2%. O Departamento de Estatísticas do Trabalho projeta que, entre 2012 e 2022, estreantes na força de trabalho consistirão em cerca de 25,8 milhões de não hispânicos brancos; um pouco mais de 5 milhões de negros; 9,2 milhões de hispânicos (a cota hispânica na força de trabalho deverá aumentar mais do que a de qualquer outro grupo demográfico); e um aumento de 3 milhões de asiáticos. Esses números farão que em 2022 a força de trabalho seja 60,8% não hispânica branca, 20,6% hispânica, 12,4% negra e 6,2% asiática.[15] O importante é a composição desses novos trabalhadores. Minorias e mulheres irão compor uma parcela muito maior da força de trabalho. Em consequência, empresas e seus gestores devem assegurar que seus programas e técnicas motivacionais sejam apropriados para grupos tão diversificados.

## DIVERSIDADE DA FORÇA DE TRABALHO
A composição da força de trabalho, que inclui homens, mulheres, brancos, negros, hispânicos, asiáticos, indígenas, pessoas com deficiências, LGBTQ, idosos etc.

### 2.4.2 Como a diversidade afeta os gestores?

As implicações da diversidade da força de trabalho para os gestores são abrangentes. Os funcionários não colocam de lado seus valores culturais e preferências por estilo de vida quando vão trabalhar. Portanto, o gestor

---

14 ANAND, R.; WINTERS, M. F. A retrospective view of corporate diversity training from 1964 to the present. *Academy of Management Learning & Education*, set. 2008, p. 356-372.

15 TOOSSI, M. Labor force projections to 2022: the labor force participation rate continues to fall. *Monthly Labor Review*, dez. 2013. Disponível em: http://www.bls.gov/opub/mlr/2013/article/labor-force-projections-to-2022-the-labor-force-participation-rate-continues-to-fall.htm. Acesso em: mar. 2020.

## CAPÍTULO 2
### Desafios de gestão

deve alterar a organização para acomodar esses diversos estilos de vida, necessidades familiares e estilos de atuação. Ele deve ter um estilo de gestão flexível o suficiente para buscar o envolvimento de todos os funcionários e estar ciente do fato de que eles têm motivações diferentes em termos do que querem e precisam no trabalho. A conscientização sobre a diversidade da força de trabalho requer uma ampla gama de novas políticas e práticas.

Vejamos alguns exemplos. O escalonamento do trabalho terá de ser mais flexível para acomodar pais e mães solteiros, pais que cuidam dos filhos e casais que moram em lugares diferentes. As empresas terão de explorar as possibilidades de prover cuidados para crianças e idosos, para que os funcionários possam dar atenção total ao trabalho. Programas de benefícios talvez tenham de ser reestruturados e individualizados para abarcar necessidades mais variadas. Programas de planejamento de carreira talvez devam ser reavaliados para lidar com funcionários menos dispostos a ser transferidos para uma experiência mais ampla de trabalho ou promoções.

Todos os funcionários precisarão de treinamento para que aprendam a entender e a gostar de pessoas diferentes deles. E, naturalmente, gestores terão de repensar suas técnicas motivacionais para dar conta de uma enorme variedade de necessidades dos funcionários.

Além da diversidade acarretada por fatores como estilo de vida, gênero, nacionalidade e raça, os gestores devem estar cientes do efeito exercido pelos *baby boomers*. Você já deve ter ouvido falar muito sobre os *baby boomers*, um grupo que inclui indivíduos nascidos entre 1946 e 1964. O motivo dessa fama é que eles são muitos, são frutos de um período de grande explosão populacional. Em cada etapa de suas vidas (desde a escola primária, adolescência, crescimento na carreira etc.), eles exerceram um efeito enorme sobre a economia devido a seu número tão expressivo. E ao iniciar os anos de aposentadoria, podem ter um efeito final no trabalho dos gestores. Como isso é possível? Leia o parágrafo a seguir para compreender melhor.

Muitos *baby boomers* têm cargos relevantes em organizações. Embora não sejam tão proficientes com computadores quanto os estreantes na força de trabalho atual, suas habilidades em matemática, ciências, comércio e afins são notáveis. Quando um grupo de funcionários como esse se aposenta em massa, as organizações ficam carentes de suas habilidades. Isso claramente tem potencial para criar um déficit de mão de obra – tornando bem mais difícil para os gestores recrutar e dirigir as atividades de trabalho necessárias para atingir as metas organizacionais.

Diferenças geracionais muitas vezes geram tensão no trabalho e podem ser uma preocupação para o gestor. A Figura 2.2 identifica os fortes estereótipos associados aos diferentes grupos etários na força de trabalho.

### BABY BOOMERS

Maior grupo na força de trabalho, eles normalmente têm cargos relevantes nas organizações. Não são tão proficientes em tecnologia, mas detêm conhecimentos notáveis sobre tomada de decisão e negócios. Quando se aposentam, tendem a criar um déficit de mão de obra.

**Figura 2.2**  Estereótipos de valor para algumas gerações de trabalhadores

| *Baby Boomers* (1946-1964) | Geração X (1965-1980) ou *Millennials* | Geração Y (1981-2002) |
|---|---|---|
| > Usam a tecnologia como uma ferramenta necessária, mas não são obcecados por tecnologia para seu próprio bem | > Conhecedora de tecnologia | > Conhecedora de tecnologia, até questiona o valor do e-mail como técnica padrão de TI e prefere comunicações em um site da internet |
| > Apreciam hierarquia | > Não gosta de hierarquia | > Não gosta de hierarquia, prefere participação |
| > Toleram equipes, mas valorizam o trabalho independente | > O trabalho em equipe é muito importante | > O trabalho em equipe é muito importante |
| > Grande foco na carreira | > Luta pelo equilíbrio entre vida pessoal e trabalho, mas por enquanto trabalhará muitas horas; prefere horários de trabalho flexíveis | > Luta pelo equilíbrio entre vida pessoal e trabalho, e pode ser contra o trabalho interferir na vida pessoal; espera horários de trabalho flexíveis |
| > Mais lealdade à organização | > Lealdade à própria carreira e à profissão | > Lealdade à própria carreira e à profissão e se sente no direito de ter metas de carreira |
| > Preferem a diplomacia e o tato | > Franca na conversa | > Bem direta na conversa |
| > Buscam emprego de longo prazo | > Aceitará emprego de longo prazo se a situação for favorável | > Vê cada empresa como um degrau para um emprego melhor em outra empresa |
| > Acreditam que problemas devem ser formalmente discutidos | > Acredita que o *feedback* pode ser dado informalmente e o recebe bem | > Acredita que o *feedback* pode ser informal, inclusive apressadamente, e anseia por isso |
| > Um tanto dispostos a aceitar ordens e sugestões | > Questiona muito por que as coisas devem ser feitas de certa maneira | > Pergunta frequentemente por que as coisas devem ser feitas de certa maneira e faz muitas perguntas |
| > Dispostos a tomar iniciativa para definir datas de início e fim de projetos | > Leve preferência para que o gestor defina datas de projetos | > Prefere estrutura em relação a datas e outras atividades baseadas na precedência das atividades da estrutura organizacional |
| > Consideram recompensas uma consequência positiva do bom desempenho e precedência | > Espera recompensas frequentes | > Considera recompensas como uma consequência positiva do bom desempenho e precedência<br>> Sente-se fortemente no direito a recompensas, incluindo promoções |
| > Farão várias tarefas diante dos colegas quando isso parecer necessário | > Fica à vontade para fazer várias tarefas enquanto interage com colegas | > Acha que fazer várias coisas, incluindo ouvir música em fones de ouvido enquanto lida com os colegas, é um comportamento aceitável |

Nota: Há discordância sobre quais grupos etários abrangem os *baby boomers*, a geração X e a geração Y, com publicações profissionais mostrando leves diferenças.
Fontes: MCGARVEY, 1999; HAMMILL, 2005; KEHRLI e SOPP, 2006; ALSOP, 2006; TYLER, 2008.

## 2.5   MUDANDO O MODELO DE OPERAÇÃO DOS NEGÓCIOS

Hoje em dia, o local onde os gestores trabalham está mudando. Enquanto no passado os grandes negócios eram predominantes nos Estados Unidos, hoje isso não é necessariamente o caso. Na década passada houve mais crescimento em empresas de porte pequeno e médio, que conseguiram reagir melhor às demandas dos clientes. Os grandes negócios, porém, não estão jogando a toalha. Para se parecer mais com os menores, os grandes negócios vêm fazendo algumas mudanças significativas. As mais óbvias são a redução da estrutura, programas de melhoria contínua e a engenharia de processos. Vamos examinar cada uma delas e discutir como afetarão no trabalho.

*CAPÍTULO 2*
*Desafios de gestão*

### 2.5.1 Por que as organizações estão fazendo mais com menos?

Companhias americanas vêm se esforçando para ser "enxutas e ágeis". Em resultado da desregulamentação em certas áreas de atividade (por exemplo, as companhias aéreas), da concorrência estrangeira, de fusões e aquisições de empresas, as organizações fazem cortes de funcionários das folhas de pagamento. No final do século XX, quase todas as companhias na lista *Fortune 500* – como Sears, General Electric, American Airlines e IBM – de fato haviam reduzido as equipes e remodelado as operações. No ramo de negócios, essa ação se chama *downsizing*.[16]

Organizações diminuem sua estrutura para atingir duas metas básicas: obter mais eficiência e reduzir custos. Em muitos casos, isso significou reduzir o número de trabalhadores empregados, inclusive funcionários em todos os níveis, a exemplo de gestores. As organizações tiveram de fazer isso porque o mundo a seu redor mudou!

Para lidar de modo eficaz com os fatores em um ambiente de negócios que muda rapidamente e com a crescente concorrência global, empresas tiveram de se tornar mais flexíveis em relação à maneira com que o trabalho é feito. Regras formais de trabalho que dominavam burocracias impediam que mudanças ocorressem com suficiente rapidez. Havia um excesso de pessoas envolvidas nas tomadas de decisão e em sua implementação. Além disso, nem todos os trabalhadores tinham as habilidades necessárias para se adaptar às mudanças nas empresas. Em alguns casos, a organização não havia planejado com antecedência ou não havia investido o suficiente nos anos anteriores na atualização das habilidades dos funcionários. Em consequência, alguém de fora era contratado para fazer o trabalho. As empresas acreditavam que às vezes era mais barato continuar a fazer o trabalho fora do que treinar e pagar um funcionário em tempo integral. Assim, junto com a redução da estrutura em prol da flexibilidade, houve a percepção de que era preciso cortar muito os custos reduzindo o pessoal contratado em tempo integral.

No entanto, essas reduções não atingiram as metas em todos os casos. Esforços de redução muitas vezes prejudicaram os trabalhadores e os potenciais ganhos financeiros que eles promoveriam. Vários estudos indicam que mais de dois terços de todas as empresas que fizeram reduções tiveram problemas com o moral dos funcionários, e aqueles que continuaram no emprego não confiavam mais na administração. Além disso, empresas que fizeram *downsizing* tiveram uma taxa mais alta de funcionários pedindo indenização por invalidez.

### 2.5.2 Por que a ênfase em programas de melhoria contínua?

A revolução na qualidade continua ocorrendo nos setores público e privado, sendo agora descrita genericamente como *melhoria contínua*.[17] A

---

16 *Downsizing* também pode se referir a *reestruturação, redução na força* ou *redimensionamento correto*.

17 Em alguns casos, programas de melhoria contínua podem ser agrupados sob o conceito de *gestão da qualidade total*.

---

**OBJETIVO 2.5**
Explicar por que as corporações diminuem sua estrutura.

**DOWNSIZING**
Uma redução na força de trabalho e o remodelamento das operações para criar organizações "enxutas e ágeis". As metas do downsizing organizacional são mais eficiência e redução de custos.

**OBJETIVO 2.6**
Entender o conceito de melhoria contínua e identificar suas metas.

**MELHORIA CONTÍNUA**
Atividades em uma organização que melhoram os processos e resultam em mais qualidade dos produtos e serviços produzidos.

# A NOVA ADM

revolução inicial foi inspirada por um grupo pequeno de especialistas em qualidade, incluindo Joseph Juran (1904-2008) e W. Edwards Deming (1900-1993). Hoje, muitas das crenças originais desses indivíduos se expandiram em uma filosofia de vida organizacional guiada pelas necessidades e expectativas dos clientes (ver Figura 2.3). No entanto, programas de melhoria contínua expandem o termo *cliente* para além da definição tradicional, incluindo todos os envolvidos com a organização internamente ou externamente – ou seja, funcionários e fornecedores, assim como as pessoas que compram os produtos ou serviços da organização. O objetivo é criar uma organização comprometida com a melhoria contínua, ou, como dizem os japoneses, *kaizen*.

Embora planos de melhoria contínua sejam criticados por prometerem demais e nem sempre funcionarem a contento, o resultado em geral é bom. A Varian Medical Systems, que fabrica equipamentos científicos, usou programas de melhoria contínua em sua unidade de semicondutores para reduzir para catorze dias o tempo necessário para produzir novos designs. Outra unidade da Varian, que produz sistemas a vácuo para limpar salas de informática, impulsionou a pontualidade nas entregas de 42% para 92% graças a métodos de melhoria contínua. Na Globe Metallurgical, ganhadora em 1988 do prêmio Malcolm Baldrige de Qualidade Nacional e subsidiária da Globe Specialty Metals desde 2006, programas de melhoria contínua ajudaram a obter um aumento de 50% na produtividade. E as melhoras significativa feitas na década passada na qualidade dos carros produzidos pela GM, Ford e FCA US LLC podem ser diretamente atribuídas à implementação de métodos de gestão da qualidade total.

### 2.5.3 Quais as diferenças entre engenharia de processos e melhoria contínua?

Embora começar a implementar métodos de melhoria contínua seja positivo em muitas empresas, tais métodos geralmente enfocam a mudança incremental. Essa ação – a busca permanente por fazer melhor as coisas – é intuitivamente atraente. Muitas empresas, porém, operam em um ambiente marcado por mudanças rápidas e dinâmicas. Como os elementos no entorno mudam cada vez mais rapidamente, o processo de melhoria contínua pode deixá-las defasadas.

O problema do foco em melhoria contínua é dar uma falsa sensação de segurança. Os membros organizacionais podem sentir que estão fazendo algo positivo, o que de certa forma é verdade. Porém, com a mudança incremental constante eles talvez evitem admitir que o que realmente a organização precisa é de uma mudança radical ou quântica cuja denominação é *engenharia de processos de trabalho*.[18] A mudança contínua também pode fazer os funcionários acharem que estão fazendo progressos e, assim, adiarem mudanças quânticas que ameaçarão certos aspectos da vida organizacional. Portanto, a abordagem incremental da melhoria contínua talvez seja a versão atual de

> **KAIZEN**
> Termo japonês para uma organização comprometida com a melhoria contínua.

> **ENGENHARIA DE PROCESSOS DE TRABALHO**
> Mudança radical ou quântica em uma organização.

---

18  HAMMER, M.; CHAMPY, J. *Reengineering the corporation:* a manifesto for business revolution. Nova York: Collins Business Essentials, 1993; Harper Business, 2006.

*Capítulo 2*
*Desafios de gestão*

mudar as cadeiras de lugar no convés do *Titanic*. No ambiente atual de negócios é imperativo que todos os membros organizacionais considerem o desafio que a engenharia de processos de trabalho representa em seus processos organizacionais. Por quê? Porque a engenharia de processos de trabalho pode levar a grandes ganhos organizacionais em termos da redução de custos ou de tempo e de aprimoramento de serviços, assim como preparar uma organização para os desafios que as mudanças tecnológicas fomentam.

**Figura 2.3    As bases da melhoria contínua**

1. **Foco no cliente.** O cliente inclui não só pessoas de fora que compram os produtos ou serviços da organização, mas também clientes internos (como pessoal de remessa ou de contas a pagar) que interagem com e atendem os outros na organização.

2. **Busca por melhoria contínua.** É o compromisso de nunca estar satisfeito. "Muito bom" não é suficiente. A qualidade sempre pode aumentar.

3. **Melhora na qualidade de tudo o que a organização faz.** A melhoria contínua envolve uma definição muito ampla de qualidade não só em relação ao produto final, mas também quanto à maneira de fazer entregas, à rapidez das respostas a reclamações, à polidez no atendimento telefônico e afins.

4. **Mensurações precisas.** A melhoria contínua utiliza técnicas estatísticas para mensurar todas as variáveis cruciais nas operações da organização. Elas são comparadas com padrões ou *benchmarks* para identificar problemas, encontrar suas raízes e eliminar suas causas.

5. **Envolvimento dos funcionários.** A melhoria contínua envolve as pessoas nesse processo. Equipes são amplamente usadas em programas de melhoria contínua para descobrir e resolver problemas.

### 2.5.4    Quais são as implicações de *downsizing*, trabalhadores temporários, programas de melhoria contínua e engenharia de processos?

Embora *downsizing*, trabalhadores temporários, programas de melhoria contínua e engenharia de processos de trabalho sejam atividades frequentemente iniciadas nos níveis da alta administração de uma organização, eles têm impacto direto sobre os gestores de equipes. Gestores de primeiro nível muitas vezes estão altamente envolvidos em implementar as mudanças. Eles devem estar preparados para lidar com as questões organizacionais causadas por essas mudanças. Vamos examinar algumas implicações.

#### 2.5.4.1   *Downsizing* e gestores

Quando uma organização faz *downsizing*, o efeito mais óbvio é que pessoas perdem seus empregos. Portanto, um gestor pode esperar que certas coisas ocorram. Os funcionários – tanto os que saem quanto os que ficam – podem sentir raiva e achar que a organização não se importa mais com eles. Embora a decisão dos cortes seja tomada nos níveis mais altos da administração, o gestor pode ser o alvo desse ressentimento. Em alguns casos, o gestor pode ter participado na decisão de que indivíduos demitir e quais manter,

com base nas metas da organização. Após o *downsizing*, os funcionários que ficam podem ter menos lealdade à empresa.

Um desafio importante para gestores é motivar a força de trabalho que se sinta insegura em seus empregos e menos comprometida com os empregadores. Funcionários corporativos costumavam acreditar que seus empregadores recompensariam sua lealdade e bom trabalho com segurança no emprego, benefícios generosos e aumentos de remuneração. Ao fazer cortes, as empresas começaram a descartar políticas tradicionais de segurança no emprego, tempo de casa e remuneração. Essas mudanças resultaram em um declínio agudo na lealdade dos funcionários. Como as corporações demonstram menos compromisso com os funcionários, estes reagem na mesma moeda. Isso afeta a capacidade do gestor de motivar os funcionários e manter a produtividade alta. O *downsizing* também pode aumentar a competição entre os funcionários de um gestor. Se decisões para eliminar empregos se baseiam no critério de desempenho, pode haver menos propensão de os funcionários se ajudarem e reinar o "cada um por si". Esse comportamento pode frustrar a equipe formada por um gestor.

Por fim, o *downsizing* pode fomentar problemas para os sobreviventes. A menos que os processos de trabalho tenham sido consertados, tarefas importantes de empregos que foram cortados ainda podem ser necessárias. Geralmente, isso significa cargas maiores de trabalho e expedientes mais longos para os funcionários restantes, e conflitos entre o trabalho e a vida pessoal. Isso também pode gerar mais ansiedade e mais estresse no trabalho, e um aumento no absenteísmo. Para o gestor, tudo isso também afeta drasticamente a produtividade das unidades de trabalho.

### 2.5.4.2 Trabalhadores temporários

Mudando de empregos tradicionais em tempo integral para a troca constante de empregos, uma força de trabalho independente está surgindo nos Estados Unidos, que é temporária e atua em tempo parcial. Esses trabalhadores por contrato buscam mais controle e flexibilidade na vida laboral e ficam disponíveis para ser contratados conforme a necessidade dos empregadores.[19] Dependendo de como são definidos, os números de trabalhadores temporários que atuam no país variam muito. No entanto, dados mais recentes sugerem que, em resultado de organizações transformarem empregos permanentes em tempo integral em empregos temporários, a força de trabalho independente está em torno de 40 milhões de pessoas, das quais 40% são *millennials* e 31% *baby boomers*.[20] Um relatório da empresa de recrutamento MBO Par-

---

19 MBO PARTNERS. America's independents: a rising economic force. *State of Independence in America Report 2016*. Disponível em: https://www.mbopartners.com/wp-content/uploads/2019/02/2016_MBO_Partners_State_of_Independence_Report.pdf. Acesso em: fev. 2020.

20 MBO PARTNERS, 2016.

*CAPÍTULO 2*
*Desafios de gestão*

tners estima que haverá 34 milhões de trabalhadores temporários em 2021, perfazendo 29% da força de trabalho.[21] Talvez isso inclua você!

Quais são as implicações para gestores e organizações? Como os funcionários temporários não são "funcionários" no sentido tradicional da palavra, geri-los implica um conjunto de desafios e expectativas. Gestores devem reconhecer que, como os trabalhadores temporários não têm a estabilidade e segurança de funcionários permanentes, eles podem não se identificar com a organização ou não ser tão comprometidos ou motivados. Gestores podem ter de tratar os trabalhadores temporários de modo diferente em termos de práticas e políticas. No entanto, se contarem com boa comunicação e liderança, os funcionários temporários de uma organização podem ser um recurso tão valioso quanto os funcionários permanentes.

Os gestores atuais devem reconhecer que cabe a eles motivar toda a sua força de trabalho – em tempo integral e temporário – e engajá-la no compromisso de fazer um bom trabalho!

### 2.5.4.3 Programas de melhoria contínua e gestores

Gestores devem definir claramente o significado de qualidade para os funcionários em sua unidade. Isso tem de ser comunicado a cada membro da equipe. Cada indivíduo então deve fazer o esforço necessário visando à perfeição. Gestores e seus funcionários devem reconhecer que falhar nisso pode resultar em clientes insatisfeitos levando seu poder de compra para os concorrentes e, nesse caso, os empregos na organização ficam ameaçados.

A premissa da melhoria contínua pode gerar um resultado positivo para gestores e funcionários. Todos os envolvidos podem contribuir para melhorar o trabalho. A base da melhoria contínua é a participação das pessoas mais próximas ao trabalho. Como tal, a melhoria contínua pode eliminar muitos gargalos que atrapalhavam os esforços no passado. Programas de melhoria contínua podem ajudar a criar trabalhos mais satisfatórios para gestores e seus funcionários.

### 2.5.4.4 Engenharia de processos de trabalho e gestores

Se você aceitar a premissa de que a engenharia de processos de trabalho mudará como os negócios operam, é claro que isso também afetará diretamente os gestores. Em primeiro lugar, a engenharia de processos de trabalho pode deixar alguns gestores e funcionários confusos e com raiva. Quando processos são reestruturados na organização, certas relações longas de trabalho são rompidas.

Embora desperte o ceticismo de alguns, a engenharia de processos de trabalho pode gerar alguns benefícios para gestores, como a oportunidade de aprender novas habilidades, trabalhar com a tecnologia mais recente, supervisionar equipes de trabalho e ter mais autoridade para tomar decisões. Essas mesmas habilidades podem mantê-los em evidência no mercado e ajudá-los

---

21 MBO PARTNERS, 2016.

a finalmente mudar para outra organização. Por fim, como essas mudanças se dão em todo o universo corporativo, os gestores podem ter alterações em suas remunerações. Sob um arranjo de trabalho aperfeiçoado pela engenharia de processos, gestores e seus funcionários podem ficar em uma posição melhor para ser compensados pelo trabalho que fazem e receber bônus e incentivos quando superam as metas.

#### 2.5.4.5 Lealdade e engajamento dos funcionários

Gestores geralmente veem a lealdade dos funcionários como necessária para diminuir a rotatividade e atingir estabilidade organizacional. Mas surgem problemas quando funcionários descomprometidos não podem sair ou não saem da organização, permanecendo no emprego. A lealdade não é a medida definitiva da efetividade dos funcionários e deveria ser equilibrada pelo engajamento deles em um trabalho significativo.

Os gestores devem lutar diligentemente para melhorar essas práticas, levando ao engajamento da força de trabalho pela identificação de questões estratégicas, processos fundamentais de recursos humanos (RH) e componentes operacionais inerentes à organização.[22]

## 2.6 PROSPERANDO NO CAOS

OBJETIVO 2.7
Descrever por que os gestores devem "prosperar no caos".

Como estudante, qual dos cenários a seguir você acha mais atraente?
# **Cenário 1:** semestres duram quinze semanas. No primeiro dia de aula, os membros do corpo docente têm de entregar um sumário do curso que especifica as aulas diárias, as datas das provas e o peso percentual de várias atividades em classe para a nota final. Pelas regras das faculdades, os instrutores dão aulas apenas nos horários já definidos, avaliam as tarefas e entregam os resultados no prazo de uma semana.
# **Cenário 2:** os cursos variam de duração. Quando se inscreve para um curso, você não sabe quanto ele vai durar, duas semanas ou trinta semanas. Além disso, instrutores podem encerrar um curso a qualquer hora que quiserem, sem aviso prévio. A duração de uma aula também muda constantemente. Às vezes, dura vinte minutos; outras vezes, três horas. O instrutor só marca a próxima reunião da turma no final de cada aula. Ah, sim, as provas são todas de surpresa, então é preciso estar preparado para isso a qualquer hora; os instrutores raramente dão qualquer *feedback* significativo sobre os resultados das provas.

Se for como a maioria das pessoas, você escolhe o Cenário 1. Por quê? Porque sua previsibilidade transmite segurança. Você sabe o que esperar e pode se planejar para isso. Portanto, pode ser desanimador você perceber

---

22  HUNDLEY, S.; JACOBS, F.; DRIZIN, M. *Workforce engagement:* strategies to attract, motivate, and retain talent. Scottsdale, AZ: WorldatWork Press, 2007.

CAPÍTULO 2
Desafios de gestão

que o mundo do gestor – incluindo seu trabalho – cada vez mais se parece com o Cenário 2 do que com o Cenário 1.

Nós apostamos que os gestores bem-sucedidos do futuro serão aqueles que aprenderem a prosperar no caos. Eles confrontarão um ambiente em que a mudança está ocorrendo a um ritmo sem precedentes. Novos concorrentes surgem da noite para o dia; os antigos desaparecem por meio de fusões, aquisições, novas tecnologias ou por não acompanhar o mercado em mutação. Organizações enxutas significam menos trabalhadores para concluir o trabalho necessário. Inovações tecnológicas constantes em informática e telecomunicações tornam as comunicações instantâneas. Esses fatores, aliados à globalização de produtos e mercados financeiros, criam o caos. Em consequência, muitas estratégias tradicionais de negócios – criadas para um mundo que era muito mais estável e previsível – não funcionam mais.

Gestores bem-sucedidos também devem mudar. Eles devem ser capazes de achar sentido em uma situação em que tudo parece fútil e transformar desastres em oportunidades. Para fazer isso, devem ser mais flexíveis em seus estilos, mais inteligentes na maneira de trabalhar, mais ágeis para tomar decisões, mais eficientes na gestão de recursos escassos, melhores em satisfazer os clientes e mais confiantes para ordenar enormes mudanças revolucionárias. Conforme o escritor de administração Tom Peters, que captou esse conceito em um de seus livros campeões de vendas, "os gestores atuais devem ser capazes de prosperar em meio a mudanças e à incerteza".[23]

## 2.7 DO CAOS À CRISE

Embora os gestores atuais devam lidar com o caos que os rodeia, gerir em uma crise requer uma proporção diferente de tempo de trabalho. O gestor deve estar alerta para os sinais de uma unidade com problemas. Alguns sinais são potenciais quedas de desempenho, deficiências orçamentárias, políticas embaraçosas e desnecessárias, temor de conflito e de correr riscos, tolerância à incompetência no trabalho e comunicações ruins com o departamento.

Outra perspectiva para reconhecer quedas de desempenho gira em torno do "fenômeno do sapo escaldado",[24] um experimento clássico de reação psicológica. Em um caso, um sapo vivo é jogado em uma panela com água fervente, reage instantaneamente e salta para fora da panela. Mas o segundo sapo vivo, que é jogado em uma panela com água morna gradualmente aquecida até o ponto de fervura, demora para reagir e morre. Gestores podem ser particularmente vulneráveis ao fenômeno do sapo escaldado, pois nem sempre reconhecem a "água esquentando" – ou seja, a situação sutilmente se deteriorando. Quando mudanças de desempenho são graduais, a demora em tomar uma reação séria pode ter consequências irremediáveis. Assim, o

---

23  PETERS, T. *Thriving on chaos:* handbook for a management revolution. Nova York: Knopf, 1987.

24  STROZNIAK, P. Averting disaster. *Industry Week*, 12 fev. 2001, p. 11-12.

que o fenômeno do sapo escaldado nos ensina? Que gestores precisam estar atentos aos sinais de que algo está errado no departamento e não esperar até que situação chegue ao ponto (fervente) de uma crise.

Embora a maioria das crises em organizações não derive de problemas que se agravam da noite para o dia, eventos traumáticos de fato ocorrem.[25] Um exemplo claro se deu em 20 de abril de 2010, com a explosão no Golfo do México da plataforma *Deepwater Horizon*, que perfurava o poço Macondo Prospect e era operada pela petrolífera britânica BP. Isso causou o maior vazamento de petróleo até hoje. Então, o que organizações e gestores podem fazer?

Um dos componentes-chave para lidar com um desastre é ter um plano antecipado. Entre as alternativas estão planos de recuperação após o desastre, que podem incluir sistemas duplicados e de *backup*, locais para atender emergências e opções de trabalho remoto.[26] Embora todas sejam importantes, um aspecto parece ser consensual entre especialistas nesse tema – apoio da gestão a funcionários e suas famílias.[27] A boa comunicação durante desastres é essencial para ajudar os funcionários a entenderem o que está acontecendo. Gestores precisam deixar os funcionários falarem sobre seus sentimentos e sofrerem. Gestores também devem reconhecer o estresse agudo e a depressão de alguns funcionários que precisem de assistência adicional. Em tais situações que fogem aos manuais, os gestores devem ser gentis, sensíveis e solidários, muito embora possam estar vivenciando as mesmas crises emocionais que seus funcionários!

Não há dúvida de que situações extremas requerem medidas drásticas. E embora haja esperança de que eventos como aqueles presenciados em 10 de abril de 2010 nunca mais aconteçam, situações traumáticas em uma organização podem ocorrer a qualquer hora. As organizações e os gestores que se anteciparem a catástrofes e tiverem planos para o caso de desastres estarão um passo à frente para minimizar os efeitos na sequência.

## 2.8 A ORGANIZAÇÃO BOA E LUCRATIVA

Toda organização tem uma meta simples: sobreviver. A sobrevivência, porém, pode assumir diversas formas. Para muitos, ela significa ser lucrativa, ao passo que, para outros, ela significa gerar dinheiro suficiente para continuar o trabalho para o bem da sociedade. A primeira visão suscita muitas perguntas. Uma organização pode operar de uma maneira que lhe permita fazer a coisa "certa" e ainda ganhar dinheiro? Embora a resposta seja sim, as manchetes noticiosas estão repletas de histórias sobre organizações que não operam de maneira apropriada. Por exemplo, se empresas de tabaco sabem

---

25 What companies can do in traumatic times. *BusinessWeek*, 8 out. 2001, p. 92.

26 COPELAND, L.; SLIWA, C.; HAMBLEN, M. Companies urged to revisit disaster recovery plans. *Computerworld*, 15 out. 2001, p. 7.

27 BRANDT, J. Survivors need your solace. *Chief Executive*, out. 2001, p. 12; PASTER, H. Manager's journal: be prepared. *Wall Street Journal*, 24 set. 2001, p. A-24.

# CAPÍTULO 2
## Desafios de gestão

que a nicotina causa sérios problemas de saúde, elas deveriam ter retirado os cigarros do mercado há décadas? Empresas americanas que fabricam produtos no México deveriam respeitar leis ambientais e de segurança americanas se o México não exige isso – mesmo estando provado que algumas malformações congênitas em Brownsville, Texas, se devem à poluição proveniente do Golfo do México? Independentemente de nossos sentimentos, não podemos realmente condenar essas organizações. Afinal de contas, na maioria dos casos elas estavam obedecendo à lei – e isso é tudo que lhes é exigido! Presumimos frequentemente que desde que obedeçam à lei, os negócios têm direito a fazer o que for necessário para garantir a sobrevivência. Damos isso como líquido e certo. No entanto, muitas empresas atuais estão implementando políticas e práticas com foco em comportamento socialmente responsável. Vamos examinar esse fenômeno.

### 2.8.1 O que é uma organização socialmente responsável?

*Responsabilidade social* é uma obrigação das organizações com a sociedade e vai além da lei e de ter lucros. A responsabilidade social tenta alinhar metas organizacionais de longo prazo com o que é bom para a sociedade. *Sociedade* nesse contexto se refere a grupos como os funcionários de uma organização, seus clientes e o ambiente em que atuam.

Podemos entender melhor a responsabilidade social se a compararmos com dois conceitos semelhantes: obrigação social e sensibilidade social (ver Figura 2.4).[28] *Obrigação social* é a base do envolvimento social de um negócio. Um negócio cumpre sua obrigação social quando cumpre suas responsabilidades econômicas e legais, e nada mais. Ele faz o mínimo que a lei exige. Diferentemente da obrigação social, a responsabilidade social e a sensibilidade social vão além de meramente seguir os padrões econômicos e legais básicos. *Sensibilidade social* é a obrigação moral de fazer coisas que tornem a sociedade melhor e não aquelas que poderiam torná-la pior. Portanto, a sensibilidade social requer que o negócio determine o que é certo ou errado e busque verdades fundamentais. Normas sociais guiam esse processo.

Vamos examinar esses dois conceitos por meio de um exemplo. Quando cumpre padrões de controle de poluição estabelecidos pelo governo federal ou não discrimina funcionários devido à sua raça ao decidir uma promoção, a organização está apenas cumprindo sua obrigação social. Várias leis dizem que empregadores não podem poluir nem ser contra certos grupos, e a empresa está seguindo essas leis. No entanto, quando uma empresa empacota seus produtos com papel reciclado ou garante seguro de saúde para o companheiro de um funcionário solteiro, ela está sendo socialmente sensível. Como assim? Embora possam ser pressionados por alguns grupos sociais, esses negócios estão dando algo que a sociedade deseja, sem ser obrigados pela lei!

---

28  ACAR, W.; AUPPRELE, K. E.; LOWRY, R. M. An empirical exploration of measures of social responsibility across the spectrum of organizational types. *International Journal of Organizational Analysis,* jan. 2001, p. 26-57.

---

**RESPONSABILIDADE SOCIAL**
Obrigação que as organizações têm de seguir metas de longo prazo que sejam boas para a sociedade.

**OBRIGAÇÃO SOCIAL**
A base do envolvimento social de um negócio. A obrigação social de uma organização é cumprida quando ela mantém suas responsabilidades legais e econômicas.

**SENSIBILIDADE SOCIAL**
Um processo guiado por normas sociais que requer que os negócios determinem o que é certo ou errado e busquem verdades fundamentais; a tentativa de fazer coisas para tornar a sociedade melhor e não aquelas que podem torná-la pior.

É fácil falar sobre uma empresa que está sendo socialmente responsável, mas o que dizer quando "ela" se torna "nós"? O comportamento socialmente responsável com indivíduos traz a questão mais perto de nós!

### 2.8.2 Como agimos de forma responsável?

Muitas pessoas acreditam que nossa sociedade está passando por uma crise moral. Aos olhos de muitas pessoas, comportamentos outrora condenáveis – mentir, enganar, caluniar, acobertar erros – se tornaram comuns nos negócios. Produtos que podem causar danos aos usuários continuam no mercado. Volta e meia há denúncias em grandes organizações de que homens estão assediando mulheres sexualmente durante o trabalho. E o que dizer especificamente sobre o trabalho do gestor? Que tipos de ações questionáveis ele pode encarar? Eis aqui algumas questões gerais relacionadas a isso: você deveria falar a verdade o tempo todo? É correto driblar as regras sempre que possível para beneficiar a empresa? Vale a pena fazer algo repreensível desde que você não seja flagrado? Considere agora dois casos específicos: você acha certo um de seus vendedores oferecer propina para um comprador a fim de induzi-lo a fechar negócio? É errado usar o computador da empresa para fazer compras *on-line*?

Gestores se deparam com muitos dilemas e precisam definir se uma conduta é correta ou errada. Devido a seus comentários e comportamento, os gestores são uma fonte básica de transmissão do clima de uma organização. Para a maioria dos funcionários, seu gestor é a única ponte com a administração. Como tal, os padrões da administração são interpretados pelos funcionários por meio das ações de seu gestor. Se levam suprimentos da empresa para casa, enganam a respeito de suas despesas ou mantêm práticas semelhantes, os gestores definem o tom em seus grupos de trabalho e podem solapar todos os esforços da alta administração para criar um clima corporativo regido por princípios louváveis. Em companhias grandes como American Express e ExxonMobil, gestores se norteiam por códigos de conduta sobre o que são práticas aceitáveis e inaceitáveis.

**Figura 2.4** Obrigação social × sensibilidade social

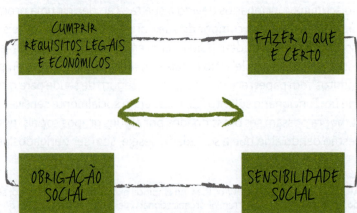

Muitas vezes há documentos formais sobre os valores básicos e regras éticas que os funcionários da organização devem seguir. À medida que as organizações exercem mais pressão sobre gestores e funcionários para cortar custos e aumentar a produtividade, mais dilemas éticos devem surgir. Por meio de suas ações e palavras, os gestores contribuem para disseminar os padrões da organização. Organizações devem ficar em alerta contra o surgimento de quaisquer formas de improbidade. A prática antiga de fornecedores darem ingressos grátis ou descontos para os compradores de organizações, ou de restaurantes oferecerem refeições grátis ou com desconto para policiais, pode despertar a suspeita de observadores externos e levantar questões sobre imparcialidade de futuros negócios e decisões políticas. Os gestores querem que funcionários ajam eticamente. E o que é exatamente essa tal de *ética*?

### 2.8.3 O que é ética?

*Ética* comumente se refere às regras ou princípios que definem a conduta certa ou errada. Pessoas sem um caráter moral forte são muito mais propensas a fazer coisas erradas se forem cerceados por regras, políticas, descrições de cargos ou fortes normas culturais que desaprovam tais comportamentos. Por sua vez, pessoas corretas podem ser corrompidas por uma organização e sua cultura, que permite ou estimula práticas condenáveis. Considere a situação ética que mencionamos anteriormente – aquela de um comprador aceitando propina. Aceitar suborno monetário é algo que quase todo mundo considera um comportamento contrário à ética. Afinal, isso também poderia ser uma atividade ilegal. E se a "propina" não for tão visível quando dinheiro – ou simplesmente não existir? Por exemplo, suponha que você é o gestor do departamento de compras de um hospital de porte médio. Vários vendedores estão apresentando suas vantagens para que você feche negócio com eles. O Vendedor 1 faz uma apresentação e lhe dá uma lista de preços atraentes, em vista das grandes quantidades que você pode comprar. A Vendedora 2 faz uma apresentação semelhante, e os preços da empresa dela são comparáveis aos da outra. Mas ela também convida você e seu amigo para um evento esportivo em breve, cujos ingressos você queria comprar, mas já haviam se esgotado. Você vai ao evento com essa vendedora? Você acha certo fazer isso? Afinal de contas, é apenas um jogo. Além disso, mesmo que a empresa dela feche negócio com você, os preços dela estão mesmo alinhados com aqueles do vendedor concorrente.

Esse exemplo ilustra como a ambiguidade sobre o que é ético pode complicar os funcionários. *Códigos de ética* (documentos formais sobre os valores básicos e regras éticas de uma organização que os funcionários devem seguir) são cada vez mais adotados para reduzir essa ambiguidade. O ideal é que esses códigos sejam bastante específicos para guiar os funcionários sobre o que devem fazer. Lamentavelmente, você pode não ter uma política como essa à qual recorrer. Nesse caso, você terá de reagir da maneira que considera apropriada – e arcar com as consequências. Vamos examinar isso melhor.

Suponha que seu chefe lhe peça para combinar preços com os concorrentes e, ao mesmo tempo, roubar tecnologia deles. Seu chefe sabe que, ao

---

**CAPÍTULO 2**
*Desafios de gestão*

**OBJETIVO 2.8**
Definir ética.

**ÉTICA**
Regras ou princípios que definem uma conduta como certa ou errada.

**CÓDIGO DE ÉTICA**
Documento formal com os valores básicos e regras éticas da organização que os funcionários devem seguir.

fazer isso, sua organização pode criar um mercado imbatível para seus produtos e, possivelmente, eliminar a concorrência nessa área de atividade. Se fizer essas coisas, você também será generosamente recompensado – inclusive ser encarregado da operação.[29]

Quais são suas opções? Uma delas é fazer o que seu chefe pediu. Afinal de contas, ele é o chefe e pode melhorar ou infernizar sua vida. No entanto, se chegar a esses extremos de combinar preços ou roubar segredos dos concorrentes, você pode se complicar criminalmente. Você, não o chefe, pode ser alvo de acusações. Embora tenha feito algo para o bem de sua organização, você percebe que o chefe não irá protegê-lo caso você fique enrascado. Em suma, sua carreira pode ficar manchada. Outra opção é conversar com seu chefe e expor o incômodo por ser solicitado a fazer algo condenável. Provavelmente essa solicitação não será retirada, mas pelo menos você afirma seu posicionamento. Você também pode se recusar a fazer o que foi pedido. Obviamente, essa recusa pode lhe gerar problemas. Talvez você precise recorrer a membros organizacionais com mais autoridade e que estejam dispostos a ajudá-lo, mas nem sempre é isso o que acontece. Outra opção ainda é dar a impressão de que você fará o que seu chefe pediu, mas nunca atender ao pedido. Você pode dar a desculpa de que os preços não puderam ser combinados porque as outras empresas não concordaram com o plano. Nesse caso, você espera que o chefe "engula" sua desculpa ou simplesmente pare de insistir na solicitação. Esse é um risco que você pode estar disposto a correr. Outra desvantagem dessa opção é que você ainda está cometendo um ato condenável – mentir para seu chefe.

Caso seu chefe continue a pressioná-lo, você terá outra escolha disponível, que é a mais extrema. Se a solicitação vai claramente contra suas crenças e outras pessoas na organização não o ajudam, você pode pedir demissão ou até denunciar publicamente a organização. Claro que isso tem desvantagens, mas pelo menos você tem o consolo de saber que fez a coisa certa. Em situações envolvendo a ética, é impossível prever o que você pode confrontar. No entanto, ajuda se você se preparar com antecedência para lidar com dilemas éticos. Quanto mais preparado estiver, mais fácil será quando chegar o dia em que alguém lhe pedir para fazer algo que vai contra o que você acredita que é correto.

## CONFIRA O QUE APRENDEU 2.2

5. A composição da força de trabalho que inclui pessoas de todas as origens e classes sociais se chama:
   a. oferta de mão de obra.
   b. banco de dados de recursos humanos.
   c. diversidade da força de trabalho.
   d. aldeia global.

---

29 Adaptado de WHITACRE, M. My life as a corporate mole for the FBI. *Fortune*, 4 set. 1995, p. 52-62.

6. Quando uma organização está reduzindo sua força de trabalho e remodelando suas operações para se tornar mais enxuta, esse processo se chama:
   a. planejamento.
   b. organização.
   c. operações eficientes.
   d. *downsizing*.

7. Uma obrigação que as organizações têm de seguir metas de longo prazo que sejam boas para a sociedade é referida como:
   a. responsabilidade social.
   b. obrigação social.
   c. consciência social.
   d. sensibilidade social.

8. Regras ou princípios que definem uma conduta como certa ou errada se chamam:
   a. responsabilidade social.
   b. governança corporativa.
   c. ética.
   d. todas as alternativas anteriores.

## REFORÇANDO A COMPREENSÃO

### RESUMO

Após ler este capítulo, eu posso:

1. **Explicar como a globalização afeta os gestores.** A globalização afeta os gestores de muitas maneiras. O fator-chave é reconhecer as diferenças existentes entre pessoas de várias culturas e entender como essas diferenças podem dificultar as comunicações.

2. **Descrever como a tecnologia está mudando o trabalho do gestor.** A tecnologia está mudando o trabalho do gestor de várias maneiras. Gestores têm acesso imediato a informações que os ajudam a tomar decisões. Avanços tecnológicos ajudam os gestores que têm funcionários em lugares distantes, reduzindo a necessidade de interação ao vivo com esses indivíduos. Por outro lado, comunicar-se efetivamente com indivíduos em lugares distantes, assim como assegurar que os objetivos de desempenho sejam cumpridos, será um grande desafio para os gestores.

3. **Explicar os conceitos de *e-business* e *e-commerce*.** O termo *e-commerce* se refere à compra e venda *on-line* de produtos ou serviços, e a qualquer atividade de vendas envolvendo negócios eletrônicos, ou seja, o uso da internet para fazer transações de negócios. Por outro lado, o *e-business* envolve toda a gama de atividades em um empreendimento bem-sucedido baseado na internet. Isso inclui desenvolver estratégias para dirigir o negócio, melhorar as comunicações com fornecedores e clientes, coordenar eletronicamente com parceiros questões de design e produção, identificar um tipo específico de líder para dirigir um negócio virtual, achar pessoas capacitadas para projetar e operar intranets e sites, e gerir o lado administrativo.

4. **Identificar mudanças significativas ocorridas na composição da força de trabalho.** Em comparação com sessenta anos atrás, quando a força de trabalho era primordialmente

composta por homens brancos, a força de trabalho está muito mais diversificada e continuará nessa direção. Alterações demográficas, a globalização dos negócios e a aprovação de legislação federal que proíbe discriminação contra funcionários contribuíram para essa mudança.

Devido a ela, os gestores interagem com pessoas diferentes em termos de gênero, cor, etnia, capacidade física, orientação sexual e idade, aos quais têm diversos estilos de vida e de família, e diversas necessidades e estilos de trabalho. A maior implicação para gestores é o requisito da sensibilidade em relação às diferenças de cada indivíduo. Isso significa parar de tratar todos da mesma maneira, passando a reconhecer diferenças e a reagir a elas, de modo a assegurar a retenção e maior produtividade dos funcionários.

5. **Explicar por que as corporações diminuem sua estrutura.** O *downsizing* corporativo ocorre em reação à concorrência global, sendo uma tentativa de tornar a empresa mais reativa aos clientes e mais eficiente em suas operações. O efeito sobre a gestão é dobrado. Primeiro, gestores devem se assegurar de que suas habilidades e as de seus funcionários se mantenham atualizadas. Funcionários cujas habilidades se tornam obsoletas são potenciais candidatos para cortes de empregos. Segundo, aqueles que mantêm seus empregos têm mais probabilidade de assumir o trabalho de duas ou três pessoas. Essa situação pode criar frustração, ansiedade e menos motivação.

6. **Entender o conceito de melhoria contínua e identificar suas metas.** Programas de melhoria contínua expandem o termo *cliente* além da definição tradicional e incluem todos os envolvidos internamente ou externamente com a organização. Isso abrange funcionários e fornecedores, assim como as pessoas que compram produtos ou serviços da empresa. O objetivo é criar uma organização comprometida com a melhoria contínua – sempre buscando ser melhor e oferecer produtos ou serviços com maior qualidade. As cinco metas básicas da melhoria contínua são (1) foco no cliente, (2) buscar a melhoria contínua, (3) melhorar a qualidade de tudo o que a organização faz, (4) mensurar precisamente, e (5) envolver os funcionários.

7. **Descrever por que gestores devem "prosperar no caos".** Gestores trabalham em ambientes que estão mudando em um ritmo inédito. Eles devem ser mais flexíveis em seus estilos, mais inteligentes na maneira de trabalhar, mais rápidos ao tomar decisões, mais eficientes ao lidar com recursos escassos, melhores para satisfazer a clientela e mais confiantes para efetuar enormes mudanças revolucionárias. Caso haja um acontecimento traumático na organização, os gestores devem estar preparados com antecedência e ser sensíveis às necessidades dos funcionários. Essa sensibilidade se manifesta ouvindo os funcionários, reconhecendo o estresse que estão sentindo e ajudando-os quando necessário.

8. **Definir ética.** Ética se refere a regras ou princípios que definem se uma conduta é certa ou errada. Em uma organização, essas regras ou princípios podem ser definidos em um código de ética por escrito – um documento formal com os valores básicos e regras éticas que a organização espera que os funcionários sigam.

## COMPREENSÃO: QUESTÕES PARA REVISÃO E DISCUSSÃO

1. Você acredita que a globalização fez as organizações americanas ficarem mais atentas a seus clientes? Explique.
2. "Melhoras tecnológicas às vezes atrapalham a efetividade da gestão." Você concorda ou discorda? Justifique sua opinião.

3. Quais são os efeitos do *e-business* para os gestores?
4. O que é diversidade da força de trabalho e que desafios ela gera para os gestores?
5. Que conselho você daria a uma amiga que não sabe o que é *downsizing*, mas sabe que a empresa em que trabalha vai demitir funcionários dali a três meses?
6. Descreva a diferença entre programas de melhoria contínua e engenharia de processos.
7. Como aprender a administrar o caos pode preparar melhor os gestores para o trabalho na próxima década?
8. É possível organizações serem socialmente responsáveis e ainda lucrativas? Caso você ache que sim, cite alguns exemplos de empresas que se enquadram nesse perfil e descreva o que elas estão fazendo.
9. É ético trapacear em uma prova se você souber que isso não afetará a nota de outro estudante e tiver certeza de que não será flagrado? Por que sim ou por que não?
10. Identifique as características e comportamentos do que você considera um gestor ético.

## DESENVOLVENDO SUAS HABILIDADES DE GESTÃO

### MAIS AUTOCONHECIMENTO

Antes de supervisionar bem os outros, você deve entender seus pontos fortes atuais e aqueles que precisam melhorar. Para ajudar nesse processo de aprendizagem, estimulamos você a concluir autoavaliações que possam determinar:

# Há probabilidade de eu ser um empreendedor?
# Sou qualificado para uma carreira como gestor global?
# Qual é meu posicionamento em relação à diversidade no local de trabalho?
# Qual é o meu grau de ética?
# O quanto estou comprometido com a organização onde trabalho?

Por fim, após concluir a autoavaliação, sugerimos que guarde os resultados para seu "portfólio de autoconhecimento".

### CRIANDO UMA EQUIPE

**Exercício experimental: trabalhando com a diversidade**

Na força de trabalho atual, várias gerações convivem. Há os *baby boomers* (nascidos entre 1946 e 1964); a Geração X (nascida entre 1965 e 1980); e a Geração Y, também conhecida como *Millennials* (nascida entre 1981 e 2002).

Cada grupo tem um foco e valores distintos. Forme três grupos baseados nessas faixas etárias. O Grupo 1 incluirá os *baby boomers*; o Grupo 2, a Geração X; e o Grupo 3, a Geração Y. Veja a Figura 2.2 para nortear sua discussão.

**PASSO 1**

Discuta seus sentimentos sobre os três grupos. Para ajudar a enquadrar suas respostas, use as perguntas a seguir:

a. O que você acha que cada grupo valoriza na vida?
b. O que você acha que cada grupo quer do emprego?

PASSO 2
a. Cada grupo compartilhará com a classe suas respostas às perguntas no Passo 1.
b. Quais são as semelhanças e diferenças entre as visões dos grupos? Essas diferenças refletem como você vê as pessoas de maneiras diferentes? Discuta suas respostas.
c. As características de sua faixa etária são mais positivas para você do que as características que você citou para os outros dois grupos? O que isso diz a respeito das percepções sobre trabalhadores diversificados?
d. O que você acha que cada grupo espera de seu gestor?
e. Identifique agora duas características marcantes de cada grupo.

## PRATICANDO A HABILIDADE

Fazer escolhas éticas pode ser difícil para gestores. Obedecer à lei é obrigatório, mas agir eticamente vai além disso e significa agir responsavelmente em áreas cinzentas em que as regras de certo ou errado são ambíguas. O que fazer para melhorar suas habilidades de gestor de equipes no sentido de agir eticamente? Aqui estão algumas diretrizes.

**PASSO 1: Conhecer a política de sua organização sobre ética.** A política de empresas sobre ética, caso exista, descreve o que a organização percebe como comportamento ético e o que ela espera que você faça. Tal política ajudará você a perceber o que é lícito fazer – conforme seu critério. Isso se tornará seu código de ética a seguir.

**PASSO 2: Entender a política sobre ética.** Apenas ter a política disponível não garante conseguir o que se espera. Você precisa entendê-la totalmente. O comportamento ético raramente é um processo simples e claro. Tendo essa política como diretriz, você poderá decidir questões éticas na organização. Mesmo que tal política não exista, há vários passos para enfrentar uma situação difícil.

**PASSO 3: Pensar antes de agir.** Pergunte a si mesmo se o que está prestes a fazer é correto. O que causou o problema? Qual é sua verdadeira intenção em agir de certa maneira? É por alguma razão válida ou há motivos por trás disso – como demonstrar lealdade à organização? Sua ação prejudicará alguém? Você pode revelar para seu gestor ou para sua família o que vai fazer? Lembre-se, é seu comportamento que será visto em suas ações. Você precisa ter certeza de que não vai fazer algo que prejudique seu papel como gestor, sua organização ou sua reputação.

**PASSO 4: Perguntar a si mesmo "e se".** Quando reflete antes por que está prestes a fazer algo, você deve também se perguntar "e se". As perguntas a seguir podem ajudá-lo a moldar suas ações: e se você tomar a decisão errada, o que irá lhe acontecer? E com seu trabalho? E se suas ações forem descritas detalhadamente no noticiário ou no jornal local? Você se incomodaria ou ficaria embaraçado e envergonhado diante de quem o cerca? E se você fosse flagrado fazendo algo condenável? Você está preparado para lidar com as consequências?

**PASSO 5: Pedir opiniões alheias.** Se precisar fazer algo importante e não tiver certeza a respeito, peça conselhos a outros gestores. Talvez eles tenham passado por uma situação semelhante e sua experiência possa lhe ajudar. Ou talvez eles possam apenas escutar e funcionar como uma caixa de ressonância para você.

**PASSO 6: Fazer o que você realmente acredita que está certo.** Você tem consciência e é responsável por seu comportamento. Seja lá o que fizer, você realmente acredita que é a coisa certa e o que os outros dizem (inclusive aqueles que só dão conselhos depois que o estrago está feito) é irrelevante. Você precisa ser verdadeiro com seus padrões éticos internos. Pergunte a si mesmo, dá para conviver com o que você fez?

## Comunicação eficaz

1. Faça um relato de duas a três páginas sobre um negócio socialmente responsável e o efeito que a responsabilidade social está tendo sobre a operação do negócio. Enfatize como o negócio teve de mudar para se tornar socialmente responsável e os benefícios que auferiu. Encerre o trabalho com uma discussão sobre o efeito que a responsabilidade social pode ter tido sobre gestores nesse negócio.

2. Diante de uma crise traumática, gestores podem ter de tomar algumas medidas drásticas. Identifique uma organização que tenha passado por uma catástrofe. Discuta a natureza da tragédia e o que a organização fez para ajudar os funcionários afetados.

## PENSANDO DE FORMA CRÍTICA

### Caso 2A: Equilíbrio entre trabalho e vida pessoal

Júlia, vice-presidente executiva do Big Bank of America, adorava seu trabalho e admitia abertamente que uma das razões de seu entusiasmo era que o banco adotava valores e princípios em relação ao equilíbrio entre vida pessoal e trabalho dos funcionários. No entanto, ao olhar ao redor de seu escritório nessa tarde de sexta-feira e observar as pilhas enormes de pastas relativas à aquisição vindoura do Main Street Bank, ela percebeu que só lhe restava um longo fim de semana trabalhando. Ela estava ansiosa por um fim de semana relaxando com seus entes queridos e seus dois filhos pequenos como uma espécie de recompensa pelas longas jornadas de trabalho nos preparativos para a aquisição. E vislumbrou relutantemente que esse era o preço de seu emprego muito bem remunerado, e que seria impossível terminar a análise e o relatório até o fim do dia. Além disso, ela acabara de receber um telefonema urgente do presidente do banco dizendo que ela precisava entregar na segunda-feira pela manhã um relatório sobre a entrega dos documentos finais de alguma aquisição específica. Aparentemente, várias decisões importantes sobre a aquisição deveriam ser tomadas na semana seguinte.

Júlia pensou: "Sempre tive orgulho de ser executiva no Big Bank of America, ainda mais por ser a primeira mulher vice-presidente executiva no banco. Isso significa fazer bem meu trabalho, particularmente por causa dos executivos que apoiaram minha promoção e me deram a oportunidade de mostrar o quanto sou capaz. Mas até que ponto vão minhas obrigações? É impossível eu terminar a papelada burocrática sem passar a maior parte do fim de semana trancada aqui. Nos últimos seis meses tenho passado cada vez mais tempo no trabalho. Onde eu imponho um limite? Minhas responsabilidades com o banco devem sempre ter prioridade em vez das necessidades de minha família e do meu companheiro? Eu tenho uma folga programada para breve; e se surgir algum problema com a aquisição justamente agora que eu e minha família pretendemos sair de férias? Eu tenho obrigação com o Big Bank of America de adiar minhas férias?".

Júlia considerou a decisão ética relacionada a seu cargo no banco: se o processo de aquisição não transcorresse bem porque ela não deu apoio suficiente, o banco seria prejudicado. Em consequência, sua carreira, assim como sua família, poderia sofrer. Claramente, a melhor decisão seria trabalhar todo o fim de semana para concluir os relatórios para a aquisição. Por outro lado, enquanto considerava o dilema ético em relação à sua família, seu relacionamento já estava sob estresse por causa das necessidades de seus dois filhos pequenos e de seu companheiro, que ficava em casa cuidando deles.

Obviamente, a melhor decisão, levando em conta a família, seria passar o fim de semana com eles, conforme o prometido. Essas questões

tocaram fundo os valores de Júlia e, independentemente de sua decisão final, havia fortes argumentos para ambas as escolhas.

*Analisando o Caso 2A*

1. Obviamente, Júlia tinha um problema ético. Ela deveria passar o fim de semana trabalhando no escritório (o que o banco esperava) ou ficar com sua família (que estava desesperadamente precisando de sua atenção)? Justifique sua opinião.
2. Se passar o fim de semana trabalhando, Júlia deveria iniciar depois uma discussão no banco sobre os valores e princípios adotados em relação ao equilíbrio entre vida pessoal e trabalho dos funcionários? Justifique sua opinião.
3. Se optar por passar o fim de semana com a família, o que Júlia deverá esperar em termos da reação no trabalho e como deverá se preparar para defender sua decisão ética em favor da família?

## Caso 2B: Considerações éticas

Um grande fabricante de componentes para computador decidiu abrir uma fábrica em uma cidade de porte médio no Sudeste, que foi duramente atingida pela perda de empregos no setor têxtil.

A nova empresa receberá incentivos importantes dos governos local e estadual em forma de doação de terreno, benefícios fiscais e dotações orçamentárias para treinamento. Vagas para a nova operação foram anunciadas e incluem cargos de alta tecnologia, de gestor de equipes e alguns técnicos. Os salários para esses cargos parecem estar perto do teto salarial local para empregos comparáveis.

Marília é uma gestora experiente em uma das fábricas têxteis restantes na área. Ela recebeu folhetos por correspondência explicando a missão da nova empresa e alertando a comunidade sobre as vagas abertas, incluindo de gestão. No mesmo envelope havia um formulário de inscrição.

No almoço e nos intervalos de trabalho, Marília ouviu o pessoal falando sobre as oportunidades na fabricante de computadores, e alguns pretendiam se inscrever. Na última semana, uma representante da tal empresa deixou uma mensagem no telefone na casa de Marília dizendo que gostaria de convidá-la para uma visita à empresa e uma entrevista para o cargo de gestora. Marília está em dúvida sobre várias questões.

*Analisando o Caso 2B*

1. Qual é a responsabilidade de Marília com o atual empregador por saber que vários funcionários pretendem procurar empregos na nova empresa?
2. Como Marília deveria responder à recrutadora que a chamou para uma entrevista? Trata-se de uma decisão ética para ela?
3. É ético uma empresa receber incentivos para se mudar para uma área quando outras empresas lutam para impedir que os empregos migrem para longe ou sejam extintos pela automação?

# Parte II
## PLANEJAMENTO, ORGANIZAÇÃO, RECURSOS HUMANOS, CONTROLE E TOMADA DE DECISÃO

O fundamento da gestão está em planejar as tarefas a serem feitas de forma eficaz, agrupando corretamente as atividades de trabalho e os funcionários, contratando pessoas que possuam competências, conhecimentos e habilidades adequadas para fazer o trabalho e para acompanhar as atividades a serem feitas. Na Parte II, discutiremos os principais elementos que facilitam o estabelecimento e o alcance dos objetivos organizacionais e departamentais. Depois que os objetivos forem estabelecidos, os funcionários devem ser agrupados corretamente para oferecer apoio a esses objetivos. Em seguida, após determinar qual trabalho deve ser feito, os gestores devem encontrar candidatos qualificados para o trabalho, desenvolvê-los e manter atualizadas suas competências. Com planos, estruturas e funcionários prontos, os gestores devem projetar e implementar os controles que garantirão que as metas sejam cumpridas. Cada área de planejamento, organização, recursos humanos e controle exige um elevado nível de tomada de decisões e habilidades para resolver problemas. Assim, temos de examinar também essas habilidades cruciais de gestão.

Os capítulos que compõem esta parte são:

**CAPÍTULO 3**
*Planejamento e definição de metas*

**CAPÍTULO 4**
*Organização*

**CAPÍTULO 5**
*Gestão de recursos humanos*

**CAPÍTULO 6**
*Controle*

# CAPÍTULO 3
## Planejamento e definição de metas

---

### CONCEITOS-CHAVE

Após finalizar este capítulo, você será capaz de definir os seguintes termos:

| | | |
|---|---|---|
| atividades | eventos | plano de uso único |
| *balanced scorecard* | gráfico de Gantt | plano permanente |
| *benchmarking* | orçamento | políticas |
| caminho crítico | planejamento estratégico | procedimento |
| definição de metas | planejamento tático | produtividade |
| diagrama PERT | plano de curto prazo | regra |
| empreendedor interno | plano de longo prazo | série ISO 9000 |
| empreendedorismo | plano de médio prazo | Six Sigma |
| escalonamento | plano de negócios | |

---

### OBJETIVOS DO CAPÍTULO

Após ler este capítulo, você poderá:

3.1 Definir *produtividade*.
3.2 Descrever como os planos devem ser conectados do topo à base de uma organização.
3.3 Definir os termos *benchmarking*, *série ISO 9000* e *Six Sigma*.
3.4 Comparar políticas e regras.
3.5 Descrever o gráfico de Gantt.
3.6 Explicar o que é necessário para fazer um diagrama PERT.
3.7 Descrever os quatro elementos comuns em programas de definição de metas.
3.8 Definir *empreendedorismo* e explicar como ele afeta a gestão.

## DILEMA DO LÍDER

Os gestores frequentemente se deparam com situações semelhantes, e planos permanentes os ajudam a lidar com elas de uma maneira processualmente uniforme. Organizações costumam ter políticas e procedimentos para a licença-maternidade, que ajudam os gestores a lidar com a perda temporária de uma funcionária excelente. A alta administração define as políticas para que a organização funcione dentro dos limites da lei. Se a organização determinou que concede licença-maternidade flexível para as funcionárias, o gestor pode ficar encarregado de achar alguém que substitua a mulher de licença para que o trabalho continue durante sua ausência. Em geral, a licença-maternidade deriva de diversos benefícios como licença médica, férias, folgas, dias pessoais, incapacidade em curto prazo e licença familiar não remunerada. Um ponto importante: há uma tendência em alta de mulheres relatando discriminação no trabalho por causa da gravidez, embora as taxas de natalidade estejam diminuindo. "Advogados trabalhistas dizem que, em muitos casos, os empregadores estão simplesmente cometendo erros sem querer à medida que tentam entender diversas leis estaduais e federais sobre questões como discriminação contra gravidez e licença familiar. E eles dizem que é fácil menosprezar os custos reais da gravidez para empresas pequenas, cuja produtividade pode cair muito quando mulheres deixam de trabalhar após ter um bebê. Por outro lado, grávidas afirmam terem sido injustamente demitidas, injustiçadas em promoções e, em alguns casos, pressionadas a postergar uma gravidez a fim de manter seus empregos."*

A Comissão de Oportunidades Iguais de Trabalho (EEOC, na sigla em inglês) abriu um processo contra a editora Denham Springs por violação de uma lei federal após despedir uma funcionária por estar grávida. Na nota para a imprensa, a EEOC afirma que Denham "demitiu Joana Schmidt devido à sua gravidez, em vez de lhe conceder a licença-maternidade".

Joana começou a trabalhar na editora Denham Springs em maio de 2005 como coordenadora de programas especiais para a *Livingston Parish News*. Em dezembro de 2005, tornou-se diretora de vendas e marketing da recém-adquirida *Antiques Gazette*. Em outubro de 2006, começou a perguntar sobre a política de licença-maternidade da empresa, pois ela não estava documentada por escrito. Apesar de Joana solicitar informações tantas vezes à sua supervisora, Viviane Katz, diretora de vendas e marketing da *Livingston Parish News*, esta se recusou a informar qual licença-maternidade estava disponível... Até então, Joana não havia sido alvo de qualquer ação disciplinar e até recebeu um aumento de salário devido à sua responsabilidade ampliada. A poucos dias de sua demissão, ela recebeu um bônus grande por aumentar a receita da publicação. Joana foi despedida por estar grávida e a editora não quis lhe conceder a licença-maternidade.**

Imagine que você é gestor e uma de suas funcionárias acabou de dizer que está grávida e pedirá licença-maternidade. Você pode pedir um atestado médico relativo à situação dessa mulher grávida no trabalho? Você pode redesignar funcionárias para cargos com salário menor devido à gravidez? Você pode proibir uma funcionária grávida de continuar trabalhando se ela quiser e estiver fisicamente apta a fazer todas as tarefas? Você pode se recusar a ajustar cargas de trabalho para uma funcionária grávida caso faça isso para outra que não esteja grávida, mas que afirme ter outro impedimento ou circunstância atenuante? Prestar bastante atenção a leis de licença-maternidade, como a Lei nº 8.861, de 25 de março de 1994, que protege os direitos da mulher grávida, permitirá

*CAPÍTULO 3*
*Planejamento e definição de metas*

> à sua organização se planejar e estar mais bem preparada para lidar com essas questões e situações à medida que elas surjam. O resultado é que você deve tratar suas funcionárias grávidas da mesma maneira que as demais.
>
> \* ARMOUR, S. Pregnant workers report growing discrimination. *USA Today*, 17 fev. 2005. Disponível em: http://www.usatoday.com/money/workplace/2005-02-16-pregnancy-bias-usat_x.htm. Acesso em: mar. 2020.
>
> \*\* EEOC. Denham Springs Publishing Company sued by EEOC for pregnancy discrimination. U.S. Equal Employment Opportunity Commission, 15 set. 2010. Disponível em: http://www.eeoc.gov/eeoc/newsroom/release/9-15-10e.cfm. Acesso em: mar. 2020.

## INTRODUÇÃO

Conforme mencionado no Capítulo 1, planejar engloba definir os objetivos ou metas de uma organização, estabelecer a estratégia geral para atingir essas metas e desenvolver uma hierarquia abrangente de funções para integrar e coordenar as atividades. Nesta obra, tratamos os termos *objetivos* e *metas* como intercambiáveis. Ambos visam transmitir algum resultado que uma organização, departamento, grupos de trabalho ou indivíduo busca atingir.

## 3.1 O QUE É PLANEJAMENTO FORMAL?

Idealmente, o planejamento deve registrar por escrito as metas, estratégias e planos, mas nem sempre isso é feito. No planejamento formal, metas específicas são formuladas, registradas por escrito e disponibilizadas para outros membros da organização. Além disso, há programas de ação específicos no planejamento formal para definir o caminho para atingir cada meta.

Muitos gestores fazem um planejamento informal. Os planos ficam na cabeça, mas nada é registrado por escrito e são pouco ou nada compartilhados com os outros. Provavelmente, isso ocorre com mais frequência em pequenos negócios, nos quais o proprietário-gestor tem uma visão de onde quer chegar e como chegar lá. Neste capítulo, ao usar o termo *planejamento*, nos referimos ao tipo formal, que é mais necessário para uma organização ser produtiva (ver **"Notícias rápidas: As desvantagens do planejamento"**).

*OBJETIVO 3.1*
*Definir produtividade.*

### 3.1.1 Produtividade

Em quase toda discussão sobre desempenho em uma organização, o foco acabará indo para o *tópico* da produtividade. Basicamente, *produtividade* se torna o nome do jogo! Isso pode se referir a fabricar um produto, como chips de computador, ou prestar um serviço, como consertar o disco rígido de um computador. Mas em algumas organizações – especialmente aquelas que prestam serviços – pode ser difícil definir produtividade.

Em alguns casos, isso se torna uma impossibilidade perceptível, se não real. Nas organizações atuais, os gestores devem saber determinar o que é produtividade.

*PRODUTIVIDADE*
*Rendimento geral de produtos e serviços produzidos dividido pelos insumos necessários para gerá-lo.*

### 3.1.2 O que é produtividade?

Em sua forma mais simples, produtividade pode ser expressa pela seguinte fórmula:

$$\text{PRODUTIVIDADE} = \frac{\text{RENDIMENTO}}{\text{MÃO DE OBRA} + \text{CAPITAL} + \text{MATERIAIS}}$$

O rendimento por hora de trabalho talvez seja a mensuração parcial mais comum de produtividade.

Engenheiros industriais, que fazem estudos de tempo e operações em fábricas, concentram-se bastante em gerar aumentos na produtividade da mão de obra. A usina de biodiesel ARIES (sigla em inglês para Sistema de Energia Integrado, Remoto e Automatizado em Tempo Real), localizada na Base Naval da Marinha americana em Ventura County, é um exemplo do aumento de produtividade substituindo o capital (maquinário e equipamentos) por mão de obra. A produtividade dos materiais está relacionada a aumentar o uso eficiente de insumos e suprimentos materiais. Um frigorífico, por exemplo, aumenta a produtividade dos materiais quando descobre usos adicionais para subprodutos que anteriormente eram tratados como refugo.

A produtividade se aplica a três níveis distintos – individual, grupal e organização inteira. *Softwares* de processamento de texto, aplicativos e e-mail tornam os assistentes administrativos mais produtivos, pois eles rendem mais durante o expediente. O uso de equipes aumentou a produtividade de muitos grupos de trabalho em companhias como Coors Brewing e Aetna Life. A Southwest Airlines é uma organização mais produtiva do que concorrentes como a American Airlines e a JetBlue, pois o custo da Southwest por assento-milha disponível é 30% a 60% menor do que o das concorrentes.

A produtividade se tornou uma meta incontornável em praticamente todas as organizações. Em nossa definição, *produtividade* é o rendimento geral de produtos e serviços produzidos dividido pelos insumos necessários para gerá-lo. Para países, a alta produtividade pode levar ao crescimento econômico e ao desenvolvimento. Funcionários podem receber salários mais altos e os lucros das empresas podem aumentar sem gerar inflação. Para organizações, maior produtividade reduz custos e permite oferecer preços mais competitivos.

Aumentar a produtividade é vital para a competitividade global. Organizações que esperam ter êxito globalmente estão sempre buscando maneiras de aumentar a produtividade. Como a produtividade é um composto de pessoas e operações variáveis, para aumentá-la é preciso focar em ambas. W. Edwards Deming, consultor de administração e especialista em qualidade, acreditava que os gestores, não os trabalhadores, eram a fonte básica da maior produtividade. Os catorze pontos de Deming para aumentar a produtividade em uma organização denotam seu entendimento sobre a ação recíproca entre pessoas e operações. A alta produtividade não deriva apenas da *boa gestão de pessoas*. A organização que é focada em resultados maximiza a produtividade por integrar com êxito as pessoas ao sistema geral das operações.

# CAPÍTULO 3
## Planejamento e definição de metas

# NOTÍCIAS RÁPIDAS

## AS DESVANTAGENS DO PLANEJAMENTO[1]

O planejamento formalizado se tornou conhecido nos anos 1960 e ainda continua em uso, pois faz sentido definir uma direção. Como disse o Gato Risonho para Alice em *Alice no País das Maravilhas*, como você deve ir "depende muito de aonde quer chegar". Mas começaram a surgir críticas a alguns pressupostos básicos subjacentes ao planejamento. Vamos examinar os principais argumentos contra o planejamento formal.

# **Planejar pode criar rigidez.** O planejamento formal pode engessar uma organização nas metas específicas a serem atingidas em prazos específicos. Quando esses objetivos foram definidos, o pressuposto talvez fosse de que o ambiente não mudaria durante o período que os objetivos abarcam. Se esse pressuposto for equivocado, gestores que seguem um plano podem ter problemas. Em vez de se manter flexíveis – e possivelmente se desfazer do plano –, gestores que continuam a fazer o requerido para atingir os objetivos originais talvez não consigam se adaptar à mudança do ambiente.

Forçar um plano de ação quando o ambiente é fluido pode ser uma receita para o desastre.

# **Planos formais não podem ser desenvolvidos para um ambiente dinâmico.** Atualmente a maioria das organizações enfrenta mudanças dinâmicas em seus ambientes. Se há o pressuposto de que o ambiente não mudará, para que fazer planos? Já dissemos que o ambiente atual de negócios é caótico, ou seja, aleatório e imprevisível. Lidar com o caos e transformar desastres em oportunidades requer flexibilidade e não se apegar a planos formais.

# **Planos formais não substituem a intuição e a criatividade.** Organizações bem-sucedidas costumam ser o resultado da visão de alguém. Mas essa visão tende a se tornar formalizada à medida que evolui. O planejamento formal tipicamente inclui uma investigação minuciosa sobre capacidades e oportunidades da organização e uma análise que reduza a visão a um evento rotineiro. Isso pode significar o desastre para uma organização. Por exemplo, a rápida ascensão da Apple Computer no final dos anos 1970 e ao longo da década de 1980 foi, em parte, atribuída a criatividade e atitudes anticorporativas de um de seus fundadores, Steve Jobs. Mas à medida que a companhia crescia, Jobs sentiu necessidade de uma administração mais formalizada – algo que ele não se sentia à vontade para fazer. Então contratou um CEO, que acabou botando Jobs para fora de sua própria companhia. Com a saída de Jobs houve mais formalidade organizacional – exatamente o que Jobs desprezava tanto por atrapalhar a criatividade. Em 1996, essa companhia líder em seu setor havia perdido grande parte da criatividade e lutava para sobreviver. Jobs retornou à Apple naquele ano e começou a trabalhar para transformar a organização.

---

1 MINTZBERG, H. *Ascensão e queda do planejamento estratégico.* Nova York: Bookman Companhia, 2008; REBELLO, K.; BURROWS, P. The fall of an american icon. *BusinessWeek,* fev. 1996, p. 34-42; MILLER, D. The architecture of simplicity. *Academy of Management Review,* v. 18, n. 1, jan. 1993, p. 116-138.

> Após a morte de Jobs em 2011, Tim Cook o sucedeu como CEO e luta para manter a atmosfera criativa em que Jobs se deleitava.
>
> # **Planejar concentra a atenção dos gestores na concorrência atual, não na sobrevivência futura.** O planejamento formal reforça o sucesso, o que pode levar a falhas. Somos ensinados que o sucesso leva a mais sucesso; isso é uma "tradição" americana. Afinal de contas, se algo não está quebrado, não precisa de conserto. Certo? Talvez não! Na verdade, o sucesso pode construir falhas em um ambiente instável. É difícil mudar ou descartar planos bem-sucedidos – trocar o conforto do que funciona pela ansiedade perante o desconhecido. No entanto, planos bem-sucedidos podem dar uma sensação falsa de segurança, gerando mais confiança nos planos formais do que eles merecem. Muitas vezes os gestores não encaram deliberadamente o desconhecido até ser obrigados a isso por mudanças no ambiente. Mas aí pode ser tarde demais!

### 3.1.3 Por que a produtividade é importante?

Segundo cálculos de governos federais, nos últimos anos a produtividade da maioria dos países ficou estagnada ou até diminuiu. Há 25 anos, os Estados Unidos estavam em 8º ou 9º lugar em termos de produtividade em países industrializados. E o que está acontecendo agora no país? Os números mais recentes da Conference Board, uma ex-divisão do Departamento de Estatísticas do Trabalho dos Estados Unidos, mostrou que a produtividade geral da mão de obra em economias maduras, que incluem os Estados Unidos, os 28 membros da União Europeia, o Japão, Austrália, Canadá, Islândia, Israel, Hong Kong, Noruega, Coreia do Sul, Suíça, Nova Zelândia, Cingapura e Taiwan, cresceu 0,6% em 2014, pouco menos do que em 2013, quando a taxa foi de 0,8%. Apesar da desaceleração no crescimento da produtividade nos Estados Unidos, seu nível de rendimento por hora ainda está entre os mais altos do mundo – 25% acima da média das economias maduras.[2]

Segundo a opinião geral, parece que a produtividade dos Estados Unidos está estável ou aumentando e o país mantém um lugar de destaque entre os países industrializados, embora grande parte dessa façanha possa ser atribuída ao *downsizing* e a esforços de engenharia de processos no início dos anos 1990. Ao reduzir ineficiências, focar muito em qualidade e introduzir melhores tecnologias, empresas mantiveram ou até aumentaram a produção – porém, empregando menos trabalhadores. Companhias americanas também estão aumentando a produtividade por se tornar mais voltadas ao aumento da qualidade e aos clientes. Os setores nos quais os Estados Unidos têm desempenho excepcional em relação a outros países industrializados estão representados na Figura 3.1.

---

2   THE CONFERENCE BOARD. Global productivity growth stuck in the slow lane with no signs of recovery in sight. *The Conference Board Productivity Brief 2015*. Disponível em: https://www.conference-board.org/retrievefile.cfm?filename=the-conference-board-2015-productivity-brief.pdf&type=subsite. Acesso em: fev. 2020.

**Figura 3.1** Setores nos quais os Estados Unidos se destacam no mercado mundial

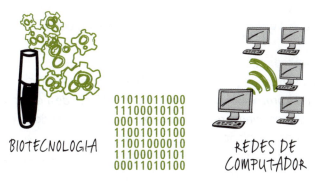

O que significa todo esse alvoroço sobre produtividade? Essencialmente, ter mais produtividade fortalece a economia dos Estados Unidos. Todos os indicadores econômicos giram tipicamente em torno do quanto os setores de atividade americanos produzem e vendem, tanto no próprio país quanto na aldeia global. Assim, quando um país industrializado como os Estados Unidos tem uma base forte de produtividade, isso gera empregos, intensifica sua predominância entre países industrializados, estimula a estabilidade dos funcionários no emprego e viabiliza pesquisas e esforços de desenvolvimento para continuar descobrindo maneiras de aumentar os ganhos em produtividade.

## 3.2 PLANEJAMENTO E NÍVEL NA ORGANIZAÇÃO

Todos os gestores, seja qual for seu nível na organização, devem planejar. Mas o tipo de planejamento que eles fazem tende a variar muito, conforme seu nível na organização. A seguir, examinamos planos em termos de sua amplitude e prazos.

### 3.2.1 Qual é a amplitude do planejamento?

Para descrever o planejamento, é melhor dividi-lo em duas partes: estratégico e tático.

*Planejamento estratégico* abrange a organização inteira e inclui estabelecer metas gerais e posicionar os produtos ou serviços da organização em relação à concorrência. A estratégia do Walmart, por exemplo, é construir lojas grandes em áreas rurais, oferecer uma enorme seleção de mercadorias e preços mais baixos, atraindo assim consumidores das pequenas cidades ao redor.

*Planejamento tático* abrange os detalhes específicos sobre como atingir as metas gerais.

O gerente da loja do Walmart em Fayetteville, Arkansas, faz planejamento tático quando desenvolve um orçamento trimestral de despesas ou o escalonamento de trabalho semanal dos funcionários.

**PLANEJAMENTO ESTRATÉGICO**
Planejamento organizacional que inclui a definição de metas gerais e posicionamento dos produtos ou serviços de uma organização em relação à concorrência.

**PLANEJAMENTO TÁTICO**
Planejamento organizacional que dá detalhes específicos de como atingir as metas gerais.

# A NOVA ADM

**PLANO DE CURTO PRAZO**
Plano que cobre um período de menos de um ano.

**PLANO DE MÉDIO PRAZO**
Plano que cobre um período de um a cinco anos.

**PLANO DE LONGO PRAZO**
Plano que cobre um período de mais de cinco anos.

**OBJETIVO 3.2**
Descrever como os planos devem ser conectados do topo à base de uma organização.

**OBJETIVO 3.3**
Definir os termos benchmarking, série ISO 9000 e Six Sigma.

Em geral, o planejamento estratégico é feito por gestores de alto nível; o tempo de um gestor de equipes é mais voltado ao planejamento tático. Ambos são importantes para o êxito de uma organização, porém um visa ao quadro geral e o outro, às especificidades no quadro geral.

### 3.2.2 Qual é a diferença no planejamento de prazos?

O planejamento geralmente engloba três prazos – curto, médio e longo. *Planos de curto prazo* duram menos de um ano; *planos de médio prazo* cobrem de um a cinco anos; *planos de longo prazo* cobrem um período de mais de cinco anos. O horizonte de planejamento de um gestor tende a olhar o curto prazo: preparar planos para o próximo mês, semana ou dia. Pessoas em cargos administrativos de nível médio, como diretores de vendas regionais, tipicamente se concentram em planos que duram de um a cinco anos. O planejamento de longo prazo tende a ser feito por altos executivos, de vice-presidentes para cima.

### 3.2.3 Qual é a ligação entre planos e níveis de supervisão?

É importante frisar que o planejamento efetivo é integrado e coordenado por meio da organização. O planejamento estratégico de longo prazo define a direção de todos os outros planejamentos. Só após a alta administração definir as metas, a estratégia geral e o plano geral da organização para atingi-las é que os outros níveis, em ordem decrescente, desenvolvem planos.

A Figura 3.2 mostra esse encadeamento de planos de cima para baixo em uma organização. O presidente, o vice-presidente e outros executivos sêniores definem a estratégia geral da organização. Então, gerentes intermediários e superiores, como diretores de vendas regionais, formulam seus planos. O fluxo segue assim, descendo até os gestores de primeira linha. Idealmente, esses planos serão coordenados por meio da participação conjunta. No caso mostrado na Figura 3.2, por exemplo, o supervisor do território de Tucson e outros supervisores territoriais dariam informações e ideias para a gerente do distrito do Arizona enquanto ela formula planos para seu distrito inteiro. Se o planejamento for bem encadeado, o êxito em atingir as metas de todos os gerentes desse território faria a gerente do distrito do Arizona atingir suas metas. Se todos os gerentes distritais atingem suas metas, isso deveria levar ao cumprimento das metas do gestor de vendas regional, e assim por diante, em escala ascendente em cada nível na organização.

### 3.2.4 Programas de melhoria contínua ajudam o planejamento?

Um número crescente de organizações está aplicando práticas de qualidade para obter vantagem competitiva.[3] Conforme discutimos em outro capítulo, o grau com que uma organização satisfaz a necessidade do consumidor por qualidade também pode diferenciá-la da concorrência e atrair e manter uma base fiel de clientes. Além disso, a melhora constante da qualidade e

---

3　WANG F. K.; LEE, W. Learning curve analysis in total productive maintenance. *Omega*, p. 491-499, dez. 2001.

# CAPÍTULO 3
## Planejamento e definição de metas

confiabilidade dos produtos ou serviços de uma organização pode gerar uma vantagem competitiva que outros não podem roubar. Inovações em produtos, por exemplo, dão pouca oportunidade para manter vantagem competitiva. Por quê? Porque elas podem ser rapidamente copiadas por concorrentes. Mas a melhora incremental é algo que passa a integrar as operações de uma organização e pode se transformar em uma vantagem competitiva considerável.

Além de programas de melhoria contínua, três outros elementos ligados à qualidade são úteis no planejamento: *benchmarking*, série ISO 9000 e Six Sigma. Vamos dar uma olhada em cada um deles.

**Figura 3.2** Planejamento e níveis na organização

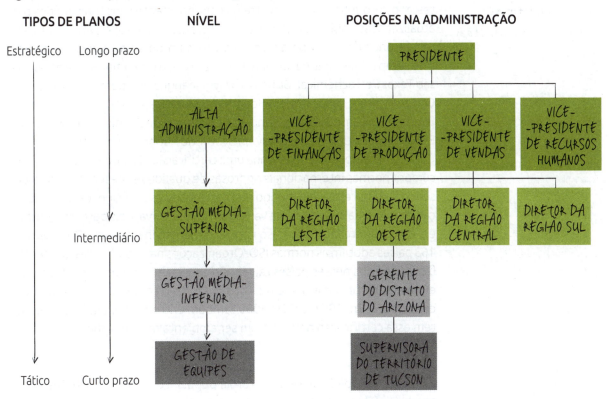

### 3.2.4.1 O que é *benchmarking*?

*Benchmarking* é a busca pelas melhores práticas dos concorrentes ou não concorrentes que levam a um desempenho superior.[4] A ideia básica subjacente ao *benchmarking* é que gestores podem melhorar a qualidade ao analisar e depois copiar os métodos dos líderes em vários setores de atividade.

### 3.2.4.2 O que é série ISO 9000?

Durante os anos 1980, corporações globais cada vez mais se empenhavam em melhorar sua qualidade. Elas sabiam que para competir na aldeia

**BENCHMARKING**
Busca pelas melhores práticas dos concorrentes ou não concorrentes que levam a um desempenho superior.

---

[4] JOSSI, E. Take a peek inside. *HR Magazine*, p. 46-52, jun. 2002; MARTINS, R. A. Continuous improvement strategies and production competitive criteria: some findings in brazilian industries. *Total Quality Management*, v. 12, n. 3, p. 281-291, maio 2001.

# A NOVA ADM

**SÉRIE ISO 9000**
*Normas criadas pela Organização Internacional de Padronização que refletem um processo em que auditores independentes atestam que a fábrica, o laboratório ou o escritório de determinada empresa cumpre normas de gestão de qualidade.*

global era preciso oferecer algumas garantias aos compradores de seus produtos e serviços no sentido de que estavam fazendo aquisições com a qualidade esperada. No passado, os compradores tinham de aceitar "garantias" individuais de que o que estava sendo vendido satisfazia a suas necessidades e padrões. Mas isso mudou em 1987, com a *série ISO 9000*, projetada pela Organização Internacional de Padronização, com sede em Genebra, Suíça.[5]

Revisadas em 2000, 2008 e 2015, as normas ISO 9000 se baseiam nos princípios de gestão de qualidade com foco no cliente, liderança, engajamento de pessoas, abordagem de processos, melhoria, decisões baseadas em evidências e gestão de relacionamentos.[6] O cumprimento dessas normas assegura aos clientes que uma empresa adota passos específicos para testar os produtos que vende; treina continuamente seus funcionários para atualizar suas habilidades, conhecimento e capacidades; mantém históricos satisfatórios de suas operações; e corrige os problemas que surgem. Algumas companhias multinacionais e transnacionais que cumprem essas normas são Texas Petrochemical; British Airways; Shanghai-Foxboro Company; Braas Company; Betz Laboratories; Hong Kong Mass Transit Railway Corporation; BP Chemicals International; Cincinnati Milacron Electronic Systems Division; Borg-Warner Automotive e Taiwan Synthetic Rubber Corporation.

Uma empresa que obtenha uma certificação ISO pode se distinguir por cumprir normas internacionais rigorosas de qualidade e fazer parte do grupo seleto de empresas pelo mundo que conquistou essa designação. A certificação propicia mais do que uma vantagem competitiva, pois permite a entrada em alguns mercados que, caso contrário, seriam inacessíveis. Por exemplo, 163 países adotam as normas ISO. Organizações não certificadas que tentam fazer negócios nesses países talvez não consigam competir a contento com empresas certificadas, e muitos consumidores na aldeia global exigem essa certificação. Em 1997, a ISO 14000 também entrou em vigor. Empresas que têm essa certificação demonstram ser ambientalmente responsáveis.

### 3.2.4.3 Por que o padrão Six Sigma significa qualidade?

Há mais de 30 anos, a Motorola popularizou o uso de padrões rigorosos de qualidade por meio de um programa de qualidade de marca registrada intitulado Six Sigma.[7] O conceito do Six Sigma tenta "embutir" qualidade en-

---

5   WILSON, J. P.; WALSH, M. A. T.; NEEDY, K. L. An examination of the economic benefits of ISO 9000 and the baldrige award to manufacturing firms. *Engineering Management Journal*, v. 15, n. 4, p. 3-5, dez. 2003; INTERNATIONAL ORGANIZATION FOR STANDARDIZATION. *ISO 9000 Essentials*, 2011. Disponível em: http://www.iso.org/iso/iso_catalogue/management_and_leadership_standards/quality_management/iso_9000_essentials.htm. Acesso em: 15 jul. 2013.

6   QUALITY GLOSSARY DEFINITION. What is the ISO 9000 Standards Series? *American Society for Quality*. Disponível em: http://asq.org/learn-about-quality/iso-9000/overview/overview.html. Acesso em: fev. 2020.

7   HASEK, G. Merger Marries Quality Effort. *IndustryWeek*, 21 dez. 2004. Disponível em: https://www.industryweek.com/leadership/companies-executives/article/21948612/merger-marries-quality-efforts. Acesso em: mar. 2020.

CAPÍTULO 3
Planejamento e definição de metas

quanto o produto é feito, em vez de mensurar a qualidade do produto pronto (ver Figura 3.3). Basicamente, *Six Sigma* é um padrão de qualidade que estabelece uma meta de, no máximo, 3,4 defeitos por 1 milhão de unidades ou procedimentos. O nome vem de Sigma, a letra grega que estatísticos usam para definir um desvio padrão em uma curva de distribuição normal. Quanto mais alta a sigma, menos desvios há da norma – ou seja, menos defeitos. No One Sigma, dois terços do que esteja sendo mensurado cai na curva. O Two Sigma abrange cerca de 95%. No Six Sigma, chega-se quase à perfeição.[8] Essa é uma meta ambiciosa de qualidade!

Embora seja um padrão extremamente alto de conseguir, muitas empresas voltadas à qualidade o utilizam e se beneficiam com isso. Por exemplo, a General Electric calcula que economizou bilhões desde 1995 por usar o Six Sigma, segundo executivos da companhia.[9] Outros exemplos de companhias que mantêm o Six Sigma são ITT Industries, Dow Chemical, 3M, American Express, Sony, Nokia e Johnson & Johnson. Embora fabricantes componham a maioria dos usuários do Six Sigma, prestadores de serviços como instituições financeiras, varejistas e organizações de saúde estão começando a aplicá-lo. É importante que administradores reconheçam muitos benefícios positivos advindos de obter a certificação ISO 9000 ou Six Sigma; o benefício-chave provém da própria jornada pela melhoria na qualidade. Em outras palavras, a meta da certificação de qualidade deveria ser processos de trabalho e um sistema de operações funcionando para que as organizações satisfaçam as necessidades dos clientes e os funcionários tenham um desempenho sempre voltado à alta qualidade.

> **SIX SIGMA**
> Filosofia e processo de mensuração que tenta "embutir" qualidade enquanto um produto é feito.

**Figura 3.3** O processo de doze passos do Six Sigma

> Selecionar as características cruciais para qualidade.
> Definir os padrões requeridos de desempenho.
> Validar o sistema de mensuração, métodos e procedimentos.
> Estabelecer a capacidade dos processos atuais.
> Definir os limites máximos e mínimos de desempenho.
> Identificar fontes de variação.
> Descobrir potenciais causas de variação para identificar as poucas variáveis vitais a ser controladas.
> Descobrir a relação de variação para as variáveis vitais.
> Estabelecer tolerâncias operacionais para cada uma das variáveis vitais.
> Validar a capacidade do sistema de mensuração para produzir dados que se repitam.
> Determinar a capacidade do processo para controlar as variáveis vitais.
> Implementar controle estatístico de processos sobre as variáveis vitais.

Fonte: HARROLD; BARTOS, 1999.

---

8  JUSKO, J. An elite crew of master black belts. *IndustryWeek*, 14 fev. 2011. Disponível em: http://www.industryweek.com/companies-amp-executives/elite-crew. Acesso em: mar. 2020; ARNDT, M. Quality isn't just for widgets. *Business Week*, 22 jul. 2002. Disponível em: http://www.lasaterinstitute.com/casestudy/Information%20Technology/Dell,%20Sales%20&%20Financial%20Processes(Lean%20Six%20Sigma).pdf. Acesso em: mar. 2020.

9  WHITE, E. Rethinking quality improvement. *The Wall Street Journal*, 19 set. 2005. Disponível em: http://www.wsj.com/articles/SB112709098674044484. Acesso em: mar. 2020.

# A NOVA ADM

## OBJETIVO 3.4
Comparar políticas e regras.

### PLANO PERMANENTE
Plano que pode ser usado numerosas vezes por gestores em situações recorrentes.

### POLÍTICAS
Diretrizes amplas para a atuação do gestor.

### PROCEDIMENTO
Maneira padronizada de reagir a problemas recorrentes; a definição dos limites para gestores em tomadas de decisão.

## 3.3 ORIENTAÇÕES-CHAVE DE PLANEJAMENTO

Quando a estratégia e as metas gerais de uma organização estiverem definidas, a gestão fará planos adicionais que ajudem a guiar quem toma as decisões. Alguns serão planos permanentes que podem ser usados repetidamente por gestores em atividades recorrentes. Outros serão planos de uso único, ou linhas detalhadas de ação, usadas uma vez ou apenas ocasionalmente para lidar com problemas pontuais. Nesta seção, vamos analisar esses tipos de planos.

### 3.3.1 O que são planos permanentes?

*Planos permanentes* permitem que os gestores poupem tempo por lidar com situações semelhantes de uma maneira predeterminada e coerente. Por exemplo, quando o gestor tem um funcionário que comparece cada vez menos ao trabalho, o problema pode ser resolvido mais eficiente e coerentemente se já houver um procedimento disciplinar estabelecido. Vamos analisar os três tipos principais de planos permanentes: políticas, procedimentos e regras.

#### 3.3.1.1 Políticas

"Sempre que possível, nós promovemos gente de dentro." "Faça o que for preciso para satisfazer o cliente." "Nossos funcionários deveriam ganhar salários competitivos." Essas três afirmações são exemplos de *políticas*, ou seja, diretrizes amplas para a atuação do gestor. Tipicamente estabelecidas pela alta administração, elas definem os limites para os gestores quando tomam decisões.

Gestores raramente elaboram políticas, porém as interpretam e aplicam. Dentro dos parâmetros definidos pelas políticas, os gestores devem usar o bom senso. Por exemplo, a política da companhia de que "nossos funcionários deveriam ganhar salários competitivos" não especifica quanto o gestor deve pagar a um novo funcionário. No entanto, se a taxa horária no mercado de trabalho para esse cargo específico estiver entre R$ 16,20 e R$ 19,50, a política da companhia esclareceria que oferecer uma taxa horária inicial de R$ 14,75 ou R$ 26,00 é inaceitável.

#### 3.3.1.2 Procedimentos

Suponha que uma supervisora de compras receba um pedido do departamento de engenharia para providenciar cinco estações de trabalho com computadores. A supervisora de compras verifica se a requisição foi preenchida corretamente e pode ser aprovada. Caso contrário, ela envia a requisição de volta com uma mensagem explicando o que está faltando. Quando o pedido estiver completo, os custos aproximados são calculados. Se o total ultrapassar R$ 15.000, o que ocorre neste caso, três cotações devem ser obtidas. Se o total fosse R$ 15.000 ou menos, apenas um fornecedor precisaria ser identificado e a encomenda seria feita.

A série anterior de passos para reagir a um problema recorrente é um exemplo de *procedimento*. Onde houver procedimentos, os gestores só precisam identificar o problema. Se o problema for claro, assim é o procedimento

*CAPÍTULO 3*
*Planejamento e definição de metas*

para atacá-lo. Ao contrário de políticas, procedimentos são mais específicos; assim como políticas, eles dão consistência. Ao definir os passos a serem dados e em que ordem, os procedimentos são um meio padronizado de reagir a problemas recorrentes.

Gestores seguem procedimentos estabelecidos pelos níveis mais altos da administração, mas também criam procedimentos próprios a serem seguidos por sua equipe. À medida que as condições mudam e novos problemas tendem a se repetir, os gestores criam procedimentos padronizados para lidar com eles. Por exemplo, quando o departamento de serviços de uma concessionária da Chevrolet começou a aceitar pagamentos com cartões de débito, o supervisor do departamento teve de criar um procedimento para processar essas transações, depois treinou minuciosamente todos os seus atendentes e caixas sobre como lidar com esse tipo de transação.

### 3.3.1.3 Regras

*Regra* é uma declaração explícita aos funcionários sobre o que devem ou não fazer. Regras são usadas frequentemente por gestores para enfrentar um problema recorrente, pois elas são simples de seguir e asseguram consistência. No exemplo anterior, a regra do teto de R$ 15.000 simplifica a decisão da supervisora de compras sobre quando pedir várias cotações. De maneira semelhante, regras sobre impontualidade e absenteísmo permitem que os gestores tomem decisões disciplinares rapidamente e com alto grau de justiça.

### 3.3.2 O que são planos de uso único?

Ao contrário dos planos permanentes, *planos de uso único* são feitos para uma atividade ou período de tempo específicos e podem tomar a forma de programas, orçamentos e cronogramas.

### 3.3.2.1 Programas

Mike Arnold soube da notícia em uma reunião matinal na segunda-feira. A American Airlines, onde ele trabalha, ia demitir mil funcionários. Como supervisor de bagagens na central da companhia em Dallas, ele foi instruído a montar um plano de reorganização para que seu departamento funcionasse efetivamente com 20% a menos dos trabalhadores. Mike então montou um *programa* – um conjunto de planos de uso único para um projeto específico dentro das metas gerais da companhia. Isso incluiu uma lista dos funcionários mais dispensáveis, planos para novos equipamentos e para reformar a área de manipulação de bagagens, e opções para cargos que potencialmente poderiam ser combinados.

Todos os gestores criam programas. Um programa importante – como construir uma nova fábrica ou fundir duas companhias e consolidar o pessoal da sede – tende a ser criado e supervisionado pela alta administração. Isso pode se estender por vários anos e até requerer um conjunto próprio de políticas e procedimentos. Frequentemente, gestores de equipe também têm de criar programas para seus departamentos. Alguns exemplos são a reorganização

**REGRA**
*Declaração explícita aos funcionários sobre o que devem ou não fazer.*

**PLANO DE USO ÚNICO**
*Plano de ação detalhado usado apenas uma vez ou apenas ocasionalmente para lidar com um problema que não ocorre com frequência.*

**PROGRAMA**
*Conjunto de planos de uso único para um projeto específico dentro das metas gerais de uma organização. Programas podem ser criados e supervisionados pela alta administração ou por gestores.*

## A NOVA ADM

departamental na American Airlines, mencionada anteriormente; a criação de uma campanha publicitária abrangente, a cargo do encarregado de contas de uma agência, para um novo cliente; ou o desenvolvimento, a cargo de uma supervisora regional de vendas da Hallmark Cards, de um programa de treinamento para ensinar seu pessoal sobre um novo sistema de inventário computadorizado ativado por telefone. Note o que há em comum em todos esses exemplos: eles não são projetos recorrentes que requeiram um conjunto de planos integrados para atingir seus objetivos.

### 3.3.2.2 Orçamentos

*Orçamentos* são planos numéricos que expressam resultados monetários previstos por um período específico. Por exemplo, um departamento pode orçar R$ 30.000 este ano para o treinamento dos funcionários em informática. Orçamentos também podem ser calculados em termos de horas trabalhadas pelos funcionários e da utilização da capacidade ou unidade de produção.

Os orçamentos podem cobrir períodos diários, semanais, mensais, trimestrais, semestrais ou anuais. Aqui eles são abordados como parte do processo de planejamento, mas também são dispositivos de controle. A preparação de um orçamento envolve planejamento, pois ele determina uma direção. A elaboração de um orçamento aborda quais atividades são importantes e como os recursos devem ser destinados a cada atividade. Um orçamento se torna um mecanismo de controle quando provê padrões para que o consumo de recursos possa ser mensurado e comparado.

O orçamento é um tipo de plano em que quase todo gestor, de qualquer nível, se envolve. Supervisores tipicamente preparam o orçamento de despesas de seu departamento e o apresentam ao gestor do nível superior seguinte para revisão e aprovação (ver Figura 3.4). Gestores de equipe também podem, conforme suas necessidades, elaborar orçamentos para horas de trabalho dos colaboradores, previsão de receitas ou gastos com máquinas e equipamentos. Após ser aprovados pela alta administração, esses orçamentos definem padrões específicos a serem seguidos por gestores e o pessoal de seus departamentos.

> **ORÇAMENTO**
> Plano numérico que expressa resultados previstos em termos monetários por um período específico; usado como um guia de planejamento e também como dispositivo de controle.

**Figura 3.4** Orçamento de despesas do departamento

| Orçamento de despesas do departamento (Ano Fiscal 2020) | | | | |
|---|---|---|---|---|
| **Item** | **Trimestre** | | | |
| | **1º** | **2º** | **3º** | **4º** |
| Salários/ Fixos | $ 33.600 | $ 33.600 | $ 33.600 | $ 33.600 |
| Salários/ Variáveis | 3.000 | 5.000 | 3.000 | 10.000 |
| Programa de participação nos resultados | | | | 12.000 |
| Suprimentos para escritório | 800 | 800 | 800 | 800 |
| Fotocópias | 1.000 | 1.000 | 1.000 | 1.000 |
| Telefone | 2.500 | 2.500 | 2.500 | 2.500 |
| Assinaturas | 800 | 800 | 800 | 800 |
| Viagem | 2.500 | 1.000 | 1.000 | 1.000 |
| Desenvolvimento dos funcionários | 600 | 600 | 600 | 600 |
| Total de Despesas Trimestrais | $ 44.800 | $ 45.300 | $ 43.300 | $ 62.300 |

CAPÍTULO 3
Planejamento e definição de metas

### 3.3.2.3 Programações/Cronogramas

Se observasse um grupo de gestores de equipes ou de gerentes de departamentos por alguns dias, você os veria detalhando regularmente que atividades têm de ser feitas, em que ordem, quem fará o que e o prazo final. Esses gestores estão fazendo uma atividade chamada *programar*.

Duas técnicas conhecidas que ajudam a priorizar atividades e concluir o trabalho a tempo são o gráfico de Gantt e o diagrama PERT. O *gráfico de Gantt* foi criado no século XX pelo engenheiro industrial Henry Gantt. A ideia era simples, mas provou ser extremamente útil para programar atividades de trabalho. O gráfico de Gantt é essencialmente um gráfico de barras com o tempo no eixo horizontal e as atividades a serem programadas no eixo vertical. As barras mostram o rendimento planejado e o real por um período específico. O gráfico de Gantt mostra visualmente quando as tarefas devem ser feitas e compara com o real progresso em cada uma delas. Conforme citado, ele é um dispositivo simples, porém importante, que permite que gestores detalhem facilmente o que ainda falta fazer para concluir um trabalho ou projeto, e avaliem o que está adiantado, atrasado ou em dia.

A Figura 3.5 mostra um gráfico de Gantt simplificado, feito por um gestor de equipes no departamento de produção de uma editora para produzir um livro. O tempo é detalhado em meses a partir do alto da tabela. As atividades principais estão abaixo, no lado esquerdo. O planejamento entra para decidir que atividades devem ser feitas para terminar o livro, em que ordem, e o tempo que deve ser reservado para cada atividade. Um *box* dentro de um horizonte temporal reflete a sequência planejada. O sombreamento representa o progresso real. O gráfico também se torna um dispositivo de controle quando o gestor procura desvios do plano.

### OBJETIVO 3.5
Descrever o gráfico de Gantt.

### GRÁFICO DE GANTT
Gráfico de barras com o tempo no eixo horizontal e as atividades a serem programadas no eixo vertical; mostra quando as atividades devem ser feitas e compara o progresso real em cada tarefa.

**Figura 3.5**  Exemplo de gráfico de Gantt

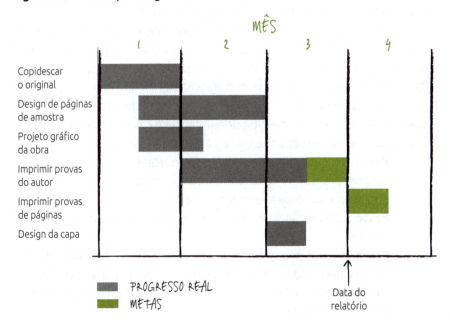

87

# A NOVA ADM

## OBJETIVO 3.6
Explicar o que é necessário para fazer um diagrama PERT.

## DIAGRAMA PERT
Diagrama que mostra a sequência de atividades necessárias para concluir um projeto e o tempo ou custos associados a cada atividade.

## EVENTOS
Fatos que representam a conclusão de atividades importantes.

## ATIVIDADES
Tempo ou recursos necessários para progredir de um evento a outro.

## CAMINHO CRÍTICO
Sequência mais longa ou demorada de eventos e atividades em um diagrama PERT.

Gráficos de Gantt são úteis se houver poucas atividades a serem programadas e se elas forem independentes umas das outras. Agora, e se um supervisor tivesse de planejar um projeto grande como reorganizar um departamento, lançar uma campanha por redução de custos ou instalar uma peça importante de um novo equipamento? Projetos assim geralmente requerem coordenar centenas de atividades, algumas das quais devem ser feitas simultaneamente, ao passo que outras não podem começar até as anteriores estarem concluídas. Se estiver construindo um edifício, por exemplo, obviamente você não pode começar a construir as paredes enquanto os alicerces não estiverem assentados. Então, como é possível roteirizar um projeto tão complexo? Basta fazer um diagrama PERT (sigla em inglês para Avaliação de Programa e Técnica de Revisão).

Um *diagrama PERT* mostra a sequência de atividades necessárias para concluir um projeto e o tempo ou custos associados a cada atividade. O diagrama PERT foi criado no final dos anos 1950 para coordenar mais de 3.000 empreiteiras e agências trabalhando no sistema de armamento do submarino Polaris. Esse projeto foi incrivelmente complicado, exigindo a coordenação de centenas de milhares de atividades. Foi divulgado que o PERT adiantou em dois anos a data de conclusão do projeto Polaris.

Um diagrama PERT pode ser uma ferramenta valiosa nas mãos de um gestor. Com ele, o gestor pode analisar o que deve ser feito, determinar que eventos são interdependentes e identificar potenciais problemas. Esse diagrama facilita comparar que efeito ações alternativas teriam sobre o cronograma e os custos. Portanto, o PERT permite que os gestores monitorem o progresso de um projeto, identifiquem possíveis gargalos e transfiram recursos conforme necessário para manter o projeto dentro do cronograma.

Para fazer um diagrama PERT, você precisa conhecer três termos: eventos, atividades e caminho crítico. Vamos definir esses termos, delinear os passos para fazer um PERT e treinar usando um exemplo.

*Eventos* são fatos que representam a conclusão de atividades importantes. *Atividades* representam o tempo ou recursos necessários para progredir de um evento a outro. O *caminho crítico* é a sequência mais longa ou demorada de eventos e atividades em um diagrama PERT. Para criar um diagrama PERT, o gestor precisa identificar todas as atividades-chave para concluir um projeto, classificá-las em ordem de dependência e calcular o tempo de conclusão de cada uma. Isso envolve cinco passos específicos:

# **Passo 1:** Identificar cada atividade importante que precisa ser feita para um projeto ser concluído. A realização de cada atividade resulta em um conjunto de eventos ou resultados.

# **Passo 2:** Determinar a ordem na qual esses eventos devem ser concluídos.

# **Passo 3:** Diagramar o fluxo de atividades do início ao fim, identificando cada atividade e sua relação com as demais. Usar círculos para indicar eventos e setas para representar atividades. Isso resultará em um diagrama PERT.

# CAPÍTULO 3
## Planejamento e definição de metas

\# **Passo 4:** Calcular o tempo estimado para concluir cada atividade.

\# **Passo 5:** Determinar, usando um diagrama PERT com estimativas de tempo para cada atividade, um cronograma para as datas de início e término de cada atividade e para o projeto inteiro. Quaisquer atrasos ao longo do caminho crítico requerem o máximo de atenção, pois podem atrasar o projeto inteiro. Ou seja, o caminho crítico não tem folgas, e qualquer atraso causa imediatamente um atraso no prazo final para concluir o projeto.

Agora, suponha que você é supervisor de produção no departamento de fundição de uma fábrica de metais. Você propôs e teve aprovação da administração para substituir um dos três fornos maciços por um forno elétrico de última geração. Esse projeto atrapalhará bastante as operações em seu departamento, então você quer e precisa concluí-lo com a maior rapidez possível. Você tem dissecado minuciosamente o projeto inteiro em atividades e eventos. A Figura 3.6 delineia os principais eventos no projeto de modernização do forno e o tempo requerido para concluir cada atividade. A Figura 3.7 mostra o diagrama PERT baseado nos dados da Figura 3.6. Seu diagrama PERT diz que tudo está indo conforme o planejado e levará 21 semanas para concluir o programa de modernização. Isso é calculado traçando o caminho crítico no diagrama: *Início-A – C – D – G – H – J – K -Fim*. Qualquer atraso para concluir os eventos nesse caminho atrasará a conclusão do projeto inteiro. Por exemplo, se levar seis semanas em vez de quatro para conseguir as licenças para a construção (atividade B), isso não teria efeito sobre a data de conclusão final. Por quê? Porque *Início-B + B – E + E – F + F – G* é igual a apenas 11 semanas, ao passo que *Início-A + A – C + C – D + D – G* é igual a 17 semanas. No entanto, se quiser reduzir o prazo de 21 semanas, você daria atenção àquelas atividades no caminho crítico que poderiam ser aceleradas.

**Figura 3.6** Dados para o projeto de modernização do forno

| Evento | Descrição | Tempo esperado (em semanas) | Evento anterior |
|---|---|:---:|:---:|
| A | Aprovar projeto | 8 | Nenhum |
| B | Obter autorizações de construção | 4 | Nenhum |
| C | Obter propostas do novo forno e sua instalação | 6 | A |
| D | Pedir novo forno e equipamentos | 1 | C |
| E | Remover antigo forno | 2 | B |
| F | Preparar o local | 3 | E |
| G | Instalar novo forno | 2 | D, F |
| H | Testar novo forno | 1 | G |
| I | Treinar trabalhadores para manusear o novo forno | 2 | G |
| J | Inspeção final pela empresa e fiscalização municipal | 2 | H |
| K | Ligar o forno em linha de produção | 1 | I, J |

**Figura 3.7** Diagrama PERT para o projeto de modernização do forno

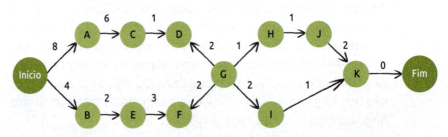

## CONFIRA O QUE APRENDEU 3.1

1. Um planejamento que abrange a organização inteira no estabelecimento das metas gerais se chama:
   a. planejamento tático.
   b. planejamento de longo prazo.
   c. planejamento estratégico.
   d. planejamento organizacional.

2. Quando uma empresa pesquisa as melhores práticas dos concorrentes, isso se chama:
   a. planejamento estratégico.
   b. *benchmarking*.
   c. engenharia de processos de trabalho.
   d. todas as alternativas acima.

3. A filosofia e processo de mensuração que tenta "embutir" qualidade se chama:
   a. Six Sigma.
   b. *benchmarking*.
   c. engenharia de processos de trabalho.
   d. *kaizen*.

4. Uma diretriz ampla que define limites para os gestores se chama:
   a. procedimento.
   b. regra.
   c. política.
   d. código de ética.

## OBJETIVO 3.7
Descrever os quatro elementos comuns em programas de definição de metas.

### 3.4 DEFINIÇÃO DE METAS

Muitos gestores estão ajudando seus funcionários a definir metas de desempenho, a fim de atingir metas departamentais e organizacionais. Para fazer isso, há o processo de *definição de metas*, que é a versão posterior de uma prática de administração chamada *administração por objetivos (APO)*. Nesse sistema, os funcionários determinam em conjunto metas específicas de desempenho com seus gestores. O progresso rumo às metas é periodicamente analisado, e recompensas são dadas conforme esse progresso. Em vez de usar metas para controlar, a definição de metas as utiliza para motivar as pessoas.

A definição de metas torna os objetivos operacionais ao criar um processo em que elas vão fluindo pela organização. As metas gerais da organização são traduzidas em metas específicas para cada nível sucessivo (por exemplo, divisões, departamentos e indivíduos). Como gerentes de equipe participam da definição das próprias metas, a definição de metas funciona

# CAPÍTULO 3
## Planejamento e definição de metas

de baixo para cima, assim como de cima para baixo. O resultado é uma hierarquia que liga metas de um nível àquelas do nível seguinte. Ou seja, é algo bem diferente de como as organizações faziam as coisas no passado.

>  **ALGO PARA PENSAR**
> *(e promover discussão em sala de aula)*
>
> ### DO PASSADO AO PRESENTE[10]
>
> A administração por objetivos (APO) não é novidade. O conceito remonta a mais de 50 anos, quando Peter Drucker popularizou o termo em seu livro *The practice of management,* de 1954. Seu apelo reside na ênfase em converter objetivos gerais em objetivos específicos para unidades organizacionais e membros individuais.
>
> A APO faz as metas operacionais passarem por um processo que vai fluindo pela organização. Os objetivos gerais da organização são traduzidos em objetivos específicos para cada nível sucessivo – divisões, departamentos e indivíduos. O resultado é uma hierarquia que liga objetivos em um nível àqueles no nível seguinte. Para o colaborador, a APO fornece objetivos pessoais específicos de desempenho. Se cada colaborador atingir sua própria meta, as metas da unidade serão atingidas. Da mesma maneira, se todas as unidades atingirem suas metas, as metas das divisões serão atingidas, até que, por fim, as metas gerais da organização se tornem uma realidade.
>
> A APO realmente funciona? É difícil avaliar sua eficácia, mas pesquisas sobre definição de metas podem dar algumas respostas. Por exemplo, pesquisas mostraram que metas específicas difíceis de atingir produzem um nível mais alto de rendimento do que a falta de metas ou metas genéricas como "faça o melhor possível". O *feedback* também afeta positivamente o desempenho, pois o colaborador fica sabendo se seu nível de esforço é suficiente ou precisa aumentar. Essas descobertas corroboram a ênfase da APO em metas específicas e *feedback*. E o que dizer da participação? A APO enfatiza que as metas sejam definidas de forma participativa. Pesquisas comparando metas definidas de forma participativa com metas atribuídas não mostraram qualquer relação forte ou consistente com o desempenho. Um fator crítico para o sucesso de qualquer programa de APO, porém, é o envolvimento da
>
> ---
> 10   Baseado em DRUCKER, P. *Práticas da administração de empresas.* São Paulo: Thompson, 1998; CASTELLANO, J. F.; ROEHM, H. A. The problem with managing by objectives and results. *Quality Progress,* v. 34, n. 3, p. 39-46, mar. 2001; LOEHR, J.; Schwartz, T. The making of a corporate athlete. *Harvard Business Review,* p. 120-128, jan. 2001; VOGL, A. J. Drucker, of course. *Across the Board,* p. 1, nov.-dez. 2000.

## DEFINIÇÃO DE METAS
Sistema em que os funcionários determinam em conjunto metas específicas de desempenho com seus gestores. O progresso rumo às metas é periodicamente analisado e recompensas são dadas conforme esse progresso.

alta administração no processo. Quando a alta administração está comprometida com a APO e pessoalmente envolvida em sua implementação, os ganhos de produtividade são mais altos do que quando não há esse envolvimento.

Nota: Para informações sobre metas e definição de metas, veja: LOCKE, E. A. Toward a theory of task motivation and incentives. *Organizational Behavior and Human Performance*, v. 3, n. 2, p. 157-189, maio 1968; LOCKE, E. A.; SHAW, K. N.; SAARI, L. M.; LATHAM, G. P. Goal setting and task performance: 1969-1980. *Psychological Bulletin*, p. 12-52, jul. 1981; LOCKE, E. A.; LATHAM, G. P. *A theory of goal setting and task performance*. Upper Saddle River, NJ: Prentice Hall, 1990; WARD, P.; CARNES, M. Effects of posting self-set goals on collegiate football players' skill execution during practice and games. *Journal of Applied Behavioral Analysis*, v. 35, n. 1, p. 1-12, Spring 2002; RAY, D. W. Productivity and profitability. *Executive Excellence*, p. 14, out. 2001; ARCHER, D. Evaluating your managed system. *CMA Management*, p. 12-14, jan. 2000; ANTONI, C. Management by objectives: an effective tool for teamwork. *International Journal of Human Resource Management*, v. 16, n. 2, p. 174-184, fev. 2005.

Para informações sobre participação na definição de metas, veja: LUDWIG, T. D.; GELLER, E. S. Intervening to improve the safety of delivery drivers: a systematic behavioral approach. *Journal of Organizational Behavior Management*, v. 24, n. 1, p. 11-24, 4 abr. 2000; LATHAM, P.; SAARI, L. M. The effects of holding goal difficulty constant on assigned and participatively set goals. *Academy of Management Journal*, v. 22, n. 1, p. 163-168, mar. 1979; EREZ, M.; EARLEY, P. C.; HULIN C. L. The impact of participation on goal acceptance and performance: a two step model. *Academy of Management Journal*, v. 28, n. 1, p. 50-66, mar. 1985; LATHAM, G. P.; EREZ, M.; LOCKE, E. A. Resolving scientific disputes by the joint design of crucial experiments by the antagonists: application to the erez latham dispute regarding participation in goal setting. *Journal of Applied Psychology*, v. 73, n. 4, p. 753-772, nov. 1988.

Para informações sobre eficácia do MBO, veja: DAHLSTEN, F.; STYHRE, A.; WILLIANDER, M. The unintended consequences of management by objectives: the volume growth target at volvo cars. *Leadership & Organization Development Journal*, v. 26, n. 7, p. 529-541, jul. 2005; CROW, J. R. crashing with the nose up: building a cooperative work environment. *Journal for Quality and Participation*, v. 25, n. 1, p. 45-50, Spring 2002; e HOLLENSBE, E. C.; GUTHRIE, J. P. Group Pay-for-Performance plans: the role of spontaneous goal setting. *Academy of Management Review*, v. 25, n. 4, p. 864-872, out. 2000.

### 3.4.1 Como as metas eram definidas no passado

O papel tradicional das metas em organizações era o de controle imposto pela alta administração.

Normalmente, o presidente de uma fábrica dizia ao vice-presidente de produção como esperava que os custos fabris fossem no próximo ano. A presidente dizia ao vice-presidente de marketing que número de vendas ela esperava atingir no ano seguinte. O gerente da fábrica dizia ao supervisor de manutenção qual seria o orçamento para seu departamento. Posteriormente, em algum momento, o desempenho era avaliado para determinar se as metas atribuídas haviam sido atingidas.

O tema central na definição tradicional de metas era que elas eram definidas no topo e depois divididas em submetas para cada nível na organização. Era um processo de mão única: o topo impunha seus padrões a todos abaixo dele. Essa perspectiva tradicional pressupunha que a alta administração sabia o que era melhor, pois só ela conseguia ver o "quadro geral". Além de ser imposta a quem estava abaixo, a definição tradicional de metas era pouco operacional. Se a alta administração definia as metas da organização em termos amplos como obter "lucros suficientes" ou "liderança de mercado", essas ambiguidades tinham de ficar mais específicas à medida que as metas eram filtradas por toda a organização. Em cada nível, gerentes interpretavam as metas a seu modo. A especificidade cabia a cada gerente, que aplicava suas interpretações e vieses. Como mostra a Figura 3.8, o resultado era que as metas acabavam perdendo a clareza e a unidade à medida que desciam do topo.

**Figura 3.8** O que pode acontecer na definição tradicional de metas

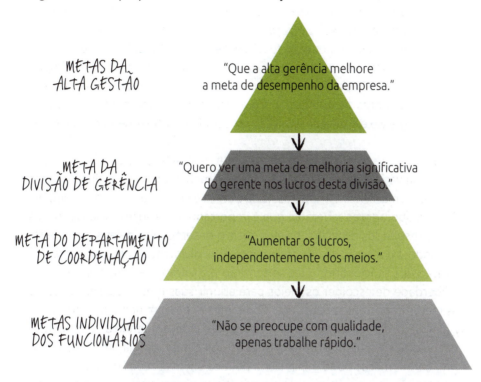

### 3.4.2 Qual é a chave para tornar a definição de metas efetiva?

Há quatro ingredientes em comum em programas de definição de metas: *especificidade, participação, limites de tempo* e *feedback de desempenho*. Vamos examinar cada um deles.

# **Especificidade das metas:** Metas devem ser afirmações específicas das realizações esperadas. Não é adequado, por exemplo, simplesmente afirmar o desejo de cortar custos, melhorar o atendimento ou aumentar a qualidade. Tais desejos devem ser convertidos em metas tangíveis que possam ser mensuradas e avaliadas. Cortar 7% dos custos de um departamento, melhorar o atendimento assegurando que todas as encomendas por telefone sejam processadas em 24 horas ou aumentar a qualidade mantendo retornos de no mínimo 1% das vendas são exemplos de metas específicas.

# **Participação:** As metas não são mais unilateralmente definidas pelo chefe e designadas aos colaboradores, como era comum no passado. Agora, as metas impostas foram substituídas por metas determinadas em conjunto. O supervisor e os funcionários escolhem juntos as metas e combinam como serão atingidas e avaliadas.

# **Limites de tempo:** Cada meta tem um período específico de tempo para ser cumprida. Em geral, o prazo é três meses, seis meses ou um ano. Portanto, todos têm não só metas específicas, mas também um prazo para cumpri-las.

# *Feedback* de desempenho: O ingrediente final em um programa de definição de metas é o *feedback* sobre o desempenho. A definição de metas busca dar *feedback* constante sobre o progresso rumo às metas. Idealmente, o *feedback* deve ser constante para que os colaboradores possam monitorar e corrigir suas ações. Isso é complementado por reuniões formais periódicas de avaliação, em que os gestores de equipes, junto a seus colaboradores, analisam o progresso em direção às metas; em seguida, os gestores dão o *feedback*.

### 3.4.3 Por que a definição de metas pode funcionar para você?

Há várias razões para a definição de metas funcionar e ajudá-lo a ser um gestor mais eficaz. Primeiro, ela dá clareza e direção a você e a sua equipe. Seus colaboradores saberão o que é importante para você em suas funções – e os resultados específicos pelos quais o desempenho deles será julgado. Segundo, a definição de metas aumenta o envolvimento, compromisso e motivação dos funcionários. Eles se sentirão mais empoderados porque terão a liberdade de escolher os meios para atingir suas metas. Ou seja, aí estão as metas importantes para você. Como eles a realizam não é o ponto focal. Além disso, dar *feedback* regularmente sobre o desempenho deles e relacionar recompensas com o cumprimento de objetivos estimula a motivação. Por fim, definir metas pode minimizar a política em avaliações de desempenho e obtenção de benefícios. Fatores subjetivos, como o empenho e a atitude de um funcionário ou seus preconceitos, são substituídos por mensurações objetivas de desempenho, que podem gerar recompensas.

### 3.4.4 Profecia autorrealizada para seus seguidores

Comporte-se de maneira positiva quando definir metas com seus colaboradores. Pesquisas indicam que gestores eficazes se comportam de maneira a conduzir a equipe a um desempenho superior. Mas, lamentavelmente, os gestores tendem a ser melhores para comunicar baixas expectativas do que altas expectativas.

Considere que todo gestor tem expectativas quanto a seus subordinados e comunica expectativas positivas e negativas, consciente e inconscientemente. Os subordinados são eficazes em captar as expectativas do gestor, e o comportamento deles geralmente é coerente com sua percepção.

Por isso, mesmo que seja exigida alguma ação, comporte-se sempre como se acreditasse na grandeza e capacidade imensas de seus colaboradores, e deixe que eles se elevem à altura de suas expectativas![11]

---

11 LIVINGSTON, J. S. Pygmalion in management. *Harvard Business Review*, v. 66, n. 5, p. 121-130, set.-out. 1988; TAU researchers examine "Great Expectations" in the workplace. *American Friends of Tel Aviv University*, 29 abr. 2008. Disponível em: http://www.aftau.org/site/News2?page=NewsArticle&id=6927. Acesso em: mar. 2020.

### 3.4.5 *Balanced scorecard*: a evolução natural da definição de metas?

A abordagem *balanced scorecard* avalia o desempenho organizacional não só pela perspectiva financeira,[12] pois examina quatro áreas que contribuem para o desempenho de uma empresa: *financeira, clientes, processos internos* e *pessoas/inovação/crescimento*. Segundo essa abordagem, gestores devem desenvolver metas em cada uma dessas áreas e depois mensurar se estão sendo cumpridas.

Embora o *balanced scorecard* faça sentido, gestores tendem a focar em áreas que impulsionam o êxito de sua organização e usam indicadores balanceados de desempenho que refletem essas estratégias.[13] Por exemplo, se as estratégias forem centradas nos clientes, então essa área provavelmente recebe mais atenção do que as outras três. Porém, não se pode focar em apenas uma área de desempenho, pois as demais também serão afetadas. Na IBM Global Services em Houston, por exemplo, os gestores desenvolveram um indicador balanceado de desempenho em torno de uma extensa estratégia de satisfação do cliente. No entanto, as outras áreas (financeira, processos internos e pessoas/inovação/crescimento) apoiam aquela estratégia central. O gerente da divisão descreveu o seguinte:

> Nossos processos internos estão diretamente relacionados ao atendimento e nossos clientes em tempo hábil, e o aspecto de aprendizado e inovação é fundamental para nós, pois, acima de tudo, o que vendemos aos clientes é a nossa experiência. Obviamente, nosso grau de êxito nessas tarefas afetará o nosso desempenho financeiro.[14]

## 3.5 UM CASO ESPECIAL DE PLANEJAMENTO: O GESTOR EMPREENDEDOR

Você já ouviu essa história dezenas de vezes. Com apenas uma ideia e pouco dinheiro, alguém começa na garagem da família o que acabará sendo uma corporação global avaliada em vários bilhões de dólares. O planejamento formal muitas vezes tem um viés de "grande negócio" e implica uma formalidade que se encaixa bem em organizações grandes com recursos abundantes. Mas o interesse básico de muitos estudantes não é administrar organizações grandes e consolidadas. Esse desejo diferente, aliado a mudanças na tecnologia, economia e condições sociais como famílias com duas rendas, fomentou

---

**BALANCED SCORECARD**
Sistema de planejamento estratégico e de gestão usado para traduzir e alinhar as atividades à visão de um negócio após rever os processos financeiros, os processos voltados a clientes, os processos internos e aqueles de inovação e crescimento.

---

12 KAPLAN, R. S.; NORTON, D. P. How to implement a new strategy without disrupting your organization. *Harvard Business Review*, p. 100-109, mar. 2006; BASSI, L.; MCMURRER, D. Developing measurement systems for managers in the knowledge era. *Organizational Dynamics*, p. 185-196, maio 2005; DeKONING, G. M. J. Making the balanced scorecard work (part 2). *Gallup Brain*, 12 ago. 2004; DeKONING, G. J. J. Making the balanced scorecard work (part 1). *Gallup Brain*, 8 jul. 2004; GRAHAM, K. Balanced scorecard, *New Zealand Management*, p. 32-34, mar. 2003; ELLIS, K. A ticket to ride: balanced scorecard. *Training*, p. 50, abr. 2001.

13 LEAHY, T. Tailoring the Balanced Scorecard. *Business Finance*, ago. 2000.

14 LEAHY, 2000.

# A NOVA ADM

o aumento de *startups* de empreendedores. Assim como os "garotos do Google", Larry Page e Sergey Brin, os fundadores do Hotmail, Jack Smith e Sabeer Bhatia, o criador do Groupon, Andrew Maso, a inovadora Sara Blakely, da Spanx, os desenvolvedores do Pinterest, Ben Silbermann, Paul Sciarra e Evan Sharp, ou Jack Dorsey, Noah Glass, Biz Stone e Evan Williams, do Twitter, ficam empolgados com a ideia de fundar o próprio negócio a partir do zero – uma ação chamada de *empreendedorismo*.

## OBJETIVO 3.8
Definir empreendedorismo e explicar como ele afeta a gestão.

## EMPREENDEDORISMO
Processo de iniciar um empreendimento, organizando os recursos necessários e assumindo os riscos e as recompensas.

### 3.5.1 O que é empreendedorismo?

*Empreendedorismo* é o processo de fundar novos negócios, geralmente em resposta a oportunidades. Muitas pessoas acham que empreendimentos e pequenos negócios são a mesma coisa, porém, isso não é verdade. Empreendedores criam negócios na busca de novas oportunidades, se caracterizam por práticas inovadoras e suas metas principais são crescimento e lucratividade. Embora possam começar com pequeno porte, esses empreendimentos visam ao crescimento, e vale destacar que o empreendedorismo propriamente dito se mantém forte. Segundo o Índice Kauffman de Atividade Empreendedora, 530.000 novos negócios foram criados a cada mês durante 2015.[15] No entanto, conforme atestam muitos empreendedores que se deram bem ou nem tanto, não é fácil ser empreendedor. Segundo a Small Business Administration, "cerca da metade dos novos negócios sobrevive cinco anos ou mais, e cerca de um terço sobrevive 10 anos ou mais".[16] Esses resultados foram semelhantes para diversos ramos de atividade, mas o ponto interessante é que as taxas de sobrevivência dos empreendimentos são quase as mesmas em expansões e recessões econômicas.

Em comparação com as iniciativas empresariais, um pequeno negócio é independente, tem menos de 500 funcionários que não necessariamente se envolvem com práticas novas ou inovadoras, e tem relativamente pouco impacto em seu ramo de atividade. Um pequeno negócio não é necessariamente empreendedor por ser pequeno, e algumas pequenas empresas novas podem crescer, mas muitas continuam sendo pequenas por escolha ou por padrão. É importante não confundir a gestão em um pequeno negócio com empreendedorismo, pois nem todos os gestores em pequenos negócios são empreendedores. Muitos não inovam. A maioria dos gestores de empresas de pequeno porte são apenas versões dos burocratas conservadores e conformistas que atuam em grandes corporações e órgãos públicos. Aqueles que de fato agem como empreendedores, criando a intensidade e o espírito empreendedor, em organizações maiores às vezes são chamados

---

15 DISHMAN, L. The state of the American entrepreneur in 2015. *Fast Company*, 29 maio 2015. Disponível em: https://www.fastcompany.com/3046773/hit-the-ground-running/the-state-of-the-american-entrepreneur-in-2015. Acesso em: fev. 2020.

16 SBA.GOV. Frequently Asked questions about small business. *U.S. Small Business Administration Office of Advocacy*, jun. 2016. Disponível em: https://www.sba.gov/sites/default/files/advocacy/SB-FAQ-2016_WEB.pdf. Acesso em: fev. 2020.

### CAPÍTULO 3
#### Planejamento e definição de metas

de *empreendedores internos*.[17] No entanto, em tais organizações, os empreendedores internos não têm autonomia para fazer o que querem nem para lidar com a quantidade de riscos enfrentada pelos empresários. No entanto, seus esforços para ser ousados e criativos, embora nem sempre tendo a independência financeira necessária, de fato ajudam a impulsionar suas carreiras.

#### 3.5.2 Empreendedores têm características semelhantes?

Um dos tópicos mais pesquisados sobre empreendedorismo é se os empreendedores têm características psicológicas em comum. De fato, algumas foram descobertas, e uma lista de características de personalidade incluía nível alto de motivação e de energia, enorme autoconfiança, capacidade para se envolver no longo prazo, persistência para resolver problemas, alto grau de iniciativa, capacidade para estabelecer metas e moderação para correr riscos. Outra lista de características de empreendedores "bem-sucedidos" incluía nível alto de energia, grande persistência, engenhosidade, o desejo e a capacidade de se autodirigir e necessidade relativamente alta de autonomia.

Outra iniciativa para definir as características da personalidade empreendedora é a escala de personalidade proativa que prevê a probabilidade de um indivíduo se lançar em empreendimentos. A personalidade proativa é uma característica desses indivíduos mais propensos a atuar para influenciar seu ambiente – ou seja, eles são mais proativos.[18]

A pesquisa nos permite traçar uma descrição geral dos empreendedores. Eles tendem a ser pessoas independentes que preferem ser pessoalmente responsáveis por resolver problemas, definir metas e atingi-las pelos próprios esforços. Planejam extensivamente, e a coisa mais importante nesse planejamento é fazer um *plano de negócios* – um documento escrito que resume uma oportunidade de negócio, define e articula como tal oportunidade deve ser aproveitada e explorada. Um plano de negócios escrito pode ser básico ou meticuloso. O tipo mais básico tem apenas um sumário executivo, uma espécie de resumo do plano de negócios de no máximo duas páginas. O plano do tipo sinopse é mais bem trabalhado e até descrito como um "sumário executivo estendido", pois, além do sumário executivo, tem uma proposta de negócio que explica por que a ideia é relevante para potenciais investidores. Um plano de negócios resumido tem um sumário executivo e cerca de uma página com explicações sobre cada um dos componentes-chave de um plano de negócios. Um plano de negócios completo segue o modelo tradicional. Por fim, um plano de negócios operacional é o mais detalhado (com 50 ou mais páginas), pois é usado por empresas que já operam com uma estratégia

---

**EMPREENDEDOR INTERNO**
Gestor que promove o desenvolvimento de produtos inovadores e de abordagens de marketing em uma organização, e se comporta de maneira semelhante a um empreendedor.

**PLANO DE NEGÓCIOS**
Documento que identifica a visão do fundador do negócio e descreve a estratégia e as operações desse negócio.

---

17 HORNSBY, J. S.; KURATKO, D. E.; ZAHARA, S. A. Middle managers' perception of the internal environment for corporate entrepreneurship: assessing a measurement scale. *Journal of Business Venturing*, v. 17, n. 2, p. 253-273, maio 2002; BATTEN, E. Out of the blue and into the black. *Harvard Business Review*, p. 112-119, abr. 2002.

18 ROBBINS, S.; DECENZO, D.; COULTER, M. *Fundamentos de administração*. São Paulo: Prentice Hall Brasil, 2004.

estabelecida.[19] Empreendedores também valorizam a independência e não gostam de ser controlados pelos outros. Eles não temem se arriscar, mas não costumam perder a cabeça. Ou seja, preferem correr riscos calculados para que possam controlar o resultado.

As evidências sobre personalidades empreendedoras levam a várias conclusões. Primeiro, pessoas com esse tipo de personalidade provavelmente não são funcionários produtivos e satisfeitos em uma corporação ou órgão governamental. As regras, regulamentos e controles impostos por essas burocracias a seus membros frustram os empreendedores. Segundo, os desafios e condições inerentes a começar o próprio negócio combinam bem com a personalidade empreendedora. Começar uma nova empreitada que eles controlam vai ao encontro de sua disposição de correr riscos e determinar os próprios destinos. Mas como acreditam que seu futuro está totalmente em suas mãos, o risco que eles consideram moderado é visto muitas vezes como alto por quem não é empreendedor. Por fim, o contexto cultural em que foram criados tem um efeito. Por exemplo, na antiga Alemanha Oriental, onde o ambiente cultural tinha grande distância do poder e alta aversão a incertezas (ver a discussão de Geert Hofstede no Capítulo 2), inexistiam muitas das características associadas ao empreendedorismo, como tomar iniciativa e correr riscos.

## 3.6 COMO EMPREENDEDORES RECRUTAM E RETÊM FUNCIONÁRIOS?

Como querem achar as pessoas certas para o trabalho requerido, recrutar novos funcionários é um dos maiores desafios para os empreendedores. A capacidade de pequenas empresas de recrutar os funcionários ideais é um de seus fatores críticos de sucesso mais importantes. Por isso, os empreendedores procuram pessoas com alto potencial para desempenhar diversos papéis durante o crescimento do negócio. Idealmente, tais indivíduos devem estar dispostos a uma imersão na cultura do negócio e terem paixão por ele, além de serem excepcionalmente capazes, automotivados, flexíveis e com diversas habilidades que possam ajudar no crescimento do negócio. O ideal é que as características da pessoa combinem com os valores e a cultura da organização. Nesse caso, os empreendedores querem manter as pessoas que contrataram e treinaram, o que suscita a questão da remuneração.

Pequenas empresas empreendedoras tendem a encarar isso pela perspectiva das recompensas totais, incluindo a psicológica, a oportunidade de aprender e o reconhecimento, além da remuneração monetária.[20]

---

19 ROBBINS; DECENZO; COULTER, 2004.
20 ROBBINS; DECENZO; COULTER, 2004.

## 3.7 QUE QUESTÕES DE GESTÃO OS EMPREENDEDORES ENFRENTAM?

Ter funcionários motivados é uma meta importante para qualquer gestor, que pode usar a capacidade deles como ferramenta motivacional. Não é fácil para os empreendedores dar autonomia aos colaboradores, ou seja, o poder de tomar decisões e agir por conta própria. Como negócios empreendedores bem-sucedidos devem estar preparados para caçar oportunidades e partir para novas direções, é importante que os colaboradores sintam que têm autonomia. Quando isso acontece, eles costumam mostrar uma motivação mais forte, mais qualidade e satisfação no trabalho, e rotatividade menor. No entanto, a autonomia dos funcionários é um conceito a que muitos empreendedores resistem, pois o negócio é sua vida. Para que o negócio continue crescendo, porém, é preciso delegar mais responsabilidades aos subordinados.

Os empreendedores muitas vezes aplicam tomadas de decisão participativas, estimulando os colaboradores a darem contribuições para as decisões. Embora deixá-los participar em decisões não constitua o bojo do conceito de empoderamento, pelo menos é uma maneira inicial de explorar o conjunto coletivo de talentos, habilidades, conhecimento e capacidades do pessoal. Os empreendedores também podem fazer uso da técnica da delegação, transferindo certas decisões ou deveres específicos aos funcionários. Ao delegar decisões e deveres, o empreendedor está transferindo parte de sua responsabilidade por executá-los.

Ao acostumar-se com a ideia da autonomia dos funcionários, o empreendedor pode redesignar as tarefas de modo que fique a critério deles a maneira de fazer seu trabalho. Ao permitir que os colaboradores façam seu trabalho eficaz e eficientemente usando a criatividade, imaginação, conhecimento e habilidades, o empreendedor fica livre para se concentrar em outros aspectos importantes de seu negócio. Se for bem implementado – com total compromisso com o programa e com o treinamento apropriado –, o empoderamento dos funcionários pode gerar resultados impressionantes para o negócio e para os próprios colaboradores. O negócio pode ter ganhos significativos de produtividade, melhorias na qualidade, clientes mais satisfeitos, maior motivação e melhora no moral do pessoal, que pode desfrutar as oportunidades de fazer um trabalho mais variado, interessante e desafiador.[21]

### 3.7.1 Como comparar empreendedores com gestores tradicionais?

A Figura 3.9 resume algumas diferenças-chave entre empreendedores e gestores tradicionais. Enquanto os últimos tendem a ser conservadores, os empreendedores buscam ativamente mudanças, explorando oportunidades. Ao buscar essas oportunidades, os empreendedores muitas vezes arriscam sua segurança financeira pessoal. A hierarquia em grandes organizações

---

21  ROBBINS; DECENZO; COULTER, 2004.

tipicamente isola os gestores tradicionais dessas apostas financeiras e os recompensa por minimizar riscos e evitar fracassos.

**Figura 3.9** Comparação entre empreendedores e gestores tradicionais

|  | Coordenadores tradicionais | Empreendedores / Empreededores internos |
|---|---|---|
| **Motivação primária** | Promoção e outras recompensas corporativas tradicionais, como escritório, pessoal e poder | Independência, oportunidade para criar, ganho financeiro |
| **Orientação de tempo** | Atingimento de metas de curto prazo | Realização de cinco a dez anos de crescimento dos negócios |
| **Atividades** | Delegação de coordenador | Envolvimento direto |
| **Propensão ao risco** | Baixa | Moderada |
| **Visão focada em falhas e erros** | Aversão | Aceitação |

Fonte: adaptada de PINCHOT III, G. *Intrapreneuring*. São Paulo: Harbra, 1989.

---

### CONFIRA O QUE APRENDEU 3.2

1. Um diagrama que mostra a sequência de atividades necessárias para concluir um projeto e o tempo ou custos associados a cada atividade se chama:
   a. gráfico de Gantt.
   b. diagrama PERT.
   c. gráfico de carga.
   d. gráfico de caminho crítico.

2. O máximo de tempo requerido para concluir um projeto o mais rápido possível se chama:
   a. análise do diagrama PERT.
   b. perspectiva do gráfico de Gantt.
   c. análise de atividade.
   d. caminho crítico.

3. Os seguintes atributos são coerentes com que tipo de pessoa: ousado, inovador, toma iniciativas e assume riscos?
   a. Altos gestores.
   b. Empreendedores.
   c. Gestores de equipes.
   d. Líderes carismáticos.

4. Um documento sobre a visão da organização e suas metas e operações se chama:
   a. plano de negócios.
   b. plano estratégico.
   c. plano tático.
   d. código de ética.

# CAPÍTULO 3
## Planejamento e definição de metas

# REFORÇANDO A COMPREENSÃO

## RESUMO

Após ler este capítulo, eu posso:

1. **Definir *produtividade*.** Resumidamente, a produtividade pode ser expressa pela seguinte fórmula: *produção ÷ mão de obra + capital + materiais*. Ela também pode ser calculada para três áreas: individual, grupo de trabalho e a organização.

2. **Descrever como os planos devem ser conectados do topo à base de uma organização.** Planos estratégicos de longo prazo tipicamente são definidos pela alta administração. Depois, cada nível descendente sucessivo na organização desenvolve seus planos. Os planos em cada nível devem ajudar a realizar aqueles do nível acima e dar orientação para o nível abaixo.

3. **Definir os termos *benchmarking*, *série ISO 9000* e *Six Sigma*.** *Benchmarking* é um termo que reflete a busca pelas melhores práticas dos concorrentes ou não concorrentes que leva à identificação e implementação de desempenho aperfeiçoado. A *série ISO 9000*, criada pela Organização Internacional de Padronização, reflete um processo em que auditores independentes atestam que a indústria, o laboratório ou o escritório de uma empresa cumpre certas normas de qualidade. *Six Sigma* é a filosofia e o processo de mensuração que tenta "embutir" qualidade enquanto um produto é feito.

4. **Comparar políticas e regras.** Políticas e regras são planos permanentes. Políticas são afirmações amplas que deixam espaço para a gestão usar seu bom senso. Regras, por outro lado, são afirmações explícitas sobre o que os gestores podem ou não fazer. Regras não permitem mudanças por parte da gestão.

5. **Descrever o gráfico de Gantt.** Trata-se de um dispositivo simples em forma de gráfico de barras, com o tempo no eixo horizontal e as atividades no eixo vertical. Ele mostra as atividades planejadas e as realizadas, permitindo que gestores identifiquem facilmente em que ponto se encontra um trabalho ou projeto.

6. **Explicar o que é necessário para fazer um diagrama PERT.** É preciso identificar todas as atividades-chave para concluir um projeto, sua ordem de dependência e o tempo para a conclusão de cada atividade.

7. **Descrever os quatro elementos comuns em programas de definição de metas.** Definição de metas é um sistema em que metas específicas de desempenho são determinadas conjuntamente por funcionários e seus gestores. O progresso em direção ao cumprimento das metas é analisado periodicamente, e são dadas recompensas conforme o progresso. Os quatro ingredientes em comum em programas de definição de metas são especificidade, participação, limites de tempo e *feedback* de desempenho.

8. **Definir *empreendedorismo* e explicar como ele afeta a gestão.** Empreendedorismo é o processo de iniciar um empreendimento, organizando os recursos necessários e assumindo os riscos e recompensas para fazer as coisas acontecerem. Os empreendedores cuidam do planejamento buscando primeiramente oportunidades que possam explorar e, depois, trabalhar para fazer as coisas acontecerem. Gestores tradicionais muitas vezes cuidam do planejamento, determinando antes a disponibilidade de seus recursos e então entrando em ação.

## COMPREENSÃO: QUESTÕES PARA REVISÃO E DISCUSSÃO

1. Por que a produtividade é tão importante para organizações e seus membros?
2. Compare o planejamento feito por altos gestores daquele feito por supervisores.
3. Sob que circunstâncias os planos de curto prazo são preferíveis? Sob que circunstâncias planos específicos são preferíveis?
4. Por que empresas comparam suas operações com as de outras organizações no mesmo setor?
5. Você acredita que obter certificações como Six Sigma e ISO 9000 realmente ajuda uma organização a ser mais competitiva? Explique seu posicionamento.
6. Explique como orçamentos são ao mesmo tempo um planejamento e um dispositivo de controle.
7. Como usar um gráfico de Gantt para definir o prazo de um trabalho em grupo para a instituição de ensino superior?
8. Quais são as implicações do caminho crítico para a análise PERT?
9. Por que a definição de metas é tão utilizada em organizações?
10. O que diferencia um gestor tradicional em um pequeno negócio de um gestor empreendedor? E um empreendedor interno?

## DESENVOLVENDO SUAS HABILIDADES DE GESTÃO

### MAIS AUTOCONHECIMENTO

Antes de supervisionar bem os outros, você deve entender seus pontos fortes atuais e aqueles que precisam melhorar. Para ajudar nesse processo de aprendizagem, nós o estimulamos a fazer autoavaliações que podem ajudar a determinar:

- Em que período do dia sou mais produtivo?
- Até que ponto sou bom em planejamento pessoal?
- Até que ponto estou satisfeito com meu trabalho?
- Até que ponto estou comprometido com meu trabalho?

Por fim, após concluir a autoavaliação, sugerimos que guarde os resultados para seu "portfólio de autoconhecimento".

### CRIANDO UMA EQUIPE

**Exercício experimental: definindo metas**

Neste exercício, com encenação de papéis, a turma é dividida em grupos de quatro a seis estudantes. Um estudante em cada grupo fará o papel de Chris, e outro, o de Lee. Os demais estudantes atuarão como observadores e avaliadores.

Michael Brooks recentemente foi promovido a supervisor de uma das maiores filiais da Myer Company, uma rede de suprimentos de encanamentos. Sua equipe inclui três líderes de projetos que se reportam diretamente a ele e cerca de 15 colaboradores que trabalham nesses projetos. Um dos líderes de projetos é responsável por dirigir os nove funcionários do depósito, ao passo que os outros dois dirigem respectivamente as vendas no showroom e as funções administrativas. Mike se reporta ao proprietário.

CAPÍTULO 3
Planejamento e definição de metas

Mike sugeriu aos três líderes de projetos que estabelecessem metas para si e seus funcionários.

Chris Smith, que é responsável pelo depósito, marcou uma reunião com o colaborador mais antigo, Lee Brannigan, para começar o processo de definição de metas. O objetivo deste exercício é chegar a um conjunto de metas para Lee. Os estudantes podem abordar questões como atenção imediata às necessidades dos clientes tratando-os com cortesia, a manutenção de níveis apropriados de estoque e a melhoria nas habilidades de trabalho.

Esse exercício deve durar, no máximo, 15 minutos. Na sequência, os observadores de cada grupo discutirão com a classe como foi seu processo de definição de metas. Concentre-se especificamente nos passos apresentados na seção seguinte, "Definindo metas", e em quaisquer problemas que vieram à tona.

## PRATICANDO A HABILIDADE

### Definindo metas

Queremos transformar os conceitos básicos de definição de metas em habilidades específicas que você possa aplicar no trabalho. Habilidades eficazes de definição de metas podem ser condensadas em oito comportamentos específicos. Ao seguir esses oito comportamentos, você dominará a habilidade de definir metas.

**PASSO 1: Identificar tarefas de trabalho essenciais para um colaborador.** A definição de metas começa com a identificação do que você quer que seus funcionários realizem. A melhor fonte para essa informação são as descrições atualizadas dos cargos de cada colaborador, caso estejam disponíveis. As descrições de cargo detalham que tarefas cada um deve fazer e como devem ser feitas, que resultados o funcionário é responsável por atingir e assim por diante.

**PASSO 2: Estabelecer metas específicas e desafiadoras para cada tarefa.** Além do que o próprio enunciado explica, o ideal seria divulgar essas metas. Quando as metas dos colaboradores se tornam públicas – anunciadas em um grupo ou afixadas para os outros verem –, eles parecem ficar altamente comprometidos com elas.

**PASSO 3: Especificar prazos finais para cada meta.** Conforme mostrado anteriormente, é preciso determinar um prazo específico para o cumprimento das metas.

**PASSO 4: Permitir que o colaborador participe ativamente.** É menos provável que colaboradores questionem ou resistam a um processo do qual participam ativamente do que no caso de um processo imposto por escalões superiores.

**PASSO 5: Priorizar metas.** Quando alguém é incumbido de mais de uma meta, é importante classificar as metas em ordem de importância, a fim de estimular o colaborador a agir e se empenhar por cada meta conforme sua importância.

**PASSO 6: Classificar as metas por dificuldade e importância.** A definição de metas não deve estimular as pessoas a escolherem as mais fáceis para garantir o sucesso. Portanto, tal definição tem de levar em conta as dificuldades de cada uma e se os indivíduos estão enfatizando as metas certas. Quando essas classificações são aliadas ao nível real de cumprimento de metas, você terá uma avaliação mais abrangente do desempenho geral. Esse procedimento dá crédito aos colaboradores por tentarem metas difíceis, mesmo que não consigam atingi-las por completo.

**PASSO 7: Inserir mecanismos de *feedback* para avaliar o desempenho.** Idealmente, o *feedback* sobre o desempenho no cumprimento de metas deveria ser do próprio colaborador, em vez de vir do gestor. Quando os funcionários conseguem monitorar o próprio progresso, o *feedback* é menos ameaçador e menos percebido como parte de um sistema de controle da administração.

**PASSO 8: Vincular recompensas ao cumprimento de metas.** Oferecer remuneração variável, promoções, reconhecimento, folgas ou recompensas semelhantes aos colaboradores

devido ao cumprimento de metas é um meio poderoso de aumentar seu empenho. Quando as coisas ficam difíceis no processo de atingir uma meta, as pessoas tendem a se perguntar: "E o que eu ganho com isso?". Vincular recompensas ao cumprimento de metas ajuda os funcionários a responderem a esse questionamento.

### Comunicação eficaz

1. "Gestores de equipes que não planejam formalmente estão fadados ao fracasso". Você concorda ou discorda dessa afirmação? Explique seu posicionamento.
2. Sob que circunstâncias você acha que a definição de metas seria mais útil caso fosse um colaborador? Ou um gestor de equipe? Explique seu posicionamento sobre ambas as situações.

## PENSANDO DE FORMA CRÍTICA

### Caso 3A: Fazendo planos

A Mailing Place é uma empresa completa de mala direta, com muitos clientes do setor de serviços em domicílio. Companhias como Rug Doctor, House Maids e Handyman usam a Mailing Place para enviar material direcionado a domicílios que usam esse tipo de serviço. Jill Akers começou na Mailing Place quando fazia faculdade e quatro anos depois assumiu o cargo de supervisora noturna. Suas responsabilidades incluíam juntar os materiais para uma encomenda; planejar o pessoal para dobrar, empacotar e ainda utilizar os PCs para imprimir etiquetas; assegurar que as encomendas tivessem a postagem apropriada. Há quatro trabalhadores em tempo integral na área dela, e algumas encomendas grandes requerem até dez colaboradores temporários. A Mailing Place é paga conforme a quantidade de material enviado e recebe uma remuneração variável considerável quando seus clientes conquistam novos negócios.

O chefe de Jill a procurou e pediu ajuda com a nova linha de trabalho da empresa. A nova atividade é produzir *mailings* personalizados para empresas financeiras e bancos, como apoio às operações de seus *call centers*. Os novos clientes darão à Mailing Place uma lista de contatos feitos no dia. A Mailing Place reunirá materiais a serem enviados em 24 horas. O chefe de Jill considera que o turno noturno deve assumir esse trabalho para assegurar a rapidez que os bancos estão exigindo. Jill precisa apresentar um plano para incorporar esse trabalho em sua área.

Atualmente, o turno noturno na Mailing Place vai das 17 h às 4 h, quatro dias por semana. Cada funcionário precisa de treinamento *in loco* por cerca de uma semana para se tornar eficiente com todas as máquinas e *softwares*. O custo com mão de obra é o maior componente das despesas da Mailing Place, e controlar a mão de obra é vital para seu sucesso. A nova linha de trabalho começará em cerca de um mês e, após três meses, a previsão é de que o novo volume seja igual ao nível atual de trabalho. O chefe de Jill tem esperança de que, com esse volume maior, a operação se torne mais produtiva.

### *Analisando o Caso 3A*

1. Liste e descreva os elementos de planejamento que Jill precisa considerar ao se preparar para essa nova linha de trabalho.
2. Descreva duas opções de níveis de pessoal para essa nova linha de trabalho. Que problemas e complicações podem surgir com o novo volume de trabalho para o departamento de Jill?
3. Qual é sua sugestão de cronogramas e orçamentos para o planejamento da Mailing Place?

### Caso 3B: Quando o procedimento correto não é seguido

"Você não deveria estar aqui!" Cindy mal podia acreditar nas palavras que ouviu da boca de Sonia, a nova gerente-assistente de imóveis corporativos da imobiliária Desirable Apartment

# CAPÍTULO 3
## Planejamento e definição de metas

Company. Afinal de contas, Sonia não estava na empresa há tanto tempo quanto Cindy, e Cliff, o próprio gerente de imóveis corporativos, estava sentado ao lado de Sonia sem dizer uma palavra. Cindy sabia que, ao entrar na empresa sendo a esposa de um dos membros do comitê executivo, Larry, ela não receberia tratamento diferenciado em relação aos demais funcionários, mas essa situação era o oposto.

Assim que Cindy deixou a filial em que trabalhava, Sonia e Cliff rapidamente relataram a situação a Lamarr, o vice-presidente de ativos corporativos e gestor imediato deles. Depois de ouvir a história, Lamarr entrou no escritório da vice-presidente de Desenvolvimento de Recursos Humanos, Heather, e disse: "Você não vai acreditar no que acaba de acontecer com a esposa de Larry, a Cindy". Ele contou a ela toda a história, de acordo com o que havia entendido.

Heather era uma veterana experiente cheia de ideias sobre RH e conhecia todos os meandros da empresa. Ela sabia que esse incidente tinha potencial para abalar o núcleo da empresa por causa do relacionamento íntimo de todos os membros do comitê executivo. Essa empresa foi construída sobre uma base sólida de valores familiares, e ela podia ver a perturbação potencial em demitir a esposa de um executivo. Heather imediatamente contatou Cindy para ouvir seu lado da história e dar-lhe a oportunidade de descrever o que aconteceu naquele dia.

Cliff passou a noite tentando descobrir o que aconteceu de errado durante a reunião com Cindy. O que havia começado como uma simples reunião para discutir as expectativas de vendas de Cindy em sua função como agente de locação rapidamente se transformou em uma catástrofe, conforme Sonia tentava se impor durante a reunião. Sonia tinha sido contratada recentemente e estava ansiosa para causar impacto na empresa. "Caramba, será que ela manipulou a situação?", ele pensou com remorso. Ele escreveu cuidadosamente um e-mail explicativo para

Heather, tentando argumentar por que o protocolo da empresa não tinha sido seguido durante a demissão e por que ele, como gestor de Sonia, não interveio.

Depois de ler o e-mail de Cliff no final daquela noite, Heather enviou uma resposta a Lamarr que, aparentemente, nunca foi recebida. Logo na manhã seguinte, ela enviou um e-mail, dizendo "Parece que você não recebeu meu e-mail de hoje de manhã, sendo assim, essa é a minha segunda tentativa em resposta ao e-mail de Cliff de ontem à noite para oferecer o meu ponto de vista sobre a situação".

Heather seguiu dizendo: "Eu também passei a última noite tentando digerir o que aconteceu. Espero que Sonia consiga demonstrar a liderança que representa a cultura da Desirable Apartment. Ouvi ambos os pontos de vista sobre o que aconteceu. Eu ouvi exemplos de como Cindy foi maltratada pela equipe, e ouvi a descrição da gerência sobre o comportamento de Cindy. Acho que todo mundo está vendo a situação através de seus próprios olhos, e é um desafio reunir tudo isso em um único ponto. Eu não acho que a gerente local, Jill, seja totalmente inocente nessa situação também. Gostaria de acreditar que não era intenção de Sonia fazer que Cindy fosse demitida. No entanto, Sonia e Jill tiveram uma conversa antes da reunião, e Jill perguntou se ela deveria participar. Acredito que isso definiu o tom para a reunião posterior com Cindy. Também estive pensando sobre a resposta de Jill para o gerente de imóveis da filial quando ele perguntou onde Cindy estava naquele dia. Jill respondeu que 'Cindy não trabalha mais na empresa'. Ela sabia que Cindy havia sido demitida... e eu me pergunto, por que aparentemente não fez nada?".

Conversando com Lamarr no dia seguinte em seu escritório, tentando resumir a situação, Heather lhe disse que estava minimizando os danos: "Falei com Larry e, embora ainda estivesse chateado, ele está focado e seguindo em frente".

Antes de Heather sair, ela olhou Lamarr nos olhos e disse: "No final, fiquei com a sensação de não entender nada, pensando: "O que diabos aconteceu?".

### Respondendo ao Caso 3B
1. Descreva as etapas específicas que Cliff deveria ter seguido com Sonia antes de sua reunião com Cindy para assegurar que a reunião transcorresse bem e sem surpresas.
2. Como gestor, o que Cliff deveria ter feito quando ficou evidente que Sonia abusou de sua autoridade durante a reunião com Cindy?
3. Que medidas você considera que Heather deveria tomar com Sonia? E com Cliff? E com Cindy?

# CAPÍTULO 4
## Organização

## CONCEITOS-CHAVE

Após finalizar este capítulo, você será capaz de definir os seguintes termos:

amplitude de controle
autoridade
autoridade de equipe
autoridade funcional
autoridade linear
cadeia de comando
capacitação
centralização
delegação
departamentalização
departamentalização
  funcional

departamentalização
  geográfica
departamentalização
  por clientes
departamentalização
  por processos
departamentalização
  por produtos
descentralização
descrição de cargo
especialização do trabalho
estrutura baseada em equipes

estrutura divisional
estrutura funcional
estrutura matricial
estrutura por projeto
estrutura simples
organização de aprendizagem
  contínua
organização em rede
organização sem fronteiras
organização virtual
responsabilidade
unidade de comando

## OBJETIVOS DO CAPÍTULO

Após ler este capítulo, você será capaz de:

4.1 Definir *organização*.
4.2 Descrever por que a especialização do trabalho deve aumentar a eficiência econômica.
4.3 Explicar como a amplitude de controle afeta a estrutura organizacional.
4.4 Comparar autoridade linear e autoridade de equipe.
4.5 Explicar por que as organizações estão ficando cada vez mais descentralizadas.
4.6 Descrever como estruturas organizacionais mais horizontais podem ser benéficas para a organização.
4.7 Explicar o conceito de organização de aprendizagem contínua e como ela influencia modelos organizacionais e gestores.
4.8 Discutir a importância das descrições de cargos.
4.9 Identificar o processo de quatro passos da delegação.

# A NOVA ADM

## DILEMA DO LÍDER*

Como o trabalho deve ser organizado para haver eficiência e efetividade?

O Yahoo!, pioneiro de busca e navegação na internet, luta para se manter relevante perante a concorrência do Google, Facebook e Twitter. O Yahoo! deixou escapar duas das maiores tendências da internet: redes sociais e celulares. No entanto, em julho de 2012, após fazer uma busca, a companhia conseguiu uma pérola para ser sua nova CEO – Marissa Mayer, uma das principais executivas no Google. Mayer fora uma das poucas faces públicas do Google e responsável pelo visual e conteúdo dos produtos mais populares da companhia. Dirigir o Yahoo! enquanto ele tenta reconquistar sua antiga relevância está sendo o desafio previsto por especialistas, mas eles também dizem que Mayer é a pessoa ideal para que o Yahoo! volte a ser inovador.

Duas de suas decisões iniciais incluíram alimentação grátis no escritório e smartphones novos para todos os funcionários, algo que o Google faz. Mas em fevereiro de 2013 Mayer lançou uma iniciativa que gerou muitas discussões positivas e negativas. Ela decidiu que, a partir de junho de 2013, os funcionários do Yahoo! que trabalhavam remotamente tinham de voltar ao escritório. O memorando do vice-presidente de pessoal e desenvolvimento (ou seja, o superintendente de recursos humanos) esclarecia que a nova iniciativa era uma reação a questões frequentes de produtividade quando os funcionários trabalham em casa. Com a nova chefe e o compromisso renovado de fortalecer o Yahoo! em um setor desafiador, os funcionários deveriam estar fisicamente presentes no local de trabalho, a fim de criar um laço forte ente todos e obter mais produtividade. O anúncio afetou não só aqueles que trabalhavam em casa em tempo integral – sobretudo representantes do serviço aos clientes –, mas também os funcionários que só trabalhavam em casa um ou dois dias por semana. O Yahoo!, porém, não é a única companhia que convocou o retorno dos trabalhadores remotos. Uma semana após a CEO do Yahoo! banir o trabalho remoto na companhia, o Best Buy encerrou seu programa de trabalho flexível Results Only Work Environment (ROWE). No final de 2012, o Bank of America, que tinha um programa popular de trabalho remoto, decidiu que os funcionários com certas atribuições tinham de voltar ao escritório. A Hewlett-Packard (HP), gigante em serviços de computação e tecnologia, também adotou discretamente uma política no final de 2013, requerendo que os funcionários trabalhassem exclusivamente no escritório. Funcionários da HP foram informados por seus chefes de que, se pudessem trabalhar no escritório, era isso que deviam fazer.

Antes de Mayer se tornar a CEO no Yahoo!, era raro alguma coisa ser feita por lá. O que ela encontrou na companhia não era sequer vagamente semelhante à maneira com que os funcionários atuavam no Google. No Yahoo!, havia poucas pessoas trabalhando nos cubículos de escritórios, assim como poucos carros, bicicletas e outros veículos nos estacionamentos do edifício. E mais perturbador ainda era que alguns funcionários que estavam fisicamente por lá trabalhavam o mínimo necessário e iam embora cedo. Ela também observou que outros funcionários que trabalhavam em casa faziam pouco mais do que buscar o salário ou até trabalhavam em um negócio paralelo que eles mesmos tinham fundado. Um ex-gerente disse que o moral no escritório era tão baixo que dava a impressão de que os empregados achavam que a companhia estava nas últimas. Essas foram algumas razões que fizeram Mayer acabar com a política do Yahoo! de trabalhar em casa. Para que o Yahoo! voltasse a ser ágil, era preciso haver uma nova cultura de inovação, comunicação e colaboração. E isso significava que os funcionários tinham de estar fisicamente trabalhando juntos. Seria difícil recuperar a aura *cool* do Yahoo! – desde seus produtos ao moral e cultura decadentes – se o pessoal não estivesse lá. É por isso que a decisão de Mayer criou tamanha comoção. O único comunicado oficial da companhia sobre a nova política dizia: "Esta não é uma visão ampla do setor sobre trabalhar em casa. Trata-se do que é certo para o Yahoo! neste momento".

Sem dúvida, é importante onde o trabalho é feito com mais eficiência e efetividade – no escritório, em casa ou em uma mescla de ambos. As três preocupações administrativas principais são produtividade, inovação e colaboração. Arranjos flexíveis geram mais produtividade ou inibem a inovação e a colaboração? Outra preocupação é que funcionários, especialmente os mais jovens, esperam trabalhar remotamente. Sim, a tendência é haver mais flexibilidade em relação ao local de trabalho, mas essa flexibilidade gera uma força de trabalho remota inflada, preguiçosa e improdutiva? Esses são os desafios de projetar estruturas organizacionais de trabalho. O que gestores e organizações podem fazer para ajudar os funcionários que trabalham em casa a serem eficientes e eficazes?

Consideremos as três preocupações principais: produtividade, inovação e colaboração. Pela perspectiva da administração, você acha que arranjos flexíveis valem a pena? E o que dizer sobre a perspectiva dos funcionários? "Dar as caras" (ou seja, comparecer ao trabalho para ser visto por seu chefe e os outros) é crucial para a carreira de alguém?

\* Baseado em MILLER, C. C.; PERLROTH, N. Yahoo says new policy is meant to raise morale. *New York Times Online*, 5 de março de 2013.; SUDDATH, C. Work-from-home truths, half-truths, and myths. *Bloomberg Business Week*, 4-10 mar. 2013, p. 75.; FOTTRELL, Q. The home office in the spotlight. *Wall Street Journal*, 27 fev. 2013, p. B6.; WEISE, E. Telecommuters to Yahoo: boo. *USA Today*, 26 fev. 2013, p. 1ª.; SILVERMAN, R. E.; BELL, R. *Examining Marissa Mayer's out-of-office message to Yahoo employees*. Disponível em: www.workforce.com. Acesso em: 26 fev. 2013.; MILLER, C. C.; RAMPELL, C. Yahoo orders home workers back to the office. *New York Times Online*, 25 fev. 2013.; SWISHER, K. Physically together: here's the internal yahoo no-work-from-home memo for remote workers and maybe more. *AllThingsD.com*, 22 fev. 2013.; HESSELDAHL, A. Yahoo redux: hp says "all hands on deck" needed, requiring most employees to work at the office (memo). *AllThingsD.com*, 8 out. 2013. Disponível em: http://allthingsd.com/20131008/yahoo-redux-hp-says-all-hands-on-deckneeded-requiring-mostemployees-to-work-at-the-office-memo. Acesso em: 6 jan. 2017.; PEPITONE, J. Best Buy ends work-from-home program. *CNNMoney*, 5 mar. 2013. Disponível em: http://money.cnn.com/2013/03/05/technology/bestbuy-work-from-home. Acesso em: 6 jan. 2017.

## INTRODUÇÃO

Nos anos 1920 e 1930, à medida que as organizações cresciam e se tornavam mais formais, os gestores sentiram necessidade de impor mais coordenação às atividades e mais controle sobre as operações. Nessa época, pesquisadores de negócios argumentavam que burocracias formais seriam melhores para a empresa. Essa crença se manteve por mais de sete décadas. Assim, estruturas burocráticas floresceram. No entanto, na década de 1980, o mundo começou a mudar drasticamente. O mercado global, avanços tecnológicos rápidos, a diversidade da força de trabalho e condições socioeconômicas tornaram essas burocracias ineficientes para muitos negócios. Consequentemente, desde o final dos anos 1980, muitas empresas fizeram uma reestruturação para se tornar mais voltadas aos clientes e ao mercado, e aumentar a produtividade.

Hoje, é crucial para uma organização ter a estrutura correta. Embora montar a estrutura da organização seja uma atribuição da alta administração (ou do proprietário/empreendedor de uma pequena empresa ou *startup*), é importante que todos os membros organizacionais entendam como essas estruturas funcionam. Por quê? Porque a pessoa entenderá melhor seu trabalho se souber por que está "colocado" na atual posição. Por exemplo, quantas pessoas você pode supervisionar efetivamente? Quando você tem autoridade para tomar uma decisão e quando está meramente dando uma recomendação? Que tarefas você pode delegar aos outros? Você liderará funcionários que fazem um produto específico? Seu departamento existirá para atender um cliente específico, uma região geográfica ou uma mescla de ambos? As respostas a perguntas como essas estão neste capítulo. Vamos examinar os componentes tradicionais no desenvolvimento de uma estrutura organizacional, várias maneiras de agrupar os funcionários e como as estruturas mudam no decorrer do tempo.

## OBJETIVO 4.1
Definir organização.

## 4.1 O QUE É ORGANIZAÇÃO?

*Organização* é o arranjo e agrupamento de trabalhos, distribuindo recursos e designando funções em um departamento para que as atividades possam ser realizadas conforme o planejado. Como mencionado anteriormente, a alta administração em uma organização tipicamente estabelece a estrutura organizacional geral. Ela determina, por exemplo, quantos níveis haverá desde o topo até a base da organização, e até que ponto gerentes de nível mais baixo terão de atuar seguindo as regras e procedimentos formais. Em grandes corporações americanas não é incomum haver cinco a oito níveis desde o topo até a base; centenas de departamentos; e dezenas de manuais (por exemplo, sobre compras, recursos humanos, contabilidade, engenharia, manutenção e vendas) que definem procedimentos, regras e políticas nos departamentos. Com a estrutura geral montada, os gestores precisam organizar todos os departamentos. Neste capítulo mostramos como fazer isso.

Lembre-se de que nosso foco aqui é nos arranjos *formais* de trabalhos e grupos de trabalho definidos pela administração. Ademais, indivíduos e grupos criam alianças informais por conta própria que não são formalmente estruturadas nem determinadas pela organização. Quase todos os funcionários em todas as organizações fazem esses arranjos informais movidos pela necessidade de contato social.

## 4.2 CONCEITOS BÁSICOS DE ORGANIZAÇÃO

Toda organização – grande ou pequena, com ou sem fins lucrativos e assim por diante – tem uma estrutura. Algumas organizações, como a Toyota e a IBM, têm uma estrutura mais formalizada.

Outras, como muitos empreendimentos, têm uma estrutura simples e menos formalizada. Então, o que compõe a "tal" *estrutura organizacional*? Os primeiros teóricos de administração desenvolveram alguns princípios básicos de organização que continuam sendo uma orientação valiosa para os gestores atuais: especialização do trabalho, amplitude de controle, cadeia de

CAPÍTULO 4
Organização

comando, autoridade e responsabilidade, centralização, descentralização e departamentalização.

### 4.2.1 O que é especialização do trabalho?

*Especialização do trabalho* significa que, em vez de um trabalho todo ser feito por um indivíduo, ele é decomposto em alguns passos e cada passo é concluído por um certo indivíduo.

Essencialmente, indivíduos se especializam em uma parte de uma atividade, não na atividade inteira.

A produção na linha de montagem, em que cada trabalhador faz a mesma tarefa padronizada numerosas vezes, é um exemplo de especialização do trabalho. Até recentemente, planejadores de organizações achavam indiscutível que aumentos na especialização do trabalho levam a aumentos nas eficiências econômicas. Na maioria das organizações, algumas tarefas requerem uma grande especialização; outras podem ser feitas por pessoas não treinadas. Se todos os trabalhadores de uma organização se envolvessem em cada passo, digamos, do processo de fabricação, todos eles teriam de ter as habilidades necessárias para fazer as tarefas mais complexas e as mais fáceis. O resultado seria que, exceto quando fizessem as tarefas mais especializadas ou sofisticadas, os funcionários trabalhariam abaixo de seu nível de especialização. Como os trabalhadores especializados ganham salários mais altos que refletem seu nível maior de habilidades, é um desperdício de recursos pagar trabalhadores altamente especializados para fazerem tarefas fáceis.

Hoje os gestores entendem que, embora gere eficiências econômicas, a especialização do trabalho não é uma fonte infinita de aumento de produtividade. A certa altura surgem os problemas – tédio, fadiga, estresse, baixa produtividade, má qualidade, mais absenteísmo e alta rotatividade. Gestores atuais ainda usam o conceito de especialização do trabalho ao projetar trabalhos. Ao mesmo tempo, eles reconhecem que, em um número crescente de situações, a produtividade, a qualidade e a motivação dos funcionários podem aumentar se eles forem designados para diversas atividades que permitam fazer uma parte completa do trabalho e se forem agrupados em equipes.

### 4.2.2 O que é amplitude de controle?

Não é eficiente para um gestor dirigir apenas um ou dois funcionários, assim como é óbvio que até o melhor gestor ficaria sobrecarregado se tivesse de supervisionar diretamente centenas de pessoas. Isso leva à questão da *amplitude de controle*: quantos funcionários um gestor consegue dirigir eficiente e efetivamente?

Não há resposta universal. Para a maioria dos gestores, o número ideal provavelmente é entre cinco e trinta, mas o número exato dentro dessa faixa depende de alguns fatores. Até que ponto o gestor é experiente e competente? Quanto maiores forem suas habilidades, maior o número de funcionários que ele consegue dirigir. Qual é o nível de treinamento e experiência dos funcionários? Quanto maiores forem suas capacidades, menos demandas eles

---

**OBJETIVO 4.2**
Descrever por que a especialização do trabalho deve aumentar a eficiência econômica.

**ESPECIALIZAÇÃO DO TRABALHO**
O processo de decompor um trabalho em alguns passos, com cada passo sendo concluído por um indivíduo.

**OBJETIVO 4.3**
Explicar como a amplitude de controle afeta a estrutura organizacional.

**AMPLITUDE DE CONTROLE**
O número de funcionários que um gestor consegue dirigir eficiente e efetivamente.

irão impor ao gestor; portanto, este pode supervisionar diretamente mais funcionários. O quão complexas são as atividades dos funcionários? Quanto mais difíceis forem os encargos dos funcionários, mais estreita será a amplitude de controle. Quantos tipos de trabalhos estão sob a direção do gestor? Quanto mais variados forem os trabalhos, mais estreita será a amplitude. Quão extensas são as regras e regulamentações formais do departamento? Gestores podem dirigir mais pessoas quando elas conseguem solucionar seus problemas em manuais organizacionais, em vez de recorrer a seu chefe direto.

Uma tendência importante está ocorrendo nas organizações. As amplitudes de controle se expandiram quase que universalmente (ver Figura 4.1), pois essa é uma maneira de reduzir custos. Por exemplo, ao dobrar a amplitude, é possível reduzir pela metade o número de gestores necessários. Lembre-se, porém, de que essa é uma das premissas básicas do *downsizing*. Naturalmente, tais amplitudes maiores não são efetivas sem alterações na designação de tarefas e melhoras nos níveis de habilidades. Para que amplitudes maiores funcionem, as organizações precisam investir mais em treinamentos para gestores e funcionários. Elas também deveriam redesignar trabalhos em torno de equipes para que os indivíduos se ajudem mutuamente a resolver problemas, sem recorrer a seu superior imediato.

Outro fato que merece destaque quanto à amplitude de controle do supervisor é o uso mais intenso de teletrabalho (ver "**Algo para pensar: Retorno ao passado**", posteriormente neste capítulo). Teletrabalho, trabalho remoto, *home office*, *e-commuting*, *e-work*, trabalhar em casa ou a partir de casa permitem que os trabalhadores atuem em qualquer lugar onde possam se conectar com um computador no escritório.

**Figura 4.1** Comparação de amplitudes de controle

*Anos 1970:*
AMPLITUDES ESTREITAS
Criam organizações altas com grande número de níveis verticais.

*Organização contemporânea:*
AMPLITUDES GRANDES
Criam organizações planas com menos níveis verticais.

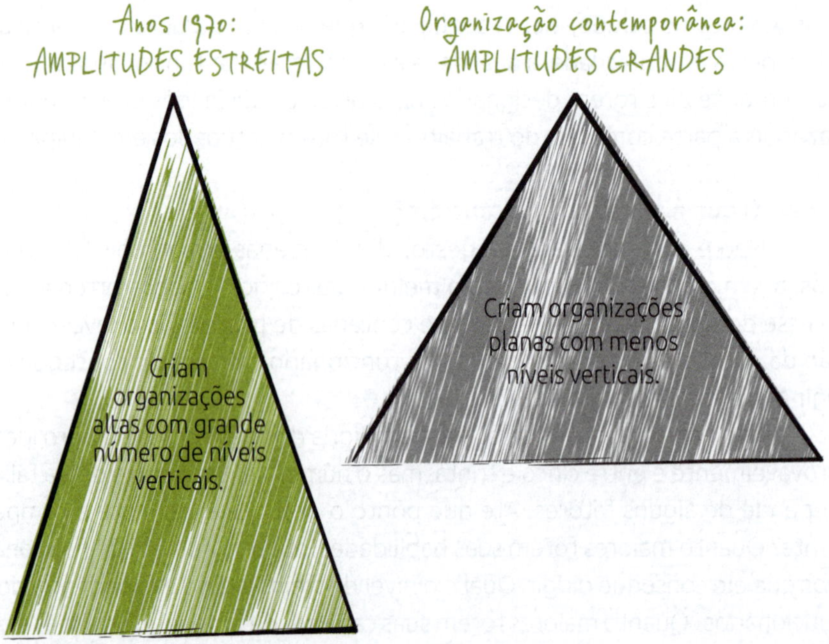

# CAPÍTULO 4
## Organização

### ALGO PARA PENSAR
*(e promover discussão em sala de aula)*

## RETORNO AO PASSADO[1]

Há 150 anos, nos Estados Unidos, era comum trabalhadores atuarem fora de casa. A maioria deles realizava algumas tarefas, fazia algum produto e o levava para vender em um mercado. Mas tudo isso mudou com a Revolução Industrial. Grandes indústrias passaram a atrair trabalhadores de áreas rurais para cidades. Esse movimento deu origem ao trabalho tradicional – que requeria que os funcionários comparecessem à empresa e cumprissem um expediente diário de oito a doze horas – e gerou a necessidade de haver um gestor para manter os trabalhadores ativos.

À medida que o tempo passou e o urbano deu lugar ao suburbano, surgiu uma forte mentalidade de deslocamentos em trabalhadores e negócios. A expectativa era de que os negócios ficassem localizados segundo algum critério estratégico e os trabalhadores buscassem um jeito para chegar ao local de trabalho. A indústria automobilística floresceu, e grande parte dos meios de transporte de massa desapareceu em muitos lugares pelo país. Hoje, o paradigma de trabalho inexoravelmente ligado a deslocamentos diários está passando por uma grande reformulação, em reação aos altos preços dos combustíveis na economia global.

Inicialmente visto como uma oportunidade para as organizações tirarem proveito da maior conectividade entre casa e escritório, ao mesmo tempo reduzindo custos associados à subutilização do espaço do escritório, o conceito de trabalho remoto está sendo visto como a solução ética para organizações que querem reduzir sua pegada de carbono. Além disso, na esteira de catástrofes como o 11 de Setembro, o furacão Katrina, o terremoto em 2008 na China, o vazamento de petróleo devido à explosão em 2010 da plataforma Deepwater Horizon da BP, o terremoto e o tsunami em 2011 no Japão, que resultaram em danos severos à usina nuclear Daiichi em Fukushima, e o furacão Sandy em 2012, as organizações estão cada vez mais cientes da necessidade de manter a continuidade das operações para clientes, funcionários e acionistas.

O *downsizing* e a engenharia de processos levaram ao desaparecimento em massa de empregos tradicionais. Quando se consideram as mudanças tecnológicas e a aceitação e uso disseminados de computadores, internet, tecnologias sem fio e telefones celulares, o conceito de trabalhadores se reunindo obrigatoriamente em um local centralizado não faz sentido. As capacidades de teletrabalho existentes possibilitam que os funcionários estejam em qualquer lugar do mundo, e os empregadores não necessariamente precisem manter um negócio perto de sua força de trabalho. Por exemplo, se uma seguradora em Idaho está tendo problemas para atrair candidatos locais qualificados para suas vagas e há trabalhadores qualificados em Colorado Springs, não é preciso abrir uma filial no Colorado. Basta que ela forneça computadores e equipamentos apropriados aos funcionários de lá; o trabalho pode ser feito a centenas de quilômetros, de forma *on-line* com o escritório central.

O trabalho remoto também viabiliza que um negócio em uma área com mão de obra cara realize seu trabalho em uma área com salários mais baixos. Pense na editora na cidade de Nova York

---

1  NILLES, J. M. *Managing telework:* options for managing the virtual workforce. Nova York: John Wiley & Sons, 1998; LIFEWIRE. Differences between telecommuting and telework. Disponível em: https://www.lifewire.com/difference-between-telecommuting-and-telework-2378090. Acesso em: jan. 2020.

cujos custos dispararam. Se mandasse o trabalho para um editor qualificado em Parkton, Virgínia Ocidental, a editora poderia reduzir os custos com mão de obra. Da mesma maneira, essa editora economizaria ainda mais se não precisasse manter um escritório na cidade, diante do custo por metro quadrado dos imóveis nessa área.

Lugares de trabalho descentralizados também dão oportunidades que vão ao encontro das necessidades da força de trabalho diversificada. Quem tem responsabilidades familiares, como cuidar dos filhos, ou deficiências físicas, pode preferir trabalhar em casa, em vez de se deslocar até a organização. O teletrabalho, portanto, dá a flexibilidade de trabalho desejada por muitos membros da força de trabalho diversificada. Com o aumento contínuo de *baby boomers* se aposentando e o maior fluxo de *millennials* no trabalho, a flexibilidade nas condições de trabalho continua sendo uma ótima ferramenta de recrutamento para muitas empresas. O trabalho remoto pode proporcionar mais equilíbrio entre vida pessoal e corporativa para quem opta por trabalhar em casa, assim cumprindo a promessa de aumentos na produtividade e na satisfação dos trabalhadores.

Trabalhar em casa também beneficia a comunidade, pois diminui o tráfego, as emissões de poluentes e a dependência de petróleo. Por fim, agências governamentais dão um certo incentivo para que empresas considerem esses arranjos de trabalho alternativos. Por exemplo, em reação a preocupações ambientais nos Estados Unidos, o governo federal pode contingenciar fundos para fazer rodovias estaduais capazes de reduzir o tráfego congestionado em áreas muito populosas. Um meio para atingir essa meta é dar algum incentivo, como um benefício fiscal, para que empresas implementem opções de trabalho descentralizado. De maneira semelhante, o departamento de trabalho estadual também pode dar um incentivo para negócios transferirem suas atividades de comunidades mais afluentes para áreas com dificuldades econômicas.

Como gestor, porém, você terá de suportar o impacto da mudança. Deverá manter contato com os funcionários remotos, monitorar o trabalho deles e avaliar o que fizeram. Para você, o trabalho remoto claramente está mudando o trabalho do gestor? O que você pensa sobre o trabalho remoto e seu impacto nos negócios?

Atualmente, milhões de trabalhadores nos Estados Unidos estão trabalhando de casa ou de outro lugar remoto, seja para um empregador ou por conta própria. Baseada na análise dos dados de 2005-2014 da American Community Survey (Departamento do Censo americano), a Global Workplace Analytics concluiu que 50% da força de trabalho americana tem um trabalho ao menos compatível com o teletrabalho parcial. Embora esse estudo mostre que 80% a 90% da força de trabalho americana gostaria de trabalhar à distância, pelo menos parte do tempo, dois a três dias por semana parece permitir o equilíbrio entre trabalho em casa e no escritório tolerado pela maioria das organizações. Segundo estudos que mostram que os trabalhadores não estão em sua mesa de trabalho 50% a 60% do tempo, muitas empresas pelo mundo que estão na lista *Fortune 1000* estão ativamente renovando seus espaços em torno do conceito de funcionários móveis. Desde 2005, o trabalho regular em casa, entre a população que é *freelancer*, cresceu 103%, e 3,7 milhões de funcionários (2,8% da força de trabalho) agora trabalham em casa pelo menos metade do tempo. Um estudo da Global Workplace Analytics sobre a

### CAPÍTULO 4
Organização

demografia do trabalhador remoto mostra que, em geral, ele fez faculdade, tem 49 anos, um salário anual de US$ 58.000 e trabalha para uma empresa com mais de cem funcionários. Além disso, 75% dos funcionários que trabalham em casa ganham mais de US$ 65.000 por ano, o que os coloca nos 80 pontos percentuais superiores de todos os funcionários baseados em casa ou no escritório.[2]

O grande diferencial do teletrabalho é dar mais flexibilidade aos funcionários. Ele os libera dos fardos de grandes deslocamentos e horários fixos, e aumenta as oportunidades de cumprir as responsabilidades familiares. Para gestores, o trabalho remoto significa supervisionar indivíduos que eles veem raramente. Onde o trabalho a distância é aplicado, os gestores geralmente têm uma vasta amplitude de controle, pois os trabalhadores remotos tendem a ser profissionais autônomos qualificados – programadores de computador, especialistas em marketing, analistas financeiros e pessoal de apoio administrativo –, que tipicamente trazem pouquíssimas demanda a seus gerentes. Além disso, como os computadores do gerente e o do funcionário normalmente estão em rede, os gerentes conseguem se comunicar com os trabalhadores remotos, da mesma maneira ou até melhor do que com funcionários que estão presentes no escritório.

### 4.2.3    O que é cadeia de comando?

Durante muitos anos, o conceito de cadeia de comando foi um pilar da estrutura organizacional. Embora ele tenha bem menos importância atualmente, os gestores atuais ainda têm de considerar suas implicações quando decidem a melhor forma de estruturar a organização. A *cadeia de comando* é a linha contínua de autoridade que se estende dos níveis organizacionais superiores até os mais baixos e esclarece quem se reporta a quem. Ela ajuda os funcionários em questões como, "a quem eu recorro se tiver um problema?" ou "a quem devo me subordinar em última instância?". Tais questões levaram os primeiros autores de livros sobre administração à conclusão de que cada funcionário deveria se subordinar a um único gestor.

Um funcionário que precise se reportar a dois ou mais chefes fica sujeito a lidar com demandas ou prioridades conflitantes.[3] Os primeiros escritores de livros sobre administração também acreditavam que cada funcionário deveria se reportar a apenas um gerente, um conceito conhecido como *unidade de comando*. Nas raras situações em que a unidade de comando tinha de ser rompida, os primeiros trabalhadores na área de gestão sempre faziam uma separação clara de atividades e havia um gerente responsável por cada uma. A unidade de comando era lógica quando as organizações eram bem mais simples. Sob certas circunstâncias, ela ainda tem seu valor, e organizações

**CADEIA DE COMANDO**
A linha contínua de autoridade em uma organização.

**UNIDADE DE COMANDO**
Princípio que afirma que um funcionário deve se subordinar apenas a um gestor.

---

2    GLOBAL WORKPLACE ANALYTICS. *Latest Telecommuting Statistics*, 2015. Disponível em: http://globalworkplaceanalytics.com/telecommuting-statistics. Acesso em: jan. 2020.

3    PRESTON, R. Inside out. *Management Today*, p. 37, set. 2001; CLARKE, R. D. Over their heads. *Black Enterprise*, p. 79, dez. 2000.

## OBJETIVO 4.4
Comparar autoridade linear e autoridade de equipe.

## AUTORIDADE
Direitos inerentes a uma posição de gestão para dar ordens e esperar que elas sejam obedecidas.

continuam aderindo a ela. Mas a tecnologia, por exemplo, viabiliza o acesso a informações que antes só eram acessíveis à alta gerência. Além disso, com os computadores, os funcionários podem se comunicar com qualquer pessoa na organização sem passar pelos canais formais – a cadeia de comando. Portanto, há situações, que apresentaremos posteriormente neste capítulo, em que a adesão estrita à unidade de comando cria um grau de inflexibilidade que atrapalha o desempenho da organização.

### 4.2.4 O que é autoridade?

*Autoridade* se refere a direitos inerentes a uma posição de gestão para dar ordens e esperar que elas sejam obedecidas. Cada posição dessas tem direitos específicos que os incumbidos adquirem com seu cargo. Portanto, autoridade se relaciona à posição de alguém em uma organização e ignora as características pessoais do gestor. As pessoas seguem indivíduos com autoridade não porque gostem deles ou os respeitem, mas por causa dos direitos inerentes à sua posição (ver "**Notícias rápidas**: **Obedecendo a autoridade**").

## NOTÍCIAS RÁPIDAS

### OBEDECENDO A AUTORIDADE[4]

As pessoas seguem ordens sem questionar quem tem autoridade? Anos atrás, na maioria dos negócios esse era um padrão esperado ou até exigido por muitos gestores. Mas até que ponto alguém iria obedecer ordens? Provavelmente, a melhor resposta a isso foi obtida em um projeto de pesquisa feito há alguns anos por um psicólogo social da Universidade Yale.

Esse pesquisador contratou vários indivíduos, que foram conduzidos a acreditar que o suposto experimento de aprendizagem pretendia investigar o efeito da punição sobre a memória. Eles deveriam agir como professores e dar punição sempre que um aluno cometesse um erro em um teste. Nesse caso, a punição era um choque elétrico. A questão era se os sujeitos seguiriam os comandos do pesquisador. Será que sua disposição para obedecer diminuiria à medida que o choque fosse mais forte?

Pois bem, os sujeitos se sentavam diante de um gerador de choques com trinta níveis de intensidade, que partiam de zero e com incrementos de 15 volts até o máximo de 450 volts. Isso significava desde um "choque leve" de 15 volts a "perigo: choque fortíssimo" de 450 volts. Para dar realismo ao experimento, os sujeitos recebiam um choque de 45 volts e viam o aluno amarrado em uma cadeira elétrica em uma sala adjacente. Obviamente, o aluno era um ator e os choques elétricos eram falsos, mas os sujeitos

---
[4] Baseado em MILGRAM, S. *Obedience to authority*. Nova York: Harper & Row, 1974.

CAPÍTULO 4
Organização

não sabiam disso. Eles tinham de dar um choque no aluno toda vez que ele cometesse um erro. Erros subsequentes resultariam em um aumento na intensidade dos choques. Ao longo do experimento, os sujeitos tinham *feedback* verbal do aluno. Com 75 volts, o aluno começou a grunhir e gemer; com 150 volts, pediu para ser liberado do experimento; com 180 volts, gritou que não aguentava mais a dor; e com 300 volts, insistiu para sair por causa de um problema cardíaco. Após 300 volts, o aluno parou de responder às perguntas.

A maioria dos sujeitos protestou e, temendo matar o aluno se mais choques causassem um ataque cardíaco, insistiu que não podia prosseguir. Mas o pesquisador disse que eles tinham que continuar, pois era essa sua função. A maioria dos sujeitos discordou, mas discordar não é sinônimo de desobedecer. Sessenta e dois por cento dos sujeitos aumentaram o nível dos choques até o máximo de 450 volts. O nível médio de choque aplicado pelos 38% restantes era de quase 370 volts – mais do que o suficiente para matar até o mais forte dos seres humanos!

O que podemos concluir desse experimento? Bem, uma conclusão óbvia é que a autoridade é uma fonte poderosa para obrigar as pessoas a fazerem coisas. Os sujeitos no experimento aplicaram níveis de choque muito acima do que queriam dizendo que foram obrigados a isso, embora pudessem ter saído voluntariamente da sala a qualquer momento que quisessem.

Há três tipos de relações de autoridade: linear, de equipe e funcional (ver Figura 4.2). A mais direta e fácil de entender é a *autoridade linear*, que dá ao gestor o direito de dirigir o trabalho de seus funcionários e de tomar certas decisões sem consultar os outros. A *autoridade de equipe* apoia a autoridade linear aconselhando, atendendo e ajudando, porém é limitada. Por exemplo, a assistente do chefe do departamento de ciências em uma universidade tem autoridade de equipe. Ela age como uma extensão do chefe do departamento e dá orientações e sugestões que não precisam ser obedecidas. No entanto, ela tem autoridade para agir em nome do chefe do departamento. Nesses casos, ela dá diretrizes sob a autoridade linear de seu chefe. Ela pode expedir um memorando e assiná-lo "Joan Wilson em nome de R. L. Dalton". Nesse exemplo, Wilson está agindo apenas como uma extensão de Dalton. A autoridade de equipe permite a Dalton fazer mais coisas por ter uma assistente que pode atuar em seu lugar. O terceiro tipo de autoridade, a *autoridade funcional*, representa direitos sobre indivíduos fora de suas áreas diretas de responsabilidade. Por exemplo, não é incomum um gestor em uma fábrica descobrir que seu chefe imediato tem autoridade linear sobre ele, mas que alguém na sede corporativa tem autoridade funcional sobre suas atividades e decisões. O gestor a cargo do departamento de compras na fábrica da Allison Transmission em Chennai, Índia, se reporta ao gerente dessa fábrica e ao diretor de compras na sede da companhia global em Indianápolis, Indiana.

Por que a organização cria posições de autoridade funcional? Afinal de contas, isso rompe o princípio da unidade de comando por haver pessoas se reportando a dois chefes. A resposta é que isso pode ser altamente eficiente ao permitir a especialização de habilidades e melhor coordenação. Seu grande problema é a sobreposição de relações, o que é resolvido informando

**AUTORIDADE LINEAR**
Autoridade de um gestor para dirigir o trabalho de seus funcionários e tomar certas decisões sem consultar os outros.

**AUTORIDADE DE EQUIPE**
Autoridade limitada que apoia a autoridade linear orientando, atendendo e ajudando.

**AUTORIDADE FUNCIONAL**
Controle sobre indivíduos fora de suas áreas diretas de responsabilidade.

claramente a um indivíduo sobre que atividades seu chefe tem autoridade e que atividades estão sob a direção de outra pessoa com autoridade funcional. Para acompanhar nosso exemplo das compras, o diretor em Indianápolis, Indiana, pode ter autoridade funcional para especificar políticas de compras para toda a corporação, sobre formulários a serem usados e procedimentos comuns a serem seguidos. Todos os outros aspectos do trabalho de compras do gestor ficam sob a autoridade do administrador da fábrica.

**Figura 4.2** Exemplo de diagrama mostrando relações lineares, de equipe e autoridade funcional

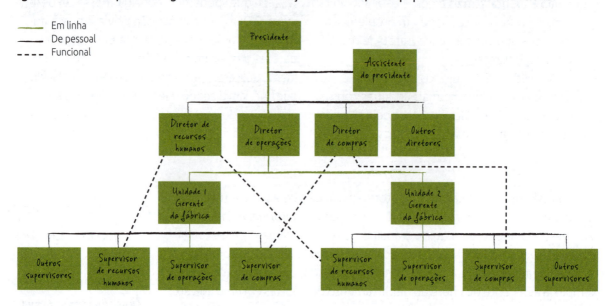

**RESPONSABILIDADE**
Obrigações de gestão como atingir as metas de uma unidade, manter os custos dentro do orçamento, seguir políticas organizacionais e motivar funcionários.

# Em que autoridade e responsabilidade diferem? Cargos de gestão implicam autoridade e também *responsabilidade*. Gestores são responsáveis por atingir as metas de sua unidade, manter custos dentro do orçamento, atender às políticas organizacionais e motivar seus funcionários. Autoridade sem responsabilidade abre espaço para abusos. Por exemplo, se não for responsável por motivar os funcionários, o gestor pode se sentir inclinado a fazer demandas excessivas a um funcionário, a ponto deste se machucar no trabalho. Por sua vez, responsabilidade sem autoridade cria frustração e sensação de impotência. Se for responsável pelo desempenho de vendas em seu território, você deve ter autoridade para contratar, recompensar, disciplinar e demitir os vendedores sob sua alçada.

# Por que autoridade e responsabilidade devem ser iguais? A análise anterior sugere a importância de igualar autoridade e responsabilidade. Quando a alta administração cria unidades organizacionais como divisões, regiões, territórios e departamentos – e distribui pessoal de gestão para cada uma com metas e responsabilidades específicas –, esse pessoal também deve ter autoridade suficiente para cumprir bem essas responsabilidades.

Quanto mais ambiciosas e difíceis forem as metas assumidas, mais o gestor deve ser investido de autoridade.

### 4.2.5 Onde as decisões são tomadas?

Uma das questões na função de organizar é "em que nível as decisões são tomadas?". *Centralização* é uma função do grau de autoridade decisória conferido a níveis mais baixos na organização. Centralização e descentralização se referem a uma graduação, e nenhuma organização é totalmente centralizada nem totalmente descentralizada. Dificilmente uma organização poderia funcionar efetivamente se todas as suas decisões fossem tomadas por poucas pessoas selecionadas (centralização) ou se todas as decisões fossem empurradas para o nível mais próximo aos problemas (*descentralização*). Vamos examinar como os primeiros autores de livros sobre gestão viam a centralização e como ela é atualmente.

Esses autores propunham que a centralização em uma organização dependia da situação.[5] Seu objetivo era o uso máximo e eficiente dos funcionários. Organizações tradicionais eram estruturadas em forma de pirâmide, com o poder e a autoridade concentrados perto do topo da organização. Devido a essa estrutura organizacional, historicamente as decisões centralizadas eram as mais proeminentes. Mas as organizações atuais são mais complexas e estão reagindo a mudanças dinâmicas em seus ambientes. Por isso, muitos acreditam que as decisões devam ser tomadas pelos indivíduos mais próximos aos problemas – independentemente de seu nível na organização. De fato, a tendência nas últimas três décadas foi um movimento em direção a mais descentralização em organizações.

Atualmente, cada vez mais gestores e trabalhadores são ativamente incluídos no processo decisório. Como cortaram custos e dinamizaram sua estrutura para atender melhor às necessidades dos clientes, muitas empresas empurraram a autoridade decisória para os níveis mais baixos na organização. Dessa maneira, as pessoas mais familiarizadas e próximas a um problema podem assumi-lo e resolvê-lo rapidamente. No entanto, o que funciona em uma organização não necessariamente dará certo em outra. Por isso, gestores devem determinar o grau de descentralização em cada departamento e nas unidades que o compõem. Quando gestores empoderam funcionários e lhes delegam autoridade para decidir sobre coisas que afetam o próprio trabalho e para mudar sua forma de pensar sobre o trabalho, isso é descentralização. Note, porém, que isso não implica que gestores deixaram de tomar decisões.

### 4.2.6 Quais são as cinco maneiras de departamentalizar?

Os primeiros autores de livros sobre gestão argumentavam que as atividades na organização deveriam ser especializadas e agrupadas em departamentos. A especialização do trabalho cria especialistas que precisam de coordenação. Essa coordenação é facilitada reunindo especialistas em

---

5    FAYOL, H. *General and industrial management.* Londres: Pitman Publishing, 1949. p. 19-42.

---

**OBJETIVO 4.5**
Explicar por que as organizações estão ficando cada vez mais descentralizadas.

**CENTRALIZAÇÃO**
Responsabilidade decisória nas mãos da alta administração.

**DESCENTRALIZAÇÃO**
Delegar a autoridade decisória para aqueles mais próximos aos problemas.

**DEPARTAMENTALIZAÇÃO**
Agrupar departamentos com base nas funções de trabalho, produto ou serviço, cliente ou consumidor-alvo, território geográfico ou no processo usado para transformar insumos em produção.

**DEPARTAMENTALIZAÇÃO FUNCIONAL**
Agrupar atividades em unidades independentes com base nas funções desempenhadas.

**DEPARTAMENTALIZAÇÃO POR PRODUTOS**
Agrupar atividades em unidades independentes com base em problemas ou questões relacionados a um produto.

departamentos sob a direção de um gestor. Em geral, a criação desses departamentos é baseada nas funções a serem desempenhadas, o produto ou o serviço oferecido, o cliente ou consumidor-alvo, o território geográfico em questão ou o processo usado para transformar insumos em produção. Nenhum método especial de *departamentalização* foi defendido pelos autores antigos. O método ou métodos usados deveriam refletir o melhor agrupamento para atingir os objetivos da organização e as metas de unidades individuais.

#### 4.2.6.1 Como agrupar as atividades?

Uma das maneiras mais usadas para isso é por funções desempenhadas, ou *departamentalização funcional*. O gestor de uma fábrica pode decidir que é melhor criar unidades de trabalho – como engenharia, contabilidade, sistemas de informação, recursos humanos e compras (ver Figura 4.3). A departamentalização funcional pode ser usada em todos os tipos de organizações. Somente as funções mudam conforme os objetivos e atividades da organização. Um hospital pode ter departamentos para pesquisa, atendimento aos pacientes, contabilidade e assim por diante. Uma franquia de futebol de salão profissional pode ter departamentos como de pessoal, vendas de ingressos, viagens e hospedagem.

Outro método, a *departamentalização por produtos*, é usado na Bombardier (Figura 4.4). Cada área de produtos nessa corporação canadense fica sob a autoridade de um gestor sênior que é especialista e responsável por tudo que tem a ver com sua linha de produtos.

**Figura 4.3**   Departamentalização funcional

**Figura 4.4**   Departamentalização por produtos

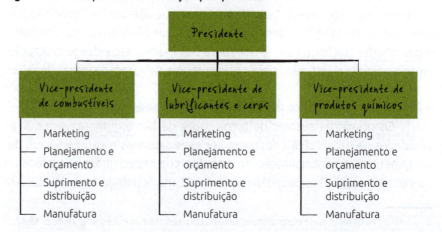

# CAPÍTULO 4
## Organização

Outra companhia que usa a departamentalização por produtos é a L.A. Gear. Sua estrutura é baseada em diversas linhas de produtos, que incluem calçados femininos, calçados masculinos, roupas e acessórios. Se as atividades de uma empresa forem mais relacionadas a serviços do que a produtos – como aquelas da Bombardier e da L.A. Gear –, cada serviço deve ser autonomamente agrupado. Por exemplo, uma empresa de serviços contábeis terá departamentos para tributos, recursos humanos, auditoria e afins. Nesse caso, cada departamento oferece uma gama comum de serviços sob a direção de um gerente de produto ou serviço.

O tipo específico de cliente-alvo da organização também pode ser usado para agrupar funcionários. As atividades de vendas de uma empresa de suprimentos para escritórios, por exemplo, podem ser divididas em cinco departamentos para atender ao governo, às forças armadas, corporações, pequenos negócios e clientes sem fins lucrativos (ver Figura 4.5). Um escritório grande de advocacia pode segmentar seu pessoal com base em clientes individuais. O pressuposto subjacente à *departamentalização por clientes* é que os clientes de cada departamento têm um conjunto de problemas e necessidades em comum que devem ser bem atendidos por especialistas.

Outra maneira de departamentalizar é com base em geografia ou território – a *departamentalização geográfica*. A função de vendas pode abarcar as regiões Sudeste, Sul, Centro-oeste, Norte e Nordeste (ver Figura 4.6). Uma região escolar grande pode ter seis escolas secundárias para cada área geográfica inclusa na região. Se os clientes de uma organização estiverem espalhados por uma vasta área geográfica, essa forma de departamentalização é valiosa. Por exemplo, a estrutura organizacional da Coca-Cola reflete suas operações em duas áreas geográficas amplas – o setor de negócios na América do Norte e o setor de negócios internacionais (que inclui o Grupo do Oriente, Sul da Ásia e Círculo do Pacífico, o Grupo do Norte da Ásia, Eurásia e Oriente Médio, e os Grupos da África, União Europeia e América Latina).

**DEPARTAMENTALIZAÇÃO POR CLIENTES**
Agrupar atividades em torno de categorias de clientes.

**DEPARTAMENTALIZAÇÃO GEOGRÁFICA**
Agrupar atividades em unidades independentes com base em geografia ou território.

**Figura 4.5** Departamentalização por clientes

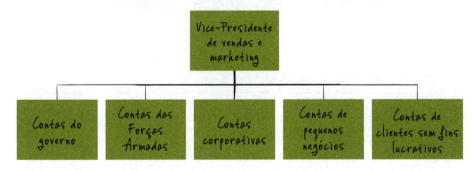

**Figura 4.6** Departamentalização geográfica

**DEPARTAMENTALIZAÇÃO POR PROCESSOS**
Agrupar atividades em torno de um processo; esse método permite a categorização homogênea de atividades.

A forma final de departamentalização é a *departamentalização por processos*, que agrupa as atividades com base no fluxo de trabalho ou de clientes. A Figura 4.7 representa um exemplo de departamentalização de processos mostrando os diversos subdepartamentos em um departamento de veículos motorizados. Quem já foi a um posto do Detran para tirar a carteira de habilitação para dirigir provavelmente passou por vários departamentos até consegui-la. Em alguns estados americanos, os candidatos cumprem três passos, cada um em um determinado departamento: (1) exame na divisão de veículos motorizados; (2) processamento no departamento de expedição das carteiras de habilitação; e (3) pagamento na tesouraria.

**Figura 4.7** Departamentalização por processos

## CONFIRA O QUE APRENDEU 4.1

1. O processo de segmentar um trabalho em alguns passos que são concluídos por diversos indivíduos se denomina:
   a. amplitude de controle.
   b. especialização do trabalho.
   c. cadeia de comando.
   d. diversidade da força de trabalho.

2. Reportar-se apenas a um chefe é conhecido como:
   a. unidade de comando.
   b. amplitude de controle.
   c. cadeia de comando.
   d. nenhuma das alternativas.

CAPÍTULO 4
Organização

---

**3.** O controle de um gestor sobre indivíduos fora de sua própria área direta se chama:
  **a.** responsabilidade.
  **b.** poder.
  **c.** centralização.
  **d.** autoridade funcional.

**4.** Qual das alternativas a seguir *não* é uma das maneiras de uma organização agrupar seus funcionários?
  **a.** Departamentalização funcional.
  **b.** Departamentalização por produtos.
  **c.** Departamentalização por serviços.
  **d.** Departamentalização por clientes.

---

## 4.3 DA DEPARTAMENTALIZAÇÃO À ESTRUTURA

A maioria das organizações grandes continua usando os grupos departamentais sugeridos pelos primeiros autores de livros sobre gestão. A Black & Decker, por exemplo, organiza cada uma de suas divisões conforme as linhas funcionais: as unidades fabris em torno de processos, as vendas em torno de regiões geográficas, as regiões de vendas em torno do agrupamento de clientes. Mas há uma tendência recente no sentido de complementar a departamentalização rígida com o uso de equipes multifuncionais formadas por indivíduos de vários departamentos, o que passa por cima das linhas departamentais tradicionais.

O ambiente competitivo atual redirecionou a atenção da gestão para seus clientes. Para monitorar melhor as necessidades dos clientes e reagir a mudanças nesse sentido, muitas empresas dão maior ênfase à departamentalização dos clientes. Hoje em dia, há uso bem maior de equipes para atingir objetivos. Quase todas as empresas na lista *Fortune 500* estão usando equipes.[6] Como as tarefas estão mais complexas e requerem diversas habilidades para ser executadas, a gestão tem utilizado cada vez mais equipes e forças-tarefa. Então, que tipos de estruturas existem em companhias como Toshiba, Liz Claiborne, Hershey e Sun Life Assurance Company of Canada? Vamos examinar os vários tipos de estruturas em organizações atuais.

### 4.3.1 Estrutura simples

A maioria das organizações começa como uma *estrutura simples*, que reflete o proprietário como presidente, com todos os funcionários se reportando diretamente a ele. Uma estrutura simples se caracteriza por não ser elaborada. Caso você veja uma organização que pareça ter pouca estrutura, provavelmente ela é do tipo simples, com baixa especialização do trabalho, poucas regras para nortear as operações e a autoridade centralizada em uma única pessoa – o proprietário. A estrutura simples é "plana" ou "horizontal"

> **OBJETIVO 4.6**
> Descrever como estruturas organizacionais mais horizontais podem ser benéficas para a organização.

> **ESTRUTURA SIMPLES**
> Estrutura organizacional não elaborada, com baixa complexidade, pouca formalização e com autoridade centralizada em uma única pessoa; uma organização "plana", com apenas dois ou três níveis.

---

6   KELLY, E. Keys to effective virtual global teams. *Academy of Management Executive*, v. 15, n. 2, p. 132-133, maio 2001; ANCONA, D.; BRESMAN, H.; KAEUFER, K. The comparative advantage of x-team. *Sloan Management Review*, v. 43, n. 3, p. 33-39, 2002.

– geralmente tem apenas dois ou três níveis verticais e um grupo impreciso de funcionários empoderados que centraliza a autoridade decisória.

A estrutura simples é mais usada em pequenos negócios em que o gestor e o proprietário são a mesma pessoa. Os pontos fortes da estrutura simples são óbvios. Ela é ágil, flexível, custa menos para manter e a contabilidade é clara. Um ponto fraco é que ela só é efetiva em organizações pequenas. Quando a organização cresce, ela se torna cada vez mais inadequada porque tem poucas políticas ou regras para nortear as operações, e sua alta centralização resulta em sobrecarga de informações para o alto escalão. À medida que o negócio cresce, a tomada de decisões fica mais lenta e pode até chegar a um impasse se o único executivo continuar tomando todas as decisões. Se a estrutura não mudar e se adaptar ao novo tamanho, a empresa pode perder o ímpeto e acabar falindo. Outro ponto fraco da estrutura simples é o risco de tudo depender de uma única pessoa. Se acontecer algum imprevisto ou fatalidade com o proprietário-gestor, a empresa perde seu centro de informações e de tomada de decisões.

Muitas empresas deixam de ser estruturas simples por escolha própria ou alguma contingência estrutural. Por exemplo, se a produção ou as vendas aumentarem muito, as empresas precisarão de mais funcionários. Com o aumento no número de funcionários, as regras informais de trabalho da estrutura simples dão lugar a regras mais formalizadas. Regras e regulamentos são implementados, departamentos são criados e níveis administrativos são acrescentados para coordenar as atividades do pessoal nos departamentos. É nesse ponto que a burocracia é formada. Duas opções de estrutura burocrática derivadas das departamentalizações funcional e de produtos são respectivamente as estruturas funcionais e divisionais.

### 4.3.2 Estrutura funcional

A departamentalização funcional foi apresentada na seção **4.2.6.1 – Como agrupar as atividades?** A *estrutura funcional* apenas expande a orientação funcional para torná-la a forma dominante de uma organização. Como mostra a Figura 4.3, a companhia agrupa os funcionários em especialidades ocupacionais semelhantes e relacionadas. O ponto forte da estrutura funcional reside nas vantagens resultantes da especialização do trabalho. Reunir especialidades semelhantes resulta em economias de escala, minimiza a duplicação de pessoal e equipamentos e deixa os funcionários confortáveis e satisfeitos, pois lhes dá a oportunidade de "falar a mesma língua" que seus pares. O ponto fraco mais óbvio da estrutura funcional, porém, é que a organização frequentemente perde de vista o que é mais importante na busca de metas funcionais. Nenhuma função é por si só totalmente responsável pelos resultados finais, de modo que os membros com funções individuais ficam isolados e têm pouca noção do que as pessoas em outras funções estão fazendo.

### 4.3.3 Estrutura divisional

A *estrutura divisional* em uma organização é composta de unidades ou divisões autônomas. Hershey e PepsiCo são exemplos de companhias que

---

**ESTRUTURA FUNCIONAL**
Estrutura que agrupa especialidades ocupacionais semelhantes e relacionadas.

**ESTRUTURA DIVISIONAL**
Estrutura composta de unidades autônomas.

implementaram esse tipo de estrutura. Na departamentalização de produtos (ver Figura 4.4), cada divisão geralmente é autônoma, com um gerente de divisão responsável pelo desempenho e com total autoridade decisória em termos estratégicos e operacionais. Na maioria das estruturas divisionais, a sede central presta serviços de apoio, como financeiros e jurídicos, para as divisões. Naturalmente, a sede também atua como um supervisor externo para coordenar e controlar as diversas divisões. Divisões, portanto, são autônomas dentro de certos parâmetros.

A maior vantagem da estrutura divisional é seu foco em resultados. Gerentes de divisões têm total responsabilidade por um produto ou serviço. A estrutura divisional também poupa o pessoal da sede de se preocupar com detalhes operacionais cotidianos, para que possa dar atenção ao planejamento estratégico e de longo prazo. A maior desvantagem da estrutura divisional é a duplicação de atividades e recursos. Cada divisão, por exemplo, pode ter um departamento de pesquisa de mercado. Na ausência de divisões autônomas, todas as pesquisas de mercado da organização podem ser centralizadas e feitas por uma fração do custo que a segmentação em divisões requer. Portanto, a duplicação de funções na forma divisional aumenta os custos e reduz a eficiência da organização.

### 4.3.4 Estrutura matricial

A estrutura funcional oferece vantagens advindas da especialização. A estrutura divisional tem mais foco em resultados, mas peca pela duplicação de atividades e recursos. Alguma estrutura organizacional combina as vantagens da especialização funcional com o foco e a responsabilidade dados pela departamentalização de produtos? A resposta é a *estrutura matricial.*[7]

A Figura 4.8 mostra a estrutura matricial de uma empresa aeroespacial. Note que no topo da figura estão as funções familiares de engenharia, contabilidade, recursos humanos, manufatura e assim por diante. Ao longo da dimensão vertical foram acrescentados vários projetos em que a empresa aeroespacial está envolvida atualmente. Cada programa é dirigido por um supervisor que convoca pessoas dos departamentos funcionais para seu projeto. O acréscimo dessa dimensão vertical aos departamentos funcionais horizontais tradicionais reúne elementos da departamentalização funcional e de produtos – daí o termo *matricial*. A característica singular da estrutura matricial é que os funcionários têm pelo menos dois chefes: o supervisor do departamento funcional e o supervisor de produto ou projeto. Gestores de projetos têm autoridade sobre os membros funcionais que integram sua equipe. Mas a autoridade é compartilhada entre os dois supervisores.

> **ESTRUTURA MATRICIAL**
> Estrutura que reúne elementos da departamentalização funcional e de produtos, criando uma cadeia dupla de comando.

---

7   WOLF, J.; EGELHOFF, W. G. A reexamination and extension of international strategy structure theory. *IEEE Transaction on Engineering Management*, v. 43, n. 1, p. 144-156, maio 2001.

**Figura 4.8**   A estrutura matricial em uma empresa aeroespacial

*(Organograma matricial com colunas: Design, Manufatura, Administração de Contratos, Compras, Contabilidade, Recursos Humanos; e linhas: Projeto Gama, Projeto Beta, Projeto Alfa, Grupo Omega. Cada célula contém: Grupo de Design, Grupo Fabril, Grupo de Contratos, Grupo de Compras, Grupo de Contabilidade, Grupo de Recursos Humanos.)*

**ESTRUTURA POR PROJETO**
Estrutura que consiste na ausência de departamentos formais e em funcionários trabalharem continuamente em projetos.

Tipicamente, o supervisor de projeto tem autoridade sobre os funcionários quanto às metas do projeto, mas decisões como promoções, recomendações salariais e análises anuais continuam sendo responsabilidade do supervisor funcional. Para trabalhar efetivamente, os gestores de projetos e funcionais devem se comunicar regularmente e coordenar as demandas sobre seus funcionários compartilhados.

O ponto forte primordial da estrutura matricial é facilitar a coordenação de vários projetos complexos e interdependentes, ao mesmo tempo que mantém as economias resultantes do agrupamento de especialistas funcionais. As maiores desvantagens da estrutura matricial residem na confusão que ela cria e em sua propensão a fomentar brigas pelo poder. Quando você dispensa o princípio da cadeia de comando há muito mais ambiguidade. Pode haver confusão sobre quem se reporta a quem. Por sua vez, essa confusão e a ambiguidade plantam as sementes para brigas pelo poder.

### 4.3.5 Estrutura por projeto

Hoje, muitas empresas estão usando a *estrutura por projeto*, que consiste na ausência de departamentos formais e em funcionários trabalharem continuamente em projetos.

Os funcionários usam suas habilidades, capacidades e experiências específicas em diversos projetos. Todo o trabalho nesse tipo de estrutura também é realizado por equipes de funcionários. Por exemplo, na empresa de

CAPÍTULO 4
Organização

design IDEO, equipes de projetos se formam, se desfazem e se juntam novamente conforme o trabalho requer. Os funcionários entram em equipes porque levam as habilidades e capacidades necessárias para aquele projeto. Assim que um projeto é concluído, eles partem para o próximo.[8]

A estrutura por projeto é extremamente flexível e oferece muitas vantagens à empresa. Os funcionários podem ser remanejados rapidamente em reação a mudanças ambientais. Não existe departamentalização ou hierarquia organizacional rígida para retardar decisões ou ações. Os gestores atuam como facilitadores, mentores e *coaches*, e se empenham para eliminar ou minimizar obstáculos organizacionais e assegurar que as equipes tenham os recursos necessários para concluir seu trabalho com efetividade e eficiência.

As desvantagens para a organização derivam da complexidade de designar pessoas para projetos e da tarefa inevitável de lidar com os conflitos de personalidade que surgem.

### 4.3.6 Estrutura baseada em equipe

Em uma *estrutura baseada em equipe*, a organização inteira atua em grupos de trabalho ou equipes que realizam o trabalho.[9] Nesse tipo de estrutura, os membros de uma equipe têm autoridade para tomar decisões que os afetem, pois não há uma cadeia rígida de comando. Como as estruturas baseadas em equipe beneficiam a organização?

Vamos examinar o que aconteceu no National Cooperative Bank em Washington, D.C.[10] Funcionários do banco estavam cientes de que a estrutura funcional na área de empréstimos estava atrasando a tomada de decisões e atrapalhando o serviço aos clientes; processar um empréstimo às vezes demorava até vinte semanas. Para remediar a situação, eles reestruturam a organização do banco em equipes representando ramos de atividade específicos, como atendimento de saúde, distribuição e assim por diante, baseados em questões regulatórias especiais em cada ramo. Ao fazer isso, o banco reduziu muito o tempo gasto para processar um empréstimo e a satisfação dos clientes aumentou, assim como a cooperação dos funcionários. Já na fábrica da AMS Operations Hillend em Fife, Escócia, a estrutura baseada em equipes para a produção de placas de circuito resultou em "receptividade melhor dos clientes, ganhos de qualidade e eficiência e um aumento de 88% na produtividade".[11]

Embora estruturas baseadas em equipes sejam positivas, não basta colocar os funcionários em equipes. Eles devem ser treinados para trabalhar em

> **ESTRUTURA BASEADA EM EQUIPE**
> Estrutura que consiste inteiramente em grupos de trabalho ou em equipes.

---

8  KAIHLA, P. Best-kept secrets of the world's best companies. *Business 2.0*, abr. 2006, p. 83; TAYLOR, C. School of bright ideas. *Time Inside Business*, abr. 2005, p. A8-A12; NUSSBAUM, B. The power of design. *Business Week*, 17 maio 2004, p. 86-94.

9  DUFFY, M. Training for success in a new industrial world. *Industrial and Commercial Training*, v. 26, n. 5, p. 48-54, fev. 2001.

10  CROSS, R. L.; YAN, A.; LOUIS, M. R. Boundary activities in "boundaryless" organizations: a case study of a transformation to a team-based structure. *Human Relations*, v. 53, n. 6, p. 841-868, jun. 2000.

11  DRICKHAMER, D. Europe's best plants: mission critical. *Industry Week*, p. 44-46, mar. 2002.

# A NOVA ADM

equipes, receber treinamento de habilidades multifuncionais e ser compensados de acordo. Sem um plano de remuneração devidamente implementado, muitos benefícios da estrutura baseada em equipe podem ser perdidos.[12]

### 4.3.7 Organização sem fronteiras

Uma *organização sem fronteiras* não é definida nem limitada por fronteiras ou categorias impostas por estruturas tradicionais. Jack Welch, ex-presidente da General Electric (GE), cunhou o termo, pois queria eliminar limites verticais e horizontais internamente e romper barreiras externas entre a companhia e seus clientes e fornecedores. Embora a ideia de eliminar fronteiras possa parecer estranha, atualmente muitas organizações bem-sucedidas estão descobrindo que podem operar com mais eficácia continuarem flexíveis, e que o ideal é não ter uma estrutura predefinida rígida e limitada.

O que significam "fronteiras"? Há dois tipos: (1) *internas* – as horizontais impostas pela especialização do trabalho e departamentalização, e as verticais que separam os funcionários em níveis organizacionais e hierarquias; e (2) *externas* – as fronteiras que separam a organização de seus clientes, fornecedores e outras partes interessadas. Para minimizar ou eliminar tais fronteiras, gestores podem usar esquemas estruturais virtuais ou de rede.

Também conhecidas como *organizações em rede*, *organizações de aprendizagem contínua* ou *sem barreiras*, *modulares* ou *virtuais*, as estruturas sem fronteiras perpassam todos os aspectos da organização.[13] Em vez de haver especialidades funcionais localizadas em departamentos trabalhando em tarefas distintas, essas organizações sem fronteiras internas agrupam os funcionários para obter alguma competência fundamental.

Tipicamente, a *organização virtual* consiste em um pequeno núcleo de funcionários em tempo integral e em especialistas temporariamente contratados conforme o necessário para trabalharem em projetos.[14] Um exemplo é a Emma, uma empresa de marketing por e-mail com sede em Nashville e cem funcionários que trabalham em casa ou em escritórios em Austin, Denver, Nova York e Portland.[15] Seu desafio é criar uma cultura "virtual", o que é ainda mais desafiador pelo fato de que a própria empresa é virtual. A inspiração para essa abordagem estrutural veio da indústria cinematográfica,

---

**ORGANIZAÇÃO SEM FRONTEIRAS**
Uma organização que não é definida nem limitada por fronteiras ou categorias impostas por estruturas tradicionais.

**ORGANIZAÇÃO VIRTUAL**
Consiste em um pequeno núcleo de funcionários em tempo integral e especialistas externos temporariamente contratados conforme o necessário para trabalharem em projetos.

---

12 GARVEY, C. Steer teams with the right pay. *HR Magazine*, p. 70-78, maio 2002.

13 LARSEN, K. R. T.; MAINERNEY, C. R. Preparing to work in the virtual organization. *Information and Management*, v. 39, n. 6, p. 445-456, maio 2002; SPARROW, P. R. New employee behaviors, work designs and forms of work organization: what is in store for the future of work? *Journal of Managerial Psychology*, v. 15, n. 3, p. 202-218, mar. 2000; AUDITORE, P. Enabling knowledge management in today's knowledge economy, *KM World*, p. S8-S9, jan. 2002.

14 SHIN, Y. A Person-environment fit model for virtual organizations. *Journal of Management*, dez. 2004, p. 725-743; LYONS, D. Smart and smarter. *Forbes*, 18 mar. 2002, p. 40-41; CASCIO, W. F. Managing a virtual workplace. *Academy of Management Executive*, ago. 2000, p. 81-90; CHESBROUGH, H.; TEECE, D. When Is virtual virtuous: organizing for innovation. *Harvard Business Review*, jan.-fev. 1996, p. 65-73; DAVIDOW, W. H.; MALONE, M. S. *The virtual corporation*. Nova York: Harper Collins, 1992.

15 RAFTER, M. V. Cultivating a virtual culture. *Workforce Management Online*, 5 abr. 2012.

em que as pessoas são essencialmente "agentes livres", que mudam de um projeto a outro aplicando suas habilidades para dirigir, escalar o elenco, criar figurinos ou cenários, fazer maquilagem, conforme o necessário.

Outra forma de minimizar ou eliminar fronteiras organizacionais é a *organização em rede*. Esse arranjo usa os próprios funcionários para fazer algumas atividades de trabalho, e redes externas de fornecedores para prover outros componentes de produtos ou processos de trabalho necessários.[16] Conhecida como organização modular por empresas manufatureiras, essa abordagem estrutural permite que as organizações se concentrem no que fazem melhor, contratando outras atividades junto a empresas especializadas.[17] Na Penske Truck Leasing, dezenas de processos de negócios, como verificar cartas de habilitação e idoneidade, inserir dados em registros de motoristas e processar dados para declarações fiscais e contabilidade, foram terceirizados para o México e a Índia.[18]

Assim, organizações sem fronteiras não são meramente mais planas; na realidade, elas tentam eliminar barreiras verticais, horizontais e intraorganizacionais. Os gestores devem romper as hierarquias tradicionais que existem há muitas décadas. Organizações horizontais requerem equipes multidisciplinares que tenham autoridade para tomar as decisões necessárias ao trabalho e sejam responsáveis por resultados mensuráveis. Que fatores contribuíram para a ascensão atual das organizações sem fronteiras? Indubitavelmente, muitas questões abordadas no Capítulo 2 tiveram algum efeito. Especificamente, a globalização de mercados e da concorrência teve um papel decisivo. A necessidade de uma organização reagir e se adaptar ao ambiente dinâmico e complexo é mais bem atendida por organizações sem fronteiras. Mudanças tecnológicas também contribuíram para esse movimento. Avanços na potência dos computadores, *softwares* "inteligentes" e as telecomunicações viabilizam a existência de organizações de *e-commerce* sem fronteiras. E o conjunto desses fatores apoia a rede de informações que possibilita o trabalho virtual.

> ### ORGANIZAÇÃO EM REDE
> Usa os próprios funcionários para fazer algumas atividades de trabalho e redes externas de fornecedores para prover outros componentes de produtos ou processos de trabalho necessários.

---

16  MILES, R. E.: SNOW, C. C.; MATTHEWS, J. A.; MILES, G.; COLEMAN, H. J. Jr. Organizing in the knowledge age: anticipating the cellular form. *Academy of Management Executive*, nov. 1997, p. 7-24; JONES, C.; HESTERLY, W.; BORGATTI, S. A general theory of network governance: exchange conditions and social mechanisms. *Academy of Management Review*, out. 1997, p. 911-945; MILES, R. E.; SNOW, C. C. The new network firm: a spherical organizational structure built on human investment philosophy. *Organizational Dynamics*, 1995, p. 5-18; MILES, R. E.; SNOW, C. C. Causes of failures in network organizations. *California Management Review*, v. 34, n. 4, 1992, p. 53-72.

17  HOETKER, G. Do modular products lead to modular organizations? *Strategic Management Journal*, jun. 2006, p. 501-518; FINE, C. H. Are you modular or integral? *Strategy & Business*, 2005, p. 44-51; KETCHEN, D. A. Jr.; HULT, G. T. M. To Be Modular or Not to Be? Some Answers to the Question. *Academy of Management Executive*, maio 2002, p. 166-167; SCHILLING, M. A. The use of modular organizational forms: an industry-level analysis. *Academy of Management Journal*, dez. 2001, p. 1149-1168; LEI, D.; HITT, M. A.; GOLDHAR, J. D. Advanced manufacturing technology: organizational design and strategic flexibility. *Organization Studies*, v. 17, 1996, p. 501-523; SANCHEZ, R.; MAHONEY, J. Modularity flexibility and knowledge management in product and organization design. *Strategic Management Journal*, v. 17, 1996, p. 63-76; SANCHEZ, R. Strategic flexibility in product competition. *Strategic Management Journal*, v. 16, 1995, p. 135-159.

18  ENGARDIO, P. The future of outsourcing. *BusinessWeek*, 30 jan. 2006, p. 50-58.

# A NOVA ADM

## OBJETIVO 4.7
Explicar o conceito de organização de aprendizagem contínua e como ela influencia modelos organizacionais e gestores.

## ORGANIZAÇÃO DE APRENDIZAGEM CONTÍNUA
Organização que desenvolveu a capacidade de se adaptar e mudar continuamente.

### 4.3.8 Organização de aprendizagem contínua

A *organização de aprendizagem contínua* tem a capacidade de se adaptar e mudar continuamente, pois todos os seus membros têm papel ativo para identificar e resolver questões relacionadas ao trabalho.[19] Em organizações de aprendizagem contínua, os funcionários praticam gestão de conhecimento, pois estão continuamente adquirindo e partilhando novos conhecimentos, e dispostos a aplicá-los ao tomar decisões ou executar seu trabalho.

Que tipo de elementos são necessários para que a aprendizagem ocorra em uma organização? Em uma organização de aprendizagem contínua, é crucial que os membros partilhem informações e colaborem em atividades de trabalho na organização inteira – perpassando diversas especialidades funcionais e até diversos níveis organizacionais. Isso é feito reduzindo ou eliminando limites estruturais existentes. Nesse tipo de ambiente, os funcionários têm liberdade para trabalhar juntos, colaborar fazendo o trabalho da melhor maneira possível e aprender uns com os outros. Devido a essa necessidade de colaborar, as equipes também tendem a ser uma característica importante no esquema estrutural de uma organização de aprendizagem contínua. Os funcionários trabalham em equipes sejam quais forem as atividades necessárias, e tais equipes são capacitadas para tomar decisões sobre seu trabalho e resolver problemas. Com funcionários e equipes capacitados, há pouca necessidade de gestores dirigirem e controlarem, de maneira que eles atuam como facilitadores, apoiadores e defensores das equipes.

## 4.4 ORGANIZANDO SEUS FUNCIONÁRIOS

Com a estrutura de seu departamento definida, você precisa organizar os trabalhos específicos de cada um de seus funcionários. Para fazer isso, identifique as tarefas a serem feitas, combinando-as em cargos e então formalizando o processo de criação das descrições de cargos.

### 4.4.1 Como identificar as tarefas a serem feitas?

Você começa o processo fazendo uma lista de todas as tarefas específicas que se enquadram no seu departamento e que, se forem bem-feitas, resultarão no cumprimento das metas.[20] A Figura 4.9 ilustra uma lista parcial feita por um supervisor de produção em uma grande editora de livros.

Como é improvável que uma pessoa consiga fazer todas as tarefas necessárias, elas devem ser combinadas em trabalhos individuais. A especialização do trabalho leva à criação de funções. Quando as tarefas são especializadas e agrupadas por indivíduos, cada pessoa se torna mais proficiente em sua função. Assim, o supervisor de produção de livros citado anteriormente criará

---

19  O trabalho inicial sobre organizações de aprendizagem contínua é creditado a SENGE, P. M. *A quinta disciplina: arte e prática da organização que aprende*. Rio de Janeiro: Best Seller, 1990.

20  Para uma explicação detalhada dessa área, veja o Capítulo 5 de DeCENZO, D. D.; ROBBINS, S. P. *Human resource management*. 8. ed. Nova York: John Wiley & Sons, 2005.

CAPÍTULO 4
Organização

funções específicas como editor, revisor, editor de fotografia, coordenador de produção e designer.

Além de agrupar tarefas semelhantes, você precisa assegurar o equilíbrio das cargas de trabalho em seu departamento. O moral e a produtividade dos funcionários ficarão abalados se as incumbências de alguns forem bem mais difíceis ou demoradas do que as dos outros. É preciso também levar em consideração as demandas físicas, mentais e de tempo impostas pelas diversas tarefas, e usar essas informações para equilibrar as cargas de trabalho entre os funcionários dos departamentos.

**Figura 4.9** Lista parcial de tarefas em um departamento de produção editorial

> Reunião inicial de planejamento com o editor de aquisição para lançar um novo livro
> Contato com os editores de aquisição
> Contato com autores
> Contato com o pessoal de marketing
> Contato com a agência publicitária
> Contato com o departamento de produção gráfica
> Desenvolvimento de cronogramas de produção para cada livro
> Criação do projeto gráfico dos livros, desenvolvimento das páginas de amostra e especificações de design
> Desenho de figuras e tabelas; dimensionar e editar fotos
> Diagramar as páginas
> Elaborar as capas dos livros
> Revisão do texto
> Organizar e dirigir, semanalmente, reuniões de coordenação para cada livro

### 4.4.2 Qual a finalidade das descrições de cargos?

A *descrição de cargo* é uma declaração escrita do que o funcionário faz, como e por que o trabalho é feito. Ou seja, apresenta os deveres e condições de trabalho, e as responsabilidades operacionais. A Figura 4.10 mostra descrições do cargo de coordenador editorial em uma editora.

Por que você precisa escrever descrições de cargos para cada cargo sob sua supervisão?

Há duas razões. Primeiro, um documento formal descrevendo o que cada funcionário deve fazer funciona como um padrão com o qual você pode determinar como está sendo o desempenho do funcionário. Isso serve para a avaliação de desempenho, *feedback*, ajuste de salário e decisões sobre a necessidade de treinamento do pessoal. Segundo, as descrições de cargo ajudam os funcionários a entender seus deveres e os resultados que devem obter. Essas informações são cruciais, sobretudo quando você capacita seus funcionários para cumprirem certos deveres que antes cabiam aos gestores.

**OBJETIVO 4.8**

Discutir a importância das descrições de cargos.

**DESCRIÇÃO DE CARGO**

Declaração escrita do que o funcionário faz, como e por que o trabalho é feito.

**Figura 4.10** Descrição do cargo de coordenador editorial em uma editora

**Cargo:** Coordenador editorial
**Departamento:** Produção Editorial de Livros Universitários
**Categoria Salarial:** Livre
**Reporta-se a:** Gerente Editorial
**Classe do Cargo:** 7-12B

**Descrição de Funções:**
Realiza e supervisiona o trabalho de edição nas áreas de especificações, design, composição, impressão e encadernação de livros. Pode trabalhar em alguns livros simultaneamente. Trabalha sob supervisão geral. Tem iniciativa e julgamento independente em relação ao desempenho das tarefas designadas.

**Deveres do Trabalho:**

1. Identificar atividades a serem concluídas, determinar a sequência e preparar um cronograma para o processo de seis meses.
2. Fazer ou contratar a edição do material original dos livros.
3. Coordenar as especificações (tamanho, cor, papel, capas) e o design (tipos de fontes, projeto gráfico) com o designer responsável. Coordenar a preparação de páginas com o pessoal de diagramação e composição.
4. Distribuir relatórios sobre o *status* da programação para os responsáveis por aquisições e outros conforme necessário.
5. Atuar como elo com os autores quanto a questões de produção.
6. Verificar todas as permissões de contratos, uso de imagem, entre outros, para garantir a integridade e precisão.
7. Responsável por manter os dados abordados na reunião inicial sobre o lançamento.
8. Cumprir deveres relacionados conforme designado por gestor da equipe.

**OBJETIVO 4.9**
Identificar o processo de quatro passos da delegação.

**CAPACITAÇÃO**
Aumento no poder decisório dos trabalhadores.

**DELEGAÇÃO**
Distribuição de deveres, atribuição de autoridade, atribuição de responsabilidade e responsabilização por prestar contas.

## 4.5 CAPACITAR OUTRAS PESSOAS POR MEIO DA DELEGAÇÃO

Os gestores atuais precisam aprender a capacitar outras pessoas. *Capacitação* significa aumentar o envolvimento de seus funcionários no trabalho, permitindo que eles tenham maior participação em decisões relativas a suas funções e maior responsabilidade pelos resultados obtidos.

Duas maneiras de capacitar as pessoas são *delegar-lhes autoridade* e *redesignar seus trabalhos*. Nesta parte nós abordamos *delegação*. No Capítulo 8 mostraremos como capacitar pessoas por meio do modelo de trabalho.

### 4.5.1 O que é delegação?

Não há dúvida de que gestores efetivos precisam delegar. Mas por que isso é difícil para tantos gestores? Em geral, porque eles temem abrir mão do controle. Nesta seção, queremos mostrar que a delegação realmente pode aumentar sua efetividade e que, quando feita apropriadamente, ainda mantém seu controle.

*Delegação* pode ser descrita como um processo de quatro passos: (1) distribuição de deveres; (2) delegação de autoridade; (3) atribuição de responsabilidade; e (4) responsabilização por prestar contas. Vamos dar uma olhada em cada um deles:

1. **Distribuição de deveres:** deveres são as tarefas e atividades que o gestor deseja que alguém faça. Antes de delegar autoridade, é preciso transmitir ao funcionário os deveres inclusos na autoridade.
2. **Delegação de autoridade:** a essência do processo de delegação é capacitar o funcionário para agir por você. É passar ao funcionário os direitos formais para agir em seu nome.
3. **Atribuição de responsabilidade:** ao delegar autoridade, você precisa designar a responsabilidade, ou seja, ao dar direitos a alguém, você também deve esclarecer que aquela pessoa tem uma obrigação correspondente. Pergunte a si mesmo: "Dei a meu funcionário autoridade suficiente para obter os materiais, o uso de equipamentos e o apoio necessário dos outros para fazer o trabalho?".
4. **Responsabilização por prestar contas:** para concluir o processo de delegação, você deve responsabilizar seu funcionário para prestar contas, ou seja, ele tem de responder pelos próprios atos, cumprir apropriadamente seus deveres e realizar suas incumbências de maneira satisfatória. Os funcionários são responsáveis perante você por realizar as tarefas que lhes cabem e pelo desempenho satisfatório daquele trabalho.

### 4.5.2 Delegar não é abdicar

Se sobrecarregar um funcionário com tarefas sem esclarecer exatamente o que deve ser feito, o nível de discernimento desse funcionário, o nível esperado de desempenho, quando as tarefas devem estar concluídas e questões similares, você está abdicando da responsabilidade e atraindo problemas. Mas não caia na armadilha de presumir que, para evitar a impressão de que está abdicando, você deve minimizar a delegação. Lamentavelmente, isso acontece com muitos gestores novos e inexperientes. Por falta de confiança em seus funcionários ou por temor de ser criticados pelos erros de seus funcionários, eles tentam fazer tudo sozinhos.

Talvez você seja mesmo capaz de fazer melhor, com mais rapidez ou menos erros as tarefas que delega a seus funcionários. O problema é que, como seu tempo e energia são limitados, não é possível fazer tudo sozinho. Então, você precisa aprender a delegar para ser efetivo em seu trabalho. Isso implica dois pontos importantes: primeiro, você deve esperar e aceitar alguns erros de seus funcionários, isso faz parte da delegação – muitas vezes, os erros são boas experiências de aprendizagem para seus funcionários, desde que os custos desses erros não sejam excessivos; segundo, para assegurar que os custos dos erros não excedam o valor da aprendizagem, você precisa manter controles adequados – a delegação sem controles apropriados de *feedback* que deixem você a par quando há problemas graves é abdicação.

## CONFIRA O QUE APRENDEU 4.2

5. Uma estrutura organizacional que consiste primordialmente em grupos de trabalho se chama:
   a. funcional.
   b. baseada em equipes.
   c. matricial.
   d. divisional.

6. Uma organização com capacidade de se adaptar a mudanças continuamente se chama:
   a. de aprendizagem contínua.
   b. sem fronteiras.
   c. funcional.
   d. engenharia de processos de trabalho.

7. Uma declaração escrita dos deveres e condições do trabalho e responsabilidades operacionais de um cargo se chama:
   a. plano de trabalho.
   b. plano de definição de metas.
   c. descrições de cargo.
   d. *benchmark*.

8. Atribuir deveres e dar autoridade aos outros se chama:
   a. gestão eficiente.
   b. delegação.
   c. responsabilidade.
   d. liderança.

## REFORÇANDO A COMPREENSÃO

### RESUMO

Após ler este capítulo, eu posso:
1. **Definir *organização*.** Organizar é arrumar cargos e grupos em um departamento para que as atividades sejam executadas conforme planejado.
2. **Descrever por que a especialização do trabalho deve aumentar a eficiência econômica.** A especialização do trabalho aumenta a eficiência econômica passando as tarefas mais difíceis e complexas aos funcionários mais habilitados e pagando menos às pessoas que fazem as tarefas mais simples.
3. **Explicar como a amplitude de controle afeta a estrutura organizacional.** Quanto menor a amplitude de controle, mais níveis de gestão são necessários para supervisionar diretamente as atividades. Amplitudes mais amplas criam menos níveis de gestão e estruturas organizacionais mais planas.
4. **Comparar autoridade linear e autoridade de equipe.** Autoridade linear se refere ao direito de dirigir o trabalho dos funcionários. Por sua vez, a autoridade de equipe aconselha, atende e ajuda a autoridade linear na realização do trabalho. Apenas a autoridade linear permite que os indivíduos tomem decisões independentemente e sem consultar os outros.
5. **Explicar por que as organizações estão ficando cada vez mais descentralizadas.** Organizações estão ficando cada vez mais descentralizadas para enfrentar desafios

*CAPÍTULO 4*
*Organização*

competitivos por meio de tomadas de decisão rápidas e inteligentes.

6. **Descrever como estruturas organizacionais mais horizontais podem ser benéficas para a organização.** Estruturas organizacionais mais horizontais significam que atividades relativas ao trabalho perpassam todas as partes da organização. Em vez de haver funcionários fazendo trabalhos especializados em departamentos com pessoas que fazem tarefas semelhantes, a organização os agrupa com outros funcionários que têm habilidades diferentes, criando uma equipe de trabalho. Estruturas mais planas podem ser benéficas porque são flexíveis e mais adaptáveis a condições externas à organização.

7. **Explicar o conceito de organização de aprendizagem contínua e como ela influencia modelos organizacionais e gestores.** A organização de aprendizagem contínua tem a capacidade de se adaptar e mudar continuamente, pois todos os membros têm papel ativo na tomada de decisões e para realizar seu trabalho. Ela influencia esquemas organizacionais, pois a capacidade da organização para apender é intensificada (ou dificultada) por seus limites estruturais e o volume de trabalho colaborativo. Gestores em uma organização de aprendizagem contínua também têm um papel diferente. Em vez de ser os "chefes", eles se tornam facilitadores, apoiadores e defensores de seus funcionários.

8. **Discutir a importância das descrições de cargos.** Descrições de cargos (1) municiam os gestores com um documento formal descrevendo o que o funcionário deve fazer; (2) ajudam os funcionários a aprender seus deveres; e (3) esclarecem os resultados esperados pela gestão.

9. **Identificar o processo de quatro passos da delegação.** A delegação consiste na (1) distribuição de deveres; (2) delegação de autoridade; (3) atribuição de responsabilidade; e (4) responsabilização por prestar contas.

## COMPREENSÃO: QUESTÕES PARA REVISÃO E DISCUSSÃO

1. Quais são as possíveis limitações da especialização do trabalho?

2. Como amplitudes maiores de controle podem levar a reduções de custos em uma organização?

3. O que é autoridade funcional? Por que uma organização a utilizaria?

4. O que acontece quando autoridade e responsabilidade estão em desequilíbrio?

5. Quais são as vantagens da departamentalização (a) por produtos, (b) geográfica, (c) por clientes e (d) por processos?

6. Por que uma organização adotaria a estrutura matricial?

7. Quais são as finalidades das descrições de cargo?

8. Delegação é sinônimo de abdicação? Discuta.

9. "A organização de aprendizagem contínua torna a gestão obsoleta." Você concorda ou discorda dessa afirmação? Defenda seu posicionamento.

## DESENVOLVENDO SUAS HABILIDADES DE GESTÃO

### MAIS AUTOCONHECIMENTO

Antes de supervisionar bem os outros, você deve entender seus pontos fortes atuais e aqueles que precisam melhorar. Para auxiliar nesse processo de aprendizagem, nós o estimulamos a fazer autoavaliações que podem ajudar a determinar:

# O quanto sou interessado pelo poder?
# Qual é meu tipo preferido de poder?
# Que tipo de estrutura organizacional eu prefiro?
# Qual é a cultura organizacional certa para mim?

Após concluir a autoavaliação, sugerimos que guarde os resultados para seu "portfólio de autoconhecimento".

### CRIANDO UMA EQUIPE

**Exercício experimental: como sua escola é organizada?**

Toda instituição de ensino superior tem um tipo específico de estrutura organizacional. Ou seja, se você estiver fazendo um curso de administração, as aulas ficam "alojadas" em um departamento, escola ou faculdade. Você já se perguntou por quê? Ou é algo que acha natural?

Analise a estrutura geral de sua escola em termos de formalização, centralização e complexidade, assim como a departamentalização. A estrutura por lá é mais funcional ou divisional? Ela exibe a tendência de aprendizagem contínua? Com base em suas avaliações, que tipo de estrutura você apostaria que sua faculdade tem? Ela já tem essa estrutura?

Compare suas descobertas com outros colegas de classe. Há semelhanças nos pontos de vista de cada um sobre a faculdade? Há diferenças? O que você acha que contribuiu para essas descobertas?

### PRATICANDO A HABILIDADE

**Delegando**

Ao aprender a delegar, reconheça que delegação é diferente de participação. Na tomada participativa de decisões, há um compartilhamento da autoridade. Com a delegação, funcionários tomam decisões sozinhos. É por isso que a delegação é um componente tão vital na capacitação dos trabalhadores! Algumas ações recomendadas, caso sejam seguidas, podem torná-lo um delegador eficaz.

**PASSO 1: Esclarecer a delegação.** Comece determinando o que deve ser delegado a quem.

Você precisa identificar a pessoa mais capacitada para fazer a tarefa e então verificar se ela tem tempo e motivação para isso. Caso você tenha um funcionário disposto e capaz, é sua responsabilidade dar informações claras sobre o que está sendo delegado, os resultados esperados e suas expectativas sobre prazo e desempenho. A menos que haja uma necessidade premente de aderir a métodos específicos, você deve delegar apenas os resultados finais, ou seja, chegar a um acordo sobre o que deve ser feito e os resultados finais esperados, mas deixar o funcionário decidir sobre os meios. Ao focar em metas e dar liberdade para que o funcionário use o próprio discernimento sobre como fazer essas tarefas, você aumenta a confiança mútua, melhora a motivação dele e intensifica a responsabilidade dele pelos resultados.

**PASSO 2: Especificar o grau de autonomia do funcionário.** Todo ato de delegação implica restrições, a começar pela autoridade limitada concedida. Você está delegando autoridade para agir em certas questões e dentro de certos parâmetros. Você precisa especificar quais são esses parâmetros, para que o funcionário saiba claramente até que ponto pode ir. Quando isso é bem comunicado, você e o funcionário terão a mesma ideia dos limites da autoridade dele e até que ponto ele pode ir antes de falar com você. Que grau de autoridade você dá a um funcionário? Até que ponto os parâmetros são estreitos? A melhor resposta é que você deve dar suficiente autoridade para permitir que o indivíduo conclua a tarefa com êxito.

**PASSO 3: Permitir que o funcionário participe.** Uma das melhores fontes para determinar quanta autoridade será necessária para realizar uma tarefa é responsabilizar o funcionário por prestar contas daquela tarefa. Se você permite que os funcionários participem na determinação do que é delegado, quanta autoridade é necessária para fazer o trabalho, e os padrões pelos quais eles serão julgados, você aumenta a motivação, satisfação e responsabilização deles pelo desempenho. Saiba, porém, que a participação pode acarretar problemas devido ao interesse próprio e vieses dos funcionários ao avaliar as próprias capacidades. Alguns funcionários, por exemplo, ficam tentados a expandir sua autoridade além do necessário e além do que são capazes. Permitir que tais pessoas tenham demasiada participação na decisão sobre que tarefas elas farão e quanta autoridade terão para realizar essas tarefas pode prejudicar a eficácia do processo de delegação.

**PASSO 4: Informar aos outros que a delegação ocorreu.** A delegação não pode ocorrer no vácuo. Além de você e do funcionário, todos que possam ser afetados também precisam saber especificamente o que foi delegado e quanta autoridade foi concedida. Isso inclui pessoas tanto da organização como de fora. Essencialmente, você precisa informar o que foi delegado (a tarefa e o grau de autoridade) a quem. Se você não seguir esse passo, a legitimidade da autoridade de seu funcionário provavelmente será questionada. Não informar aos outros também pode gerar conflitos e diminuir as chances de seu funcionário realizar com eficiência a tarefa delegada.

**PASSO 5: Estabelecer controles de *feedback*.** Delegar sem instituir controles de *feedback* é atrair problemas. Há sempre a possibilidade de um funcionário utilizar mal a autoridade que lhe foi delegada. O estabelecimento de controles para monitorar o progresso do funcionário aumenta a probabilidade de perceber logo problemas importantes e da tarefa ser concluída pontualmente com as especificações desejadas. Idealmente, os controles devem ser determinados no momento da delegação inicial. Defina um tempo específico para a conclusão da tarefa, então determine datas em que o funcionário relatará como está indo na missão e quaisquer problemas relevantes que tenham surgido. Isso pode ser complementado com verificações periódicas pessoalmente para se assegurar de que as diretrizes da autoridade não estão sendo extrapoladas, políticas da organização estão sendo seguidas, procedimentos apropriados estão sendo usados, e assim por diante. Mas uma coisa boa em excesso pode ser disfuncional. Se os controles forem repressivos demais, o funcionário não terá a chance de desenvolver a autoconfiança, e grande parte do efeito motivacional da delegação será perdida. Um sistema de controle bem projetado permite que o funcionário cometa pequenos erros, mas o alerta rapidamente quando grandes erros forem iminentes.

**PASSO 6: Quando surgirem problemas, insistir para o funcionário dar sugestões.** Muitos gestores caem na armadilha de deixar o processo de delegação ser invertido: o funcionário se depara com um problema e recorre ao supervisor para pedir um conselho ou solução. Para evitar ser tragado pela delegação inversa, insista desde o início que, quando os funcionários quiserem discutir um problema com você, já

tragam alguma sugestão visando a sua solução. Quando você delega para escalões inferiores, cabe ao empregado tomar as decisões necessárias. Não permita que ele empurre as decisões de volta para você.

### Comunicação eficaz

1. Vá a uma lanchonete do McDonald's em um dia de semana por volta do meio-dia. Peça um Big Mac ou Quarteirão com queijo. Anote quanto tempo leva para ter seu pedido atendido. Saia, volte ao balcão e agora peça um Big Mac ou um Quarteirão (a) sem alface, (b) com picles a mais e (c) sem queijo. Anote quanto tempo leva para esse pedido especial ficar pronto. Compare os dois tempos. Reflita sobre as diferenças de tempo em termos de eficiências da especialização do trabalho. Observe também se o segundo pedido foi feito corretamente. Quais são as implicações dessa pesquisa simples sobre especialização de produtos?
2. Discuta os prós e os contras de uma organização de aprendizagem contínua. Você acredita que há organizações mais apropriadas para um ambiente com aprendizagem contínua? Discuta.

## PENSANDO DE FORMA CRÍTICA

### Caso 4A: Voluntários de gestão

Talvez você nunca tenha imaginado indivíduos assim fazendo parte da estrutura de uma organização, mas, para muitas empresas, os voluntários são uma fonte de mão de obra muito necessária.[21] Talvez você tenha sido voluntário em uma ação do Greenpeace, em um abrigo para os sem-teto ou em alguma organização sem fins lucrativos. Mas que tal se um negócio voltado a lucros anunciar que está precisando de voluntários e descrever o cargo da seguinte maneira: "Trabalhe apenas duas horas por dia em seu computador respondendo a perguntas técnicas dos clientes, sem qualquer remuneração." Muitas corporações, *startups* e capitalistas de risco estão apostando que um novo grupo de "voluntários" talentosos, que é muito inteligente em relação à internet e outras áreas técnicas, alterará a forma de atendimento e serviços aos clientes.

Os negócios estão ficando craques em incitar os clientes a trabalharem de graça, como na hora de fazer *check-outs* e *check-ins*, abastecer o carro com gasolina (sem aquele atendente para fazer isso, verificar o óleo e lavar seu para-brisa) e preencher formulários *on-line*. Agora, eles estão levando o conceito ainda mais longe, especialmente no serviço ao cliente, obtendo "voluntários" para tarefas especializadas. O papel desses "entusiastas" voluntários, especialmente contribuindo com inovações para pesquisa e desenvolvimento, vem sendo muito pesquisado nos últimos anos. Por exemplo, estudos de casos destacam ajustes em produtos e equipamentos feitos por antigos skatistas e adeptos de *mountain bike* que depois foram adotados por empresas. Pesquisadores também estudaram os programadores por trás de *softwares* livres como o sistema operacional Linux. Indivíduos que fazem esse tipo de "voluntariado" aparentemente são movidos sobretudo por uma recompensa em termos de prazer e respeito entre seus pares, e por conseguir desenvolver mais suas habilidades. Agora, à medida que adentra a área de serviço ao cliente, o conceito de voluntariado para tarefas de trabalho pode funcionar? E o que isso significa para gestores?

Na internet de alta velocidade com fibra óptica, serviços de televisão e telefonia da Verizon, "voluntários" respondem de graça a perguntas

---

21 FOX, A. Pave the way for volunteers. *HR Magazine*, jun. 2010, p. 70-74; MORSE, G. The power of unwitting workers. *Harvard Business Review*, out. 2009, p. 27-27; LOHR, S. Customer service? Ask a volunteer. *New York Times Online*, 26 abr. 2009; XU, B.; JOANA, D. R.; SHAO, B. Volunteers' involvement in online community based software development. *Information & Management*, abr. 2009, p. 151-158.

*CAPÍTULO 4*
*Organização*

dos clientes sobre questões técnicas em um site de serviço ao cliente patrocinado pela empresa. Mark Studness, diretor da unidade de *e-commerce* da Verizon, estava familiarizado com sites em que usuários davam dicas e respondiam a perguntas. Seu desafio era encontrar uma maneira de usar esse potencial recurso para o serviço ao cliente. Sua solução foi identificar "superusuários" ou usuários-fãs que dão as melhores respostas e dialogam em fóruns na internet. O experimento na Verizon parece estar funcionando bem, e esses voluntários *on-line* podem ser um acréscimo importante aos esforços da empresa para atender bem aos clientes. Studness diz que criar uma atmosfera que esses superusuários achem desejável é fundamental, pois, sem isso, eles não colaboram. Uma empresa que trabalhou com a Verizon para montar sua estrutura comentou que esses superusuários ou usuários-fãs são motivados pelos mesmos desafios e aspectos *on-line* que *gamers* entusiastas. Por isso, eles montam a estrutura com um sistema elaborado para colaboradores, com classificações, insígnias e felicitações. Por ora, Studness está satisfeito com os resultados obtidos. Ele diz que o site de serviço ao cliente patrocinado pela empresa tem sido extremamente útil e recompensador em termos de custos no redirecionamento de milhares de perguntas que seriam respondidas pelo pessoal no *call center* da Verizon.

### Analisando o Caso 4A

1. O que você acha do uso de voluntários para fazer trabalhos pelos quais outras pessoas seriam remuneradas?

2. Se estivesse no lugar de Mark Studness, com o que você se preocuparia mais nesse arranjo e que providências tomaria?

3. Como esses voluntários se encaixam na estrutura de uma organização? Discuta como cada um dos conceitos básicos de organização afetaria essa abordagem estrutural.

### Caso 4B: Aperte o botão mágico[22]

Ao trabalhar em projetos monótonos, não seria maravilhoso apertar um botão mágico para que outra pessoa fizesse o trabalho em seu lugar? Na Pfizer, esse "botão mágico" é uma realidade para um grande número de funcionários.

Como uma companhia farmacêutica global, a Pfizer busca continuamente maneiras para ajudar os funcionários a serem mais eficientes e efetivos. O diretor sênior de efetividade organizacional da Pfizer descobriu que "o pessoal com MBA em Harvard que nós contratamos para desenvolver estratégias e inovar perdia tempo pesquisando no Google e fazendo PowerPoints". Estudos internos realizados para descobrir quanto tempo seus talentos valiosos estavam gastando com tarefas banais tiveram um resultado chocante. Os funcionários comuns da Pfizer passavam 20% a 40% do tempo em trabalhos de apoio (criar documentos, digitar notas, pesquisar, manipular dados, marcar reuniões) e apenas 60% a 80% do tempo em trabalhos que envolvem conhecimento (estratégia, inovação, networking, colaboração, raciocínio crítico). E isso não ocorria apenas nos níveis mais baixos. Até funcionários do escalão mais alto eram afetados.

Vamos tomar David Cain como exemplo. Diretor executivo de engenharia global, ele gosta de seu trabalho – avaliar riscos ambientais para imóveis, gerir instalações e controlar um orçamento multimilionário. Mas ele não gosta muito de lidar com planilhas e de montar apresentações.

---

22 Baseado em SILBERMANN, S. How culture and regulation demand new ways to sell. *Harvard Business Review*, jul.-ago. 2012, p. 104-105; MILLER, P.; WEDELL-WEDELLSBORG, T. How to make an offer that managers can't refuse? *IESE Insight*, n. 9, 2011, p. 66-67; HERNÁNDEZ, S. Prove its worth. *IESE Insight*, n. 9, 2011, p. 68; KOULOPOULOS, T. Know thyself. *IESE Insight*, n. 9, 2011, p. 69; WEINSTEIN, M. Retrain and restructure your organization. *Training*, maio 2009, p. 36; MCGREGOR, J. The chore goes offshore. *Business Week*, mar. 2009, p. 50-51; Pfizer: making it 'leaner, meaner, more efficient'. *BusinessWeek Online*, 2 mar. 2009; COHEN, A. Scuttling Scut Work. *Fast Company*, fev. 2008, p. 42-43.

Agora, porém, com o "botão mágico" da Pfizer, essas tarefas são repassadas para indivíduos fora da companhia. E o que é esse "botão mágico"? Originalmente denominado Office of the Future (OOF), o renomeado PfizerWorks permite que os funcionários se desafoguem de tarefas tediosas e demoradas clicando em um botão em seus computadores. Eles descrevem o que precisam em um formulário *on-line*, que é enviado a duas empresas de terceirização de serviços na Índia. Quando um pedido é recebido, alguém dessas empresas na Índia telefona para o funcionário da Pfizer para esclarecer o que é necessário e até quando. Essa mesma pessoa depois envia um e-mail com o preço do trabalho requerido. Se o funcionário da Pfizer decidir ir em frente, seu departamento paga essa conta. David disse, a respeito desse arranjo singular, que é um prazer trabalhar com o que prefere chamar de sua "consultoria pessoal".

Até o momento, o PfizerWorks poupou 66.500 horas de trabalho dos funcionários. E o que dizer das experiências de David? Quando ele repassou a uma equipe indiana um projeto complexo pesquisando ações estratégicas que funcionariam para a consolidação de instalações da companhia, a equipe montou o relatório em um mês, sendo que sozinho ele perderia seis meses nisso. Segundo ele, "a Pfizer não me paga para trabalhar taticamente, mas sim estrategicamente".

### Analisando o Caso 4B

1. Que tipo de departamentalização é evidente no agrupamento de funcionários do PfizerWorks? Cite exemplos específicos que corroborem seu ponto de vista.
2. Que implicações de autoridade – positivas e negativas – essa abordagem tem?
3. Reveja os passos indicados na seção **Praticando a Habilidade: Delegando** para descrever o que a Pfizer teve de fazer quando recorreu a empresas indianas de terceirização de serviços para apoiar o PfizerWorks.

# CAPÍTULO 5

## Gestão de recursos humanos

### CONCEITOS-CHAVE

Após finalizar este capítulo, você será capaz de definir os seguintes termos:

ação afirmativa
administração de
   remuneração
assédio sexual
banco de dados de recursos
   humanos
benefícios para funcionários
confiabilidade

currículos virtuais
expectativa realista do
   cargo (ERC)
gestão de recursos humanos
   (GRH)
integração
planejamento de pessoal
processo de seleção

recrutamento
síndrome do sobrevivente
   de demissões
testes de simulação de
   desempenho
treinamento de funcionários
validade

### OBJETIVOS DO CAPÍTULO

Após ler este capítulo, você será capaz de:

5.1 Descrever o processo de gestão de recursos humanos.
5.2 Discutir a influência de regulamentações governamentais em decisões de recursos humanos.
5.3 Comparar opções de recrutamento e de *downsizing*.
5.4 Explicar a importância da validade e da confiabilidade na seleção.
5.5 Descrever os mecanismos de seleção que funcionam melhor com vários tipos de empregos.
5.6 Identificar métodos de treinamento diversos.
5.7 Descrever as metas de remuneração e os fatores que afetam as estruturas salariais.
5.8 Explicar o significado dos termos *assédio sexual* e *síndrome do sobrevivente de demissões*.

 **DILEMA DO LÍDER**

Finalmente o dia de sua entrevista chegou. Você caprichou na roupa, no cabelo e nos mínimos detalhes para causar uma boa impressão. Você então se encontra com a sra. Laura, que lhe dá um aperto firme de mão e lhe diz para ficar à vontade. Depois de esperar tanto por esse momento, sua entrevista começou! Os primeiros momentos parecem bem triviais e, até esse ponto, as perguntas são fáceis. Sua confiança está aumentando. Aquela vozinha em sua cabeça continua dizendo que você está indo bem – basta ir em frente. Repentinamente, as perguntas ficam mais difíceis. A sra. Laura se recosta e pergunta por que você quer sair de seu emprego atual – onde está há menos de dois anos. Quando você começa a explicar que quer sair por motivos pessoais, ela indaga ainda mais. Parou de sorrir e sua linguagem corporal está diferente. Tudo bem, você pensa, seja franco. Então, você diz à sra. Laura que quer sair porque seu chefe não é ético e, portanto, não quer manchar sua reputação por ser associado a essa pessoa. Isso levou a alguns desentendimentos públicos com seu chefe, e você está cansado de continuar lidando com essa situação. A sra. Laura olha para você e diz: "Na minha opinião, essa não é uma razão válida para querer sair. Acho que você deve ser mais assertivo em relação à situação. Tem certeza de que é confiante o suficiente e dá seu melhor nessa empresa?".

Como ela ousa falar desse jeito? Quem ela pensa que é? Você reage com um tom irado. Adivinhe só? Você foi vítima de um truque em entrevistas de emprego – a entrevista de estresse.

Entrevistas de estresse estão se tornando cada vez mais comuns hoje em dia. Todo emprego causa estresse e, a uma certa altura, todo trabalhador tem um dia péssimo. Assim, esse tipo de entrevista prevê como você pode reagir no trabalho sob condições desfavoráveis. Como assim? Os entrevistadores querem observar como você reagirá quando estiver sob pressão. Aqueles que demonstram determinação e resistência para lidar com o estresse indicam um nível de profissionalismo e confiança. São essas as características sendo avaliadas. Pessoas que reagem à pressão na entrevista de maneira mais positiva indicam que provavelmente conseguirão lidar com as irritações cotidianas no trabalho. Aqueles que não, azar...

Por outro lado, entrevistas de estresse são encenações. Os entrevistadores deliberadamente induzem os candidatos a uma falsa sensação de segurança – a interação confortável. Então, repentina e drasticamente, eles mudam e partem para o ataque. E geralmente é a afronta pessoal que detecta um ponto fraco do candidato. Isso é humilhante ou no mínimo desagradável. Diante disso, entrevistas de estresse devem ser usadas? Os entrevistadores têm direito de avaliar o profissionalismo, a confiança e como alguém reage a situações cotidianas do trabalho colocando os candidatos em cenários de confronto? Ficar com raiva em uma entrevista quando pressionado indica a propensão da pessoa à violência se nem sempre as coisas derem certo no trabalho? Os gestores devem defender o uso desta técnica que pode sair do controle?

## INTRODUÇÃO

A qualidade de um departamento e de toda uma organização, em grande parte, é determinada pela qualidade das pessoas empregadas. O êxito para a maioria dos gestores depende de identificar os funcionários certos

## CAPÍTULO 5
### Gestão de recursos humanos

com as habilidades necessárias para realizarem bem as tarefas requeridas a fim de atingir as metas da empresa. As decisões e métodos na formação de equipes e na gestão de recursos humanos são cruciais para assegurar que a empresa contrate e mantenha o pessoal certo.

## 5.1 O PROCESSO DE GESTÃO DE RECURSOS HUMANOS

Você pode estar pensando, "é claro que decisões sobre pessoal são importantes. Mas a maioria delas não é tomada por pessoas que lidam especificamente com recursos humanos?". Em muitas empresas, algumas atividades agrupadas sob o rótulo *gestão de recursos humanos (GRH)* cabem a especialistas em recursos humanos. Em outros casos, as atividades de GRH são terceirizadas para empresas. Mas nem todos os gestores podem contar com o apoio do pessoal da GRH. Proprietários de pequenos negócios, por exemplo, frequentemente fazem contratações sem a ajuda de especialistas em GRH. Até gestores em organizações maiores frequentemente se envolvem no recrutamento de candidatos, analisam formulários de inscrição, entrevistam candidatos, instalam os novos funcionários, tomam decisões sobre treinamento, dão conselhos sobre carreira e avaliam o desempenho deles. Portanto, independentemente da organização contar com o apoio da GRH, todo gestor acaba se envolvendo com decisões de recursos humanos em sua unidade.

A Figura 5.1 apresenta os componentes-chave do processo de GRH em uma organização. Ele abrange oito atividades ou passos – (1) planejamento estratégico de recursos humanos; (2) recrutamento e *downsizing*; (3) seleção; (4) integração; (5) treinamento e desenvolvimento; (6) avaliação de desempenho; (7) remuneração e benefícios; (8) segurança e saúde – que, se executados apropriadamente, beneficiarão a organização com funcionários competentes e capazes de manter seu alto desempenho no longo prazo.

Os três passos iniciais representam o planejamento de pessoal, que é o acréscimo de pessoal por meio de recrutamento, a redução de pessoal por meio do *downsizing*, e a seleção. Quando bem executados, esses passos levam à identificação e seleção de funcionários competentes. Essas atividades são as mais importantes para que as organizações atinjam suas metas.

Portanto, após a definição dos planos e da estrutura da organização, chega a hora de contratar as pessoas. Esse é um dos papéis mais cruciais dos gestores. Após selecionar pessoas competentes, você precisa ajudá-las a se adaptar à organização e assegurar que suas habilidades de trabalho e conhecimento se mantenham atualizadas. Isso é feito por meio de integração, treinamento e desenvolvimento. Os últimos passos no processo de GRH visam identificar metas de desempenho, corrigir eventuais problemas nesse sentido e ajudar os funcionários a manterem um alto nível de empenho em toda a sua vida profissional. As atividades envolvidas incluem avaliação de desempenho, remuneração e benefícios, e segurança e saúde.

Observe na Figura 5.1 que o processo empregatício é influenciado pelo ambiente externo. Muitos fatores apresentados no Capítulo 2 (por exemplo,

### OBJETIVO 5.1
Descrever o processo de gestão de recursos humanos.

### GESTÃO DE RECURSOS HUMANOS (GRH)
Processo de identificar, contratar, treinar e manter funcionários na organização.

globalização, *downsizing* e diversidade) afetam diretamente todas as práticas de gestão. Mas provavelmente seu efeito é mais grave na gestão de recursos humanos, pois seja lá o que aconteça com uma organização, isso acaba influenciando o que acontece com seus funcionários. Portanto, todo gestor deve ter um entendimento claro das leis e regulamentações atuais sobre oportunidades iguais de emprego (ver "**Algo para pensar: É seguro?**").

**Figura 5.1**  O processo de gestão de recursos humanos

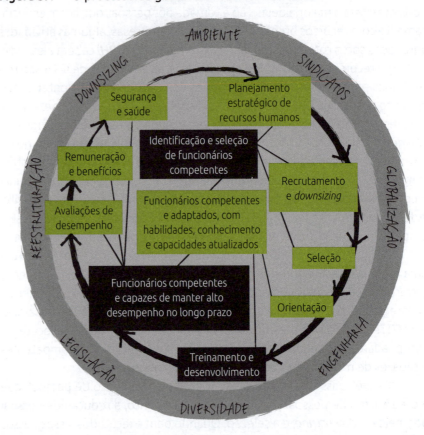

## OBJETIVO 5.2
Discutir a influência de regulamentações governamentais em decisões de recursos humanos.

## 5.2 O AMBIENTE JURÍDICO DA GRH

O governo federal vem expandindo sua influência sobre decisões de GRH por meio de muitas leis e regulamentações. Em consequência, os gestores devem assegurar oportunidades iguais de emprego para candidatos a vagas e funcionários atuais. Decisões sobre quem será contratado, por exemplo, ou quais funcionários serão escolhidos para um programa de treinamento não podem ser tomadas com base em gênero, religião, idade, cor, nacionalidade ou deficiência física. Pode haver exceções apenas em circunstâncias especiais. Por exemplo, um corpo de bombeiros pode negar emprego a um candidato a bombeiro que seja cadeirante. Mas se essa pessoa se candidatar a uma função administrativa, a deficiência física não pode ser usada como justificativa para negar o emprego. No entanto, raramente as questões envolvidas são

CAPÍTULO 5
Gestão de recursos humanos

tão óbvias. Por exemplo, leis trabalhistas protegem a maioria dos funcionários se crenças religiosas exigirem um estilo específico de roupas ou cabelos – mantos, camisas longas, cabelos longos e afins. Mas se o trabalho da pessoa envolve operar maquinário em que um traje específico possa ser perigoso ou inseguro, a empresa pode se recusar a contratá-la caso ela não se adapte a um código de vestimenta mais seguro.

**ALGO PARA PENSAR**
*(e promover discussão em sala de aula)*

### É SEGURO?

Atualmente, a maioria dos gestores sabe que suas práticas para contratação devem cumprir as exigências das leis trabalhistas. Em consequência, raramente se vê um gestor que exclua descaradamente determinados grupos de pessoas. Isso, porém, não significa que a discriminação não ocorra. Práticas que parecem inofensivas podem impedir certas pessoas de ter uma chance igual à de outro candidato. Veja a seguir situações que podem ocorrer no processo empregatício. Após ler cada uma, verifique se a organização está usando uma prática segura ou arriscada, mas não se preocupe se essa prática é legal ou ilegal. Apenas considere se você acredita que é certo fazer isso ou se isso pode criar problemas para a organização.

|   | Segura | Arriscada |
|---|---|---|
| 1. "Procura-se recém-formado na faculdade para lecionar no primeiro ano da escola pública local." | ☐ | ☐ |
| 2. Um garçom em um restaurante fino é demitido quando seu gerente descobre que ele tem HIV. | ☐ | ☐ |
| 3. Você quer tirar doze semanas de folga não remunerada para cuidar do seu bebê durante a época mais movimentada do ano em seu trabalho, e seu gerente nega o pedido. | ☐ | ☐ |
| 4. Um teatro contrata uma mulher para ser atendente no banheiro masculino. | ☐ | ☐ |
| 5. Um candidato cadeirante não consegue a vaga para programador de informática. A empresa em questão tem 75 funcionários e fica no terceiro andar de um edifício comercial sem elevadores. Além disso, as portas dos escritórios não são largas o suficiente para a passagem segura de uma cadeira de rodas – o que cria um risco de segurança para o indivíduo. | ☐ | ☐ |
| 6. A política da empresa deixa claro: "Candidatos a vagas na empresa devem ter no mínimo um diploma do ensino secundário". | ☐ | ☐ |
| 7. Um piloto da United Airlines comemora seu aniversário de 65 anos. No dia seguinte, seu supervisor não permite mais que ele pilote os voos comerciais de praxe que vinha pilotando nos últimos 28 anos. | ☐ | ☐ |
| 8. "Procura-se representante de vendas para vender suprimentos médicos a hospitais regionais. O candidato escolhido deve ter cinco anos de experiência com vendas." | ☐ | ☐ |

> Tentar equilibrar o que é ou não permitido ao cumprir essas leis muitas vezes leva à *ação afirmativa*. Muitas empresas têm programas de ação afirmativa para assegurar que decisões e práticas aumentem a contratação, a promoção e a retenção de membros de grupos historicamente desfavorecidos, como minorias e mulheres. Ou seja, os gestores na organização não só evitam a discriminação como buscam ativamente valorizar o *status* dessas pessoas.
>
> Nossa conclusão é que gestores não são totalmente livres para escolher quem contratam, promovem ou demitem. Embora essas regulamentações tenham ajudado muito a reduzir a discriminação no emprego e práticas trabalhistas injustas, ao mesmo tempo, elas também reduziram a autoridade da gestão sobre decisões de recursos humanos.

**AÇÃO AFIRMATIVA**
*Esforço consistente para recrutar, selecionar, treinar e promover membros de grupos desfavorecidos.*

**PLANEJAMENTO DE PESSOAL**
*Avalia recursos humanos atuais e necessidades futuras de pessoal; desenvolve um programa para atender a essas necessidades futuras.*

**BANCO DE DADOS DE RECURSOS HUMANOS**
*Banco de dados com nome, nível educacional, treinamento, emprego anterior, fluência em idiomas e outras informações de cada funcionário na organização.*

## 5.3 PLANEJAMENTO DE PESSOAL

*Planejamento de pessoal* é o processo em que os gestores asseguram que há o número e os tipos de pessoas certas nos lugares corretos e nas ocasiões adequadas, e que essas pessoas são capazes de concluir eficaz e eficientemente tarefas que ajudarão a organização a atingir seus objetivos gerais. O planejamento de pessoal traduz as metas da organização e do departamento em um plano de pessoal que viabilizará a realização dessas tarefas. O planejamento de pessoal pode ser condensado em dois passos: (1) avaliar os recursos humanos atuais; e (2) avaliar as necessidades futuras de recursos humanos e desenvolver um programa para atendê-las.

### 5.3.1 Como um gestor avalia os funcionários?

Gestores começam analisando a situação atual de pessoal, gerando um *banco de dados de recursos humanos*. Nesta época de sistemas de informações sofisticados, essa não é uma tarefa muito difícil para a maioria dos gestores. A fonte para esse relatório são os formulários preenchidos pelos funcionários. Esses relatórios incluem o nome, nível educacional, treinamento, emprego anterior, fluência em idiomas e habilidades especializadas de cada funcionário na organização, permitindo que o gestor avalie que talentos e habilidades estão atualmente disponíveis no departamento e em outros setores da empresa.

### 5.3.2 Como são determinadas as necessidades futuras de recursos humanos?

Necessidades futuras de recursos humanos são determinadas pelas metas do departamento. A demanda por funcionários resulta da demanda do que o departamento produz. Com base em sua estimativa do trabalho total a ser concluído, um gestor pode tentar estabelecer o número e a combinação de recursos humanos necessários para atingir esse rendimento. Após avaliar as capacidades atuais e as necessidades futuras, o gestor fica mais bem preparado para calcular o número e o tipo de carências, e as áreas em que o departamento tem excesso de pessoal. Um programa pode ser desenvolvido com base nessas estimativas, com previsões para suprir demandas futuras de

CAPÍTULO 5
Gestão de recursos humanos

pessoal. Assim, o planejamento de pessoal provê informações não só para nortear necessidades atuais, mas também para projetar as futuras necessidades e disponibilidade.

## 5.4 RECRUTAMENTO E SELEÇÃO

Cientes dos níveis atuais – insuficientes ou excessivos – de pessoal, os gestores podem começar a tomar providências. Se houver uma ou mais vagas, eles podem usar as informações reunidas por meio da análise de empregos (ver Capítulo 4) para fazer o recrutamento, que é o processo de localizar, identificar e atrair candidatos capacitados. Por outro lado, se o planejamento de pessoal indicar um excesso, a gestão deverá reduzir o quadro de pessoal na organização. Essa atividade dá início às atividades de *downsizing* ou de demissões.

### 5.4.1 Onde os gestores buscam candidatos a vagas?

É possível encontrar candidatos por meio de várias fontes, incluindo a internet. A Figura 5.2 dá uma certa orientação. A fonte utilizada deve refletir o mercado de trabalho local, o tipo ou nível do cargo e o tamanho da organização.

**OBJETIVO 5.3**

Comparar opções de recrutamento e de downsizing.

**RECRUTAMENTO**

O processo de localizar, identificar e atrair candidatos capacitados.

**Figura 5.2** Fontes tradicionais de recrutamento

| Fonte | Vantagens | Desvantagens |
|---|---|---|
| Buscas internas | Baixo custo; melhora o moral do funcionário; candidatos ficam familiarizados com a organização | Quantidade limitada; podem não aumentar a proporção de representantes de minorias |
| Anúncios | Ampla distribuição pode visar grupos específicos | Geram muitos candidatos não qualificados |
| Indicações de funcionários | Conhecimento sobre a organização repassado por funcionários atuais; podem gerar candidatos fortes porque uma boa indicação beneficia quem a deu | Podem não aumentar a diversidade e a combinação de funcionários |
| Agências públicas de emprego | Grátis ou custo menor | Candidatos tendem a ser menos qualificados, embora alguns talentos possam estar disponíveis |
| Agências privadas de emprego | Contatos amplos; seleção minuciosa; muitas vezes dão garantias de curto prazo | Custo alto |
| Busca em escolas | Quantidade grande e centralizada de candidatos | Cargos limitados para iniciantes |
| Trabalho temporário | Preenche necessidades temporárias | Caro |
| Contratação temporária de funcionários e/ ou terceirizados | Preenche necessidades temporárias, mas geralmente para projetos específicos de prazo mais longo | Pouco compromisso com a organização, somente com o projeto atual |

147

#### 5.4.1.1 Certas fontes de recrutamento são melhores?

Certas fontes de recrutamento oferecem candidatos melhores? A resposta geralmente é sim. A maioria dos estudos descobriu que indicações de funcionários produzem os melhores candidatos.[1]

A explicação é lógica. Primeiro, candidatos indicados por funcionários atuais já são conhecidos por suas qualidades. Como quem indica conhece o cargo e a pessoa em questão, a pessoa tende a ser bem qualificada para a função. Segundo, como os funcionários atuais muitas vezes sentem que estão botando sua reputação em jogo, eles só tendem a indicar alguém quando estão razoavelmente confiantes de que isso não os prejudicará. Mas essa descoberta não significa que os gestores devam sempre optar pelo candidato que tem indicações. Indicações feitas por funcionários podem não aumentar a diversidade e o mix de funcionários.

#### 5.4.1.2 Um caso especial: recrutamento *on-line*

Anúncios em jornais e afins podem estar com os dias contados como fontes principais para identificar candidatos a vagas por causa do recrutamento pela internet. Quase quatro em cada cinco empresas atualmente usam a internet para recrutar novos funcionários – mantendo inclusive uma seção de recrutamento em seus próprios sites.[2]

Como quase toda organização, grande ou pequena, tem o próprio site, tais sites se tornam extensões naturais para achar novos funcionários. O planejamento das organizações para fazer grande parte do recrutamento na internet muitas vezes cria até sites específicos para isso. Eles têm as informações de praxe encontradas em anúncios de emprego – qualificações buscadas, experiência desejada, benefícios oferecidos –, mas também permitem que a organização mostre seus produtos, serviços, filosofia corporativa e missão. Tais informações aumentam a qualidade dos candidatos, pois aqueles cujos valores não se alinham com os da organização tendem a desistir. Os melhores sites desse tipo incluem um formulário *on-line* para que os candidatos não precisem enviar um currículo pelo correio ou e-mail. Os candidatos só preenchem a página de currículo e clicam no botão "Enviar". Muitas empresas de recrutamento na internet – como Catho.com.br ou Vagas.com.br – também oferecem esses serviços.

Candidatos na busca por vagas também usam a internet, onde montam páginas próprias para se "vender", os chamados *currículos virtuais*. Quando ficam sabendo da possível abertura de uma vaga, eles estimulam os potenciais empregadores com "Acesse meu currículo no meu site". Nesses currículos virtuais, os candidatos dão as informações de praxe, inserem documentação e, às vezes, um vídeo em que se apresentam aos possíveis interessados.

**CURRÍCULOS VIRTUAIS**
Páginas na internet usadas como currículo.

---

1  SALOPEK, J. Employee referrals remain a recruiter's best friend. *Workforce Management Online*, dez. 2010; Employee referral programs: highly qualified new hires who stick around. *Canadian HR Reporter*, jun. 2001, p. 21; LACHNIT, C. Employee referral saves time, saves money, delivers quality. *Workforce*, jun. 2001, p. 66-72.

2  MARTINEZ, M. N. Get job seekers to come to you. *HR Magazine*, ago. 2000, p. 42-52.

*CAPÍTULO 5*
*Gestão de recursos humanos*

O recrutamento pela internet é um meio de baixo custo para a maioria dos negócios ter amplo acesso a potenciais funcionários mundo afora.[3] O recrutamento *on-line* também é uma forma de aumentar a diversidade e identificar pessoas com talentos específicos. Serviços de postagem de vagas criam subcategorias para empregadores em busca de, por exemplo, trabalhadores bilíngues, advogadas ou engenheiros portadores de necessidades especiais.

Por fim, o recrutamento pela internet não é meramente a escolha daqueles que buscam preencher vagas ligadas à alta tecnologia. A vasta disponibilidade de celulares e o acesso à rede, aliados ao conhecimento crescente de informática, abriram a porta para o uso de recrutamento *on-line* para todos os tipos de cargos não técnicos – dos salários mais altos aos que pagam salário mínimo.

### 5.4.2 Como um gestor lida com demissões?

Na década passada, muitas grandes empresas, bem como muitas agências governamentais e pequenos negócios foram forçados a reduzir o tamanho de sua força de trabalho ou reestruturar sua composição de habilidades. O *downsizing* se tornou um meio relevante de satisfazer as demandas de um ambiente dinâmico.

Quais são as opções de um gestor em termos de *downsizing*? Além de demitir pessoas, há outras escolhas que podem ser mais benéficas para a organização. A Figura 5.3 resume as principais opções de *downsizing*, porém, seja qual for o método escolhido, os funcionários podem sofrer. Vamos discutir mais à frente o que acontece tanto com os funcionários demitidos quanto com os sobreviventes.

**Figura 5.3**   Opções de *downsizing*

| Opção | Descrição |
|---|---|
| Demissão | Demissão involuntária permanente |
| Dispensa | Demissão involuntária temporária; pode durar apenas alguns dias ou se estender a anos |
| Eliminar postos | Não preencher vagas criadas por pedidos voluntários de demissão ou aposentadorias |
| Transferência | Transferir funcionários lateralmente ou para baixo; geralmente não reduz custos, mas pode reduzir desequilíbrios na organização |
| Semanas de trabalho reduzidas | Reduzir horas de trabalho semanais ou trabalhos compartilhados, ou trabalhar em meio período |
| Aposentadoria antecipada | Incentivar funcionários mais velhos e com mais tempo de casa a se aposentarem antes da época prevista |
| Divisão do trabalho | Fazer funcionários compartilharem uma função em tempo integral |

---

3   ZALL, M. Internet recruiting. *Strategic Finance,* jun. 2000, p. 66; THOMAS, S. L.; RAY, K. Recruiting and the web: high-tech hiring. *Business Horizons,* maio-jun. 2000, p. 43; WHITFORD, M. Hi-Tech HR, Hotel. *Hotel and Motel Management,* 16 out. 2000, p. 49.

# A NOVA ADM

## OBJETIVO 5.4
Explicar a importância da validade e da confiabilidade na seleção.

## PROCESSO DE SELEÇÃO
Processo prévio à contratação visando expandir o conhecimento sobre a formação, as capacidades e a motivação de um candidato.

### 5.4.3 Há uma premissa básica para selecionar candidatos a vagas?

Após definir os finalistas do recrutamento, o passo seguinte no processo empregatício é identificar quem é mais bem qualificado ao cargo. Essencialmente, o *processo de seleção* busca prever quais candidatos terão mais êxito se contratados. *Êxito*, nesse caso, significa desempenhar bem conforme os critérios da organização para avaliar seus funcionários. Para preencher uma vaga de administrador da rede, por exemplo, o processo de seleção deve prever quais candidatos terão capacidade para instalar, depurar e gerenciar a rede de computadores da organização corretamente. Para uma vaga de representante de vendas, é preciso prever quais candidatos serão efetivos para gerar volumes altos de vendas. O fato é que qualquer decisão na seleção pode ter quatro resultados possíveis. Conforme mostrado na Figura 5.4, dois deles indicam decisões corretas, ao passo que os outros dois indicam erros.

**Figura 5.4**    Resultados de decisões em seleções

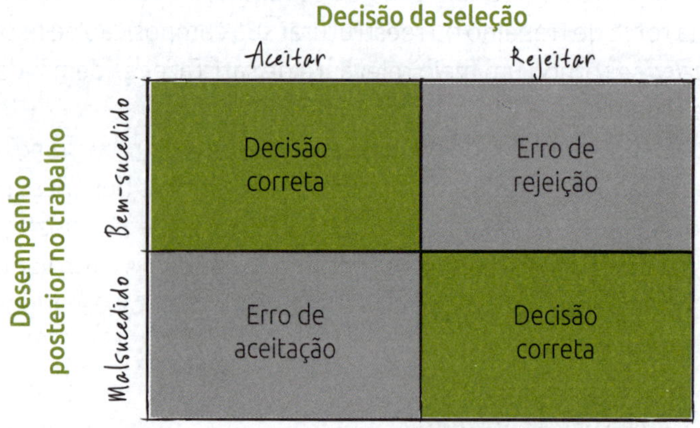

Uma decisão é correta (1) quando o candidato previsto para ter êxito foi aceito e depois comprovou seu valor no trabalho ou (2) quando o candidato previsto para ser malsucedido foi rejeitado. No primeiro caso, foi um acerto tê-lo aceitado; no segundo caso, foi um acerto tê-lo rejeitado. Há problemas, porém, quando se cometem erros rejeitando candidatos que, se contratados, teriam ido bem no trabalho (os chamados *erros de rejeição*) ou aceitando aqueles que subsequentemente tiveram mau desempenho (*erros de aceitação*). Esses problemas são bem significativos. Pouco tempo atrás, erros de rejeição significavam apenas que os custos da seleção aumentariam, pois mais candidatos teriam de ser analisados. Hoje, técnicas de seleção que resultam em erros de rejeição podem expor a organização a acusações de discriminação no emprego, especialmente se candidatos de minorias forem desproporcionalmente rejeitados. Por outro lado, erros de aceitação têm os custos óbvios para gestores e suas organizações, incluindo o custo de treinar funcionários, os custos gerados ou lucros perdidos devido à incompetência do funcionário, o custo da demissão e os custos subsequentes de fazer novamente o recrutamento e a seleção. Portanto, qualquer atividade de seleção visa reduzir a

## CAPÍTULO 5
### Gestão de recursos humanos

probabilidade de cometer erros de rejeição ou erros de aceitação e aumentar a probabilidade de tomar decisões corretas. Para isso, as atividades de seleção devem ser confiáveis e válidas.

**#** **O que é confiabilidade?** *Confiabilidade* se refere a um mecanismo de seleção que mensura a mesma coisa consistentemente. Por exemplo, se um teste for confiável, a pontuação de um indivíduo deve continuar bem estável ao longo do tempo, presumindo que as características que o teste esteja mensurando também sejam estáveis. A importância da confiabilidade é óbvia. Nenhum mecanismo de seleção pode ser efetivo se tiver pouca confiabilidade. Usá-lo como mecanismo é o equivalente a se pesar todo dia em uma balança defeituosa. Se a balança não for confiável – digamos, se mostrar variações aleatórias, como de 4,5 quilos para 6,8 quilos cada vez que você tenta mensurar um saco de arroz de 5 quilos –, os resultados não terão importância. Para prever bem, mecanismos de seleção devem ter um nível aceitável de consistência.

**#** **O que é validade?** Qualquer mecanismo de seleção utilizado – como formulários de inscrição, testes, entrevistas e exames físicos – também deve demonstrar *validade*. Ou seja, deve haver uma relação comprovada entre o mecanismo de seleção utilizado e alguma medida relevante. Por exemplo, algumas páginas atrás, nós citamos um candidato a bombeiro que é cadeirante. Devido aos requisitos físicos para um bombeiro, alguém que usa uma cadeira de rodas não poderia passar em testes de resistência física. Nesse caso, seria válido não dar o emprego a esse candidato. Mas exigir os mesmos testes de resistência física para uma função administrativa não teria relação com o trabalho. Assim, a lei proíbe que gestores usem quaisquer mecanismos de seleção que não sejam comprovadamente relacionados ao bom desempenho no trabalho. E isso também se aplica a testes de seleção; gestores devem demonstrar que indivíduos com alta pontuação nos testes, após ser admitidos, superam outros com pontuação baixa no teste. Consequentemente, cabe aos gestores e suas organizações assegurar que qualquer mecanismo de seleção aplicado aos candidatos seja relacionado ao desempenho no trabalho.

### 5.4.4 Os testes e entrevistas são eficazes para a seleção?

Gestores podem usar alguns mecanismos de seleção para reduzir os erros de rejeição e aceitação. Os mecanismos mais conhecidos são testes escritos, testes de simulação de desempenho e entrevistas. Vamos analisá-los resumidamente, dando especial atenção à validade de cada um no sentido de prever o desempenho no trabalho. Na sequência mostraremos quando cada um deve ser usado.

---

**CONFIABILIDADE**
Uma indicação se um teste ou mecanismo mensura a mesma coisa consistentemente.

**VALIDADE**
Relação comprovada entre um mecanismo de seleção e algum critério relevante.

**OBJETIVO 5.5**
Descrever os mecanismos de seleção que funcionam melhor com vários tipos de empregos.

#### 5.4.4.1 Testes escritos

Testes escritos comuns incluem testes de inteligência, aptidão, capacidade e interesse. Há muito tempo eles são usados como mecanismos de seleção, embora sua popularidade varie conforme a época. Esses testes foram amplamente usados por vinte anos após a II Guerra Mundial, mas, a partir do final dos anos 1960, foram esquecidos, sendo frequentemente apontados como discriminatórios. Assim, muitas empresas não podiam mais argumentar que eles eram relacionados ao trabalho. Mas desde o final dos anos 1980 houve o retorno dos testes escritos. Gestores estão cada vez mais cientes de que más decisões de contratação custam caro e de que testes bem elaborados podem reduzir a probabilidade de se cometer erros. Ademais, o custo para elaborar e validar um conjunto de testes escritos para um cargo específico diminuiu muito.

#### 5.4.4.2 Testes de simulação de desempenho

Para descobrir se um candidato a um cargo de redação técnica na Microsoft consegue escrever manuais técnicos, há maneira melhor do que testá-lo na prática? A lógica dessa questão levou a um maior interesse em testes de simulação de desempenho. Sem dúvida, o entusiasmo por esses testes ocorre do fato de que eles se baseiam em dados de análise de cargo e, portanto, devem cumprir mais facilmente o requisito de ter relação com o trabalho do que os testes escritos. *Testes de simulação de desempenho* são compostos por comportamentos reais no trabalho e os mais conhecidos são amostragem do trabalho (uma minirréplica do trabalho) e centros de avaliação (simulando problemas reais que o candidato pode ter no trabalho). O primeiro é adequado para trabalhos rotineiros; e o outro, para selecionar pessoal de gestão.

#### 5.4.4.3 Perfis de personalidade

Há certos tipos de personalidade mais produtivos do que outros? E há métodos confiáveis para selecionar candidatos que terão bom desempenho nas situações corriqueiras de determinado cargo? Cinco fatores nas dimensões de personalidade são identificados pelo modelo Big Five. Confira abaixo:

1. **Extroversão.** Sociável, comunicativo e assertivo.
2. **Sociabilidade.** Bem-intencionado, cooperativo e confiável.
3. **Conscientização.** Responsável, digno de confiança, persistente e focado em realização.
4. **Estabilidade emocional.** Calmo, entusiasmado e seguro.
5. **Abertura a experiências.** Imaginativo, intelectual e com sensibilidade artística.

Há relação comprovada entre essas dimensões de personalidade e o desempenho no trabalho. Um estudo sobre profissionais, policiais, gerentes, vendedores e trabalhadores especializados e semiqualificados mostrou que a conscientização é um indicativo de desempenho no trabalho para esses

---

**TESTES DE SIMULAÇÃO DE DESEMPENHO**

Mecanismos de seleção baseados em comportamentos reais no trabalho, amostragem do trabalho e centros de avaliação.

CAPÍTULO 5
Gestão de recursos humanos

grupos ocupacionais. Os outros fatores variam conforme o grupo ocupacional e a situação.[4]

### 5.4.4.4 Entrevista

A entrevista e o formulário de inscrição são mecanismos praticamente universais de seleção. Poucas pessoas conseguem um trabalho sem antes passar por uma ou mais entrevistas. A ironia disso é que o valor da entrevista como mecanismo de seleção desperta muito debate.[5] Entrevistas podem ser ferramentas confiáveis e válidas de seleção, mas nem sempre o são. Quando as entrevistas são bem estruturadas e bem organizadas e quando os entrevistadores se atêm a perguntas comuns, essas ocasiões geram previsões efetivas.[6] Mas tais condições não caracterizam muitas entrevistas. A entrevista típica – em que os candidatos respondem a perguntas variadas e essencialmente aleatórias em uma atmosfera informal – muitas vezes extrai poucas informações valiosas.

Todos os tipos de potenciais vieses podem contaminar as entrevistas, caso não sejam bem estruturadas e padronizadas. Para ilustrar isso, uma análise da pesquisa nos levou às seguintes conclusões:

- O conhecimento prévio sobre o candidato influenciará a avaliação do entrevistador.
- O entrevistador tende a ter um estereótipo do que representa um "bom" candidato.
- O entrevistador tende a favorecer candidatos que partilhem de seus posicionamentos.
- A ordem em que os candidatos são entrevistados influencia as avaliações.
- A ordem em que as informações são omitidas durante a entrevista influencia as avaliações.
- Informações negativas são dadas indevidamente sob pressão mais forte.
- O entrevistador pode tomar uma decisão relativa à adequação do candidato nos quatro ou cinco minutos iniciais da entrevista.
- O entrevistador pode esquecer grande parte do conteúdo da entrevista minutos após seu término.

---

4   ROBBINS, S.; DECENZO, D.; COULTER, M. *Fundamentos de administração*. São Paulo: Prentice Hall Brasil, 2004.

5   POSTHUMA, R. A.; MORGESON, F. P.; CAMPION, M. A. Beyond employment interview validity: a comprehensive narrative review of recent research and trends over time. *Personnel Psychology*, v. 55, n. 1, 2002, p. 1-81.

6   HUFFCUTT, A. I.; CONWAY, J. M.; ROTH, P. L.; STONE, N. J. Identification and Meta-Analysis Assessment of Psychological Constructs Measured in Employment Interviews. *Journal of Applied Psychology*, v. 86, n. 5, out. 2001, p. 897-913; HUFFCUTT, A. I.; WEEKLEY, J. A.; WIESNER, W. H.; DEGROOT, T. G.; JOANA, C. Comparison of situational and behavioral description interview questions for higher-level positions. *Personnel Psychology*, v. 54, n. 3, 2001, p. 619-644.

# A NOVA ADM

**EXPECTATIVA REALISTA DO CARGO (ERC)**
Entrevista que passa informações positivas e negativas sobre o cargo e a empresa.

# A entrevista é mais eficaz para determinar a inteligência, nível de motivação e habilidades interpessoais do candidato.
# Entrevistas bem estruturadas e bem organizadas são mais confiáveis do que aquelas desestruturadas e desorganizadas.[7]

O que os gestores podem fazer para tornar as entrevistas mais válidas e confiáveis? (Veja "**Notícias rápidas: A expectativa realista do cargo**".) Algumas sugestões feitas ao longo dos anos estão na seção intitulada "Entrevistando", ao final deste capítulo.

## NOTÍCIAS RÁPIDAS

### A EXPECTATIVA REALISTA DO CARGO[8]

Gestores que tratam o recrutamento e a contratação como se os candidatos fossem mercadorias e expõem apenas as características positivas da empresa ficam sujeitos a ter uma força de trabalho insatisfeita e propensa a alta rotatividade.

Durante o processo de contratação, o postulante cria uma série de expectativas sobre a empresa e o cargo para o qual está sendo entrevistado. Quando o candidato recebe informações além da realidade da organização, acontecem certas coisas potencialmente negativas para a empresa. Primeiro, candidatos inadequados, que provavelmente ficariam insatisfeitos com o cargo e o abandonariam logo, ficam menos propensos a se retirar do processo de busca. Segundo, a ausência de informações corretas gera expectativas irreais. Consequentemente, é possível que os novos funcionários rapidamente fiquem insatisfeitos – levando a pedidos de demissão muito cedo. Terceiro, novos contratados podem ficar desiludidos e menos comprometidos com a empresa quando se deparam com a "dura" realidade do trabalho. Em muitos casos, esses indivíduos sentem que foram enganados durante o processo de contratação e, portanto, podem se tornar problemáticos para a empresa.

Para aumentar a satisfação dos funcionários e reduzir a rotatividade, gestores devem transmitir uma *expectativa realista do cargo* (ERC), que inclua informações positivas e negativas sobre a função e a empresa. Por exemplo, além dos comentários positivos normalmente expressados na entrevista, o candidato ficaria ciente das desvantagens de entrar na empresa, a exemplo das

---

7   HERMELIN, E.; ROBERTSON, I. T. A critique and standardization of meta-analytic coefficients in personnel selection. *Journal of Occupational and Organizational Psychology*, v. 73, n. 4, set. 2001, p. 253-277; MIDDENDORF, C. H.; MACAN, T. H. Note-taking in the employment interview: Effects on Recall and Judgments. *Journal of Applied Psychology*, v. 87, n. 2, abr. 2002, p. 293-303; BUTCHER, D. The interview rights and wrongs. *Management Today*, abr. 2002, p. 4; ROTH P. L.; CAN IDDEKINGE, C. H.; HUFFCUTT, A. I.; EIDSON, C. E.; BOBKO, P. Corrections for range restriction in structured interview interview ethnic group differences: the value may be larger than researchers thought. *Journal of Applied Psychology*, v. 87, abr. 2002, p. 369-376.

8   Baseado em PREMACK, S. L.; WANOUS, J. P. A meta-analysis of realistic job preview experiments. *Journal of Applied Psychology*, v. 70, n. 4, nov. 1985, p. 706-720.

**CAPÍTULO 5**
**Gestão de recursos humanos**

oportunidades limitadas de conversar com os colegas durante o horário do expediente, que promoções são raras ou que o horário do expediente varia tanto que os funcionários podem ser obrigados a trabalhar à noite e aos finais de semana. Candidatos com uma ERC têm expectativas mais baixas e mais realistas sobre os trabalhos que farão, e lidarão melhor com as possíveis frustrações. Graças a isso, haverá menos pedidos inesperados de demissão dos novos funcionários.

Para gestores, a expectativa realista do cargo dá uma percepção melhor do processo de seleção – de que, em primeiro lugar, reter pessoas boas é tão importante quanto contratá-las. Apresentar apenas os aspectos positivos de um trabalho a um candidato inicialmente pode seduzi-lo para entrar na empresa, mas essa pode ser uma relação profissional da qual ambas as partes podem rapidamente se arrepender.

### 5.4.5 Preparação para a entrevista

Antes de fazer entrevistas, prepare-se revendo as descrições de cargos até assimilar as listas das tarefas, habilidades e experiência requeridas para ele. Você pode usar as listas depois como guia durante a entrevista. Elas o ajudam a fazer entrevistas bem estruturadas, com a certeza de que fez as mesmas perguntas a todos os candidatos.

Lembre-se de que todas as perguntas na entrevista devem ser unicamente relacionadas ao trabalho![9] Para determinar as qualificações do candidato, exponha as condições ou requisitos do cargo e depois pergunte se alguma condição ou requisito representa um problema para a pessoa; isso permite que os candidatos deem respostas afirmativas ou negativas sem precisar entrar em detalhes.

Verifique as diretrizes federais, estaduais e locais sobre regulamentações trabalhistas. Talvez seja útil consultar um advogado ou o departamento jurídico de sua empresa antes de iniciar o processo de contratação. E não se esqueça de informar ao candidato que afirmações falsas ou a omissão de fatos importantes podem ser motivo para desclassificação.

#### 5.4.5.1 Não faça estas perguntas na entrevista

Durante uma entrevista, gestores jamais devem fazer perguntas que:
- # constranjam candidatos na faixa etária entre 40 e 64 anos de idade;
- # identifiquem preferência religiosa, feriados comemorados ou costumes, ascendência, local de nascimento;
- # estejam relacionadas, direta ou indiretamente, a raça ou cor;
- # revelem gênero ou opção sexual;
- # relacionem-se a educação ou treinamento não requerido para o cargo;

---

9 ISRAEL, S. 9 tips on conducting great interviews. *Forbes,* 14 abr. 2012. Disponível em: https://www.forbes.com/sites/shelisrael/2012/04/14/8-tips-on-conducting-great-interviews/#57c5e6a356f1. Acesso em: fev. 2020.

- # identifique a filiação a clubes não profissionais ou a organizações não relacionados ao trabalho;
- # revelem a intimidade, a família ou situação conjugal do candidato;
- # relacionem-se aos filhos e parentes em geral ou a áreas não relacionadas ao cargo;
- # identifiquem condições de dispensa militar;
- # relacionem-se à situação financeira do candidato;
- # identifiquem altura e peso, se esses fatores não afetarem a capacidade para trabalhar;
- # relacionem-se a casa própria ou aluguel de imóvel;
- # relacionem-se ao registro de antecedentes criminais do candidato;
- # revelem nomes e endereços de parentes, a menos que eles trabalhem na empresa em questão;
- # questionem sobre gravidez ou intenção de engravidar;
- # relacionem-se a deficiência antes de ser feita uma oferta específica de trabalho.

### 5.4.5.2 Faça estas perguntas na entrevista

Durante uma entrevista, gestores podem fazer perguntas:
- # relacionadas à fluência do candidato em outros idiomas, se isso for exigido para o cargo;
- # relativas à educação acadêmica, vocacional ou profissional pertinente ao conhecimento, habilidades e capacidades para o cargo;
- # relativas à filiação a organizações relacionadas ao trabalho ou ao conhecimento, habilidades e capacidades;
- # relacionadas a viagens, horários alternativos ou horas extras requeridas pelo cargo;
- # relativas à condenação do candidato por crimes;
- # relativas à capacidade física do candidato para funções específicas no trabalho;
- # quanto a faltas em empregos anteriores, desde que não sejam relacionadas a doença ou deficiência;
- # que identifiquem habilidades de comunicação;
- # relativas à maturidade emocional e comportamental;
- # que demonstrem a capacidade de tomada de decisão;
- # que discuta a experiência do candidato na preparação para a posição;
- # que identifiquem comportamentos apropriados para situações específicas no trabalho.

CAPÍTULO 5
Gestão de recursos humanos

## CONFIRA O QUE APRENDEU 5.1

1. A ação do empregador para recrutar, selecionar e promover membros de minorias se chama:
   a. oportunidades iguais de emprego.
   b. supervisão efetiva.
   c. gestão de recursos humanos.
   d. nenhuma das alternativas.

2. Qual das alternativas abaixo *não* é uma fonte tradicional de recrutamento?
   a. Buscas internas.
   b. Recrutamento na internet.
   c. Indicações de funcionários.
   d. Anúncios.

3. *Validade* significa:
   a. consistência na mensuração.
   b. oportunidades iguais de emprego para membros de minorias.
   c. uma relação comprovada entre um mecanismo de seleção e algum critério relevante.
   d. todas as alternativas acima.

4. Verdadeiro ou falso? Entrevistadores tendem a dar mais peso a informações negativas do que às positivas dadas por um candidato à vaga de trabalho.

## 5.5 INTEGRAÇÃO, TREINAMENTO E DESENVOLVIMENTO

Se tiverem feito bem o recrutamento e a seleção, os gestores contratarão indivíduos competentes que farão bem seu trabalho, o que requer mais que habilidades. Os novos contratados devem conhecer a cultura da empresa e receber treinamento para trabalhar em busca dos objetivos fixados. Para atingir esses fins, os gestores utilizam dois processos – integração e treinamento.

### 5.5.1 Como integrar novos contratados na empresa?

Após ser selecionado, o candidato precisa ser introduzido no trabalho e na empresa. Essa introdução é chamada de *integração* ou socialização. Os principais objetivos da integração são reduzir a ansiedade natural de todos os novos funcionários ao começarem um trabalho: deixá-los familiarizados com o cargo, o departamento e a empresa e facilitar a passagem de "recém--chegado" para "incorporado".

A integração ao cargo expande as informações que o funcionário obteve durante as etapas de recrutamento e seleção. Seus deveres e responsabilidades específicos, assim como a avaliação de seu desempenho, são explicados. Esse também é o momento de corrigir quaisquer expectativas irreais que os novos funcionários possam ter sobre o trabalho. A integração ao departamento deixa o funcionário ciente das metas, esclarece como seu trabalho contribui para tais metas e inclui a apresentação a seus colegas. A integração à empresa informa ao novo funcionário os objetivos, história, filosofia, procedimentos e regras, assim como políticas de pessoal relevantes, a exemplo de horário do expediente, procedimentos de pagamento, solicitação

**INTEGRAÇÃO**

Uma extensão das informações obtidas pelo novo funcionário durante as etapas de recrutamento e seleção; esforço para os novos funcionários se familiarizarem com o cargo, o departamento e a empresa como um todo.

de horas extras e benefícios. Um giro pelas instalações físicas da empresa também faz parte da integração.

Gestores têm a obrigação de suavizar ao máximo a integração do novo funcionário à empresa. A integração formal ou informal bem realizada resulta em uma transição que deixa o novo membro à vontade e bem ajustado, reduz a probabilidade de mau desempenho no trabalho e diminui a probabilidade de um pedido inesperado de demissão após somente uma ou duas semanas no cargo.

### 5.5.2 O que é treinamento de funcionários?

**OBJETIVO 5.6**
Identificar métodos de treinamento diversos.

Em geral, aviões não causam acidentes aéreos, e sim as pessoas. Quase três quartos das colisões, desastres e outras adversidades se devem a erros cometidos pelo piloto ou pelo controlador de tráfego aéreo, ou devido à manutenção inadequada. Essas estatísticas ilustram a importância do treinamento no setor aéreo. Erros humanos e de manutenção poderiam ser evitados ou sua frequência ser bastante reduzida caso houvesse um treinamento melhor de funcionários.

**TREINAMENTO DE FUNCIONÁRIOS**
Mudar as habilidades, conhecimento, atitude ou comportamento dos funcionários. Cabe aos gestores determinar a necessidade de um treinamento.

*Treinamento de funcionários* é uma experiência de aprendizagem que visa a uma mudança relativamente permanente nos funcionários para melhorar seu desempenho no trabalho. Por isso, o treinamento envolve mudar habilidades, conhecimento, atitude ou comportamento. Isso pode significar mudar o que os funcionários sabem, como trabalham ou seus posicionamentos em relação a cargos, colegas, gestores e a empresa. Calcula-se, por exemplo, que empresas gastem milhões de reais por ano com cursos formais e programas de treinamento para desenvolver as habilidades dos trabalhadores.[10] Na maioria das vezes, gestores são responsáveis por decidir quando os funcionários precisam de um tipo de treinamento. Determinar necessidades de treinamento envolve gerar respostas para várias perguntas, como as elencadas na Figura 5.5, que indicam os tipos de sinais sobre a necessidade de providenciar um treinamento. Os sinais mais óbvios são aqueles diretamente relacionados à produtividade, ou seja, que indicam que o desempenho no trabalho está piorando. Tais indicadores podem incluir menor produtividade, menor qualidade, mais acidentes e taxas mais altas de "segunda qualidade". Quaisquer desses resultados podem indicar que as habilidades dos trabalhadores precisam melhorar.

Naturalmente, estamos presumindo que o declínio em seu desempenho não se deve à falta de esforço. Os gestores também precisam reconhecer a necessidade de um treinamento devido a uma necessidade futura. Mudanças impostas aos trabalhadores devido a esquemas novos de trabalho ou a avanços tecnológicos também demandam treinamento.

---

10  CATALANO, R. E.; KIRKPATRICK, D. L. Evaluating training programs–The state of the art. *Training and Development Journal*, v. 22, n. 5, maio 1968, p. 2-9.

**Figura 5.5** Determinando as necessidades de treinamento

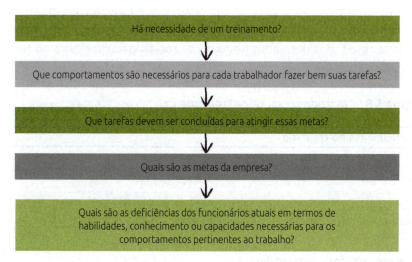

# **Como os funcionários são treinados?** A maior parte dos treinamentos é dada no próprio trabalho devido à simplicidade desses métodos e a seu custo geralmente mais baixo. No entanto, isso pode atrapalhar o ritmo de trabalho e levar a um aumento nos erros enquanto ocorre a aprendizagem. Além disso, o treinamento de certas habilidades é complexo demais para ser feito no trabalho. Nesses casos, ele deve ocorrer em outro lugar.
# **Quais são os métodos mais utilizados?** Há muitos tipos de métodos de treinamento, mas basicamente eles ocorrem no trabalho ou em salas de aula específicas para isso. A Figura 5.6 resume os métodos mais utilizados.
# **Como ter certeza de que o treinamento está funcionando?** É fácil elaborar um novo programa de treinamento, mas se o treinamento não for avaliado, não é possível ter clareza de todos os esforços de treinamento do funcionário.
# **Como programas de treinamento geralmente são avaliados?** A maioria das empresas faz o seguinte: vários gestores, possivelmente representantes da GRH e um grupo de trabalhadores que concluiu recentemente um programa de treinamento são solicitados a dar suas opiniões. Se a maioria dos comentários for positiva, o programa pode ganhar uma avaliação favorável e a empresa o manterá até que alguém decida, por alguma razão, que ele deve ser eliminado ou substituído.

Embora fáceis de aperfeiçoar, as reações dos participantes ou dos gestores são as menos válidas, pois suas opiniões são altamente influenciadas por fatores que podem ter pouca relação com a efetividade do treinamento – como dificuldade, valor de entretenimento ou características de personalidade do instrutor. No entanto, as reações dos trabalhadores ao treinamento dão *feedback* sobre o quanto o treinamento valeu a pena para eles. Além

das reações gerais, o treinamento também deve ser avaliado em termos do quanto os participantes aprenderam, quão bem eles estão usando suas novas habilidades no trabalho (o comportamento deles mudou?) e se foram obtidos os resultados desejados (redução na rotatividade, melhora no serviço ao cliente etc.).

**Figura 5.6** Métodos comuns de treinamento

| Treinamento no trabalho | |
|---|---|
| Descrição do aprendizado | Um período de tempo – geralmente de dois a cinco anos – em que o indivíduo novato fica sob a direção de um funcionário experiente para aprender habilidades específicas. |
| Treinamento instrutivo sobre o trabalho | Essa abordagem sistemática para preparar os *trainees* envolve discorrer sobre o trabalho, apresentar as instruções, fazê-los tentar executar o trabalho para demonstrar seu entendimento e colocá-los na empresa sob a liderança de uma pessoa experiente. |
| Treinamento fora do trabalho | |
| Palestras em aula | Palestras a respeito de habilidades interpessoais, técnicas ou decisões específicas. |
| Multimídia | Usa recursos multimídia para demonstrar habilidades especializadas e passar informações específicas. |
| Exercícios de simulação | Treinamento que ocorre com a execução real do trabalho. Isso pode incluir análises de casos, exercícios experimentais, encenação de papéis ou tomada de decisões em grupo. |
| Treinamento com computador | Simula o ambiente de trabalho programando um computador para imitar certas situações no trabalho. |
| Treinamento por simulação | Treinamento com os equipamentos reais usados no trabalho, porém em uma estação de trabalho ou sala de aula. |
| Instrução programada | Condensa materiais de treinamento em sequências altamente lógicas e organizadas. Pode incluir métodos de informática, vídeos interativos e simulações de realidade virtual. |

## 5.6 AVALIAÇÕES DE DESEMPENHO

É importante para gestores que seus funcionários se comportem de maneira adequada na empresa. Como os gestores garantem que os funcionários estão tendo o desempenho esperado? Em empresas, o meio formal para fazer isso é uma avaliação sistemática do processo de desempenho. Examinaremos esse tópico em profundidade no Capítulo 12.

## 5.7 REMUNERAÇÃO E BENEFÍCIOS

Você abre o jornal e o seguinte anúncio de emprego chama sua atenção: "Procura-se indivíduo trabalhador que esteja disposto a trabalhar sessenta horas por semana em um ambiente longe do ideal. O emprego não é remunerado, mas lhe dá a oportunidade de dizer 'eu fiz isso'." Isso o instiga a tentar? Provavelmente, não! Na verdade, embora haja exceções, a maioria de nós trabalha por dinheiro. O que os empregos pagam e que benefícios dão se

## CAPÍTULO 5
### Gestão de recursos humanos

enquadram no tópico de remuneração e benefícios. Determinar a remuneração e os benefícios não é fácil e geralmente está fora da alçada de um gerente de departamento. Embora um gerente raramente determine a taxa salarial, é importante entender como ela é determinada.

### 5.7.1 Como estabelecer os níveis de remuneração?

Como uma empresa decide quem recebe R$ 14,65 por hora e quem recebe R$ 30.000 por mês? Isso cabe à administração de remuneração. As metas da *administração de remuneração* são criar uma estrutura de pagamento de custo eficaz que seja atraente e retenha funcionários competentes, e os incentive a trabalhar com alto nível de empenho. A administração de remuneração também tenta assegurar que os níveis de remuneração estabelecidos sejam considerados justos por todos os funcionários. Justiça significa que os níveis de remuneração estabelecidos são adequados e coerentes com as demandas e requisitos do trabalho. Portanto, a determinação da remuneração depende do tipo de trabalho de um funcionário. Trabalhos diferentes requerem tipos e níveis diferentes de habilidades, conhecimento e capacidades, cujo valor varia na empresa. Outro aspecto considerado é a responsabilidade e autoridade inerentes a certos cargos. Em suma, quanto mais altas as habilidades, conhecimento e capacidades – e quanto maiores a autoridade e responsabilidade –, mais alta é a remuneração.

Embora habilidades, capacidades e afins afetem diretamente os níveis de remuneração, outros fatores podem impactar. Esses níveis podem ser influenciados pelo tipo de negócio, o ambiente de trabalho, localização geográfica e níveis de desempenho e tempo de casa dos funcionários. Por exemplo, empregos no setor privado geralmente pagam melhor do que aqueles no setor público e em organizações sem fins lucrativos. Funcionários que trabalham em condições perigosas (digamos, construtores de pontes que atuam em grandes alturas), em horários incomuns (por exemplo, de madrugada) ou em áreas geográficas onde o custo de vida é mais alto (por exemplo, a cidade de São Paulo em comparação com Blumenau, em Santa Catarina) têm remunerações mais altas. Da mesma maneira, funcionários que estão há muito tempo em uma empresa podem ter um aumento salarial a cada ano.

Há outro fator ainda mais crucial – a filosofia de remuneração da empresa. Algumas empresas, por exemplo, só pagam o que é estritamente obrigatório. Na ausência de um contrato sindical que estipule os níveis salariais, essas empresas só precisam pagar o salário mínimo para a maioria dos funcionários. Por outro lado, certas empresas se empenham em pagar níveis salariais iguais ou acima daqueles da área para deixar claro que querem atrair e manter os melhores talentos.

### 5.7.2 Por que as empresas oferecem benefícios aos funcionários?

Quando uma empresa define seu pacote salarial, isso requer ir além da remuneração por hora ou o salário mensal. É preciso levar em conta outro elemento: os *benefícios para funcionários*, que são as recompensas não financeiras visando melhorar suas vidas. Aliás, os benefícios se tornaram mais importantes

---

**ADMINISTRAÇÃO DE REMUNERAÇÃO**
Processo de determinar uma estrutura de pagamento de custo efetivo que seja atrativo e mantenha os funcionários competentes; dar a eles um incentivo para trabalhar com empenho e assegurar que os níveis de remuneração sejam considerados justos.

**OBJETIVO 5.7**
Descrever as metas de remuneração e os fatores que afetam as estruturas salariais.

**BENEFÍCIOS PARA FUNCIONÁRIOS**
Recompensas não financeiras para melhorar a vida dos funcionários.

e variados nas últimas décadas. Antigamente considerados "benefícios adicionais voluntários", atualmente os pacotes de benefícios refletem um grande esforço da organização para oferecer algo que os funcionários valorizem.

Os benefícios oferecidos pelas empresas variam muito. A maioria das empresas é legalmente obrigada a prover contribuições à Previdência Social e benefícios aos afastados temporários (até 15 dias), mas elas também asseguram vários outros, como pagamento por horas extras, seguros de vida, plano de saúde e odontológico, e programas de aposentadoria. Os custos de alguns deles, como plano de saúde e aposentadoria privada, muitas vezes são divididos entre o empregador e o funcionário.

## 5.8 QUESTÕES ATUAIS NA GESTÃO DE RECURSOS HUMANOS

Para encerrar este capítulo, vamos examinar vários desafios para os gestores atuais em termos de recursos humanos. Os gestores têm de lidar com a diversidade da força de trabalho, assédio sexual no local de trabalho e a síndrome do sobrevivente de demissões.

### 5.8.1 Diversidade da força de trabalho

Nós já abordamos a nova composição da força de trabalho, e agora vamos analisar de que modo sua diversidade afeta tarefas básicas da GRH como recrutamento, seleção e integração. Aumentar a diversidade da força de trabalho requer que os gestores ampliem sua rede de recrutamento.

Por exemplo, o costume de confiar em indicações de funcionários atuais como fonte de novos candidatos a cargos tende a resultar em pessoas com características semelhantes às de quem os indicou. Portanto, os gestores têm de procurar candidatos em lugares inusitados. Para aumentar a diversidade, os gestores estão recorrendo cada vez mais a novas fontes de recrutamento, como redes de trabalho para mulheres, clubes da terceira idade, centros de formação de pessoas com necessidades especiais e organizações pelos direitos LGBTQ. Esses tipos de fonte permitem que a empresa amplie a variedade dos candidatos.

Embora exista um conjunto diversificado de candidatos, é preciso empenho para que o processo de seleção não discrimine. Além disso, os candidatos precisam se sentir à vontade com a cultura da empresa e estar cientes do desejo do gestor de considerar suas necessidades. Por fim, a integração pode ser difícil para mulheres e minorias. Hoje, muitas empresas, como a IBM e a Hewlett-Packard, oferecem workshops especiais para aumentar a conscientização sobre a diversidade entre os funcionários atuais, assim como programas para novos funcionários abordando essa questão. Tais iniciativas visam aumentar o entendimento e a valorização das diferenças que cada pessoa traz para o trabalho.

### 5.8.2 Romance no trabalho

Como cada vez mais trabalhadores têm alta motivação para se envolver e crescer em suas carreiras, o resultado é a inserção do prazer e de outros

**OBJETIVO 5.8**
Explicar o significado dos termos assédio sexual e síndrome do sobrevivente de demissões.

CAPÍTULO 5
Gestão de recursos humanos

aspectos da vida cotidiana no trabalho. Para tentar manter o equilíbrio entre vida pessoal e trabalho, a socialização e a atração entre colegas estão cada vez mais corriqueiros, particularmente em termos de relacionamentos românticos. Com mais de 43% dos funcionários buscando "achar seu par ideal" no ambiente de trabalho, gestores devem trabalhar com profissionais de recursos humanos para desenvolver novas políticas e procedimentos para lidar com esses relacionamentos arriscados.

Quando relacionamentos românticos eram tabu no local de trabalho, assédio sexual, nepotismo e potenciais retaliações eram preocupações menos comuns a requerer providências. No entanto, como relacionamentos não platônicos continuam em alta, gestores e especialistas de recursos humanos reagem imputando responsabilidade por prestar contas e desenvolvendo uma estrutura para lidar com essas situações. Segundo um levantamento feito pela Society for Human Resource Management (SHRM), em 2005 apenas 20% dos departamentos de RH tinham políticas verbais ou escritas relativas a romances no trabalho. Estudos mais recentes mostram que essa porcentagem mais do que dobrou, chegando atualmente a 42%.[11]

Profissionais de RH criaram várias alternativas para gestores atuarem com questões relativas a romances no trabalho. As consequências para os trabalhadores vão depender do rigor das políticas sobre romance, bem como da situação ocorrendo entre os funcionários. Uma pesquisa da SHRM mostra que 99% das empresas com políticas nesse sentido proíbem relacionamentos amorosos entre superiores e subordinados. Ao mesmo tempo, as empresas reconhecem a dificuldade de proibir relacionamentos entre funcionários do mesmo escalão. Portanto, gestores e RH podem ter várias opções para lidar com os romances e evitar problemas legais. Interação sexual evidente ou contato físico durante o horário de expediente pode resultar na demissão de ambos os funcionários (20%). Muitas vezes, para evitar comportamentos românticos e a consolidação de um relacionamento, um dos funcionários é transferido para outro departamento (34%). Ocasionalmente, profissionais de RH e gestores podem optar por implementar um "formulário de relacionamento", que indica que o relacionamento é consensual e define parâmetros para evitar a abertura de um processo se o relacionamento se tornar impróprio (21%).[12]

Muitas empresas temem que o envolvimento de gestores e profissionais de RH em romances no trabalho possa infringir ditames éticos e morais, mas, ao mesmo tempo, esses profissionais precisam assumir a responsabilidade

---

11 CAVICO, F. J.; SAMUEL, M.; MUJTABA, B. G. Office romance: legal challenges and strategic Implications. *International Journal of Management, IT and Engineering*, n. 2, ago. 2012, p. 10-35. Disponível em: http://www.ijmra.us/project%20doc/IJMIE_AUGUST2012/IJMRA-MIE1479.pdf. Acesso em: fev. 2020; KUMAR, S. Managing workplace romance: an emerging challenge for human resource leaders in corporate world. *National Conference on Emerging Challenges for Sustainable Business 2012*, jun. 2012, p. 954-964; WILKIE, D. Forbidden love: workplace-romance policies now stricter. *SHRM.org*, 24 set. 2013. Disponível em: http://www.shrm.org/hrdisciplines/employeerelations/articles/pages/forbidden-love-workplace-romance-policies-stricter.aspx. Acesso em: fev. 2020.

12 CAVICO; SAMUEL; MUJTABA, 2012; KUMAR, 2012; WILKIE, 2013.

de evitar as consequências negativas desses relacionamentos. Gestores devem aprender a reagir de forma apropriada e firme contra boatos e preocupações no escritório quanto a relacionamentos aparentes entre funcionários do mesmo escalão, assim como a situações relativas ao relacionamento entre superior e subordinado.

### 5.8.3 O que é assédio sexual?

O assédio sexual é um problema sério nos setores público e privado. Em média, mais de 7.300 queixas foram registradas por ano entre 2010 e 2015 nos Estados Unidos.[13] Não só os acordos nessas causas judiciais tiveram um custo substancial para as empresas envolvidas, mas também calcula-se que o assédio sexual é o maior risco financeiro para empresas americanas, podendo até causar uma queda de mais de 30% no preço das ações de uma empresa. A Mitsubishi, por exemplo, pagou mais de US$ 34 milhões a trezentas mulheres americanas devido ao violento assédio sexual a que foram expostas.[14]

Além do prejuízo com causas judiciais, o assédio sexual resulta na perda de milhares de reais devido a absenteísmo, baixa produtividade e rotatividade.[15] E o assédio sexual não é apenas um fenômeno local, e sim um problema global. Por exemplo, acusações de assédio sexual foram feitas contra empregadores em países como o Japão, Austrália, Bélgica, Nova Zelândia, Suécia, Irlanda e México.[16] Embora as discussões sobre esses casos muitas vezes enfatizem as grandes quantias que devem ser pagas para solucionar os litígios, há outras preocupações para os gestores: o assédio sexual cria um ambiente de trabalho desagradável e prejudica a capacidade de trabalho de todos. Mas o que exatamente é considerado assédio sexual?

*Assédio sexual* é qualquer atividade indesejada de conotação sexual que afete o trabalho de um indivíduo. Ele pode ocorrer entre pessoas de sexo oposto ou do mesmo gênero – entre funcionários da empresa ou entre um funcionário e uma pessoa externa. Grande parte do problema é determinar o que constitui esse comportamento ilegal. Podemos citar três situações que o assédio sexual pode causar, resultado de conduta verbal ou física com conotação sexual em relação a um indivíduo:

1. criar um ambiente intimidador, ofensivo ou hostil;
2. interferir excessivamente no trabalho de um indivíduo;

> **ASSÉDIO SEXUAL**
> Qualquer atitude com conotação sexual que seja necessária para conseguir um emprego ou ter vantagens no trabalho, criando um ambiente ofensivo ou hostil, que inclui observações sugestivas, toques indesejados, avanços sexuais, pedidos de favores sexuais e outras condutas físicas e verbais com conotação sexual.

---

13 EEOC. Charges alleging sexual harassment FY 2010 – FY 2015. *U.S. Equal Employment Opportunity Commission*. Disponível em: https://www.eeoc.gov/eeoc/statistics/enforcement/sexual_harassment_new.cfm. Acesso em: fev. 2020.

14 FOY, N. F. Sexual harassment can threaten your bottom line. *Strategic Finance*, ago. 2000, p. 56-57; Federal monitors find illinois mitsubishi unit eradicating harassment. *Wall Street Journal*, 7 set. 2000, p. A-8.

15 MUNSON, L. J.; HULIN C.; DRASGOW, F. Longitudinal analysis of dispositional influences and sexual harassment: effects on job and psychological outcomes. *Personnel Psychology*, 2000, p. 21.

16 MAATMAN, G. L. Jr. A global view of sexual harrasment. *HR Magazine*, jul. 2000, p. 151-158.

### CAPÍTULO 5
### Gestão de recursos humanos

3. afetar negativamente as oportunidades profissionais de um funcionário.

Para muitas empresas e seus gestores, a questão do ambiente ofensivo ou hostil é problemática. O que constitui um ambiente desses? Por exemplo, linguagem sexualmente explícita no escritório cria um ambiente hostil? E o que dizer de piadas explícitas sobre sexo? E de fotos de pessoas nuas? De fato, isso pode caracterizar um ambiente hostil, embora dependa das pessoas no departamento e da atmosfera por lá. O fato é que todos nós precisamos ficar atentos ao que deixa os colegas constrangidos – e se não soubermos, basta perguntar!

Se o assédio sexual pode gerar prejuízos para a empresa, o que os gestores podem fazer por si mesmos e suas organizações? Os tribunais basicamente querem saber duas coisas: (1) o gestor estava a par – ou deveria estar – do comportamento alegado?; (2) o que foi feito para corrigir? Com a quantidade atual de processos contra empresas e os montantes gastos para encerrar litígios, aumentou a necessidade dos gestores educarem seus funcionários sobre questões relativas a assédio sexual. Além disso, em junho de 1998, a Suprema Corte americana julgou que o assédio sexual em determinado caso pode ter ocorrido mesmo que o funcionário não sentisse quaisquer repercussões "negativas" no trabalho.[17] Essa decisão da Suprema Corte indica que "o assédio é definido pelo comportamento inadequado do gestor, não pelo que aconteceu depois com o trabalhador".[18]

Por fim, sempre que houver um caso de assédio sexual, o gestor deve se lembrar de que o assediador também pode ter direitos, ou seja, nenhuma medida deve ser tomada contra alguém enquanto não houver investigação rigorosa. Além disso, os resultados da investigação devem ser analisados por um indivíduo (independente e objetivo) antes que qualquer medida seja tomada contra o suposto assediador. Ainda assim, o assediador deve ter oportunidade de responder à alegação e ter uma audição disciplinar, se desejado. E deve haver uma ouvidoria ou canal (0800, site ou e-mail) para que ele seja ouvido, anonimamente, por alguém de nível mais alto da administração, que não esteja ligado ao caso.

### 5.8.4 Como "sobreviventes" reagem a demissões?

Conforme discutimos no Capítulo 2, uma das maiores tendências organizacionais na década passada foi o *downsizing*. Muitas empresas de fato se empenharam em ajudar as vítimas de demissões, oferecendo diversos serviços de ajuda na busca por outro emprego, aconselhamento psicológico, grupos de apoio, indenização por dispensa, benefícios ampliados de plano de saúde

---

17 DORFMAN, P. W.; COBB, A. T.; COX, R. Investigations of sexual harassment allegations: legal means fair – Or does it? *Human Resource Management*, v. 39, n. 1, 2000, p. 33-39.

18 KOSANOVICH, W. L.; ROSENBERG, J. L.; SWANSON, L. Preventing and correcting sexual harassemennt: a guide to the Ellerth/Faragher affirmative defense. *Employee Relations Law Journal*, v. 28, n. 1, 2002, p. 79-99; ZALL, M. Workplace harassment and employer liability. *Fleet Equipment*, jan. 2000, p. B1.

# A NOVA ADM

## SÍNDROME DO SOBREVIVENTE DE DEMISSÕES

Um conjunto de posicionamentos, percepções e comportamentos de funcionários que sobrevivem a reduções involuntárias de pessoal.

e comunicações detalhadas. Embora alguns indivíduos afetados reagissem negativamente à demissão (por exemplo, uma dessas pessoas volta à empresa e comete alguma violência), a ajuda oferecida revelava que a empresa realmente se preocupava com os ex-funcionários.

No entanto, pouco foi feito por aqueles que foram poupados dos cortes e ficaram com a tarefa de manter a empresa funcionando ou até de revitalizá-la. O fato é que tanto as vítimas quanto os sobreviventes têm sentimentos de frustração, ansiedade e perda.[19] Mas, enquanto as vítimas de demissão têm a consciência limpa para recomeçar da estaca zero, muitos funcionários que permanecem no emprego são acometidos pela *síndrome do sobrevivente* de demissões. Trata-se de um conjunto de posicionamentos, percepções e comportamentos dos funcionários remanescentes após a partida involuntária dos colegas. Os sintomas incluem insegurança no trabalho, sentimentos de injustiça, culpa e depressão, estresse com as cargas de trabalho maiores, medo de mudanças, perda da lealdade e do compromisso, menos empenho e má vontade para fazer qualquer coisa além do mínimo necessário.

Para abordar a síndrome do sobrevivente, os gestores podem proporcionar aos funcionários a oportunidade de desabafarem sobre os sentimentos de culpa, raiva ou ansiedade. Discussões em grupo também são proveitosas para os "sobreviventes" expressarem seus sentimentos. Algumas organizações têm usado medidas de *downsizing* como o princípio para implementar programas com maior participação dos funcionários, como capacitação e equipes de trabalho autogeridas. Em suma, para manter o moral e a produtividade elevados, todas as tentativas devem ser feitas a fim de assegurar que os indivíduos que continuam na organização saibam que são um recurso valioso e muito necessário.

A seguir, são apresentadas oito dicas práticas que gestores podem dar aos funcionários para ajudá-los a superar a síndrome do sobrevivente de demissões:

1. Oriente-os a manter a calma e reduzir a ansiedade fazendo um plano pessoal e profissional para o futuro, para que não se sintam totalmente despreparados no caso de uma demissão.

2. Auxilie-os a reconhecer que a culpa do sobrevivente é normal e que não adianta negar ou disfarçar o sofrimento. Mostre que você entende a confusão de sentimentos que estão vivendo: a perda de um colega *versus* a sensação pessoal de estabilidade.

3. Incentive-os a falar abertamente sobre isso, lembrando-os de que bloquear o sofrimento e a frustração é uma receita para problemas, e que não é sinal de fraqueza expor os sentimentos pessoais.

4. Estimule-os a ser mais eficientes no trabalho. É fato que sobreviventes de demissões geralmente acabam com cargas mais pesadas

---

19 SHAH, P. P. Network destruction: the structural implications of downsizing. *Academy of Management Journal*, v. 43, n. 1, fev. 2002, p. 101-112.

# CAPÍTULO 5
## Gestão de recursos humanos

de tarefas, portanto, mostre sua confiança na produtividade deles e oriente-os a eliminar situações de muita dispersão no ambiente.

5. Oriente-os a desvincular sua autoestima da organização, rompendo com a codependência organizacional e buscando um senso de valor e propósito em sua profissão, não na empresa.

6. Auxilie-os a desenvolver habilidades interpessoais e a ser proativos em relação ao próprio desenvolvimento profissional.

7. Incentive-os a controlar o estresse com técnicas e atividades relaxantes fora do trabalho, bem como a procurar manter um bom equilíbrio entre vida profissional e pessoal.

8. Lembre-os de que a vida não é o trabalho. E que, se mesmo tentando todos os caminhos possíveis a síndrome do sobrevivente de demissões for incapacitante ou resultar em uma sobrecarga insuportável de trabalho, talvez seja o momento de mudar de emprego.[20]

---

### CONFIRA O QUE APRENDEU 5.2

5. O processo de determinar uma estrutura de pagamento de custo efetivo se chama:
   a. administração de remuneração.
   b. pacote de recompensas financeiras.
   c. gestão de recursos humanos.
   d. banco de dados de recursos humanos.

6. Recompensas não financeiras para melhorar a vida dos funcionários se chamam:
   a. administração de remuneração.
   b. mimos requeridos legalmente.
   c. gratificações.
   d. benefícios para funcionários.

7. Qual das seguintes situações pode ser considerada assédio sexual?

   a. Situação com conotação sexual que cria um ambiente de trabalho intimidante ou ofensivo.
   b. Situação com conotação sexual que interfere no trabalho de um indivíduo.
   c. Situação com conotação sexual que afeta negativamente as oportunidades profissionais de um funcionário.
   d. Todas as alternativas acima são atitudes que podem caracterizar assédio sexual.

8. Verdadeiro ou falso? Aqueles que ficam em uma organização após outros trabalhadores serem demitidos podem ter sentimentos de frustração, ansiedade e perda.

---

20 NOER, D. M. *Healing the wounds:* overcoming the trauma of layoffs and revitalizing downsized organizations. San Francisco: Jossey Bass, 2009; MALUGANI, M. Coping with layoff survivor sickness. *Monster*, 9 maio 2011. Disponível em: https://www.monster.com/career-advice/article/layoff-survivor-sickness. Acesso em: mar. 2020.

## REFORÇANDO A COMPREENSÃO

### RESUMO

Após ler este capítulo, eu posso:

1. **Descrever o processo de gestão de recursos humanos.** O processo de gestão de recursos humanos (GRH) busca dotar a organização de funcionários e manter seu alto desempenho por meio do planejamento estratégico de recursos humanos, recrutamento ou *downsizing*, seleção, integração, treinamento e desenvolvimento, avaliação de desempenho, remuneração e benefícios, segurança e saúde, lidando com questões atuais de GRH.

2. **Discutir a influência de regulamentações governamentais em decisões de recursos humanos.** O governo federal vem expandindo muito sua influência sobre decisões de GRH por meio de leis e regulamentações. Devido ao empenho do governo em reforçar oportunidades iguais de emprego, a GRH deve assegurar que suas decisões-chave – como recrutamento, seleção, treinamento, promoções e demissões – não sejam tomadas com base em raça, sexo, religião, idade, cor, nacionalidade ou necessidade especial. Multas financeiras podem ser aplicadas a organizações que não cumpram essas leis e regulamentações.

3. **Comparar opções de recrutamento e de *downsizing*.** O recrutamento busca obter um grupo de potenciais candidatos a vagas. As fontes conhecidas incluem busca interna, anúncios, indicações feitas por funcionários, agências de emprego, centros de colocação de estudantes e serviços de ajuda temporária. O *downsizing* reduz o pessoal em uma organização por meio de opções como demissões, transferências, redução nas semanas de trabalho, aposentadorias antecipadas e compartilhamento de trabalhos.

4. **Explicar a importância da validade e da confiabilidade na seleção.** Todas as decisões da GRH devem se basear em fatores ou critérios confiáveis e válidos. Um mecanismo de seleção não confiável não pode ser considerado uma mensuração consistente. Se um mecanismo não for válido, não existe relação comprovada entre ele e critérios relevantes de trabalho.

5. **Descrever os mecanismos de seleção que funcionam melhor com vários tipos de empregos.** Mecanismos de seleção devem ser compatíveis com a vaga de trabalho em questão. A amostragem de trabalho funciona melhor com empregos de baixo escalão. Centros de avaliação funcionam melhor para cargos de gestão. A validade da entrevista como mecanismo de seleção aumenta em níveis progressivamente mais altos de gestão.

6. **Identificar métodos de treinamento diversos.** O treinamento de funcionários pode ocorrer no trabalho ou em outro lugar. Os métodos no trabalho incluem rotação de funções, atuar como substituto e aprendizados. Os métodos em outro lugar incluem palestras em sala de aula, filmes e exercícios de simulação.

7. **Descrever as metas de remuneração e os fatores que afetam as estruturas salariais.** A administração de remuneração busca assegurar que os níveis de remuneração determinados sejam considerados justos por todos os funcionários. Justiça significa que os níveis de remuneração estabelecidos são adequados e consistentes com as demandas e requisitos do trabalho. Portanto, a determinação da remuneração depende do tipo de trabalho que um funcionário executa.

8. Explicar o significado de *assédio sexual* e *síndrome do sobrevivente de demissões*. Assédio sexual é qualquer atitude indesejada com conotação sexual que afete o trabalho de um indivíduo – como criar um ambiente hostil, interferir no trabalho ou afetar negativamente oportunidades profissionais. A síndrome do sobrevivente de demissões é um conjunto de posicionamentos, percepções e comportamentos de funcionários que permanecem na organização após cortes involuntários de pessoal.

## COMPREENSÃO: QUESTÕES PARA REVISÃO E DISCUSSÃO

1. Como a GRH afeta os gestores?
2. Compare erro de rejeição e erro de aceitação. Qual deles tem mais probabilidade de expor um gestor a acusações de discriminação? Por quê?
3. Quais são os maiores problemas da entrevista como ferramenta de seleção?
4. Qual é a relação entre seleção, recrutamento e análise do trabalho?
5. Compare integração e treinamento de funcionários.
6. Um gestor deve ter o direito de escolher funcionários sem a interferência do governo no processo de contratação? Explique seu posicionamento.
7. O que constitui assédio sexual? Descreva como gestores e suas empresas podem reduzir a ocorrência de assédio sexual no trabalho.
8. Por que os gestores devem se preocupar com a diversidade no trabalho? Que questões especiais a diversidade apresenta para a GRH?
9. "Vítimas de *downsizing* não são aqueles funcionários que foram dispensados. As maiores vítimas são aqueles que mantiveram seus empregos." Você concorda ou discorda dessa afirmação? Defenda seu posicionamento.

## DESENVOLVENDO SUAS HABILIDADES DE GESTÃO

### MAIS AUTOCONHECIMENTO

Antes de supervisionar bem os outros, você deve entender seus pontos fortes atuais e aqueles em que precisa melhorar. Para auxiliar nesse processo de aprendizagem, nós o estimulamos a fazer autoavaliações que podem ajudar a determinar:

# Estou tendo um conflito no trabalho ou na família?

Após concluir a autoavaliação, sugerimos que guarde os resultados como parte de seu "portfólio de autoconhecimento".

### CRIANDO UMA EQUIPE

**Exercício experimental: demitir trabalhadores**

Em algum ponto de sua carreira, todo gestor terá a difícil tarefa de demitir funcionários. Imagine que você é gerente do departamento de contabilidade de uma empresa com 750 funcionários. A alta administração avisou que você deve reduzir seu pessoal e manter apenas dois indivíduos. Veja a seguir alguns dados sobre seus cinco funcionários:

# **Janet McGraw:** mulher negra, 36 anos. Está há cinco anos no departamento de

contabilidade da empresa. As avaliações sobre ela nos últimos três anos foram notáveis e acima da média. Janet fez MBA em uma faculdade de administração que é a 25ª melhor do país. Está afastada nas últimas semanas devido ao nascimento de seu segundo filho, mas deve retornar ao trabalho em quatro meses.

# **Bill Keeney:** homem branco, 49 anos. Bill está há quatro meses no seu departamento e tem onze anos de experiência na folha de pagamento da empresa. Cursou administração de empresas e contabilidade, tem mestrado e também uma certificação profissional. As avaliações sobre seu desempenho nos últimos três anos no departamento de folha de pagamento foram medianas, mas ele poupou R$ 300.000,00 para a empresa após dar uma sugestão sobre o uso de apontamento de horas trabalhadas de forma eletrônica.

# **José Melendez:** homem hispânico, 31 anos. José está na empresa há quase quatro anos. As avaliações sobre ele nos últimos três anos foram notáveis em seu departamento. Ele se empenha em fazer bem qualquer trabalho que caia em suas mãos. Também demonstrou iniciativa ao aceitar uma tarefa que ninguém mais queria. Além disso, recuperou alguns débitos de clientes não cobrados e vencidos que você achava que nunca seriam quitados.

# **Lisa Parks:** mulher branca, 35 anos. Lisa está há sete anos na empresa. Quatro anos atrás, Lisa teve um acidente de carro enquanto viajava a trabalho para encontrar um cliente, então ficou deficiente e usa cadeira de rodas. Há boatos de que ela está para receber vários milhares de reais da seguradora do motorista que causou o acidente. Seu desempenho nos últimos dois anos foi acima da média. É formada em contabilidade e especializada em sistemas de informática.

# **Charles Thomas:** homem negro, 43 anos. Charles acabou de concluir seu mestrado em direito tributário e passou recentemente no exame da Ordem dos Advogados. Ele está no departamento há quatro anos. As avaliações sobre ele têm sido boas ou acima da média. Cinco anos atrás, ganhou um processo judicial contra a empresa por discriminação em uma promoção a um cargo de gestão. Há um boato agora de que Charles, com sua formação como advogado, está procurando emprego em outra organização.

Diante dessas descrições, sugira os dois funcionários que devem ser demitidos. Discuta outras opções para cumprir a exigência de reduzir o pessoal sem recorrer a demissões. Diga o que você faria para ajudar os (A) dois indivíduos demitidos e (B) três funcionários remanescentes. Depois, com um grupo de três a cinco estudantes, busque um consenso sobre a questão de quem será demitido. Prepare-se para defender sua posição.

## PRATICANDO A HABILIDADE

### Entrevistando

Todo gestor precisa desenvolver as habilidades para entrevistar. A lista a seguir destaca os comportamentos-chave associados a essas habilidades.

PASSO 1: Analise as descrições de cargo e a especificação do trabalho. Analisar informações pertinentes sobre o cargo é proveitoso para definir o que você avaliará no candidato. Além disso, requisitos relevantes para o cargo ajudam a eliminar vieses na entrevista.

PASSO 2: Prepare perguntas que você quer fazer a todos os candidatos à vaga. Ter várias perguntas já preparadas assegura que as informações que você quer omitir fiquem seguras.

Além disso, ao fazer perguntas semelhantes, você obtém uma base para comparar melhor as respostas de todos os candidatos.

PASSO 3: Antes de conversar com um candidato, analise seu formulário de inscrição e currículo. Isso ajuda a ter uma boa noção do candidato em termos do que consta no currículo ou na inscrição e dos requisitos do cargo. Você também começará a identificar áreas para explorar na entrevista. Ou seja, áreas que não estão claramente definidas no currículo ou na inscrição, mas que são essenciais para o cargo, serão o ponto focal em sua conversa com o candidato.

PASSO 4: Comece a entrevista deixando o candidato à vontade e dando uma breve descrição do que será abordado. Entrevistas são estressantes para os candidatos a uma vaga. Ao começar com assuntos coloquiais, como o clima, você dá tempo para o candidato se ajustar à atmosfera da entrevista. Ao citar os tópicos que serão abordados, você dá uma "agenda" para que ele comece a pensar nas respostas que dará às suas perguntas.

PASSO 5: Faça suas perguntas e ouça com atenção as respostas do candidato. Selecione perguntas que fluam naturalmente a partir das respostas dadas. Concentre-se nas respostas relacionadas a informações necessárias para saber se o candidato cumpre os requisitos para a vaga. Caso haja alguma dúvida, faça uma pergunta mais específica para obter as informações desejadas.

PASSO 6: Encerre a entrevista dizendo ao candidato o que acontecerá a seguir. Candidatos ficam ansiosos a respeito do que você irá decidir. Seja franco com o candidato em relação aos outros que serão entrevistados e aos passos restantes no processo de contratação. Se você pretende tomar uma decisão daqui a duas semanas, diga isso a ele e como entrará em contato para informar a decisão.

PASSO 7: Escreva sua avaliação do candidato enquanto a entrevista ainda está fresca na memória. Após entrevistar várias pessoas, não espere até o final do dia para escrever sua análise do candidato, pois a memória pode falhar. Quanto antes você fizer a avaliação após uma entrevista, maior é a chance de registrar acuradamente o que ocorreu.

## Comunicação eficaz

1. Vá a central de vagas de sua faculdade e marque uma reunião com um orientador de carreira. Durante a reunião, peça conselhos sobre como ir bem em entrevistas. Foque especificamente nas coisas que os recrutadores estão procurando atualmente, como você deve se preparar para a entrevista e que tipos de perguntas você deve esperar. Faça depois um resumo de três a cinco páginas do que foi dito na reunião, destacando as informações que podem ser úteis em uma busca por emprego no futuro.

## PENSANDO DE FORMA CRÍTICA

### Caso 5A: Olhar os dois lados

Daniela Rebouças, supervisora de departamento na Comercial Ouro, tem grande orgulho da cultura organizacional estabelecida pela empresa com tanto empenho. Os funcionários são estimulados a conviver de maneira saudável, e a relação positiva entre a gestão e os funcionários também desempenha um papel vital. Recentemente, porém, Daniela anda ouvindo boatos nos intervalos de trabalho sobre o relacionamento entre Tiago Almeida e Rebeca Cordeiro.

Tiago é supervisor adjunto do departamento de vendas de mercadorias, onde Rebeca atua como especialista em vendas. Tiago conduziu sessões de treinamento e integração com Rebeca quando ela entrou na Comercial Ouro. Desde o primeiro mês sob a supervisão de Tiago, o relacionamento mais do que romântico entre os dois ficou óbvio para os outros funcionários. Recentemente, Daniela recebeu queixas de que

Tiago e Rebeca frequentemente demonstravam sua intimidade física no trabalho. Como gestora, Daniela teme que esse comportamento não só perturbe seus funcionários, mas também deixe os clientes desconfortáveis. Uma fofoca se espalhou pelo departamento sobre o receio de haver favoritismo em relação a Rebeca. Seu expediente aumentou durante a semana, ao passo que os horários dos outros funcionários continuavam diminuindo. Daniela também considerou que se esse relacionamento se tornasse impróprio, a reputação da empresa ficaria em risco e poderia haver reclamatórias jurídicas.

Para resolver a situação, Daniela está cogitando várias soluções. Como o comportamento ético é um componente forte da cultura organizacional da Comercial Ouro, ela quer mantê-lo ao tomar sua decisão sobre esse caso. A primeira solução de Daniela inclui uma reunião separada com cada um dos funcionários envolvidos para que todos discutam a situação e cheguem a uma solução consensual. No entanto, para tranquilizar os outros funcionários, ela também está pensando em transferir Rebeca para outro departamento em que não terá contato direto com Tiago. A solução mais drástica seria demitir ambos por má conduta no trabalho. Daniela espera chegar a uma solução que alivie as preocupações do pessoal sobre romances no trabalho, porém levando em consideração os direitos de Tiago e Rebeca como funcionários.

### Analisando o Caso 5A

1. Descreva os potenciais riscos de permitir romances no trabalho. Como e até que ponto esses riscos podem afetar a empresa e seus funcionários?
2. Como supervisora de um departamento, que decisões Daniela deveria tomar em relação a esse romance? Como você reagiria à inquietação dos outros funcionários, porém mantendo uma postura ética em relação à situação? Explique.
3. Ao aceitar um cargo, novos contratados deveriam assinar um contrato concordando em só manter relações de trabalho, sem romances? E, nesse caso, quais seriam as consequências de violar esse contrato?

### Caso 5B: Atraindo o candidato perfeito

Atrair e selecionar os talentos certos é crucial para o êxito de uma empresa. Para empresas de tecnologia, tais pontos são ainda mais prementes, já que o conhecimento, habilidades e capacidades de seus funcionários são decisivos para a eficiência, inovação e os resultados financeiros. Então, como empresas como Google, Facebook, IBM e Microsoft atraem os talentos necessários?[21] Como você verá, essas empresas têm algumas abordagens singulares.

A Modis, provedora global de recrutamento e pessoal de TI, tem uma filosofia interessante na busca por talentos em tecnologia. Com o aumento da pressão nos negócios para contratar funcionários qualificados, a busca pelo candidato "perfeito" está cada vez mais competitiva. Contudo, às vezes, é preciso perceber que o candidato "perfeito" não está disponível ou nem sequer existe. Mas isso não significa desistir de localizar os melhores talentos disponíveis. Para empresas de tecnologia "maduras", como IBM, Microsoft e Hewlett-Packard, o desafio é ainda maior, pois elas não têm o poder de atração das *startups* ou das empresas mais recentes de tecnologia. Por isso, essas companhias realmente têm que ser mais espertas.

Tomemos a IBM como exemplo. Após seu computador Watson derrotar dois ex-campeões

---

21 Digital report: tug-of-war for digital talent. *Campaign Asia Pacific*, jun. 2012, p. 12; BLACKSMITH, N.; YANG, Y. Executives: your company isn't attracting the best talent. *Gallup Management Journal Online*, 29 maio 2012, p. 1; CULLEN, J. Stop searching for the elusive purple squirrel. *Computerworld*, 9 abr. 2012, p. 25; ANDERS, G. The rare find. *Bloomberg BusinessWeek*, out. 2011, p. 106-12; LIGHT, J. At mature techs, a young vibe. *Wall Street Journal*, 13 jun. 2011, p. B7.

## CAPÍTULO 5
### Gestão de recursos humanos

do jogo Jeopardy em uma partida televisionada, a IBM levou o Watson à escola de elite Carnegie Mellon, onde os estudantes puderam desafiar o computador. A meta era fazer alguns daqueles estudantes se encantarem com a organização. A HP promove a festa da pizza/papo de tecnologia em várias escolas, tentando atrair estudantes mais novos antes que sejam fisgados por outras empresas de tecnologia e *startups*. A Microsoft, que outrora foi uma *startup*, enviou ex-alunos de volta a escolas para dizerem por que a Microsoft é um ótimo lugar para desenvolver seus talentos. A Microsoft também sedia noitadas com games, festas após a prova final de cursos, sessões de desenvolvimento de aplicativos e outros eventos para conquistar os estudantes.

Para empresas como Facebook e Google, a busca por talentos também é desafiadora devido à demanda crescente e à oferta limitada de potenciais funcionários. Portanto, até essas empresas têm de ser criativas na caça aos talentos. O Google, por exemplo, descobriu que estava examinando currículos com muito foco em educação e pontuações em provas escritas, para encontrar os candidatos com os QIs mais altos. Então, o Google descobriu que alguns desses supostos gênios não eram tão efetivos no trabalho quanto esperado, e começou a analisar currículos de uma maneira diferente. Em vez de começar pelo alto e ler até o fim, ele passou a examinar de baixo para cima, tentando achar um atributo especial que diferenciasse o candidato como um talento singular. O Facebook se deu conta de que os velhos canais para contratação

não estavam fornecendo os talentos necessários com suficiente rapidez, então tentou enigmas *on-line* e desafios de programação para localizar e atrair talentos. Essa foi uma abordagem fácil, rápida e barata para obter inscrições de potenciais candidatos.

Apesar dessas abordagens curiosas, a verdade é que empresas mais novas de tecnologia têm um apelo mais irresistível para candidatos, pois são o que há de "mais interessante" no momento. Além disso, em muitas empresas recentes de tecnologia não há uma burocracia enraizada ou barreiras culturais. Os funcionários podem trabalhar usando bermudas, camisetas e chinelos. O que realmente atrai muitas pessoas talentosas para empresas como essas é o fato de poder estipular seus horários, levar animais de estimação ao escritório, ter acesso a comidas e bebidas de graça, e diversos outros mimos.

### Analisando o Caso 5B

1. O que esse caso implica para a oferta e demanda de funcionários? E que implicações tem para gestores?
2. Qual o significado da busca pelo candidato "perfeito" em relação a caçar talentos? Isso também é relevante para empresas que não são de tecnologia? Discuta.
3. Você acha que empresas maduras de tecnologia sempre têm mais dificuldades para atrair talentos nessa área? Explique.
4. O que você entende que foi testado com as estratégias de recrutamento que o Google e o Facebook fizeram?

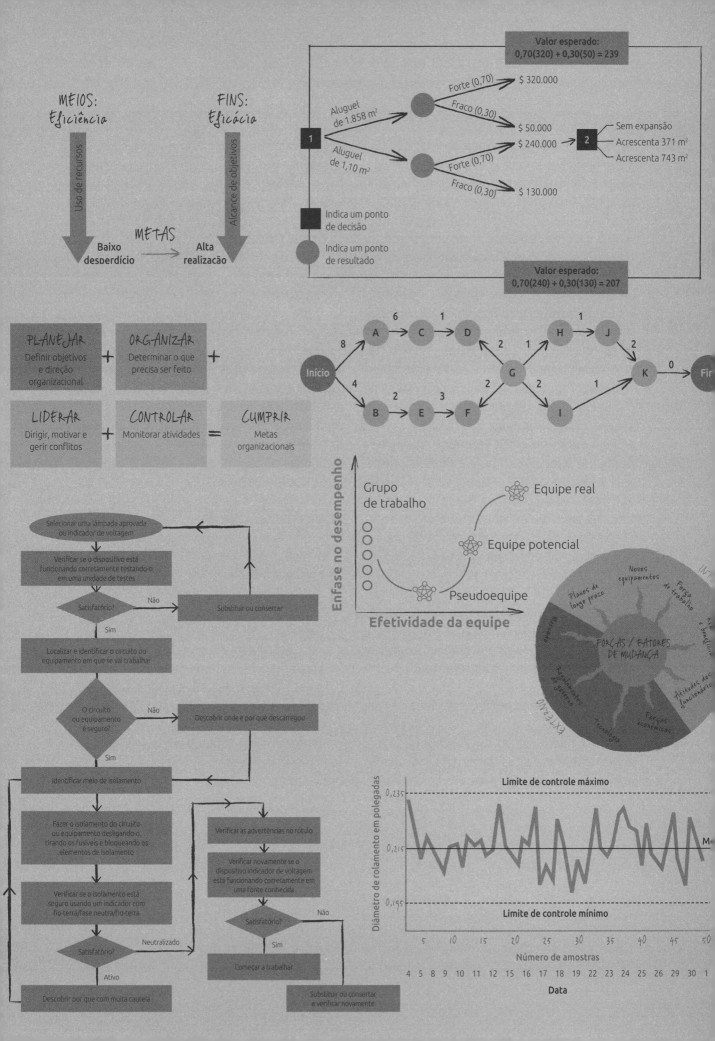

# CAPÍTULO 6
## Controle

## CONCEITOS-CHAVE

Após finalizar este capítulo, você será capaz de definir os seguintes termos:

ação corretiva básica
ação corretiva imediata
controle corretivo
controle de qualidade
controle por exceção
controle preventivo
controle simultâneo

diagrama de causa e efeito
diagramas de dispersão
fluxograma
gestão da cadeia de
    fornecimento
gestão da cadeia de valor
gráficos de controle

grau aceitável de variação
*kanban*
processo de controle
sistema de inventário
    *just-in-time* (JIT)

## OBJETIVOS DO CAPÍTULO

Após ler este capítulo, você será capaz de:

6.1 Descrever o processo de controle.

6.2 Comparar os dois tipos de ação corretiva.

6.3 Comparar controle preventivo, simultâneo e corretivo.

6.4 Explicar como um gestor pode reduzir custos.

6.5 Explicar o significado da expressão *sistema de inventário just-in-time*.

6.6 Descrever o significado da expressão *gestão da cadeia de valor*.

6.7 Listar as características de um sistema de controle eficaz.

6.8 Explicar potenciais pontos negativos dos controles.

6.9 Identificar dilemas éticos no monitoramento dos funcionários.

6.10 Explicar o que significa *roubo por funcionários* e descrever seus efeitos sobre a organização.

 **DILEMA DO LÍDER**

Além de facilitar o processo de gestão nas empresas, avanços tecnológicos também são um meio sofisticado de monitorar os funcionários. Embora a maior parte desse monitoramento vise intensificar a produtividade dos trabalhadores, isso suscita preocupação quanto à privacidade dos trabalhadores e questões espinhosas. Por exemplo, se os gestores têm direito de saber tudo sobre os funcionários e até que ponto podem controlar o comportamento dentro e fora do trabalho.

Considere os casos a seguir:

# O prefeito de uma pequena cidade lê as mensagens de e-mail que os vereadores enviam de casa para seus pares. Ele justificou sua atitude dizendo estar apenas conferindo se os e-mails não estavam sendo usados para driblar a lei de "transparência" de seu estado, que requer que a maioria dos assuntos da Câmara de Vereadores seja conduzida publicamente.

# O grupo de auditoria interna de um órgão que controla as contas da União monitora os registros de computadores que mostram o acesso dos funcionários a contas dos contribuintes. Essa atividade de monitoramento permite que a gestão saiba o que os funcionários estão fazendo em seus computadores.

# A American Express tem um sistema elaborado para monitorar telefonemas. Relatórios diários entregues aos gestores detalham a frequência e a duração dos telefonemas feitos por funcionários, assim como a rapidez com que atendem aos telefonemas.

# É comum funcionários serem obrigados a usar crachás o tempo todo dentro de empresas. Esses crachás têm vários dados que dão acesso a certos locais na organização. Crachás inteligentes transmitem a localização do funcionário o tempo todo.

Até que ponto um gestor deve ter controle sobre a vida privada dos funcionários? Qual deve ser o limite para as regras e controles do gestor? Ele tem direito de ditar o que você faz quando está de folga e em sua casa? Ele pode impedir você de sair de motocicleta, voar de parapente, fumar, tomar bebidas alcoólicas ou comer porcarias? As respostas podem surpreendê-lo. O fato é que a ingerência de gestores na vida pessoal dos funcionários existe há décadas. Por exemplo, no início do século XX, a Ford enviava assistentes sociais às casas dos funcionários para saber se seus hábitos e finanças mereciam um bônus no final de ano. Outras empresas obrigavam os funcionários a frequentarem cerimônias religiosas. Hoje, muitas empresas, a fim de controlar os custos com segurança e seguro de saúde, estão se inserindo na vida privada de seus funcionários. Embora controlar os comportamentos dos funcionários dentro e fora do trabalho pareça injusto e abusivo, nada em nosso sistema jurídico impede que os empregadores o façam. Na realidade, a lei é baseada na premissa de que se os funcionários não gostarem das regras, basta saírem do emprego. Gestores também costumam defender suas ações alegando a intenção de assegurar a qualidade, a produtividade e o comportamento apropriados dos funcionários.

Quando a necessidade de um gestor de obter informações sobre o desempenho dos funcionários ultrapassa a linha do bom senso e interfere no direito deles à privacidade? Qualquer ação de um gestor é aceitável desde que os funcionários sejam avisados com antecedência de que serão monitorados? E o que dizer da distinção entre monitorar o comportamento profissional e o pessoal? Quando os funcionários fazem atividades relacionadas ao trabalho em casa à noite e aos finais de semana, a prerrogativa do gestor de monitorá-los continua vigente? Qual sua opinião?

_CAPÍTULO 6_
_Controle_

## INTRODUÇÃO

Você terminou seu planejamento e sabe os objetivos de seu departamento, que está organizado para maximizar a possibilidade de atingir as metas. Você contratou funcionários competentes e definiu objetivos específicos do trabalho junto com todas as pessoas que lhe prestam contas. Planos permanentes estão definidos, assim como os orçamentos e programações importantes do seu departamento. Sua próxima preocupação será saber se todos os seus planos estão sendo cumpridos. Bem, você só saberá se tiver implementado controles!

Conforme descrito no Capítulo 1, controlar é a função de gestão relativa a atividades de monitoramento que assegurem que elas estejam sendo realizadas conforme o planejado e corrigindo quaisquer desvios significativos. Neste capítulo, mostramos como gestores efetivos desempenham a função de controlar. Detalhamos especificamente o processo de controle, discutimos quando os controles são oportunos, identificamos as principais áreas em que se concentra a atividade de controlar e descrevemos as características dos controles eficazes. Mostramos também alguns efeitos colaterais indesejáveis dos controles, contra os quais os gestores precisam se precaver.

## 6.1 PROCESSO DE CONTROLE

O _processo de controle_ consiste em três passos: (1) mensurar o desempenho real; (2) comparar resultados com padrões; (3) implementar uma ação corretiva (ver Figura 6.1). Porém, antes de abordar cada um deles, enfatizamos que o processo de controle depende da existência de padrões de desempenho. Tais padrões são detalhados em metas específicas criadas no planejamento. Portanto, o planejamento precede a aplicação do processo de controle.

Se a definição de metas for usada, as metas se tornam os padrões com os quais o desempenho real é comparado. Isso se deve ao fato de que a definição de metas integra o planejamento e o controle, dando aos gestores um conjunto de objetivos ou padrões a serem cumpridos. Caso a definição de metas não seja usada, os padrões são os indicadores específicos de desempenho para uso de equipamentos e recursos, qualidade, produtividade e afins. Esses padrões podem ser aplicados a indivíduos, equipes, departamentos ou a toda a organização. Alguns exemplos de padrões de desempenho incluem a porcentagem da capacidade da fábrica, o número de unidades produzidas por hora de trabalho, média da quantidade de refugos por unidade produzida, dias de trabalho perdidos por danos físicos, taxas de absenteísmo, retorno sobre o investimento, custo por unidade vendida, retornos quanto à porcentagem de vendas, e vendas totais em reais por região.

---

**OBJETIVO 6.1**

Descrever o processo de controle.

**PROCESSO DE CONTROLE**
Processo de três passos que consiste em (1) mensurar o desempenho real, (2) comparar resultados com padrões e (3) implementar uma ação corretiva.

**Figura 6.1** Processo de controle

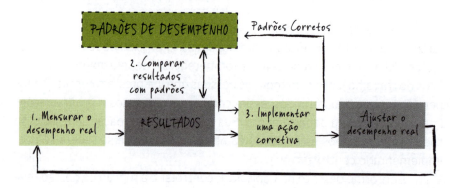

## 6.1.1 Como mensurar o desempenho real?

É preciso ter informações para determinar o desempenho real, e o primeiro passo no controle é a mensuração. Vamos ver como mensurar e o que mensurar.

### 6.1.1.1 Maneiras de mensurar

Quatro fontes comuns de informações usadas pelos gestores para mensurar o desempenho real são observação pessoal, relatórios estatísticos, relatórios orais e relatórios escritos.

A *observação pessoal* propicia um conhecimento íntimo da atividade real e, provavelmente, é a maneira principal de gestores avaliarem o desempenho real. Permite uma cobertura intensiva, pois o desempenho em atividades mais ou menos importantes pode ser observado. A observação pessoal também dá oportunidades para o gestor "ler nas entrelinhas", captando omissões verbais, expressões faciais e entonações vocais que outros métodos não detectam. No entanto, os gestores devem ponderar que em uma época em que informações quantitativas sugerem objetividade, a observação pessoal muitas vezes é considerada uma fonte desqualificada de informações. Os observadores estão sujeitos a percepções enviesadas, e o que um gestor vê, outro talvez não veja. A observação pessoal do desempenho demanda tempo e, em última instância, pode parecer intrusiva. Ou seja, funcionários podem interpretá-la como falta de confiança ou sinal de desconfiança.

O uso de computadores em organizações faz os gestores confiarem cada vez mais em *relatórios estatísticos* para mensurar o desempenho real. Esse meio de mensuração, porém, não se limita ao que é produzido em computador e também inclui gráficos e "velocímetros" numéricos que os gestores podem usar para avaliar o desempenho. Informações também são adquiridas por meio de *relatórios orais*, ou seja, em conferências, reuniões e conversas. As vantagens dos relatórios orais são a rapidez, o *feedback* imediato e o sentido captado em expressões de linguagem e entonações vocais, assim como nas próprias palavras. Por fim, o desempenho real pode ser mensurado por meio de *relatórios escritos*, que têm mais abrangência e concisão do que os relatórios orais. Eles também são mais fáceis de catalogar e de usar como referência. Relatórios

CAPÍTULO 6
Controle

escritos muitas vezes são combinados com relatórios estatísticos e podem ser usados para preceder ou dar seguimento a relatórios orais.

### 6.1.1.2 O que mensurar

O que você mensura é mais crucial para o processo de controle do que as maneiras de mensurar. Escolher critérios errados pode ter sérias consequências disfuncionais, que serão mostradas posteriormente neste capítulo. E mais importante: o que você mensura determina em grande parte o que os funcionários tentarão enfatizar. Por exemplo, suponha que você é supervisor no departamento de sistemas de informação de um grande hospital. O horário de chegada do pessoal do escritório é 8h. Toda manhã, exatamente às 8h, você circula pelo escritório para ver se todos chegaram, mas só encontra bolsas, marmitas e pastas abertas sobre as mesas, paletós pendurados nas cadeiras e outras evidências físicas de que seus funcionários estão por ali. Mas a maioria deles está tomando café lá embaixo na cozinha. Seus funcionários fazem questão de chegar ao escritório às 8h, pois você avisou que isso é um critério importante de controle. No entanto, chegar não significa necessariamente que eles estejam de fato trabalhando.

Lembre-se de que alguns critérios de controle são aplicáveis à maioria das situações de gestão, ao passo que outros são específicos para o trabalho. Por exemplo, como todos os gestores dirigem as atividades de outras pessoas, critérios como satisfação dos funcionários e taxas de absenteísmo têm aplicação universal. Quase todos os gestores também têm orçamentos para a área sob seu comando, portanto, manter os custos dentro do orçamento é uma mensuração de controle muito comum. No entanto, critérios de controle precisam levar em conta a diversidade das atividades de gestão. Um gerente de produção em uma fábrica pode usar mensurações da quantidade de unidades produzidas por dia, unidades produzidas por hora de trabalho, refugo por unidade de produção ou porcentagem de produtos defeituosos devolvidos pelos clientes. O supervisor de uma unidade administrativa em uma agência governamental pode usar o número de páginas de documentos processado por dia, o número de pedidos processado por hora ou a média de tempo necessária no atendimento de chamadas de serviço. Muitas vezes, os gestores de vendas usam mensurações como a fatia de mercado conquistada em determinada região, o valor médio por venda ou o número de clientes visitados por vendedor. A dica é ajustar aquilo que você mensura às metas de seu departamento.

Embora trabalhos e atividades geralmente possam ser expressos em termos mensuráveis e tangíveis, quando um indicador de desempenho não pode ser expresso em termos quantificáveis, os gestores devem usar mensurações subjetivas. Mensurações subjetivas têm muitas limitações, mas são melhores do que não ter padrão algum e ignorar a função do controle. Se as atividades forem importantes, a desculpa de que são difíceis de mensurar é inconcebível. Nessas situações, a saída é utilizar critérios subjetivos de desempenho. No entanto, qualquer análise ou decisão baseada em critérios subjetivos deve reconhecer a limitação da forma de mensuração das informações.

## A NOVA ADM

**GRAU ACEITÁVEL DE VARIAÇÃO**
Variação no desempenho que pode ser esperado nas atividades mensuradas.

### 6.1.2 Como comparar resultados com padrões?

A etapa de comparação determina o grau de variação entre o desempenho real e o padrão. Pode-se esperar alguma variação no desempenho em todas as atividades, portanto, é crucial determinar o *grau aceitável de variação*.

#### 6.1.2.1 Determinar variações aceitáveis

Desvios muito além da variação aceitável merecem a atenção do gestor. Nessa etapa de comparação, é preciso se preocupar com o tamanho e a direção da variação. Vejamos um exemplo para esclarecer isso.

Francisco é supervisor de vendas na concessionária da Chevrolet e da Buick em uma grande cidade. Francisco prepara um relatório durante a primeira semana de cada mês descrevendo as vendas de cada modelo no mês anterior. A Figura 6.2 mostra o padrão (meta) e os números reais das vendas no mês em questão. Francisco deveria se preocupar com o desempenho em julho? Se ele focasse as vendas da unidade da Chevrolet e a média de vendas da Buick, a resposta seria não, mas parece haver alguns desvios significativos. A média de preços das vendas de Chevrolets ficou bem abaixo da projeção. A Figura 6.2 dá uma explicação. Os SUVs mais caros não estavam vendendo, mas carros e picapes mais baratos venderam melhor do que o esperado. Na unidade da Buick, todos os modelos tiveram vendas decepcionantes.

**Figura 6.2    Desempenho de vendas da Chevrolet em julho**

| Modelo | Meta | Real | Acima (abaixo) |
|---|---|---|---|
| **Chevrolet** | | | |
| Spark | 2 | 3 | 1 |
| Camaro | 4 | 7 | 3 |
| Corvette | 2 | 1 | −1 |
| Cruze | 3 | 2 | −1 |
| Sonic | 3 | 2 | −1 |
| Impala | 3 | 4 | 1 |
| Malibu | 4 | 8 | 4 |
| Volt | 5 | 2 | −3 |
| Equinox | 2 | 2 | 0 |
| Suburban | 1 | 2 | 1 |
| Tahoe | 1 | 2 | 1 |
| Traverse | 5 | 2 | −3 |
| Colorado | 2 | 1 | −1 |
| Express | 2 | 2 | 0 |
| Silverado | 5 | 6 | 1 |
| **Total de Unidades** | 44 | 46 | 2 |
| **Total de Vendas** | $ 1.273.800 | $ 1.285.475 | |
| **Média de Vendas** | $ 28.950 | $ 27.945,11 | |

▶

> **Buick**

| | | | |
|---|---|---|---|
| Enclave | 8 | 6 | −2 |
| Encore | 6 | 5 | −1 |
| Lacrosse | 5 | 4 | −1 |
| Verano | 3 | 2 | −1 |
| Regal | 8 | 6 | −2 |
| **Total de Unidades** | **30** | **23** | **−7** |
| **Total de Vendas** | **$ 937.500** | **$ 780.735** | |
| **Média de Vendas** | **$ 31.250** | **$ 33.945** | |

Quais desvios de desempenho merecem a atenção de Francisco? Depende do que Francisco e seu chefe consideram significativo. Até que ponto vai a tolerância antes de partir para uma ação corretiva? O desvio em vários modelos é pequeno e indubitavelmente não merece uma atenção especial; por exemplo, para alguns modelos a meta de vendas e as vendas reais diferiram em apenas um veículo. Os déficits são maiores para o Traverse e o Volt da Chevrolet e o Enclave, o Encore, o Lacrosse, o Verano e o Regal da Buick. É isso que Francisco deve ponderar.

Um erro de entendimento sobre as vendas pode ser tão problemático quanto uma projeção exagerada ou tímida das vendas. Por exemplo, as vendas fortes do Camaro e do Malibu da Chevrolet foram anormais para um mês ou esses modelos estão realmente tendo mais demanda?

Francisco concluiu que a culpa é da situação econômica na região. Com a incerteza sobre a economia, os preços de gasolina e a segurança no emprego, as pessoas estão optando por modelos mais baratos. Refletindo as tendências de recessão no país, as vendas de carros da Buick estão despencando. Esse exemplo ilustra que tanto a variação para cima como a variação para baixo pode exigir uma ação corretiva.

### 6.1.2.2 Ferramentas especiais de mensuração

Quando se fala em controle é necessário citar as técnicas estatísticas básicas usadas para controlar a variabilidade. Nesta seção, vamos descrever as técnicas estatísticas de controle mais comuns.

### Diagramas de causa e efeito

*Diagramas de causa e efeito* (também conhecidos como *diagramas espinha de peixe*) representam as causas de um problema e as agrupam segundo categorias comuns como maquinário, materiais, métodos, pessoal, finanças ou gestão. Conforme a Figura 6.3, esses diagramas parecem uma espinha de peixe, com o problema – ou o efeito – definido como a cabeça. Nos "ossos" que se projetam da "espinha" estão as possíveis causas de problemas na produção, que ficam listadas na ordem de possível ocorrência. Diagramas de causa e efeito ajudam a analisar a influência que diferentes linhas de ação terão sobre um certo problema.

*DIAGRAMA DE CAUSA E EFEITO*
Representação das causas de um problema que as agrupa em categorias comuns como maquinário, materiais, métodos, pessoal, finanças ou gestão.

**Figura 6.3** Exemplo de um diagrama de causa-efeito (espinha de peixe)

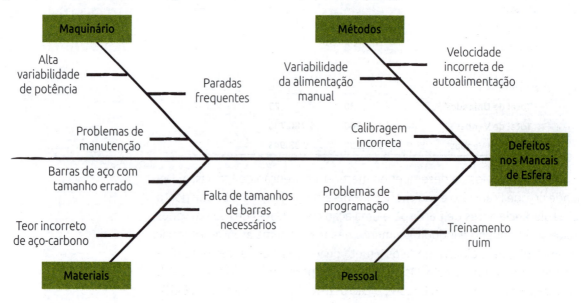

**FLUXOGRAMA**
Representação visual da sequência de eventos para um certo processo que esclarece como as coisas estão sendo feitas, a fim de identificar as ineficiências e melhorar o processo.

**DIAGRAMAS DE DISPERSÃO**
Uma ilustração da relação entre duas variáveis que mostra correlações e possíveis causas e efeitos.

### Fluxogramas

*Fluxogramas* são representações visuais da sequência de eventos para um certo processo. Eles esclarecem como as coisas estão sendo feitas, a fim de identificar as ineficiências e melhorar o processo. A Figura 6.4 ilustra bem isso.

### Diagramas de dispersão

*Diagramas de dispersão* ilustram a relação entre duas variáveis, como peso e altura ou a dureza de um mancal de esferas e seu diâmetro (ver Figura 6.5), ou seja, mostra as correlações e possíveis causas e efeitos. Um diagrama de dispersão pode, por exemplo, revelar que a porcentagem de refugos aumenta à medida que a extensão dos turnos de produção aumenta. Por sua vez, isso pode indicar a necessidade de reduzir os turnos de produção ou de reavaliar o processo a fim de melhorar a qualidade.

### Gráficos de controle

*Gráficos de controle* são as técnicas estatísticas mais sofisticadas para refletir a variação em um sistema. Elas mensuram produtos por amostragem para obter um padrão médio, com limites máximos e mínimos determinados estatisticamente. Por exemplo, a Timken, fabricante de rolamentos, pega uma amostra de seu rolamento de 0,215 depois de produzidos para se certificar de que suas medidas estão dentro dos padrões estabelecidos. Se as variáveis no processo estiverem em um grau aceitável, o sistema está "sob controle" (ver Figura 6.6). Quando alguma medida sai dos limites estabelecidos, a variação é inaceitável.

No decorrer do tempo, melhoras na qualidade devem resultar na redução da variação entre os limites máximo e mínimo por meio da eliminação de causas comuns.

## CAPÍTULO 6
### Controle

**Figura 6.4**   Exemplo de fluxograma

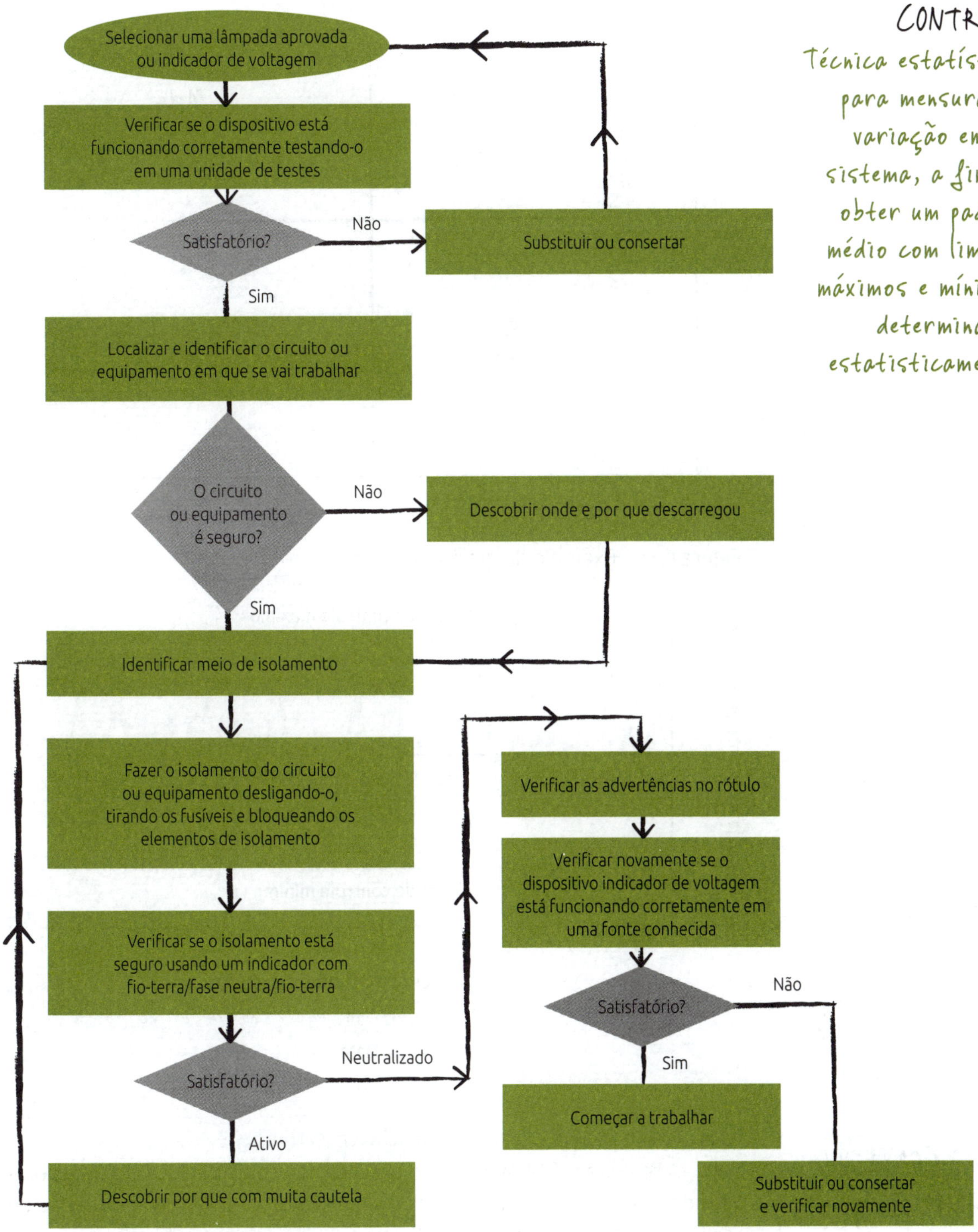

**GRÁFICOS DE CONTROLE**

Técnica estatística para mensurar a variação em um sistema, a fim de obter um padrão médio com limites máximos e mínimos determinados estatisticamente.

- Selecionar uma lâmpada aprovada ou indicador de voltagem
- Verificar se o dispositivo está funcionando corretamente testando-o em uma unidade de testes
- Satisfatório? → Não → Substituir ou consertar
- Sim
- Localizar e identificar o circuito ou equipamento em que se vai trabalhar
- O circuito ou equipamento é seguro? → Não → Descobrir onde e por que descarregou
- Sim
- Identificar meio de isolamento
- Fazer o isolamento do circuito ou equipamento desligando-o, tirando os fusíveis e bloqueando os elementos de isolamento
- Verificar se o isolamento está seguro usando um indicador com fio-terra/fase neutra/fio-terra
- Satisfatório? → Neutralizado
- Ativo
- Descobrir por que com muita cautela
- Verificar as advertências no rótulo
- Verificar novamente se o dispositivo indicador de voltagem está funcionando corretamente em uma fonte conhecida
- Satisfatório? → Não
- Sim
- Começar a trabalhar
- Substituir ou consertar e verificar novamente

**Figura 6.5** Exemplo de diagrama de dispersão

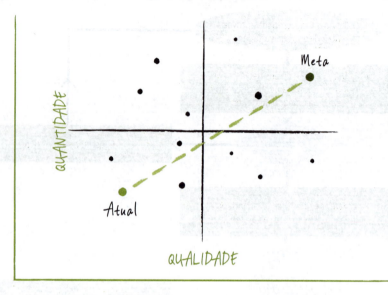

**Figura 6.6** Exemplo de gráfico de controle

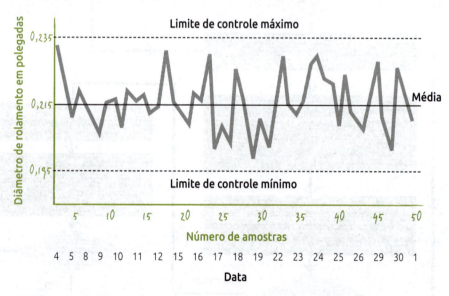

## OBJETIVO 6.2
Comparar os dois tipos de ação corretiva.

### AÇÃO CORRETIVA IMEDIATA
Ação que ajusta algo imediatamente e coloca as coisas de volta ao eixo.

### AÇÃO CORRETIVA BÁSICA
Ação que mira a fonte de um desvio e busca ajustar as diferenças permanentemente.

### 6.1.3 Quando implementar uma ação corretiva?

A terceira e última etapa no processo de controle é a ação para corrigir o desvio. Trata-se de uma tentativa de ajustar o desempenho real ou de corrigir o padrão, ou ambos (ver Figura 6.1). Há dois tipos de ação corretiva. Um é imediato e ataca predominantemente os sintomas; o outro é básico e mira as causas. A *ação corretiva imediata*, também descrita como "apagar o incêndio", ajusta algo imediatamente e coloca as coisas de volta ao eixo. A *ação corretiva básica* mira a fonte do desvio e busca ajustar permanentemente as diferenças. Ela indaga como e por que o desempenho foi alterado.

**CAPÍTULO 6**
*Controle*

Muitos gestores dizem não ter tempo para implementar uma ação corretiva básica e, portanto, se limitam sempre a "apagar o incêndio". Gestores eficazes, no entanto, admitem que precisam reservar tempo para analisar desvios e, em situações em que os benefícios justifiquem tal ação, corrigir permanentemente diferenças significativas entre o padrão e o desempenho real.

Voltando ao exemplo anterior, Francisco pode implementar uma ação corretiva básica para o desvio positivo nos modelos Camaro e Malibu da Chevrolet. Se as vendas fossem melhores do que o esperado nos últimos meses, ele poderia aumentar o padrão para as vendas desses modelos nos próximos meses e aumentar os pedidos à montadora. O mau desempenho de todos os modelos da Buick justificaria algumas ações – por exemplo, reduzir os pedidos desses carros, fazer uma promoção para se livrar do excedente, refazer o plano de comissão por vendas para incentivar os vendedores a se empenharem mais pelos modelos da Buick ou recomendar um aumento na verba de publicidade para sua concessionária.

## 6.2 TIPOS DE CONTROLE

Em que ponto do processo você deve aplicar controles? É possível implementar controles antes do início de uma atividade, quando ela está em andamento ou após seu término. O primeiro tipo é o controle preventivo, o segundo é o controle simultâneo e o terceiro é o controle corretivo (ver Figura 6.7). Há também alguns tipos especiais de controles estatísticos.

**OBJETIVO 6.3**
*Comparar controle preventivo, simultâneo e corretivo.*

**Figura 6.7** Três tipos de controle

### 6.2.1 O que é controle preventivo?

Você conhece o velho ditado de que um homem prevenido vale por dois? Neste caso, isso significa que a melhor maneira de lidar com um desvio de padrão é evitar que ele aconteça. A maioria dos gestores prefere o *controle preventivo*, pois ele se antecipa e evita resultados indesejáveis. Empresas como McDonald's, Kyocera e Southwest Airlines gastam milhões de dólares por ano com programas de manutenção preventiva de seus equipamentos, com a única finalidade de evitar falhas durante as operações. A Associação Atlética

**CONTROLE PREVENTIVO**
*Tipo de controle antecipado que evita resultados indesejáveis.*

# A NOVA ADM

Universitária Nacional (NCAA) americana exige que todos os treinadores de sua área de atuação façam uma prova sobre práticas e recomendações em recrutamentos. Os treinadores só podem participar do recrutamento de atletas se acertarem pelo menos 80% nessa prova. Outros exemplos de controles preventivos são contratar e treinar as pessoas antes de abrir um negócio, inspecionar matérias-primas, praticar exercícios de combate a incêndios e dar aos funcionários cartilhas com o "código de ética" que devem ficar em suas mesas.

## 6.2.2 O que são controles simultâneos?

**CONTROLE SIMULTÂNEO**
Tipo de controle que ocorre enquanto uma atividade está em andamento.

Como o nome indica, o *controle simultâneo* ocorre enquanto uma atividade está em andamento. Quando o controle é implementado simultaneamente ao trabalho sendo feito, é possível corrigir problemas antes que saiam do controle ou se tornem muito custosos.

Grande parte das atividades cotidianas dos gestores envolve o controle simultâneo. Quando eles supervisionam diretamente as ações dos funcionários, monitoram seu trabalho e corrigem problemas assim que eles surgem, o controle simultâneo está acontecendo. Embora haja obviamente alguma brecha de tempo entre uma ação e a reação corretiva, essa diferença é mínima. Outros exemplos de controle simultâneo ocorrem com o maquinário de fábricas e com computadores. Temperatura, pressão e outros padrões de medida, que são verificados regularmente durante o processo de produção e que automaticamente enviam um sinal a um operador se houver um problema, são exemplos de controles simultâneos. Assim também são programas em computadores que avisam imediatamente quando os usuários cometem um erro. Se o usuário dá um comando errado, o programa o rejeita e pode até dar o comando correto.

## 6.2.3 O que é controle corretivo?

**CONTROLE CORRETIVO**
Tipo de controle que dá feedback após uma atividade terminar, para prevenir futuros desvios.

O *controle corretivo* dá *feedback* após uma atividade estar concluída, para prevenir quaisquer futuros desvios. Exemplos de controle corretivo incluem a inspeção final de produtos acabados, avaliações anuais de desempenho dos funcionários, auditorias financeiras e relatórios orçamentários trimestrais. O relatório de vendas que Francisco da concessionária faz a cada mês (ver Figura 6.2) é um exemplo de controle corretivo.

A falha óbvia do controle corretivo é que, quando a informação chega a você, pode ser tarde demais. O estrago está feito ou os erros já ocorreram. Por exemplo, quando os controles de informação são fracos, você pode ficar sabendo só em meados de agosto que seus funcionários já gastaram 110% do orçamento anual do departamento com fotocópias. Nada pode ser feito para corrigir esse gasto descontrolado em agosto. Mas o controle corretivo adverte de que há um problema, então você pode determinar o que deu errado e iniciar a ação corretiva básica.

Os controles corretivos, porém, têm vantagens.[1] Primeiro, o *feedback* dá aos gestores informações importantes sobre o quanto seu planejamento

---

1    NEWMAN, W. H. *Constructive control*: design and use of control systems. Upper Saddle River, NJ: Prentice Hall, 1975. p. 33.

foi efetivo. Um *feedback* que mostre pouca variação entre o padrão e o desempenho real indica que o planejamento geralmente acertou o alvo. Mas se o desvio for significativo, o gestor pode usar essa informação para formular novos planos. Segundo, o *feedback* pode aumentar a motivação. As pessoas querem saber se estão indo bem, e o *feedback* dá essa informação.

## 6.3 O FOCO DO CONTROLE

A maioria dos esforços de controle dos gestores é voltada a quatro áreas: custos, estoques, qualidade e segurança. E, obviamente, eles também controlam o desempenho dos funcionários (ver Figura 6.8). Como avaliações de desempenho são cruciais para administrar os funcionários, daremos mais espaço a essa questão no Capítulo 12.

**Figura 6.8** Foco do controle

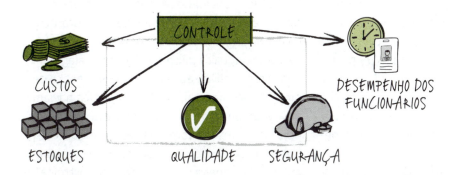

---

### CONFIRA O QUE APRENDEU 6.1

1. Mensurar o desempenho, compará-lo com um padrão e implementar uma ação corretiva são parte do:
   a. processo de gestão.
   b. processo de controle.
   c. processo da cadeia de valor.
   d. nenhuma das alternativas acima.

2. Variações no desempenho passíveis de ocorrer em todas as atividades se chamam:
   a. processo de mensuração.
   b. desvio padrão.
   c. grau de variação.
   d. *benchmarking*.

3. Um ___ é uma representação visual da sequência de eventos para um certo processo.
   a. fluxograma
   b. diagrama de dispersão
   c. diagrama de causa e efeito
   d. tabela de controle

4. Qual das alternativas abaixo *não* é um tipo de controle?
   a. Controle preventivo.
   b. Controle simultâneo.
   c. Controle imediato.
   d. Controle corretivo.

 **NOTÍCIAS RÁPIDAS**

### NAS ROCHAS*

Logo após à meia-noite, em 22 de março de 2006, a balsa *Queen of the North* da BC Ferries colidiu com as rochas ao largo da ilha Gil, ao sul de Prince Rupert, no Canadá. Diante do risco evidente para a balsa, em quinze minutos *todos* os passageiros e a tripulação já haviam saído da embarcação e estavam em seus barcos salva-vidas. Enquanto a comunidade local e a Guarda Costeira resgatavam os passageiros nos barcos salva-vidas, a balsa afundou, pouco mais de uma hora após colidir com as rochas. Relatos iniciais da mídia exaltavam o fato de que todos os 99 passageiros e a tripulação haviam conseguido escapar da balsa em segurança. A tripulação foi muito elogiada por conduzir uma evacuação ordeira, algo que os funcionários praticam e treinam periodicamente.

No segundo dia, foi constatado que dois passageiros estavam desaparecidos. Embora regulamentações marítimas internacionais exijam que balsas registrem informações sobre todos os passageiros (nome, gênero, se são adultos, crianças ou bebês), o governo canadense não exige que a frota de balsas da BC cumpra os padrões internacionais. Os nomes dos passageiros não foram registrados e o pessoal da balsa nem sequer fez uma contagem deles após o embarque. O número de passageiros é calculado aproximadamente pelo número de passagens vendidas. Assim, os relatos iniciais da BC Ferries de que todos na balsa sobreviveram se basearam meramente na crença de que todos haviam sido evacuados. Surgiram então pedidos de explicações sobre o que havia dado errado.

O diretor regional de comunicações da agência governamental Transport Canada relatou que a *Queen of the North* passara pela inspeção anual de segurança havia menos de três semanas, incluindo um exercício com barco salva-vidas que requeria que os passageiros fossem evacuados em menos de trinta minutos. "Eles foram muito bem no exercício e, obviamente, quando a situação de fato aconteceu", disse ele. A investigação interna feita a seguir pela BC Ferries concluiu que "fatores humanos foram a causa principal" do incidente. Durante a investigação, membros da tripulação responsáveis por conduzir a balsa naquela noite alegaram não estar familiarizados com o equipamento de direção recém-instalado. Ademais, eles haviam desligado um monitor que mostrava a direção, pois não conseguiram ligar as configurações noturnas. A tripulação da ponte usou o equipamento "de maneira diferente daquela instruída", observou o relatório, embora isso não fosse citado como uma causa do naufrágio da balsa. O relatório também concluiu que a tripulação manteve um "comportamento casual de ficar observando", havia "perdido a noção real da situação", e "não calculou o perigo iminente para a embarcação". Uma transcrição das comunicações por rádio naquela noite mencionava que havia música tocando na ponte.

Quanto à evacuação, embora a tripulação fosse elogiada por agir rapidamente, várias coisas tornaram essa operação mais difícil do que o necessário. Não havia chave-mestra para abrir as cabines, e diversas chaves foram usadas para isso. Um X deveria ser marcado com giz nas portas das cabines já vasculhadas, mas ninguém achou o giz. Também foi descoberto que apenas 53 das 55 cabines foram vasculhadas de fato.

CAPÍTULO 6
Controle

Descreva os tipos de controle que a BC Ferries deve adotar, a fim de evitar que um acidente como esse ocorra novamente. Seja específico.

Suponha que você é o presidente da BC Ferries. Você leu o relatório da investigação e anotou alguns dos problemas encontrados. O que você faria? Explique seu raciocínio. Certos tipos de controle são mais importantes do que outros nessa situação? Discuta.

\* Baseado em: UNION will defend fired ferry workers. *Kamloops Daily News*, p. A5, 7 maio 2007; MONTGOMERY, C.; AUSTIN, I. Human error is faulted for ship sinking. *Province* (Vancouver), p. A6, 27 mar. 2007; HARNETT, C. E. Human error sank B.C. Ferry. *Calgary Herald*, p. A5, 27 mar. 2007; HARNETT, C. E. Ferry brass. *Times Colonist* (Victoria), p. A3, 6 jun. 2006; MONTGOMERY, C. Loose manifest rules led to miscount, *Province* (Vancouver), p. A4, 28 mar. 2006; BARON, E.; O'CONNOR, E. Why so far off course? *Province* (Vancouver), p. A3, 23 mar. 2006; BOEI, W.; BRIDGE, M.; PYNN, L. 99 escape after ship runs aground, slides into depths. *Vancouver Sun*, p. A1, 23 mar. 2006.

### 6.3.1 Que custos você deve controlar?

O gestor fica sempre sob pressão para manter seus custos sob controle. Vamos examinar as categorias de custos mais comuns e apresentar um programa geral para redução de custos.

**OBJETIVO 6.4**

Explicar como um gestor pode reduzir custos.

#### 6.3.1.1 Principais categorias de custo

A lista a seguir descreve as principais categorias de custo que os gestores precisam monitorar.

1. **Custos diretos de mão de obra.** Despesas com mão de obra que são diretamente aplicadas na criação ou entrega do produto ou serviço. Exemplos: operadores de máquinas em uma fábrica ou professores em uma escola.

2. **Custos indiretos de mão de obra.** Despesas com mão de obra que não são diretamente aplicadas na criação ou entrega do produto ou serviço. Os exemplos incluem contadores, gestores de recursos humanos e especialistas em relações públicas.

3. **Custos de matérias-primas.** Despesas com materiais usados diretamente na criação de um produto ou serviço. Os exemplos incluem chapas de aço na fábrica da Toyota ou pães para hambúrguer em uma filial da rede McDonald's.

4. **Custos de suprimentos de apoio.** Despesas com itens necessários que não integram o produto ou serviço final. Os exemplos incluem a limpeza na fábrica da Toyota ou fotocopiar documentos na Chevrolet.

5. **Custos de serviços.** Despesas com energia elétrica, gás, água e outros serviços semelhantes. Um exemplo é a conta de luz mensal de um escritório regional.

6. **Custos de manutenção.** Despesas com materiais e mão de obra para consertar e manter equipamentos e instalações. Os exemplos incluem consertar peças de um equipamento e técnicos de manutenção de motores.

7. **Custos de desperdício.** Despesas com produtos, peças ou serviços não reutilizáveis. Os exemplos incluem batatas fritas que sobraram no Burger King e sucata na fábrica da Whirlpool.

Em geral, há um orçamento para cada categoria de custo. Ao monitorar as despesas em cada categoria, você mantém os custos dentro dos planos orçamentários totais.

### 6.3.1.2 Programas de redução de custos

Quando os custos estão muito altos, é hora de implementar um programa para reduzi-los. A partir do final dos anos 1980, as empresas iniciaram um esforço maciço para reduzir custos e aumentar a competitividade em relação a seus concorrentes globais, o que teve um efeito direto sobre os gestores. Por exemplo, custos diretos de mão de obra são cortados automatizando funções e delegando o trabalho a equipes, que são mais produtivas do que indivíduos. Custos indiretos de mão de obra são reduzidos demitindo dezenas de milhares de funcionários de apoio em pesquisas, finanças, recursos humanos e funções administrativas. Orçamentos para treinamentos, viagens, telefonemas, fotocópias, *softwares*, suprimentos para escritório e despesas semelhantes passam por cortes significativos.

Para reduzir custos em seu departamento, melhore os métodos para eliminar atividades desnecessárias e adote novos métodos de trabalho que aumentem a eficiência. Ao mesmo tempo, nivele o fluxo de trabalho para reduzir seus altos e baixos. Um fluxo nivelado de trabalho elimina ineficiências e faz a organização se virar com menos empregados e horas extras. Coisas simples para reduzir o desperdício, como desligar as luzes em áreas desocupadas, eliminar o uso indevido de suprimentos para escritório, reduzir o tempo ocioso dos funcionários, determinar quais são os equipamentos subutilizados e controlar o uso irracional de matérias-primas, irão se somando e reduzirão os custos no departamento. Às vezes, a necessidade de controlar custos demanda a instalação de equipamentos modernos, então o gestor deve reservar parte do orçamento para substituir maquinário, computadores e outros itens obsoletos ou desgastados. E, ao atualizar os equipamentos, é preciso investir no treinamento dos funcionários. Assim como as máquinas, as pessoas ficam obsoletas se suas habilidades ficarem ultrapassadas. Por fim, lembre-se de fazer cortes seletivamente e de evitar excessos. Algumas pessoas e grupos contribuem bem mais do que outros. Faça cortes onde eles venham a gerar as maiores eficiências.

### 6.3.2 Por que prestar atenção aos estoques?

Faz parte da rotina de um gestor assegurar a disponibilidade de estoques adequados de materiais e suprimentos para as atividades sob sua alçada. Para um supervisor no McDonald's, isso inclui artigos de papel, pães, discos de hambúrguer, batatas fritas, condimentos, utensílios de cozinha, materiais de limpeza e até troco miúdo para o funcionário no caixa. Para o supervisor de enfermagem em um hospital, isso significa produtos farmacêuticos, luvas,

## CAPÍTULO 6
### Controle

agulhas hipodérmicas e jogos de roupa de cama. O desafio ao monitorar o estoque é equilibrar o custo de mantê-lo com o custo de ficar sem ele.

Se o estoque for excessivo, o dinheiro fica desnecessariamente parado e gera custo inútil com a armazenagem. O estoque excessivo também aumenta prêmios e taxas de seguros, sem falar nos potenciais prejuízos devido à obsolescência. Se ficar com um estoque excessivo de Chevrolets e os novos modelos começarem a chegar, Francisco pode ter de vender os modelos do ano anterior por um preço menor para se livrar deles. Se o estoque ficar baixo demais, as operações ficam comprometidas e perdem-se vendas. A falta de papel pode paralisar o processo de impressão em uma editora. Se o supervisor no McDonald's não monitorar seu estoque de batatas fritas congeladas, alguns clientes podem ficar muito irritados. Francisco talvez também perceba que muitos consumidores fiéis da Chevrolet e da Buick esperam que sua concessionária tenha imediatamente o modelo e a cor que eles querem, caso contrário procurarão em outra concessionária.

Uma técnica usada em organizações atuais é o sistema de inventário *just-in-time* (JIT). Megaempresas como Boeing, Toyota e General Electric têm bilhões de dólares parados no estoque, e até pequenas empresas têm R$ 1 milhão ou mais investidos em estoques. Por isso, tudo o que os gestores possam fazer para reduzir o tamanho do estoque melhora a produtividade da organização. Os *sistemas de inventário just-in-time (JIT)* mudam a tecnologia de gestão de estoques. Com o JIT, itens do estoque chegam quando são necessários ao processo de produção, em vez de ficar armazenados. A meta primordial do JIT é haver apenas estoque suficiente à mão para concluir o trabalho do dia, o que reduz o prazo de entrega e os custos associados. No Japão, sistemas JIT são chamados de *kanban*, palavra que capta a essência do conceito *just-in-time*.[2] *Kanban* significa "cartão" ou "sinal". Fornecedores japoneses despacham componentes em contêineres; cada contêiner tem um cartão, ou *kanban*, em um bolso lateral.

Quando um encarregado de produção na fábrica abre um contêiner, ele retira o cartão e o envia de volta ao fornecedor. Ao receber o cartão, o fornecedor inicia o despacho de um segundo contêiner com componentes, que, preferivelmente, chega ao encarregado de produção somente quando o contêiner anterior acaba de ser esvaziado. Esse sistema simples com cartões ajudou a Dana Corporation a ganhar em 2000 o prêmio por Excelência da Força de Trabalho concedido pela Associação Nacional de Fabricantes.[3] Esse sistema está ajudando a corporação a poupar quase US$ 300.000 anualmente. Também foi graças a ele que houve uma redução de 20% nos custos com estoque, e de mais de 50% nos erros de despacho de componentes na

---

## OBJETIVO 6.5
Explicar o significado da expressão sistema de inventário just-in-time.

## SISTEMA DE INVENTÁRIO JUST-IN-TIME (JIT)
Sistema em que itens de estoque chegam quando são necessários no processo de produção, em vez de ficar armazenados no estoque.

## KANBAN
Significa "cartão" ou "sinal" em japonês. Despachado em um contêiner, o kanban é devolvido ao fornecedor quando o contêiner é aberto, iniciando o despacho de um segundo contêiner que chega quando o primeiro foi esvaziado.

---

2   Ver CAUHORN, J. The journey to world class. *Industry Week*, 6 abr. 2001. Disponível em: https://www.industryweek.com/operations/continuous-improvement/article/21960589/the-journey-to-world-class. Acesso em: mar. 2020.

3   BARTHOLOMEW, D. One product, one customer. *Industry Week*, 12 set. 2002. Disponível em: <http://www.industryweek.com>. Acesso em: jul. 2013.

Waterville TG, fabricante em Quebéc de sistemas de vedação para linhas de montagem automotivas.[4]

A meta primordial do sistema de estoque JIT é eliminar estoques de matérias-primas ao coordenar precisamente entregas de suprimentos para a produção. Quando o sistema funciona conforme o previsto, o fabricante tem vários benefícios: reduz estoques, reduz o tempo de instalação, melhora o fluxo de trabalho, diminui o tempo de fabricação, ocupa menos espaço e eleva a qualidade. Mas, naturalmente, é preciso encontrar fornecedores que entreguem materiais de qualidade no prazo. Como não há estoques, não há folga no sistema para compensar materiais defeituosos ou atrasos nos envios. Fazer isso se tornar realidade tem sido o foco da gestão da cadeia de valor.

### 6.3.3 O que é gestão da cadeia de valor?

**OBJETIVO 6.6**
Descrever o significado da expressão gestão da cadeia de valor.

Para sobreviver e prosperar, toda organização precisa de clientes. Até mesmo organizações sem fins lucrativos, como igrejas e órgãos governamentais, precisam de clientes que usem seus serviços ou comprem seus produtos. Os clientes querem algum tipo de valor nos bens e serviços que adquirem ou usam, e são esses usuários finais que determinam o que tem valor.[5] As organizações devem incutir esse valor para atrair e manter a clientela. O valor é refletido nas características de desempenho, recursos e atributos ou em outros aspectos dos bens e serviços pelos quais os clientes estão dispostos a pagar. Por exemplo, quando você compra uma nova bicicleta no Submarino, uma fatia de pizza no restaurante ou corta o cabelo no cabeleireiro, você está trocando dinheiro pelo valor desejado nesses produtos – pedalar nos finais de semana, aliviar a fome na hora do almoço ou ficar bem arrumado para a entrevista de trabalho na semana seguinte.

Como o valor é passado aos clientes? Por meio da transformação de matérias-primas e outros recursos em algum produto ou serviço que os usuários finais precisam ou desejam – na forma que eles querem e quando eles querem. No entanto, esse ato aparentemente simples de transformar diversos recursos em algo que os clientes valorizam e que estão dispostos a pagar envolve uma vasta gama de atividades inter-relacionadas de trabalho executadas por diversos participantes.

Ou seja, esse processo inteiro envolve a cadeia de valor, que é toda a série de atividades de trabalho que agrega valor a cada etapa, desde o processamento de matérias-primas até o produto pronto nas mãos nos usuários finais. A cadeia de valor abrange desde os fornecedores do fornecedor aos clientes do cliente.[6] O conceito de cadeia de valor foi popularizado por Mi-

---

4  CHAUSSE, S.; LANDRY, S.; PAISN, F.; FORTIER, S. Anatomy of a Kanban: a case study. *Production and Inventory Management Journal*, v. 41, n. 4, 2000, p. 4-15.

5  SHERIDAN, J. H. Managing the value chain for Growth. *Industry Week*, 6 set. 1999. Disponível em: https://www.industryweek.com/leadership/corporate-culture/article/21965071/managing-the-value-chain-for-growth. Acesso em: fev. 2020.

6  SHERIDAN, 1999, p. 50-66.

chael Porter;[7] seu objetivo era fazer os gestores entenderem a sequência de atividades organizacionais que criam valor para os clientes.

Embora analisasse sobretudo o que estava acontecendo em uma única organização, Porter enfatizava que gestores devem entender como a cadeia de valor em suas organizações se enquadra na criação geral de valor em seu setor de atividade. Em alguns casos, é difícil fazer isso. Por exemplo, organizações fazem certas atividades que não oferecem valor ao cliente. Considere, por exemplo, a indústria cinematográfica. Muitos produtores do ramo despendem grandes montantes de dinheiro em coisas que ajudam pouco a tornar um filme melhor. O dinheiro bem gasto nesse caso é qualquer coisa que apareça na tela e fique bem visível para os espectadores. No entanto, dinheiro gasto com alimentação, serviços de limusines e jatos privados para os astros não agrega valor, pois esses serviços não aparecem na tela do cinema. Ou seja, não criam valor. Pode-se dizer algo semelhante sobre a gestão. Conforme um escritor ressaltou, "gestores não têm valor agregado. Ninguém compra um produto por causa da qualidade da gestão. Por definição, a gestão é indireta. Assim, se possível, menos é melhor. Uma das metas da reengenharia [engenharia de processos de trabalho] é minimizar os gastos com gestão".[8]

*Gestão da cadeia de valor* é o processo de gerir toda a sequência de atividades integradas e informações sobre os fluxos dos produtos ao longo de toda a cadeia de valor. Ao contrário da *gestão da cadeia de fornecimento*, que é interna e tem foco no fluxo eficiente da chegada de materiais à organização, a gestão da cadeia de valor é externa e tem foco na chegada dos materiais e na saída dos produtos e serviços. A gestão da cadeia de fornecimento é voltada à eficiência, a fim de reduzir custos e tornar a organização mais produtiva, ao passo que a gestão da cadeia de valor é voltada à eficácia, e visa criar o máximo de valor para os clientes.[9]

### 6.3.4 Por que o foco em qualidade?

Além de controlar custos, atingir alta qualidade é um foco primordial das organizações atuais. No passado, muitos produtos americanos eram criticados por ter qualidade inferior aos produzidos por japoneses e alemães. Por outro lado, companhias como Whirlpool, Motorola e Ford prosperaram na década passada devido a seu foco em produtos ou serviços de qualidade. Com essa nova ênfase aumentou a demanda para gestores se envolverem no controle de qualidade.

Historicamente, *qualidade* se refere a atingir algum padrão predeterminado para os produtos ou serviços de uma organização. Hoje, a qualidade

> **GESTÃO DA CADEIA DE VALOR**
> Processo de gerir toda a sequência de atividades integradas e informações sobre o fluxo de produtos desde o início até o fim – quando os produtos estão nas mãos dos usuários finais.

> **GESTÃO DA CADEIA DE FORNECIMENTO**
> Processo interno que visa ao fluxo eficiente de materiais que estão chegando à organização.

---

7  PORTER, M. E. *Vantagem competitiva:* criando e sustentando um desempenho superior. Rio de Janeiro: Campus, 1990.

8  KARKGAARD, R. ASAP interview: Mike Hammer. *Forbes ASAP*, p. 70, 13 set. 1993.

9  Ver O'BRIEN, K. P. Value chain report: supply chain success in the aftermarket. *Industry Week*, 15 jul. 2002. Disponível em: https://www.industryweek.com/leadership/companies-executives/article/21945495/valuechain-report-supplychain-success-in-the-aftermarket. Acesso em: fev. 2020.

## CONTROLE DE QUALIDADE

Identificação de erros que podem ter ocorrido; monitorar a qualidade para assegurar que esteja de acordo com algum padrão pre-determinado.

tem um significado mais amplo. Nós apresentamos os programas de melhoria contínua no Capítulo 2, descrevendo-os como programas abrangentes com foco nos clientes para melhorar continuamente a qualidade dos processos, produtos e serviços da organização. Enquanto programas de melhoria contínua enfatizam ações para prevenir erros, o *controle de qualidade* enfatiza identificar erros que já podem ter ocorrido. O controle de qualidade prossegue monitorando a qualidade – peso, resistência, consistência, cor, sabor, confiabilidade, acabamento ou diversas outras características – para assegurar que a qualidade esteja de acordo com padrões predeterminados.

O controle de qualidade é necessário em numerosos pontos em um processo, e começa com o recebimento dos insumos. As matérias-primas estão adequadas? Os novos funcionários possuem as habilidades e capacidades apropriadas? O controle continua com o trabalho em andamento e com todas as etapas até o término do produto ou serviço final. Avaliações em estágios intermediários do processo de transformação fazem parte do controle de qualidade. A detecção precoce de uma peça ou processo defeituoso pode poupar o custo de continuar trabalhando no item.

Um programa abrangente de controle de qualidade inclui controles preventivos, simultâneos e corretivos. Por exemplo, controles inspecionam as matérias-primas que estão chegando, monitoram operações em andamento e realizam a inspeção final e rejeição de produtos insatisfatórios. Esse mesmo programa abrangente pode ser aplicado a serviços. Por exemplo, a supervisora de reclamações da Mãe Terra poderia contratar e treinar seu pessoal para se assegurar de que eles entendam totalmente suas funções, monitorar o fluxo de trabalho diário deles para ver se está sendo bem feito e, pontualmente, analisar reclamações processadas para verificar as minúcias e exatidão, e entrar em contato com os clientes para saber seu grau de satisfação com o atendimento.

## OBJETIVO 6.7

Listar as características de um sistema de controle eficaz.

### 6.3.5 O que caracteriza os controles eficazes?

Sistemas de controle eficazes têm certas características em comum, cuja importância varia conforme a situação. A lista a seguir ajuda os gestores a projetarem um sistema de controle para sua unidade (ver Figura 6.9).

\# **Pontualidade:** controles devem chamar a atenção para variações de tempo, de modo a prevenir problemas sérios no desempenho de uma unidade. A melhor informação tem pouca valia se chegar atrasada. Portanto, um sistema de controle eficaz deve gerar informações com pontualidade.

\# **Economia:** um sistema de controle deve ser economicamente razoável para dar certo. Qualquer sistema desses tem de justificar seus benefícios em relação a seus custos. Para diminuir custos, você deve tentar impor um conjunto mínimo de controle necessário para produzir os resultados desejados. O uso disseminado de computadores se deve, em grande parte, ao fato de eles proverem informações precisas e pontuais de uma maneira altamente eficiente.

CAPÍTULO 6
Controle

# **Flexibilidade:** controles eficazes devem ser suficientemente flexíveis para se ajustar a mudanças adversas e aproveitar novas oportunidades. No mundo dinâmico e marcado por mudanças tão velozes de hoje, você deve projetar sistemas de controle que se ajustem às mudanças nos objetivos, tarefas e funções de trabalho em seu departamento.

# **Compreensibilidade:** controles incompreensíveis para quem tem de usá-los são de pouca valia. Às vezes é necessário usar controles menos complexos em vez de dispositivos sofisticados. Um sistema de controle difícil de entender pode causar erros desnecessários, frustrar os funcionários e acabar sendo ignorado.

# **Critérios razoáveis:** conforme nossa argumentação sobre metas no Capítulo 4, padrões de controle devem ser razoáveis e confiáveis. Se forem muito elevados ou irracionais, eles podem desmotivar. Como não quer se arriscar a ser tachada de incompetente por dizer ao chefe que ele exige demais, a maioria dos funcionários pode recorrer a atalhos antiéticos ou ilegais. Portanto, os controles devem impor padrões razoáveis, que desafiem as pessoas a atingirem níveis mais altos de desempenho sem abalar a motivação nem causar frustração.

# **Posicionamento crítico:** é impossível controlar tudo que acontece em seu departamento e, mesmo se fosse possível, os benefícios não justificariam os custos. Em consequência, é preciso ter controles sobre os fatores cruciais para as metas de desempenho de sua unidade, o que inclui determinadas atividades, operações e acontecimentos. Ou seja, você deve olhar para onde é mais provável haver variações de padrão ou onde uma variação teria prejuízo maior. Por exemplo, se seus custos de mão de obra forem de R$ 20.000 por mês e os custos mensais de postagem forem de R$ 50, um sobrecusto de 5% nos primeiros seriam mais críticos do que um sobrecusto de 20% nos Correios. Assim, você deve estabelecer controles sobre mão de obra e dotação de verbas, ao passo que as despesas com postagem são menos importantes.

# **Ênfase na exceção:** como é impossível controlar todas as atividades, você deve colocar seus dispositivos de controle onde eles chamem a atenção apenas para as exceções. Um sistema de *controle por exceção* evita que você fique sobrecarregado por informações sobre variações no padrão. Por exemplo, suponha que, como supervisor de contas a receber em uma loja da Riachuelo, você instrua seus funcionários a informá-lo apenas quando uma conta já venceu há quinze dias. O fato de que 90% de seus clientes paga as contas em dia ou no máximo com duas semanas de atraso indica que você deve dar atenção aos 10% de exceções.

CONTROLE
POR EXCEÇÃO
Sistema que evita a sobrecarga de informações sobre variações no padrão.

**Figura 6.9** Características de controles eficazes

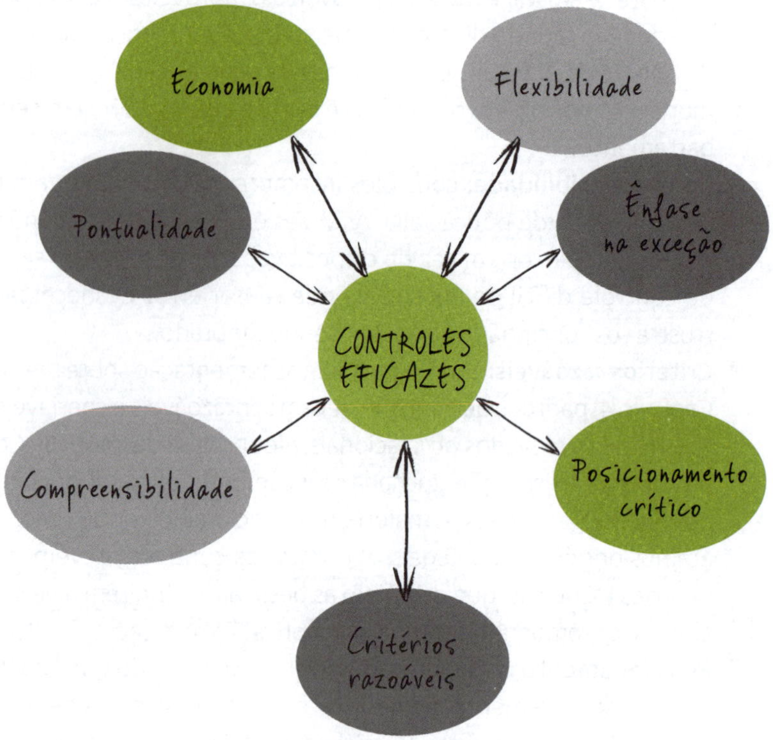

Economia · Flexibilidade · Pontualidade · Ênfase na exceção · CONTROLES EFICAZES · Compreensibilidade · Posicionamento crítico · Critérios razoáveis

## OBJETIVO 6.8

Explicar potenciais pontos negativos dos controles.

### 6.3.6 Controles podem criar problemas?

Sim, a implementação de controles implica potenciais efeitos negativos contra os quais é preciso se precaver, a exemplo da resistência dos funcionários, direcionamento errado dos esforços deles e dilemas éticos para os gestores. Vamos analisar cada um deles.

#### 6.3.6.1 Resistência dos funcionários

Muitas pessoas não gostam de ser comandadas ou de se sentir "vigiadas". Quando o desempenho de trabalho deixa a desejar, poucas pessoas gostam de ser criticadas ou corrigidas. Por isso, é frequente os funcionários resistirem a controles. Eles consideram seu supervisor, os relatórios de produção diários, as avaliações de desempenho e outros dispositivos de controle como evidências de que seu empregador não confia neles.

Na realidade, os controles fazem parte da vida organizacional, pois você tem a responsabilidade de que as atividades se desenvolvam conforme o planejado. Então, o que fazer para diminuir essa resistência? Primeiro, sempre que possível, estimule o autocontrole dos funcionários. Exponha suas metas, dê a eles o benefício da dúvida e deixe que eles monitorem e corrijam o próprio desempenho. Mantenha também contatos regulares para eles contarem que problemas tiveram e como os solucionaram. O pressuposto do autocontrole é que os funcionários são responsáveis, dignos de confiança e capazes de corrigir pessoalmente qualquer desvio significativo em suas metas. Mas se esse pressuposto se mostrar incorreto, você precisa introduzir mecanismos externos de controle mais formalizados.

Quando controles externos são necessários, há alguns métodos para diminuir a resistência dos funcionários. Incentive-os a participarem da definição dos padrões, o que diminui a probabilidade de virem a considerá-los irrealistas ou demasiado exigentes. Explique como eles serão avaliados. Surpreendentemente, muitas vezes não são os controles que provocam resistência, mas a falta de entendimento de como as informações serão coletadas e usadas. Dê *feedback* constante aos funcionários. A ambiguidade causa estresse e resistência, então deixe as pessoas saberem como estão se saindo. Por fim, a maioria das pessoas aspira à satisfação de fazer seu trabalho melhor e quer evitar o sofrimento e constrangimento de ser alvo de uma medida disciplinar. Consequentemente, gestores devem tratar os controles como meios para ajudar os funcionários a melhorar, não como punição.

### 6.3.6.2 Direcionamento errado dos esforços

Você já notou que funcionários do governo – por exemplo, em um departamento que emite carteiras nacionais de habilitação ou que emite alvarás de construção – muitas vezes parecem não se importar com os problemas dos contribuintes? Eles ficam tão obcecados em seguir todas as regras que perdem a noção de que devem servir ao público, não atormentá-lo!

Esse exemplo ilustra outro potencial problema dos controles: as pessoas podem direcionar mal seus esforços para dar a impressão de que estão seguindo os critérios de controle. Como qualquer sistema de controle tem imperfeições, surgem problemas quando os indivíduos ou as unidades organizacionais tentam dar uma boa impressão exclusivamente quanto aos dispositivos de controle. Na realidade, o resultado é disfuncional em termos das metas da organização devido a mensurações incompletas de desempenho. Se o sistema de controle avaliar apenas a produtividade, as pessoas ignorarão a qualidade.

De maneira semelhante, se o sistema mensurar mais as atividades do que os resultados, as pessoas vão passar o tempo tentando dar uma boa impressão nas mensurações de atividade. Há duas maneiras de combater esse problema. Primeiro, impor padrões de controle razoáveis, não só em sua opinião. Seus funcionários devem acreditar que os padrões são justos e dentro de suas capacidades. Segundo, selecionar e avaliar critérios diretamente relacionados ao cumprimento das metas de trabalho dos funcionários. Se a supervisora no Detran avalia até que ponto seu pessoal segue as regras, em vez de quão efetivamente eles atendem às necessidades dos clientes, eles não vão se empenhar muito em satisfazer os clientes. Descobrir os critérios certos muitas vezes implica usar um conjunto variado de padrões. Por exemplo, a meta de "servir aos clientes" pode fazer a supervisora avaliar seus funcionários segundo critérios como "receber todos os clientes com um sorriso e um cumprimento amistoso", "responder a todas as perguntas dos clientes sem pedir a ajuda dos colegas" e "resolver os problemas dos clientes já no primeiro contato". Além disso, a supervisora pode instalar em seu departamento uma

# A NOVA ADM

caixa de comentários dos clientes, de modo que os funcionários possam ser elogiados ou criticados por seu desempenho, e depois usar esse *feedback* para mensurar como estão fazendo seu trabalho.

## OBJETIVO 6.9

Identificar dilemas éticos no monitoramento dos funcionários.

### 6.3.6.3 Ética e dispositivos de controle

Como podem surgir questões éticas na elaboração de sistemas de controle eficazes, vale lembrar que avanços tecnológicos nos sistemas de informações e comunicações, por exemplo, facilitaram muito o processo de controle. Mas essas vantagens também suscitam questões difíceis em relação ao que os gestores têm direito de saber sobre os funcionários e até que ponto podem controlar os comportamentos deles dentro e fora do trabalho. É preciso dar muita atenção ao tópico do acompanhamento dos funcionários.

No Capítulo 2 mostramos como a tecnologia está mudando as organizações. Muitas dessas melhoras tornam as organizações mais produtivas; ajudam os membros a trabalharem de maneira mais inteligente; e geram eficiências que seriam impensáveis uma década atrás. Mas os avanços tecnológicos também são um meio sofisticado de monitoramento dos funcionários. Embora a maior parte desse acompanhamento vise melhorar a produtividade no trabalho, ela é uma fonte de preocupação quanto à privacidade dos trabalhadores. Um ponto que provoca debates acalorados em relação à privacidade dos funcionários no trabalho são as comunicações por e-mail. O uso do e-mail é generalizado em todas as organizações, e os funcionários se preocupam se podem ser demitidos ou advertidos por coisas que escreveram e enviaram. E muitas empresas podem e de fato monitoram essas comunicações eletrônicas.

O monitoramento dos computadores é um excelente mecanismo de controle. Sistemas nesse sentido podem ser usados para coletar, processar e dar *feedback* de desempenho sobre o trabalho dos funcionários, o que gera ideias para melhorar seu desempenho e desenvolvimento. Tais sistemas também ajudam os gestores a identificarem práticas de trabalho muito caras. Por exemplo, supervisores de enfermagem em muitos hospitais e outras organizações de saúde usam monitoramento de computadores para controlar os custos de procedimentos médicos e o acesso a medicamentos controlados. Da mesma maneira, muitos gestores em empresas usam sistemas de monitoramento de computadores para controlar custos, comportamento dos funcionários e algumas outras áreas de atividades. Empresas de telemarketing muitas vezes monitoram os telefonemas de seus atendentes. Outras organizações monitoram funcionários que lidam com reclamações dos clientes para saber se elas foram devidamente atendidas.

No entanto, o monitoramento de computadores tem uma reputação duvidosa devido a casos de abuso e uso excessivo. Muitas pessoas acham que esse tipo de monitoramento nada mais é do que uma forma tecnologicamente sofisticada de bisbilhotar, ou uma técnica de vigilância para flagrar os funcionários fazendo coisas erradas. Críticos também apontam que essas técnicas podem levar a um aumento nas queixas dos funcionários que se sentem estressados e pressionados por estar sob vigilância constante. Afinal, 30% das empresas demitem trabalhadores pelo uso indevido da internet, e outras 28% já demitiram devido ao uso indevido de e-mails.[10] Por sua vez, há quem argumente que o monitoramento de computadores pode ser um dispositivo eficaz para treinar os funcionários e aumentar seus níveis de desempenho.

Como os gestores podem se beneficiar com o controle de informações proporcionado pelos sistemas de monitoramento de computadores e, ao mesmo tempo, minimizar os potenciais questões comportamentais e jurídicas? Especialistas sugerem que as organizações façam o seguinte:

# Informem aos novos e atuais funcionários que eles podem ser monitorados.
# Tenham uma política por escrito sobre o monitoramento que fique em lugar visível para os funcionários, além de distribuir cópias dela para todos. Façam todos os funcionários declararem por escrito que receberam uma cópia da política e a compreenderam.
# Monitorem apenas aquelas situações em que uma finalidade legítima da empresa fique em risco, como o treinamento ou a avaliação dos trabalhadores e o controle de custos. Se usado dessa maneira, o monitoramento de computadores pode ser uma ferramenta eficaz e ética de controle.

### ABAIXO O E-MAIL*

Calcula-se que cada funcionário envie e/ou receba 112 e-mails diariamente. Isso representa 14 e-mails por hora, e mesmo que a metade deles não requeira muito tempo e concentração, esse volume pode ser estressante e gerar tempo improdutivo. Outrora imaginada como um meio de poupar tempo, a caixa de entrada se tornou um problema? E o que dizer das mensagens de voz? Mensagens telefônicas ainda são necessárias para a comunicação organizacional? Essas e outras preocupações estão obrigando muitas empresas a examinar melhor como as informações são transmitidas.

Muitos anos atrás, o vice-presidente executivo da U.S. Cellular vetou e-mails às sextas-feiras. Em seu memorando anunciando a mudança, ele dizia para os funcionários saírem e se encontrarem com as pessoas com as quais trabalham, em vez de enviar e-mails. Essa diretriz causou um baque. Um funcionário confrontou Ellison dizendo que ele não entendia quanto trabalho tinha de ser feito e o quanto o uso de e-mail facilitava isso. Mas os funcionários acabaram acatando a medida. Obrigado a usar o telefone, um funcionário soube que um colega, que ele achava que estava do outro lado do país, na verdade estava do outro lado do saguão. Agora, outros executivos estão descobrindo os benefícios de acabar com os e-mails.

---

10  EPOLICY INSTITUTE. *2007 Electronic Monitoring & Surveillance Survey.* Disponível em: http://www.epolicyinstitute.com/2007-survey-results. Acesso em: mar. 2020.

> Jessica Rovello, cofundadora e presidente da Arkadium, que desenvolve games, descreveu o e-mail como "uma forma de transtorno do déficit de atenção no trabalho". Ela descobriu isso – e seus funcionários também – por abrir a caixa de entrada antes de fazer qualquer outra coisa. Ela então decidiu verificar os e-mails apenas quatro vezes por dia e desativar a notificação da chegada de novas mensagens. O executivo Tim Fry da Weber Shandwick, empresa global de relações públicas, passou um ano se preparando para "afastar" seus funcionários do sistema de e-mails. Sua meta: diminuir drasticamente a quantidade de e-mails que os funcionários enviam e recebem. Seu plano começou com a transformação do sistema de comunicação interno da empresa em uma rede social interna, com elementos do Facebook, um *software* de trabalho colaborativo e um quadro de avisos para os funcionários. Há também o caso de Thierry Breton, diretor da Atos, a maior empresa de TI na Europa. Ele anunciou que substituiria a "política de tolerância zero a e-mails" por um serviço parecido com uma mescla de Facebook e Twitter.
>
> A baixa mais recente nas opções de comunicação organizacional é a mensagem de voz. Sob pressão para cortar custos, várias instituições financeiras, incluindo J.P. Morgan Chase, Citigroup e Bank of America, estão deletando ou cortando de vez a mensagem de voz por celular. Para justificar suas ações, alguns executivos citam que, na realidade, poucas pessoas ainda usam mensagem de voz. No entanto, resta saber se os clientes ainda esperam manter contato vocal com seus consultores financeiros.
>
> Quais são as vantagens e desvantagens do e-mail como forma de comunicação? Além de sua experiência pessoal com e-mails, você deve pesquisar um pouco antes de responder.
>
> Por que você acha que os funcionários se revoltaram? Qual é sua opinião sobre as ações dessas organizações? Elas estão certas ou erradas? Examine isso pela perspectiva da organização e dos funcionários. Que outras abordagens as organizações poderiam adotar para enfrentar o uso descontrolado do e-mail?
>
> \* Baseado em NALSKY, M. How quitting email helped my company communicate better. Disponível em: http://thenextweb.com/entrepreneur/2014/11/09/quitting-email-helped-company-team-communicate-better/. Acesso em: mar. 2020; ALLEN, P. One of the biggest information technology companies in the world to abolish e-mails. Disponível em: https://www.dailymail.co.uk/news/article-2067520/One-biggest-IT-companies-world-abolish-emails.html. Acesso em: fev. 2020.

**OBJETIVO 6.10**
Explicar o que significa roubo por funcionários e descrever seus efeitos sobre a organização.

## 6.4 QUESTÕES CONTEMPORÂNEAS DE CONTROLE

O controle é uma função importante de gestão, mas pode suscitar controvérsias, notadamente em relação a roubos por funcionários, à Lei Sarbanes-Oxley e diferenças multiculturais.

### 6.4.1 Os roubos por funcionários estão aumentando?

Você sabia que até 85% dos roubos e fraudes em organizações são cometidos por funcionários, não por pessoas de fora da empresa?[11] E esse é um problema que gera muitos gastos – nos Estados Unidos, calcula-se algo em

---

11 BELL, A. M.; SMITH, D. M. Theft and fraud may be an inside job. *Workforce Online*, 3 dez. 2000. Disponível em: https://www.workforce.com/news/theft-and-fraud-may-be-an-inside-job. Acesso em: mar. 2020.

CAPÍTULO 6
Controle

torno de US$ 4.500 por trabalhador a cada ano.[12] Em uma pesquisa recente sobre companhias americanas, 20% disseram que o roubo no trabalho deixou de ser moderado para virar um grande problema.[13]

Nesse caso, roubo é qualquer retirada não autorizada de bens da empresa por parte de funcionários visando ao uso pessoal.[14] Isso abrange itens de decoração, preenchimento fraudulento de relatórios de despesas, retirada de equipamentos, peças, *softwares* ou suprimentos para escritório das instalações da empresa. Embora varejistas enfrentem sérios prejuízos com roubos por funcionários, controles financeiros mais simples em *startups* e pequenas empresas, além da pronta disponibilidade da informática, fazem com que os roubos por funcionários sejam um problema crescente em todos os tipos e tamanhos de organização. Trata-se de uma questão de controle que os gestores precisam conhecer, além de se preparar para enfrentar.[15]

Por que funcionários roubam? A resposta depende de quem é indagado.[16] Especialistas em segurança empresarial, criminologia e psicologia clínica têm diferentes opiniões. O pessoal de segurança empresarial acha que as pessoas roubam porque têm oportunidade devido a controles fracos e circunstâncias favoráveis. Criminologistas dizem que é porque as pessoas sofrem pressões financeiras (por exemplo, problemas financeiros pessoais) ou por vícios (por exemplo, dívidas de jogo). Os psicólogos clínicos sugerem que as pessoas roubam, pois podem racionalizar que tudo o que fazem é correto e apropriado ("Todo mundo faz isso", "Eles pediram por isso", "Essa empresa ganha rios de dinheiro e nem vai notar que algo tão pequeno sumiu", "Eu mereço isso por tudo que já contribuí", e assim por diante).[17] Embora cada ponto de vista seja convincente e ajude a deter os roubos por funcionários, os roubos continuam.[18] Feliz-

---

12  VERSCHOOR, C. C. New evidence of benefits from effective ethics systems. *Strategic Finance*, p. 20-21; KRELL, E. Will forensic accounting go mainstream? *Business Finance*, p. 30-34, out. 2002.

13  NEEDLEMAN, S. E. Businesses say theft by their workers is up. *Wall Street Journal*, p. B8, 11 dez. 2008.

14  GREENBERG, J. The STEAL motive: managing the social determinants of employee theft. In: GIACALONE, R.; GREENBERG, J. (Eds.). *Antisocial behavior in organizations*. Newbury Park, CA: Sage, 1997. p. 85-108.

15  LITZKY, B. E.; EDDLESTON, K. A.; KIDDER, D. L. The good, the bad, and the misguided: how managers inadvertently encourage deviant behaviors. *Academy of Management Perspective*, p. 91-103, fev. 2006; CRIME spree. *BusinessWeek*, p. 8, 9, set. 2002; NIEHOFF, B. P.; PAUL, R. J. Causes of employee theft and strategies that HR managers can use for prevention. *Human Resource Management*, v. 39, n. 1, p. 51-64, 2000; WINTER, G. Taking at the office reaches new heights: employee larceny is bigger and bolder. *New York Times*, p. C11, 12 jul. 2000.

16  Baseado em GREENBERG, J. *Behavior in organizations*: understanding and managing the human side of work. 8. ed. Upper Saddle River, NJ: Prentice Hall, 2003. p. 329-330.

17  BELL, A. H.; SMITH, D. M. Why some employees bite the hand that feeds them. *Workforce Online*, 3 dez. 2000. Disponível em: https://www.workforce.com/news/why-some-employees-bite-the-hand-that-feeds-them. Acesso em: mar. 2020.

18  HERSHCOVIS, M. S. Incivility, social undermining, bullying . . . Oh my! A call to reconcile constructs within workplace aggression research. *Journal of Organizational Behavior*, abr. 2011, p. 499-519; LITZKY et al., 2006, p. 91-103; NIEHOFF, B. P.; PAUL, R. J. Causes of employee theft and strategies that hr managers can use for prevention. *Human Resource Management*, 2000, p. 51-64.

mente, o conceito de controles preventivos, simultâneos e corretivos é útil para identificar medidas que impeçam ou diminuam os roubos por funcionários.[19]

### 6.4.2 O que é a Lei Sarbanes-Oxley?

Nos últimos anos, escândalos corporativos têm chamado muita atenção. A mídia está repleta de discussões sobre práticas de gestão em companhias como WorldCom, Enron e ImClone. Certas ações de executivos dessas empresas podem ser questionáveis e até ilegais. Para muitos, uma consequência desses escândalos corporativos é a falta de confiança naqueles que comandam as organizações.[20] No Brasil, grandes empresas necessitam atender à Lei Sarbanes-Oxley, seja devido a suas operações no exterior ou por manterem ADRs (*American Depositary Receipts*) negociadas na Bolsa de Nova York (NYSE).

Embora a lei não seja voltada a gestores de primeira linha, como gestor você deve ter noção das implicações da Lei Sarbanes-Oxley. Vamos dar uma olhada nisso. Promulgada em julho de 2002 pelo presidente George W. Bush, a Lei Sarbanes-Oxley estabelece procedimentos para empresas de capital aberto lidarem e relatarem sua situação financeira. A legislação também estabeleceu penalidades para seu descumprimento. Por exemplo, a Lei Sarbanes-Oxley requer o seguinte:[21]

- A alta administração (o CEO e o executivo financeiro principal [CFO]) devem certificar pessoalmente os relatórios financeiros da organização.
- A organização deve ter procedimentos e diretrizes claros para comitês de auditoria.
- Os CEOs e CFOs devem reembolsar a organização por bônus e opções de compra de ações quando necessário pela correção monetária dos lucros corporativos.
- Empréstimos pessoais e linhas de crédito para executivos são proibidos.

O aspecto punitivo pelo descumprimento da Lei Sarbanes-Oxley deixa os executivos em alerta. Descumprir as exigências estipuladas por essa lei – como mentir sobre a situação financeira da empresa – pode resultar em uma multa de até US$ 1 milhão e prisão por até dez anos. Além disso, se ficar determinado que a ação do executivo foi intencional, tanto a multa como o tempo de prisão podem dobrar.

A Lei Sarbanes-Oxley não identifica especificamente atividades gerais de gestão, mas requer alguns itens que geralmente se enquadram na gestão

---

19 LITZKY et al., 2006; HANSEN, J. D. To catch a thief. *Journal of Accountancy,* mar. 2000, p. 43-46; GREENBERG, J. The cognitive geometry of employee theft. In: *Dysfunctional behavior in organizations*: nonviolent and deviant behavior. Stamford, CT: JAI Press, 1998. p. 147-193.

20 HORTA, A. M. O capitalismo bandido: escândalos chegam à Casa Branca e minam a confiança dos americanos no sistema. Ainda há ética nos negócios? *Revista Época*. Disponível em: http://revistaepoca.globo.com/Epoca/0,6993,EPT341656-1662,00.html. Acesso em: jan. 2020.

21 Baseado em SEGAL, J. A. The joy of uncooking. *HR Magazine,* nov. 2002, p. 53.

CAPÍTULO 6
Controle

de recursos humanos (ver Capítulo 5). Por exemplo, a lei oferece proteção a funcionários que se apresentem para delatar transgressões de executivos.

Os gestores devem criar um ambiente em que os funcionários possam apresentar alegações sem temor de represália do empregador. Embora esse aspecto crítico nas relações com funcionários não se limite apenas à delação, a lei requer que as empresas tenham mecanismos para receber queixas e realizar investigações. Em consequência, muitas empresas estão mantendo ouvidores, profissionais que dão ajuda confidencial aos funcionários e "lidam com comportamento potencialmente antiético ou ilegal" na organização.[22]

Segundo a Lei Sarbanes-Oxley, gestores também têm outras responsabilidades. Alguém na organização deve assegurar que os funcionários conheçam as políticas de ética corporativa e que treine os funcionários e o pessoal de gestão sobre como agir eticamente. O fato é que a ganância corporativa e o comportamento contrário à ética precisam ser reprimidos. Os funcionários e outras partes interessadas exigem isso. Embora regulações inclusas em leis estejam tentando ditar o comportamento "apropriado", isso por si só não funciona. O alto escalão da empresa deve tomar a iniciativa de estabelecer a fibra moral do ambiente – e assegurar que ela faça parte das rotinas do dia a dia da empresa.[23]

### 6.4.3 É preciso ajustar os controles às diferenças culturais?

Métodos para controlar o comportamento dos funcionários e as operações podem diferir muito conforme o país. As diferenças nos sistemas de controle de organizações globais estão primordialmente na mensuração e ação corretiva do processo de controle. Em uma corporação global, por exemplo, gestores de operações estrangeiras não são tão rigidamente controlados pelo escritório da matriz, inclusive porque a distância impede a alta gestão de observar diretamente o trabalho. Como a distância cria a necessidade de haver controles formalizados, o escritório da matriz de uma empresa global confia mais em relatórios formais extensos. Uma empresa global também pode usar a informática para controlar atividades de trabalho. A tecnologia viabiliza o uso de caixas registradoras automatizadas para registrar vendas, monitorar os estoques e até para pressionar os gestores a executarem atividades previstas. Gestores com desempenho abaixo das expectativas são pressionados a aumentar suas atividades.[24]

O impacto da tecnologia sobre o controle fica evidente quando se comparam países tecnologicamente avançados com outros que estão defasados. Organizações em países avançados como os Estados Unidos, Japão, Canadá, Grã--Bretanha, Alemanha e Austrália usam dispositivos indiretos de controle, como relatórios e análises relativos a computadores, assim como regras padronizadas

---

22 HIRSCHMAN, C. Someone to listen: ombuds can offer employees a confidential, discrete way to handle problems – but setup and communication are crucial to making this role work properly. *HR Magazine*, p. 46-52, jan. 2003.

23 McCONNEL, B. Executives, HR must set moral compass, says ethics group. *HR News*, 19 ago. 2003.

24 SHIROUZU, N.; BIGNESS, J. 7-Eleven operators resist system to monitor managers. *Wall Street Journal*, 16 jun. 1997, p. B1.

e supervisão direta para assegurar que as atividades estão em andamento conforme o planejado. Em países tecnologicamente defasados, supervisão direta e tomadas de decisão altamente centralizadas são os meios básicos de controle.

Por fim, um desafio para empresas globais é coletar dados comparáveis. A fábrica de uma companhia no México pode produzir os mesmos produtos que uma fábrica na Escócia, mas a fábrica mexicana pode usar a mão de obra de forma muito mais intensiva do que a fábrica escocesa para se aproveitar dos custos mais baixos da mão de obra no México. Gestores devem saber explicar a métrica de sua unidade, pois se a gestão tenta controlar os gastos calculando os custos de mão de obra por unidade, ou rendimento por trabalhador, isso produziria dados incomparáveis. Gestores em empresas globais são responsáveis por equacionar esses tipos de desafios de dimensão global.

## CONFIRA O QUE APRENDEU 6.2

5. Um sistema em que os materiais chegam quando são necessários no processo de produção, em vez de ficar armazenados no estoque, se chama:
   a. engenharia de processos de trabalho.
   b. estoques *just-in-time*.
   c. diagrama de causa e efeito.
   d. nenhuma das alternativas anteriores.

6. O processo de gerir toda a sequência de atividades integradas e informações sobre fluxos de produtos se chama:
   a. gestão da cadeia de fornecimento.
   b. *kaizen*.
   c. gestão da cadeia de valor.
   d. mapeamento do processo.

7. Qual das seguintes alternativas *não* é uma característica de controles eficazes de qualidade?
   a. Pontualidade.
   b. Critérios razoáveis.
   c. Posicionamento sobre todas as atividades.
   d. Flexibilidade.

8. Verdadeiro ou falso? Roubos por funcionários são um grande problema na maioria das organizações.

## REFORÇANDO A COMPREENSÃO

### RESUMO

Após ler este capítulo, eu posso:
1. Descrever o processo de controle. O processo de controle tem três etapas distintas: (1) mensurar o desempenho real; (2) comparar resultados com padrões; e (3) implementar uma ação corretiva.

# CAPÍTULO 6
## Controle

2. **Comparar os dois tipos de ação corretiva.** Imediata e básica. A ação corretiva imediata lida sobretudo com os sintomas. A ação corretiva básica procura a causa do desvio e busca ajustar permanentemente as diferenças.

3. **Comparar controle preventivo, simultâneo e corretivo.** O controle preventivo é implementado antes do início de uma atividade. Ele se antecipa e previne resultados indesejáveis. O controle simultâneo é feito enquanto uma atividade está em andamento. O controle corretivo é implementado após o término de uma atividade e facilita a prevenção de futuros desvios.

4. **Explicar como um gestor pode reduzir custos.** Os gestores podem reduzir custos melhorando métodos de trabalho, nivelando o fluxo de trabalho, diminuindo o desperdício, instalando equipamentos mais modernos, investindo em treinamento de funcionários e fazendo cortes seletivos que gerarão maiores eficiências.

5. **Explicar o significado da expressão *sistemas de inventário just-in-time.*** Sistemas de inventário *just-in-time* mudam a tecnologia de gestão dos estoques. Itens do estoque chegam quando são necessários no processo de produção, em vez de ficar armazenados no estoque.

6. **Descrever o significado da expressão *gestão da cadeia de valor.*** Gestão da cadeia de valor é o processo de gerir toda a sequência de atividades integradas e informações sobre os fluxos de produtos ao longo de toda a cadeia de valor.

7. **Listar as características de um sistema de controle eficaz.** Um sistema de controle eficaz deve ser pontual, econômico, flexível e compreensível, ter padrões razoáveis, estar criticamente posicionado e enfatizar a exceção.

8. **Explicar potenciais pontos negativos dos controles.** Os potenciais efeitos negativos incluem a resistência dos funcionários, o fato de que conduzem os esforços dos funcionários para as atividades erradas e dilemas éticos resultantes dos avanços tecnológicos de controle.

9. **Identificar dilemas éticos no monitoramento dos funcionários.** Os dilemas éticos no monitoramento dos funcionários giram em torno dos direitos dos funcionários e dos direitos dos empregadores. Os funcionários se preocupam em proteger sua privacidade no trabalho e com a intromissão em suas vidas pessoais. Por sua vez, os empregadores se preocupam em aumentar a produtividade e que o local de trabalho seja seguro.

10. **Explicar o que significa *roubo por funcionários* e descrever seus efeitos sobre a organização.** Roubo por funcionários é qualquer subtração sem autorização de itens da empresa para uso pessoal. Esses roubos dão um prejuízo de mais de US$ 29 bilhões por ano para as companhias.

## COMPREENSÃO: QUESTÕES PARA REVISÃO E DISCUSSÃO

1. Por que aquilo que se mede é mais crítico para o processo de controle do que a forma de mensurá-lo?

2. O que constitui um grau aceitável de variação?

3. Qual tipo de controle é preferível: preventivo, simultâneo ou corretivo? Por quê? Que tipo você acha que é mais usado na prática?

4. Qual é o desafio de monitorar custos de estoques? E de implementar um sistema de estoques *just-in-time*?

5. Em termos de características de um sistema de controle eficaz, onde você acha que a maioria dos sistemas de controle falha? Por quê?

6. Por que um gestor deveria controlar por exceção?

7. Como um gestor pode diminuir a resistência dos funcionários com relação aos controles?

8. O que um gestor pode fazer para diminuir o problema de pessoas tentarem passar uma boa impressão em critérios de controle?

# DESENVOLVENDO SUAS HABILIDADES DE GESTÃO

## MAIS AUTOCONHECIMENTO

Antes de supervisionar bem os outros, você deve entender seus pontos fortes atuais e aqueles que precisam melhorar. Para auxiliar nesse processo de aprendizagem, nós o estimulamos a fazer autoavaliações que podem ajudar a determinar:

- Até que ponto confio em minhas capacidades para atingir os resultados?
- Como está meu nível de motivação em meu emprego?
- Eu quero um emprego com significado?

Após concluir a autoavaliação, sugerimos que guarde os resultados para seu "portfólio de autoconhecimento".

## CRIANDO UMA EQUIPE

### Exercício experimental: elaborando um orçamento

Recentemente, você foi nomeado gerente de publicidade de uma nova revista mensal sobre vida saudável, *Atualidades Fitness*, que está sendo desenvolvida pela divisão de revistas da megaempresa de Rupert Murdoch. Anteriormente, você era gerente de publicidade de uma das revistas consolidadas da empresa. Você se reportará à editora da nova revista, Jennifer Clark.

As estimativas das vendas de assinaturas no primeiro ano da *Atualidades Fitness* são de R$ 125.000. E calcula-se que a venda em bancas deverá acrescentar mais R$ 40.000 por mês. Sua preocupação é gerar renda com publicidade para a revista. Você e Jennifer estabeleceram a meta de gerar R$ 6 milhões com espaços publicitários no primeiro ano da *Atualidades Fitness*. Você acredita que consegue fazer isso com uma equipe de cerca de oito pessoas. Como essa publicação é totalmente nova, não há orçamento prévio para seu grupo de trabalho. Jennifer pediu que você apresente um orçamento preliminar ao seu grupo.

Prepare um relatório de no máximo três páginas. (A) Descreva detalhadamente como você executará essa tarefa. Por exemplo, onde você conseguiria categorias orçamentárias? Com quem você entraria em contato? (B) Dê o melhor de si para criar um orçamento para seu departamento. (Seu professor lhe informará se isso deve ser um trabalho escrito ou uma discussão em aula.)

## PRATICANDO A HABILIDADE

### Elaborando orçamentos

Orçamentos são um componente importante para a gestão eficaz de um departamento. Caso você não tenha a menor experiência nisso, a não ser lidar com suas finanças pessoais, fazer um orçamento realista pode ser difícil — especialmente nas primeiras tentativas. Os passos a seguir dão orientações para fazer um orçamento eficaz.

**PASSO 1: Analise a estratégia geral e as metas da organização.** Entender a estratégia e as metas da empresa o ajudará a ter visão de para onde ela se dirige e o papel do seu departamento nesse plano.

**PASSO 2: Determine as metas do seu departamento e os meios para atingi-las.** Que atividades você fará para atingir as metas do seu departamento e ajudar a organização a atingir suas metas gerais? Quais recursos serão necessários para atingir essas metas? Pense em coisas como pessoal, cargas de trabalho e materiais e equipamentos que serão necessários. Essa também é sua oportunidade de formular novos programas e propor novas responsabilidades para seu departamento.

**CAPÍTULO 6**
**Controle**

PASSO 3: Reúna informações sobre custos. Você precisará de estimativas precisas de custos dos recursos que identificou no Passo 2. Orçamentos realizados podem ser úteis. Também será preciso conversar com seu chefe imediato, outros gerentes, colegas em posições semelhantes, funcionários-chave e outros contatos dentro e fora da empresa.

PASSO 4: Compartilhe suas metas e estimativas de custo com seu superior. Seu chefe imediato tem de aprovar seu orçamento, então o apoio dele é necessário. Discuta suas metas, estimativas de custo e outras ideias com ele e pessoas-chave na empresa antes de incluí-los no orçamento. Essa discussão ajudará a alinhar seus objetivos com a visão da alta administração sobre o papel do seu departamento e a obter consenso para o que você está propondo.

PASSO 5: Delineie o orçamento proposto. Após definir suas metas e custos, montar um orçamento real é algo bem mecânico. Mostre a relação entre os itens de seu orçamento e as metas do seu departamento. Você precisa justificar seus pedidos e se preparar para explicar e defender seu orçamento com seu chefe imediato e outras pessoas da gestão. Se outros gestores estiverem competindo pelos mesmos recursos que você, seus argumentos terão de ser especialmente convincentes.

PASSO 6: Esteja preparado para negociar. É improvável que seu orçamento seja aprovado exatamente conforme você o apresentou. Esteja preparado para negociar mudanças sugeridas pela gestão e para revisar seu orçamento original. Reconheça a política no processo orçamentário e negocie com a perspectiva de obter créditos para futuros orçamentos. Se certos projetos não forem aprovados desta vez, considere isso no processo orçamentário para ter mais certeza de que eles serão reconsiderados da próxima vez.

PASSO 7: Monitore seu orçamento. Após seu orçamento ser aprovado e implementado, julgarão se você o administra bem. Supervisione por exceção. Estabeleça alvos de variação que incluam porcentagens e valores. Por exemplo, você pode estabelecer uma regra de investigar todas as variações mensais de 15% ou mais quando a variação real de valores é de R$ 200 ou mais.

PASSO 8: Mantenha seu chefe informado sobre seus progressos. Mantenha seu chefe imediato e outras partes relevantes informados sobre como você está administrando seu orçamento. Isso ajuda a protegê-lo caso extrapole seu orçamento por razões além de seu controle. Por outro lado, não espere ser recompensado por gastar abaixo do orçamento. Gastar menos do que o previsto pode ser sinal de que na realidade você precisava de menos dinheiro, o que pode afetar negativamente seu próximo ciclo orçamentário.

## Comunicação eficaz

1    "Controles têm de ser sofisticados para serem eficazes." Apresente argumentos a favor e contra essa afirmação. Conclua seu trabalho com um argumento persuasivo sobre sua concordância ou discordância dessa afirmação.

2.  Descreva como você pode aplicar os conceitos de controle em sua vida pessoal. Dê exemplos específicos e pense em termos de controles preventivos, simultâneos e corretivos que possam servir para diversos aspectos da sua vida.

3.  Reveja o item "Elaborando orçamentos" na seção Praticando a habilidade para montar seu orçamento pessoal. Ponha-se no lugar da organização/departamento enquanto define as metas e estimativas de custo relacionadas a concluir seu curso de graduação. Assuma o papel do chefe ao negociar e monitorar seu orçamento para o ano letivo. Discuta o que aprendeu enquanto revê seu orçamento pessoal.

## PENSANDO DE FORMA CRÍTICA

### Caso 6A: Cumpra o prometido[25]

O setor de hotelaria tem sido duramente atingido pela turbulência econômica. Não só famílias estão abrindo mão das férias como muitas empresas estão limitando viagens de negócios. As taxas de ocupação caíram nos últimos anos, e a previsão é que continuem em queda nos próximos anos. Gerentes de hotel reconhecem que para atrair hóspedes e fidelizá-los é preciso oferecer um atendimento excepcional.

É por isso que tantos gerentes estão tomando medidas de controle visando assegurar que os funcionários trabalhem eficiente e eficazmente para prestar serviços excelentes. Essa estratégia é chamada de teste dos US$ 10. Gerentes em um resort na Flórida perceberam que os vídeos usados para treinar camareiras a limpar os quartos com rapidez e eficácia não tinham um impacto duradouro. Então, eles começaram a fazer inspeções inesperadas avaliando a limpeza dos quartos, com base em imagens de vídeo. Um gerente escolhia um quarto que acabara de ser faxinado, colocava dez notas de um dólar sobre a cama, então andava pelo quarto à procura de áreas que não estavam à altura dos padrões de limpeza. Se encontrasse um fio de cabelo na bancada do banheiro ou na banheira, por exemplo, o gerente pegava um dólar de volta. Outros "erros" de limpeza também custavam um dólar. Após a inspeção, o dinheiro que sobrasse na cama era dado como bônus à camareira. A princípio, as camareiras se ressentiram com os testes dos US$ 10 porque geralmente não sobrava muito dinheiro após a inspeção. No entanto, após fazer os "testes" por algum tempo, a maioria das camareiras acabava ganhando US$ 9 ou US$ 10 adicionais e passou até a gostar das inspeções. E os gerentes conseguiram o que queriam: quartos com um padrão impecável de limpeza, o que é essencial para a satisfação dos clientes.

### Analisando o Caso 6A

1. Reveja os passos do processo de controle (ver Figura 6.1). Que passos do processo foram seguidos no resort na Flórida?
2. Como gestor, você acha que a estratégia do teste dos US$ 10 é justa e apropriada para mensurar o desempenho das camareiras? Por que sim ou por que não?
3. Descreva que tipo(s) de controle(s) é (são) ilustrado(s) nesse caso. Como você sabe?

### Caso 6B: Procedimentos de segurança alimentar no Plucky Chicken[26]

A equipe de cozinha no restaurante Plucky Chicken era composta por pessoas formadas na escola de culinária local e bem treinadas em diversos estilos culinários. Independentemente da especialidade de cada um, todos tinham consciência da importância de prevenções sistemáticas de segurança alimentar, ou seja, a análise de riscos e controle de pontos críticos (HACCP na sigla em inglês) desenvolvida pela Pillsbury Company para a Nasa. Os sete princípios da HACCP são certificados pelo padrão internacional ISO 22000 FSMS 2005 e integram o sistema de Gestão de Qualidade Total (GQT) do Plucky Chicken.

Nesse dia específico, o Plucky Chicken iria sediar um grande evento, então os preparativos estavam a todo o vapor. Ao chegar para seu turno na cozinha, a equipe vestiu os uniformes e fez a higienização de praxe antes de começar a

---

25 Baseado em CLARK, R. A.; HARTLINE, M. D.; JOANA, K. C. The effects of leadership style on hotel employees' commitment to service quality. *Cornell Hospitality Quarterly,* maio 2009, p. 209-231; CROWELL, C. Staff management is key for smaller budgets. *Hotel & Motel Management,* fev. 2009; KRANZ, G. Hospitality's sharpened focus. *Workforce Management Online,* set. 2008.

26 Baseado em ROSS-NAZZAL, J. "From Farm to Fork": *how space food standards impacted the food industry and changed food safety standards.* Disponível em: http://history.nasa.gov/sp4801-chapter12.pdf. Acesso em: jan. 2020.

trabalhar. A primeira tarefa era preparar alguns frangos para assar no forno. Os frangos crus estavam armazenados na câmara de refrigeração do restaurante, de acordo com o princípio da HACCP de análise de riscos. A equipe estava ciente de que aves são um alimento potencialmente perigoso e que frangos manipulados inadequadamente contêm micro-organismos que podem causar intoxicação alimentar.

Após deixar os frangos assando no forno, a equipe verificava se eles estavam assando por igual, conforme o princípio da HACCP de controlar pontos críticos. Todos sabiam que é preciso cozinhar os alimentos a pelo menos 75°C para impedir o desenvolvimento de bactérias, e a temperatura correta estabelecida no forno era parte do princípio da HACCP – fixar limites críticos. Para as receitas do evento, o limite crítico de cozimento era uma temperatura de 75°C.

Posteriormente, durante uma verificação periódica do processo de assar, alguém foi instruído a diminuir a temperatura no forno. Relembrando rapidamente o princípio da HACCP de estabelecer sistemas de monitoramento para os limites críticos, a equipe usou um termômetro de leitura imediata, testou a temperatura interna de um dos frangos e descobriu que era de 60°C. Como a temperatura estava abaixo do limite crítico de 75°C, a equipe implementou o princípio da HACCP de realizar uma ação corretiva quando os limites críticos não são cumpridos, e fez o forno retomar a temperatura correta. Conforme exigido na política de GQT do Plucky Chicken, a variação na temperatura foi anotada em uma tabela de temperaturas de cozimento, na parte de comentários. Seguindo o protocolo, a equipe também anotou a temperatura final de uma das fornadas de frangos, e por quanto tempo aquela fornada ficou assando. No final do turno, a equipe limpou e desinfetou o forno, e registrou a hora e a data dessa operação.

Depois, na reunião diária da equipe, a mudança de temperatura no forno foi relatada ao supervisor do turno. Junto com o supervisor, a equipe executou o princípio da HACCP de medidas de verificação se o sistema está funcionando apropriadamente. Eles revisaram as tabelas mais recentes de temperatura de cozimento e discutiram os passos dados por cada um da equipe. Todos estavam confiantes de que o sistema estava funcionando apropriadamente, mas seguiram a política e anotaram a variação da temperatura no forno. O supervisor manteve um registro do acontecimento e planejou uma sessão de treinamento para todas as equipes de cozinha, a fim de lembrá-las dos potenciais riscos de variações na temperatura e da necessidade de monitorar e manter limites críticos de temperatura. Nessas ações finais, a equipe de cozinha e o supervisor também estavam aplicando os princípios da HACCP de manter registros e implementar uma ação corretiva.

### Analisando o Caso 6B

1. Identifique e descreva cada um dos tipos de controle usados na situação do Plucky Chicken.
2. Identifique e descreva o foco de controle usado pelo supervisor no Plucky Chicken.
3. Identifique e descreva onde os passos no processo de controle foram aplicados no Plucky Chicken.

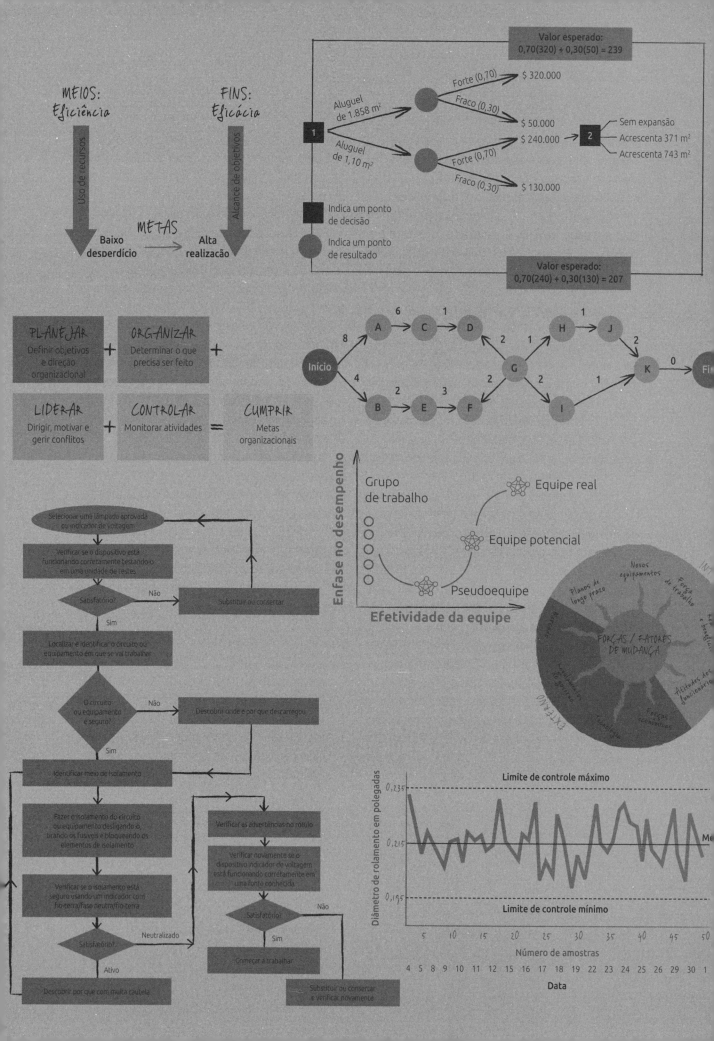

# CAPÍTULO 7

## Análise de problemas e tomada de decisão

### CONCEITOS-CHAVE

Após finalizar este capítulo, você será capaz de definir os seguintes termos:

| | | |
|---|---|---|
| análise do valor esperado | escalada de compromisso | processo de tomada |
| análise marginal | heurística da disponibilidade | de decisão |
| árvore de decisão | heurística da | reunião virtual |
| big data | representatividade | *ringisei* |
| *brainstorm* | pensamento em grupo | técnica de grupo nominal |
| decisão não programada | problema | visão ética de justiça |
| decisão programada | problemas bem estruturados | visão ética dos direitos |
| design thinking | problemas mal estruturados | visão ética utilitarista |

### OBJETIVOS DO CAPÍTULO

Após ler este capítulo, você será capaz de:

7.1 Listar os sete passos do processo de tomada de decisão.

7.2 Descrever a análise do valor esperado.

7.3 Explicar os quatro estilos de decisão.

7.4 Identificar e explicar os erros mais comuns da tomada de decisão.

7.5 Descrever os dois tipos de problemas de decisão e os dois tipos de decisão tomados para resolvê-los.

7.6 Comparar tomada de decisão em grupo e tomada de decisão individual.

7.7 Listar e descrever três técnicas para melhorar a tomada de decisão em grupo.

7.8 Explicar as três visões da ética.

## DILEMA DO LÍDER*

Consideremos o caso da empresa Advanced Cell Technology, que usa a tecnologia celular avançada com um propósito altamente ambicioso – "produzir o primeiro embrião humano clonado do mundo... uma versão microscópica de uma pessoa viva". Os líderes da empresa começaram a trabalhar por esse objetivo entrevistando mulheres que concordassem em ser doadoras de óvulos. Combinar esses óvulos com células humanas gera um embrião que permite que os cientistas da Advanced Cell Technology captem células-tronco e depois destruam o embrião. Acredita-se que células-tronco conseguem se transformar em tecido humano que ajuda a curar diversas doenças ou até a sanar lesões na medula espinha. Naturalmente, a meta da Advanced Cell Technology suscita um grande debate. Apoiadores de ambos os lados da questão expressam suas fortes opiniões. Por um lado, se essa pesquisa se mostrar eficaz, muitas doenças graves – como mal de Parkinson e distrofia muscular – poderiam ser eliminadas, o que seria um feito científico de alcance mundial e uma grande jogada financeira para a Advanced Cell. Além disso, há pesquisas semelhantes em outras partes do mundo, como na Europa, que têm recebido apoio. A fim de assegurar que a ética mais elevada norteie todas as decisões tomadas, a empresa formou um conselho de ética composto por cientistas e teólogos.

Mas os críticos dessas pesquisas têm outro ponto de vista. Eles acham que as pesquisas com células-tronco são o prenúncio da clonagem de humanos, o que poderia ser o equivalente à criação de uma "sociedade perfeita". Grupos religiosos também se preocupam com as decisões da Advanced Cell, alegando que ela está trabalhando em uma área condenável. Eles também dizem que tomar decisões relativas a essas pesquisas suscita questões éticas importantes, particularmente sobre até que ponto essa pesquisa pode chegar. O governo federal também entrou no debate e, em 9 de março de 2009, o presidente Barack Obama promulgou a Ordem Executiva (EO) 13505, intitulada "Removendo Barreiras à Pesquisa Científica Responsável Envolvendo Células-Tronco Humanas", revertendo efetivamente a posição do presidente George W. Bush, que definiu regulações específicas sobre o tipo de pesquisa com células-tronco passível de receber verbas do governo.

No entanto, até membros do conselho de ética da Advanced Cell renunciaram, queixando-se de que a empresa está mais interessada em "obter patentes na área e usar o comitê como chancela".

Mesmo que não estejam totalmente envolvidos no estabelecimento de metas grandiosas em empresas, gestores são responsáveis por implementar ações que tornem as metas atingíveis. Você acredita que os responsáveis pela empresa deveriam tomar decisões éticas nessa área em que tanta coisa está em jogo? A opinião pública deveria impedir uma empresa de fazer algo simplesmente porque não o aprova, embora seja legal? Se você fosse o gestor na Advanced Cell e discordasse dessa pesquisa por motivos pessoais, você diria sua opinião e pediria para não participar dela? Como gestor, você tem alguma alternativa se discordar das decisões que estão acontecendo na empresa?

\* REGALADO, A. Experiments in controversy—ethicists, bodyguards monitor scientists' effort to create copy of human embryo. *Wall Street Journal*, 13 jul. 2001, p. B1; Stem-Cell research is forging ahead in Europe. *Wall Street Journal*, 13 jul. 2001, p. B6; Federal policy. *Stem Cell Information*. Bethesda, MD: National Institutes of Health, U.S. Department of Health and Human Services, 2016. Disponível em: https://stemcells.nih.gov/. Acesso em: mar. 2020.

CAPÍTULO 7
Análise de problemas e tomada de decisão

## INTRODUÇÃO

Decisões, decisões, decisões! Ultimamente, uma funcionária tem chegado atrasada ao escritório, e a qualidade de seu trabalho decaiu. O que você faz? Há uma vaga em seu departamento, e o gestor de recursos humanos da empresa lhe enviou seis candidatos. Qual deles você escolhe? Vários de seus vendedores lhe disseram que estão perdendo negócios devido a uma linha de produtos inovadores lançada por um concorrente. Como você reage?

Como gestor, você se depara regularmente com problemas que demandam decisões. Por exemplo, você ajuda os funcionários a estabelecer metas, planeja as cargas de trabalho e decide que informações compartilha com seu chefe.[1] Como se aprende a tomar boas decisões? Você nasceu com um talento intuitivo? Provavelmente, não! É claro que alguns de vocês, devido à sua inteligência, conhecimento e experiência, podem inconscientemente analisar problemas; no decorrer do tempo, essas análises podem formar um rastro impressionante de decisões. Há, porém, algumas técnicas decisórias conscientes que qualquer um pode usar para se tornar um decisor mais efetivo. Veremos algumas dessas técnicas neste capítulo.

## 7.1 O PROCESSO DE TOMADA DE DECISÃO

Vamos começar descrevendo uma maneira analítica racional de examinar decisões, que denominamos de *abordagem do processo de tomada de decisão*. Ela é composta pelos sete passos a seguir (ver Figura 7.1):

1. Identificar o problema.
2. Coletar informações relevantes.
3. Desenvolver alternativas.
4. Avaliar cada alternativa.
5. Selecionar a melhor alternativa.
6. Implementar a decisão.
7. Acompanhar e avaliar.

Para ilustrar esse processo, veremos um problema enfrentado por Carol Prince. Carol é diretora de operações na emissora de TV WCIV, uma afiliada da Fox em Charleston, Carolina do Sul. Ela acaba de receber a notícia de que o programa que comanda no horário das 19h às 19h30, *COPS*, foi cancelado pelo proprietário dos direitos sobre o programa. Vamos examinar como Carol lida com esse problema usando o processo de tomada de decisão.

> **OBJETIVO 7.1**
>
> Listar os sete passos do processo de tomada de decisão.

> **PROCESSO DE TOMADA DE DECISÃO**
>
> Processo de sete passos que provê uma maneira analítica racional de ponderar decisões. Os passos incluem identificar o problema, coletar informações relevantes, desenvolver alternativas, avaliá-las e selecionar a melhor, implementar a decisão, acompanhar e avaliar.

---

1    FRACARO, K. Pre-planning: key to problem solving. *Supervision*, p. 9-12, nov. 2001.

**Figura 7.1** O processo de tomada de decisão

### 7.1.1 Como identificar o problema?

O primeiro passo no processo de tomada de decisão é identificar a existência de um *problema* ou, mais especificamente, uma discrepância entre a situação atual e a desejada. Para Carol Prince, o problema é ter repentinamente meia hora vazia em sua grade de programação no início da noite, que ela quer preencher com programas bons e lucrativos.

No mundo real, muitos problemas que surgem não são tão óbvios quanto o dilema de Carol. Por isso, uma das tarefas mais difíceis nesta etapa é distinguir sintomas de problemas. A queda nas vendas é um problema ou meramente um sintoma de outro problema? Usando uma analogia médica, a aspirina não combate o problema do estresse no trabalho; ela apenas alivia o sintoma da dor de cabeça. Outra coisa: resolver perfeitamente o problema errado pode ser pior do que ter a solução errada para o problema certo! Não é fácil identificar corretamente o verdadeiro problema. Então, como os gestores identificam um problema? Eles têm de fazer uma comparação entre a realidade atual e algum padrão, que pode ser o desempenho anterior, metas anteriores ou o desempenho de outra unidade na empresa ou em outras empresas.

### 7.1.2 Como coletar informações relevantes?

Após identificar o problema, você precisa reunir os fatos e informações relevantes, e identificar os critérios de decisão. Por que isso aconteceu agora? Como isso está afetando a produtividade? Que políticas organizacionais são relevantes para enfrentar esse problema? Há um prazo para resolvê-lo? Quais são os custos envolvidos?

*PROBLEMA*
*Discrepância entre a situação atual e a desejada.*

CAPÍTULO 7
*Análise de problemas e tomada de decisão*

No caso de Carol, é preciso encontrar respostas para perguntas como estas: Quanto ela pagava ao proprietário dos direitos do *COPS*? Até quando o proprietário continuará fornecendo episódios? O que os concorrentes estão exibindo atualmente na faixa das 19h às 19h30? Quais são as classificações desses programas? Carol tem obrigações contratuais que restringiriam suas opções para colocar outros programas nessa faixa de horário?

### 7.1.3 Como criar alternativas?

Após coletar as informações relevantes, é hora de identificar todas as alternativas possíveis.

Nessa etapa do processo de tomada de decisão você demonstra sua criatividade considerando as alternativas existentes, além das óbvias e daquelas usadas anteriormente. Lembre-se de que esse passo requer apenas buscar alternativas.

Por mais incomum ou diferente que seja, nenhuma alternativa deve ser descartada. Se alguma não for viável, você descobrirá na próxima etapa. Evite a tendência de parar de buscar alternativas após achar apenas duas ou três, pois isso mostra que você não se esforçou o suficiente. Quanto mais alternativas você tiver, melhor será a solução final, pois sua escolha final só pode ser tão boa quanto a melhor alternativa que você achou.

Veja as alternativas que Carol Prince encontrou:

1. Comprar um programa de variedades para essa faixa de horário. *Entertainment Tonight* está disponível.
2. Comprar o programa *Jeopardy*.
3. Comprar reprises de séries de comédia. *Friends* está disponível.
4. Tirar *The King of Queens* do horário das 19h30 e preencher a lacuna com um programa local – semelhante a um programa que ela desenvolveu em seu emprego anterior em uma emissora de TV na Georgia.
5. Desenvolver um novo programa focado em times esportivos profissionais.

### 7.1.4 Como avaliar cada alternativa?

O passo 4 é avaliar os prós e contras de cada alternativa. Quanto cada uma custará? Quanto tempo será preciso para implementar cada uma? Qual é o resultado mais favorável que se pode esperar de cada uma? Qual é o resultado mais desfavorável? Em muitas situações decisórias, os critérios variam de importância e pode ser necessário pesá-los para estabelecer sua prioridade em termos da decisão.[2]

Você pode decidir qual é o critério mais importante, pesá-lo bem e usá-lo como padrão para os demais critérios. A ideia é usar suas preferências pessoais para designar as prioridades segundo os critérios relevantes em

---

2  FIGUEIRA, J.; RAY, B. Determining the weights of criteria in the electre type of methods with a revised Simons' procedure. *European Journal of Operational Research*, p. 317-326, 1º jun. 2002.

sua decisão, assim como para indicar o grau de importância de cada um. Faça depois uma lista das alternativas que podem resolver o problema, mas sem avaliá-las.[3] Por fim, analise criticamente cada alternativa, comparando-as com os critérios. Algumas avaliações podem ser feitas de maneira relativamente objetiva devido ao custo, disponibilidade ou nível de interesse.

Nessa etapa, lembre-se de evitar os vieses – sem dúvida, à primeira vista algumas alternativas parecerão mais atraentes, e outras poderão parecer irrealistas ou muito arriscadas. Você pode tender a favorecer prematuramente certos resultados em detrimento de outros, então sua análise precisa ser imparcial. Deixe suas inclinações de lado e avalie cada alternativa da maneira mais objetiva possível. Ninguém é perfeitamente racional, mas você pode melhorar o resultado final se reconhecer seus vieses e tentar controlá-los.

A Figura 7.2 resume os destaques na avaliação de Carol das cinco alternativas. Anotar as considerações-chave facilita comparar alternativas na hora de tomar decisões.

**Figura 7.2    Avaliando as alternativas**

| Alternativa | Custo Semanal Estimado | Fatia de Mercado Estimada* | Prós | Contras |
|---|---|---|---|---|
| Programa de variedades | US$ 25.000 | 15-25 | Concorrência está indo bem com *Inside Edition* e *E! News* nessa faixa de horário. | Custo alto. Daria pouco lucro. Dividiria ainda o mercado de programas de variedades. |
| *Jeopardy* | US$ 16.000 | 8-12 | Muito conhecido. | Baixo potencial de mercado. |
| Reprises de séries de comédia | US$ 30.000 | 20-35 | Pode dar liderança mais forte à programação da rede às 20h. Pode ser uma medida perfeita para contrabalançar os programas sensacionalistas da concorrência. | Custo alto. Quase não daria lucro. |
| Programa local | US$ 12–15 | 8-12 | Possível medida para preencher a lacuna. | Baixo potencial. Não é uma solução viável no longo prazo. |
| Novo programa esportivo | US$ 6.000 | 6-20 | Único. Não há nada igual em nosso mercado. Desperta a boa-vontade da comunidade. Baixo custo. Forte apelo junto ao segmento masculino na faixa etária 18-39. | Arriscado. Há mercado para uma cobertura esportiva local de meia hora? |

\* Porcentagem de TVs sintonizadas no programa

---

3   ELLIOTT, M. Breakthrough thinking. *IIE Solution*, p. 22-25, out. 2001; FAZLOLLAHI, B.; VAHIDOV, R. A Method for generation of alternatives by decision support systems. *Journal of Management Information Systems*, p. 229-250, 2001.

CAPÍTULO 7
*Análise de problemas e tomada de decisão*

### 7.1.5 Como escolher a melhor alternativa?

No Passo 5, é hora de selecionar a melhor alternativa. O que é "melhor" refletirá quaisquer limitações ou vieses que pesaram no processo de tomada de decisão. Isso depende de itens como a abrangência e exatidão das informações coletadas no Passo 2, de sua engenhosidade para achar alternativas no Passo 3, do grau de risco que você está disposto a assumir e da qualidade de sua análise no Passo 4.

Após a análise, Carol optou pelo desenvolvimento de um novo programa sobre times esportivos profissionais (alternativa 5). Sua lógica foi a seguinte: "Em primeiro lugar, o proprietário dos direitos me avisou que ofereceria o *COPS* até o final da temporada, o que significava que eu teria o programa por mais dez semanas. Eu queria tomar uma decisão permanente, então eliminei a opção de expandir o noticiário local. O resultado de optar por *Jeopardy* não me pareceu bom o suficiente para justificar o custo. Acho que o mercado de programas de variedades está saturado nessa faixa de horário, então desisti de comprar o *Entertainment Tonight*. Estamos nesse negócio para ganhar dinheiro e, embora soubesse que poderíamos obter classificações melhores nesse período de tempo com *Friends*, o custo era alto demais. Pensei então que a alternativa de desenvolver um programa esportivo me ofereceria uma fatia de mercado potencialmente maior por um custo mais baixo".

Carol convocou sua equipe de programação para uma reunião, explicou o porquê de sua decisão e estimulou que todos discutissem quaisquer problemas em potencial. Ela montou uma força-tarefa com três membros do departamento para desenvolver o conceito, preparar o formato e sugerir o pessoal-chave para o programa. Nomeou ainda um dos membros da equipe como líder do projeto, e eles decidiram juntos que a força-tarefa faria uma apresentação formal para Carol no prazo de três semanas.

### 7.1.6 Como implementar a decisão?

O Passo 6 envolve implementar a decisão, o que também envolve notificá-la às pessoas que serão afetadas e obter seu compromisso de se empenhar.[4] É preciso também delegar responsabilidades, distribuir os recursos necessários e determinar os prazos finais.

### 7.1.7 Como acompanhar e avaliar?

A última fase no processo consiste no acompanhamento e avaliação dos resultados da decisão. Sua escolha obteve o resultado desejado? Ela corrigiu o problema originalmente identificado no Passo 1? Em sua decisão, Carol preencheu a faixa de horário com um programa prestigiado e lucrativo? Ela só saberá essas respostas depois de alguns meses que o programa estiver no ar.

---

4  MILLER, D.; HOPE, Q.; EISENSTAT, R.; FOOTE, N.; GALBRAITH, J. The problem of solutions: balancing clients and capabilities. *Business Horizons*, p. 3-12, mar.-abr. 2002.

Se o acompanhamento e a avaliação indicarem que os resultados desejados não foram obtidos, você deverá rever o processo de tomada de decisão para encontrar o que deu errado. Basicamente, você tem um novo problema e deve repassar todo o processo de tomada de decisão sob outra perspectiva.

## 7.2 FERRAMENTAS PARA DECISÕES

Nesta parte, apresentaremos ferramentas e técnicas desenvolvidas ao longo dos anos para ajudar os gestores a melhorarem sua capacidade de decisão. Vamos começar, porém, com uma breve explanação das condições enfrentadas por gestores ao tomar decisões.

### 7.2.1 Quais são as condições para decidir?

Gestores enfrentam três condições para tomar uma decisão: certeza, risco e incerteza.

- **Certeza:** gestores diante de decisões em que há muita certeza estão na melhor situação possível. Há certeza quando o resultado e todas as alternativas são conhecidos. Por exemplo, suponha que um gestor está escolhendo a transportadora que enviará seus produtos. O gestor sabe o peso exato dos itens que serão despachados e o custo decorrente de despachá-los pelas diversas transportadoras. O gestor também tem certeza sobre o resultado de cada alternativa – a entrega será feita. No entanto, a maioria das decisões de gestão não é tão simples assim.
- **Risco:** uma situação bem mais comum é haver algum risco, então os gestores devem calcular a probabilidade de certos resultados, com base em experiências pessoais, informações secundárias e dados históricos.
- **Incerteza:** gestores que não têm certeza sobre os resultados e não conseguem sequer fazer uma estimativa razoável de probabilidade tomam uma decisão sob a sombra da incerteza. Nesse caso, a escolha das alternativas é influenciada pelas poucas informações disponíveis e por sua visão sobre o problema. O gestor otimista selecionará uma alternativa que ofereça a maior compensação possível, ao passo que o gestor pessimista tentará minimizar ao máximo o prejuízo. Embora gestores diante da incerteza tentem quantificar a decisão quando possível, fazer uma escolha baseada em uma "reação visceral" muitas vezes traz o melhor resultado.

### 7.2.2 O que é análise do valor esperado?

O gerente do departamento de esqui de uma loja de artigos esportivos, como a Decathlon, está examinando várias marcas novas de jaquetas para esquiadores. Em vista das limitações de espaço e orçamento, ele só pode comprar de uma dessas marcas novas para sua seleção. Qual delas ele deveria escolher?

**OBJETIVO 7.2**
Descrever a análise do valor esperado.

### CAPÍTULO 7
#### Análise de problemas e tomada de decisão

A *análise do valor esperado* permite que os tomadores de decisão especifiquem um valor monetário às várias consequências resultantes de determinado plano de ação. O procedimento é calcular o valor esperado de certa alternativa ponderando seus possíveis resultados segundo a probabilidade (de 0 a 1, com 1 representando segurança absoluta) de alcançar a alternativa, depois somando os totais obtidos no processo de ponderação. O gerente da Decathlon está analisando as linhas de jaquetas de esqui da Nike, da Adidas e de uma linha da marca da própria loja. Ele fez a tabela de compensação da Figura 7.3 para resumir sua análise. Com base em sua experiência anterior e discernimento, calculou o potencial lucro anual de cada alternativa e a probabilidade de obter esse lucro. O valor esperado de cada alternativa varia de $ 6.500 a $ 8.800. Baseado nessa análise, o gerente pôde prever o valor esperado mais alto comprando a linha de jaquetas que terá a marca da Decathlon.

> **ANÁLISE DO VALOR ESPERADO**
> Procedimento que permite que os tomadores de decisão atribuam um valor monetário às várias consequências resultantes de determinado plano de ação.

**Figura 7.3** Tabela de compensação para a decisão sobre jaquetas de esqui

| Alternativa | Resultado Possível | Probabilidade | Valor Esperado |
|---|---|---|---|
| Nike | $ 12.000 | 0,1 | $ 1.200 |
| | 8.000 | 0,7 | 5.600 |
| | 4.000 | 0,2 | 800 |
| | | | $ 7.600 |
| Adidas | $ 15.000 | 0,1 | $ 1.500 |
| | 10.000 | 0,2 | 2.000 |
| | 6.000 | 0,4 | 2.400 |
| | 2.000 | 0,3 | 600 |
| | | | $ 6.500 |
| Marca própria | $ 12.000 | 0,4 | $ 4.800 |
| | 8.000 | 0,4 | 3.200 |
| | 4.000 | 0,2 | 800 |
| | | | $ 8.800 |

### 7.2.3 O que são árvores de decisão?

*Árvores de decisão* são úteis para analisar contratações, marketing, investimentos, compra de equipamentos, precificação e decisões semelhantes que envolvem uma série de reflexões. Elas se chamam árvores de decisão porque, quando diagramadas, parecem uma árvore com galhos. Abrangem a análise do valor esperado atribuindo probabilidades a cada resultado possível e calculando a compensação por cada trilha decisória.

A Figura 7.4 mostra uma decisão que tem de ser tomada por Mike Flynn, o gerente que seleciona imóveis para a rede de livrarias Barnes & Noble. Mike supervisiona um grupo pequeno de especialistas que analisam potenciais imóveis e fazem recomendações sobre a localização das livrarias ao diretor da região do Meio-Oeste. O contrato de aluguel da livraria em Cleveland, Ohio, está acabando, e o dono do imóvel decidiu não renová-lo. Mike e seu grupo têm de recomendar um novo imóvel para o diretor regional.

> **ÁRVORE DE DECISÃO**
> Diagrama que analisa contratações, marketing, investimentos, compra de equipamentos, precificação e decisões semelhantes que envolvem uma série de reflexões. Árvores de decisão atribuem probabilidades a cada resultado possível e calculam a compensação por cada trilha decisória.

**Figura 7.4** Árvore de decisão e valores esperados pelo aluguel de um espaço comercial grande ou pequeno

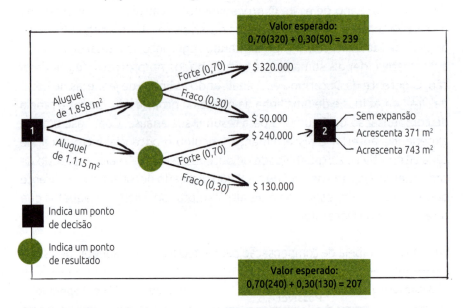

O grupo de Mike encontrou um local excelente em um shopping center próximo, em North Olmsted. O dono do shopping ofereceu dois locais comparáveis: um com 1.115 m² (o mesmo tamanho da livraria atual) e outro espaço bem maior, com 1.858 m². Mike precisa tomar uma decisão inicial se recomenda alugar o local maior ou o menor. Se escolher o espaço maior e a economia estiver forte, ele calcula que a loja terá um lucro de $ 320.000. No entanto, se a economia estiver desaquecida, os custos operacionais altos da loja maior significarão um lucro de apenas $ 50.000. Com a loja menor, ele calcula um lucro de $ 240.000 se a economia estiver aquecida e, caso contrário, $ 130.000.

A Figura 7.4 mostra que o valor esperado para a loja maior é $ 239.000 [(0,70 × 320) + (0,30 × 50)]. O valor esperado para a loja menor é $ 207.000 [(0,70 × 240) + (0,30 × 130)]. Diante disso, Mike pretende recomendar o aluguel do espaço maior. Se quiser considerar as implicações de alugar inicialmente o espaço menor e depois expandir se a economia melhorar, ele pode estender a árvore de decisão para incluir seu segundo ponto de decisão. Ele calculou três opções: sem expansão, acrescentar 371 metros quadrados ou 743 metros quadrados. Seguindo a abordagem do Ponto de Decisão 1, ele poderia calcular o potencial de lucro estendendo os galhos da árvore e calculando valores esperados para as várias opções.

### 7.2.4 O que é análise marginal?

Marginal ou incremental, a análise ajuda decisores a otimizarem retornos e a minimizar custos.

A *análise marginal* visa ao custo adicional de certa decisão, em vez do custo médio. Por exemplo, suponha que a gerente de operações de uma

**ANÁLISE MARGINAL**
Um método para decisores otimizarem retornos e minimizarem custos mirando o custo adicional em uma certa decisão, em vez do custo médio.

CAPÍTULO 7
*Análise de problemas e tomada de decisão*

grande lavanderia a seco está em dúvida se deve aceitar um novo cliente. Ela deveria considerar a renda adicional que seria gerada por esse pedido e qual seria o custo adicional. Se os rendimentos incrementais ultrapassarem os custos incrementais, os lucros totais aumentariam se ela aceitasse o pedido.

## 7.3 ESTILOS DE TOMADA DE DECISÃO

A personalidade e as experiências impactam nossas decisões. Se for basicamente conservador e avesso a incertezas, provavelmente você pondera alternativas decisórias de maneira diferente de alguém que gosta da incerteza e de correr riscos. Isso levou a pesquisas buscando identificar os estilos de decisão individuais.[5]

**OBJETIVO 7.3**
Explicar os quatro estilos de tomada de decisão.

### 7.3.1 Quais são os quatro estilos de tomada de decisão?

O fundamento básico de um modelo de estilos de decisão é o reconhecimento de que as pessoas diferem em duas dimensões. A primeira é sua maneira de pensar. Algumas pessoas são lógicas e racionais, e processam as informações passo a passo. Em compensação, outras pessoas são intuitivas e criativas, e percebem as coisas como um todo. A outra dimensão se refere à tolerância à ambiguidade. Algumas pessoas têm necessidade de uma estrutura organizada de informações para minimizar a ambiguidade, ao passo que outras processam muitos pensamentos simultaneamente. Quando são diagramadas, essas duas dimensões formam quatro estilos de decisão (ver Figura 7.5): diretivo, analítico, conceitual e comportamental.

1. **Estilo diretivo:** pessoas com estilo diretivo têm baixa tolerância à ambiguidade e buscam a racionalidade. Eficientes e lógicas, seu foco em eficiência pode levá-las a tomar decisões com informações insuficientes e após avaliar poucas alternativas. Pessoas diretivas decidem rapidamente e olham para o curto prazo.

2. **Estilo analítico:** pessoas analíticas têm mais tolerância à ambiguidade do que as diretivas. Elas querem mais informações e consideram mais alternativas. Gestores analíticos se caracterizam por ser decisores cautelosos, com capacidade de se adaptar ou enfrentar novas situações.

3. **Estilo conceitual:** indivíduos com estilo conceitual têm visão ampla e consideram muitas alternativas. Seu foco é de longo prazo e eles são bons em achar soluções criativas para problemas.

4. **Estilo comportamental:** tomadores de decisão com estilo comportamental trabalham bem com os outros e se preocupam com

---

5   WILLIAMS, G. A.; MILLER, R. B. Change the way you persuade. *Harvard Business Review*, p. 65-73, maio 2002; ANDERSEN, J. A. Intuition in managers: are intuitive managers more effective? *Journal of Managerial Psychology*, v. 15, n. 1-2, p. 46-63, jan. 2000; WALSH, G.; HENNING-THURAU, T.; WAYNE-MITCHELL, V.; WIEDMANN, K. P. Consumers' decision-making styles as a basis for market segmentation. *Journal of Targeting, Measurement and Analysis for Marketing*, v. 10, n. 2, p. 117-131, dez. 2001.

que seus funcionários se sintam realizados. Receptivo a sugestões dos demais e adepto de reuniões para se comunicar, esse tipo de decisor tenta evitar conflitos e busca a aceitação.

**Figura 7.5**  Modelo de estilos de tomada de decisão

### 7.3.2  O que interessa nesses quatro estilos de decisão?

A maioria das pessoas tem características que se enquadram em mais de um estilo decisório. Embora seja melhor pensar em termos dos estilos predominante e secundário, alguns se guiam quase que exclusivamente por seu estilo predominante, ao passo que outros indivíduos mais flexíveis mudam de estilo conforme a situação.

Estudantes de administração de empresas, gestores e altos executivos tendem a pontuar mais alto no estilo analítico devido à ênfase que a educação formal, particularmente em negócios, dá ao desenvolvimento de habilidades de decisão racionais. Entender como duas pessoas inteligentes, com acesso às mesmas informações, diferem em termos de suas decisões e escolhas finais ajuda a explicar conflitos entre você e seus funcionários, por exemplo. Se for um gestor diretivo, você espera que o trabalho seja feito rapidamente e pode se frustrar com as ações deliberadas e lentas de tipos conceituais ou analíticos. Caso seja analítico, você pode criticar um funcionário diretivo por um trabalho incompleto ou por agir por impulso, e talvez não entenda a abordagem comportamental de usar sentimentos como base para decisões, em vez da lógica racional.

**OBJETIVO 7.4**
Identificar e explicar os erros mais comuns da tomada de decisão.

### 7.3.3  Quais são os erros mais comuns na tomada de decisão?

Quando os gestores têm de tomar decisões, eles devem fazer escolhas. Isso requer reflexão cuidadosa e muita informação. No entanto, informações completas sobrecarregariam qualquer gestor. Em razão disso, gestores acabam desenvolvendo comportamentos que aceleram o processo, ou seja, para evitar sobrecarga de informações, os gestores dependem de atalhos de

CAPÍTULO 7
Análise de problemas e tomada de decisão

julgamento chamados *heurísticos*. Heurísticas são processos cognitivos empregados em decisões não racionais, que ignoram propositalmente parte da informação com o objetivo de tornar a escolha mais fácil e rápida. São comumente encontradas em duas formas: heurística da disponibilidade e heurística da representatividade. Mas, atenção! Ambos os tipos criam preconceitos no julgamento de um tomador de decisão. Há também a tendência do gestor de encaminhar o comprometimento para um curso de ação falho. E além dessas duas estratégias citadas, existe ainda uma terceira que é bastante utilizada por alguns gestores na tomada de decisão, a escalada de compromisso.

1. **Heurística da disponibilidade:** *heurística da disponibilidade* é a tendência de gestores basearem seus julgamentos nas informações disponíveis. Acontecimentos que evocam emoções fortes, são recentes ou ainda vívidos na imaginação deixam uma impressão marcante sobre eles. Por isso, gestores são propensos a superestimar a frequência da ocorrência de acontecimentos improváveis. Por exemplo, muitas pessoas têm medo de viajar de avião, e a cobertura da mídia sobre acidentes aéreos exagera o risco de viajar de avião e minimiza o risco de dirigir automóveis. A heurística da disponibilidade também pode explicar por que, ao conduzir avaliações de desempenho (ver Capítulo 12), gestores tendem a dar mais peso aos comportamentos mais recentes de um funcionário do que a comportamentos de seis ou nove meses atrás.

2. **Heurística da representatividade:** milhões de jogadores amadores sonham em se tornar jogadores de futebol profissionais algum dia. Esses sonhos exemplificam a *heurística da representatividade*. Ela faz as pessoas equipararem a probabilidade de uma ocorrência com algo que lhes é familiar. Por exemplo, os jovens aspirantes a jogadores profissionais podem pensar em alguém de seu time do coração, que entrou em um grande time há quinze anos. Em organizações, decisores podem prever o êxito de um novo processo em determinado departamento relacionando-o ao êxito de um processo anterior. Gestores também podem ser afetados pela heurística da representatividade quando param de contratar recém-formados em uma certa faculdade porque os últimos três contratados vindos dessa faculdade tiveram mau desempenho.

3. **Escalada de compromisso:** uma estratégia comum ao jogar Blackjack é "garantir" que você não pode perder. Ao perder uma rodada, você dobra sua próxima aposta. Essa estratégia, ou regra de decisão pode parecer inocente, mas se começar com uma aposta de R$ 5 e perder seis rodadas seguidas, você estará apostando R$ 320 na sétima rodada só para recuperar o que perdeu e ganhar R$ 5. A estratégia no Blackjack ilustra a chamada *escalada de compromisso*, que é um apego ou insistência crescente pela decisão anterior apesar das informações negativas. Ou seja, a escalada de compromisso

### HEURÍSTICA DA DISPONIBILIDADE
Tendência de basear os próprios julgamentos em informações disponíveis.

### HEURÍSTICA DA REPRESENTATIVIDADE
Tendência de equiparar a probabilidade de uma ocorrência com algo já familiar.

### ESCALADA DE COMPROMISSO
Apego crescente à decisão anterior apesar das informações negativas.

representa a tendência de "manter o rumo", embora dados negativos indiquem que o certo seria fazer outra coisa.

Em organizações, gestores podem reconhecer que sua solução anterior não está funcionando, mas, em vez de buscar novas alternativas, insistem ainda mais na solução original. Por que eles fazem isso? Em muitos casos, é uma tentativa de demonstrar que sua decisão inicial não estava errada.

Vamos ainda destacar outros erros e vieses de gestores em tomadas de decisão.[6]

Gestores que acham que sabem mais do que os outros e têm visões irreais e positivas de si mesmos e de seu desempenho pecam pelo *excesso de autoconfiança*. A *propensão à gratificação imediata* é observada em gestores que querem recompensas imediatas e evitam os custos imediatos; eles fazem escolhas decisórias que dão compensações rápidas. O *efeito de ancoragem* ocorre quando os decisores se fixam em informações iniciais como ponto de partida e depois não se ajustam a informações subsequentes. A *propensão à percepção seletiva* ocorre quando decisores organizam e interpretam eventos com base em suas percepções enviesadas, o que influencia as informações às quais prestam atenção, os problemas que identificam e as alternativas que desenvolvem. Decisores com essa propensão buscam e aceitam informações pelo valor de face, a fim de afirmar suas escolhas passadas e visões preconcebidas; eles menosprezam informações que contrariem seus julgamentos passados e são críticos e céticos quanto a informações que desafiem essas visões. A *propensão ao enquadramento* ocorre quando decisores selecionam e destacam certos aspectos de uma situação e excluem outros, assim distorcendo o que veem e criando pontos de referência incorretos. A *propensão à aleatoriedade* é observada quando decisores tentam extrair sentido de acontecimentos eventuais e explicar a imprevisibilidade do acaso, embora acontecimentos aleatórios afetem qualquer um e sejam imprevisíveis. O *erro dos custos irrecuperáveis* ocorre quando decisores esquecem que as escolhas atuais não podem corrigir as passadas e se fixam em custos ancorados anteriormente, dinheiro ou esforço para avaliar escolhas, em vez de pensar nas futuras consequências. Gestores que aceitam crédito rapidamente por seus êxitos e culpam fatores externos por seus fracassos têm *propensão ao egoísmo*. Por fim, ter razão "depois de acontecido" é a tendência de tomadores de decisão afirmarem enganosamente que previram o resultado de um evento depois que o resultado é experimentado.

Como gestores podem evitar os efeitos negativos desses erros e vieses em decisões? Primeiro, estar cientes deles e parar de alimentá-los! Segundo, gestores também devem ficar atentos à sua maneira de decidir, tentar identificar a heurística que usam e avaliar criticamente se isso é apropriado. Por fim, gestores podem pedir que um colega os ajude a identificar os pontos fracos em seu estilo de decisão e depois se empenhar para melhorá-los.

---

6  ROBBINS, S. P. *Decida e conquiste:* o guia definitivo para tomada de decisão. São Paulo: Saraiva, 2015.

# CAPÍTULO 7
## Análise de problemas e tomada de decisão

### CONFIRA O QUE APRENDEU 7.1

1. O primeiro passo no processo de tomada de decisão é:
   a. coletar informações relevantes.
   b. desenvolver alternativas.
   c. avaliar alternativas.
   d. nenhuma das alternativas anteriores.

2. Um procedimento que permite que decisores estipulem um valor monetário sobre várias consequências se chama:
   a. análise do valor esperado.
   b. árvore de decisão.
   c. análise marginal.
   d. nenhuma das alternativas anteriores.

3. Pessoas com estilo de decisão _____ têm muito mais tolerância à ambiguidade do que aquelas com outros estilos.
   a. diretivo
   b. analítico
   c. conceitual
   d. comportamental

4. Atalhos mentais para tomar decisões, em que as pessoas baseiam seus julgamentos nas informações às quais têm acesso fácil, se chamam:
   a. heurística da representatividade.
   b. escalada de compromisso.
   c. heurística da disponibilidade.
   d. nenhuma das alternativas anteriores.

## 7.4 PROBLEMAS × DECISÕES

O tipo de problema que um gestor enfrenta ao tomar uma decisão muitas vezes determina como o problema é tratado. Nesta seção, apresentamos um esquema de categorização de problemas e tipos de decisões. Mostramos depois que o tipo de decisão tomado por um gestor deve refletir as características do problema (ver também "**Notícias rápidas: Decisões na UPS sobre entregas diárias**").

### NOTÍCIAS RÁPIDAS

#### DECISÕES NA UPS SOBRE ENTREGAS DIÁRIAS

A United Parcel Service (UPS) é a maior companhia do mundo de entrega de encomendas, e seus caminhões são instantaneamente reconhecidos.[7] Todo dia, a UPS transporta mais de 18 milhões de pacotes e documentos nos Estados Unidos e em mais de 220 países e territórios, incluindo toda a América do Norte e Europa. (Em 2014, foram 4,6 bilhões de entregas de pacotes

---

[7] ZAX, D. Brown down: UPS drivers vs. the UPS algorithm. *Fast Company*, 1º mar. 2013. Disponível em: http://www.fastcompany.com/3004319/browndown-ups-drivers-vs-ups-algorithm. Acesso em: fev. 2020.

e documentos pelo mundo.) A UPS é paga para entregar essas encomendas com eficiência e pontualidade, o que requer um esforço maciço para ajudar os motoristas a decidirem quais são as melhores rotas.

Eficiência e uniformidade sempre foram fundamentais para a UPS. A empresa dá treinamentos constantes para que os motoristas saibam a importância das regras e procedimentos de trabalho e de ferramentas analíticas. Por exemplo, os motoristas têm de manter um porta-chaves rosa afivelado na roupa para que não percam tempo vasculhando os bolsos à procura das chaves. E, por razões de segurança, não podem virar à esquerda nem dar marcha a ré. Agora, porém, a empresa está tentando dar um salto quântico em seu modelo tradicional de uniformidade e eficiência com a ORION, sigla em inglês para Navegação e Otimização Integradas na Estrada. O objetivo é ajudar seus motoristas a pouparem milhões de quilômetros em suas rotas de entrega usando algoritmos criados por uma equipe de matemáticos. Cada motorista da UPS faz em média 120 paradas por dia. O desafio de eficiência é decidir a melhor ordem para fazer todas essas paradas (6.689.502.913.449.135 + 183 zeros de alternativas possíveis ) –, levando em conta "variáveis como horários especiais de entrega, regras rodoviárias e a existência de rotas alternativas que não aparecem nos mapas".[8] Outro desafio de logística: há mais maneiras de entregar encomendas em uma rota habitual "do que há nanossegundos desde que a Terra existe".[9]

O fato é que há muitas alternativas. A mente humana nem consegue captar quantas. Mas os algoritmos da ORION, que consumiram dez anos de pesquisa e centenas de milhões de dólares, representam uma revolução. Especialistas em TI descreveram a ORION como o maior investimento em pesquisa já feito por uma empresa. Afinal, o que a ORION faz? Em vez de procurar a melhor resposta, a ORION se aperfeiçoa no decorrer do tempo, levando a um equilíbrio de resultados e consistência para ajudar os motoristas a tomarem as melhores decisões possíveis sobre a rota de entrega. E, considerando quantos quilômetros os motoristas da UPS viajam a cada dia, poupar um ou dois dólares nisso pode resultar rapidamente em um montante fabuloso. Quando um motorista liga seu dispositivo de aquisição de informações de entregas (DIAD) no início de seu turno diário, surgem duas opções para fazer as entregas do dia: aquela que usa a ORION e a outra que usa o "velho" método. O motorista tem liberdade de escolha, mas se não optar pela ORION precisa explicar sua decisão.

A implantação da ORION, porém, implica desafios. Alguns motoristas relutam em abrir mão da autonomia; outros têm dificuldade para entender a lógica da ORION – por que entregar uma encomenda de manhã em um bairro e depois voltar para lá mais tarde no mesmo dia? Mas, apesar dos desafios, a empresa aposta nessa iniciativa afirmando que "um motorista junto com a ORION é melhor do que um motorista sozinho".[10]

---

8   ROSENBUSH, S.; STEVENS, L. At UPS, the algorithm is the driver. *Wall Street Journal*, 17 fev. 2015, p. B1+.

9   ZAX, 2013.

10  ROSENBUSH; STEVENS, 2015.

### 7.4.1 Como diferenciar problemas?

Alguns problemas são muito parecidos. A meta do decisor é clara, o problema já é conhecido e as informações sobre ele são facilmente definidas e completas. Os exemplos incluem o atraso do fornecedor para entregar um pedido importante ou um cliente querendo devolver algo que comprou na internet. Tais situações representam *problemas bem estruturados*.

Existem, porém, os *problemas mal estruturados*, que são novos ou incomuns e sobre os quais há informações ambíguas ou incompletas. A decisão se é necessário reestruturar um departamento ou investir em uma nova tecnologia um tanto desconhecida exemplifica problemas mal estruturados.

### 7.4.2 Qual a diferença entre decisões programadas e não programadas?

Assim como problemas podem ser divididos em duas categorias, o mesmo se aplica a decisões. A tomada de decisão programada ou rotineira é a mais eficiente para problemas bem estruturados. No entanto, quando os problemas são mal estruturados, os gestores têm de buscar soluções singulares.

Suponha que um mecânico da Goodyear quebra um aro de roda de liga metálica enquanto está colocando pneus novos em um veículo. O que o gerente faz? Provavelmente, há alguma rotina padronizada para lidar com esse tipo de problema. Por exemplo, o gerente substitui o aro por conta da empresa. Essa é uma *decisão programada*. Decisões programadas são aquelas repetitivas, rotineiras e que funcionaram bem anteriormente. Como o problema é bem estruturado, o gestor não precisa se complicar nem gastar tempo em um processo de tomada de decisão. Tomar decisões programadas é relativamente simples e se baseia em soluções anteriores. A etapa de desenvolver as alternativas no processo de tomada de decisão é inexistente ou demanda pouca atenção, porque, assim que a estrutura do problema é definida, sua solução geralmente é evidente ou pelo menos reduzida a poucas alternativas conhecidas que deram certo no passado. Em muitos casos, tomar decisões programadas se baseia em precedentes. Basta fazer o que foi feito anteriormente na mesma situação, e o gestor recorre a um procedimento, regra ou política sistemática (ver Capítulo 3).

*Decisões não programadas*, por outro lado, são únicas e não recorrentes. Quando um gestor se depara com um problema mal estruturado, não há solução óbvia. É preciso haver uma reação nova sob medida. Por exemplo, definir a estratégia na organização é uma decisão não programada. Essa decisão difere de decisões anteriores na organização porque o assunto é novo. A empresa enfrenta uma série de fatores ambientais recentes – como novas leis ou a concorrência de países que antes estavam fora do mercado global. As condições mudam, e usar velhas escolhas comprovadas pode gerar problemas no futuro.

---

**OBJETIVO 7.5**

Descrever os dois tipos de problemas de decisão e os dois tipos de decisão tomados para resolvê-los.

**PROBLEMAS BEM ESTRUTURADOS**
Problemas conhecidos, claros e facilmente definidos.

**PROBLEMAS MAL ESTRUTURADOS**
Problemas novos em que há informações ambíguas ou incompletas.

**DECISÃO PROGRAMADA**
Decisão repetitiva que pode ser usada como abordagem rotineira.

**DECISÃO NÃO PROGRAMADA**
Decisão sob medida para resolver um problema isolado não recorrente.

## 7.5 TOMADA DE DECISÕES EM GRUPO

As decisões em organizações são cada vez mais tomadas por grupos, não por indivíduos, devido a duas razões básicas: primeiro, o desejo de encontrar um número maior e melhor de alternativas. Acredita-se que grupos administram um número maior de alternativas decisórias, que são potencialmente mais criativas. Segundo, as organizações confiam menos na ideia de que departamentos e outras unidades organizacionais devam ser blocos decisórios separados e independentes. Para obter as melhores ideias e melhorar sua implementação, as organizações usam equipes que transpassam as linhas departamentais tradicionais e empregam técnicas de decisões em grupo.

**OBJETIVO 7.6**
Comparar tomada de decisão em grupo e tomada de decisão individual.

### 7.5.1 Quais são as vantagens de decisões em grupo?

Decisões individuais e em grupo têm diferentes pontos fortes. Nenhum desses tipos é ideal para todas as situações. Vamos analisar as vantagens que a tomada de decisões em grupo tem em relação à individual (ver Figura 7.6).

- **Apresenta informações mais completas:** um grupo insere maior diversidade de experiências e perspectivas no processo de tomada de decisão do que um indivíduo isolado.
- **Gera mais alternativas:** como têm maior quantidade e diversidade de informações, os grupos podem identificar mais alternativas do que um indivíduo.
- **Aumenta a aceitação de uma solução:** se as pessoas que serão afetadas por uma certa solução e ajudarão a implementá-la participarem da tomada da decisão, é mais provável que elas aceitem a decisão e estimulem os outros a aceitá-la.
- **Aumenta a legitimidade:** a tomada de decisões em grupo é coerente com ideais democráticos e pode ser percebida como mais legítima do que decisões individuais.

**Figura 7.6** As vantagens e desvantagens de tomar decisões em grupo

### 7.5.2 Há desvantagens na tomada de decisões em grupo?

Grupos são algo positivo, mas decisões em grupo também têm alguns pontos negativos. As maiores desvantagens são as seguintes:

# CAPÍTULO 7
## Análise de problemas e tomada de decisão

# **Lentidão:** leva tempo para reunir um grupo e sua interação frequentemente é ineficaz. Por isso, grupos geralmente demoram mais para chegar a uma solução do que um indivíduo que decide sozinho.

# **Domínio da minoria:** os membros do grupo jamais são iguais, diferindo em termos de hierarquia na organização, experiência, conhecimento sobre o problema, influência sobre outros membros, habilidades verbais, assertividade, assim por diante. Isso dá oportunidade para membros usarem suas vantagens para dominar os outros no grupo e influenciar indevidamente a decisão final.[11]

# **Pressão para se conformar:** há pressões sociais em grupos. O desejo de ser aceito e considerado útil pode reprimir qualquer discordância explícita e estimular a conformidade entre pontos de vista. O esforço para que diversas visões pareçam estar em harmonia se chama *pensamento em grupo*.

# **Responsabilidade ambígua:** os membros de um grupo dividem a responsabilidade, mas quem é de fato o responsável pelo resultado final? Em uma decisão individual, fica claro quem é responsável, mas em uma decisão em grupo, a responsabilidade de cada membro fica diluída.

# **Pensamento em grupo:** é um estilo de pensamento frequente em grupos coesos. Irving Janis o descreveu como uma forma de conformidade em que os membros do grupo abrem mão de visões alternativas, minoritárias ou impopulares para dar a impressão de harmonia.[12] Esses grupos tentam reduzir seus conflitos e chegar a um acordo, sem avaliar profundamente alternativas. Oito sintomas comuns em grupos que aderem ao pensamento em grupo são os seguintes:

1. sensação de invulnerabilidade, quando o perigo é ignorado e riscos excessivos são assumidos;
2. racionalizar qualquer coisa contrária aos pressupostos do grupo;
3. crença absoluta na moralidade do grupo, independentemente dos resultados éticos;
4. estereotipar a oposição como fraca e incompetente;
5. pressionar os membros a não serem desleais ao grupo;
6. censurar ideias individuais que não estejam em harmonia com os pontos de vista do grupo;
7. ilusão de concordância unânime, com o silêncio considerado como aceitação;
8. bloqueios mentais que blindam o grupo contra informações externas adversas.

> **PENSAMENTO EM GRUPO**
> Os membros do grupo se abstêm de visões diferentes para dar a impressão de harmonia.

---

11  DE DRUE, C. K. W.; WEST, M. A. Minority dissent and team innovation: the importance of participation in decision making. *Journal of Applied Psychology*, v. 86, n. 6, p. 1.191-1.201, dez. 2001.

12  JANIS, I. L. *Groupthink*. Boston: Houghton Mifflin, 1982; CHAPMAN, J. Anxiety and defective decision making: an elaboration of the groupthink mode. *Management Decision*, p. 1.391-1.404, out. 2006.

### 7.5.3 Quando usar a tomada de decisões em grupo?

Quando os grupos são melhores do que os indivíduos e vice-versa? Isso depende da sua definição do que é *melhor*. Vamos examinar quatro critérios frequentemente associados a "melhores" decisões: exatidão, velocidade, criatividade e aceitação.

Há evidência de que, em média, grupos tomam decisões mais *exatas* do que indivíduos. Isso não significa que todos os grupos superem todos os indivíduos. Na verdade, foi descoberto que decisões grupais são mais efetivas do que aquelas que teriam sido tomadas por um indivíduo no grupo. No entanto, raramente elas são tão boas quanto as decisões do melhor indivíduo. Se "melhor" for definido em termos de *velocidade da decisão*, os indivíduos são superiores. O processo de tomada de decisão em grupo é caracterizado pelo "toma lá, dá cá", o que consome muito tempo.

A qualidade da decisão também pode ser avaliada em termos de até que ponto uma solução demonstra *criatividade*. Grupos tendem a ser mais criativos do que indivíduos. No entanto, isso requer "segurar" as forças que movem o pensamento em grupo – a pressão para reprimir dúvidas sobre as visões compartilhadas pelo grupo, a validade dos argumentos favorecidos, o desejo excessivo do grupo de dar a aparência de consenso, e o pressuposto de que o silêncio dos membros é um voto pelo sim. Por fim, como têm a contribuição de mais pessoas, as decisões em grupo tendem a resultar em soluções com maior grau de *aceitação*.[13]

### 7.5.4 Como melhorar a tomada de decisões em grupo?

Quando se encontram pessoalmente e interagem, os membros de um grupo criam condições para o pensamento em grupo. Três maneiras para a tomada de decisões em grupo mais criativas são sugeridas a seguir: *brainstorm*, técnica de grupo nominal e reuniões virtuais.

1. **Brainstorm:** *brainstorm* é uma técnica relativamente simples para driblar as pressões por conformidade que atrasam o desenvolvimento de alternativas criativas.[14] Isso é feito por um processo de geração de ideias que estimula justamente toda e qualquer alternativa, sem qualquer crítica a elas. Em uma sessão de *brainstorm*, seis a doze pessoas se sentam ao redor de uma mesa. Naturalmente, a tecnologia está mudando onde e o que seja essa "mesa". O líder do grupo apresenta o problema de maneira clara e compreensível para todos os participantes. A partir daí, os membros recebem um tempo determinado para propor e "improvisar" suas diversas alternativas. Nenhuma crítica é permitida, e todas as alternativas são registradas para discussão e análise posteriores. O *brainstorm*,

---

**OBJETIVO 7.7**
Listar e descrever três técnicas para melhorar a tomada de decisão em grupo.

**BRAINSTORM**
Técnica para driblar as pressões por conformidade que atrasam o desenvolvimento de alternativas criativas; processo de gerar ideias que estimula justamente toda e qualquer alternativa, sem que haja críticas a elas.

---

13  JANIS, I. L. *Victims of groupthink:* a psychological study of foreign-policy decisions and fiascoes. Boston: Houghton, Mifflin, 1972; JANIS, I. L.; MANN, L. *Decision making:* a psychological analysis of conflict, choice and commitment. Nova York: Free Press, 1977.

14  WAGSTAFF, J. Brainstorming requires drinks. *Far Eastern Economic Review*, 2 maio 2002.

**CAPÍTULO 7**
**Análise de problemas e tomada de decisão**

porém, é apenas uma tempestade de ideias. O método a seguir, a técnica de grupo nominal, vai além, ajudando grupos a chegarem a uma solução preferida.[15]

2. **Técnica de grupo nominal:** a *técnica de grupo nominal* ajuda os grupos a chegarem a uma solução preferida restringindo a discussão durante o processo de tomada de decisão.[16] Os membros do grupo precisam estar presentes, como em uma reunião tradicional de comitê, mas têm de atuar com independência. Eles escrevem secretamente uma lista de áreas problemáticas ou potenciais soluções para um problema. A maior vantagem dessa técnica é permitir que o grupo se reúna formalmente, mas não restringir o pensamento independente nem levar ao pensamento em grupo, conforme acontece com frequência em uma interação em grupo tradicional.[17]

3. **Reuniões virtuais:** *reuniões virtuais* ou eletrônicas mesclam a técnica de grupo nominal com tecnologias sofisticadas de informática e videoconferência. O conceito é simples. Após o equipamento tecnológico estar em ordem, muitas pessoas se sentam em torno de uma mesa com notebooks e tablets. Os assuntos são apresentados e os participantes digitam suas respostas nos computadores. Comentários individuais, assim como votos agregados, são exibidos em uma tela de projeção na sala. Segundo especialistas, as maiores vantagens dessas reuniões virtuais são o anonimato, a honestidade e a velocidade.[18] Gestores da Freeport-McMoRan Copper & Gold (ex-Phelps Dodge Mining), por exemplo, usaram essa abordagem para reduzir de vários dias para doze horas sua reunião anual de planejamento. No entanto, há pontos negativos. Quem digita rapidamente pode ofuscar aqueles que são verbalmente eloquentes, porém lerdos na digitação; quem tem as melhores ideias não ganha crédito por isso; e falta a riqueza de informações propiciada pela comunicação oral.

> **TÉCNICA DE GRUPO NOMINAL**
> Técnica que restringe a discussão durante o processo de tomada de decisão.

> **REUNIÃO VIRTUAL**
> Técnica de tomada de decisões em grupo em que os participantes ficam diante de computadores enquanto os assuntos são apresentados. Os participantes digitam suas respostas em computadores, e seus comentários anônimos e votos agregados são exibidos em uma tela de projeção na sala.

---

15  KELLEY, T. Six ways to kill a brainstormer. *Across the Board,* p. 12, mar.-abr. 2002; DOWLING, K. L.; ST. LOUIS, R. D. Asynchronous implementation of the nominal group technique: is it effective? *Decision Support Systems,* v. 29, n. 3, p. 229-248, out. 2000.

16  ANDERSEN, B.; FAGERHAUG, T. The nominal group technique. *Quality Progress,* p. 144, fev. 2000.

17  ANDERSEN; FAGERHAUG, 2000.

18  BURDETT, J. Changing channels: using the electronic meeting system to increase equity in decision making. *Information Technology, Learning, and Performance Journal,* p. 3-12, 2000.

# TOMANDO BOAS DECISÕES*

Decisões difíceis são parte da vida, e é impossível evitá-las simplesmente ignorando-as. Decidir não fazer coisa alguma ainda é uma decisão no sentido de manter as coisas como estão. Mas, para manter o *status quo*, há dois caminhos – um ativo e outro passivo. Você pode avaliar racionalmente a situação atual, identificar as opções, analisar minuciosamente os prós e contras dessas opções e concluir que nenhuma alternativa nova é melhor do que o caminho trilhado atualmente. Essa abordagem ativa é totalmente coerente com a tomada racional de decisão. Mas o que importa aqui é a abordagem passiva – em que o caminho atual só é seguido devido à falta de considerar outras opções.

Como você chega na decisão de não decidir? O primeiro passo é a conscientização. Você não pode abrir mão de decisões ignorando-as. Fazer isso é meramente optar por continuar no caminho atual. Talvez você queira esse caminho, mas o tomador de decisões eficaz reconhece tanto os custos associados a manter o *status quo* quanto aqueles associados à mudança. Você também precisa desafiar diretamente o *status quo*, não basta saber que fazer nada é uma decisão. Precisa justificar por que não segue um caminho diferente do atual. Por fim, considere os custos da paralisia. Com demasiada frequência, o foco é apenas nos riscos associados à mudança. Há menos chance de ficar preso à inação se você também considerar os riscos relacionados a não agir.

Vamos examinar os três erros mais críticos em tomadas de decisão: a confiança excessiva, a propensão à gratificação imediata ou foco no curto prazo, e a propensão à confirmação. Domine esses três males e comece a melhorar a qualidade de suas decisões.

Dizem que a confiança excessiva é o problema mais comum e potencialmente mais catastrófico para fazer julgamentos e tomar decisões. Quase todos nós caímos nessa armadilha. Diante de questões factuais e solicitados a julgar a probabilidade de nossas respostas estarem corretas, tendemos a ser muito otimistas. Em geral, superestimamos nosso conhecimento, menosprezamos o risco e exageramos nossa capacidade de controlar os acontecimentos. Pesquisas descobriram que quando as pessoas dizem estar 65% a 70% confiantes de que estão certas, na verdade estão corretas apenas 50% das vezes. E, quando dizem que têm 100% de certeza, elas tendem a estar corretas apenas 70% a 85% das vezes. Para diminuir o excesso de confiança, comece reconhecendo essa tendência, que é mais passível de aparecer quando sua confiança está extremamente alta ou quando é difícil fazer julgamentos precisos. A seguir, ajuste a conscientização sobre sua confiança a seu nível de domínio sobre um assunto. Você tem mais probabilidade de ficar confiante demais quando considera assuntos fora de sua área de conhecimento. Por fim, combata diretamente essa propensão desafiando a si mesmo a procurar razões por que suas previsões ou respostas podem estar erradas.

A propensão à gratificação imediata ou foco no curto prazo é bastante comum. Devido a essa tendência, queremos agarrar recompensas imediatas e evitar os custos imediatos. Se a sensação é boa, queremos tê-la agora; se isso implicar sofrimento, queremos adiá-lo. Essa propensão à gratificação imediata explica por que é tão difícil seguir uma dieta, parar de fumar, não se endividar com o cartão de crédito ou poupar para a aposentadoria. Tudo isso envolve uma recompensa imediata – uma comida saborosa, um cigarro relaxante, uma compra desejada ou dinheiro extra para gastar. E cada um desses atos tem um custo respectivo que aponta para um futuro desconhecido. Caso tenha

_CAPÍTULO 7_
_Análise de problemas e tomada de decisão_

propensão à gratificação imediata ou foco no curto prazo, o que você pode fazer? Primeiro, estabeleça metas de longo prazo e as reveja regularmente. Isso ajuda a focar no prazo mais longo e a justificar a tomada de decisões difíceis cuja compensação demorará. Se você não sabe onde quer estar daqui a 10 ou 20 anos, é mais fácil aproveitar o momento sem pensar no futuro. Segundo, preste atenção tanto às recompensas quanto aos custos. A tendência natural é inflar as recompensas imediatas e menosprezar os custos futuros.

Por fim, o processo de tomada de decisão racional implica reunir informações objetivamente. Mas, em vez disso, nós reunimos informações seletivamente, de modo a confirmar nossas crenças atuais, e rejeitamos evidências que contrariam essas crenças. Nós também tendemos a aceitar informações pelo valor nominal desde que confirmem nossas visões preconcebidas, e a ser críticos e céticos em relação a informações que desafiam essas visões. O combate a esse viés de confirmação começa com você sendo honesto a respeito de seus motivos. Você está tentando seriamente obter informações para tomar uma decisão bem embasada ou só está procurando evidências que confirmem aquilo que você gostaria de fazer? Para tomar uma decisão bem embasada, busque deliberadamente informações contrárias ou diferentes. Isso significa estar preparado para ouvir o que você não quer. Você também deve desenvolver o ceticismo até que ele se torne habitual. É preciso cogitar seriamente se suas crenças estão erradas e então buscar evidências que as confirmem ou não.

\* ROBBINS, 2015.

## 7.6 DIVERSIDADE GLOBAL NA TOMADA DE DECISÕES

Como é difícil tomar boas decisões![19] E gestores tomam decisões diariamente – por exemplo, desenvolver novos produtos, estabelecer metas semanais ou mensais, lançar uma campanha publicitária, transferir um funcionário para outro grupo, resolver a reclamação de um cliente ou comprar novos notebooks para os representantes de vendas. Uma sugestão importante para tomar decisões melhores é aproveitar a diversidade do grupo de trabalho. Ter funcionários diversificados é valioso nesse sentido.

Funcionários diversificados podem ter visões novas sobre os assuntos e interpretações divergentes sobre um problema, além de estarem mais dispostos a testar novas ideias. Eles também podem ser mais criativos para gerar alternativas e mais flexíveis para resolver questões. Ter a contribuição de diversas fontes aumenta a probabilidade de encontrar soluções criativas e originais.

Pesquisas mostram que, até certo ponto, as práticas decisórias diferem conforme o país. A maneira de tomar decisões – seja em grupo, por membros

---

19 ADLER N. J. (Ed.). _International dimensions of organizational behavior_. 4. ed. Cincinnati: South-Western College Publishing, 2001; MCDONALD, B. C.; HUTCHESON, D. Dealing with diversity is key to tapping talent. _Atlanta Business Chronicle_, 18 dez. 1998, p. 45A+; ELSASS, P. M.; GRAVES L. M. Demographic diversity in decision-making groups: the experience of women and people of color. _Academy of Management Review_, p. 946-973, out. 1997.

da equipe, participativamente ou autocraticamente, por um só gestor – e o grau de risco que um decisor está disposto a assumir são dois exemplos de variáveis que refletem o ambiente cultural de um país. Por exemplo, na Índia a distância do poder e a aversão a incertezas (ver Capítulo 2) são altas. Por lá, apenas pessoas muito experientes tomam decisões, e elas tendem a tomar decisões seguras. Em compensação, na Suécia a distância do poder e a aversão à incerteza são baixas. Os gestores suecos não temem tomar decisões arriscadas. Por lá, os gestores mais graduados também envolvem os escalões mais baixos, estimulando gerentes e funcionários a participarem das decisões que os afetam. Em países como o Egito, onde as pressões de tempo são baixas, os gestores tomam decisões a um ritmo mais lento e deliberado do que ocorre nos Estados Unidos. Na Itália, onde a história e as tradições são muito valorizadas, os gestores optam mais por alternativas testadas e comprovadas para resolver os problemas.

A tomada de decisões no Japão é mais em grupo do que nos Estados Unidos. Os japoneses valorizam a conformidade e a cooperação. Antes de tomar decisões, os gestores japoneses coletam grande volume de informações, que depois é usado em decisões grupais que buscam o consenso e são denominadas *ringisei*. Como os funcionários de organizações japonesas têm alta estabilidade no trabalho, decisões de gestão adotam uma perspectiva de longo prazo, em vez de focar em lucros no curto prazo, como é comum nos Estados Unidos. Gestores na França e na Alemanha também adaptam seus estilos decisórios à cultura de seus países. Na França, por exemplo, a tomada autocrática de decisões é amplamente praticada, e os gestores costumam evitar riscos. Os estilos de gestão na Alemanha refletem o apreço alemão por estrutura e ordem organizacionais. Consequentemente, há muitas regras e regulações nas organizações alemãs. Gestores têm responsabilidades bem definidas e aceitam que as decisões devam passar por vários canais.

No entanto, embora possa ser valiosa na tomada de decisões, a diversidade tem pontos fracos. A falta de uma perspectiva em comum geralmente implica despender mais tempo discutindo as questões. A comunicação pode ser prejudicada se houver barreiras idiomáticas. Além disso, considerar diversas opiniões torna o processo de tomada de decisão mais complexo, confuso e ambíguo. E, diante de múltiplas perspectivas sobre a decisão, pode ser difícil chegar a um consenso ou a uma concordância sobre ações específicas. Como lidam com funcionários de diversas culturas, os gestores precisam reconhecer o que é um comportamento comum e aceito quando pede a eles que tomem decisões. Certos indivíduos podem não ficar tão à vontade quanto outros para se envolver em decisões ou não estarem dispostos a testar algo radicalmente diferente.

Embora essas dificuldades sejam preocupações válidas, o valor da diversidade na tomada de decisões supera as potenciais desvantagens. Ter várias perspectivas sobre uma decisão importante pode ser útil para o gestor tomar a melhor decisão! Gestores também devem considerar o valor cultural que a organização poderia ganhar devido à diversidade nas tomadas de decisão.

**RINGISEI**
Em organizações japonesas, grupos decisores formadores de consenso.

*CAPÍTULO 7*
*Análise de problemas e tomada de decisão*

Quando acolhem diversas filosofias e práticas na tomada de decisões, os gestores podem esperar uma alta compensação: captar da melhor maneira as perspectivas e pontos fortes que uma força de trabalho diversificada oferece.

## 7.7 DESIGN THINKING NA TOMADA DE DECISÕES

O modo tradicional de tomar decisões pode não ser o melhor e certamente não é a única opção no ambiente atual. É aqui que entra o *design thinking*, descrito como "resolver problemas, desenvolver produtos e projetos baseado no pensamento dos designers",[20] ou também como raciocínio fora da caixa e pensamento por inferências. Cada vez mais as organizações estão reconhecendo que o design thinking pode ser benéfico para elas.[21] Por exemplo, há muito tempo a Apple utiliza o método de design thinking. Seu principal designer, Jonathan "Jony" Ive (que esteve por trás de alguns dos produtos mais icônicos da companhia, incluindo o iPod e o iPhone) disse o seguinte sobre o design na Apple: "Nós tentamos desenvolver produtos que pareçam de certa forma inevitáveis, o que dá a sensação de que a única solução possível é aquela que faz sentido".[22]

Embora não lidem especificamente com decisões sobre design de produtos ou processos, muitos gestores podem se tornar melhores decisores adotando o design thinking. O primeiro passo na abordagem desse método é identificar os problemas, atuando de forma colaborativa e integrativa, a fim de ter uma compreensão profunda da situação. Os gestores devem examinar não só os aspectos racionais, mas também os elementos emocionais. Assim, o design thinking invariavelmente irá influenciar como os gestores identificam e avaliam as alternativas.

> Um gestor tradicional (obviamente formado em uma faculdade de administração) analisaria as opções apresentadas com base no raciocínio dedutivo e depois selecionaria aquela com o valor líquido mais alto. No entanto, usando o design thinking, o gestor diria: "O que seria algo totalmente novo e fantástico, que ainda não existe?".[23]

*DESIGN THINKING*
*Resolver problemas, desenvolver produtos e projetos com base no pensamento dos designers.*

---

20 DUNNE, D.; MARTIN, R. Design thinking and how it will change management education: an interview and discussion. *Academy of Management Learning & Education*, p. 512, dez. 2006.

21 KORN, M.; SILVERMAN, R. E. Forget B-School, D-School is hot. *Wall Street Journal*, 7 jun. 2012; MARTIN, R.; EUCHNER, J. Design thinking. *Research Technology Management*, p. 10-14, maio-jun. 2012; LARSEN, T.; FISHER, T. Design thinking: a solution to fracture-critical systems. *DMI News & Views*, p. 31, maio 2012; BERNO, T. Design thinking versus creative intelligence. *DMI News & Views*, p. 28, maio 2012; LIEDTKA, J.; OGILVIE, T. Helping business managers discover their appetite for design thinking. *Design Management Review*, p. 6-13, 2012; BROWN, T. Strategy by design. *Fast Company*, p. 52-54, jun. 2005.

22 GUGLIELMO, C. Apple loop: the week in review. *Forbes.com*, 25 maio 2012. Disponível em: https://www.forbes.com/sites/connieguglielmo/2012/06/08/apple-loop-the-week-in-review-8/#6132a6cfee9e. Acesso em: fev. 2020.

23 DUNNE; MARTIN, 2006, p. 514.

O design thinking implica ampliar as perspectivas e ter percepções usando as habilidades de observação e questionamento, em vez de se guiar simplesmente pela análise racional. Gestores precisam perceber o quanto é necessário tomar decisões eficazes no mundo atual.

## 7.8 BIG DATA NA TOMADA DE DECISÕES

**BIG DATA**
*Imenso estoque de informações quantificáveis que pode ser analisado por processamento de dados altamente sofisticado.*

*Big data* é uma coletânea de conjuntos de dados tão imensa e complexa que se torna difícil acessá-la pelos meios tradicionais. O big data está mudando a maneira como os gestores tomam decisões e dependem da capacidade tecnológica da organização e dos aplicativos usados para processar informações. Como um alvo em movimento, o big data exige que as organizações avaliem suas decisões em tempo real para gerar valor e vantagem competitiva. Por exemplo:

# A Amazon.com, maior varejista on-line da Terra, ganha bilhões de dólares a cada ano – o que equivale a um terço das vendas – com suas "tecnologias de personalização", como recomendações de produtos e e-mails gerados por computador.[24]

# Os decisores na AutoZone estão usando um novo *software* que recolhe informações de diversas bases de dados e permite que suas mais de 5.000 lojas mirem negócios e diminuam a chance de clientes irem embora sem fazer uma compra. O diretor de informática da AutoZone diz o seguinte: "Nós achamos que esse é o caminho para o futuro".[25]

# Uma equipe de pesquisadores de São Francisco conseguiu prever a magnitude de uma epidemia do outro lado do mundo analisando padrões telefônicos do uso de celulares.[26]

As informações estão cada vez mais disponíveis – 100 petabytes na década de 2010, segundo especialistas. (Em bytes, isso se traduz por 1 mais 17 zeros, caso você esteja se perguntando!)[27] E organizações estão tentando entender como usar tudo isso. O big data é o volume imenso de informações quantificáveis que pode ser analisado por processamento de dados altamente sofisticado. Um especialista em TI descreveu o big data com 3Vs: "alto volume, alta velocidade e alta variedade de ativos de informação".[28]

---

24 CUKIER, K.; MAYER-SCHÖNBERGER, V. The financial bonanza of big data. *Wall Street Journal*, 8 mar. 2013, p. A15.

25 KING, R.; ROSENBUSH, S. Big data broadens its range. *Wall Street Journal*, 14 mar. 2013, p. B5.

26 WORLD ECONOMIC FORUM. Big data, big impact: new possibilities for international development. *World Economic Forum*, 2012. Disponível em: https://www.weforum.org/reports/big-data-big-impact-new-possibilities-international-development. Acesso em: fev. 2020.

27 KASSEL, M. From a Molehill to a Mountain. *Wall Street Journal*, 11 mar. 2013, p. R1.

28 BEYER, M.; LANEY, D. The importance of 'big data': a definition. *Gartner*, 21 jun. 2012. Disponível em: https://www.gartner.com/en/documents/2057415/the-importance-of-big-data-a-definition. Acesso em: jan. 2020.

CAPÍTULO 7
*Análise de problemas e tomada de decisão*

Com esse tipo de dados à mão, decisores têm ferramentas poderosas para ajudá-los a tomar decisões. No entanto, especialistas advertem que coletar e analisar dados só pelos dados em si é tempo perdido. É necessário haver metas quando se coleta e usa esse tipo de informação. Como S. Lohr disse, "o big data é um descendente da 'gestão científica' de Taylor, inventada há mais de um século".[29] Enquanto Taylor usava um cronômetro para marcar o tempo e monitorar cada movimento de um trabalhador, o big data usa modelos matemáticos, algoritmos preditivos e *software* de inteligência artificial para mensurar e monitorar pessoas e máquinas em uma escala sem precedentes. Portanto, os gestores precisam examinar e avaliar como o big data pode contribuir para suas tomadas de decisão.

## 7.9  ÉTICA NA TOMADA DE DECISÕES

No Capítulo 2, introduzimos o tópico da ética e descrevemos maneiras de agir eticamente. A ideia inerente é que, diante de escolhas éticas, você tem um problema. Preocupações éticas fazem parte da tomada de decisões. Por exemplo, uma alternativa pode gerar um retorno financeiro bem maior do que outras, mas talvez seja eticamente questionável, pois põe em risco a segurança dos funcionários.

### 7.9.1  O que são racionalizações comuns?

Ao longo do tempo, as pessoas desenvolveram algumas racionalizações comuns para justificar condutas questionáveis.[30] Essas racionalizações indicam por que gestores podem fazer más escolhas éticas.

# **"Isso não é realmente ilegal ou imoral."** Onde fica a linha divisória entre ser atento e ter caráter duvidoso? Entre uma decisão engenhosa e outra imoral? Como essa linha é ambígua, as pessoas racionalizam que aquilo que fizeram não foi de fato errado. Pessoas em uma situação indefinida muitas vezes concluem que aquilo que não é especificamente rotulado como errado deve estar certo, especialmente se houver boas recompensas por atingir certas metas, e o sistema de avaliação da organização não examinar muito bem como essas tarefas são cumpridas. Lucrar com ações por meio de informação interna se enquadra nessa categoria, por exemplo.

# **"É pelo meu bem ou da empresa."** Acreditar que uma conduta errada é pelo bem de alguém ou da organização geralmente advém de uma visão estreita sobre quais são esses interesses. Por exemplo, gestores podem vir a acreditar que é aceitável subornar autoridades se o suborno fizer a organização fechar um contrato ou falsificar

---

29  LOHR, S. Sure, big data is great. But so is intuition. *New York Times Online*, 29 dez. 2012. Disponível em: http://www.nytimes.com/2012/12/30/technology/big-data-is-great-but-dont-forget-intuition.html?_r=0. Acesso em: fev. 2020.

30  GELLERMAN, S. W. Why good managers make bad ethical choices. *Harvard Business Review*, jul.-ago. 1986, p. 89.

# A NOVA ADM

relatórios financeiros se isso melhorar a avaliação de desempenho de sua unidade.

\# **"Ninguém vai descobrir."** A terceira racionalização aceita a transgressão presumindo que ela jamais será descoberta. Filósofos ponderam que "se uma árvore cair na floresta e ninguém ouvir, será que ela fez um ruído?". Alguns gestores respondem não à pergunta análoga: "Se um ato condenável é cometido e ninguém fica sabendo, isso é errado?". Essa racionalização muitas vezes é estimulada por controles inadequados, pressões acirradas por desempenho, resultados da avaliação de desempenho que ignoram os meios usados para atingi-los, grandes aumentos salariais e promoções para aqueles que alcançam esses resultados e ausência de punição para quem é flagrado cometendo uma transgressão.

\# **"Como isso ajuda a organização, ela fará vista grossa e me protegerá."** Essa racionalização representa a lealdade desgovernada. Alguns gestores chegam a acreditar que os interesses da organização estão acima das leis e dos valores da sociedade, e que a organização espera que seus colaboradores demonstrem uma lealdade ilimitada. Até ser flagrado, o gestor acredita que a organização o apoiará e recompensará por demonstrar lealdade. Gestores que usam essa racionalização para justificar práticas condenáveis colocam a boa reputação da organização em risco. Embora espere-se que gestores sejam leais à organização e contra os concorrentes e os acusadores, essa lealdade não deve colocar a organização acima da lei, da moralidade nem da própria sociedade.

## 7.9.2 Quais são as três visões da ética?

Nesta seção, apresentaremos três posicionamentos éticos, a fim de ilustrar como as pessoas podem tomar diferentes decisões usando critérios éticos distintos (ver Figura 7.7).

\# **Visão utilitarista.** Na *visão ética utilitarista*, as decisões são tomadas somente com base em seus resultados ou consequências. A meta do utilitarismo é extrair o bem maior para o maior número. Essa visão domina as decisões de negócios, pois é coerente com metas como eficiência, produtividade e altos lucros. Ao maximizar os lucros, um gestor pode argumentar que está assegurando o maior bem para o maior número.

\# **Visão de direitos.** A *visão ética dos direitos* exorta os indivíduos a tomarem decisões coerentes com liberdades e privilégios fundamentais conforme estabelecido em documentos como a Declaração de Direitos Humanos. A visão ética dos direitos visa respeitar e proteger os direitos básicos dos indivíduos. Essa visão protegeria funcionários que relatam práticas condenáveis ou ilegais de sua organização à imprensa ou a órgãos governamentais, com base em seu direito à livre expressão.

---

## OBJETIVO 7.8

Explicar as três visões da ética.

## VISÃO ÉTICA UTILITARISTA

Visão de que as decisões devem ser tomadas apenas com base em seus resultados ou consequências.

## VISÃO ÉTICA DOS DIREITOS

Visão que exorta indivíduos a tomarem decisões coerentes com as liberdades e privilégios fundamentais conforme definidos em documentos como a Declaração de Direitos Humanos.

# CAPÍTULO 7
## Análise de problemas e tomada de decisão

# **Visão de justiça.** A *visão ética de justiça* requer que os indivíduos imponham e cumpram as regras de forma justa e imparcial, para que haja uma distribuição equitativa dos benefícios e custos. Membros de sindicatos favorecem essa visão, pois ela justifica pagar o mesmo salário a pessoas por um determinado trabalho, independentemente de diferenças de desempenho, e usa o tempo de casa como critério nas decisões relativas a demissões.

Essas três perspectivas têm vantagens e riscos. A visão utilitarista promove a eficiência e a produtividade, mas pode ignorar os direitos de certos indivíduos, particularmente os que representam minorias na organização. A perspectiva dos direitos protege indivíduos de acidentes e é coerente com a liberdade e a privacidade, mas pode criar um ambiente de trabalho abertamente legalista que atrapalha a produtividade e a eficiência. A perspectiva da justiça protege os interesses dos menos representados e menos poderosos, mas pode estimular um senso de direito que reduz assumir riscos, inovação e produtividade.

Novas tendências em direitos individuais e justiça social fazem os gestores precisarem de padrões éticos baseados em critérios não utilitaristas. Esse é um grande desafio para o gestor atual, pois tomar decisões usando critérios como direitos individuais e justiça social envolve bem mais ambiguidades do que o uso de critérios utilitaristas, como efeitos sobre a eficiência e os lucros.

> **VISÃO ÉTICA DE JUSTIÇA**
> Visão que requer que os indivíduos imponham e sigam regras de maneira justa e imparcial, para que haja uma distribuição equitativa de benefícios e custos.

**Figura 7.7** Três visões sobre ética

### 7.9.3 Há um guia para agir com ética?

Como todos nós cometemos erros em julgamentos éticos, aqui estão algumas perguntas que você deve fazer a si mesmo ao tomar decisões importantes ou que tenham implicações éticas evidentes.[31]

# Em primeiro lugar, como esse problema aconteceu?
# Você enxergaria o problema de outro modo se estivesse do outro lado da situação?
# Com quem você é leal como pessoa e como membro da organização?
# Qual é sua intenção ao tomar essa decisão?
# Qual é o potencial de sua intenção ser mal compreendida por outros na organização?
# Como sua intenção se compara com o resultado provável?

---

31  HASH, L. J. Ethics without the sermon. *Harvard Business Review,* nov.-dez. 1981, p. 81.

# Sua decisão pode fazer mal a quem?
# Você pode discutir o problema com as partes afetadas antes de tomar a decisão?
# Você está confiante de que sua posição será tão correta no futuro quanto parece agora?
# Você poderia revelar sua decisão a seu chefe ou à sua família?
# Como você se sentiria se sua decisão fosse descrita detalhadamente na primeira página do jornal local?

## CONFIRA O QUE APRENDEU 7.2

5. Uma decisão repetitiva se aplica melhor a:
   a. uma decisão não programada.
   b. uma regra.
   c. uma decisão programada.
   d. todas as alternativas acima.

6. Qual das seguintes alternativas é uma desvantagem da tomada de decisões em equipe?
   a. Conformidade.
   b. Legitimidade.
   c. Aceitação da solução.
   d. Mais informações.

7. Não atentar para as visões diferentes de membros do grupo para aparentar harmonia se chama:
   a. domínio da minoria.
   b. pensamento em grupo.
   c. *brainstorm*.
   d. escalada de compromisso.

8. A visão ética pela qual decisões devem ser tomadas somente com base em seus resultados ou consequências se chama:
   a. visão ética de justiça.
   b. visão ética dos direitos.
   c. obrigação social da visão ética.
   d. visão ética utilitarista.

 **REFORÇANDO A COMPREENSÃO**

### RESUMO

Após ler este capítulo, eu posso:
1. **Listar os sete passos do processo de tomada de decisão.** Os sete passos no processo de tomada de decisões são: (1) identificar o problema; (2) coletar informações relevantes; (3) desenvolver alternativas; (4) avaliar cada alternativa; (5) selecionar a melhor alternativa; (6) implementar a decisão; (7) acompanhar e avaliar a decisão.
2. **Descrever a análise do valor esperado.** A análise de valor esperado calcula o valor esperado de determinada alternativa ponderando

*CAPÍTULO 7*
*Análise de problemas e tomada de decisão*

seus possíveis resultados segundo a probabilidade de alcançar esta alternativa e, em seguida, somando os totais derivados do processo de ponderação.

3. **Explicar os quatro estilos de decisão.** Os quatro tipos de tomada de decisão são: (1) diretivos, (2) analíticos, (3) conceituais e (3) comportamentais. O tipo diretivo é eficiente e lógico. O tipo analítico é cuidadoso, tem a capacidade de se adaptar ou lidar com novas situações. O tipo conceitual considera muitas alternativas e é bom para criar soluções criativas. O tipo comportamental enfatiza sugestões de outros e procura evitar conflitos.

4. **Identificar e explicar os erros mais comuns da tomada de decisão.** Os erros comuns na tomada de decisões são chamados *heurísticos*. Heurística consiste nos atalhos que os gestores podem tomar para acelerar o processo de tomada de decisões. Ela se apresenta, comumente, de duas formas: disponibilidade e representativa. Ambos os tipos podem resultar num viés no julgamento de um gestor. Um terceiro erro comum, chamado *escalonamento de compromisso*, reflete um compromisso maior assumido com uma decisão anterior.

5. **Descrever os dois tipos de problemas de decisão e os dois tipos de decisão tomados para resolvê-los.** Gestores enfrentam problemas bem e mal estruturados. Os problemas bem estruturados são evidentes, familiares, facilmente definidos e resolvidos usando decisões programadas – decisões repetitivas que podem ser tratadas numa abordagem rotineira, por meio de uma política, procedimento ou regra. Problemas mal estruturados são problemas novos ou incomuns, envolvem informações ambíguas ou incompletas, e são resolvidos usando decisões não programadas – decisões que devem ser personalizadas para resolver um problema único e não recorrente.

6. **Comparar tomada de decisão em grupo e tomada de decisão individual.** As decisões individuais e de grupo podem ser avaliadas com base na precisão, velocidade, criatividade e aceitação. As vantagens das decisões grupais são que elas têm informações mais completas, geram mais alternativas e uma maior aceitação de determinada solução, o que aumenta a legitimidade (precisão, criatividade e aceitação). A tomada de decisão individual é tipicamente mais rápida (velocidade). Assim, quando a velocidade sozinha é o fator primordial, devem ser tomadas decisões individuais. Se a velocidade sozinha não for o fator principal, as decisões de grupo são melhores.

7. **Listar e descrever três técnicas para melhorar a tomada de decisão em grupo.** Três técnicas para melhorar a tomada de decisões em grupo são: (1) *brainstorming*, (2) técnica de grupo nominal e (3) reuniões virtuais. *Brainstorming* é uma técnica usada para superar pressões que acabam retardando o desenvolvimento de alternativas criativas. Esse processo de geração de ideias incentiva as alternativas e, ao mesmo tempo, retém as críticas a elas. A técnica de grupo nominal restringe a discussão durante o processo de tomada de decisão. Nas reuniões virtuais, os participantes mantêm-se informados pelos notebooks à medida que os problemas são apresentados. Os participantes digitam respostas anônimas no computador e os votos agregados são exibidos pelo projetor na mesma sala.

8. **Explicar as três visões da ética.** Os três diferentes pontos de vista das decisões éticas são: (1) a visão utilitária, (2) a visão dos direitos e (3) a visão da justiça. A visão utilitarista da ética resulta em decisões baseadas num bem maior para o maior número de pessoas. A visão de direitos da ética resulta em decisões consistentes com liberdades e privilégios fundamentais. A visão de justiça busca justiça e imparcialidade.

## COMPREENSÃO: QUESTÕES PARA REVISÃO E DISCUSSÃO

1. Em qual passo as ferramentas de análise quantitativa seriam mais úteis?
2. Calcule sua média de notas estimada neste semestre usando a análise do valor esperado.
3. Compare sintomas com problemas. Dê três exemplos.
4. Em que etapa do processo de tomada de decisões você acha que a criatividade seria mais útil?
5. Como certos estilos de decisão podem se adequar melhor a determinadas tarefas? Dê exemplos.
6. Como a escalada de comprometimento afeta a tomada de decisão? Dê um exemplo.
7. Que racionalizações as pessoas usam para justificar uma conduta questionável?
8. Qual visão de ética você acredita ser a mais comum nas empresas? Justifique sua resposta.
9. Quando os gestores devem usar grupos para tomar decisões? Quando eles deveriam tomar as decisões sozinhos?
10. Compare as técnicas de grupo nominal e reuniões virtuais.

##  DESENVOLVENDO SUAS HABILIDADES DE GESTÃO

### MAIS AUTOCONHECIMENTO

Antes que você possa efetivamente supervisionar os outros, deve conhecer suas reais forças e áreas que precisam ser desenvolvidas. Para ajudar neste processo de aprendizagem, nós encorajamos você a realizar suas autoavaliações, que podem ajudar a determinar:

# Eu sou um procrastinador?
# Eu atraso tarefas e não consigo cumprir prazos?

Após concluir a autoavaliação, sugerimos que guarde os resultados para seu "portfólio de autoconhecimento".

### CRIANDO UMA EQUIPE

**Exercício experimental: decisões individuais x decisões em grupo**

**OBJETIVO:** Comparar a tomada de decisão individual e em grupo.

**TEMPO:** 15 minutos.

**PASSO 1:** Você tem cinco minutos para ler a seguinte história e, individualmente, assinalar cada uma das 11 afirmações como verdadeiras (V), falsas (F) ou desconhecidas (D).

**HISTÓRIA:** Um vendedor tinha acabado de apagar as luzes da loja quando um homem apareceu e fez um assalto. O proprietário abriu a caixa registradora. O homem pegou o dinheiro da caixa registradora e fugiu apressado. A polícia foi imediatamente acionada.

**Afirmações sobre a história:**

1. Um homem apareceu depois que o proprietário desligou as luzes da loja.
2. O ladrão era um homem.
3. O homem não exigiu dinheiro.
4. O homem que abriu a caixa registradora era o proprietário.
5. O dono da loja retirou o dinheiro da caixa registradora e fugiu correndo.

_CAPÍTULO 7_
_Análise de problemas e tomada de decisão_

6. Alguém abriu a caixa registradora.
7. Depois que o homem que declarou o assalto retirou o dinheiro da caixa registradora, fugiu.
8. A caixa registradora continha dinheiro, mas a história não afirma quanto.
9. O ladrão exigiu dinheiro do proprietário.
10. O relato diz respeito a uma série de eventos no qual apenas três pessoas são mencionadas: o proprietário da loja, um homem que fez o assalto e o policial.
11. Os seguintes eventos da história são verdadeiros: alguém exigiu dinheiro; uma caixa registradora foi aberta; seu conteúdo foi retirado dela; um homem saiu apressado da loja.

PASSO 2: Depois de ter respondido às 11 questões individualmente, forme grupos de quatro ou cinco membros cada. Os grupos têm dez minutos para discutir suas respostas e chegar a um consenso sobre as respostas corretas para cada uma das afirmações.

PASSO 3: Seu instrutor dará as respostas corretas. Quantas respostas corretas você obteve na conclusão do Passo 1? Quantos acertos seu grupo obteve na conclusão do Passo 2? O grupo superou a média individual? E quanto ao melhor resultado individual? Discuta os desdobramentos dos resultados.

## PRATICANDO A HABILIDADE

### Tornando-se mais criativo[32]

Criatividade é a capacidade de combinar ideias de uma maneira única para fazer associações incomuns entre elas. Cada um de nós tem a capacidade de ser criativo, mas alguns usam sua

criatividade mais que outros. Embora as pessoas criativas sejam, às vezes, chamadas de "artísticas" e difíceis de descrever, existem alguns passos que você pode dar para se tornar mais criativo.

PASSO 1: Imagine-se uma pessoa criativa. Embora pareça uma sugestão simples, pesquisas mostram que, se você não se considerar assim, jamais será uma pessoa criativa. Assim como diz a moral da história das fábulas infantis, "eu acho que consigo". Se acreditarmos em nós mesmos, podemos nos tornar mais criativos.

PASSO 2: Preste atenção a sua intuição. Todo mundo tem uma mente subconsciente que funciona bem. Às vezes as respostas vêm de onde menos esperamos. Por exemplo, quando você está prestes a dormir, sua mente relaxada pode sugerir soluções para problemas que você enfrenta. Você precisa dar ouvido a essa intuição. De fato, muitas pessoas criativas mantêm um bloco de anotações perto de sua cama e anotam essas "grandes" ideias quando elas lhes ocorrem. Desta maneira, elas não são esquecidas.

PASSO 3: Afaste-se da sua zona de conforto. Todo indivíduo tem uma zona de conforto em que a certeza existe. Mas a criatividade e um território já conhecido geralmente não se misturam. Para ser criativo, precisamos nos afastar do _status quo_ e nos concentrar em algo novo.

PASSO 4: Envolva-se em atividades que o colocam fora de sua zona de conforto. Não apenas devemos pensar de forma diferente, mas também precisamos fazer as coisas de maneira diferente. Ao nos envolvermos em atividades que são diferentes para nós, nos desafiamos. Aprender a tocar um instrumento musical ou aprender uma língua estrangeira, por exemplo, nos abre a mente e permite que ela seja desafiada.

PASSO 5: Busque uma mudança de cenário. Nós, humanos, somos criaturas rotineiras. Pessoas criativas se forçam a sair da sua rotina mudando o cenário em que estão inseridas. Entrar em uma área tranquila e quieta, onde você pode

---

32 CALANO, J.; SALZMAN, J. Ten ways to fire up your creativity. _Working Woman_, jul. 1989, p. 94-95; ANDERSON, J. V. Mind mapping: a tool for creative thinking. _Business Horizons_, jan.-fev. 1993, p. 42-46; PROCTOR, T. _Creative problem solving for managers_. Nova York: Routledge, 2005.

243

ficar sozinho com seus pensamentos, é uma boa maneira de aumentar a criatividade.

PASSO 6: Encontre várias respostas corretas. Assim como estabelecemos limites na racionalidade, muitas vezes procuramos soluções que são apenas boas o suficiente. Ser criativo significa continuar procurando outras soluções, mesmo quando você acha que resolveu o problema. Uma solução melhor e mais criativa pode estar aí para ser encontrada.

PASSO 7: Seja seu próprio advogado do diabo. Desafiar-se a defender as soluções que você propõe ajuda você a desenvolver confiança em seus esforços criativos. Reavaliar essas sugestões também pode ajudá-lo a encontrar respostas mais corretas.

PASSO 8: Acredite em encontrar uma solução viável. Assim como acreditar em si mesmo, você também precisa acreditar em suas ideias. Se você não acha que pode encontrar uma solução, não encontrará uma. Ter uma atitude mental positiva, no entanto, pode resultar numa profecia que se autorrealiza.

PASSO 9: Faça um *brainstorm* com terceiros. Criatividade não é uma atividade isolada. Ter contato com ideias de outros tem um efeito sinérgico.

PASSO 10: Transforme ideias criativas em ação. Propor ideias é apenas metade do processo. Uma vez criadas, as ideias devem ser implementadas. Grandes ideias que permanecem na mente de alguém, ou em papéis que ninguém lê, de nada valem para expandir suas habilidades criativas.

## Comunicação eficaz

1. "Gestores geralmente tomam decisões que são boas o suficiente, mas podem não ser a melhor." Elabore uma situação que apresente ambos os lados deste argumento. No seu texto, enfatize o quanto "bom o suficiente" pode ser adequado e quando a "melhor solução" pode ser crítica. Forneça exemplos específicos no seu texto.

2. Descreva uma situação em que uma decisão que você tomou foi influenciada pela disponibilidade ou pela heurística. Em retrospecto, faça uma avaliação de quão eficaz foi essa decisão. Dada esta avaliação, você está mais ou menos inclinado a usar atalhos de julgamento em seu processo de tomada de decisão? Explique.

## PENSANDO DE FORMA CRÍTICA

### Caso 7A: Decisões sobre o Simply Orange[33]

The Coca-Cola Company é extraordinária. Sendo a maior empresa mundial de bebidas não acoólicas, a marca Coke produz ou licencia 3.500 bebidas em mais de 200 países. Coke construiu marcas bilionárias e responde por quatro das cinco marcas líderes de refrigerantes (Coca-Cola, Diet Coke, Fanta e Sprite). A cada ano, desde 2001, a Interbrand, empresa global de consultoria de marcas, em conjunto com a Bloomberg BusinessWeek, tem apontado a Coke como a primeira das melhores marcas globais.

Os executivos e gerentes da Coca-Cola estão focados em obter um crescimento ambicioso e de longo prazo para a empresa, procurando dobrar os negócios da Coca-Cola. Uma grande parte para a consecução deste objetivo é converter o negócio do suco Simply Orange (Simplesmente Laranja) numa poderosa marca global de sucos. A tomada de decisão está desempenhando um papel crucial na medida em que os administradores tentam superar a rival PepsiCo, que detém 40% de participação de mercado na categoria de suco não concentrado, em comparação com a

---

33 STANFORD, D. D. Coke has a secret formula for orange juice, too. *Bloomberg Businessweek*, fev. 2013, p. 19-20; SELLERS, P. The new coke. *Fortune*, 21 maio 2012, p. 138-144; IGNATIUS, A. Shaking things up at Coca-Cola. *Harvard Business Review*, out. 2011, p. 94-99.

_CAPÍTULO 7_
_Análise de problemas e tomada de decisão_

participação de 28% da Coca-Cola. E esses gerentes não estão deixando nada ao sabor do acaso nesta batalha de gigantes!

Você dirá que fazer suco de laranja é algo relativamente simples – escolher a fruta, espremer o sumo e servir. Embora seja assim na sua própria cozinha, no caso da Coca-Cola esse copo de suco só é possível devido ao uso de imagens de satélite, algoritmos matemáticos complexos e um oleoduto dedicado exclusivamente ao transporte de suco. O diretor de compras da gigantesca fábrica de suco da Coca na Flórida diz que, quando se lida com a "mãe natureza", a padronização é um grande problema. No entanto, a padronização é o que leva a Coca-Cola a fazer esse trabalho e gerar lucros. E produzir uma bebida de suco de frutas é muito mais complicado que engarrafar um refrigerante.

Usando o que chama de "modelo Black Book", a Coca-Cola quer garantir que os clientes tenham suco de laranja fresco e saboroso ao longo dos 12 meses do ano, contudo, a alta temporada da fruta é de apenas três meses. Para ajudar nesse objetivo, a Coca-Cola conta com um consultor experiente em análise de receita, que descreveu o suco de laranja como "uma das aplicações mais complexas da análise de negócios". Quão complexa? Devido aos desafios impostos pela natureza, para oferecer permanentemente ao mercado a mistura ideal, é necessário tomar 1 quintilhão (isto é, 1 seguido de 18 zeros) de decisões! Não é uma fórmula secreta para o Black Book: é simplesmente um algoritmo que inclui dados detalhados sobre mais de 600 sabores diferentes que compõem uma laranja e sobre as preferências do consumidor. Esses dados são correlacionados a um perfil de cada lote de suco cru. O algoritmo determina como misturar lotes para combinar um certo sabor e consistência. Na fábrica de engarrafamento de suco, os "técnicos de mistura" seguem cuidadosamente as instruções do Black Book antes de iniciar o processo de engarrafamento. A receita semanal empregada

no suco é constantemente "ajustada". O Black Book também inclui dados sobre fatores externos, como padrões climáticos, rendimento de safras e outras pressões de custo. Isso é útil para os tomadores de decisão da Coca-Cola, pois eles garantem que terão suprimentos suficientes durante pelo menos 15 meses. Um executivo da Coca-Cola diz que a modelagem matemática da empresa significa que, se uma catástrofe climática (furacão ou geada) se abater, a empresa pode rapidamente se ajustar e fazer novos planos num curto espaço de tempo – de até mesmo 5 ou 10 minutos.

### _Analisando o Caso 7A_

1. Quais decisões nesta história podem ser consideradas problemas mal estruturados? E quais podem ser problemas bem estruturados?
2. Como o Black Book ajuda os gerentes e outros funcionários da Coca-Cola na tomada de decisões?
3. O que o big data da Coca-Cola tem a ver com seus objetivos?

### Caso 7B: Ideias para a melhoria de uma revenda por um vendedor excepcional

Jeff Scott, o gerente geral da Carr Chevrolet, tinha um problema que precisava resolver. A nova equipe de vendas de carros não era produtiva o suficiente. Especificamente, os funcionários demoravam para cumprimentar, atender e determinar as necessidades do comprador de carros novos e não cumpriam as projeções do plano de vendas da concessionária. Scott queria encontrar uma maneira de ajudá-los a se tornar mais eficientes.

Para resolver a questão, Scott convocou uma reunião com o gerente de vendas de carros novos e usados; também incluiu o gerente de serviços e autopeças na esperança de buscar mais um pouco de inspiração. Ele e os demais gerentes fizeram um _brainstorming_ de uma lista de possíveis

soluções. Depois, discutiram os prós e contras de cada uma das ideias apresentadas.

Quando Scott saiu da reunião, passou por uma parede de placas com os nomes dos antigos premiados como "Vendedor do Mês" e "Vendedor do Ano". E notou que o nome de Leroy Perez figurava em várias placas nos últimos cinco anos. Scott caminhou até a sala onde Perez estava e o viu preenchendo a papelada para uma venda que ele acabara de fechar. Scott agradeceu a Perez por seu trabalho duro e pela contribuição que dera para o desempenho da loja. E perguntou-lhe como ele conseguiu ser um vendedor tão eficaz nos últimos anos – mesmo durante uma recessão econômica.

Scott aprendeu mais do que esperava com essa simples pergunta. Perez explicou que havia formado uma equipe de pessoas do departamento de peças e serviços, bem como de recepcionistas e caixas. Eles ouviam os consumidores falando sobre carros antigos com problemas, familiares interessados em comprar um carro, preocupações de segurança em relação a motoristas adolescentes, assim como aniversários e comemorações futuras. Todos os membros da equipe queriam compartilhar as informações com Perez porque ele estava disposto a retribuir com jantares e ingressos para eventos, se suas informações se convertessem numa venda. Além disso, muitas vezes ele pagava o almoço só porque gostava de verdade da companhia deles. Scott pediu a Perez outros exemplos de técnicas de vendas e recebeu vários. Na verdade, ele teve mais ideias para incrementar as vendas de carros numa conversa de 15 minutos do que na sessão de *brainstorming* com seus colegas.

Scott achou que Perez poderia ser crucial para mudar o cenário ruim e lhe ofereceu a oportunidade de se tornar gerente e instrutor de vendas – uma vaga que oferecia a chance de aprender uma nova habilidade ao mesmo tempo que mantinha as habilidades que o tornavam tão valioso para a empresa. Perez trabalhou com a equipe de vendas, transmitindo suas ideias, assim como descobrindo muitas outras técnicas comerciais.

Após isso, a concessionária ultrapassou a projeção de vendas e a equipe de vendedores batia recordes mensais. Perez tornou-se muito cobiçado pelas concessionárias como consultor de vendas. Scott sabia que o simples ato de ouvir um especialista em vendas da casa melhorou as atitudes e a produtividade de toda a equipe.

### Analisando o Caso 7B

1. Qual foi a diferença na maneira como Scott e Perez encararam o problema neste caso?
2. Como a definição inicial afetou a abordagem e a solução do problema?
3. Como este caso ilustra as vantagens ou desvantagens da tomada de decisões em grupo?
4. Faça uma lista de algumas maneiras pelas quais Scott pode aplicar o que aprendeu com essa situação para continuar melhorando a qualidade e a produtividade das vendas.
5. Como Scott pode continuar a incluir a equipe de vendas na solução de problemas?

## Parte III
# MOTIVAÇÃO, LIDERANÇA, COMUNICAÇÃO E DESENVOLVIMENTO

Se existe algo comum aos colaboradores, onde quer que eles trabalhem, é que tendem a se dedicar a coisas que lhes beneficiem. Os funcionários entendem que precisam trabalhar – e trabalham duro –, mas, ao fazê-lo, querem algo em troca. Eles esperam trabalhar para gestores que os respeitem, que os mantenham informados sobre as coisas que acontecem na empresa e que possam ajudá-los a encontrar uma maneira de dar o melhor de si.

Os capítulos que compõem esta parte são:

**CAPÍTULO 8**
*Como motivar pessoas*

**CAPÍTULO 9**
*Liderança influente*

**CAPÍTULO 10**
*Comunicação eficaz*

**CAPÍTULO 11**
*Desenvolvendo grupos*

# CAPÍTULO 8
## Como motivar pessoas

## CONCEITOS-CHAVE

Após finalizar este capítulo, você será capaz de definir os seguintes termos:

autoestima
autogestão
concepção de trabalho
enriquecimento do trabalho
fatores de higiene
lócus de controle
maquiavelismo
motivação

necessidade
necessidade de realização
plano de participação em
   ações para o do colaborador
programas de remuneração
   por desempenho
propensão a riscos
remuneração por competência

teoria da equidade
teoria da expectativa
teoria da hierarquia das
   necessidades
teoria da higiene motivacional
Teoria X–Teoria Y

## OBJETIVOS DO CAPÍTULO

Após ler este capítulo, você será capaz de:

8.1 Definir *motivação*.
8.2 Identificar e definir cinco traços de personalidade relevantes para compreender o comportamento dos colaboradores no trabalho.
8.3 Explicar os elementos e o foco das três primeiras teorias sobre motivação.
8.4 Identificar as características que estimulam a conquista em empreendedores.
8.5 Identificar as três relações na teoria da expectativa que determinam o nível de esforço do indivíduo.
8.6 Listar as ações que um gestor pode adotar para maximizar a motivação dos colaboradores.
8.7 Descrever como os gestores podem projetar trabalhos individuais para maximizar o desempenho.
8.8 Explicar o efeito da diversidade da força de trabalho na motivação dos colaboradores.

 **DILEMA DO LÍDER**

Gestores bem-sucedidos compreendem que aquilo que os motiva pessoalmente pode ter pouco ou nenhum efeito sobre os outros. Gestores eficazes sabem como e por que seus colaboradores são motivados e adaptam práticas motivacionais para satisfazer suas necessidades e seus desejos. Motivar e recompensar as pessoas é uma das atividades mais importantes e desafiadoras que os gestores realizam.

Vários CEOs estavam participando de uma reunião em que o tópico era: "O que os funcionários querem?".[1] Cada CEO revezava-se descrevendo os benefícios que ofereciam, mencionando que distribuíam chocolates M&Ms de graça todas as quartas-feiras, ofereciam remuneração variável por metas e estacionamento gratuito.

No entanto, o principal orador da reunião salientou que "os funcionários não querem M&Ms; eles querem amar o que fazem". Como que esperando que o público risse, o palestrante ficou agradavelmente surpreso quando os CEOs se levantaram um a um para concordar. Todos reconheceram que "o valor de suas empresas vem dos funcionários motivados em trabalhar nelas". Esses CEOs sabem a importância da motivação dos funcionários. Como eles, os gestores precisam motivar seus funcionários, mas, para isso, é preciso entender o que é motivação. Muitas pessoas encaram incorretamente a motivação como um traço pessoal, ou seja, acham que algumas pessoas são motivadas e outras não. No entanto, é um equívoco rotular as pessoas assim, porque, na verdade, cada um é motivado de maneira diferente, e a motivação geral varia de situação para situação.

Motivar altos níveis de desempenho nos colaboradores é uma preocupação organizacional importante, e os gestores continuam em busca de respostas. Uma pesquisa recente da Gallup descobriu que cerca de 73% dos trabalhadores dos Estados Unidos não se sentem empolgados com o trabalho que realizam. Como os pesquisadores afirmaram, "esses trabalhadores são essencialmente 'ausentes'. Eles agem como sonâmbulos durante o dia de trabalho, investindo seu tempo, mas sem dedicar energia ou paixão ao que fazem".[2] Não é de admirar que os gestores queiram entender e explicar a motivação dos funcionários.

Na atual situação econômica, em permanente crise, o *downsizing* organizacional é comum e pode incluir até metade dos funcionários que trabalham para a empresa. Muitos sentem-se motivados a manter seus empregos porque estão com medo e, como resultado, seu desempenho e produção podem melhorar. O oposto pode ser verdade para outros colaboradores, que pensam que perderão o emprego independentemente do trabalho que fazem; logo, sentem que isso realmente não importa. E outros ainda podem analisar o cartaz afixado no quadro de recados sobre o plano de demissão voluntária.

Seja qual for a situação, uma vez que sejam feitos cortes no número de colaboradores, os gestores são confrontados por aqueles que permanecem. Os gestores precisam investir energia nessas pessoas, ajudar na recuperação, não deixar cair a produtividade, a moral e minimizar os danos à confiança no local de trabalho. Reconhecer o valor dos funcionários remanescentes é fundamental para

1   BRONSON, P. What should I do with my life now? *Fast Company*, abr. 2009, p. 35-37.
2   KRUEGER, J.; KILLHAM, E. At work, feeling good matters. *Gallup Management Journal*, dez. 2005. Disponível em: http://businessjournal.gallup.com/content/20311/work-feeling-good-matters.aspx. Acesso em: fev. 2020.

CAPÍTULO 8
Como motivar pessoas

motivá-los. Como um gestor poderia motivar os funcionários que acabaram de perder seus colegas e amigos de longa data? Enfrentando demissões e *downsizing* organizacional, como você trataria os colaboradores que ficaram? Como eles poderiam ser motivados? Você acha que uma organização pode sobreviver depois de perder funcionários em consequência do *downsizing*?

Tommy Sapp é uma pessoa competitiva e dinâmica. Ele dá o máximo de si em tudo que faz – em seu trabalho, em sua equipe de softbol, ao falar em detalhes do seu Corvette 1963. Em contraste, seu amigo Brad Wilson parece não ter disciplina em sua vida. As pessoas que o conhecem acham que ele é preguiçoso. Embora Brad seja inteligente e altamente capaz, ele tem dificuldade em manter um emprego por causa de sua incapacidade de persistir muito tempo se esforçando nas atividades. Tommy resume a avaliação que faz de Brad assim: "Ele não consegue fazer nada por mais de meia hora. Ele se entedia e está sempre distraído".

Gestores gostam de ter tipos como Tommy trabalhando para eles. Essas pessoas são intrinsecamente motivadas.

## INTRODUÇÃO

Existem pessoas que são automotivadas, ou seja, sentem-se motivadas o tempo todo e em qualquer atividade. Existem outras que são essencialmente desmotivadas. E existem aquelas cujo nível de motivação varia de uma atividade para outra.

Gestores têm o desafio de lidar com esses três "tipos" em seus times. Como podem fazer para manter as pessoas motivadas em sua equipe?

Neste capítulo, falaremos sobre algumas ferramentas que podem ajudar a responder a essa pergunta, explorando o conceito de motivação.

## 8.1 O QUE É MOTIVAÇÃO?

Primeiro, vamos descrever o que queremos dizer com o termo *motivação*. *Motivação* é a vontade de fazer alguma coisa; ela é condicionada pela capacidade que essa ação tem de satisfazer alguma necessidade individual. Necessidade, em nossa terminologia, significa uma deficiência fisiológica ou psicológica que faz com que certos resultados pareçam atraentes.

Uma *necessidade* insatisfeita cria desconforto, que desencadeia um impulso para satisfazer essa necessidade (ver Figura 8.1). Quanto maior o desconforto, maior será o impulso ou esforço necessário para reduzir essa tensão. Quando vemos os funcionários trabalhando duro em alguma atividade, podemos concluir que eles são motivados pelo desejo de satisfazer uma ou mais necessidades que valorizam.

*OBJETIVO 8.1*
Definir motivação.

*MOTIVAÇÃO*
Vontade de fazer algo condicionada pela capacidade que essa ação tem de satisfazer alguma necessidade individual.

*NECESSIDADE*
Deficiência fisiológica ou psicológica que faz com que certos resultados pareçam atraentes.

**Figura 8.1** Necessidades e motivação

## OBJETIVO 8.2
Identificar e definir cinco traços de personalidade relevantes para compreender o comportamento dos colaboradores no trabalho.

### 8.1.1 Entendendo as diferenças individuais

Um erro comum dos gestores é assumir que os outros são iguais a eles. Se são ambiciosos, acham que as outras pessoas serão ambiciosas também. Se valorizam muito passar noites e fins de semana com a família, geralmente presumem que os demais compartilham desse sentimento. Essas suposições são, na verdade, grandes equívocos. Aquilo que é importante para nós não é necessariamente importante para os outros. Nem todo mundo é movido pelo desejo de dinheiro. No entanto, muitos gestores acreditam que um bônus ou uma oportunidade de conseguir aumento salarial possa fazer com que todos os colaboradores queiram trabalhar mais, e isso nem sempre é verdade. Se você deseja ser bem-sucedido em motivar pessoas, comece aceitando e tentando entender as diferenças individuais.

Veja o exemplo de Samantha Carr. Em algumas atividades, Samantha é incrivelmente motivada. Ela lê dois ou três romances por semana, levanta-se às 5h30 da manhã todos os dias e religiosamente corre dois ou quatro quilômetros antes de tomar banho e ir trabalhar. Mas em seu trabalho de vendas no Bally's Fitness Center, ela parece entediada e desmotivada. A maioria dos colaboradores é como Samantha – seus níveis de motivação variam de acordo com as atividades que exercem.

O que os gestores podem fazer, então, para aumentar a motivação de pessoas como Brad Wilson e Samantha Carr? Neste capítulo, apresentaremos algumas ideias e ferramentas que podem ajudar a responder a essa pergunta, enquanto exploramos o empolgante conceito de motivação.

O maior valor de entender as diferenças de personalidade está na seleção. É provável que você tenha colaboradores com desempenho mais alto e mais satisfeitos se combinar tipos de personalidade com trabalhos compatíveis. Reconhecendo que as pessoas abordam a solução de problemas, a tomada de decisões e as interações de trabalho de maneira diferente, você pode entender melhor por que um funcionário se sente desconfortável em tomar decisões rápidas ou por que o outro insiste em reunir o máximo de informações possível antes de resolver um problema.

### 8.1.2 Avaliações de personalidade podem prever comportamentos relacionados ao trabalho?

Vejamos os cinco tipos de personalidade que se mostraram mais eficazes para explicar o comportamento individual nas organizações: *lócus de controle*, *maquiavelismo*, *autoestima*, *autogestão* e *propensão a riscos*.

CAPÍTULO 8
Como motivar pessoas

Algumas pessoas acreditam que controlam seu próprio destino. Outros se veem como peões do destino, acreditando que o que acontece a eles em suas vidas é resultado da sorte ou do acaso. O *lócus de controle* no primeiro caso é interno; essas pessoas acreditam que controlam seu destino. No segundo caso, é externo; essas pessoas acreditam que suas vidas são controladas por forças externas.[3] Estudos nos dizem que colaboradores com altos índices de externalidade estão menos satisfeitos com seus empregos, mais alienados do ambiente de trabalho e menos envolvidos em suas atividades do que aqueles que têm alta pontuação em internalidade. Por exemplo, os colaboradores com lócus externo de controle podem estar menos entusiasmados com seus trabalhos porque acreditam que têm pouca influência pessoal nas suas avaliações de desempenho. Atribuem as más avaliações a algum preconceito do gestor, dos colegas ou a outros eventos sobre os quais não têm controle.

O segundo tipo é o *maquiavelismo*, em homenagem a Nicolau Maquiavel, que no século XVI escreveu um ensaio sobre como conquistar e manipular o poder. Alguém com fortes tendências maquiavélicas é manipulador e acredita que os fins podem justificar os meios. Muitas vezes vistas como implacáveis, pessoas altamente maquiavélicas tendem a ser motivadas por trabalhos que exijam negociação ou em que há recompensas generosas a receber (como vendas comissionadas). Colaboradores com esse tipo de personalidade podem ficar frustrados em trabalhos em que as regras devem ser seguidas ou em que as premiações se baseiam mais no uso dos meios adequados do que na obtenção de resultados.

Uma terceira característica é chamada de *autoestima*. Estudos confirmam que pessoas com alto nível de autoestima acreditam possuir mais do que a capacidade necessária para ter sucesso no trabalho. Mas a descoberta mais significativa sobre a autoestima é que indivíduos com baixa autoestima são mais suscetíveis à influência externa do que seus opostos. Pessoas com menos autoestima dependem de avaliações positivas de outros. Como resultado, são mais propensas a buscar aprovação externa e a concordar com as crenças e os comportamentos daqueles que possuem autoestima maior.

O quarto tipo diz respeito à capacidade de ajustar o comportamento de alguém a situações de mudança; é chamado de *autogestão*. Indivíduos com nível de autogestão elevado mostram adaptabilidade considerável no ajuste de seu comportamento a fatores situacionais externos. Sensíveis a fatos externos, eles podem se comportar de maneira diferente em situações diversas e são capazes de apresentar contradições marcantes entre suas personas públicas e particulares. Pessoas com menor índice dessa capacidade não sabem disfarçar bem comportamentos; em vez disso, tendem a exibir seus

---

3 SILVESTER, J.; ANDERSON-GOUGH, F. M.; ANDERSON, N. R.; MOHAMED, A. R. Locus of control, attributions e impression management in the selection interview. *Journal of Occupational e Organizational Psychology*, v. 75, n. 1, mar. 2002, p. 59-77; ORGAN, D. W.; GREENE, C. N. Role ambiguity, locus of control and work satisfaction. *Journal of Applied Psychology*, v. 59, n. 1, fev. 1974, p. 101-102; MITCHELL, T. R.; SMYSER, C. M.; WEED, S. E. Locus of control: supervision e work satisfaction. *Academy of Management Journal*, v. 18, n. 1, set. 1975, p. 623-631.

**LÓCUS DE CONTROLE**
Fonte de controle sobre o comportamento de um indivíduo.

**MAQUIAVELISMO**
Comportamento manipulador baseado na crença de que os fins podem justificar os meios.

**AUTOESTIMA**
Grau em que uma pessoa gosta e acredita, ou não, em si mesma.

**AUTOGESTÃO**
Capacidade de ajustar o comportamento a fatores situacionais externos. Pessoas com nível de autogestão elevado adaptam-se facilmente e são capazes de apresentar contradições marcantes entre personas públicas e particulares; pessoas com menor grau de autogestão tendem a demonstrar seus verdadeiros sentimentos e crenças em quase todas as situações.

# A NOVA ADM

verdadeiros sentimentos e crenças em todas as situações. Evidências sugerem que os autogestores prestam mais atenção ao comportamento dos outros e são mais capazes de se conformar do que seus opostos. Como são mais flexíveis, ajustam-se facilmente a situações de trabalho que exigem que os colaboradores desempenhem múltiplas funções em suas equipes.

Por fim, a disposição a arriscar é descrita como uma propensão a riscos. Colaboradores com alta *propensão a riscos* tomam decisões mais rápidas e usam menos informações para fazer suas escolhas do que aqueles com baixa propensão a riscos.

## PROPENSÃO A RISCOS
Vontade de arriscar, caracterizada pela rápida tomada de decisão utilizando poucas informações.

### 8.1.3 Você precisa desenvolver sua inteligência emocional para melhorar suas habilidades de gestão?

Estar em sintonia com suas próprias emoções mais do que com as dos outros pode aumentar sua eficácia no trabalho. A inteligência emocional consiste em cinco dimensões que podem ajudá-lo a lidar com as demandas e pressões diárias do ambiente corporativo. Essas dimensões são as seguintes:

- **Autoconsciência:** consciência do que você está se sentindo.
- **Autogestão:** capacidade de gerenciar suas emoções e impulsos.
- **Automotivação:** capacidade de persistir diante de contratempos e falhas.
- **Empatia:** capacidade de sentir como os outros estão se sentindo.
- **Habilidades sociais:** capacidade de lidar com as emoções dos outros.

Vários estudos indicam que a inteligência emocional caracteriza os profissionais de alto desempenho, que tendem a se relacionar com os outros com excelência, seja em ambientes individuais ou em equipe. Gerentes de recursos humanos afirmam que a inteligência emocional é essencial para uma carreira de sucesso em uma empresa, especialmente em funções que exijam interação social.[4]

## OBJETIVO 8.3
Explicar os elementos e o foco das três primeiras teorias sobre motivação.

## 8.2 AS PRIMEIRAS TEORIAS SOBRE MOTIVAÇÃO

Uma vez que conhecemos as diferenças individuais, começamos a entender por que não há uma motivação que seja universal para todos os colaboradores. Como as pessoas são complexas, qualquer tentativa de explicar suas motivações também será complexa. Vemos isso no número de abordagens adotadas no desenvolvimento de teorias de motivação dos funcionários. Nas páginas seguintes, revisaremos a mais popular dessas abordagens teóricas.

### 8.2.1 Como você prioriza as necessidades?

A abordagem mais básica da motivação foi desenvolvida por Abraham Maslow.[5] Ele identificou um conjunto de necessidades básicas que argumentava ser comum a todos, e afirmou que os indivíduos deveriam ser avaliados

---

4   ROBBINS, S.; DECENZO, D. *Fundamentos de administração:* conceitos essenciais e aplicações. 4. ed. São Paulo: Pearson, 2004.

5   MASLOW, A. *Motivation and personality.* Nova York: Harper & Row, 1954.

segundo o grau em que essas necessidades fossem atendidas. De acordo com a *teoria da hierarquia das necessidades* de Maslow, uma necessidade satisfeita não gera mais tensão e, portanto, não é mais motivadora (ver Figura 8.1). A chave para a motivação, segundo Maslow, é determinar onde um indivíduo se encontra ao longo da hierarquia de necessidades e concentrar os esforços de motivação no ponto em que elas se tornam essencialmente insatisfeitas.

Maslow sugere que no âmago de todo ser humano existe uma hierarquia de cinco necessidades:

1. **Fisiológicas:** inclui fome, sede, abrigo, sexo e outras necessidades corporais.
2. **Segurança:** inclui proteção contra danos físicos e emocionais.
3. **Sociais:** inclui carinho, sentimento de pertencimento, aceitação e amizade.
4. **Estima:** inclui fatores internos como amor-próprio, autonomia e realização, e fatores externos como *status*, reconhecimento e atenção.
5. **Autorrealização:** inclui crescimento, conquista de determinado potencial e realização pessoal. É o impulso para se tornar o que o indivíduo é capaz de vir a ser.

À medida que cada uma dessas necessidades se torna essencialmente satisfeita, a próxima necessidade torna-se dominante. Em termos de teoria, o indivíduo ascende na hierarquia como se subisse uma escada. Do ponto de vista da motivação, a teoria diz que, embora nenhuma necessidade seja completamente preenchida, uma necessidade essencialmente satisfeita não é mais motivadora. Alguns estudos para testar a validade da teoria de Maslow foram feitos ao longo dos anos. Em geral esses estudos não foram capazes de comprovar a teoria.

Nós não podemos dizer, por exemplo, que a estrutura geral de necessidades de todos é organizada nas dimensões propostas por Maslow. Logo, embora exista há muito tempo e seja bastante conhecida, essa teoria provavelmente não é um guia adequado para ajudar você a motivar seus funcionários. Apenas a explicamos aqui para que você entenda por que, apesar de todo destaque que recebe, ela não é a melhor opção para você trabalhar a motivação em sua equipe.

### 8.2.2   Gestores priorizam a natureza das pessoas?

Alguns gestores acreditam que seus funcionários sejam trabalhadores, comprometidos e responsáveis. Outros os consideram essencialmente preguiçosos, irresponsáveis e sem ambição. Essa observação levou Douglas McGregor a propor sua *Teoria X-Teoria Y* da natureza e motivação humanas.[6]

McGregor argumentou que a visão que um gestor tem sobre a natureza dos seres humanos é baseada em certo agrupamento de suposições, e ele tende a moldar seu comportamento em relação a seus colaboradores de acordo com essas suposições. Segundo a Teoria X, as quatro premissas mantidas pelos gestores são as seguintes:

---

6   MCGREGOR, D. *The human side of enterprise.* Nova York: McGraw-Hill, 1960.

---

**TEORIA DA HIERARQUIA DAS NECESSIDADES**
Teoria de Abraham Maslow que afirma que uma necessidade satisfeita não cria mais tensão e, portanto, não é mais motivadora. Maslow acreditava que a chave para a motivação é determinar onde um indivíduo se encontra na hierarquia de necessidades e concentrar os esforços de motivação no ponto em que as necessidades se tornam essencialmente insatisfeitas.

**TEORIA X - TEORIA Y**
Teoria de Douglas McGregor de que a visão de um gestor sobre as pessoas é baseada em certo conjunto de pressupostos, e o gestor tende a moldar seu comportamento em relação aos subordinados segundo estes pressupostos.

1. O trabalho é intrinsecamente desagradável para a maioria dos colaboradores, portanto, sempre que possível, tentarão evitá-lo.
2. Uma vez que não gostam de trabalhar, os colaboradores devem ser coagidos, controlados ou ameaçados com punições para alcançar as metas desejadas.
3. Os colaboradores vão se esquivar das responsabilidades e buscar uma orientação formal sempre que possível.
4. A maioria dos trabalhadores coloca a segurança acima de todos os outros fatores associados ao trabalho, demonstrando pouca ambição.

Em contraste com essas visões negativas em relação à natureza dos seres humanos, McGregor listou quatro outras suposições, que chamou de Teoria Y:

1. Os colaboradores podem considerar o trabalho tão natural quanto o descanso ou o lazer.
2. Uma pessoa exercerá autogestão e autocontrole se estiver comprometida com os objetivos da organização.
3. Qualquer pessoa pode aprender a aceitar e até a almejar responsabilidades.
4. A capacidade de tomar boas decisões está amplamente dispersa em toda organização e não é, necessariamente, exclusiva dos gestores.

Quais são as implicações motivacionais de Teoria X-Teoria Y? McGregor argumentou que as suposições de Teoria Y eram mais válidas do que as suposições da Teoria X. Em consequência, ele propunha ideias como: participação na tomada de decisões, empregos responsáveis e desafiadores e boas relações de grupo. Essas seriam abordagens que maximizam a motivação do trabalho de um colaborador. Porém, não há evidências que confirmem que qualquer conjunto de premissas seja válido ou que a aceitação de suposições da Teoria Y e a alteração de suas ações levem a trabalhadores mais motivados. Evidências mostram que as hipóteses da Teoria X ou da Teoria Y podem ser apropriadas em determinadas situações.

## TEORIA DA HIGIENE MOTIVACIONAL

Teoria proposta por Frederick Herzberg segundo a qual o oposto da satisfação não é a "insatisfação", e sim a "não satisfação"; e o oposto da insatisfação não é a "satisfação", e sim a "não insatisfação".

### 8.2.3 Qual é o efeito da organização sobre a motivação?

A partir da década de 1950, Frederick Herzberg fez estas duas perguntas a alguns trabalhadores: "Primeiramente, descreva situações em que você se sentiu muito bem com seu trabalho. Depois, descreva situações em que você se sentiu muito mal em relação a seu trabalho". Então tabulou e categorizou as respostas. O que descobriu foi que as respostas que as pessoas davam quando se sentiam bem com seus trabalhos eram significativamente diferentes das respostas dadas quando se sentiam mal. Conforme demonstrado na Figura 8.2, certos fatores tendem a estar consistentemente relacionados à satisfação no trabalho (quando se sentem "bem"), e outros à insatisfação no trabalho (quando se sentem "mal"). Fatores intrínsecos como conquista, reconhecimento, o próprio trabalho, responsabilidade e progresso pareciam estar relacionados à satisfação no trabalho. Quando os questionados se sentiam "bem", tendiam a atribuir esses fatores a si mesmos. Por outro lado, quando estavam insatisfeitos, tendiam a citar fatores externos,

256

# CAPÍTULO 8
## Como motivar pessoas

como política e administração da empresa, gestão, relações interpessoais e condições laborais.

Herzberg reuniu esses resultados e formulou sua *teoria da higiene motivacional*.[7] Para ele, as respostas sugerem que o oposto da satisfação não é a insatisfação, como se acreditava tradicionalmente. Eliminar características insatisfatórias de um trabalho, portanto, não o torna necessariamente satisfatório. Herzberg propôs a existência de um *continuum* dual: o oposto de "satisfação" é "sem satisfação", e o oposto de "insatisfação" é "sem insatisfação" (ver Figura 8.3).

Segundo Herzberg, os fatores que levam à satisfação no trabalho são separados e diferentes daqueles que levam à insatisfação. Portanto, os gestores que buscam eliminar potenciais fatores de insatisfação podem trazer uma sensação de paz, mas não de motivação. Eles estarão mantendo seus colaboradores tranquilos, mas não necessariamente motivados. Características como política e normas da empresa, gestão, relações interpessoais, condições de trabalho e salário foram classificadas por Herzberg como *fatores de higiene*. Quando são adequados, as pessoas não ficarão insatisfeitas; no entanto, tampouco ficarão satisfeitas. Se quisermos motivar as pessoas em seus empregos, Herzberg sugere enfatizar a realização, o reconhecimento, o trabalho em si, a responsabilidade e o crescimento. Estas são características que as pessoas acham intrinsecamente gratificantes.

> **FATORES DE HIGIENE**
> Termo proposto por Frederick Herzberg para fatores como condições de trabalho e salário, que, se adequados, podem eliminar a insatisfação, mas não necessariamente aumentar a satisfação no trabalho.

**Figura 8.2** Comparação de fatores satisfatórios e insatisfatórios

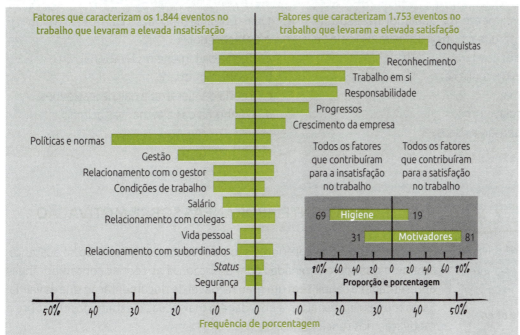

Fonte: HERZBERG, F. One more time: how do you motivate employees? *Harvard Business Review*, set.-out. 1987. (Copyright 1987 por the President e Fellows of Harvard College; todos os direitos reservados.)

---

7  HERZBERG, F.; MAUSER, B.; SNYDERMAN, B. *The motivation to work*. Nova York: John Wiley & Sons, 1959.

**Figura 8.3** Pontos de vista contrastantes de satisfação / insatisfação

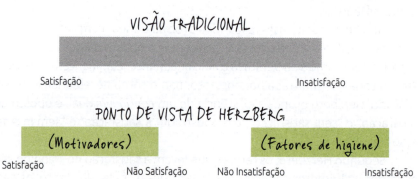

### CONFIRA O QUE APRENDEU 8.1

1. Uma necessidade fisiológica ou psicológica que faz com que certos resultados pareçam atraentes é chamada:
   a. necessidade
   b. motivação.
   c. tensão crescente.
   d. impulso.

2. Comportamento manipulador baseado na crença de que os fins justificam os meios é chamado:
   a. lócus de controle.
   b. estima.
   c. maquiavelismo.
   d. propensão a riscos.

3. Qual das seguintes alternativas *não é* uma necessidade proposta na teoria da hierarquia das necessidades de Maslow?
   a. Segurança.
   b. Estima.
   c. Lócus de controle.
   d. Fisiológicas.

4. Qual teoria da motivação é atribuída a Douglas McGregor?
   a. Teoria da higiene motivacional.
   b. Teoria X-Teoria Y.
   c. Teoria da hierarquia das necessidades.
   d. Nenhuma das alternativas acima.

**OBJETIVO 8.4**
Identificar as características que estimulam a conquista em empreendedores.

## 8.3 TEORIAS CONTEMPORÂNEAS SOBRE MOTIVAÇÃO

As três teorias anteriores são bem conhecidas, mas não se sustentaram bem quando examinadas com atenção. Já as teorias contemporâneas apresentadas a seguir têm um grau razoável de documentação que as valida. Essas teorias representam a abordagem mais atual, o estado da arte sobre a motivação dos funcionários.

### 8.3.1 O que é foco em realização?

Algumas pessoas possuem uma força motriz para o sucesso, tanto pessoal quanto profissionalmente. Desejam fazer algo melhor ou de maneira mais

## CAPÍTULO 8
### Como motivar pessoas

eficiente do que fizeram antes. Esse impulso é a *necessidade de realização*. Pessoas com grande necessidade de realização são intrinsecamente motivadas.[8] Assim, quando pessoas com alto grau de empreendedorismo ocupam vagas que estimulam sua motivação de realização, tendem a ser automotivadas e exigir pouco do tempo e da energia do gestor.

Pessoas com espírito empreendedor desejam fazer as coisas de maneira melhor e buscam situações em que possam obter responsabilidade pessoal para encontrar soluções para os problemas. Em busca de um *feedback* rápido e claro sobre seu desempenho, elas estabelecem metas moderadamente desafiadoras. Não se trata de pessoas que arriscam tudo no jogo nem que gostam de ter sucesso por acaso. Preferindo o desafio de trabalhar com um problema e aceitar a responsabilidade pessoal pelo sucesso ou fracasso, evitam o que percebem como tarefas muito fáceis ou muito difíceis. São pessoas que têm melhor desempenho quando percebem que possuem 50% de chance de sucesso. Não gostam nem de sucesso acidental nem do sucesso garantido – preferem metas que exijam o seu melhor e desafiem suas habilidades. Tarefas com igual chance de sucesso ou de fracasso proporcionam a oportunidade ideal para se sentirem realizadas e satisfeitas com seus esforços.

Nos países desenvolvidos, entre 10% e 20% da força de trabalho é composta de grandes empreendedores. A porcentagem é consideravelmente menor nos países em desenvolvimento, pois a cultura dos países desenvolvidos tende a preparar e estimular mais as pessoas para um esforço de realização pessoal.

Com base em pesquisas sobre realizações e conquistas, extraímos três conclusões razoavelmente bem fundamentadas:

1. Em primeiro lugar, indivíduos com alto espírito empreendedor preferem situações de trabalho com responsabilidade pessoal, *feedback* e um grau intermediário de risco. Quando essas características são predominantes, eles tendem a estar fortemente motivados. Evidências consistentes demonstram que os grandes empreendedores são bem-sucedidos em atividades empreendedoras, tais como gerir seus próprios negócios ou posições de vendas.

2. Em segundo lugar, uma alta necessidade de realização nem sempre leva alguém a ser um bom gestor ou gerente. Os vendedores de alto desempenho não são bons gestores de vendas, bem como um bom administrador de uma grande organização não é necessariamente um grande empreendedor. A razão parece ser porque os grandes empreendedores querem fazer as coisas sozinhos, em vez de conduzir os demais no caminho das conquistas.

3. Por fim, os colaboradores podem ser treinados para estimular sua necessidade de realização. Se um trabalho exige uma pessoa com espírito empreendedor, você pode selecionar alguém

> **NECESSIDADE DE REALIZAÇÃO**
> Impulso que leva ao sucesso; motivação intrínseca para fazer algo melhor ou de maneira mais eficiente que antes.

---

8 McCLELLAND, D. C. *The achieving society.* Nova York: Van Nostrand Reinhold, 1961.

com alto nível de atenção ou desenvolver seu próprio candidato por meio de treinamento de desempenho. O treinamento para a necessidade de realização se concentra em ensinar as pessoas a agir, conversar e pensar como grandes empreendedores, escrevendo histórias que enfatizem realizações, simulando jogos que estimulem sentimentos de realização, conhecendo empresários bem-sucedidos e aprendendo como desenvolver metas específicas e desafiadoras.

### 8.3.2 Quão importante é a equidade?

Suponha que sua empresa acabou de contratar um novo empregado para trabalhar em seu departamento, fazendo o mesmo trabalho que você está fazendo. Essa pessoa tem basicamente a mesma idade que você, com qualificações e experiência acadêmica quase idênticas. A empresa está lhe pagando $ 5.000 por mês (o que você considera muito interessante). Como você se sentiria se descobrisse que a empresa está pagando ao novo contratado $ 6.000 por mês? Com certeza, ficaria chateado e com raiva. Você não acharia justo. Provavelmente logo passaria a achar que é mal pago e direcionaria sua raiva para ações como reduzir seu esforço no trabalho, fazer pausas para o café mais longas ou tirar folgas alegando "motivos de saúde".

Essas reações ilustram o papel que a equidade salarial, por exemplo, desempenha na motivação. As pessoas comparam os insumos de seu emprego e os resultados obtidos com os insumos e resultados de seus colegas de trabalho. As desigualdades encontradas têm forte influência sobre a teoria da equidade e o grau de esforço que os funcionários exercem.[9]

A *teoria da equidade* afirma que os colaboradores percebem o que podem obter de uma situação de trabalho (resultados) em relação aos esforços despendidos (insumos) e, em seguida, comparam os esforços e resultados obtidos com os esforços e resultados de outros. Se perceberem que sua proporção é igual à das pessoas com quem se comparam, dizemos que há um estado de equidade. Eles sentem que a situação é equânime, prevalece um senso de justiça. Se as proporções forem desiguais, os funcionários tendem a ver a si mesmos como subvalorizados ou superestimados. E quando essas desigualdades ocorrem, os colaboradores tentam corrigi-las.

A teoria da equidade reconhece que os indivíduos estão preocupados não apenas com a quantidade absoluta de retorno que recebem por seus esforços, mas também com a relação dessa quantia com o que os outros recebem (ver Figura 8.4). Insumos como esforço, experiência, educação e competência podem ser comparados a resultados como níveis salariais, aumentos, reconhecimento e outros fatores.

**TEORIA DA EQUIDADE**
*Afirma que os colaboradores percebem o que podem obter de uma situação de trabalho (resultados) em relação a seus esforços (insumos), comparando seus esforços e resultados com os esforços e resultados dos colegas de trabalho.*

---

9 ADAMS, J. S. Inequity in social exchanges. In: BERKOWITZ, L. (Ed.). *Advances in experimental social psychology*, v. 2. Nova York: Academic Press, 1965. p. 267-300.

*CAPÍTULO 8*
*Como motivar pessoas*

**Figura 8.4** Teoria da equidade

$$\frac{\text{Esforço dos colegas}}{\text{Resultados dos colegas}} \quad \text{COMPARAR COM} \quad \frac{\text{Esforços individuais}}{\text{Resultados individuais}}$$

Quando as pessoas percebem um desequilíbrio na sua taxa de esforço--resultado em relação a outros, estabelece-se um desconforto. Essa tensão impacta diretamente a motivação, na medida em que as pessoas se esforçam na direção daquilo que percebem como equidade e justiça.

O fato de que pessoas, sistemas ou indivíduos se comparam uns com os outros para avaliar a equidade é uma variável importante nesta teoria.[10] Cada uma das três categorias referenciadas é importante. A categoria *pessoas* inclui outros indivíduos com empregos semelhantes na mesma organização, mas também amigos, vizinhos ou sócios numa empresa. Com base no que ouvem no trabalho ou leem em jornais ou revistas especializadas, os empregados comparam seu salário com o de outros. A categoria *sistema* inclui organização, políticas salariais, procedimentos e alocação. A categoria *indivíduo* se refere à proporção de esforços-resultados, que são particulares àquele indivíduo, refletindo experiências e contatos anteriores, e é influenciada por critérios como empregos antigos ou compromissos familiares.

Há evidências substanciais para corroborar a tese da equidade: a motivação dos funcionários é bastante influenciada tanto por recompensas relativas como por recompensas absolutas. Isso ajuda a esclarecer – sobretudo quando os empregados percebem a si mesmos como subestimados (todos nós sabemos muito bem racionalizar quando somos superestimados) – por que eles podem diminuir seus esforços, fazer um trabalho de má qualidade, sabotar o sistema, faltar ou até mesmo pedir demissão.

## 8.4 COLABORADORES REALMENTE CONSEGUEM O QUE ESPERAM?

*OBJETIVO 8.5*

*Identificar as três relações na teoria da expectativa que determinam o nível de esforço do indivíduo.*

A perspectiva final que apresentamos é uma abordagem integrativa da motivação, concentrada em expectativas. Mais especificamente, a teoria da expectativa argumenta que os indivíduos analisam três relações: recompensas por esforço, recompensas por desempenho e recompensas de cunho pessoal. Seu nível de esforço depende do peso que suas expectativas têm na

---

10  GOODMAN, P. S. An examination of referents used in the evaluation of pay. *Organizational Behavior and Human Performance*, out. 1974, p. 170-195; RONEN, S. Equity perception in multiple comparisons: a field study. *Human Relations*, abr. 1986, p. 333-346; SCHOLL, R. W.; COOPER, E. A.; MCKENNA, J. F. Referent selection in determining equity perception: differential effects on behavioral and attitudinal outcomes. *Personnel Psychology*, 1987, p. 113-127; KULIK, C. T.; AMBROSE, M. L. Personal and situational determinants of referent choice. *Academy of Management Review*, abr. 1992, p. 212-237.

consecução dessas conquistas.[11] Segundo a *teoria da expectativa*, um funcionário estará motivado a exercer alto nível de esforço quando acredita que este esforço levará a uma boa avaliação de desempenho; que uma boa avaliação de desempenho levará a recompensas organizacionais, como bônus, aumento salarial ou promoção; e que a recompensa satisfará enquanto objetivo pessoal alcançado. A teoria é demonstrada na Figura 8.5.

**Figura 8.5** Teoria da expectativa

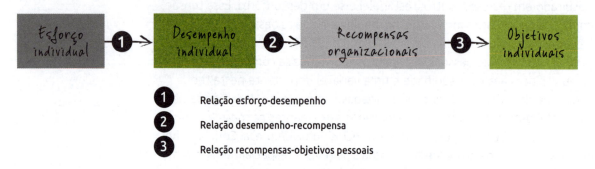

1. Relação esforço-desempenho
2. Relação desempenho-recompensa
3. Relação recompensas-objetivos pessoais

## TEORIA DA EXPECTATIVA

Teoria em que os indivíduos analisam as recompensas pelo esforço, pelo desempenho e segundo seus objetivos pessoais e níveis de esforço, dependendo do tamanho de suas expectativas em relação à obtenção desses resultados.

A teoria da expectativa ajuda a explicar por que muitos trabalhadores não são motivados nos seus cargos e fazem apenas o mínimo necessário para seguir em frente. Isso fica mais claro quando examinamos a teoria dos três relacionamentos com mais detalhes. Vamos apresentá-la como perguntas a que os empregados precisam responder afirmativamente.

# **Em primeiro lugar, se eu der o máximo de mim, serei reconhecido na minha avaliação de desempenho?** Para alguns, a resposta é não. Seu nível de habilidade pode ser insuficiente, o que significa que não importa o quanto tentem, não atingirão um alto desempenho. Além disso, a avaliação de desempenho realizada por uma empresa pode ser mal projetada, considerando características em vez de comportamentos, o que dificulta ou impossibilita que o empregado obtenha um bom desempenho. Outra possibilidade é que os empregados percebam que não têm uma boa relação com seus gestores e, consequentemente, já esperem ter uma má avaliação qualquer que seja seu desempenho. Isso sugere que uma possível fonte de baixa motivação funcional é a percepção do funcionário de que, não importa o quanto trabalhe, a probabilidade de ser bem avaliado é muito baixa.

# **Em segundo lugar, se obtiver uma boa avaliação, terei recompensas organizacionais?** Muitos empregados percebem a relação desempenho-recompensa como frágil. A razão é que as organizações premiam muitas outras coisas que não apenas o desempenho. Por

---

11 VROOM, V. H. *Work e motivation.* Nova York: John Wiley & Sons, 1984.

exemplo, quando o pagamento é alocado aos funcionários com base em fatores como senioridade, capacidade de cooperar ou "bajular" o chefe, os colaboradores provavelmente verão a relação desempenho-recompensa como fraca e desmotivadora.

# **Por fim, se for recompensado, os benefícios serão atraentes para mim?** O empregado trabalha duro na esperança de conseguir uma promoção, mas recebe um aumento de salário. Ou deseja um trabalho mais interessante e desafiador, mas recebe meras palavras de incentivo ou elogios. Infelizmente, muitos gestores não têm alçada para distribuir recompensas, dificultando a adaptação a casos individuais. Outros gestores erram ao presumir que todos os empregados desejam as mesmas coisas, ignorando os efeitos motivacionais de diversificar as recompensas. De todo modo, motivação dos empregados não chega ao ponto máximo que poderia.

A teoria da expectativa deixa clara a necessidade de os gestores compreenderem os objetivos individuais e a correlação entre esforço e desempenho, esforço e recompensas, e entre recompensas e metas e satisfação individuais. A teoria dá ênfase a compensações, prêmios ou recompensas que correspondam ao que o indivíduo deseja. Reconhece que não há princípio universal para explicar o que motiva os indivíduos e, portanto, dá especial destaque para que os gestores compreendam por que os empregados percebam certos resultados como atrativos ou pouco atraentes. Além disso, a teoria da expectativa leva mais em conta os comportamentos esperados. Os colaboradores sabem o que é esperado deles e como serão avaliados? Por fim, a teoria está preocupada com percepções, a realidade é irrelevante. Percepções individuais de desempenho, recompensa e metas, e não os resultados em si, determinarão a motivação de cada colaborador e, desta forma, também o seu nível de esforço.

**ALGO PARA PENSAR**
*(e promover discussão em sala de aula)*

## MOTIVADO PARA FAZER O QUÊ?*

O Google recebe mais de 777.000 candidatos a emprego por ano. Isso não é de se admirar – com uma massagem semana sim, semana não, lavanderia no local, piscina e spa, refeições deliciosas à vontade –, o que mais um empregado poderia desejar? Parece o trabalho dos sonhos. No entanto, no Google, muitas pessoas demonstram que todos esses benefícios (e estes são apenas alguns) não são suficientes para mantê-las lá. Como um analista disse: "Sim, o Google está ganhando rios de dinheiro. Sim, está lotado de pessoas inteligentes. Sim, é um lugar maravilhoso para trabalhar. Então, por que tantas pessoas estão indo embora?".

O Google está há três anos consecutivos na lista das dez melhores empresas para se trabalhar da revista *Fortune*, tendo chegado a ocupar a primeira posição. Contudo, não se engane. Os executivos do Google decidiram oferecer esses benefícios fabulosos por várias razões: para atrair a melhor mão de obra especializada que puder num mercado extremamente competitivo e agressivo; para ajudar os empregados a trabalhar durante jornadas longas e não precisarem se distrair com tarefas pessoais que demandem tempo; para mostrar aos empregados que são valorizados; para que permaneçam sendo *googlers* (como eles mesmos se chamam) por vários anos. Mesmo assim, alguns googlers abandonaram o barco e deixaram para trás esses benefícios fantásticos para seguir por conta própria.

Por exemplo, Sean Knapp e dois colegas, os irmãos Bismarck e Belsasar Lepe, surgiram com uma ideia sobre como lidar com vídeo na *web*. Eles pediram demissão do Google, ou, como alguém disse, "abandonaram por conta própria o paraíso para fundar sua própria empresa". Quando se demitiram, o Google não queria abrir mão nem do trio nem do seu projeto, e lhes deu um "cheque em branco". Mas os três perceberam que teriam que fazer o trabalho duro para o Google colher os louros do sucesso. E foram embora, embarcando na agitação de uma *start-up*.

Se isso fosse uma ocorrência isolada, seria fácil esquecê-la. Porém, outros talentosos empregados do Google fizeram a mesma coisa. Na verdade, há tantos deles que fundaram um espécie de clube informal de ex-googlers que se tornaram empresários por conta própria.

Se o Google é uma companhia tão motivadora, como é realmente trabalhar lá?

(*Dica*: vá ao site do Google e clique em "Sobre o Google". Encontre a seção "Trabalhe Conosco" e vá em frente. Qual é sua avaliação do ambiente de trabalho da empresa?)

Embora o Google esteja fazendo muito por seus empregados, isso obviamente não é o bastante para reter muitos de seus funcionários talentosos. Refletindo sobre o que você aprendeu sobre as várias teorias motivacionais, o que essa situação lhe diz acerca da motivação dos empregados? Na sua opinião, qual o maior desafio do Google para manter seus empregados motivados? Se estivesse gerenciando uma equipe de empregados do Google, como você os manteria motivados? A empresa vai continuar a sofrer com a saída de empregados talentosos? Deveria investir para corrigir o problema ou aceitá-lo como algo intrínseco ao mundo da TI?

\* LEVERING; R.; MOSKOWITZ, M. And the winners are... *Fortune*, 2 fev. 2009, p. 67+; LASHINSKY, A. Where does Google go next? *CNNMoney.com*, 12 maio 2008; KNOWLEDGE@WARTHON. Benefits offered by google and others may be grand, but they're all business. *Knowledge@Wharton*, 21 mar. 2007. Disponível em: https://knowledge.wharton.upenn.edu/article/perk-place-the-benefits-offered-by-google-and-others-may-be-grand-but-theyre-all-business/. Acesso em: fev. 2020.

## OBJETIVO 8.6
Listar as ações que um gestor pode adotar para maximizar a motivação dos colaboradores.

### 8.4.1 Como criar uma atmosfera na qual os colaboradores realmente queiram trabalhar?

Se você é um gestor preocupado em motivar seus funcionários, como aplicaria os vários conceitos motivacionais apresentados neste capítulo? Não existe um guia simples para isso, mas a essência do que sabemos sobre motivar funcionários fica condensada nas seguintes sugestões:

# **Reconheça diferenças individuais.** Lembre-se de que os empregados não são iguais. Pessoas têm necessidades diferentes. Enquanto você pode ser impulsionado pela necessidade de reconhecimento,

eu posso ser bem mais preocupado em satisfazer meu desejo de segurança. Sabemos que uma minoria de colaboradores tem grande necessidade de realização. Mas se uma ou mais pessoas trabalhando para você têm perfil de grandes empreendedores, certifique-se de lhes dar uma função que ofereça responsabilidade pessoal, *feedback* e grau intermediário de risco, fatores que provavelmente lhes darão mais motivação. Seu trabalho como gestor inclui aprender a reconhecer as necessidades dominantes de cada um de seus funcionários.

# **Combinar pessoas com empregos.** As evidências apoiam a ideia de que os benefícios motivacionais advêm de uma criteriosa combinação de pessoas com empregos. Algumas pessoas preferem o trabalho de rotina com tarefas repetitivas; outras gostam de fazer parte de uma equipe; outras se saem melhor quando estão isoladas para fazer o seu trabalho de maneira independente. Quando os trabalhos diferem em termos de autonomia, variedade de tarefas e de habilidades, você deve tentar combinar os funcionários com as posições que melhor se adequam a suas capacidades e preferências pessoais.

# **Estabeleça metas desafiadoras.** No início do Capítulo 3, mostramos que metas desafiadoras podem ser uma fonte de motivação. Quando as pessoas acatam, comprometem-se com um conjunto de metas difíceis e trabalham duro para conquistá-las. Nossa análise das evidências deixa claro o poder das metas em influenciar o comportamento dos empregados. Com base nisso, sugerimos que você sente com cada um dos seus colaboradores e, em conjunto, defina objetivos tangíveis, verificáveis e mensuráveis por determinado intervalo de tempo. Em seguida, crie um mecanismo pelo qual os empregados recebam *feedback* contínuo sobre seu progresso para atingir esses objetivos. Esse processo de definição de metas deve ser um vetor de motivação dos funcionários.

# **Incentive a participação.** Permita que os colaboradores participem das decisões que os afetam, pois isso resulta em um aumento da motivação. Participar é um ato empoderador, pois possibilita que as pessoas se apropriem das decisões. Decisões das quais os empregados podem participar incluem estabelecer metas de trabalho, escolher pacotes de benefícios e selecionar horários de trabalho e tarefas. A participação, é claro, deve ser facultada ao funcionário, sem que ninguém seja obrigado a participar na tomada de decisões. Embora a participação seja associada ao aumento do comprometimento e da motivação do empregado, a partir do que discutimos sobre diferenças individuais, é preciso levar em conta que algumas pessoas preferem exercer o direito de não participar de decisões que lhes afetem.

# **Individualize recompensas.** Uma vez que os colaboradores têm necessidades diferentes, o que é um reforço positivo para um pode não funcionar para outro. Use seu conhecimento das características de

cada um para personalizar as recompensas que estão em sua alçada. Algumas das recompensas que os gestores distribuem incluem salário, atividades, horas de trabalho e oportunidade de estabelecer metas e tomar decisões.

# **Vincule recompensas ao desempenho.** Na teoria de reforço e na teoria da expectativa, a motivação é maximizada quando os gestores criam recompensas que dependem do desempenho. Recompensas que extrapolam o desempenho apenas contribuem para reforçar e encorajar outros fatores. Conecte recompensas como aumentos salariais e promoções à conquista de determinados objetivos daquele profissional. Maximize o impacto das recompensas aumentando a visibilidade delas. Divulgue bônus de desempenho e distribua aumentos salarias num só montante em vez de fracioná-los ao longo do ano, por exemplo. Esta é uma ação que tornará as recompensas mais visíveis e potencialmente mais motivadoras.

# **Confira a equidade.** Recompensas ou resultados devem ser percebidos pelos colaboradores como uma maneira de responder a seus esforços. Isso significa que experiência, habilidades e outros insumos devem justificar diferenças salarias, de responsabilidade e outros desdobramentos óbvios. A questão é complicada porque há dezenas de insumos e resultados, e diferentes equipes de empregados os percebem em variados graus de importância. A equidade de um pode ser a desigualdade de outro. Logo, um sistema de recompensas ideal deve considerar os insumos de maneira diferente para possibilitar as recompensas adequadas a cada tarefa.

# **Não ignore o dinheiro!** Por fim, é fácil ficar tão envolvido em definir metas ou fornecer oportunidades de participação que você acaba esquecendo que o dinheiro é uma das principais razões para que a maioria das pessoas trabalhem. A alocação de aumentos salariais baseados em desempenho, remuneração variável por vendas e outros incentivos é importante para determinar a motivação do colaborador. Dito de forma simples, o dinheiro motiva! Em uma avaliação de 80 estudos que aferiram métodos motivacionais e seus impactos na produtividade dos empregados,[12] a definição de metas representou 16% de aumento da produtividade; o esforço para redesenhar empregos e torná-los mais interessantes e desafiadores resultou em aumentos de 8% a 16% de produtividade; e a participação dos empregados na tomada de decisões produziu um aumento médio de mais de 1%. Em contraste, incentivos monetários levaram a um aumento médio de 30% na produtividade dos colaboradores.

---

12  LOCKE, E. A. The relative effectiveness of four methods of motivating employee performance. In: DUNCAN, K. D.; GRUNEBERG, M. M.; WALLIS, D. (Eds.). *Changes in working life*. Londres: John Wiley & Sons, 1980, p. 363-383.

CAPÍTULO 8
Como motivar pessoas

## 8.5 PROJETANDO EMPREGOS MOTIVADORES

A estrutura do trabalho em si pode impactar a motivação do funcionário e do nível de produtividade que ele almeja alcançar. Alguns trabalhos são rotineiros porque as tarefas são padronizadas e repetitivas; outros têm variedade e saem da rotina. Alguns exigem grande número de habilidades, variadas e diversificadas; outros têm um escopo mais limitado.

Alguns trabalhos restringem os colaboradores, exigindo que eles sigam procedimentos precisos; outros dão aos empregados grande liberdade para exercer suas funções como queiram. O termo *concepção de trabalho* refere-se ao modo como as tarefas são combinadas para completar o trabalho. Segundo o Modelo de Características de Trabalho (MCT), desenvolvido por Hackman e Oldham, há cinco características que definem um trabalho:[13]

1. **Variedade de habilidades:** Quanto do trabalho requer atividades diferentes que demandam do trabalhador habilidades e talentos distintos.
2. **Identidade da atividade:** Quanto do trabalho requer a conclusão de determinada tarefa, identificável e completa.
3. **Importância da atividade:** Quanto do trabalho afeta de maneira importante a vida ou ocupações de outras pessoas.
4. **Autonomia:** Quanto do trabalho proporciona liberdade, independência e discernimento para que a pessoa faça seus horários e determine os procedimentos a serem executados na função.
5. *Feedback*: Quanto das atividades exigidas pela função podem ser executadas e resultam em informação direta, clara e efetiva para aquela pessoa que as desempenhou.

O MCT explica como as três primeiras dimensões – variedade de habilidades, identidade da atividade e importância da atividade – se combinam para criar um trabalho significativo. Se essas três características existem numa função, a tendência é que os funcionários considerem seus empregos importantes, valorosos e dignos. Empregos que possuem autonomia proporcionam ao trabalho um sentimento de responsabilidade pessoal pelos resultados obtidos, e, se receberem *feedback*, os empregados saberão quão eficiente está sendo seu desempenho. O MCT sugere que as recompensas internas são obtidas quando os funcionários aprendem (conhecimento dos resultados por meio de *feedback*), quando exerceram responsabilidade pessoal (por meio de autonomia na função) ou quando tiveram um bom desempenho numa atividade à qual se dedicaram (experimentando um propósito por meio da variedade, identidade ou importância das tarefas). Quanto mais essas condições caracterizarem um trabalho, maior será a motivação, o desempenho e a satisfação do colaborador. Isso também diminuirá seu absenteísmo e a probabilidade de que

---

13 HACKMAN, J. R.; OLDHAM, G. R. Motivation through the design of work: test of a theory. *Organizational Behavior and Human Performance*, ago. 1976, p. 250-279.

**OBJETIVO 8.7**

Descrever como os gestores podem projetar trabalhos individuais para maximizar o desempenho.

**CONCEPÇÃO DE TRABALHO**
Combinar tarefas para criar um trabalho completo.

peça demissão. O MCT oferece aos gestores uma orientação importante para a concepção de trabalho tanto para indivíduos como para equipes.[14]

A Figura 8.6 oferece exemplos de atividades de trabalho classificadas em ordem decrescente segundo cada característica. Quando essas cinco características estão presentes, o trabalho torna-se enriquecido e potencialmente motivador. Se esse potencial é ou não atualizado depende do grau da necessidade de crescimento do empregado. Pessoas com necessidade maior de crescimento provavelmente estarão mais motivadas em trabalhos cheios de desafios do que os colegas com necessidade de crescimento menor. O *enriquecimento do trabalho* aumenta a capacidade que o colaborador tem de controlar planejamento, execução e avaliação de suas atividades. Um trabalho enriquecido dispõe de tarefas organizadas de modo a permitir que o trabalhador exerça a atividade completa, além de aumentar sua liberdade e independência oferecendo mais responsabilidades e *feedback* para que o gestor e o próprio colaborador possam avaliar e corrigir seu desempenho.

**ENRIQUECIMENTO DO TRABALHO**
O quanto um trabalhador controla o planejamento, execução e avaliação de seu trabalho.

**Figura 8.6** Exemplos de níveis altos e baixos de características do trabalho

| | | |
|---|---|---|
| **Feedback** | Feedback baixo | Um proprietário-operador de uma oficina de reparos elétricos que reconstrói motores, faz o trabalho braçal e interage com os clientes |
| | Feedback alto | Um marceneiro que projeta uma peça de mobília, seleciona a madeira, constrói o objeto e lhe dá acabamento com perfeição |
| **Autonomia** | Autonomia baixa | Um trabalhador numa fábrica de móveis que opera um torno exclusivamente para fazer pernas de mesa |
| | Autonomia alta | Uma enfermeira que cuida dos doentes numa unidade de terapia intensiva hospitalar |
| **Importância da atividade** | Importância baixa | Um zelador que varre o chão do hospital |
| | Importância alta | Um instalador de telefone que programa seu próprio trabalho diário, faz visitas sem supervisão e decide sobre as técnicas mais eficazes de determinada instalação |
| **Identidade da atividade** | Identidade baixa | Um operador de telefone que deve lidar com as chamadas seguindo uma rotina, procedimento altamente especificado |
| | Identidade alta | Um operário de fábrica de eletrônicos que monta um rádio e o testa em seguida, determinando se funciona corretamente |
| **Variação da atividade** | Variação alta | Um operário de fábrica de eletrônicos que monta um rádio e, em seguida, o encaminha a um inspetor de controle de qualidade que faz testes de conformidade e eventuais ajustes, se necessário |
| | Variação baixa | Um trabalhador de oficina que pinta durante oito horas por dia |

---

14  VAN DER VEGT, G.; EMANS, B. VAN DER VLIERT, E. Motivating effects of task and outcome interdependence in work teams. *Journal of Managerial Psychology*, jul. 2000, p. 829; BEMMELS, B. Local union leaders satisfaction with grievance procedures. *Journal of Labor Research*, 2001, p. 653-669.

### 8.5.1 Fluxo no ambiente de trabalho

O desenho de um trabalho oferece à empresa uma oportunidade de combinar as habilidades dos colaboradores com as condições da atividade e do local de trabalho. Quando os trabalhadores são capazes de encontrar uma motivação intrínseca para completar uma tarefa e se engajar nela, aparentemente excluindo influências externas, pode-se dizer que eles estão no fluxo da tarefa, do trabalho ou mesmo da carreira. O fluxo é um alto nível de motivação intrínseca que ocorre quando os indivíduos ficam tão absorvidos naquilo que estão fazendo que perdem toda a consciência de elementos externos à tarefa.

O fluxo é mais comum durante as atividades de trabalho, geralmente ocorrendo quando:

- as competências são adequadamente correspondidas pelos desafios;
- a concentração é tão intensa que não sobre a atenção para se concentrar em problemas irrelevantes ou questões cotidianas;
- o conceito do *self* desaparece e a pessoa perde a noção do tempo;
- a atividade é tão recompensadora que as pessoas a realizam por conta própria.

Os gestores devem perceber que quando as habilidades dos colaboradores extrapolam seus desafios no emprego, eles facilmente se entediam. Por outro lado, quando os desafios do trabalho são maiores do que as habilidades do empregado, isto pode causar ansiedade diante da incapacidade de completar a tarefa com êxito. Já quando os desafios são apropriados para o conjunto de habilidades do colaborador, é mais provável que ele se envolva inteiramente com o que faz e tire o máximo proveito da experiência. Em um ambiente de trabalho moderno e altamente competitivo é importante identificar trabalhos com potencial para aumentar o engajamento dos funcionários.[15]

## 8.6 DESAFIOS ATUAIS DE MOTIVAÇÃO PARA GESTORES

Os gestores de hoje têm o desafio de motivar uma força de trabalho diversificada, remunerando desempenho, motivando empregados com salários, motivando trabalhadores temporários, motivando funcionários e técnicos, equilibrando a vida e o trabalho dos colaboradores, fornecendo programas de reconhecimento e introduzindo planos de participação nos resultados.

### 8.6.1 Qual é a chave para motivar uma força de trabalho diversificada?

Para maximizar a motivação na força de trabalho diversificada atual, os gestores precisam pensar em *flexibilidade*.[16] Estudos indicam que os homens

> **OBJETIVO 8.8**
>
> Explicar o efeito da diversidade da força de trabalho na motivação dos colaboradores.

---

15 CSÍKSZENTMIHÁLYI, M. *Flow*: the psychology of optimal experience. Nova York: Harper & Row, 1990; CHAMBERLIN, J. Reaching flow to optimize work and play. *APA Online*, v. 29, n. 7, jul. 1998; CSÍKSZENTMIHÁLYI, M. *Good business*: leadership, flow, e the making of meaning. Nova York: Penguin Books, 2003; MARSH, A. The art of work. *Fast Company*, 1º ago. 2005. Disponível em: https://www.fastcompany. com/53713/art-work. Acesso em: fev. 2020.

16 BATES, S. Getting engaged. *HR Magazine*, fev. 2004, p. 44-51; COMBS, G. M. Meeting the leadership challenge of a diverse and pluralistic workplace: implications of self-efficacy for diversity training. *Journal of Leadership Studies*, v. 8, n. 4, 2002, p. 1-17.

atribuem uma importância consideravelmente maior à autonomia em seus trabalhos do que as mulheres. Em contraste, a oportunidade de aprender, ter horas de trabalho convenientes e desfrutar de boas relações interpessoais parece mais importante para as mulheres do que para os homens. Os gestores devem compreender que a motivação de uma mãe solteira com dois filhos que trabalha tempo integral pode ser bem diferente da motivação que tem um trabalhador jovem e solteiro ou um empregado mais velho que está trabalhando para complementar sua aposentadoria. Os empregados têm necessidades e objetivos pessoais diferentes, que esperam satisfazer por meio do trabalho que realizam. A oferta de vários tipos de recompensas para atender a necessidades diferentes pode ser altamente motivadora para os empregados.

Os gestores também devem perceber as diferenças culturais. As teorias sobre motivação que estudamos aqui foram desenvolvidas em grande parte por psicólogos e validadas por estudos com trabalhadores americanos. Portanto, essas teorias precisam ser adaptadas para culturas diferentes.[17] O conceito de interesse próprio é condizente com o capitalismo e o valor que se dá ao individualismo em países como os Estados Unidos. Como quase todas as teorias motivacionais apresentadas neste capítulo são baseadas no interesse próprio, em tese também são válidas para países como Grã-Bretanha e Austrália, onde o capitalismo e o individualismo são altamente valorizados. Em países mais coletivistas, como Brasil, Venezuela, Singapura, Japão e México, o elo com o trabalho está na lealdade do indivíduo à companhia ou à sociedade e não em seu interesse próprio. Os trabalhadores de culturas coletivistas tendem a ser mais receptivos ao trabalho em equipe, aos objetivos de equipe e a avaliações coletivas de desempenho. Apostar no medo de ser demitido nessas culturas é algo menos eficaz, mesmo que as leis trabalhistas locais favoreçam isso.

O conceito de necessidade de realização fornece outro exemplo de teoria da motivação, com um viés voltado para países anglo-americanos, como Nova Zelândia, África do Sul, Irlanda, Estados Unidos e Canadá. A visão de que uma alta necessidade de realização atua como um motivador interno prevê a disposição de aceitar um certo grau de risco e uma preocupação com o desempenho. Essas características excluiriam países que evitam fatores de incerteza e possuem altos índices de qualidade de vida.

No entanto, os resultados de vários estudos recentes entre colaboradores de culturas diversas indicam que alguns aspectos da teoria da motivação são, sim, transferíveis.[18] Por exemplo, as técnicas motivacionais apresentadas neste capítulo mostraram-se eficazes na mudança de desempenho

---

17  HOFSTEDE, G. Motivation, leadership, and organizations: do american theories apply abroad? *Organizational Dynamics*, v. 9, n. 1, 1980, p. 55.

18  WALSH, D. H. B.; LUTHENS, F.; SOMMER, S. M. Organizational behavior modification goes to Russia: replicating an experimental analysis across cultures e tasks. *Journal of Organizational Behavior Management*, v. 13, n. 2, 1993, p. 15-35; BAUM, J. R.; OLIAN, J.; EREZ, D. M.; SCHNELL, E. R. Nationality e work role interactions: a cultural contrast of Israel and U.S. entrepreneurs' versus managers' needs. *Journal of Business Venturing*, v. 8, n. 6, nov. 1993, p. 499-512.

CAPÍTULO 8
Como motivar pessoas

relacionada ao comportamento dos trabalhadores de fábricas têxteis russas. Devemos lembrar, no entanto, que os conceitos de motivação não são universais. Os gestores devem sempre ajustar suas técnicas motivacionais à cultura em questão. A técnica usada por uma empresa de comércio automotivo e empréstimos financeiros na cidade de Baishan, em Jilin – que forçava os empregados a engatinhar em público porque não atingiram suas metas de vendas –, pode ser uma conduta válida na China. Porém, humilhar os colaboradores jamais funcionaria na América do Norte ou na Europa Ocidental.[19]

### 8.6.2 Funcionários deveriam ser remunerados por desempenho ou por tempo no trabalho?

O que eu ganho com isso? Nosso conhecimento sobre motivação nos diz que é essa pergunta que as pessoas fazem antes de assumir qualquer tipo de comportamento. Antes de fazer qualquer coisa, buscam uma remuneração ou recompensa. Embora as organizações possam ofertar recompensas diferentes, a maioria de nós está preocupada em ganhar uma quantia de dinheiro que nos permita satisfazer nossas necessidades e desejos. O salário é uma variável importante na motivação como um tipo de recompensa, e, por isso, precisamos analisar como podemos utilizá-lo para motivar altos níveis de desempenho nos colaboradores. Isso explica a intenção e a lógica por trás dos programas de remuneração por desempenho.

Os *programas de remuneração por desempenho* são planos de remuneração que pagam os funcionários com base em alguma mensuração de desempenho. Planos de comissões por venda, participação nos lucros e resultados, incentivo salarial e remuneração variável são exemplos de programas de remuneração por desempenho. O que diferencia essas formas de pagamento dos planos de remuneração mais tradicionais é que, em vez de pagar um funcionário pelo tempo de serviço, a remuneração é ajustada para refletir algumas medidas de desempenho. Estas podem incluir itens como produtividade individual, produtividade da equipe ou do grupo de trabalho, produtividade departamental ou lucros totais da empresa em determinado período.

A remuneração por desempenho é provavelmente a mais compatível com a teoria da expectativa. Ou seja, os colaboradores devem perceber uma forte relação entre seu desempenho e as recompensas que recebem; isso maximiza sua motivação. Se as recompensas são alocadas somente em fatores que não levam em conta o desempenho do funcionário, como tempo de serviço, cargo ou por meio do custo de vida dos empregados, então eles provavelmente diminuirão seus esforços.

Programas de remuneração por desempenho são cada vez mais populares nas organizações. Nos Estados Unidos, por exemplo, cerca de 94% dos

> **PROGRAMAS DE REMUNERAÇÃO POR DESEMPENHO**
> Planos de remuneração que pagam funcionários de acordo com alguma mensuração de desempenho.

---

19  WILLIAMS, S. Think your boss is tough? Chinese employees are forced to CRAWL on the street for missing their sales targets. *DailyMail.com*, 8 abr. 2016. Disponível em: http://www.dailymail. co.uk/news/peoplesdaily/article-3529474/Think-boss-tough-Chinese-employees-forced-CRAWL-street-missing-sales-targets.html. Acesso em: fev. 2020.

empregadores oferecem alguma forma de plano de remuneração variável.[20] No Brasil, esse número vem crescendo a cada ano: em 2018, 62% das empresas disseram adotar programas de remuneração variável contra 57% em 2017.[21] A crescente popularidade pode ser explicada em termos de motivação e controle de custos. Do ponto de vista da motivação, condicionar parte da remuneração às mensurações de desempenho induz os colaboradores a concentrar atenção e esforço naquele objetivo, e em seguida reforça a continuação desse esforço com recompensas. No entanto, se o desempenho diminuir, o mesmo acontece com a recompensa. Assim, há um incentivo para manter os esforços e a motivação em alta. Funciona? O júri ainda não deu o veredicto. A maior parte dos estudos parece indicar que sim, e tem constatado que as empresas que usaram programas de remuneração por desempenho tiveram um resultado financeiro melhor que as que não utilizaram.[22]

Outro estudo mostrou que a remuneração por desempenho com incentivos baseados em resultados tem impacto positivo nas vendas, na satisfação do cliente e nos lucros.[23] No entanto, em empresas que usam equipes de trabalho, os gestores devem considerar os incentivos que são capazes de reforçar o esforço e o comprometimento coletivos. Alguns podem alegar que atrelar o pagamento ao desempenho não funciona.[24] Então, se uma empresa decide adotar programas de pagamento por desempenho, precisa deixar clara a relação entre o salário individual e o nível de desempenho que espera. Os empregados precisam entender como o desempenho, deles e da organização, se traduz em dinheiro no final do período estipulado para as metas.[25]

Uma extensão do conceito de pagamento por desempenho é chamada *remuneração por competência*.[26] Esses programas pagam e recompensam os empregados com base nas habilidades, conhecimentos ou comportamentos que possuem. As competências podem incluir comportamentos e habilidades como liderança, resolução de problemas, tomada de decisão ou planejamento estratégico. Os níveis de remuneração são estabelecidos com base no grau em

**REMUNERAÇÃO POR COMPETÊNCIA**
Pagamentos e benefícios aos funcionários com base em habilidades, conhecimentos e comportamentos.

---

20 WORLDATWORK. Incentive pay practices: privately held companies. *WorldatWork*, fev. 2016.

21 ARCOVERDE, L. Mais companhias aderem à remuneração variável para reter funcionários. *Valor Econômico*, 21 fev. 2019. Disponível em: http://www.granadeiro.adv.br/clipping/2019/02/21/mais-companhias-aderem-a-remuneracao-variavel-para-reter-funcionarios. Acesso em: fev. 2020.

22 RHEEM, H. Performance management programs. *Harvard Business Review*, set.-out. 1996, p. 8-9; SPRINKLE, G. The effect of incentive contracts on learning and performance. *Accounting Review*, jul. 2000, p. 299-326; Do incentive awards work? *HRFocus*, out. 2000, p. 1-3.

23 BANKER, R. D.; LEE, S. Y.; POTTER, G.; SRINIVASAN, D. Contextual analysis of performance impacts on outcome-based incentive compensation. *Academy of Management Journal*, ago. 1996, p. 920-948.

24 FREY, B. S.; OSTERLOH, M. Stop typing pay to performance. *Harvard Business Review*, jan.-fev. 2012, p. 51-52.

25 REASON, T. Why bonus plans fail. *CFO*, jan. 2003, p. 53; Has pay for performance had its day? *The McKinsey Quarterly*, n. 4, 2002.

26 DECENZO, D. A.; ROBBINS, S. P. *Human resource management*, 8th ed. Nova York: John Wiley Sons, 2005, p. 286.

que essas competências são exigidas. Nesse sistema, aumentos salariais são concedidos para o crescimento em competências pessoais, bem como para as contribuições feitas à organização em geral. Portanto, na remuneração por competência as recompensas de um colaborador estão diretamente ligadas ao quanto ele pode contribuir para a consecução das metas e objetivos da empresa.

### 8.6.3 Como os gestores podem motivar um colaborador que ganha salário mínimo?

Um dos desafios motivacionais mais difíceis enfrentados pelos gestores de hoje é como alcançar altos níveis de desempenho entre os trabalhadores que recebem um salário mínimo. Imagine, por um momento, que seu primeiro trabalho de gestão envolve supervisionar um grupo formado por funcionários que ganham um salário mínimo. Oferecer pagamento maior a esses colaboradores pelos altos níveis de desempenho está fora de questão: a sua empresa não consegue fazer isso. Quais são suas opções de motivação nesse momento?[27]

Uma armadilha em que muitos gestores caem é acreditar que os colaboradores são motivados apenas por dinheiro. Embora dinheiro seja um fator motivacional importante, não é a única "recompensa" que as pessoas procuram e que os gestores podem oferecer. Para motivar, os gestores devem atentar a outros tipos de recompensas que ajudam os empregados. Muitas empresas usam programas de reconhecimento do empregado como funcionário do mês, cerimônias de premiação ou outras comemorações por conquistas obtidas. Por exemplo, em muitos restaurantes de *fast-food*, como McDonald's e Burger King, você verá placas penduradas em lugares de destaque celebrando o "Colaborador do Mês". Esses tipos de programas servem para motivar funcionários cujo trabalho está se destacando, bem como o seu desempenho. Muitos gestores também reconhecem o poder do elogio. No entanto, ao usar o elogio como motivador você precisa ter certeza de que esses "tapinhas nas costas" são sinceros e feitos pelos motivos certos, caso contrário, os funcionários podem ver tais ações como manipuladoras.

Com base nas teorias de motivação apresentadas anteriormente, sabemos que as recompensas são apenas parte da equação da motivação. Podemos olhar para a concepção de trabalho e para teorias de expectativa para obter explicações adicionais. Nas indústrias de serviços, como agências de viagens e hotéis, vendas no varejo, assistência à criança e manutenção, em que o salário dos funcionários da linha de frente geralmente não fica muito acima do nível do salário mínimo, as empresas bem-sucedidas podem proporcionar a esses funcionários mais autonomia para tratar problemas dos clientes. Se usarmos as principais características que definem um trabalho para examinar essa mudança, podemos ver que este tipo de trabalho proporciona um desenho melhorado, além de um potencial motivador, porque os colaboradores percebem que a variedade de habilidades aumentou junto à identidade e significância da tarefa, autonomia e *feedback*.

---

27 FALCONE, P. Motivating staff without money. *HR Magazine,* ago. 2002, p. 105-108.

### 8.6.4 Como trabalhadores temporários são motivados?

À medida que diminui o número de empregos em tempo integral, o número de vagas para meio período, por contrato determinado e outras formas de trabalho temporário aumenta. Trabalhadores temporários não têm a segurança nem a estabilidade que trabalhadores efetivados têm, assim como não se identificam com a empresa nem demonstram compromisso, ao contrário dos outros empregados. Trabalhadores temporários normalmente recebem pouco ou nenhum benefício, como assistência médica ou aposentadoria.[28]

O que pode, então, motivar trabalhadores temporários? Uma resposta óbvia é a oportunidade de ser efetivado. Nos casos em que os colaboradores efetivos são selecionados a partir de uma seleção entre os temporários, estes muitas vezes trabalham duro na esperança de alcançar esse objetivo. Uma resposta menos óbvia é a oportunidade de treinamento. A capacidade de trabalhadores temporários encontrarem um emprego é amplamente dependente de suas habilidades. Se perceberem que o trabalho que estão fazendo pode ajudar a desenvolver habilidades desejadas pelo mercado, sua motivação aumentará.[29]

Como essas questões influenciam a satisfação no emprego dos trabalhadores temporários? Pesquisas mostram que as diferenças na satisfação profissional entre trabalhadores temporários e efetivos não são relevantes até considerarmos os acordos de trabalho específicos envolvendo temporários e autônomos.[30] Os trabalhadores temporários são menos satisfeitos que os trabalhadores efetivos, o que pode ser explicado pelo fato de que a maioria dos empregados temporários não recebe benefícios como férias pagas, além de ter salários inferiores aos dos empregados efetivos mesmo quando desenvolvem o mesmo tipo de trabalho. Em contraste, os autônomos demonstram a mesma satisfação que os efetivos. Isto porque as empresas tendem a reconhecer a importância dos autônomos, que em geral são pessoas altamente qualificadas; por exemplo, consultores gerenciais normalmente têm alta escolaridade e um histórico de sucesso comprovado.

---

28 BENNHOLD, K. Working (Part-Time) in the 21st Century. *New York Times Online*, 29 dez. 2010; REVELL, J.; BIGDA, C.; ROSATO, D. The rise of freelance nation. *CNNMoney.com*, 12 jun. 2009. Disponível em: https://money.cnn.com/2009/06/11/magazines/moneymag/entreprenuerial_workplace.moneymag/. Acesso em: jan. 2020; BOHNER, R. J. Jr.; SALASKO, E. R. Beware the legal isks of hiring temps. *Workforce*, out. 2002, p. 50-57.

29 JACKSON, H. G. Flexible workplaces: the next imperative. *HR Magazine*, mar. 2011, p. 8; FRAUENHEIM, E. Companies focus their attention on flexibility. *Workforce Management Online*, 6 mar. 2011. Disponível em: http://www.workforce.com/2011/03/06/companies-focus-their-attention-on-flexibility/. Acesso em: jan. 2020; DAVIDSON, P. Companies do more with fewer workers. *USA Today*, 23 fev. 2011, p. 1B1; RICH, M. Weighing costs, companies favor temporary help. *New York Times Online*, 19 dez. 2010. Disponível em: http://unionstats.gsu.edu/4960/NYT_Rich_TempEmployeeGrowth.pdf. Acesso em: jan. 2020; DAVIDSON, P. Temporary workers reshape companies, jobs. *USA Today*, 13 out. 2010, p. 1B1; BROSCHAK, J. P.; DAVIS-BLAKE, A. Mixing standard work and nonstandard deals: the consequences of heterogeneity in employment arrangements. *Academy of Management Journal*, abr. 2006, p. 371-393.

30 WILKIN, C. L. I can't get no job satisfaction: meta-analysis comparing permanent e contingent workers. *Journal of Organizational Behavior*, v. 34, 2013, p. 47-64.

### 8.6.5 Quais as diferenças na motivação de funcionários profissionais e técnicos?

Funcionários técnicos e profissionais são tipicamente diferentes de não profissionais. Eles têm um compromisso forte e de longo prazo com sua área de especialização. Sua lealdade, no entanto, tende a ser mais com sua profissão do que com sua empresa. Para se manter atualizado na área, eles precisam atualizar regularmente seus conhecimentos. E seu compromisso com a profissão ou área técnica significa que eles raramente definem sua semana de trabalho como uma agenda que vai das 8h às 18h, cinco dias por semana.[31]

Dinheiro e promoções a cargos de gestão não costumam ser valorizados na escala de prioridades de profissionais técnicos, que tendem a ser bem pagos e gostar do que fazem. Ao mesmo tempo, uma tarefa desafiadora rende pontos nessa escala. Eles apreciam enfrentar problemas e encontrar soluções. Sua principal recompensa naquilo que fazem é o próprio trabalho em si. Esses trabalhadores também valorizam a colaboração. Esperam que os colegas considerem importante e reconheçam a tarefa que desempenham.[32]

Os gestores devem fornecer a esses profissionais novas atribuições e projetos desafiadores. Dar-lhes autonomia para seguir seus interesses e permitir estruturar seu trabalho da forma que considerem mais produtiva. As recompensas para eles devem considerar oportunidades de atualização profissional no seu campo e possibilidade de ampliar seu *networking*, além claro, do reconhecimento naquilo que fazem. E os gestores devem fazer perguntas e participar de outras ações que demonstram aos seus colaboradores profissionais e técnicos que há um sincero interesse no que eles estão fazendo.

Um número crescente de empresas está criando carreiras alternativas para esses trabalhadores. Isso permite que eles ganhem mais dinheiro e *status*, sem que assumam responsabilidades gerenciais. Na Merck, IBM e AT&T, os melhores cientistas, engenheiros, e pesquisadores ganham títulos como Fellow e Senior Scientist. Seu pagamento e prestígio são comparáveis aos dos gerentes, mas sem a autoridade correspondente.

### 8.6.6 O que o gestor pode fazer para melhorar o equilíbrio entre trabalho e vida profissional dos colaboradores?

Um típico funcionário das décadas de 1960 ou 1970 aparecia no local de trabalho de segunda a sexta-feira e desempenhava sua função ao longo de expedientes de oito ou nove horas. O ambiente e os horários de trabalho eram claramente estabelecidos. Hoje, isso mudou. A tecnologia de comunicação

---

31 SAUER, P. J. Open-door management. *Inc.*, jun. 2003, p. 44.

32 WORKFORCE.COM. One's CEO's perspective on the power of recognition. *Workforce Management*, 27 fev. 2004. Disponível em: http://www.workforce.com/2004/02/27/one-ceos-perspective-on-the-power-of-recognition/. Acesso em: jan. 2020; FOURNIER, R. Teamwork is the key to remote development – Inspiring trust and maintaining motivation are critical for a distributive development team. *InfoWorld*, 5 mar. 2001, p. 48.

permite que as pessoas façam seu trabalho em casa, em seus carros ou numa praia do lindo Nordeste brasileiro. Se, por um lado, esse cenário trouxe mais liberdade e conforto, por outro, deixou a linha divisória entre trabalho e lazer muito tênue, criando conflitos pessoais e estresse.[33]

Diversos fatores contribuíram para confundir o limite entre trabalho e vida pessoal. Primeiro, o surgimento de empresas globais significa que o mundo nunca dorme. A qualquer momento e em qualquer dia, milhares de funcionários de empresas globais estão trabalhando em algum lugar e falando com colegas ou clientes a oito ou dez fusos horários de distância. Isso mostra que esses funcionários ficam "conectados" 24 horas por dia. Em segundo lugar, a tecnologia de comunicação permite que os funcionários façam seu trabalho em casa, em seu carro ou numa praia. Isso permite que muitas pessoas possam fazer o seu trabalho a qualquer hora e em qualquer lugar.[34] No entanto, trabalhar em qualquer lugar e em qualquer hora pode significar que não há como fugir do trabalho. Em terceiro lugar, como as empresas precisam demitir funcionários em momentos de crise, os "sobreviventes" geralmente acabam tendo que trabalhar por mais horas. Segundo um relatório recente do Center for American Progress, organização de pesquisa e defesa de políticas públicas situada em Washington, D.C., nos últimos 30 anos a maioria dos americanos começou a trabalhar por mais horas, ganhando menos.

Um estudo indica que, em 2006, as famílias norte-americanas trabalharam, em média, onze horas extras por semana em relação ao que trabalhavam em 1979. Profissionais de alto nível, advogados e médicos veem a tradicional semana de trabalho de 40 horas como "trabalho parcial", e segundo o relatório, "muitos acham, com certa razão, que uma semana de 40 horas seria um suicídio para a carreira. Esse cronograma é visto como 'complementar' em muitas posições de nível gerencial, e tende a projetar uma trajetória profissional de menos prestígio e menos ascendente". Examinando-se duas pesquisas governamentais – uma com dados de 1977 a 1979 e a outra usando dados de 2006 a 2008 – o relatório conclui que a abordagem das pessoas em relação ao trabalho e ao equilíbrio familiar mudou bastante. Em vez da habitual semana de trabalho de 40 horas, muitos empregados agora trabalham 50 horas ou mais. O estudo indica que homens trabalham mais horas, sendo que 37,9% dos homens em posições de nível superior e gerência trabalharam mais de 50 horas por semana entre 2006 e 2008, contra 34% nos anos de 1977 a 1979. No caso de mulheres com nível superior,

---

33  CAPPELLI, P.; CONSTANTINE, J.; CHADWICK, C. It pays to value family: work and family trade-offs reconsidered. *Industrial Relations*, abr. 2000, p. 175-198; VERESPEJ, M. A. Balancing act. *Industry Week*, 15 maio 2000, p. 81-85; BARNETT, R. C.; HALL, D. T. How to use reduced hours to win the war for talent. *Organizational Dynamics*, mar. 2001, p. 42.

34  BELKIN, L. From dress-down Friday to dress-down life. *New York Times*, 22 jun. 2003; TAHMINICIOGLU, E. By telecommuting, the disabled get a key to the office, and a job. *New York Times*, 20 jul. 2003.

# CAPÍTULO 8
## Como motivar pessoas

a mudança é ainda mais marcante – dados mostram que 14,4% trabalham mais de 50 horas hoje, enquanto apenas 6,1% trabalhavam 30 anos atrás.[35]

O colaborador de hoje facilmente possui dupla jornada. Isso dificulta cada vez mais que encontrem tempo para cumprir as obrigações com lar, cônjuge, filhos, parentes e amigos.[36] Os trabalhadores reconhecem que o trabalho está sacrificando suas vidas pessoais, e estão infelizes com isso. Locais de trabalho menos conservadores precisam entender as diversas necessidades de uma força de trabalho diversificada e, em resposta a isso, muitas empresas estão oferecendo benefícios "para amigos e família", que fornecem uma ampla gama de opções para permitir aos funcionários maior flexibilidade no trabalho, acomodando sua necessidade por equilíbrio entre vida profissional e lazer. Essas empresas introduziram programas como creche no local de trabalho, acampamentos de verão, jornada flexível, compartilhamento de trabalho, folga para eventos escolares, trabalho em casa e jornada parcial. Isso é extremamente importante, já que os colaboradores mais jovens dão muita prioridade à família e menos ao trabalho e buscam empresas que proporcionem essa flexibilidade.[37]

Estudos recentes sugerem que as pessoas querem empregos que lhes deem flexibilidade para que possam gerenciar melhor os conflitos entre a vida pessoal e o trabalho.[38] *Flextime* (abreviação de "jornada de trabalho flexível", em inglês) é uma opção que permite aos colaboradores, dentro de certos parâmetros, decidir quando trabalhar. É preciso cumprir determinado número de horas por semana, mas os funcionários podem variar a jornada dentro de alguns limites. O horário flexível é uma opção muito popular, especialmente entre profissionais de nível superior e pessoas da geração X.[39] Tanto que um estudo recente de práticas empresariais para equilibrar a vida profissional com a pessoal descobriu que 60% das empresas oferecia algum tipo de *flextime* para seus colaboradores.[40] Os benefícios potenciais do horário flexível são vários, tanto para o empregado quanto para o empregador. Eles incluem motivação e moral elevada dos funcionários, redução do absenteísmo (como resultado da possibilidade que os funcionários têm de equilibrar melhor as responsabilidades profissionais e familiares), salários maiores devido a ganhos de produtividade e possibilidade de a empresa recrutar mão de obra mais

---

35  WILLIAMS, J. C.; BOUSHEY, H. The three faces of work-family conflict: the poor, the professionals, and the missing middle. *Center for Work Life Law*, jan. 2010; BRADFORD, H. Top-level professionals view 40-hour work week as part-time report. *The Huffington Post*, 30 ago. 2011. Disponível em: http://www.huffingtonpost.com/2011/06/30/americans-now-view-40-hou_n_888231.html. Acesso em: jan. 2020.

36  CONLIN, M. The new debate over working moms. *BusinessWeek*, 18 nov. 2000, p. 102-103.

37  ELIAS, M. The family-first generation. *USA Today*, 13 dez. 2004, p. 5D.

38  DOYLE, A. Workplace flexibility definition, skills, and examples. *The Balance Careers*, out. 2019. Disponível em: https://www.thebalancecareers.com/workplace-flexibility-definition-with-examples-2059699. Acesso em: jan. 2020.

39  WISCOMBE, J. Flex appeal – not just for moms. *Workforce*, 18 mar. 2002.

40  ROBERTS, S. Companies slow to employ alternative work options; use of arrangements like flextime is up slightly, if at all. *Business Insurance*, 8 abr. 2002.

variada e qualificada.[41] Além disso, é provável que não só a atual geração de mão de obra, mas também a próxima, tenha preocupações semelhantes.[42] De fato, a maioria dos estudantes universitários diz que atingir um equilíbrio entre vida pessoal e trabalho é uma prioridade na carreira. Eles querem "ter uma vida" assim como ter um trabalho! Empresas que não ajudam seu pessoal a alcançar esse equilíbrio acharão cada vez mais difícil atrair e reter empregados mais capazes e motivados.[43]

Outro tipo de flexibilidade no trabalho pode ser proporcionado pelo *compartilhamento de trabalho (job sharing)*, um tipo especial de trabalho em meio período. Permite que dois ou mais indivíduos partilhem uma semana de 40 horas tradicional – uma pessoa pode realizar o trabalho a partir das 8h até o meio-dia, enquanto o outro realiza o mesmo trabalho das 13h às 17h, ou ambos podem trabalhar período integral, mas em dias alternados. Com popularidade crescente, o compartilhamento de trabalho permite recorrer aos talentos de mais de uma pessoa para uma função, e permite contar com trabalhadores qualificados que podem não estar disponíveis em período integral.

 **NOTÍCIAS RÁPIDAS**

### FAZENDO CHOVER DINHEIRO[44]

O dinheiro compra felicidade? Vários dos 120 funcionários da Gravity Payments, uma companhia de processamento de dados de cartão de crédito baseada em Seattle, estão prestes a descobrir.

O fundador da empresa, Dan Price, de 29 anos, ganhou as manchetes em 2015 quando decidiu aumentar o salário de 70 empregados para um novo "patamar mínimo" de 70 mil dólares. Cada funcionário passaria a ganhar, portanto, pelo menos US$ 70.000 por ano. Com isso, alguns funcionários da empresa, onde a média salarial era de US$ 48.000, dobraram seu salário, e outros tiveram um bom aumento – é o bastante, você pode pensar, para que todos fiquem muito felizes!

---

41 GALE, S. F. Formalized flextime: the perk that brings productivity. *Workforce*, fev. 2001; GARIETY, B. S.; SHAFFER, S. Wage differentials associated with flextime. *Monthly Labor Review*, v. 124, n. 3, mar. 2001, p. 68-75.

42 MASUNAGA, S. Millennials want more flexibility in workplace schedule, survey says. *Los Angeles Times*, 31 dez. 2016.

43 YAZINSKI, S. K. Strategies for retaining employees and minimizing turnover. *HR.BLR.com*, 3 ago. 2009.

44 DISHMAN, L. Can a $70,000 minimum wage work? *FastCompany.com*, 20 abr. 2015. Disponível em: http://www.fastcompany.com/3045138/the-future-of-work/can-a-70000-minimum-wage-work. Acesso em: jan. 2020; COHEN, P. One company's new minimum wage: $70,000 a year. *New York Times*, 13 abr. 2015.

CAPÍTULO 8
Como motivar pessoas

Por que Price fez isso? Ele disse que vinha pensando nos salários há algum tempo, especialmente depois de ler várias notícias sobre as disparidades salariais gritantes entre CEOs e empregados, algo que lhe pareceu "ridículo" e "absurdo". Além disso, Price lera um artigo sobre a felicidade escrito por dois pesquisadores de Princeton (um deles um psicólogo ganhador do prêmio Nobel) que perguntaram a 450.000 residentes nos Estados Unidos se o dinheiro poderia comprar felicidade – tanto sobre como o dinheiro afetava a felicidade em geral quanto sobre como afetava o dia a dia. Os pesquisadores concluíram que as pessoas alegavam ser mais felizes a cada vez que seus rendimentos duplicavam, mas apenas até certo ponto. Mas, ainda mais interessante, foi o valor em dólar que os entrevistados apontaram para que sua vida ficasse mais prazerosa: cerca de US$ 75.000 por ano. Price decidiu, então, oferecer a seus funcionários um salário mínimo de US$ 70.000. Ele achou que ao lhes dar essa quantia permitiria a muitos deles comprar suas casas e financiar a educação de seus filhos.

Para financiar o aumento de salário, Price reduziu seu próprio salário de US$ 1 milhão para US$ 70.000. Além disso, a empresa terá que usar de 75% a 80% dos lucros para ajudar a cobrir os custos. Alguns consultores de administração questionam a medida, imaginando se isso não afetará a produtividade dos funcionários e se realmente será compensador no longo prazo. Há algumas previsões sobre o que pode acontecer à motivação dos funcionários: podem ficar menos inclinados a trabalhar por uma promoção para um cargo em que assumiriam mais responsabilidades e perder o incentivo de empreender mais esforços além de suas funções atuais – para que trabalhar mais se todos recebem a mesma coisa? E o que pode acontecer à motivação do CEO? Price corre o risco de perder a vontade de fazer a companhia crescer? E o que pode acontecer se a rentabilidade da empresa começar a cair? Só o tempo dirá.

### 8.6.7 Como gestores podem usar programas de reconhecimento de funcionários?

Os programas de reconhecimento dos funcionários consistem em atenção pessoal e manifestações de interesse, aprovação e apreço por um trabalho bem-feito.[45] Esses programas podem ter várias formas.

A Kelly Services, empresa global de recrutamento e seleção, por exemplo, introduziu uma nova versão de seu sistema de incentivo baseado em pontos para melhorar a produtividade e retenção entre seus funcionários. O programa, chamado Kelly Kudos, dá aos funcionários mais opções de prêmios e permite que acumulem pontos durante um período de tempo mais longo.[46] Está funcionando. Os participantes geram três vezes mais receita e horas do que os funcionários que não recebem pontos. A maioria dos gestores, no entanto, usa uma abordagem muito mais informal. Quando Julia Stewart,

---

45  SINGER, J. Healing your workplace. *Supervision*, mar. 2011, p. 11-13; HART, P. Benefits of employee recognition in the workplace: reduced risk e raised revenues. *EHS Today*, fev. 2011, p. 49-52; LUTHANS, F.; STAJKOVIC, A. D. Provide recognition for performance improvement. In: LOCKE, E. A. (Ed.). *Principles of organizational behavior*. Oxford, England: Blackwell, 2000, p. 166-180.

46  HUFF, C. Recognition that resonates. *Workforce Management Online*, abr. 2008.

atualmente presidente e CEO da DineEquity, Inc., presidia a Applebee's Restaurants, ela costumava deixar bilhetes em envelopes selados nas cadeiras dos funcionários depois que todos tinham ido para casa.[47] As mensagens diziam o quão importante Stewart achava que o trabalho daquela pessoa era ou o quanto ela apreciara a conclusão de um projeto. Stewart também costumava deixar mensagens no correio de voz, após o horário de trabalho, para informar aos funcionários o quanto admirava um trabalho bem-feito.

O reconhecimento não precisa vir apenas dos gestores. Cerca de 35% das empresas incentivam os colegas de trabalho a reconhecer os pares por esforços de trabalho excepcionais.[48] Gestores da Yum Brands Inc. (a matriz das cadeias Taco Bell, KFC e Pizza Hut) estavam procurando maneiras de reduzir a rotatividade de funcionários. Eles encontraram um programa muito bem-sucedido de atendimento ao cliente que se baseava no reconhecimento de colegas nos restaurantes KFC na Austrália. Os trabalhadores recompensavam espontaneamente os colegas com "cartões campeões" (*champs cards*, um acrônimo em inglês para atributos como limpeza, hospitalidade e precisão). Yum implementou o programa em outros restaurantes pelo mundo e acredita que o reconhecimento de colegas reduz a rotatividade de funcionários de 181% para 109%.[49]

Segundo J. Dunham,[50] uma pesquisa averiguou que 84% das empresas tinham algum tipo de programa para reconhecer realizações dos funcionários. Mas como saber se os colaboradores acham esses programas importantes? Algumas pesquisas investigaram junto a um alto número de funcionários qual motivador eles consideravam mais poderoso no ambiente de trabalho. A resposta: reconhecimento, reconhecimento e mais reconhecimento![51]

Corroborando a teoria do reforço, recompensar imediatamente um comportamento provavelmente estimula sua repetição. Gestores podem cumprimentar pessoalmente um funcionário por um bom trabalho ou podem enviar um bilhete manuscrito ou um e-mail reconhecendo um feito desse colaborador. Para aqueles com uma necessidade mais premente de aceitação social, as realizações podem ser reconhecidas publicamente. Para aumentar a coesão e a motivação do grupo, gestores podem comemorar os sucessos da equipe com uma festa, um almoço ou um jantar. Isso tudo pode parecer simples, mas é muito eficiente para mostrar aos funcionários que estão sendo reconhecidos e valorizados.

---

47  STEWART, J. I'm standing up for the industry. Are you? *Restaurant Business*, fev. 2011, p. 36-37; LITTMAN, M. Best bosses tell all. *Working woman*, out. 2000, p. 54.

48  WHITE, E. Praise from peers goes a long way. *Wall Street Journal*, 10 dez. 2005, p. B3.

49  WHITE, 2005.

50  DUNHAM, K. J. Amid sinking workplace morale, employers turn to recognition. *Wall Street Journal*, 19 nov. 2002.

51  NELSON, B. Try praise. *Inc.*, set. 1996, p. 115; WISCOMBE, J. Rewards get results. *Week*, 3 abr. 1995, p. 15-16.

CAPÍTULO 8
Como motivar pessoas

Em tempos de incerteza econômica e financeira, a capacidade dos gestores de reconhecer e recompensar seus colaboradores geralmente fica drasticamente limitada. Não surpreende, então, que os funcionários se sintam menos conectados ao seu trabalho. De fato, um estudo recente descobriu que o engajamento dos colaboradores tem diminuído cerca de 3% a 5% em diversos segmentos e regiões.

Cabe aos gestores agir para manter e talvez até aumentar os níveis de motivação dos funcionários. Uma ação possível é esclarecer a cada um seu papel na empresa, mostrar como os esforços daquela pessoa estão contribuindo para melhorar a situação geral da organização. Também é importante manter as linhas de comunicação abertas e usar trocas bidirecionais entre gerentes de alto nível e funcionários para diminuir os medos e as preocupações. O segredo para a tomada de qualquer decisão continua a ser deixar claro aos colaboradores que a empresa se preocupa com eles. O valor das empresas vem de funcionários motivados para estar ali. Os gestores precisam dar aos funcionários uma razão para isso.

### 8.6.8 Como planos acionários para colaboradores afetam a motivação?

Muitas empresas estão usando planos acionários para melhorar e motivar o desempenho dos funcionários. Um *plano de participação em ações para o colaborador* é um programa de remuneração em que os colaboradores se tornam proprietários parciais da empresa ao receber ações como incentivo ao desempenho. Além disso, muitos desses programas permitem que os funcionários comprem ações a preços atraentes, abaixo de mercado. Assim, geralmente são motivados a se esforçar mais porque isso os torna proprietários e serão afetados em caso de ganhos e perdas. Os frutos de seu trabalho não estão apenas indo para os bolsos de alguns proprietários desconhecidos – os funcionários *são* os proprietários! Aparentemente, esses planos afetam positivamente a produtividade e a satisfação do trabalhador.[52]

> **PLANO DE PARTICIPAÇÃO EM AÇÕES PARA O COLABORADOR**
> Programa de remuneração que permite que os funcionários se tornem proprietários parciais de uma empresa recebendo ações como incentivo ao desempenho.

---

## CONFIRA O QUE APRENDEU 8.2

**5.** Uma pessoa que tem uma força motriz para ter sucesso, para fazer algo melhor do que outros, tem uma alta necessidade de:
   **a.** estima.
   **b.** conquista ou realização.
   **c.** pessoas.
   **d.** equidade.

**6.** Qual dos seguintes *não* é uma associação direta segundo a teoria da expectativa?
   **a.** Esforço-desempenho.
   **b.** Recompensas-objetivos pessoais.
   **c.** Esforço-objetivos pessoais.
   **d.** Desempenho-recompensas.

---

52  RIPPERGER, J. L. How employee ownership benefits executives, companies, and employees. *American Management Association*, 21 jul. 2014.

7. Qual das seguintes opções *não* é um componente das dimensões centrais de um trabalho?
   a. Variedade de habilidades.
   b. *Feedback*.
   c. Autonomia.
   d. Identidade da função.

8. Um plano de remuneração que paga os funcionários com base no trabalho que fizeram é chamado:
   a. remuneração por competência.
   b. pagamento por desempenho.
   c. administração de compensação.
   d. nenhuma das alternativas acima.

 **REFORÇANDO A COMPREENSÃO**

## RESUMO

Após ler este capítulo, eu posso:
1. Definir *motivação*. Motivação é a disposição para fazer alguma coisa, e é condicionada pela capacidade da ação em satisfazer alguma necessidade individual.
2. Identificar e definir cinco traços de personalidade relevantes para compreender o comportamento dos colaboradores no trabalho. As características de personalidade são: (1) lócus de controle – quanto as pessoas acreditam que controlam seu destino; (2) maquiavelismo – quanto um indivíduo é manipulador e acredita que os fins justificam os meios; (3) autoestima – quanto um indivíduo gosta ou desgosta de si mesmo; (4) autogestão – a habilidade de um indivíduo de ajustar sua conduta a fatores externos e contingenciais; (5) propensão a riscos – quanto um indivíduo está disposto a arriscar.
3. Explicar os elementos e o foco das três primeiras teorias sobre motivação. Maslow se concentrou no eu (*self*). A hierarquia de necessidades de Maslow propõe que há cinco necessidades – fisiológica, segurança, social, estima e autorrealização –, e uma vez que cada necessidade é satisfeita, a necessidade seguinte passa a imperar. McGregor concentra-se na percepção gerencial sobre si mesmo. A Teoria X-Teoria Y propõe uma visão dual da natureza humana: os funcionários são em princípio trabalhadores esforçados, comprometidos e responsáveis. Portanto, para maximizar a motivação, é preciso que participem da tomada de decisões, assumam responsabilidades e tenham empregos desafiadores, e cabe aos gestores fazer o máximo para obter boas relações entre as equipes. Herzberg concentrou-se nos efeitos que a vida corporativa tem no *self*. Segundo a teoria da higiene motivacional, se você quer motivar os funcionários, é preciso enfatizar a realização, o reconhecimento, o trabalho em si, a responsabilidade e o crescimento. Estas são características que as pessoas acham intrinsecamente gratificantes.
4. Identificar as características que estimulam a conquista em empreendedores. Grandes empreendedores preferem empregos que lhes dão responsabilidade pessoal para buscar soluções para problemas, em que podem receber um *feedback* rápido e claro sobre seu desempenho e podem definir metas moderadamente desafiadoras.

**CAPÍTULO 8**
**Como motivar pessoas**

5. **Identificar as três relações da teoria da expectativa que determinam o nível de esforço do indivíduo.** As três relações da teoria da expectativa que determinam o nível de esforço do indivíduo é esforço-desempenho, desempenho-recompensas e recompensas-objetivos pessoais. A relação esforço-desempenho diz que um funcionário que executa esforços tem maior probabilidade de cumprir uma tarefa com sucesso. A relação desempenho-recompensa estabelece que se o desempenho for bem-sucedido, o colaborador receberá uma recompensa. Por fim, o vínculo entre metas e objetivos pessoais e recompensas estabelece que as recompensas recebidas são algo que o funcionário deseja e valoriza – algo que o ajuda a satisfazer uma necessidade pessoal.

6. **Listar as ações que um gestor pode adotar para maximizar a motivação dos colaboradores.** Para maximizar a motivação dos colaboradores, os gestores devem reconhecer as diferenças entre os indivíduos, combinar pessoas a suas respectivas funções, estabelecer metas desafiadoras, estimular a participação, individualizar recompensas, vincular recompensas ao desempenho, garantir equidade e não ignorar o fator financeiro.

7. **Descrever como os gestores podem projetar trabalhos individuais para maximizar o desempenho.** Os gestores podem projetar trabalhos individuais para maximizar o desempenho dos funcionários oferecendo variedade de habilidades, identidade da tarefa, importância da tarefa e autonomia, além de fornecer *feedback*. Esses elementos são descritos como as cinco principais características que definem um trabalho.

8. **Explicar o efeito da diversidade da força de trabalho na motivação dos colaboradores.** Para maximizar a motivação nas empresas é preciso que os gestores adotem práticas flexíveis. Eles devem reconhecer que os funcionários têm necessidades pessoais e objetivos distintos que estão tentando satisfazer por meio do trabalho. Os gestores devem reconhecer que as diferenças culturais têm um certo peso. Diferentes tipos de recompensas devem ser desenvolvidos para se adequar e motivar pessoas com necessidades diferentes.

## COMPREENSÃO: QUESTÕES PARA REVISÃO E DISCUSSÃO

1. Como uma necessidade insatisfeita gera motivação?
2. Compare previsões comportamentais sobre pessoas com lócus de controle interno *versus* pessoas com lócus de controle externo.
3. Compare as suposições da Teoria X com as da Teoria Y. Você acredita que há tipos de empregos que requerem uma das duas abordagens? Explique.
4. Qual a importância do *continuum* dual na teoria da higiene motivacional?
5. O que um gestor precisa fazer para motivar alguém com alta expectativa de realização?
6. Qual a importância do dinheiro para: (a) a teoria da hierarquia de necessidades, (b) a teoria da higiene motivacional, (c) a teoria da equidade, (d) a teoria da expectativa, (e) o caso de empregados com alta necessidade de realização?
7. Descreva a teoria da expectativa. Quais são os vínculos críticos?
8. Que desafios motivacionais uma mão de obra diversificada impõe aos gestores?
9. Identifique e explique as cinco dimensões principais de um trabalho.
10. Como um gestor pode enriquecer um emprego?

## DESENVOLVENDO SUAS HABILIDADES DE GESTÃO

### MAIS AUTOCONHECIMENTO

Antes que você possa efetivamente supervisionar os outros, deve conhecer suas reais forças e áreas que precisam ser desenvolvidas. Para ajudar neste processo de aprendizagem, nós encorajamos você a realizar suas autoavaliações, que podem ajudar a determinar:

# O que eu valorizo?
# Quais recompensas eu mais valorizo?
# Qual é a minha opinião sobre a natureza das pessoas?
# O que me motiva?
# Qual é a minha atitude em relação à conquista?

Após concluir a autoavaliação, sugerimos que guarde os resultados para seu "portfólio de autoconhecimento".

### CRIANDO UMA EQUIPE

**Exercício experimental: motivando os outros**

Este exercício pretende auxiliar na sua percepção sobre como e por que você motiva os outros, e também contribuir para que se concentre nas necessidades daqueles que você está tentando motivar.

**PASSO 1:** Dividam-se em grupos de cinco a sete pessoas. Cada membro do grupo deve responder individualmente ao seguinte:

# **Situação 1:** Você é o gestor de onze funcionários. Seu objetivo é motivar todos eles a dar o máximo de esforço possível.
# **Tarefa 1:** Em um pedaço de papel à parte, liste os fatores que usaria para motivá-los. Evite frases genéricas como "dar-lhes um aumento". Em vez disso, seja o mais específico possível.
# **Tarefa 2:** Elenque (em ordem decrescente) todos os fatores relacionados na Tarefa 1.
# **Situação 2:** Considere agora que você é um dos onze funcionários que teve um *insight* a respeito daquilo que o motiva.
# **Tarefa 3:** Como funcionário, liste os fatores mais eficazes para motivá-lo. Novamente, seja o mais específico possível.
# **Tarefa 4:** Elenque (em ordem decrescente) todos os fatores relacionados na Tarefa 3.

**PASSO 2:** Cada membro deve compartilhar sua lista pessoal de prioridades (das Tarefas 2 e 4) com os demais membros do grupo.

**PASSO 3:** Depois de cada membro ter apresentado sua lista, o grupo deve responder às seguintes questões:

1. As listas individuais (Tarefa 2 e Tarefa 4) são similares ou diferentes? O que as similaridades ou diferenças lhe sugerem?
2. O que descobriu sobre as razões e a maneira como você motivas os outros, e como pode utilizar essas informações na prática?

### PRATICANDO A HABILIDADE

**Criando empregos que motivem**[53]

Como gestor, o que você pode fazer em relação à força de trabalho para maximizar o

---

[53] ASTD Staff. Job characteristics key to motivating federal employees. *Association for Talent Development*, 9 jan. 2013; LOCKE, E. A.; LATHAM, G. P. *A theory of definition of metasand task performance*. Englewood Cliffs, NJ: Prentice Hall, 1990; HERZBERG, F. I. One more time: how do you motivate employees? *Harvard Business Review*, v. 65, set.-out. 1987, p. 109-120. HACKMAN, J. R.; OLDHAM, G. R. Motivation through the design of work: test of a theory. *Organizational Behavior e Human Performance*, ago. 1976, p. 250-279; ADAMS, J. S. Inequity in social Exchange. In: BERKOWITZ, L. (Ed.). *Advances in experimental social psychology*. Nova York: Academic Press, 1965, p. 276-299; SUNDHEIM, K. What really motivates employees? *Forbes*, 26 nov. 2013. Disponível em: https://www.forbes.com/sites/kensundheim/2013/11/26/what-really-motivates-employees/#1be3b8057f7c. Acesso em: jan. 2020; MCGREGOR, 1960.

*CAPÍTULO 8*
*Como motivar pessoas*

desempenho dos seus funcionários? O trabalho em si fornece motivação para o colaborador? Tendo em mente que não há colaboradores idênticos em termos de expectativas e não há trabalho ideal, sugerimos os seguintes passos, baseados em pesquisas, para ajudá-lo a modelar empregos que tenham potencial de motivar seus funcionários para que atinjam o máximo de si.

**PASSO 1: Identifique os requisitos específicos do trabalho.** Reserve um tempo para analisar os deveres, as tarefas e as atividades do funcionário no cargo. Considere o conhecimento específico e as habilidades que ele deve possuir para ter sucesso. Pense nos equipamentos e no treinamento que são pré-requisitos para poder exercer essa função. Invista seu tempo para entrevistar os colaboradores que ocupam esses cargos e obter suas opiniões sobre o trabalho.

**PASSO 2: Visualize o trabalho redesenhado.** Invista seu tempo para imaginar como um empregado pode realizar, de maneira eficaz, o seu trabalho e, ao mesmo tempo, permanecer satisfeito cognitivamente, sem se entediar. Este é um bom momento para avaliar o número de horas requerido pela função e o cronograma organizacional, enquanto você procura oportunidades para introduzir mais flexibilidade nos requisitos do trabalho. Aproveite as sugestões dos colaboradores enquanto revê as condições de trabalho e o ambiente físico da empresa em termos de ergonomia dos equipamentos, que devem acomodar funcionários de estaturas diferentes.

**PASSO 3: Considere a relação empregador/empregado.** Determine a perspectiva do empregado sobre os aspectos do trabalho que ele gosta e não gosta. Pergunte como ele poderia fazer um trabalho melhor e de que tipo de treinamento ele acha que precisaria para ter sucesso. Use esta discussão para identificar aquilo que proporciona ao trabalhador um sentimento de autoestima.

**PASSO 4: Considere as recompensas intrínsecas e extrínsecas às oportunidades do trabalho.** Determine se os colaboradores que fazem este trabalho precisam, ou gostariam, de interagir com clientes externos ou internos à companhia. Estabeleça o tipo de recompensas e reconhecimento que têm valor para seus funcionários e os envolva num processo de descoberta para ajudá-los a escolher suas metas de carreira. Muitos se entusiasmam com a oportunidade de pôr a criatividade em prática e se motivam pela alegria da descoberta e o desafio da criação oferecido por um trabalho que lhes dê autonomia. Deixe as teorias da expectativa e da equidade guiarem o debate entre gestores e trabalhadores.

**PASSO 5: Identifique oportunidades no trabalho para oferecer motivação.** Especificamente, reflita sobre as várias habilidades necessárias para o bom desempenho das tarefas e se existe a perspectiva do trabalhador exercer o trabalho do início até o fim.

Estabeleça um senso de importância do trabalho e do alto nível de expectativa que a empresa espera delegando responsabilidade e autonomia ao colaborador que o executará. Enfatize a responsabilidade e a confiança como características principais de funcionários de alto nível. Procure maneiras de dar *feedback* sobre o desempenho no trabalho e melhorar a comunicação com os gestores mantendo uma política de "portas abertas". Dê ênfase ao enriquecimento do trabalho por meio de tarefas que exijam treinamento para o desafio de se tornar um especialista.

## Comunicação eficaz

1. Desenvolva um texto de duas a três páginas que responda às seguintes perguntas: O que me motiva? Que recompensas um gestor pode fornecer que me estimulem a fazer um esforço extra no trabalho?

# A NOVA ADM

## PENSANDO DE FORMA CRÍTICA

### Caso 8A: Naturalmente motivado[54]

Na sua sede em Ventura, Califórnia, a Patagonia parece mais um parque nacional do que o principal escritório de um varejista que movimenta US$ 600 milhões. O local tem uma escadaria de madeira e uma imagem da montanha El Capitán. O café serve comida e bebidas orgânicas. Há uma creche para os filhos dos funcionários. A uma quadra de distância do oceano Pacífico, pranchas de surfe estão empilhadas no refeitório, prontas para pegar ondas (boletins das marés ficam expostos no quadro de avisos na entrada da empresa). Depois de surfar, ou correr ou pedalar, os funcionários podem tomar uma ducha nos chuveiros dos vestiários.

Ninguém tem sala particular. Se um funcionário não quer ser incomodado, apenas põe os fones de ouvido. É fácil notar os visitantes pelas roupas que usam. A empresa incentiva as comemorações para deixar a moral dos empregados sempre alta. Por exemplo, na loja Reno, a Fun Patrol ("Patrulha da Diversão") organiza festas o ano inteiro. A Patagonia é, há muito tempo, reconhecida como um ótimo local para as mães trabalharem, e também ficou famosa por ter funcionários leais, algo que muitos varejistas adorariam ter. A rotatividade voluntária e involuntária nas lojas é de cerca de 25%, enquanto na sede é de 7%. (A média do setor para o varejo é de 44%).

O CEO da Patagonia, Casey Sheahan, diz que a cultura da empresa, o coleguismo e a maneira de fazer negócios são muito importantes para os funcionários, que sabem que seu trabalho ajuda a proteger e a preservar o meio ambiente que tanto amam. Gerentes são instruídos a definir expectativas, comunicar prazos e, em seguida, deixar os colaboradores determinar a melhor maneira de cumprir o acordado. Fundada por Yvon Chouinard, um aguerrido defensor ambiental, as maiores paixões da Patagonia são o meio ambiente e as atividades ao ar livre, o que atrai funcionários igualmente apaixonados. Mas os executivos da Patagonia compreendem que são, em primeiro lugar, um negócio e, embora comprometida em fazer o que é certo, a empresa precisa lucrar para continuar a fazer o que tanto ama. Isso, porém, não parece ser um problema desde a recessão do início da década de 1990, quando a companhia teve que fazer a única demissão em massa da sua história.

### Analisando o Caso 8A

1. Como seria trabalhar na Patagonia? (Dica: Vá ao site da empresa e encontre a seção sobre empregos em Informações sobre a empresa.) Qual é a sua avaliação do ambiente de trabalho ali?
2. Usando o que você aprendeu ao estudar as várias teorias da motivação, o que a Patagonia lhe diz sobre a motivação dos colaboradores?
3. Na sua opinião, qual pode ser o maior desafio da Patagonia para manter os funcionários motivados?

### Caso 8B: Marasmo no consultório odontológico

Caroline ficou feliz ao se tornar sócia da Dental Hygiene com especialização em profilaxia infantil. Agora, ela tinha um trabalho que faria sua

---

54  SCHULTE, B. A company that profits as it pampers workers. Disponível em: http://www.washingtonpost.com/business/a-company-that-profits-as-it-pampersworkers/. Acesso em: jan. 2020; Profits While Trying to Save the World. Disponível em: http://www.washingtonpost.com/business/a-company-that-profits-as-it-pampers-workers/2014/10/22/d3321b34-4818-11e4-b72e-d60a9229cc10_story.html. Acesso em: jan. 2020; Patagonia CEO & president Casey Sheahan talks business, conservation & compassion. *Offyonder.com*, 13 fev. 2012; HENNEMAN, T. Patagonia fills payroll with people who are passionate. *Workforce*, 5 nov. 2011. Disponível em: https://www.workforce.com/news/patagonia-fills-payroll-with-people-who-are-passionate. Acesso em: jan. 2020; HANEL, M. Surf's up at Patagonia. *Bloomberg BusinessWeek*, set. 2011, p. 88-89; WANG, J. Patagonia, from the ground up. *Entrepreneur*, jun. 2010, p. 26-32; LAABS, J. Mixing business with pleasure. *Workforce*, mar. 2000, p. 80-85.

## CAPÍTULO 8
## Como motivar pessoas

família feliz por ter uma carreira e uma vida independente. Seus pais sempre diziam que, mesmo em tempos difíceis, as crianças precisariam escovar bem os dentes e os pais fariam de tudo para ter filhos saudáveis, logo seu emprego seria à prova de qualquer recessão. Além disso, sua família acreditava que um trabalho na área da saúde lhe daria mais *status* e os outros passariam a vê-la como alguém importante.

Depois de trabalhar no serviço de recrutamento da universidade, Caroline encontrou um emprego numa grande empresa familiar de odontologia. Queria parecer o mais profissional possível, então filiou-se a todas as associações odontológicas que pôde encontrar, embora não quisesse participar ou exercer algum cargo nessas organizações. Após um período de orientação de duas semanas, Caroline passou a ocupar um consultório e começou a atender seus pacientes. Seu trabalho concentrou-se nas crianças e ela trabalhou bastante para ganhar a confiança dos pacientes e superar o medo que tinham de dentista. Caroline achou estranho que ela e outros profiláticos faziam a maior parte do trabalho com os pacientes, cabendo aos dentistas fazer uma abordagem superficial ao final da limpeza dentária. Ainda assim, os honorários dos dentistas eram bem superiores aos dela.

Certo fim de semana, enquanto malhava na academia local que começara a frequentar para se exercitar e fazer networking, Caroline encontrou Julia, uma de suas antigas colegas de turma. Depois de colocar a conversa em dia, Julia perguntou como estava no novo trabalho. Caroline explicou que o trabalho era chato e repetitivo ao extremo. Contou que seu único prazer era ver os sorrisos das crianças com quem trabalhava, e

agora ela estava convencida de que estava apenas fazendo um trabalho como qualquer outro.

Certa noite, Caroline estava esperando na fila de restaurante, e viu que, diante dela, estava Chrystal, a gerente de contas do consultório dentário. Chrystal convidou Caroline para sentarem na mesma mesa. Enquanto comiam, Chrystal disse que tinha um *feedback* que queria lhe dar. Caroline lembrou-se que estava com um problema referente ao seguro que havia acabado de contratar para a família. Chrystal desconversou, alegando que não conhecia nada de seguros. E prosseguiu dizendo a Caroline que escutara vários dentistas referindo-se a ela como automática e desprovida de emoções quando lidava com seus pacientes infantis. Eles estavam preocupados pois achavam que Caroline não tinha paixão pelo trabalho e poderia cometer um erro por causa daquela atitude indiferente. Caroline assumiu uma postura defensiva e irritou-se, dizendo a Chrystal que amava as crianças e jamais faria algo para machucá-las. E acrescentou que se ao menos recebesse um salário um pouco maior, poderia até ficar mais encantada com o trabalho. Mas da maneira como a pagavam...

### Analisando o Caso 8b

1. O que Caroline pode fazer para se tornar mais motivada com o trabalho e superar a fama de não sentir emoção naquilo que faz?
2. Quais oportunidades motivacionais que Caroline deve esperar dos seus chefes no consultório dentário?
3. Explique o comportamento de Caroline usando a teoria da equidade.
4. Como Herzberg explicaria a falta de paixão de Caroline pelo trabalho que realiza?

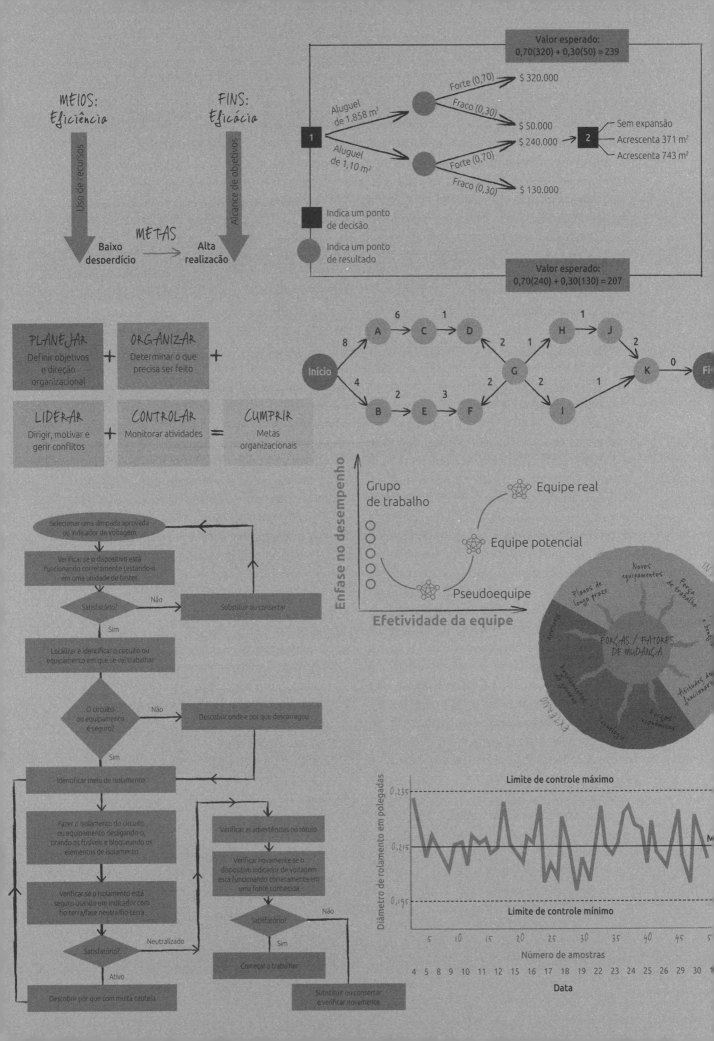

# CAPÍTULO 9
## Liderança influente

### CONCEITOS-CHAVE

Ao concluir este capítulo, você será capaz de definir os seguintes termos:

confiança
credibilidade
líder autocrático
líder carismático
líder centrado em pessoas
líder centrado em tarefas
líder liberal ou de rédeas livres

líder transacional
líder transformacional
liderança
liderança consultivo-
   -participativa
liderança democrático-
   -participativa

liderança participativa
liderança situacional
liderança visionária
prontidão
traços de liderança

### OBJETIVOS DO CAPÍTULO

Depois de ler este capítulo, você será capaz de:

9.1 Definir liderança e descrever a diferença entre líder e gestor.
9.2 Identificar as características que podem ajudá-lo a se tornar um líder bem-sucedido.
9.3 Definir carisma e seus principais componentes.
9.4 Descrever as habilidades de um líder visionário.
9.5 Diferenciar liderança centrada em tarefas e liderança centrada em pessoas.
9.6 Identificar e descrever três tipos de liderança participativa.
9.7 Explicar a liderança situacional.
9.8 Descrever situações em que a liderança é irrelevante.

 **DILEMA DO LÍDER**

Como liderar pessoas que estão fisicamente distantes de você e com quem suas interações são realizadas somente por escrito ou digitalmente? Este é o desafio de quem é um líder virtual. As pesquisas sobre liderança têm sido direcionadas principalmente para situações verbais e de corpo presente, mas não podemos ignorar a realidade de que hoje os gestores e seus colaboradores estão cada vez mais unidos pela tecnologia do que pela proximidade geográfica.

Então, qual orientação seria útil para os líderes que precisam inspirar e motivar funcionários dispersos pelo mundo? Em uma comunicação cara a cara é mais fácil atenuar palavras duras com ações não verbais. Um sorriso ou um gesto de conforto podem suavizar palavras fortes como "decepcionado", "insatisfatório", "inadequado" ou "abaixo das expectativas". Esse componente não verbal não existe numa interação *on-line*. Porém, a estrutura das palavras na comunicação digital também tem o poder de motivar ou desmotivar o destinatário. Um gestor que inadvertidamente envie mensagens em frases curtas ou em letras maiúsculas pode obter uma resposta diferente daquele que conversa usando frases completas e pontuação adequada.

Para serem líderes virtuais eficazes, os gestores devem reconhecer que há palavras mais adequadas para esse meio e estruturar sua comunicação com base nelas. Também precisam desenvolver a habilidade de "ler nas entrelinhas" das mensagens que recebem. É importante tentar decifrar o conteúdo emocional de uma mensagem, assim como o conteúdo escrito. Igualmente, líderes virtuais precisam pensar cuidadosamente nas ações que desejam iniciar com suas mensagens digitais, ser claros sobre o que esperam e acompanhar as mensagens.

Para um número crescente de gestores, boas habilidades interpessoais incluem a capacidade de transmitir apoio e liderança por meio da comunicação digital e de ser capaz de ler emoções nas mensagens recebidas.

Neste "novo mundo" da comunicação, é provável que a boa redação se torne uma extensão das habilidades interpessoais. Então, o que você acha? Quais desafios um líder virtual enfrentará? Como gestores virtuais podem usar a tecnologia para como aliada para serem mais eficazes? O que deve ser mais importante para um líder virtual, concentrar-se na tarefa ou nas pessoas? Você gostaria de ser um líder virtual ou prefere conversar pessoalmente com seus colaboradores?

* STRANG, K. D. Leadership substitutes and personality impact on time e quality in virtual new product development projects. *Project Management Journal*, fev. 2011; AVOLIO, B. J.; KAHAI, S. S. Adding the 'E' to e-leadership: how it may impact your leadership. *Organizational Dynamics*, jan. 2003, p. 325-338.

## INTRODUÇÃO

As atividades em curso em uma organização nos dizem algo sobre liderança. Por um lado, são os líderes nas organizações e nos departamentos que fazem as coisas acontecerem e fazem a diferença entre o sucesso e o

*CAPÍTULO 9*
*Liderança influente*

fracasso. Por outro lado, o modo como eles fazem isso pode diferir ampla-mente. O potencial para o sucesso e as diferentes maneiras como ele é atin-gido são abordados neste capítulo muito importante sobre liderança.

## 9.1 ENTENDENDO A LIDERANÇA

A *liderança* é a capacidade que você demonstra quando influencia os outros a agir de certa maneira. Por meio de direção, incentivo, sensibilidade, consideração e apoio, você inspira seus subordinados a aceitar desafios e alcançar objetivos que podem ser vistos como muito difíceis de se atingir. Como um líder, você é também alguém que vê e obtém o melhor dos outros, ajudando-os a desenvolver um sentido de realização pessoal e profissional. Ser um líder significa construir um compromisso para atingir objetivos entre aqueles que estão sendo conduzidos, bem como ter um forte desejo de que eles continuem a progredir.

Você pode pensar em líderes como indivíduos que comandam outros. Isso incluiria você, como autoridade sobre seus funcionários, seu chefe e qual-quer outro que detenha uma posição de poder sobre você, como seu profes-sor em sala de aula. Obviamente, por meio de uma variedade de ações, você e os outros têm a capacidade de influenciar. No entanto, frequentemente a liderança vai além de posições formais. Na verdade, às vezes, a pessoa que detém o poder nem está por perto e a liderança ainda pode existir.

Vamos começar esclarecendo a distinção entre aqueles que geren-ciam outros e aqueles que chamaremos de líderes. As palavras *líder* e *gestor* são frequentemente usadas para definir a mesma coisa, mas são diferentes.

Aqueles que gerenciam outros são nomeados pela organização. Eles têm poder legítimo que os permite recompensar ou punir seus funcionários. Sua capacidade para influenciar funcionários é baseada na autoridade formal inerente à sua posição. Em contraste, líderes podem ser nomeados ou emer-gir de dentro de um grupo. Podem influenciar outros a agir mesmo que não sejam nomeados líderes de maneira formal.

Todos aqueles que supervisionam outros deveriam ser líderes? Inver-samente, todos os nomeados formalmente líderes deveriam dirigir as ativida-des dos outros? Pelo fato de ninguém ainda ter sido capaz de demonstrar por meio de pesquisas ou de argumento lógico que possuir (ou não) a capacidade de liderança é um impedimento para aqueles que supervisionam, nós pode-mos afirmar que qualquer um que gerencia funcionários deveria idealmente ser um líder. No entanto, nem todo líder necessariamente tem as capacidades em outras funções de supervisão e, assim sendo, nem todos deveriam ter au-toridade formal. Portanto, quando nos referirmos a um líder, neste capítulo, estamos falando de qualquer um que possa influenciar outros.

> ## OBJETIVO 9.1
> Definir liderança e descrever a diferença entre líder e gestor.
>
> ### LIDERANÇA
> Habilidade que um indivíduo demonstra para influenciar outros a agir de maneira particular por meio de direção, encorajamento, sensibilidade, consideração e apoio.

# A NOVA ADM

## OBJETIVO 9.2

Identificar as características que podem ajudá-lo a se tornar um líder bem-sucedido.

## TRAÇOS DE LIDERANÇA

Qualidades como inteligência, carisma, capacidade de decisão, entusiasmo, bravura, integridade e autoconfiança.

## 9.2 AS PESSOAS NASCEM LÍDERES OU TORNAM-SE LÍDERES?

Pergunte para uma pessoa na rua o que vem à mente dela quando pensa em liderança. É provável que você vá ouvir uma lista de qualidades como inteligência, carisma, decisão, entusiasmo, força, bravura, integridade e autoconfiança. De fato, essas são provavelmente algumas das características que seriam listadas se a mesma pergunta tivesse sido feita a você. As respostas que nós recebemos, em sua essência, representam *traços de liderança*. A busca por traços ou características que separam líderes de não líderes, embora feita de uma maneira mais sofisticada que uma pesquisa de rua, dominou as pesquisas iniciais sobre o estudo da liderança.

É possível isolar um ou mais traços em indivíduos que são geralmente reconhecidos por terem influenciado outros – como Jack Welch, Mark Zuckerberg, Steve Jobs, Abílio Diniz, Luiza Helena Trajano – que os não líderes não possuem? Você deve concordar que esses indivíduos satisfazem a definição fundamental de líderes, mas têm características completamente diferentes entre si. Se a concepção de traços de liderança prova-se válida, têm de existir características comuns.

### 9.2.1 Quais são os traços de líderes bem-sucedidos?

Esforços feitos pela pesquisa científica para isolar os traços de liderança resultaram em nada. Tentativas falharam em identificar um grupo de características que diferenciam líderes de seguidores e líderes eficazes de líderes ineficazes. Talvez tenha sido um pouco otimista acreditar que um conjunto de traços de personalidade consistente e único poderia aplicar-se indiscriminadamente a todos os líderes em organizações eficazes mas muito diversas, como a Dell Computer, o Walmart e a Toyota.

Tentativas de identificar traços consistentemente associados àqueles que são bem-sucedidos em influenciar os outros têm sido mais promissoras. Por exemplo, oito traços que diferenciam os líderes dos não líderes são: impulso, desejo de influenciar os outros, propensão à extroversão, honestidade e caráter moral, autoconfiança, inteligência, propensão a sentir culpa e conhecimento relevante (ver Figura 9.1).[1]

O *impulso* de uma pessoa reflete o desejo de exercer um alto nível de esforço para concluir uma tarefa. Esse indivíduo tem, muitas vezes, uma forte necessidade de alcançar seus objetivos e se superar no que faz. Ambicioso, esse líder demonstra altos níveis de energia na sua persistência infinita em todas as atividades. Além disso, uma pessoa que tem essa motivação frequentemente mostra vontade de tomar a iniciativa.

Os líderes têm um claro *desejo de influenciar os outros*. Muitas vezes, esse desejo de liderar é visto como disposição para aceitar a responsabilidade

---

1    KIRKPATRICK, S. A.; LOCKE, E. A. Leadership: do traits matter? *Academy of Management Executive*, v. 5, n. 2, maio 1991, p. 48-60; JUDGE, T. A.; BONO, J. E.; ILIES, R.; GERHARDT, M. W. Personality and leadership: a qualitative e quantitative review. *Journal of Applied Psychology*, ago. 2002, p. 765-780.

por uma variedade de tarefas. Um líder também constrói relações de confiança com quem influencia, por ser verdadeiro e mostrar alta consistência entre o que diz e o que faz. Em outras palavras, as pessoas são mais propensas a ser influenciadas por alguém que demonstre *honestidade e caráter moral*.

**Figura 9.1** Oito características de líderes eficazes

Uma pessoa que lidera também mostra *autoconfiança* para convencer os outros sobre a pertinência das metas e das decisões. Verifica-se que os funcionários preferem ser influenciados por indivíduos que não duvidem de suas capacidades. Em outras palavras, eles são mais influenciados por um gerente decidido e que acredita nas próprias decisões do que por um que frequentemente titubeia sobre decisões tomadas.

Influenciar os outros requer um nível de *inteligência* também. Para obter sucesso nisso, é preciso ser capaz de reunir, sintetizar e interpretar muitas informações. O líder também deve ser capaz de criar uma visão (um plano), comunicá-la de forma que os outros entendam, resolver problemas e tomar boas decisões. Muitos desses requisitos de inteligência vêm de educação e experiência.

Um líder eficaz tem alto grau de *conhecimento relevante* sobre o departamento e os funcionários da unidade. Esse conhecimento em profundidade ajuda o gestor a tomar decisões bem informadas, bem como compreender as implicações que essas decisões têm sobre outras pessoas no departamento.

Normalmente, os liderados tendem a valorizar um líder que exibe certo traço de *extroversão* em suas interações, pois sentem segurança ao ver que seu líder é um indivíduo ativo, animado, sociável e assertivo. Por fim, os líderes eficazes sabem muito bem ter uma certa propensão para *sentir culpa*. Curiosamente, ter essa propensão à culpa é algo positivo e está diretamente associado à eficácia da liderança, pois gera nos demais um forte senso de responsabilidade.

### 9.2.2 O que é essa coisa chamada carisma?

O que pessoas como Sílvio Santos, Hebe Camargo, Oprah Winfrey, Roberto Carlos, Lady Gaga e Luciano Huck têm em comum? Todos eles têm algo em sua estrutura de personalidade chamado carisma. Cada um desses indivíduos é o que chamamos de *líder carismático*, isto é, um entusiasta, líder

**OBJETIVO 9.3**
Definir carisma e seus principais componentes.

**LÍDER CARISMÁTICO**
Indivíduo com uma visão convincente ou senso de propósito, capacidade de comunicar sua visão em termos claros e que os seguidores possam entender; demonstra consistência e foco na busca da visão, além de entendimento de suas próprias forças.

autoconfiante, cuja personalidade e cujas ações influenciam as pessoas a se comportarem de determinada maneira. Carisma é um magnetismo que inspira os seguidores a irem "além" para atingir as metas que são percebidas como difíceis ou impopulares. Ser carismático, porém, não é atribuído a um único fator. Em vez disso, o carisma evolui a partir da posse de várias características.[2]

Vários autores tentaram identificar as características pessoais do líder carismático.[3] A análise mais abrangente identificou cinco características: eles têm visão e capacidade de articular essa visão, a disposição para assumir riscos para alcançar essa visão, a sensibilidade tanto para restrições ambientais quanto para as necessidades de seus seguidores e comportamentos que estão fora do comum.[4]

Há um corpo crescente de evidências que mostra as correlações impressionantes entre liderança carismática e alto desempenho e satisfação entre seguidores.[5] Se carisma é desejável, as pessoas podem aprender a ser líderes carismáticos? Ou líderes carismáticos já nascem com suas qualidades? Embora

---

[2] CONGER, J. A.; KANUNGO, R. N. *Charismatic leadership in organizations*. Thousand Oaks, CA: Sage, 1998. Ver também O'ROARK, A. M. *The quest for executive effectiveness:* turning inside-out charismatic-participatory leadership. Nevada City, CA: Symposium, 2000; EMRICH, C. G.; BROWER, H. H.; FELDMAN, J. M.; GARLAND, H. Images in words: presidential rhetoric, charisma, and greatness. *Administrative Science Quarterly*, v. 46, n. 3, sep. 2001, p. 527-561; SOSIK, J. J. The role of personal meaning in charismatic leadership. *Journal of Leadership Studies*, v. 7, n. 2, 2000, p. 60-75.

[3] CRANT, J. M.; BATEMAN, T. S. Charismatic leadership viewed from above: the impact of proactive personality. *Journal of Organizational Behavior*, v. 21, n. 1, fev. 2000, p. 63-75; YUKL, G.; HOWELL, J. M. Organizational and contextual influences on the emergence and effectiveness of charismatic leadership. *Leadership Quarterly*, v. 10, n. 2, 1999, p. 257-283; CONGER, J. A.; KANUNGO, R. N. Behavioral dimensions of charismatic leadership. In: CONGER, J. A.; KANUNGO, R. N. e associados (Eds.). *Charismatic Leadership*. São Francisco, CA: Jossey-Bass, 1988. p. 78-97.

[4] CONGER; KANUNGO, 1998.

[5] GROVES, K. S. Linking leader skills, follower attitudes, and contextual variables via an integrated model of charismatic leadership. *Journal of Management*, v. 31, n. 2, abr. 2005, p. 255-277; SOSIK, J. J. The role of personal values in the charismatic leadership of corporate managers: a model and preliminary field study. *Leadership Quarterly*, v. 16, n. 2, abr. 2005, p. 221-244; DEHOOGH, A. H. B.; DEN HARTOG, D. N.; KOOPMAN, P. L.; THIERRY, H.; VAN DEN BERG, P. T.; VAN DER WEIDE, J. G.; WILDEROM, C. P. M. Leader motives, charismatic leadership, and subordinates' work attitudes in the profit and voluntary sector. *Leadership Quarterly*, v. 16, fev. 2005, p. 17-38; HOWELL, J. M.; SHAMIR, B. The role of followers in the charismatic leadership process: relationships and their consequences. *Academy of Management Review*, v. 30, n. 1, jan. 2005, p. 96-112; PAUL, J.; COSTLEY, D. L.; HOWELL, J. P.; DORFMAN, P. W.; TRAFIMOW, D. The effects of charismatic leadership on followers' self-concept accessibility. *Journal of Applied Social Psychology*, v. 31, n. 9, set. 2001, p. 1821-1844; CONGER, J. A.; KANUNGO, R. N.; MENON, S. T. Charismatic leadership and follower effects. *Journal of Organizational Behavior*, v. 21, n. 7, 2000, p. 747-767; ROWDEN, R. W. The relationship between charismatic leadership behaviors and organizational commitment. *Leadership & Organization Development Journal*, v. 21, n. 1, jan. 2000, p. 30-35; SHEA, G. P.; HOWELL, C. M. Charismatic leadership and task feedback: a laboratory study of their effects on self-efficacy. *Leadership Quarterly*, v. 10, 1999, p. 375-396; KIRKPATRICK, S. A.; LOCKE, E. A. Direct and indirect effects of three core charismatic leadership components on performance and attitudes. *Journal of Applied Psychology*, v. 81, n. 1, fev. 1996, p. 36-51; WALDMAN, D. A.; BASS, B. M.; YAMMARINO, F. J. Adding to contingent- reward behavior: the augmenting effect of charismatic leadership. *Group & Organization Studies*, v. 15, n. 4, dez. 1990, p. 381-394; HOUSE, R. J.; WOYCKE, J.; FODOR, E. M. Charismatic and noncharismatic leaders: differences in behavior and effectiveness. In: CONGER, J. A. *Charismatic leadership:* the elusive factor in organizational effectiveness. Jossey-Bass management series. San Francisco: Jossey-Bass, 1988.

CAPÍTULO 9
Liderança influente

um pequeno número de especialistas ainda ache que o carisma não pode ser aprendido, a maioria acredita que os indivíduos podem ser treinados para exibir comportamentos carismáticos.[6] Por exemplo, os pesquisadores conseguiram ensinar alunos de graduação a serem carismáticos. Como? Eles foram ensinados a articular uma meta de longo alcance, comunicar expectativas de alto desempenho, exibir confiança na capacidade dos subordinados para atender a essas expectativas e ter empatia com suas necessidades. Além disso, aprenderam a projetar uma presença dinâmica, poderosa e confiante, e praticavam usando um tom de voz cativante e envolvente. Os pesquisadores também treinaram os líderes estudantis para usarem comportamentos carismáticos não verbais, que incluem inclinar-se na direção do seguidor ao comunicar-se, mantendo contato visual direto, e manter uma postura relaxada e expressões faciais expressivas. Nos grupos com esses líderes carismáticos "treinados", os membros tiveram desempenho superior e maior nível de ajuste em tarefas, adaptação nas relações com o líder e com o grupo. Os membros do grupo que trabalharam para líderes não carismáticos não obtiveram os mesmos resultados.

No Capítulo 8, introduzimos a característica de personalidade "da autogestão". Como você vai se lembrar, descrevemos autogestores de alta eficiência como indivíduos que podem facilmente ajustar seu comportamento a diferentes situações. Eles conseguem ler pistas sociais verbais e não verbais e alterar seu comportamento de acordo com a situação. Verificou-se que essa capacidade de ser um "bom ator" está associada à liderança carismática. Pelo fato de autogestores de alta eficiência poderem julgar exatamente uma situação, compreender os sentimentos dos funcionários e depois exibir comportamentos que correspondem às expectativas dos funcionários, eles tendem a emergir como gestores eficazes e carismáticos.

Uma última coisa que devemos dizer sobre liderança carismática é que ela nem sempre é necessária para atingir altos níveis de desempenho do funcionário. Pode ser mais apropriada quando a tarefa do seguidor tem um propósito ideológico ou quando o ambiente envolve um alto grau de estresse e incerteza.[7] Isso pode explicar por que, quando líderes carismáticos surgem, é mais provável que seja na política, na religião, ou na guerra, ou quando uma empresa de negócios está começando ou enfrentando uma crise de sobrevivência. Por exemplo, Martin Luther King Jr. usou seu carisma para buscar a igualdade social por meios não violentos; Lula, em sua ascensão política; e Steve Jobs, para alcançar a lealdade inabalável e o comprometimento da equipe técnica da Apple no início de 1980, articulando uma visão

---

6    BIRCHFIELD, R. Creating charismatic leaders. *Management*, jun. 2000, p. 30-31; CAUDRON, S. Growing charisma. *IndustryWeek*, 4 maio 1998, p. 54-55; CONGER, J. A.; KANUNGO, R. N. Training charismatic leadership: a risky and critical task. In: CONGER; KANUNGO, 1988. p. 309-323.

7    HUNT, J. G.; BOAL, K. B.; DODGE, G. E. The effects of visionary and crisis-responsive charisma on followers: an experimental examination. *Leadership Quarterly*, 1999, p. 423-448; HOUSE, R. J.; ADITYA, R. N. The social scientific study of leadership: quo vadis? *Journal of Management*, v. 23, n. 3, 1997, p. 316-323; HOUSE, R. J. A theory of charismatic leadership, 1976.

de computadores pessoais que dramaticamente mudou o modo como as pessoas viviam.

O que pode ser dito a respeito do efeito do líder carismático sobre seus seguidores? Há cada vez mais apoio à ideia de que existe uma forte ligação entre a liderança carismática e o alto desempenho dos funcionários. Pessoas que trabalham para líderes carismáticos são motivadas a exercer um esforço extra de trabalho, porque, quando gostam de seu líder, expressam mais satisfação.[8] Embora um estudo tenha descoberto que CEOs carismáticos não tiveram nenhum impacto no desempenho organizacional subsequente, ainda acredita-se que carisma é uma qualidade de liderança desejável.[9]

Embora as características de líderes de sucesso tenham sido identificadas ao longo dos anos, por si só elas não são suficientes para explicar inteiramente a eficácia da liderança. Se fosse assim, então os líderes poderiam ser identificados desde a infância. Embora você possa ter sido um líder nato no jardim de infância, exibindo suas habilidades influenciadoras numa idade precoce, liderar exige mais. O problema em centrar-se exclusivamente em características é que ignoramos as competências que os líderes devem ter, bem como os comportamentos que devem demonstrar em um número variado de situações. Felizmente, essas competências e comportamentos podem ser aprendidos! Portanto, é mais correto dizer que líderes podem ser formados.

### 9.2.3 O que é liderança visionária?

**OBJETIVO 9.4**
Descrever as habilidades de um líder visionário.

**LIDERANÇA VISIONÁRIA**
Habilidade de criar e articular uma visão realista, crível, atraente do futuro; nasce do presente e o melhora.

O termo *visão* apareceu alguns parágrafos atrás, em nossa discussão sobre o líder carismático. Mas a liderança visionária vai além de carisma. Nesta seção, analisamos as recentes revelações sobre a importância da liderança visionária.

*Liderança visionária* é a capacidade de criar e articular uma visão realista, crível e atraente do futuro para uma organização ou unidade organizacional, uma visão que se desenvolve a partir do presente e o melhora.[10] Essa visão, se devidamente selecionada e implementada, é tão energizante que "com efeito" dá partida no futuro, invocando habilidades, talentos e recursos para que isso aconteça.[11]

---

8 CONGER, J. A.; KANUNGO, R. N. Behavioral dimensions of charismatic leadership. In: CONGER; KANUNGO, 1988. p. 79.

9 AGLE, B. R.; NAGARAJAN, N. J.; SONNENFELD, J. A.; SRINIVASAN, D. Does CEO charisma matter? an empirical analysis of the relationships among organizational performance, environmental uncertainty, and top management team perceptions of CEO charisma. *Academy of Management Journal* 49, p. 161-174, Feb. 2006.

10 Essa definição é baseada em SASHKIN, M. The visionary leader. In: CONGER; KANUNGO, 1988. p. 124-125; NANUS, B. *Visionary leadership*. Nova York: Free Press, 1992. p. 8; SNYDER, N. H.; GRAVES, M. Leadership and vision. *Business Horizons* 37, n. 1, p. 1, Jan.-Feb. 1994; LUCAS, J. R. Anatomy of a vision statement. *Management Review* 87, n. 2, p. 22-26, Feb. 1998; MARINO, S. Where there is no visionary, companies falter. *Industry Week*, p. 20, 15 Mar., 1999.

11 Nanus, 1992, p. 8.

*CAPÍTULO 9*
*Liderança influente*

As propriedades principais de uma visão parecem ser as possibilidades inspiradoras que são centradas em valores, são viáveis e bem articuladas. Visões devem ser capazes de criar possibilidades inspiradoras e únicas e devem oferecer uma nova ordem, que pode produzir distinção organizacional. Uma visão provavelmente falhará se não oferecer uma visão do futuro, que é clara e comprovadamente melhor para a organização e seus membros. Visões desejáveis se adequam ao tempo e às circunstâncias e refletem a singularidade da organização. As pessoas na organização devem também acreditar que a visão é atingível. Deve ser percebida como desafiadora, mas factível. Visões que têm articulação clara e imagens poderosas são mais facilmente compreendidas e aceitas.

Quais são alguns exemplos de visões? Sir Richard Branson é o fundador visionário e presidente do Grupo Virgin, uma das marcas mais revolucionárias do mundo em aviação, hotelaria e lazer, telecomunicações, serviços financeiros, saúde e bem-estar e energia limpa. O Virgin Group opera mais de 200 empresas em todo o mundo, empregando aproximadamente 50 mil pessoas em mais de 30 países. O brasileiro Caito Maia transformou a experiência insípida de comprar óculos de sol em uma ótica em algo "apimentado" com sua Chilli Beans. A visão de Mary Kay Ash sobre as mulheres como empreendedoras que vendem produtos para melhorar a autoimagem deu um impulso a sua empresa de cosméticos. Michael Dell criou uma visão de empresa que permite que a Dell Computers venda e entregue um PC construído diretamente a um cliente em menos de oito dias. E Elon Musk, fundador e CEO da SpaceX, tem uma visão que vai além deste mundo – colonizar Marte: "Se as coisas saírem de acordo com o plano, seremos capazes de enviar pessoas ao planeta em 2024, com chegada prevista em 2025".[12]

Que habilidades líderes visionários demonstram ou demonstraram em vida? Uma vez que a visão é identificada, esses líderes parecem ter três qualidades que estão relacionadas com a eficácia em seus papéis visionários.[13] A primeira é a *capacidade de explicar a visão* para os outros. O líder precisa tornar a visão clara em termos de ações e metas necessárias por meio de clara comunicação oral e escrita. Ex-presidentes como Lula e Ronald Reagan, ambos grandes comunicadores, mostravam em seus discursos uma visão simples para sua presidência. Lula valorizando os mais pobres, e Reagan, que foi ator, um retorno a tempos mais felizes e mais prósperos por meio de menos controle do governo, menos impostos e um Exército forte.

A segunda é a *capacidade de expressar a visão* não apenas verbalmente, mas por meio do comportamento do líder. Isso requer comportar-se de maneira que continuamente transmita e reforce a visão. O comandante Rolim, na TAM, e Herb Kelleher, na Southwest Airlines, viviam e respiravam o seu

---

12 STELTER, B. Musk: SpaceX could take humans to Mars in 9 years. *CNN Money*, 2 jun. 2016. Disponível em: https://money.cnn.com/2016/06/02/news/companies/musk-mars-2025/. Acesso em: jan. 2020.

13 BAUM, J. R.; LOCKE, E. A.; KIRKPATRICK, S. A. A longitudinal study of the relation of vision and vision communication to venture growth in entrepreneurial firms. *Journal of Applied Psychology*, v. 83, n. 1, feb. 1998, p. 43-54.

compromisso de serviço ao cliente. Ficaram famosos dentro e fora de suas empresas por intervir quando necessário para ajudar no check-in de passageiros, carregar bagagem, substituir comissários de bordo ou fazer qualquer outra coisa para tornar a experiência do cliente mais agradável. A terceira habilidade é a *capacidade de ampliar a visão* de liderança para contextos diferentes. Essa é a capacidade de sequenciar atividades de modo que a visão possa ser aplicada em variadas situações.

---

### CONFIRA O QUE APRENDEU 9.1

1. A habilidade de influenciar outra pessoa a agir de determinada maneira é chamada:
   a. supervisão.
   b. liderança.
   c. motivação.
   d. todas as opções anteriores.

2. Qual das opções a seguir não é considerada um traço de liderança?
   a. Vontade.
   b. Autoconfiança.
   c. Honestidade.
   d. Visão.

3. Um indivíduo com forte senso de propósito – que é comunicado aos seus seguidores de maneira que eles possam entendê-lo – é comumente chamado:
   a. Líder carismático.
   b. Líder autocrático.
   c. Líder transacional.
   d. Líder participativo.

4. A habilidade de criar e articular uma visão crível e realista do futuro de uma organização é chamada de:
   a. Liderança participativa.
   b. Liderança visionária.
   c. Liderança carismática.
   d. Nenhuma das opções anteriores.

---

## 9.3 COMO SE TORNAR UM LÍDER?

Detendo ou não uma posição formal de autoridade, você pode estar em uma posição de influência sobre os outros. Tornar-se um líder, no entanto, requer certas habilidades (assim como muitos dos traços descritos anteriormente): habilidades técnicas, habilidades abstratas, habilidades de relações humanas e rede de relacionamentos. Provavelmente, você está pensando que já ouviu isso antes. Se estiver, parabéns! Você está prestando atenção. Algumas delas são as competências de que os gestores eficientes precisam. Devido à sua importância para a liderança, vamos olhar para elas, dessa vez com um olho na liderança.

### 9.3.1 Por que um líder precisa de habilidades técnicas?

É muito raro conseguir influenciar os outros sem ter absolutamente nenhuma ideia do que eles estão fazendo. Embora possam respeitar você, quando se trata de serem influenciados, eles gostariam de acreditar que você tem a experiência necessária para fazer recomendações. Essa experiência geralmente vem de suas habilidades técnicas.

As *habilidades técnicas* são as ferramentas, os procedimentos e as técnicas que são exclusivas para uma situação específica. Em sua tentativa de ser visto como fonte de ajuda, um especialista, você precisa dominar o seu trabalho, ser um expert. Em geral, as pessoas não virão até você, a menos que precisem de assistência. Irão procurar sua orientação quando não conseguirem resolver uma situação ou quando estiverem mal equipadas. Por ter as habilidades técnicas, você é capaz de ajudar. Mas imagine se não as tivesse. Você teria que sempre pedir a informação a alguém. Ao fazer isso, você pode não ser capaz de explicar adequadamente para o funcionário que solicitou a informação. Num certo momento, os funcionários falarão diretamente com a fonte da informação técnica. Quando isso acontece, você perde parte de sua autoridade e influência.

A necessidade de conhecimento de habilidades técnicas relacionadas ao seu trabalho não poderia ser mais ressaltada. Aqueles que "sabem" fazer influenciam os outros. Se você quiser que os seguidores tenham confiança nos seus conselhos e na direção que você dá, eles têm que vê-lo como um gestor competente tecnicamente.

### 9.3.2  Como habilidades conceituais afetam a sua liderança?

*Habilidades conceituais* são a sua capacidade mental para coordenar uma variedade de interesses e atividades. Significa ter a capacidade de pensar de forma abstrata, analisar muitas informações e fazer conexões entre os dados. Anteriormente, descrevemos um líder eficaz como alguém que poderia criar uma visão. Para fazer isso, você deve ser capaz de pensar criticamente e conceituar as coisas a respeito de como elas poderiam ser.

Pensar conceitualmente não é tão fácil quanto você possa acreditar. Para alguns, pode ser impossível! Isso porque, para pensar conceitualmente, você deve olhar para o famoso "grande quadro". Muitas vezes, ficamos presos na rotina diária, focando a nossa atenção nos mínimos detalhes. Isso não significa que se centrar nos detalhes não é importante; sem isso, pouco pode ser realizado. Mas estabelecer direções de longo prazo exige que você pense sobre o futuro, para lidar com a incerteza e os riscos do desconhecido. Para ser um bom líder, então, você deve ser capaz de encontrar sentido nesse caos e imaginar o que é possível acontecer.

### 9.3.3  Como a sua habilidade de formar redes de relacionamento faz de você um líder melhor?

A capacidade de formar *redes de relacionamento* (*networking*) é a habilidade de socializar e interagir com pessoas de fora, aquelas que não estão associadas à sua unidade. Como líder, é compreensível que você não possa fazer tudo sozinho. Obviamente, se fizesse, você não seria um líder, mas sim um super-herói! Portanto, você precisa saber para onde ir para obter as coisas

de que seus seguidores precisam. Isso pode significar "lutar" por mais recursos ou estabelecer relações fora de sua área que irão proporcionar algum benefício para seus seguidores. Formar redes de relacionamento, se você estiver fazendo a conexão, significa ter boas habilidades políticas, uma característica que não deve ser ignorada.

Seus funcionários, muitas vezes, esperarão que você forneça-lhes o que eles precisam para fazer um excelente trabalho. Se eles puderem depender de você para fornecer as ferramentas (ou executar a interferência) de que precisam, mais uma vez você inspirará um nível de confiança em seus funcionários. É também mais provável que eles respondam melhor se souberem que você está disposto a lutar por eles. Em vez de encontrarem uma centena de razões pelas quais não podem fazer algo, eles podem vir até você para pedir ajuda e encontrar o caminho que vai funcionar. Você, de alguma forma, reúne os recursos necessários e defende o que o "seu pessoal" está fazendo. Ao desafiar os funcionários a ir além do que eles pensam que são capazes de conseguir, no entanto, você sabe que erros serão cometidos. Quando eles conseguirem, você verá esses erros como uma experiência de aprendizado, um ponto de partida para o crescimento.

### 9.3.4 Que papel as relações humanas exercem em uma liderança eficaz?

*Habilidades de relações humanas* se concentram na sua capacidade de trabalhar com, compreender e motivar aqueles que o rodeiam. Boas habilidades de relações humanas exigem que você se comunique de forma eficaz com seus funcionários e aqueles fora da sua unidade, transmitindo a sua visão. Significa, também, ouvir o que eles têm a dizer. Um bom líder não é um sabe-tudo, mas sim alguém que livremente aceita e incentiva o envolvimento de seus seguidores.

Habilidades de relações humanas são as "habilidades das pessoas" frequentemente mencionadas em debates atuais sobre supervisão eficaz. É treinar e apoiar os outros ao seu redor. É entender a si mesmo e estar confiante em suas habilidades. É a sua honestidade no trato com os outros e os valores pelos quais você vive. É a sua confiança em saber que ajudando os outros a ter sucesso e deixando-os ter sucesso, você está fazendo a coisa certa para eles, para a organização e para si próprio.

Um líder treinador (líder *coach*) ajuda as pessoas a crescer e a ter um melhor desempenho. No entanto, um gestor atuando como treinador para os funcionários tem que lidar com a dinâmica da organização, bem como com o relacionamento com os funcionários. Sua relação é mais do que a de um treinador, porque o gestor está em posição de saber as exigências do trabalho, o desempenho do funcionário e as expectativas da organização. Em seu livro clássico, *Em busca da excelência*, Tom Peters escreve sobre os líderes que usam o treinamento como metodologia para liderar. Ele afirma:

> Treinamento é liderança cara a cara que reúne pessoas com diversas origens, talentos, experiências e interesses, encoraja-as a intensificar

CAPÍTULO 9
Liderança influente

a responsabilidade e a realização contínua, e as trata como parceiras de grande escala e colaboradores. Treinamento não é memorizar técnicas ou conceber o plano de jogo perfeito. Trata-se de realmente prestar atenção às pessoas, acreditar nelas, realmente se preocupar e se envolver com elas.[14]

Se o baixo desempenho de um funcionário está relacionado a uma deficiência de habilidade, métodos de treinamento podem ser usados para corrigir o comportamento. Se o desempenho inferior não é o resultado de uma deficiência de habilidade, o treinamento também pode ser a resposta adequada. O processo dinâmico de treinamento requer que o coordenador monitore o desempenho do funcionário e, ao mesmo tempo, reaja a mudanças nas necessidades organizacionais e o tempo todo ajuste sua abordagem ao funcionário.

Peters reforça:

> Treinamento é o processo de permitir que os outros ajam, constituam sua força. É esperar que as pessoas utilizem suas habilidades especiais e competências, e, em seguida, dar-lhes espaço e tempo suficiente para fazê-lo. Treinar, em sua essência, envolve se importar o suficiente com as pessoas e reservar o seu tempo para construir um relacionamento pessoal com elas.[15]

O processo de treinamento é fortemente alavancado pela confiança que tem sido desenvolvida entre o gestor e o funcionário. Em todas as situações de treinamento, os gestores têm um papel ativo para o sucesso e a melhoria do funcionário supervisionado.

Há um aspecto que é quase uma garantia no que diz respeito à liderança, isto é, se você falhar como líder, provavelmente não vai ser porque você não tem habilidades técnicas. Pelo contrário, é mais provável que os seus seguidores, assim como outros, perderam o respeito por você por causa de sua falta de habilidade em relações humanas. Se isso acontecer, sua capacidade de influenciar os outros vai ser seriamente prejudicada.

Um dos aspectos interessantes da liderança é que as características e habilidades não são facilmente detectadas pelos seguidores. Como resultado, os seguidores definem sua liderança pelos comportamentos que veem em você. Como diz o adágio, as ações falam mais alto que as palavras. É o que você faz que importa. Portanto, você precisa entender os comportamentos de liderança.

---

14  PETERS, T.; AUSTIN, N. *A passion for excellence: the leadership difference.* Nova York: Random House, 1985. p. 325-326.

15  PETERS; AUSTIN, p. 328.

## CRIANDO LÍDERES

Quão importantes para as organizações são os líderes excelentes? Se você fosse perguntar a um CEO, ele diria que são extremamente importantes. Mas também diria que os líderes excelentes não aparecem do nada. A empresa tem de cultivar líderes que tenham as competências e as habilidades para ajudar a organização a sobreviver e a prosperar. E, como um time de futebol de sucesso com estatísticas de desempenho fortes que tem um plano de desenvolvimento de jogadores no lugar, a 3M tem o seu próprio sistema de treinamento; só que seu sistema é projetado para desenvolver os líderes da empresa.

O programa de desenvolvimento de liderança da 3M é tão eficaz que, em 2009, a revista *Chief Executive* e o Hay Consulting Group nomearam a empresa como a melhor em desenvolvimento de futuros líderes. Do que se trata o programa de liderança? Há cerca de oito anos, o ex-CEO da empresa (Jim McNerney, que virou CEO da Boeing) e sua equipe de elite passaram 18 meses desenvolvendo um novo modelo de liderança para a empresa. Depois de numerosas sessões de brainstorming e muitos acalorados debates, o grupo finalmente concordou em seis "atributos de liderança" que acreditava serem essenciais para a empresa se tornar hábil em executar a estratégia e a prestação de contas. Esses seis atributos incluem a capacidade de "mapear o caminho/curso; energizar e inspirar os outros; demonstrar ética, integridade e cumprimento; entregar resultados; elevar o nível; inovar criativamente". E depois, sob a orientação de George Buckley, a empresa está continuando e reforçando a sua busca da excelência em liderança com esses seis atributos.

Outras empresas, como a Ernst & Young, começam cedo a recrutar e investir em futuros líderes, muitas vezes indo atrás de calouros universitários com potencial de liderança. Elas recrutam os melhores talentos e os envolvem em vários programas de desenvolvimento de lideranças, tanto na academia como após a formatura.*

A Deloitte, outra empresa com boa classificação em programas de desenvolvimento de liderança, está empenhada em ajudar seus funcionários da nova geração a aprender e absorver as habilidades de liderança de que precisarão para liderar a empresa no futuro, a começar com uma estratégia de recrutamento bem específica para a contratação de *millennials*, seguida de um programa de um ano de duração de "boas-vindas à Deloitte".** Este programa ensina aos futuros profissionais técnicas gerenciais e de formação de equipes, e oferece oportunidades de desenvolvimento profissional. Não é de surpreender que seja feito em grande parte por meio de mídias sociais, recorrendo a experiências interativas como dramatizações, simulações, jogos e uma ferramenta para que estes empregados possam acompanhar suas tarefas.

No Facebook, a primeira organização gerida por *millennials* a se tornar uma empresa da *Fortune 500*, a liderança é projetada em torno das necessidades de uma empresa ágil e em rápido crescimento.*** O chefe de desenvolvimento de lideranças do Facebook diz que a única maneira de desenvolver lideranças que funcionam por lá é pensar como engenheiro: engenheiros estão preocupados apenas com "aquilo que funciona", e o mesmo vale para as lideranças que querem ter sucesso no Facebook – o foco deve estar naquilo que funciona. Além disso, como se trata de uma organização

> **CAPÍTULO 9**
> **Liderança influente**

extremamente horizontal, com poucos níveis gerenciais, os funcionários descobrem muito cedo que, para fazer qualquer coisa, terão de influenciar e inspirar as pessoas. É por isso que os líderes do Facebook não precisam ser convencidos da necessidade de ter habilidades interpessoais. Eles simplesmente não sobrevivem sem elas.

Sabendo que você quer avançar nas fileiras de sua empresa e se tornar um líder de fato, por quais razões as empresas podem não estar se preocupando com o desenvolvimento de lideranças da geração Y? No que diz respeito à 3M, considere cada um dos seis atributos de liderança que a empresa acredita serem importantes. Explique o que você acha que cada um envolve. Então, discuta como esses atributos podem ser desenvolvidos e medidos. Algum deles seria adequado para as outras companhias mencionadas aqui? Mencionamos três tipos de empresas: a 3M é majoritariamente uma empresa de manufatura. Ernest Young e Deloitte são consultorias, empresas de serviços. O Facebook é uma empresa de tecnologia. Compare as abordagens de cada uma referindo-se ao desenvolvimento de lideranças da geração Y. O que você aprendeu sobre liderança com essa discussão?

*   LYKINS; L.; PACE, A. Mastering millennial leadership development. *T&D*, maio 2013, p. 42-45.

**  STEVENS, H. How top-ranked companies develop leaders. *Clomedia*, 6 ago. 2014.

***LIVERMORE, D. What Facebook tells us about the future of leadership. *Management Issues*, 15 out. 2013.

## 9.4 COMPORTAMENTOS DE LIDERANÇA E ESTILOS

> **OBJETIVO 9.5**
> Diferenciar liderança centrada em tarefas e liderança centrada em pessoas.

A incapacidade para explicar a liderança apenas com base em traços e habilidades levou os investigadores a analisar os comportamentos e estilos que líderes específicos exibiram. Pesquisadores indagaram se há algo de único no comportamento de líderes eficazes e no estilo com o qual praticam seu ofício. Por exemplo, os líderes tendem a ser mais participativos do que autocráticos?

Uma série de estudos analisou estilos comportamentais. A mais abrangente e mais replicada das teorias comportamentais resultou de uma pesquisa que começou na Ohio State University, no final da década de 1940.[16] Esse estudo (bem como outros) procurou identificar dimensões independentes do comportamento do líder. Começando com mais de mil dimensões, os pesquisadores finalmente reduziram a lista a duas categorias que representaram a maior parte do comportamento de liderança descrito por funcionários. Estes são os melhores comportamentos identificados como centrados em tarefas e centrados nos funcionário (ver Figura 9.2).[17]

---

16  STODGILL, R. M.; COONS, A. E. (Eds.). Leader behavior: its description and measurement. *Research Monograph*, n. 88, Columbus, OH, Ohio State University, Bureau of Business Research, 1951.

17  STODGILL; COONS, 1951; KAHN, R.; KATZ, D. Leadership practices in relation to productivity and morale. In: CARTWRIGHT, D.; ZANDER, A *Group dynamics: research and theory*. 2. ed. Elmsford, NY: Row, Paterson, 1960. p. 41.

**Figura 9.2** Comportamentos da liderança

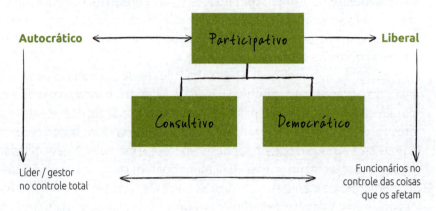

## 9.4.1 O que é comportamento centrado em tarefas?

Um *líder centrado em tarefas* tem uma forte tendência a enfatizar os aspectos técnicos e as tarefas do trabalho. A maior preocupação desse indivíduo é garantir que os funcionários saibam exatamente o que se espera deles e proporcionar a orientação necessária para as metas a serem cumpridas. Funcionários são vistos por esse líder como um meio para um fim. Em outras palavras, para atingir as metas, os funcionários têm que executar suas tarefas. Enquanto eles fazem o que é esperado, esse líder é feliz. Chamar de líder uma pessoa orientada para a produção pode ser um tanto inapropriado. Esse indivíduo pode não liderar, no sentido clássico, mas simplesmente garantir o cumprimento das regras estabelecidas, dos regulamentos e das metas de produção. Em termos de motivação, um líder orientado para a produção frequentemente exibe uma orientação à Teoria X (ver Capítulo 8) ou um estilo de liderança autocrático/autoritário.

Um *líder autocrático* pode ser mais bem descrito como um capataz. Esse indivíduo não deixa dúvidas quanto a quem é que manda e quem tem a autoridade e o poder do grupo. Toma todas as decisões que afetam o grupo e diz aos outros o que fazer. Essas orientações acontecem frequentemente na forma de ordens que devem ser seguidas. O descumprimento dessas ordens normalmente resulta em alguma punição negativa nas mãos do líder autoritário. Obviamente, a liderança autocrática é inapropriada na organização de hoje. Certo? Bem, talvez não. Existem líderes em todos os tipos de organizações: de negócios, o governo e os militares, para quem o estilo autocrático funciona melhor.

## 9.4.2 O que são comportamentos centrados em pessoas?

Um *líder centrado em pessoas* enfatiza as relações interpessoais com aqueles que lidera. Esse líder tem um interesse pessoal nas necessidades de seus funcionários. Um líder centrado na pessoa humana está preocupado com o bem-estar dos funcionários. Interações entre esse líder e seus colaboradores são caracterizadas como de confiança, amigáveis e de apoio. Além disso, esse líder é muito sensível às preocupações e aos sentimentos dos funcionários.

---

**LÍDER CENTRADO EM TAREFAS**
Indivíduo que tem uma forte tendência a enfatizar os aspectos técnicos e as tarefas do trabalho.

**LÍDER AUTOCRÁTICO**
Indivíduo que deixa claro quem está no controle e quem tem a autoridade e o poder no grupo.

**LÍDER CENTRADO EM PESSOAS**
Indivíduo que enfatiza as relações interpessoais com aqueles que lidera.

## CAPÍTULO 9
### Liderança influente

Da mesma forma, do ponto de vista motivacional, um líder centrado em pessoas apresenta mais orientações à Teoria Y (ver Capítulo 7). Como resultado, o indivíduo geralmente apresenta um estilo de liderança participativa (ou democrática).

Em um estilo de *liderança participativa*, o líder busca ativamente a participação de seguidores em muitas das atividades da organização. Assim, o estabelecimento de planos, a resolução de problemas e a tomada de decisões não são feitos exclusivamente pelo gestor. Em vez disso, o grupo de trabalho inteiro participa. A única dúvida que realmente fica é quem tem a palavra final. Isto é, liderança participativa pode ser vista de duas perspectivas. A primeira é aquela em que o líder procura dados e ouve as preocupações e os problemas dos seguidores, mas toma a decisão final. Nessa capacidade, o líder está usando os dados como exercício de busca de informações. Chamamos isso de *liderança consultivo-participativa*. No entanto, um líder participativo pode permitir que os seguidores tenham a última palavra em relação ao que é decidido. Aqui, as decisões são tomadas verdadeiramente pelo grupo. Isso é conhecido como *liderança democrático-participativa*.

Além da liderança participativa, há outro estilo de liderança comportamental. Isso é muitas vezes referido como rédea livre. O *líder liberal* ou de *rédeas livres* (*laissez-faire*) dá aos funcionários total autonomia para tomar as decisões que os afetam. Depois que o líder estabelece objetivos e as orientações gerais, os funcionários são livres para estabelecer seus próprios planos para atingir os objetivos. Isso não significa que há uma falta de liderança. Pelo contrário, isso implica que o líder está removido das atividades do dia a dia dos funcionários, mas está sempre disponível para lidar com as exceções.

### 9.4.3 Qual o comportamento que você deve apresentar?

Nas empresas de hoje, muitos funcionários parecem preferir trabalhar para um gestor com um estilo de liderança centrada nas pessoas. Entretanto, apenas porque este estilo parece mais amigável para os funcionários, não se pode afirmar que um estilo de liderança centrada nas pessoas vai fazer de você um gestor mais eficaz. Tem existido realmente muito pouco sucesso na identificação de relações consistentes entre os padrões de comportamento de liderança e desempenho organizacional bem-sucedidos. Os resultados variam. Em alguns casos, o estilo centrado em pessoas gera tanto alta produtividade como alta satisfação do seguidor. No entanto, em outros, os seguidores são felizes, mas a produtividade sofre. O que às vezes é negligenciado na tentativa de identificar um estilo sobre o outro são os fatores situacionais que influenciam a liderança eficaz. Nosso conselho é que um gestor deve estar preparado para usar qualquer estilo que a situação exija.

---

**OBJETIVO 9.6**

Identificar e descrever três tipos de liderança participativa.

**LIDERANÇA PARTICIPATIVA**
Estilo de liderança de um indivíduo que ativamente busca opiniões de seus seguidores para muitas das atividades da organização.

**LIDERANÇA CONSULTIVO-PARTICIPATIVA**
Estilo de liderança de um indivíduo que procura a opinião e ouve as preocupações e questões de seus seguidores, mas toma a decisão final usando as opiniões reunidas como exercício de coleta de informações.

**LIDERANÇA DEMOCRÁTICO-PARTICIPATIVA**
Comportamento de liderança no qual o líder permite que os seguidores deem a última palavra no que é decidido. As decisões são geralmente tomadas pelo grupo.

# A NOVA ADM

**LÍDER LIBERAL OU DE RÉDEAS LIVRES**
Indivíduo que dá aos seus funcionários autonomia total para tomar decisões que os afetarão.

**OBJETIVO 9.7**
Explicar a liderança situacional.

**LIDERANÇA SITUACIONAL**
Adaptação de um estilo de liderança às situações específicas de modo a refletir as necessidades dos funcionários.

**PRONTIDÃO**
Capacidade e vontade de um funcionário para concluir determinada tarefa.

## 9.5 LIDERANÇA EFICAZ

Tornou-se cada vez mais claro para aqueles que estudam a liderança predizerem que o sucesso da liderança exige algo mais complexo do que isolar algumas características ou comportamentos preferíveis. A incapacidade de encontrar respostas levou a um novo foco em influências situacionais. A relação entre estilo de liderança e a eficácia sugere que, sob a condição A, o estilo X seria apropriado, enquanto que o estilo Y seria mais adequado para a condição B, e o estilo Z, para a condição C. Mas o que eram as condições A, B, C, e assim por diante? Uma coisa é dizer que a eficácia da liderança dependeria da situação e outra é ser capaz de isolar essas condições situacionais.

Paul Hersey e Kenneth Blanchard propuseram um modelo de liderança chamado liderança situacional. Eles enfatizam que os estilos de liderança devem ajustar-se a situações específicas.[18]

Tendo em vista que sem funcionários não há líder, a *liderança situacional* mostra como você deve ajustar o seu estilo de liderança para refletir as necessidades dos funcionários.

A liderança situacional centra a atenção na preparação dos funcionários. *Prontidão*, nesse contexto, reflete o quão capacitado e disposto um funcionário está para fazer determinado trabalho. Hersey e Blanchard identificaram os seguintes estágios de prontidão:

- **R1:** um funcionário é incapaz e sem vontade de fazer um trabalho.
- **R2:** um funcionário é incapaz de fazer o trabalho, mas está disposto a executar as tarefas necessárias.
- **R3:** um funcionário é capaz de fazer o trabalho, mas não está disposto a fazê-lo.
- **R4:** um funcionário é capaz de fazer o trabalho e está disposto a fazê-lo.

Uma explicação deve ser feita aqui a respeito do desejo. Conforme definido, por exemplo, em R1, um funcionário não está disposto a fazer alguma coisa. Essa não é a mesma falta de vontade que você associa com ser insubordinado. Pelo contrário, é falta de vontade porque essa pessoa não está confiante ou não é competente para fazer um trabalho.

Um segundo componente do modelo concentra-se sobre o comportamento do líder. Os líderes devem comportar-se de modo contingente com o estágio em que um funcionário se encontra em termos de prontidão. O comportamento do líder nesse modelo reflete as comunicações que estão acontecendo entre líderes e funcionários. Comportamento de tarefa é visto como uma comunicação unilateral do líder para o funcionário. Comportamento de relacionamento reflete uma comunicação bilateral entre o líder e o funcionário. Dado que altos e baixos graus desses dois comportamentos

---

18  HERSEY, P.; BLANCHARD, K. *Management of organization behavior: utilizing human resources.* 5. ed. Upper Saddle River, NJ: Prentice Hall, 1988.

podem existir, Hersey e Blanchard identificaram quatro estilos de lideranças específicas com base na maturidade do seguidor (ver Figura 9.3).

O estilo de liderança informado é apropriado, com um novo funcionário (R1) incerto sobre as responsabilidades do trabalho e as tarefas necessárias. A comunicação entre você e o funcionário, nessa altura, deve ser unilateral. Você precisa dizer a ele o que fazer e dar-lhe instruções específicas sobre como fazê-lo. O funcionário não permanece nessa fase por muito tempo e, depois de ter recebido instruções amplas e ficar cada vez mais familiarizado com o trabalho, ele vai passar para a fase R2.

O estilo de liderança de venda funciona bem com um funcionário no estágio R2 de desenvolvimento do trabalho. O funcionário está mais envolvido em seu trabalho, mas ainda carece de alguma habilidade e não está totalmente treinado. O funcionário R2 faz perguntas sobre algo não totalmente compreendido e pode levantar dúvidas sobre certas coisas que devem ser feitas como você pediu. Você pode ter que vender suas ideias para conseguir que esse funcionário aceite o que você sente ser necessário. Graus elevados de comunicações unilaterais e bilaterais estão acontecendo simultaneamente.

**Figura 9.3**  Liderança situacional

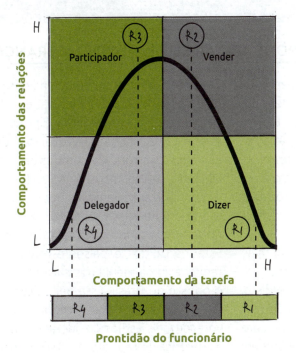

O estilo de liderança participativa entra em jogo após o funcionário tornar-se especialista em seu trabalho (R3). Conhecendo seus deveres melhor do que ninguém, ele está começando a colocar a sua marca pessoal sobre as coisas. Você não precisa dizer a ele o que fazer, mas ainda precisa estar envolvido no que ele está fazendo. Ele não está pronto para ser deixado totalmente sozinho, e você reconhece que esse funcionário ainda tem alguns

pontos a desenvolver. Esse estilo de liderança é de suporte e não excessivamente centrado em tarefas.

O estilo de liderança delegador surge quando o empregado se desenvolveu plenamente. Ele tem a sua confiança e pode realizar as tarefas com pouca, ou nenhuma, direção (R4). Ele basicamente pode ser deixado sozinho, e você simplesmente atribui as tarefas e o deixa fazer o trabalho. Depois de avaliar seu desempenho você sabe que ele pode e vai fazer o trabalho. Se ele precisa de ajuda, você está sempre disponível para lidar com as exceções.

Um aspecto importante da liderança situacional é que um funcionário pode estar em todos os quadrantes ao mesmo tempo. Para liderar corretamente, você deve ser capaz de exibir o estilo de liderança correta, levando em consideração o que cada funcionário precisa. Você também precisa demonstrar um estilo de liderança que é consistente com as habilidades de seus funcionários.

 **NOTÍCIAS RÁPIDAS**

### A CULTURA NACIONAL PODE AFETAR SEU ESTILO DE LIDERANÇA

Uma conclusão geral que surge do aprendizado sobre a liderança é que você não deve utilizar um único estilo em todos os casos. Em vez disso, você deve ajustar o seu estilo à situação. Embora não mencionada especificamente em nenhuma das teorias que apresentamos, a cultura nacional é claramente uma variável importante na determinação de qual estilo de liderança será o mais eficaz para você.

A cultura nacional afeta a liderança por meio de seus funcionários. Você não pode escolher seus estilos de liderança à vontade. Em vez disso, está limitado pelas condições culturais de seus funcionários. Por exemplo, um estilo de liderança autocrático é mais compatível com as culturas em que o poder é desigual, como aquelas encontradas em países árabes, do Extremo Oriente e até mesmo da América Latina. Esse ranking cultural de "poder" deve ser um bom indicador da vontade dos funcionários de aceitar uma liderança participativa. A participação é provavelmente mais eficaz em culturas nas quais o poder é mais igualmente distribuído, como as da Noruega, da Finlândia, da Dinamarca e da Suécia.

É importante lembrar que a maioria das teorias de liderança foi desenvolvida por pesquisadores usando sujeitos norte-americanos. Estados Unidos e países escandinavos figuram abaixo da média nos critérios de "poder", o oposto do Brasil. Essa percepção pode ajudar a explicar por que as teorias tendem a favorecer mais estilos de liderança participativa e liderança de capacitação. Assim, você precisa considerar a cultura de cada país como mais uma contingência variável para determinar o estilo de liderança mais eficaz.

Fontes: HOFSTEDE, G. Motivation, leadership, and organization: do american theories apply abroad? *Organizational Dynamics*, v. 9, n. 1, 1980, p. 57; EDE, A. Leadership and decision making: management styles and culture. *Journal of Managerial Psychology*, jul. 1992, p. 28-31.

## 9.6 PAPÉIS CONTEMPORÂNEOS DE LIDERANÇA

Vamos voltar nossa atenção para questões importantes que cada gestor eficaz deve considerar. Especificamente, como você constrói *credibilidade* e *confiança* com seus funcionários, e como pode se tornar um gestor capacitador?

### 9.6.1 Credibilidade e confiança realmente importam?

O componente central da credibilidade é a honestidade. Pesquisas mostram que a honestidade é constantemente apontada como a característica número 1 dos gestores mais admirados. "A honestidade é absolutamente essencial para a liderança. Se vão seguir alguém por vontade própria, seja em batalhas, seja na sala de reuniões, eles primeiro querem assegurar-se de que a pessoa é digna de sua confiança."[19] Além de serem honestos, gestores críveis são competentes e inspiradores. Eles precisam se mostrar competentes e efetivamente capazes de comunicar confiança e entusiasmo aos seus funcionários. Funcionários julgam a credibilidade de seus superiores em termos de honestidade, competência e capacidade de inspirar. Em última análise, a credibilidade de um líder separa gestores com seguidores de gestores com subordinados e é construída sobre a qualidade das relações que existem entre os gestores e seus funcionários.

A confiança, intimamente ligada com o conceito de credibilidade, é definida como a crença na integridade, no caráter e na capacidade de um líder. Quando os funcionários confiam no seu gestor, estão dispostos a ser vulneráveis a ações de seus superiores, porque estão confiantes de que seus direitos e interesses não serão desconsiderados.[20] Pesquisas identificaram cinco dimensões que compõem o conceito de confiança:[21]

- **Integridade:** honestidade e veracidade.
- **Competência:** conhecimentos técnicos e habilidades interpessoais.
- **Consistência:** confiabilidade, previsibilidade e bom senso em lidar com as situações.
- **Lealdade:** vontade de proteger a pessoa, física e emocionalmente.
- **Abertura:** disposição para compartilhar ideias e informações livremente.

Dessas cinco dimensões, a integridade parece ser a mais crítica quando alguém avalia a confiabilidade do outro.[22] Além disso, a integridade e a competência são traços de liderança consistentemente associadas aos líderes de sucesso.

---

19  HOFSTEDE, G. Motivation, leadership, and organization: do american theories apply abroad?, *Organizational Dynamics*, v. 9, n. 1, 1980, p. 57; EDE, A. Leadership and decision making: management styles and culture. *Journal of Managerial Psychology*, jul. 1992, p. 28-31.

20  LEWIS, J. D.; WEIGERT, A. Trust as a social reality. *Social Forces*, jun. 1985, p. 970.

21  SCHINDLER, P. L.; THOMAS, C. C. The structure of interpersonal trust in the workplace. *Psychological Reports*, out. 1993, p. 563-573.

22  TAN, H. H.; TAN, C. S. F. Toward the differentiation of trust in supervisor and trust in organization. *Genetic, Social, and General Psychology Monographs*, v. 126, n. 2, maio 2000, p. 241-260.

*CREDIBILIDADE*
*Honestidade, competência e habilidade de inspirar.*

*CONFIANÇA*
*Crença na integridade, no caráter e na habilidade de um líder.*

### 9.6.2 Por que a credibilidade e a confiança são importantes?

A pontuação máxima da honestidade como característica de líderes admirados indica a importância da credibilidade e da confiança para a eficácia da liderança.[23] Isso, provavelmente, foi sempre verdade. No entanto, as recentes mudanças no ambiente de trabalho reacenderam o interesse e a preocupação com os gestores e a construção da confiança.

A tendência para a capacitação de funcionários e a criação de equipes de trabalho autogeridas reduziu, ou eliminou, muitos dos mecanismos tradicionais de controle usados para monitorar os funcionários. Como os funcionários se tornam cada vez mais livres para gerenciar seu próprio trabalho, avaliar seu próprio desempenho e, em alguns casos, até mesmo tomar suas próprias decisões de contratação, a confiança torna-se crítica. Os funcionários têm de confiar nos gestores para tratá-los adequadamente, e os gestores têm que confiar nos funcionários para cumprir suas responsabilidades conscientemente.

Os gestores devem cada vez mais liderar os outros que não estão em sua linha direta de autoridade, como membros de equipes de projeto, indivíduos que trabalham para fornecedores, clientes e pessoas que representam outras organizações por meio de arranjos, como parcerias corporativas. Essas situações não permitem que os gestores retornem a suas antigas posições para demonstrar conformidade. Muitas das relações, de fato, são dinâmicas. A capacidade de desenvolver rapidamente a confiança pode ser crucial para o sucesso de tais relações (ver a seção "Construindo confiança" no final deste capítulo).

Agora, mais do que nunca, a eficácia da liderança de gestão depende da capacidade de ganhar a confiança dos seguidores.[24] *Downsizing*, deturpações corporativo-financeiras, e o aumento do uso de trabalhadores temporários têm minado a confiança dos funcionários em seus líderes e abalado a confiança dos investidores, fornecedores e clientes. Uma pesquisa constatou que menos da metade dos trabalhadores confiam nos seus líderes executivos.[25] Hoje, os gestores têm o desafio de reconstruir e restaurar a confiança de seus funcionários.

### 9.6.3 E se você tiver favoritos?

Você poderia pensar que uma forma de abalar a confiança dos funcionários em você seria ser visto como alguém que elege favoritos. Em muitos casos, você pode estar certo. Mas muitos gestores, ao que parece, têm favoritos. Isto é, eles não tratam todos os seus funcionários da mesma maneira. É provável que

---

23 KOUZES, J. M.; POSNER, B. Z. *Credibility*: how leaders gain and lose it, and why people demand it. São Francisco, CA: Jossey-Bass, 1993. p. 14.

24 ZEMKE, R. The confidence crisis. *Training*, jun. 2004, p. 22-30; BYRNE, J. A. Restoring trust in corporate America. *Business Week*, 24 jun. 2002, p. 30-35; ARMOUR, S. Employees' new motto: trust no one. *USA Today*, 5 fev. 2002, p. 1B; SCOTT, J. Once bitten, twice shy: a world of eroding trust. *New York Times*, 21 abr. 2002, p. WK5; BROCKNER, J.; SIEGEL, P. A.; DALY, J. P.; TYLER, T.; MARTIN, C. When trust matters: the moderating effect of outcome favorability. *Administrative Science Quarterly*, v. 42, set. 1997, p. 558.

25 WYATT, W. weathering the storm: a study of employee attitudes and opinions. *WorkUSA 2002 Study*. Disponível em: <http://www.watsonwyatt.com/research/printable.asp?id=w-557>. Acesso em: 15 jul. 2013.

*CAPÍTULO 9*
*Liderança influente*

você tenha funcionários favoritos que compõem o seu "grupo." Você terá uma relação especial com esse pequeno grupo: vai confiar neles, dar-lhes grande parcela de sua atenção e, muitas vezes, dar-lhes privilégios especiais. Não surpreendentemente, eles se veem como se tivessem *status* preferencial. Esteja ciente de que essa criação de um grupo de favoritos pode prejudicar a sua credibilidade, especialmente entre os trabalhadores de fora desse grupo.

Seja cauteloso nessa tendência de eleger favoritos no seu departamento. Você é humano, então, naturalmente, vai encontrar alguns funcionários dos quais se sente mais próximo e com quem vai querer ser mais aberto. O que você precisa pensar é se quer mostrar esse favoritismo. Quando esse *status* de funcionário favorito é concedido a alguém com base em critérios não ligados ao desempenho, por exemplo, mas porque vocês compartilham interesses semelhantes ou traços de personalidade comuns, é provável que isso vá diminuir a sua eficácia de liderança. No entanto, ela pode ter um bom propósito quando você favorece os funcionários que têm um alto desempenho. Nesses casos, você está recompensando um comportamento que deseja reforçar. Tenha cuidado ao seguir essa prática. A menos que critérios de desempenho sejam objetivos e amplamente visíveis, você pode ser visto como arbitrário e injusto.

### 9.6.4 Como você pode liderar por meio de delegação de poder?

Várias vezes, em diferentes seções deste texto, dissemos que os gestores lideram cada vez mais delegando poder aos seus funcionários. Milhões de trabalhadores individuais e equipes de funcionários estão tomando decisões operacionais centrais que afetam diretamente o seu trabalho. Eles estão desenvolvendo orçamentos, agendamento de cargas de trabalho, controlando estoques, resolvendo problemas de qualidade, avaliando seu próprio desempenho, e assim por diante, atividades que até muito recentemente eram vistas exclusivamente como parte do trabalho do gestor.

A utilização crescente de delegação de poder está sendo impulsionada por duas forças. A primeira é a necessidade de decisões rápidas por pessoas que estão mais bem informadas sobre essas questões. Isso exige, às vezes, mover decisões para níveis de funcionários. Se as organizações estão dispostas a competir com sucesso em uma aldeia global e dinâmica, elas têm que ser capazes de tomar decisões e implementar mudanças rapidamente. A segunda é a realidade de que o *downsizing* e a reestruturação das organizações deixaram muitos gestores com lacunas consideravelmente maiores de controle do que tinham anteriormente. Para lidar com as exigências de uma carga maior de trabalho, eles têm que capacitar seus funcionários. Como resultado, estão compartilhando o poder e a responsabilidade com eles. Isso significa que seu papel é mostrar confiança, oferecer uma visão, remover barreiras que atrapalhem o desempenho, oferecer incentivo para motivar e treinar funcionários.

Será que esse apoio à liderança compartilhada parece estranho, levando em consideração a atenção que foi dada anteriormente a teorias contingenciais de liderança? Se não, deveria. Por quê? Porque os defensores da delegação de poder estão, essencialmente, defendendo uma abordagem não

contingente para a liderança. Isso significa que eles afirmam que a delegação de poder funcionará em qualquer lugar. Então, a liderança autocrática, diretiva e orientada a tarefas está de fora.

O problema com esse tipo de pensamento é que o movimento de delegação de poder atual ignora a extensão em que a liderança pode ser compartilhada e as condições que facilitam a liderança compartilhada bem-sucedida. Devido a fatores como o *downsizing*, que resulta na necessidade de competências de nível mais alto de funcionários, treinamento contínuo, implementação de programas de melhoria contínua, introdução de equipes autogerenciadas, a necessidade de liderança compartilhada está aumentando. Mas isso não é verdade em todas as situações. A aceitação indiscriminada de delegação de poder ou qualquer abordagem universal à liderança é inconsistente em relação à melhor evidência que temos atualmente sobre liderança.

### 9.6.5 Por que gestores devem engajar seus funcionários?

A pesquisa Gallup Global Workplace Report revela que apenas 13% dos funcionários em todo o mundo se engajam no trabalho. A Nova Zelândia tem um dos mais altos níveis de engajamento entre os países pesquisados, com 23%. O nível da Austrália é similar, com 24%. Ambos os países ficam aquém dos Estados Unidos, com 30% dos trabalhadores engajados no trabalho.[26]

Por que os gestores precisam envolver seus funcionários? Funcionários engajados são apaixonados pelo trabalho, fazem esforços extra e estão conectados à empresa. São inovadores em termos de ambição e impulsionam a organização adiante. Por outro lado, funcionários não engajados ficam alheios e estão meramente repetindo movimentos no trabalho. Não têm mais paixão ou energia naquilo que fazem. Estão ocupados em disfarçar seu descontentamento, enquanto assistem o tempo passar e minam os esforços de colegas engajados.

Há cinco estratégias que as empresas podem recorrer para ajudar a construir sua base de empregados engajados.[27] Primeiro, usar pesquisas com funcionários para coletar dados específicos, relevantes, aplicáveis a qualquer equipe em qualquer nível organizacional; em seguida, usar esses dados para impactar as métricas de desempenho organizacional. Em segundo lugar, as empresas devem incentivar gestores e seus funcionários a participar de iniciativas de engajamento, incluindo-os como espectadores do próprio desempenho; ajudá-los a identificar obstáculos ao engajamento, assim como oportunidades para efetuar mudanças positivas. Terceiro, selecionar gestores com disposição para engajar seus funcionários, reconhecer suas contribuições

---

26 REILLY, R. Five ways to improve employee engagement now. *Gallup Business Journal*, 7 jan. 2014. Disponível em: https://www.gallup.com/workplace/231581/five-ways-improve-employee-engagement.aspx. Acesso em: jan. 2020; GALLUP WORKPLACE. State of the global workplace: employee engagement insights for business leaders worldwide. *Gallup*, 2013. Disponível em: https://www.gallup.com/workplace/238079/state-global-workplace-2017.aspx?g_source=global%20workplace&g_medium=search&g_campaign=tiles. Acesso em: jan. 2020.

27 REILLY, 2014.

_CAPÍTULO 9_
_Liderança influente_

e buscar suas opiniões – selecionar gestores com essas qualidades aumenta as chances de envolvimento dos funcionários. Quarto, fornecer treinamento para os gestores para que possam ter um papel ativo no trabalho de desenvolver planos de engajamento pessoal para seus times; incentivar os gestores a manter um foco contínuo no engajamento. Por fim, estimular os gestores a combinar metas de engajamento com reuniões regulares, sessões de planejamento e reuniões individuais presenciais; o reforço contínuo vai fortalecer o compromisso com as práticas de engajamento.

Os gestores estão em posição de comunicar e compartilhar as melhores práticas de engajamento funcional a toda a empresa. Transformar funcionários apáticos em engajados é uma das estratégias de melhor custo-benefício que a organização pode adotar para aumentar o desempenho da sua força de trabalho.

## 9.7 QUESTÕES DE LIDERANÇA HOJE

Terminamos este capítulo considerando dois debates atuais em torno da liderança: o movimento da liderança transacional para o de liderança transformacional e o de relevância de equipe. A seção termina com uma discussão sobre a relevância da liderança.

### 9.7.1 O que são líderes transacionais e transformacionais?

É importante diferenciar os líderes transacionais dos líderes transformacionais.[28] Como você verá, como os líderes transformacionais são também carismáticos, existe certa sobreposição entre o tema e a discussão anterior sobre traços carismáticos.

A maioria dos modelos de liderança aborda _líderes transacionais_. Esses líderes orientam ou motivam seus funcionários na direção das metas estabelecidas, esclarecendo o papel e as exigências da tarefa. Outro tipo de líder inspira os seguidores a transcender seus próprios interesses para o bem da organização. Esses líderes são capazes de provocar um efeito profundo e extraordinário em seus seguidores: são chamados de _líderes transformacionais_. Eles prestam atenção às preocupações e necessidades de desenvolvimento dos funcionários; mudam a consciência dos trabalhadores a respeito de questões, ajudando-os a olhar para velhos problemas de maneiras novas, e eles animam, despertam e inspiram seguidores a fazer um esforço extra para alcançar os objetivos do grupo.

As gestões transacionais e transformacionais não devem ser vistas como abordagens opostas de fazer as coisas. A gestão transformacional é construída em cima da gestão transacional. A transformacional produz níveis de esforço e desempenho por parte do funcionário que vão além do que poderia ocorrer somente com uma abordagem transacional. Além disso, a

---

28  BASS, B. M. From transactional to transformational leadership: learning to share the vision. _Organizational Dynamics_, v. 18, n. 3, p. 19-31, 1990.

**LÍDER TRANSACIONAL**
Líder que guia e motiva seus funcionários na direção de objetivos estabelecidos, esclarecendo funções e requisitos de tarefas.

**LÍDER TRANSFORMACIONAL**
Líder que inspira seus seguidores a transcender seus interesses pelo bem da organização e que é capaz de provocar um profundo e extraordinário efeito em seus seguidores.

gestão transformacional é mais do que carisma. "O [líder] puramente carismático pode querer que os funcionários adotem a visão carismática do mundo e não ir mais longe. O gestor transformacional tentará incutir nos funcionários a capacidade de questionar não apenas pontos de vista estabelecidos, mas eventualmente, aqueles estabelecidos pelo líder".[29]

A evidência sustentando a superioridade da gestão transformacional sobre a transacional é esmagadoramente impressionante. Em resumo, indica que a gestão transformacional leva a menores taxas de rotatividade, mais produtividade e mais satisfação do funcionário.

### 9.7.2 O que é liderança de equipe?

A liderança está cada vez mais tomando o seu lugar dentro de um contexto de equipe. Enquanto as equipes crescem em popularidade, o papel do líder em orientar os membros da equipe assume importância maior. E o papel de líder de equipe é diferente do papel de liderança tradicional realizada por gerentes de primeira linha. J. D. Bryant, um gerente da fábrica da Texas Instruments, descobriu isso.[30] Um dia ele estava feliz, supervisionando uma equipe de 15 montadores de placas de circuito. No dia seguinte, foi informado de que a empresa estava mudando para adotar uma formação estrutural de equipes e que ele viria a se tornar um "facilitador" (*team leader*). "Eu supostamente tenho que ensinar tudo o que sei aos membros das equipes e depois deixá-los tomar suas próprias decisões", disse ele. Confuso sobre seu novo papel, ele admitiu: "Não havia um plano claro sobre o que eu deveria fazer". Nesta seção, nós consideramos o desafio de ser um líder de equipe, revemos os novos papéis que os líderes da equipe assumem e oferecemos algumas dicas sobre como aumentar a probabilidade de que você possa executar efetivamente essa função.

Muitos líderes não estão equipados para lidar com esse tipo de mudança estrutural. Como um consultor proeminente observou: "Mesmo os gestores mais capazes têm dificuldades para fazer a transição, porque todas as medidas de comando e controle que foram incentivados a fazer antes já não são mais adequadas. Não há nenhuma razão para se ter qualquer habilidade ou sentido nisso". Esse mesmo consultor estima que "provavelmente 15% dos gerentes são líderes de equipe naturais; outros 15% nunca poderiam liderar uma equipe, porque isso vai contra a sua personalidade. Eles são incapazes de sublimar seu estilo dominante para o bem da equipe. Então há esse grupo enorme no meio. Liderança de equipe não vem naturalmente para eles, mas eles podem aprendê-la".[31]

O desafio para a maioria dos gestores, então, é aprender como se tornar um líder de equipe eficaz. Eles têm de aprender habilidades como ter

---

29 AVOLIO, B. J.; BASS, B. M. Transformational leadership: charisma and beyond, Working paper, School of Management, State University of New York, Binghamton, 1995, p. 14.

30 CAMINITI, S. What team leaders need to know. *Fortune*, 20 fev. 1995, p. 93-100.

31 CAMINITI, p. 93-100.

*CAPÍTULO 9*
*Liderança influente*

paciência de compartilhar informações, confiar nos outros, dar autoridade e entender quando intervir. Os líderes eficazes têm dominado o difícil equilíbrio de saber quando deixar suas equipes sozinhas e quando interceder. Novos líderes de equipe podem tentar manter muito o controle num momento em que os membros da equipe precisam de mais autonomia, ou podem abandonar suas equipes em momentos em que elas precisam de apoio e ajuda.[32]

### 9.7.3  O que é liderança virtual?

Liderar funcionários que estão fisicamente longe da organização é um desafio para os gestores no século XXI. Geralmente, a liderança é vista como uma interação entre o pessoal que está fisicamente presente na organização e, portanto, pode se comunicar pessoalmente. Mudanças na tecnologia de comunicação mudaram a realidade dos gestores modernos, que são muitas vezes chamados para gerir trabalhadores dispersos geograficamente por todo o país ou mesmo pelo mundo. As equipes virtuais e funcionários que trabalham remotamente estão ligados ao escritório por meio de computadores e ligações com a internet, recebendo toda a comunicação oficial por e-mail. Um fórum conduzido pela American Society for Training & Development (ASTD) para determinar as habilidades de liderança necessárias num ambiente disperso (em comparação a um ambiente presencial) mapeou as seguintes quatro habilidades fundamentais para o líder virtual: facilitar os processos para as reuniões a distância, monitorar o progresso das equipes ao longo do tempo, equilibrar trabalho e vida pessoal estando disponível também aos colaboradores e criar confiança num ambiente diversificado e multicultural.[33] Todas essas habilidades requerem uma comunicação eficiente a fim de selar a confiança entre líderes e colaboradores num ambiente virtual.

Como a liderança eletrônica é um fenômeno relativamente novo no mundo dos negócios, há uma escassez de informações sobre técnicas de motivação para os funcionários dispersos. No entanto, é importante para os líderes considerar o seu comportamento em situações definidas por interações via internet. Comunicações sem o apoio do comportamento não verbal podem facilmente ser mal interpretadas, e mensagens curtas em letras maiúsculas podem ser interpretadas como agressivas.

A liderança virtual eficaz exige que gestores sejam criteriosos na escolha das palavras ao escrever suas mensagens com relação a qualquer coisa que possa parecer ter um significado subliminar para o leitor. Líderes virtuais devem considerar o que querem que os seus subordinados percebam ao ler os e-mails e ter em mente que o desenvolvimento da confiança em situações de longa distância de liderança pode ser difícil de alcançar. A capacidade de

---

32  DECKER, W. H.; ROTONDO, D. M. Relationships among gender, types of humor, and perceived leader effectiveness. *Journal of Managerial Issues*, v. 13, n. 4, 2001, p. 450-466; SIMSARIAN, S. Leadership and trust facilitating cross-functional team success. *Journal of Management Development*, v. 21, n. 3, mar.-apr. 2002, p. 201-215.

33  DENNIS, D.; MEOLA, D.; HALL, M. J. Effective leadership in a virtual workforce. *Association for Talent Development*, 8 fev. 2013.

**OBJETIVO 9.8**
Descrever situações em que a liderança é irrelevante.

escrita do líder virtual será um componente necessário de liderança interpessoal eficaz, visto que cada vez mais os gestores estão gerenciando funcionários amplamente dispersos geograficamente.[34]

### 9.7.4 A liderança é sempre relevante?

Concluímos esta seção com esta opinião: a crença de que um estilo particular de liderança será sempre eficaz, independentemente da situação, pode não ser verdadeira. A liderança pode não ser sempre importante. Dados de vários estudos demonstram que, em muitas situações, muitos comportamentos que um líder expõe são irrelevantes. Determinado indivíduo, trabalho e variáveis organizacionais podem atuar como substitutos para a liderança ou neutralizar a capacidade do líder de influenciar seguidores.[35] Essas coisas fazem que seja impossível que o comportamento do líder faça qualquer diferença nos resultados do seguidor. Eles negam a influência do líder.

Substitutos, porém, fazem a influência de um líder não só impossível, mas também desnecessária. Eles agem como um substituto para a influência do líder. Por exemplo, características dos funcionários, como experiência, formação, orientação profissional ou indiferença em relação a questões de organização podem substituir ou neutralizar o efeito da liderança. Experiência e formação, por exemplo, podem substituir a necessidade de um líder de organizar empregos e reduzir a ambiguidade de tarefas. Trabalhos que são inerentemente claros e de rotina (por exemplo, trabalhar em uma linha de montagem) ou que são intrinsecamente satisfatórios (por exemplo, um cientista de pesquisa) podem colocar menos exigências na variável liderança. Características organizacionais, como metas explícitas formalizadas, regras rígidas e procedimentos e grupos de trabalho coesos também podem substituir a liderança.

Essa percepção de que os líderes não têm sempre um efeito sobre aqueles que devem ser liderados não deve ser tão alarmante. Afinal, fatores como atitudes, personalidade, habilidade e normas do grupo têm sido documentados como um efeito sobre a satisfação e o desempenho dos funcionários. No entanto, defensores do conceito de liderança tendem a colocar um peso indevido sobre ela para explicar e prever o comportamento. É muito simplista afirmar que os funcionários são orientados à realização do objetivo unicamente

---

34 ROBBINS, S.; JUDGE, T. *Organizational behavior.* 13. ed. Upper Saddle River, NJ: Pearson Prentice Hall, 2009. p. 431-432.

35 Ver, por exemplo, KERR, S.; JERMIER, J. M. Substitutes for leadership: their meaning and measurement. *Organization Behavior and Human Performance*, v. 22, n. 3, dez. 1978, p. 375-403; HOWELL, J. P.; DORFMAN, P. W. Substitutes for leadership: test of a construct. *Academy of Management Journal*, v. 24, n. 4, dez. 1981, p. 714-728; HOWELL, J. P.; DORFMAN, P. W.; Kerr, S. Leadership and substitutes for leadership. *Journal of Applied Behavioral Science*, v. 22, n. 1, 1986, p. 29-46; HOWELL, J. P.; BOWEN, D. E.; DORFMAN, P. W.; KERR, S.; PODSAKOFF, P. M. Substitutes for leadership: effective alternatives to ineffective leadership. *Organizational Dynamics*, v. 19, n. 1, 1990, p. 21-38; PODSAKOFF, P. M.; MACKENZIE, S. B.; BOMMER, W. H. Meta-analysis of the relationships between Kerr and Jermier's substitutes for leadership and employee attitudes, role perceptions, and performance. *Journal of Applied Psychology*, v. 81, ago. 1996, p. 380-399; JERMIER, J. M.; KERR, S. Substitutes for leadership: their meaning and measurement – contextual recollections and current observations. *Leadership Quarterly*, v. 8, n. 2, 1997, p. 95-101.

pelas ações de um líder. É importante, portanto, reconhecer que a liderança é mais uma variável na eficácia organizacional. Em algumas situações, ela pode contribuir muito para a produtividade dos funcionários, pode influir em fatores como a ausência, o volume de negócios, a cidadania e a satisfação. Mas em outras situações, pode contribuir pouco para esses fins.

## CONFIRA O QUE APRENDEU 9.2

5. Um capataz é comumente referido como um líder:
   a. centrado em tarefas.
   b. autocrático.
   c. centrado em pessoas.
   d. participativo.

6. Uma pessoa que dá aos seus funcionários autonomia total na tomada de decisões que irão afetá-lo é chamado de líder:
   a. participativo.
   b. democrático.
   c. rédeas livres.
   d. centrado em pessoas.

7. Um funcionário que é capaz de fazer um trabalho, mas não está disposto a ser direcionado a fazer algo pelo líder, seria classificado em que nível de prontidão no modelo de liderança situacional?
   a. R-4.
   b. R-3.
   c. R-2.
   d. R-1.

8. Qual das alternativas abaixo não é uma dimensão da confiança?
   a. Consistência.
   b. Lealdade.
   c. Abertura.
   d. Tomada de riscos.

## REFORÇANDO A COMPREENSÃO

### RESUMO

Depois de ler este capítulo, você será capaz de:
1. **Definir liderança e descrever a diferença entre um líder e um gestor.** Liderança é a capacidade de influenciar os outros. A principal diferença entre um líder e um gestor é que nem sempre alguém que é nomeado gestor é um líder de fato. Um gestor recebe poder legítimo que lhe permite recompensar ou punir. A capacidade de um gestor, que não tenha características de líder, de influenciar baseia-se na autoridade formal inerente a sua posição. Em contraste, líderes podem ser nomeados ou emergir a partir de dentro de um grupo de forma natural. Líderes podem

influenciar os outros a realizar ações além das ditadas por uma autoridade formal.

2. **Identificar as características que podem ajudá-lo a se tornar um líder bem-sucedido.** Oito traços que diferem líderes de não líderes foram encontrados: impulso, desejo de influenciar os outros, propensão à extroversão, honestidade e caráter moral, autoconfiança, inteligência, propensão a sentir culpa e conhecimento relevante. No entanto, a posse dessas características não é garantia de liderança porque é preciso considerar os fatores situacionais.

3. **Definir carisma e seus principais componentes.** Carisma é um magnetismo que inspira os funcionários a atingir as metas que são percebidas como difíceis ou improváveis. Os líderes carismáticos são autoconfiantes, possuem uma visão de um futuro melhor, têm uma crença forte nessa visão, engajam-se em comportamentos não convencionais, têm um alto grau de autogestão e são percebidos como agentes de mudança radical.

4. **Descrever as habilidades de um líder visionário.** Várias competências estão associadas aos líderes visionários. Embora essas competências não sejam uma garantia de que alguém será um líder visionário, aqueles que são visionários frequentemente possuem: (1) a capacidade de explicar claramente aos outros sua visão, tanto verbalmente como por escrito, de forma que se transforme em ações necessárias; (2) a capacidade de expressar sua visão por meio do comportamento, de forma que a importância da visão seja ressaltada aos membros da equipe; e (3) a capacidade de ampliar a visão para diferentes contextos de liderança, ganhando comprometimento, independentemente da sua filiação ao departamento ou localização.

5. **Diferenciar liderança centrada em tarefas e liderança centrada em pessoas.** Comportamentos de liderança centrados em tarefas enfocam os aspectos técnicos ou as tarefas de um trabalho. Comportamentos de liderança centrados em pessoas concentram-se nas relações interpessoais com os funcionários.

6. **Identificar e descrever três tipos de liderança participativa.** Os três tipos de liderança participativa são o consultivo (procurar a contribuição de funcionários), o democrático (dar aos funcionários um papel na tomada de decisões) e o liberal (dar aos funcionários total autonomia para tomar as decisões que lhes dizem respeito).

7. **Explicar liderança situacional.** Liderança situacional envolve o ajuste de um estilo de liderança no nível de prontidão do funcionário para determinado conjunto de tarefas. Dada a capacidade do funcionário e a vontade de fazer um trabalho específico, um líder situacional irá utilizar um dos quatro estilos de liderança – dizer, vender, participar ou delegar.

8. **Descrever situações em que a liderança é irrelevante.** Liderança pode ser irrelevante em situações em que determinado indivíduo, trabalho ou variáveis organizacionais substituem um líder. Tais situações podem implicar experiência, orientação profissional, trabalhos de rotina ou regras formais e procedimentos.

## COMPREENSÃO: QUESTÕES PARA REVISÃO E DISCUSSÃO

1. "Todos os gestores devem ser líderes, mas nem todos os líderes devem ser gestores." Você concorda ou discorda? Defenda seu ponto de vista.
2. Como é possível relacionar informação com liderança?
3. O que é liderança carismática? Por que melhores autogestores são líderes mais eficazes?
4. Como habilidades técnicas, de rede, conceituais e de relações humanas ligam-se à liderança eficaz?
5. Qual é a diferença entre um gestor centrado em pessoas e um gestor centrado em

tarefas? Com qual você acredita que os funcionários preferem trabalhar? Por quê? Com qual você prefere trabalhar? Explique.
6. Compare e contraste os estilos consultivo, democrático e livre de liderança participativa.
7. Como os gestores podem ser flexíveis e consistentes em seus estilos de liderança? Esses não são conceitos contraditórios? Explique.
8. Como pode um professor aplicar liderança situacional com alunos em sala de aula?
9. Qual o papel que a credibilidade e a confiança exercem na liderança?
10. "Dada a ênfase no cuidado com os funcionários, as mulheres podem ser gestoras mais eficazes." Você concorda ou discorda? Defenda seu ponto de vista.

## DESENVOLVENDO SUAS HABILIDADES DE GESTÃO

### MAIS AUTOCONHECIMENTO

Antes que você possa efetivamente supervisionar os outros, deve conhecer suas reais forças e áreas que precisam ser desenvolvidas. Para ajudar neste processo de aprendizagem, nós encorajamos você a realizar suas autoavaliações, que podem ajudar a determinar:

# Qual é o meu estilo de liderança?
# Os outros me veem como alguém confiável?
# Até que ponto estou disposto a delegar?
# Eu sou carismático?
# Eu confio nos outros?

Após concluir a autoavaliação, sugerimos que guarde os resultados para seu "portfólio de autoconhecimento".

### CRIANDO UMA EQUIPE

**Exercício experimental: características de liderança**

**Objetivo:** comparar as características intuitivamente relacionadas à liderança com características encontradas na teoria da liderança.

**Procedimento:** identificar três pessoas (amigos, parentes, ex-chefes, figuras públicas etc.) que você considere grandes líderes. Para cada uma, liste as razões pelas quais você considera essa pessoa um bom líder. Compare as listas dos três indivíduos. Que traços, se houver, são comuns a todos os três?

Seu professor irá liderar a classe em uma discussão das características de liderança com base em suas listas. Os alunos irão dizer o que identificaram, e seu professor vai escrever as características. Quando todos os alunos partilharem suas listas, discussões em classe incidirão sobre as seguintes questões:

1. Quais características consistentemente apareceram nas listas dos alunos?
2. Essas características foram orientadas por traços ou por comportamentos?
3. Em que situações essas características foram úteis?
4. O que, se houve alguma coisa, esse exercício sugeriu sobre os atributos de liderança?

### PRATICANDO A HABILIDADE

**Construindo confiança**

Dada a importância que a confiança desempenha na liderança, os líderes de hoje devem buscar ativamente construir a confiança em seus subordinados. Aqui estão algumas sugestões para alcançar esse objetivo.

**Etapa 1: Pratique a abertura.** A desconfiança vem tanto do que as pessoas não sabem como também a partir do que elas sabem. Abertura leva a segurança e confiança. Então, mantenha as pessoas informadas, deixe claros os critérios sobre como decisões são tomadas, explique a razão para suas decisões, seja franco sobre os problemas e divulgue totalmente informações relevantes.

**Etapa 2: Seja justo.** Antes de tomar decisões ou agir, considere como os outros vão percebê-las em termos de objetividade e imparcialidade. Dê o crédito que é devido, seja objetivo e imparcial nas avaliações de desempenho e preste atenção à equidade da distribuição de recompensas.

**Etapa 3: Fale de seus sentimentos.** Líderes que transmitem apenas fatos difíceis se mostram frios e distantes. Quando você compartilha seus sentimentos, os outros vão vê-lo como uma pessoa real e humana. Eles vão saber quem você é e o respeito por você aumentará.

**Etapa 4: Diga a verdade.** Se a honestidade é fundamental para a credibilidade, você deve ser percebido como alguém que fala a verdade. Seguidores são mais tolerantes e propensos a aceitarem algo que eles "não querem ouvir" do que aceitar que seu líder mentiu para eles.

**Etapa 5: Seja consistente.** As pessoas querem previsibilidade. A desconfiança vem de não saber o que esperar. Aproveite o tempo para pensar sobre seus valores e crenças. Então, de forma consistente, deixe-os guiar suas decisões. Quando você sabe seu objetivo central, suas ações seguirão nesse sentido, e você vai projetar uma consistência que leva à confiança.

**Etapa 6: Cumpra suas promessas.** Confiança requer que pessoas acreditem que você é confiável. Então, você precisa manter sua palavra. Promessas feitas devem ser cumpridas.

**Etapa 7: Guarde segredo.** Você confia naqueles que você acredita serem discretos e com quem você pode confiar. Se as pessoas se fazem vulneráveis, contando-lhe algo em particular, elas precisam se sentir seguras de que você não vai discutir isso com os outros ou trair essa confiança. Se as pessoas perceberem você como alguém que deixa vazar confidências pessoais ou como alguém que pode não ser confiável, você não será percebido como confiável.

**Etapa 8: Demonstre confiança.** Desenvolva a admiração e o respeito dos outros, evidenciando habilidades técnicas e capacidade profissional. Preste especial atenção a como você se comunica, negocia e demonstra habilidades interpessoais.

Fontes: Baseado em BARTOLOME, F. Nobody trusts the boss completely – now what?. *Harvard Business Review* 67, mar.-apr. 1989, p. 135-142; BUTLER, J. K. Jr. Toward understanding and measuring conditions of trust: evolution of a condition of trust inventory. *Journal of Management*, v. 17, set 1991, p. 643-663; e FINEGAN, J. Ready, aim, Focus. *Inc.*, mar. 1997, p. 53.

## Comunicação eficaz

Pense em uma pessoa em sua vida (seu pai ou sua mãe, um chefe, um professor etc.), que o tenha influenciado bastante. Descreva as características desse indivíduo. Escolha uma das teorias contemporâneas de liderança deste capítulo e relacione a sua lista com o modelo, explicando como seu "líder" demonstrou os atributos da teoria selecionada.

## PENSANDO DE FORMA CRÍTICA

### Caso 9A: Legado de liderança insana

Muito se escreveu sobre Steve Jobs.[36] Como ele levou a Apple, um negócio de nicho, à empresa mais valiosa do mundo. Como era extremamente carismático e extremamente convincente

---

36  KATZENBACH, J. The Steve Jobs way. *Strategy+Business Online*, 23 abr. 2012; ISAACSON, W. The real leadership lessons of Steve Jobs. *Harvard Business Review*, abr. 2012; NOCERA, J. What makes Steve Jobs great. *New York Times Online*, 26 ago. 2011; SHARMA, A.; GRANT, D. The stagecraft of Steve Jobs. *Strategy+Business Online*, 10 jun. 2011.

CAPÍTULO 9
*Liderança influente*

em fazer com que as pessoas se juntassem a ele e partilhassem de sua visão. Mas também como ele era déspota, tirânico, abrasivo, intransigente e perfeccionista. Então, qual o legado da sua liderança?

Tudo o que Jobs fazia, e como fazia, era motivado por seu desejo de fazer com que a Apple fabricasse produtos inovadores – produtos que eram "alucinadamente ótimos" – sendo "alucinadamente" um de seus termos favoritos. Esse foco singular moldou seu estilo de liderança, que tem sido descrito como autocrático e, ainda assim, persuasivo. Como disse um repórter, Jobs "violou todas as regras de gerenciamento. Ele não construía consensos, mas era um ditador que dava ouvidos principalmente a sua própria intuição. Ele era um gerente de equipe maníaco ... Ele podia ser absolutamente brutal nas reuniões".[37]

Seus ataques verbais à equipe chegavam a ser aterrorizantes. É comum ouvir que quando a Apple lançou sua primeira versão do iPhone, que funcionava em redes móveis 3G, incluía o MobileMe, um aplicativo de e-mail que deveria fornecer recursos de sincronização semelhantes aos usados pelos fanáticos usuários corporativos da BlackBerry. Qual era o problema? O MobileMe não funcionou bem, e as análises de produtos foram bem críticas.

Como "Steve Jobs não tolera falhas",[38] não demorou depois do lançamento para reunir a equipe do MobileMe num auditório no campus da Apple. Segundo alguns participantes da reunião, Jobs entrou e simplesmente perguntou se alguém poderia lhe dizer para que o MobileMe fora projetado. Quando por fim obteve uma resposta aceitável, passou os 30 minutos seguintes criticando a equipe. "Vocês mancharam a reputação da Apple. Vocês devem se odiar por terem decepcionado uns aos outros".[39] E essa não foi a única ocasião em que chamou os funcionários à responsabilidade. Ele era duro com as pessoas ao seu redor. Quando perguntado sobre sua tendência a ser duro com as pessoas, Jobs respondeu: "Veja os resultados. Todas as pessoas com quem trabalho são inteligentes e qualquer um deles poderia conseguir um emprego em outro lugar caso se sentisse violentado. Mas não é o que eles fazem".[40]

Por outro lado, Steve Jobs podia ser pensativo, apaixonado e "alucinadamente" carismático. Ele incentivava e levava as pessoas a fazer o que achavam que não era possível. E não há como argumentar: os resultados da empresa que ele ajudou a fundar mudaram todo o mercado. De Macs e iPods a iPhones e iPads, os produtos da Apple revolucionaram indústrias e criaram uma base de consumidores-fãs extremamente fiéis à marca Apple, além de funcionários leais à empresa.

### Analisando o Caso 9A

1. Pense no que você acha que sabia sobre Steve Jobs antes de ler este caso. Como você descreveria seu estilo de liderança?
2. Depois de ler este caso, como você descreveria seu estilo de liderança?
3. Argumente se a abordagem de Jobs funcionaria ou não para outros colaboradores e em outros ambientes organizacionais.

### Caso 9B: Olha o pedido!

Como executivo-chefe de uma grande cadeia de restaurantes temáticos, com expectativas de entrar no mercado internacional nos próximos cinco anos, Lucas Galwal trabalhou duro para inspirar os funcionários do restaurante. Ele planejava expandir o número de restaurantes, melhorar a rentabilidade e melhorar todos os aspectos do

---

37 NOCERA, 2011.

38 LASHINSKY, A. How Apple works: inside the world's biggest startup. *Fortune.com*, 9 maio 2011.

39 LASHINSKY, 2011.

40 ISAACSON, W. The real leadership lessons of Steve Jobs. *Harvard Business Review*, abr. 2012.

atendimento ao cliente. Seu estilo de liderança ativa corresponde aos seus grandes planos, mas muitos têm comentado sobre sua capacidade de liderar em ambos os sentidos. Isto é, ele inspira as pessoas de cima para baixo e de baixo para cima.

O estilo de cima para baixo de Galwal era evidente em sua abordagem para a avaliação de decisões organizacionais. Sua abordagem de baixo para cima mostrou como ele buscou, em outras unidades de seu restaurante, funcionários que queriam participar do relatório sobre o serviço de *benchmarking* do cliente, itens de menu e vantagens competitivas. Ele sabia que os funcionários que trabalham em restaurantes da empresa eram os únicos que inovavam diariamente, como ele costumava fazer quando trabalhava como cozinheiro.

Galwal estava confiante trabalhando simultaneamente em múltiplas direções, mas alguns de seus gerentes não estavam. Levou algum tempo para que todos pudessem se adaptar à informação que vem de locais distantes e de baixo para cima, bem como de cima para baixo, mas, de modo geral, a cultura tomou conta da organização. Seus gerentes também foram incentivados a desenvolver e implementar novas ideias para adicionar ao corpo de conhecimento corporativo. Galwal determina a direção, mas também acredita no processo que desenvolveu e, assim, permite que seu time siga com suas ideias.

Ele também é detalhista: revisou os procedimentos de toda a empresa de treinamento para os funcionários da rede de restaurantes e encontrou uma grande variação nos comportamentos normativos de vários locais da cadeia de restaurantes. Ele buscou as opiniões e, em seguida, o menu projetado, bem como o roteiro para os anfitriões e recepcionistas em seus restaurantes, em uma tentativa de proporcionar uma sensação de familiaridade para os clientes, independentemente de qual restaurante do país eles frequentem. Ele estabeleceu procedimentos para cozinheiros, para a preparação de alimentos e para os cuidados de saneamento, baseando-se em sua experiência pessoal, uma considerável referência na indústria de alimentos.

### Analisando o Caso 9B

1. Como você descreveria o estilo de liderança de Lucas Galwal? Por quê?
2. Você acha que esse estilo de liderança foi benéfico para essa organização? Explique sua resposta.
3. Imagine que você seja um gerente trabalhando para Lucas Galwal. De que forma o estilo dele influenciaria o seu comportamento como líder? Ele é transformador ou transacional?

# CAPÍTULO 10
## Comunicação eficaz

### CONCEITOS-CHAVE

Ao concluir este capítulo, você será capaz de definir os seguintes termos:

boato
canal
ciclo de *feedback*
codificação
comunicação
comunicação formal

comunicação informal
comunicação não verbal
decodificação
entonação verbal
escuta ativa
linguagem corporal

mensagem
papéis
riqueza de informações
treinamento assertivo

### OBJETIVOS DO CAPÍTULO

Depois de ler este capítulo, você será capaz de:

10.1 Definir *comunicação* e *processo comunicativo*.

10.2 Contrastar comunicação formal e informal.

10.3 Explicar como a comunicação por meios eletrônicos afeta o trabalho do gestor.

10.4 Enumerar as barreiras à comunicação eficaz.

10.5 Descrever técnicas para superar as barreiras de comunicação.

10.6 Enumerar os requisitos para uma escuta ativa.

10.7 Explicar os comportamentos necessários para fornecer um *feedback* eficaz.

## DILEMA DO LÍDER

A comunicação acontece todos os dias em todas as organizações, em todas as áreas e com todos os membros da organização. A maioria dessas comunicações tende a estar relacionada ao trabalho, mas como a seguinte história nos mostra, às vezes, essa comunicação não nos conduz a resultados positivos.

Das pessoas que responderam a uma pesquisa recente, 60% disseram que a fofoca era o que mais as irritava no trabalho. A maioria das fofocas gira em torno do que acontece no local de trabalho e da vida pessoal dos colegas. Quantas vezes você já fofocou no trabalho – ouviu ou falou sobre os outros? Apesar de você pensar que a fofoca é inofensiva, tanto para quem escuta como para quem faz, ela pode ter consequências muito sérias. Em primeiro lugar, espalhar rumores pode desmotivar e aumentar a ansiedade. Em segundo lugar, pode prejudicar a produtividade e impactar o desempenho. E pode levar a algo que você nem imaginava, como aconteceu com quatro profissionais, que foram demitidas por terem fofocado a respeito de seu chefe. Elas aprenderam da maneira mais difícil que a fofoca pode lhes custar o emprego.*

As funcionárias de longa data foram demitidas porque uma das mulheres usou termos pejorativos ao descrever o chefe, e porque todas elas conversaram sobre um boato de que ele estaria tendo um caso com uma subordinada. As quatro admitiram estar indignadas com a mulher, que, apesar de ter muito menos experiência e precedência na empresa, trabalhava em um cargo que foi criado especialmente para ela, além de receber mais do que o dobro que as funcionárias que fofocavam.

Mesmo tentando amenizar a situação, as quatro funcionárias foram demitidas. A explicação para não ceder aos seus apelos foi: "Essas funcionárias não representam nossos melhores interesses, e rumores infundados, maledicências e declarações pejorativas contribuem para um ambiente de trabalho negativo e para o descontentamento entre os colegas de trabalho". Apesar da atenção da mídia local e de uma petição assinada por 419 colegas pedindo a readmissão das funcionárias, não se voltou atrás na decisão. O advogado das quatro mulheres declarou que suas clientes estavam "legitimamente" questionando a conduta de seu chefe e o fato de uma funcionária (do sexo feminino) estar recebendo tratamento preferencial. Chamar o caso de fofoca seria quase que desmerecê-lo. Pode ter sido uma conversa ociosa, particularmente nada gentil, mas sem intenção de prejudicar.

Apesar de as quatro mulheres representarem quase metade do atendimento da organização na cidade e de terem avaliações de desempenho positivas, suas ações foram vistas como "insubordinadas" e "desonestas". Todas receberam uma compensação por terem sido demitidas, num custo total de US$ 330 mil. No entanto, o acordo também estipulou que duas das mulheres nunca mais poderiam candidatar-se a trabalhar lá novamente.

O que você acha? A fofoca é uma comunicação interpessoal, mas representa um dilema ético relacionado à distorção da informação e é algo com que os gestores têm de lidar. É aceitável que funcionários fofoquem abertamente sobre outros na organização? Você concorda com a ação tomada? Se as mulheres dessa história tivessem levado suas preocupações sobre o suposto romance à diretoria, qual você acha que teria sido o resultado? Visto num contexto diferente, a história muda de uma situação de fofoca maliciosa para uma de preocupação sobre um potencial caso de assédio sexual? Que sugestões você daria aos gestores que quisessem orientação sobre quando é apropriado controlar a fofoca no local de trabalho?

> \* MCGREGOR, J. Mining the office chatter. *BusinessWeek*, 19 maio 2008, p. 54; ZIMMERMAN, E. Gossip is information by another name. *New York Times Online*, 3 fev. 2008; FISHER, A. Harmless office chitchat or poisonous gossip? *CNNMoney.com*, 12 nov. 2007; ARMOUR, S. Did you hear the story about office gossip? *USA Today*, 10 set. 2007, p. 1B+; Women lose jobs over office scuttlebutt. *AARP Bulletin*, jul.-ago. 2007, p. 11; CUYLER, G. Hooksett 4 to seek judge's aid in getting jobs back. *New Hampshire Union Leader*, 25 jun. 2007; Erickson, P. B. Drawing the Line between gossip, watercooler chat. *NewsOK.com*, 15 jun. 2007.

# INTRODUÇÃO

Os episódios seguintes ocorreram ao longo de oito horas, em um dia, em um Hotel Marriott.

# **Episódio 1:** o gerente de vendas de eventos, Rodrigo Barnes, revisava o relatório do último trimestre de vendas para uma avaliação de desempenho com cada um de seus três funcionários. Preocupado principalmente com o desempenho de Patrícia Peline, Rodrigo chamou-a até o seu escritório. "Pati, acabei de ver o número de vendas do seu último trimestre. Achei que tínhamos combinado que a nossa meta era de seis eventos de grande porte por trimestre. Agora, estou olhando os dados e vejo que você apenas reservou quatro. O que aconteceu?" "Eu não entendo o problema", Patrícia respondeu. "Seis era o nosso objetivo – minha meta. Era algo que estávamos tentando atingir. Eu não entendi que era uma questão de vida ou morte." Patrícia estava visivelmente chateada, e Rodrigo estava tentando controlar sua frustração. "Sim, Patrícia, seis era o nosso objetivo. Mas não era pura fantasia. Era o número mínimo de reservas que contávamos que você atingisse. Você é responsável pelos grandes eventos. Robin e Carlos cuidam dos pequenos. Você sabe, nós contamos com os grandes eventos para manter alta a nossa taxa de ocupação. Eu disse para a Liz [a gerente-geral do hotel e chefe direta de Rodrigo] que reservaríamos pelo menos seis grandes convenções no segundo trimestre. Agora, eu tenho que explicar por que nós não atingimos a meta!"

# **Episódio 2:** há alguns meses, um memorando foi enviado pelo diretor de recursos humanos do hotel a todos os gerentes e coordenadores. O tópico do memorando era uma mudança na política de folgas não remuneradas do hotel. Uma reclamação de um comprador do departamento de comidas e bebidas tinha acabado de ser recebida pelo diretor de recursos humanos. A reclamação do funcionário era a de que seu pedido de duas semanas de folga não remunerada para resolver problemas pessoais e financeiros devido ao falecimento de sua mãe tinha sido negado pelo seu gerente. Ele sentia que seu pedido era razoável e deveria ter sido aprovado. Estranhamente, o memorando em questão afirmava que licenças de até três semanas devido a um falecimento na família deveriam

ser formalmente aprovadas. Quando o diretor de recursos humanos ligou para o gerente do setor de comidas e bebidas para dar sequência à reclamação do funcionário, o gerente lhe disse que "não sabia que tinha havido uma mudança na política de folgas não remuneradas".

# **Episódio 3:** a conversa a seguir aconteceu entre dois mensageiros do hotel. "Você ouviu a última? A filha do gerente geral vai casar com um cara de Porto Alegre que está cumprindo uma sentença de cinco anos por uma ofensa que ele cometeu na franquia onde ele trabalha. Ouvi falar que envolve milhões." "Você está brincando!", respondeu o outro. "Não, não estou brincando! Eu ouvi hoje cedo do Laerte da manutenção. Você imagina como a família deve estar se sentindo?"

Esse boato tinha um pouco de fundamento, mas estava longe de ser exato. A verdade era que, na semana anterior, o gerente-geral tinha anunciado o noivado de sua filha com um jogador de futebol – um atacante, que naquela semana tinha acabado de se tornar parte do time e assinado um contrato multimilionário por cinco anos.

Esses três episódios demonstram três fatores sobre a comunicação. Primeiro, palavras significam coisas diferentes para pessoas diferentes. No primeiro exemplo, para Rodrigo uma meta significava um nível mínimo de realização, enquanto que para Patrícia significava o alvo máximo que alguém buscava atingir. Segundo, enviar uma mensagem não é certeza de que ela será recebida ou entendida como desejamos. Terceiro, comunicações frequentemente se tornam distorcidas ao serem transmitidas de pessoa para pessoa. Como o episódio sobre o boato do casamento ilustra, "fatos" em mensagens podem perder muito da sua acuidade ao serem transmitidos e traduzidos.

Esses episódios ilustram problemas potenciais de comunicação para gestores. A importância da comunicação efetiva para gestores não pode ser superenfatizada por uma razão específica. Tudo o que o gestor faz envolve comunicação. Não somente algumas coisas, mas tudo! Você não pode tomar uma decisão sem informação, e essa informação tem de ser comunicada. A partir do momento que essa decisão é tomada, a comunicação deve novamente acontecer, caso contrário, ninguém saberá que você tomou uma decisão. A melhor ideia, a sugestão mais criativa ou o plano mais sofisticado não podem tomar forma sem comunicação. Gestores trabalham com seus funcionários, colegas, gerentes, pessoas em outros departamentos, clientes e outros funcionários para alcançar os objetivos do departamento de cada um. As interações com esses indivíduos requerem algum tipo de comunicação. O gestor bem-sucedido, portanto, precisa ter habilidades de comunicação eficazes. Claro, não estamos sugerindo que somente boas habilidades de comunicação fazem um gestor bem-sucedido. Podemos dizer, no entanto, que a falta de habilidades comunicativas podem levar a uma série de problemas contínuos para o gestor.

_CAPÍTULO 10_
_Comunicação eficaz_

## 10.1  O QUE É COMUNICAÇÃO?

A _comunicação_ envolve a transferência de significado. Se nenhuma informação ou ideia foi expressa, a comunicação não aconteceu. O falante que não é ouvido ou o escritor que não é lido não se comunica. Todavia, para que a comunicação seja bem-sucedida, o significado não deve apenas ser transmitido, mas também compreendido. Um memorando em japonês endereçado a alguém que não saiba o idioma não pode ser considerado comunicação até ser traduzido. Portanto, a comunicação é a transferência e a compreensão de significado.

Uma última consideração antes de continuarmos: boa comunicação é frequentemente definida erroneamente pelo comunicador como um "acordo" em vez de "a clareza do entendimento". Se alguém discorda do que foi dito, muitos presumem que a pessoa não entendeu completamente a mensagem. Em outras palavras, muitos de nós definem boa comunicação como a aceitação de nosso ponto de vista. Mas uma pessoa pode entender muito claramente o que queremos dizer e não concordar com o que dizemos. Na verdade, quando o gestor conclui que a falta de comunicação provavelmente existe porque um conflito entre dois funcionários continua por um longo tempo, uma observação mais apurada revela que uma comunicação eficiente está ocorrendo. Cada um deles entende perfeitamente a posição do outro. O problema está em equiparar comunicação eficiente com acordo.

## 10.2  O PROCESSO DE COMUNICAÇÃO

A comunicação pode ser pensada como um processo ou fluxo. Problemas de comunicação ocorrem quando há desvios ou obstruções nesse fluxo. Antes que a comunicação possa acontecer, um propósito, expresso como mensagem a ser transmitida, é necessário. A mensagem é codificada (convertida em forma simbólica) e transmitida por um meio (canal) para um receptor, que retraduz (decodifica) a mensagem iniciada pelo remetente. O resultado é a transferência de significado de uma pessoa para outra.[1]

A Figura 10.1 demonstra o _processo de comunicação_. Esse modelo é composto de até sete partes: (1) o remetente, (2) a codificação, (3) a mensagem, (4) o canal, (5) a decodificação, (6) o destinatário e (7) o _feedback_.

O remetente inicia a mensagem pela _codificação_ de um pensamento. Três condições primárias afetam a mensagem codificada: habilidade, conhecimento e sistema sociocultural.

A mensagem que queremos comunicar depende de nossa habilidade de escrita. Se o autor de livros didáticos não tiver os requisitos de redação necessários, suas mensagens não irão atingir os alunos da forma desejada. O total sucesso comunicativo de alguém inclui fala, escuta, leitura e também

> **OBJETIVO 10.1**
> Definir comunicação e processo comunicativo.
>
> **COMUNICAÇÃO**
> Transferência e compreensão do significado.
>
> **CODIFICAÇÃO**
> Conversão de uma mensagem em forma simbólica.

---

1  BERLO, D. K. _The process of communication._ Nova York: Holt, Rinehart & Winston, 1960. p. 30-32.

raciocínio lógico. Nós estamos restritos em nossa atividade comunicativa pela extensão do conhecimento particular do assunto. Não podemos comunicar o que não sabemos, e se nosso conhecimento for muito extenso, é possível que nosso destinatário não entenda nossa mensagem. Claramente, a quantidade de conhecimento que o remetente detém sobre o assunto afetará a mensagem que ele procura transmitir. E, finalmente, assim como o conhecimento influencia nosso comportamento, a nossa posição no sistema sociocultural também o faz. Nossas crenças e valores, sendo partes da nossa cultura, agem como ferramentas comunicativas.

**Figura 10.1** O processo de comunicação

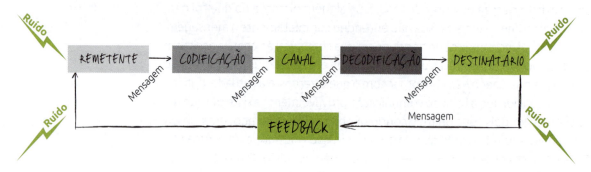

**MENSAGEM**
*Informação que é enviada.*

A *mensagem* é o produto físico real da codificação do remetente. "Quando falamos, o discurso é a mensagem. Quando escrevemos, a escrita é a mensagem. Quando pintamos, a pintura é a mensagem. Quando gesticulamos, os movimentos dos nossos braços e as expressões de nosso rosto são a mensagem."[2] Nossa mensagem é afetada pelo código ou grupo de símbolos que usamos para transferir significado, o conteúdo da mensagem por si próprio e as decisões que tomamos ao selecionar e organizar os códigos e conteúdos.

**CANAL**
*Meio pelo qual uma mensagem trafega.*

O *canal* é o meio pelo qual cada mensagem trafega. É selecionado pelo destinatário, que deve determinar qual canal é formal e qual é informal. Canais formais são estabelecidos pela organização e transmitem mensagens que se referem a atividades relacionadas ao trabalho e às atividades de seus membros. Elas tradicionalmente seguem a cadeia de hierarquia dentro da organização. Outras formas de mensagens, como pessoais e impessoais, seguem os canais informais da organização.

**DECODIFICAÇÃO**
*Tradução feita pelo receptor da mensagem de um remetente.*

O destinatário é o objeto para quem a mensagem está direcionada. Mas antes da mensagem poder ser recebida, os símbolos contidos devem ser traduzidos numa linguagem em que possam ser compreendidos pelo destinatário. Esta é a *decodificação* da mensagem. Assim como a codificação foi limitada por suas habilidades, atitudes, conhecimentos, sistema sociocultural, o destinatário está igualmente restrito. Da mesma forma que o remetente

---

2   BERLO, 1960, p. 30-32.

*CAPÍTULO 10*
*Comunicação eficaz*

deve ser proficiente na escrita e na fala, o destinatário deve ser proficiente na leitura e na escuta, e ambos devem ser capazes de raciocínio. O conhecimento, as atitudes e os valores culturais influenciam tanto a habilidade de quem recebe como a de quem envia a mensagem.

A única ligação entre o processo de comunicação é o *ciclo de feedback*. O *feedback* é a checagem de quão bem-sucedidos nós temos sido na transferência das mensagens de acordo com nossas intenções originais. Ele determina se o entendimento foi atingido.

## 10.3 MÉTODOS DE COMUNICAÇÃO

Gestores participam de dois tipos de comunicação. Um deles é a *comunicação formal*. Ela é direcionada a assuntos relativos a tarefas de trabalho e tendem a seguir a hierarquia da organização. Quando gestores dão ordens para seus funcionários, dão conselhos para a equipe de trabalho e seus departamentos, recebem sugestões de seus subordinados, interagem com outros gestores durante um projeto ou respondem a uma solicitação feita por seus chefes, eles estão engajados em uma comunicação formal. Gestores tomam parte em comunicações formais por meio da fala, de documentos escritos, de mídia eletrônica e de comportamento não verbal. O outro tipo de comunicação é a *comunicação informal*. Esse tipo de comunicação move-se em qualquer direção, ignora níveis de autoridade, e é provável que satisfaça às necessidades sociais, bem como facilite a realização de tarefas.

### 10.3.1 Como comunicar-se oralmente?

Como gestor, você contará intensamente com a comunicação oral. Exemplos são quando você se encontra frente a frente com um funcionário, faz um discurso para um departamento, se envolve em uma sessão de resolução de conflito com um grupo de funcionários ou conversa ao telefone com um cliente insatisfeito.

Quais são as vantagens desse tipo de comunicação? Você pode transmitir informação rapidamente por meio da palavra e da comunicação oral, que inclui um componente não verbal que melhora a mensagem. Um telefonema, por sua vez, expressa não somente palavras, mas também o humor e o tom. Uma conversa numa reunião frente a frente inclui gestos e expressões faciais. Além disso, os gestores de hoje em dia estão tornando-se cada vez mais conscientes de que a comunicação oral não é apenas uma maneira rápida de expressar informações, mas também tem um valor simbólico positivo. Em contraste com um memorando ou uma mensagem eletrônica, o discurso oral é mais pessoal. Expressa mais intimidade e carinho. Como resultado, algumas das melhores qualidades dos gestores apoiam-se extensivamente na comunicação oral, até quando o uso dos canais escritos e eletrônicos parece ser eficaz. Descobriu-se, por meio da experiência, que o apoio na comunicação oral tende a construir uma relação de confiança com os funcionários e cria um clima de abertura e apoio.

---

**CICLO DE FEEDBACK**
Informação recebida pelo remetente do destinatário a respeito da mensagem que foi enviada.

**OBJETIVO 10.2**
Contrastar comunicação formal e informal.

**COMUNICAÇÃO FORMAL**
Comunicação direcionada a assuntos relacionados a tarefas de trabalho que tendem a seguir a hierarquia da organização.

**COMUNICAÇÃO INFORMAL**
Comunicação que se move em qualquer direção, ultrapassa níveis de autoridade, e pode satisfazer necessidades sociais, assim como facilitar a realização de tarefas.

329

### 10.3.2 Por que você usa a comunicação escrita?

Quando sua mensagem tem como objetivo ser oficial, tem implicações de longo prazo ou é de alta complexidade, você deve expressá-la por meio da escrita. Introduzir um novo procedimento no departamento, por exemplo, deve ser expresso por escrito para que haja um registro permanente ao qual todos os funcionários possam se referir futuramente. Fornecer um relatório por escrito aos funcionários, após avaliações de desempenho, é uma boa ideia porque ajuda a reduzir equívocos e cria um registro formal do que foi discutido. Registros departamentais que contêm muitos números detalhados e fatos são mais bem expressos por escrito devido a sua complexidade.

O fato de que a comunicação por escrito fornece uma documentação melhor do que a falada pode ser tanto um bônus quanto um ônus. O lado positivo é que documentos por escrito fornecem um registro confiável para decisões e ações que mais tarde podem ser postas em questão. Elas também reduzem a ambiguidade para os receptores. No lado negativo, temos que a preocupação obsessiva em documentar tudo "por escrito" leva a uma fuga do erro, uma paralisia para tomar decisões e a criação de um ambiente de trabalho muito politizado e burocrático. No seu extremo, a realização de tarefas se subordina a redigir documentos que "cobrem a sua retaguarda" e certificam que ninguém é responsável por nenhuma decisão questionável.

**ALGO PARA PENSAR**
*(e promover discussão em sala de aula)*

### QUAL É O MELHOR MÉTODO PARA DAR MÁS NOTÍCIAS?

Um encargo sempre difícil para aqueles em posição de liderança é dar más notícias aos colaboradores.* No entanto, não faltam motivos para refletir sobre essas decisões. Porém, nem todo líder reflete! Eis alguns exemplos recentes, veja o que você pensa sobre eles.

# A CEO da IBM, Ginni Rometty, após um decepcionante relatório de resultados, repreendeu em público todos os 434.000 funcionários, por meio de um vídeo interno de cinco minutos de duração. Ela culpou especificamente a equipe de vendas por ter deixado escapar vários negócios de grande porte. Quando a imprensa soube, muita gente classificou o episódio como "espancamento público".**

# O CEO da AOL, Tim Armstrong, deu a notícia sobre a decisão da empresa de cortar o benefício previdenciário dos empregados na rede CNBC.

# Somente depois de informar Wall Street, Armstrong realizou uma teleconferência com os funcionários para justificar a medida. Os empregados reclamaram sobre cortes "secretos" no Twitter e em outras mídias sociais. Armstrong jogou combustível no fogo ao tentar culpar a nova lei de assistência médica federal e as despesas relativas a dois bebês com problemas de

> saúde de empregados da AOL pela mudança. Após uma semana de publicidade negativa, Armstrong informou os funcionários por e-mail que estava revertendo sua decisão e pediu desculpas por seus comentários controversos.
>
> \# Cerca de 90 trabalhadores da fábrica da Ford em Chicago receberam uma mensagem telefônica gravada anunciando que acabavam de ser demitidos.\*\*\*
>
> Embora cada um dos líderes envolvidos nessa comunicação acreditasse que estavam fazendo a coisa certa, as escolhas que fizeram levaram a um resultado que não era o esperado. Qual sua impressão sobre o que ocorreu nesses casos? Os líderes se comunicaram de forma eficaz? Por quê? Para cada um dos cenários, discuta qual maneira poderia ter sido melhor para comunicar aquela mensagem. O que outros líderes poderiam aprender com esses cenários acerca da comunicação ou falta dela?
>
> \*   GALLO, A. How to deliver bad news to yor employees. *Harvard Business Review*, 30 mar. 2015. Disponível em: https://hbr.org/2015/03/how-to-deliver-bad-news-to-your-employees. Acesso em: jan. 2020; SUDDATH, C. I'm sorry to have to say this. *Bloomberg BusinessWeek*, 13 maio 2013, p. 80.
>
> \*\*  SUDDATH, 2013; ANTE, S. E. IBM's chief to employees: think fast, move faster. *Wall Street Journal Online*, 24 abr. 2013.
>
> \*\*\*KRATSAS, G. AOL firestorm grows despite CEO apology. *USA Today*, 10 fev. 2014; SINGER, N. Revelations for AOL boss raise fears over privacy. *New York Times Online*, 10 fev. 2014.

### 10.3.3 Mulheres e homens se comunicam de forma diferente?

Nós sabemos que estilos de liderança de homens e mulheres diferem. Então, podemos concluir que homens e mulheres se comunicam de forma diferente também? A resposta é sim! As diferenças nos estilos de comunicação de homens e mulheres podem levar a algumas reflexões interessantes. Quando homens falam, eles o fazem para enfatizar seu *status* e independência, enquanto as mulheres, quando falam, o fazem para criar conexões e intimidade. Por exemplo, homens frequentemente reclamam que as mulheres falam sem parar sobre seus problemas. Mulheres, no entanto, criticam os homens por não escutar. Na verdade, quando o homem ouve uma mulher falando sobre um problema, ele frequentemente assegura o seu desejo de independência e controle ao fornecer soluções. Muitas mulheres, em contraste, conversam sobre problemas como forma de promover a proximidade. A mulher apresenta o problema para ganhar apoio e conexão – não para receber conselhos dos homens.

Como a comunicação eficaz entre os sexos é importante para todos os gestores alcançarem as metas de seus departamentos, de que forma você pode gerenciar as diferenças entre os estilos de comunicação? Para impedir que as diferenças entre os sexos se tornem barreiras persistentes, é necessário aceitação, entendimento e um compromisso adaptativo que atravessa a linha entre eles.

Tanto homens como mulheres precisam admitir que um estilo não é melhor do que outro e que é preciso um grande esforço para que se converse

# A NOVA ADM

eficazmente um com o outro – afinal, um estilo não é superior ou inferior ao outro, e é preciso um esforço de verdade para um diálogo ter sucesso.[3]

## OBJETIVO 10.3

Explicar como a comunicação por meios eletrônicos afeta o trabalho do gestor.

### 10.3.4 A comunicação eletrônica é mais eficiente?

Computadores, microchips e a digitalização estão aumentando significativamente as opções de comunicação do gestor. Hoje, você pode confiar numa variedade de mídias eletrônicas sofisticadas para se comunicar.[4] Essas incluem e-mail, mensagens de texto, mensagem de voz, aparelhos de mensagens eletrônicas, telefones celulares, videoconferência, transmissões modernas, comunicações via internet e intranet e outras formas de comunicação relacionadas à rede de comunicação. Qualquer que seja a mídia eletrônica selecionada, limite os riscos e melhore a eficácia geral das comunicações eletrônicas da organização exigindo dos funcionários uso apropriado, linguagem profissional em e-mails e demais documentos eletrônicos. Certifique-se de evitar o "grito" das letras MAIÚSCULAS!

Cada vez mais, os gestores estão utilizando muitos desses avanços tecnológicos. E-mails e mensagens de voz permitem às pessoas transmitir mensagens 24 horas por dia. Quando você está fora do seu escritório, os outros podem enviar mensagens para você ler ou ouvir a qualquer momento. Para comunicações importantes e complexas, um registro permanente das mensagens de e-mail pode ser obtido, imprimindo ou salvando no computador o documento. Os telefones celulares mudaram dramaticamente o papel do telefone como aparelho de comunicação. No passado, números de telefone eram armazenados em locais físicos. Agora, com a tecnologia celular, o número de telefone é adicionado ao telefone móvel. Você pode estar em constante contato com seus funcionários, outros gestores e membros-chave da organização, independentemente de onde eles estejam. A comunicação ligada à rede também permite que você monitore o trabalho de seus funcionários em computadores em locais remotos, participe de reuniões eletrônicas, comunique-se com fornecedores e clientes em redes inter e intraorganizacionais.

## 10.4 QUAIS PROBLEMÁTICAS SÃO CRIADAS POR MENSAGENS INSTANTÂNEAS DE TEXTO?

Uma tecnologia que foi inicialmente criada para possibilitar conversas particulares entre duas pessoas permeia o local de trabalho. Muitos funcionários estão preferindo mensagens instantâneas em vez de telefonemas e e-mails. Mensagem instantânea é essencialmente a versão escrita de um telefonema. Imediata, simplificada, em tempo real, e frequentemente serve como escape para problemas de e-mail.

---

3   LANGDON, J. Differences between males and females at work. *USA Today*, 5 fev. 2001; MANION, J. He said, she said. *Materials Management in Health Care*, nov. 1998, p. 52-62.

4   Technology can enhance employee communications, help attract and retain workers. *Employee Benefit Plan Review*, jun. 2000, p. 24-28.

_CAPÍTULO 10_
_Comunicação eficaz_

Como a digitação de mensagens de texto vem se tornando cada vez mais difundida em e-mails, mensagens e tuítes, as pessoas precisam estar conscientes do que isso significa. Em muitos locais de trabalho, conhecer a linguagem da internet tem se tornado necessário. Enquanto funcionários usam redes sociais como Twitter e Facebook e até mensagens de texto para se comunicar com colegas e clientes, as abreviações das palavras são muitas vezes necessárias devido aos limites do tamanho das mensagens. No entanto, não conhecer ou até não entender a linguagem pode levar a surpresas e respostas inapropriadas ou erros de comunicação.

As mensagens instantâneas beneficiam aqueles que trabalham em equipes provisórias, como em projetos, porque melhoram a colaboração. Mas tenha consciência de que, além da economia de tempo e dinheiro, há também riscos e desvantagens para o seu uso. Aqui estão os dez mandamentos das mensagens instantâneas.[5]

1. **Adote** uma política contendo pelo menos diretrizes gerais para mensagens instantâneas entre funcionários, clientes e parceiros de negócios.

2. **Não use** mensagens instantâneas para comunicar informações confidenciais ou delicadas. Deixe as mensagens para a troca de informações rápidas sobre o _status_ de projetos, horário de reuniões ou a localização de alguém.

3. **Organize** uma lista de contatos de negócios separada da sua lista de familiares e amigos para eliminar a possibilidade de que contatos pessoais possam se incluir em uma conversa de negócios com funcionários, clientes ou parceiros comerciais, e vice-versa.

4. **Não permita** o excesso de mensagens pessoais no trabalho; em vez disso, encoraje a troca de mensagens pessoais durante os intervalos ou horário de almoço ou que as conversas pessoais tenham como resultado novos contatos comerciais ou rendimentos para a empresa.

5. **Tenha consciência** de que mensagens instantâneas podem ser salvas e que o registro delas não é sempre apagado quando os usuários terminam o trabalho. Outros podem copiar e colar a conversa num documento de Bloco de Notas ou Word, e alguns serviços de mensagens permitem aos usuários arquivar conversas inteiras. Tenha cuidado com o que é escrito, assim como você teria cuidado ao escrever um e-mail!

6. **Não coloque** em risco a reputação da empresa ou a sua reputação fazendo declarações que possam danificar a integridade ou a credibilidade da empresa ou de seus funcionários. Novamente, seja cuidadoso com o que escrever.

---

5　ENBYSK, M. 10 tips for using instant messaging for business, 2011, Microsoft Corporation, Microsoft Business. Disponível em: <http://www.microsoft.com/business/en-us/resources/technology/communications/10-tips-for-using-instant-messaging-for-business.aspx?fbid=-2jacj0bxZ2>. Acesso em: 5 jul. 2013.

# A NOVA ADM

7. **Tenha muito cuidado** com vírus e outros riscos de segurança. Já que a maioria dos serviços de mensagens permite a transmissão de arquivos com as mensagens, aprenda sobre a qualidade do *firewall* da sua organização e decida restringir ou não a transmissão de um arquivo.

8. **Não compartilhe** dados ou informações pessoais por meio de mensagens instantâneas porque o texto das conversas é transferido para um servidor de web em rota para o seu contato, e provedores de mensagens ou *hackers* podem vê-las.

9. **Mantenha** as mensagens instantâneas simples, limitando as perguntas, evitando bate-papos desnecessários, sendo objetivo e sabendo a hora de se despedir.

10. **Não confunda** contatos utilizando vários nomes de usuários diferentes ou mensagens de *status*; atualize sua mensagem de *status* ao longo do dia, assim seus contatos saberão se você está disponível para mensagens ou se está *off-line*.

### 10.4.1 Como a comunicação não verbal afeta sua comunicação?

Algumas das comunicações mais significativas não são verbalizadas, escritas ou transmitidas por um computador. É a *comunicação não verbal*. Uma sirene alta ou uma luz vermelha em um cruzamento lhe diz algo sem utilizar palavras. Quando está conduzindo uma sessão de treinamento, você não precisa de palavras para perceber que os seus funcionários estão entediados se os olhos deles estiverem parados – ou se eles simplesmente dormem. Da mesma forma, geralmente você percebe num instante pela linguagem corporal do seu chefe e por suas entonações verbais se ele está bravo, chateado, ansioso ou distraído.

A *linguagem corporal* refere-se a gestos, expressões faciais e outros movimentos do corpo. Olhos semifechados, mandíbula cerrada e rosto ruborizado, por exemplo, dizem algo que nada tem a ver com um sorriso. A linguagem corporal pode comunicar emoções ou temperamentos, como agressividade, medo, timidez, arrogância, alegria e raiva.[6]

A *entonação verbal* refere-se à ênfase que se dá para palavras ou frases. Para ilustrar como entonações podem mudar o significado de uma mensagem, considere o gestor que faz uma pergunta ao seu colega. O colega responde, "O que você quer dizer com isso?". A reação do gestor mudará, dependendo do tom da resposta do colega. Um tom delicado, suave, cria um significado diferente do tom agressivo e põe ênfase pesada na última palavra. A maioria de nós vê a primeira entonação como vinda de alguém que sinceramente busca mais esclarecimentos, enquanto que o segundo sugere que a pessoa é agressiva e defensiva.

---

**COMUNICAÇÃO NÃO VERBAL**
Comunicação que não é verbalizada, escrita ou transmitida por um computador.

**LINGUAGEM CORPORAL**
Gestos, expressões faciais e outros movimentos do corpo para comunicar emoções e temperamentos como agressividade, medo, timidez, arrogância, alegria e raiva.

**ENTONAÇÃO VERBAL**
Ênfase que um indivíduo dá a frases ou palavras por meio do discurso.

---

6   FULFER, M. Nonverbal communication: how to read what's plain as the nose… or eyelid… or chin… on their faces. *Journal of Occupational Excellence*, v. 20, n. 2, 2001, p. 19-38.

*CAPÍTULO 10*
*Comunicação eficaz*

É impossível exagerar a importância do fato de que toda comunicação oral também inclui uma mensagem não verbal. Por quê? Porque o componente não verbal provavelmente carrega o maior impacto. A maioria de nós sabe que os animais respondem de acordo com o tom que usamos e não de acordo com o que falamos. Aparentemente, as pessoas não são tão diferentes.

### 10.4.2 O que é boato?

O *boato* acontece em quase todas as organizações. Na realidade, estudos normalmente revelam que o boato é a forma de comunicação pela qual a maioria dos funcionários operacionais ouve a respeito das mudanças importantes realizadas por líderes organizacionais. O boato chega antes de gestores, memorandos oficiais e outras fontes.

A informação que flui ao longo do boato é verídica? Às vezes sim e às vezes não. Deixando a verdade de lado, é importante considerar as condições que mantêm um boato ativo. Pressupõe-se, frequentemente, que boatos começam porque eles produzem fofocas curiosas. Raramente esse é o caso. Boatos têm pelo menos quatro objetivos: estruturar e reduzir a ansiedade; dar sentido à informação limitada ou fragmentada; servir como veículo para organizar membros do grupo, e possivelmente estranhos, dentro das alianças; e sinalizar o *status* do remetente ("Eu estou por dentro e você não") ou poder ("Eu tenho o poder de trazê-lo para dentro"). Estudos descobriram que rumores emergem em resposta a situações que são importantes para nós ou nas quais há ambiguidade ou sob condições que causam ansiedade. Situações no trabalho frequentemente contêm esses três elementos, o que explica o porquê de boatos crescerem em organizações. A confidencialidade e a competição que tipicamente predominam em grandes organizações – ao redor de questões como nomeação de chefes, mudança de escritório, realinhamento de tarefas e demissões – criam condições que encorajam e sustentam o boato. Um rumor persistirá até que as vontades e expectativas, criando a incerteza que existe sobre o rumor, sejam satisfeitas ou até que a ansiedade seja reduzida.

Um dos estudos mais famosos sobre boato[7] investigou padrões de comunicação entre 67 pessoas de nível gerencial. A abordagem consistia em observar cada destinatário da comunicação e como ele recebeu determinada informação, para em seguida rastreá-la de volta à origem. Verificou-se que, enquanto a rede do boato era uma importante fonte de informação, apenas 10% dos receptores agiram como "indivíduos de ligação" (ou seja, repassaram a informação para uma ou mais pessoas). Por exemplo, quando um destinatário decidiu se desligar da empresa para ingressar em outro ramo, 81% dos demais destinatários sabiam disso, mas apenas 11% transmitiram essa informação aos demais. Esse estudo é interessante por demonstrar como a rede de comunicação opera.

> **BOATO**
> Meio de comunicação pelo qual a maioria dos funcionários operacionais ouve pela primeira vez coisas importantes introduzidas pelos líderes organizacionais.

---

7   DAVIS, K. Management communication e the grapevine. *Harvard Business Review*, set.-out. 1953, p. 43-49.

# A NOVA ADM

O que podemos concluir dessa discussão? Certamente, o boato é uma parte importante do sistema de comunicação de qualquer grupo e vale bastante a pena entendê-lo. Além disso, nunca será eliminado, portanto, os gestores deveriam utilizá-lo de maneiras benéficas. Levando isso em consideração, se um grupo de funcionários passa informação para mais de uma pessoa, você pode analisar as informações do boato e prever seu fluxo. Certas mensagens têm a tendência de seguir padrões previsíveis. Você deve até considerar utilizar o boato informalmente para transmitir informações para indivíduos específicos plantando informações no boato, por meio de pessoas-chave que estão ativas nele e são capazes de dar informações que valem a pena ser transmitidas.

Você não deve perder a noção do valor do boato para identificar questões que os funcionários consideram importantes e que causam ansiedade entre eles. O boato age como filtro e também como mecanismo de avaliação, captando problemas que os funcionários consideram relevantes e dando início a mensagens que os funcionários querem passar para aqueles que estão "dirigindo" a organização. Por exemplo, o boato consegue tocar nas preocupações dos funcionários. Se o boato está levando a informação de uma demissão em massa, mesmo que seja totalmente falso, a mensagem ainda assim tem significado. Ela reflete os medos e as preocupações dos funcionários e, assim sendo, não deve ser ignorada.

A comunicação eletrônica está afetando tudo, e o boato não é exceção. Intranets corporativas ou *blogs* corporativos estão reformulando o boato. Intranets e *blogs* são usados internamente para disseminar informação entre os funcionários, e externamente (extranets) para auxiliar no marketing e nas relações públicas e em outros objetivos corporativos. *Blogs* apresentam informações em ordem cronológica reversa, permitindo aos participantes fazer perguntas, fazer e receber comentários de uma variedade de fontes em uma maneira lógica e evoluída, parecida com uma conversa na sala do café. Porque o *blog* está disponível para uma audiência maior, muitas organizações instituem um código de ética que se aplica a todas as postagens. *Blogs* internos permitem que indivíduos em múltiplas localidades e fuso horários participem de discussões do interesse dos funcionários e da alta direção. Dessa forma, o *blog* se torna um boato eletrônico![8]

## OBJETIVO 10.4

Enumerar as barreiras à comunicação eficaz.

## 10.5 BARREIRAS À COMUNICAÇÃO EFICAZ

Como ressaltado anteriormente, o objetivo de uma comunicação perfeita é transmitir um pensamento ou ideia de um remetente para um

---

8    Corporate Blog, *Wikipedia*, 18 Jun. 2008. Disponível em: <http://en.wikipedia.org/wiki/Corporate_blog>; Is blogging really good for my company? Or just a buzz word?, *Intra Focus*, 18 Jan. 2007. Disponível em: <http://intrafocus.wordpress.com/2007/01/18/is-blogging-really-good-for-my-company-or-just-a-buzz-word/>. Acesso em: 5 jul. 2013. GM blogger's code of ethics, *GM FastLane Blog*, 18 jun. 2008. Disponível em: <http://fastlane.gmblogs.com/about.html>. Acesso em: 5 jul. 2013.; SESSUM, J. Why CEOs should blog, global PR blog week 2.0, 19 set. 2005. Disponível em: <http://www.intuitive.com/blog/global_pr_week_why_ceos_shouldnt_blog.html>. Acesso em: 5 jul. 2013.

destinatário exatamente da mesma forma como o remetente imaginou. Esse objetivo quase nunca é atingido devido a distorções e a outras barreiras. Nesta seção, descobriremos algumas das barreiras mais sérias que interrompem uma comunicação eficaz (ver Figura 10.2) e ofereceremos algumas sugestões de como superá-las.

### 10.5.1 Como a linguagem afeta a comunicação?

Palavras significam coisas diferentes para pessoas diferentes. Idade, educação, e herança cultural são três das variáveis mais óbvias que influenciam a linguagem que as pessoas usam e as definições que elas dão às palavras. Nas organizações, funcionários geralmente vêm de diversas origens. Além disso, a diferenciação horizontal cria especialistas que desenvolvem seu próprio jargão ou linguagem técnica. Em organizações grandes, frequentemente, os membros estão espalhados geograficamente, e em cada local usam termos e frases que são específicos à sua região. A diferenciação vertical também pode causar problemas linguísticos. Por exemplo, diferenças no significado das palavras, como "incentivos" e "cotas" ocorrem em níveis diferentes de equipe gerencial. Gerentes-seniores, por exemplo, frequentemente, falam sobre a necessidade de *incentivos* e *cotas*. Porém, esses termos passaram a significar uma forma de manipulação e a criar um ressentimento entre gerentes.

Mesmo quando falamos a mesma língua, o seu uso não é uniforme. O conhecimento de como cada um de nós modifica a linguagem minimiza as dificuldades de comunicação. O problema é que não se sabe como vários funcionários, colegas, superiores, clientes e outros com quem você interage modificaram a linguagem. Remetentes tendem a presumir que as palavras e os termos que usam significam para eles a mesma coisa que significarão para os destinatários. Isso, claro, está frequentemente incorreto, e, assim, gera dificuldades de comunicação.

**Figura 10.2** Barreiras à comunicação efetiva

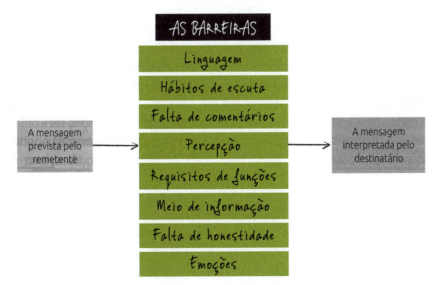

### 10.5.2 O que você disse?

A maioria de nós ouve, mas não escuta. Ouvir é meramente captar vibrações sonoras. Escutar é dar sentido àquilo que ouvimos. Isto é, escutar requer atenção, interpretação e uma lembrança do que foi dito.

Muitos de nós somos maus ouvintes. A essa altura, é suficiente dizer que, se você não tem boas habilidades de escuta, não vai compreender totalmente a mensagem que o remetente quer transmitir. Por exemplo, muitos de nós compartilhamos defeitos em comum no que diz respeito à escuta. Nós nos distraímos e acabamos ouvindo somente algumas partes da mensagem. Em vez de ouvir para entender o significado, ouvimos para determinar se concordamos ou discordamos do que foi dito. Começamos a pensar sobre nossa resposta ao que está sendo dito em lugar de escutar a mensagem completa. Cada uma dessas falhas nos nossos hábitos de escuta contribui para que mensagens sejam recebidas de maneira diferente do que o remetente pretendia.

### 10.5.3 Você captou minha mensagem?

Comunicação eficaz significa a transferência e o entendimento de significado. Mas como você sabe se alguém recebeu e compreendeu a mensagem da forma que você gostaria? A resposta é: use *feedback*. Quando você requisita que cada membro do seu time entregue um relatório específico, o recebimento do relatório é uma forma de *feedback*. Da mesma forma, quando seu instrutor o testa no conteúdo deste livro, você está recebendo uma avaliação sobre o conhecimento do material.

Quando você falha no uso do *feedback*, você não sabe se a mensagem foi recebida como se pretendia. Assim, a falta de comentários cria um potencial de erros e distorções.

### 10.5.4 Você vê o que eu vejo?

Suas atitudes, interesses, experiências e expectativas determinam como você organiza e interpreta o seu ambiente. Isso explica por que você pode olhar para a mesma coisa que outras pessoas e perceber coisas diferentes (veja Figura 10.3). No processo de comunicação, o destinatário vê e ouve seletivamente, baseado na sua origem e em características pessoais. O destinatário também projeta os seus interesses e expectativas nas comunicações quando as interpreta. Uma vez que cada remetente e cada destinatário de comunicações trazem consigo um grupo de percepções tendenciosas, as mensagens que eles procuram transmitir estão frequentemente sujeitas a distorções.

**Figura 10.3**   O que você vê – uma senhora idosa ou uma jovem senhorita?

### 10.5.5   Como papéis se relacionam com a comunicação?

Pessoas em organizações representam *papéis*. Elas se engajam em um padrão de comportamento que se alinha com o padrão de comportamento correspondente à posição que ocupam dentro da organização. Cargos de gestão, por exemplo, carregam as posições que indivíduos ocupam em uma organização. Gestores sabem que supostamente devem ser leais e defender seus superiores e suas organizações. Líderes sindicais tipicamente requerem lealdade às demandas sindicais, como a segurança dos funcionários. Funções de marketing demandam esforços para aumentar vendas, enquanto os papéis de funcionários que trabalham no departamento de empréstimos enfatizam a minimização de perdas com dívidas.

Assim como as organizações impõem exigências de papéis a membros diferentes, elas também criam barreiras na comunicação. Cada função vem com seu vocabulário próprio que a separa das demais funções. Além disso, preencher as exigências, frequentemente, requer que indivíduos interpretem eventos seletivamente. Eles ouvem e veem o mundo consistentemente por meio das exigências de seu papel. O resultado é que pessoas em papéis diferentes geralmente têm dificuldades em comunicar-se com os outros. As pessoas da área de marketing dizem que querem "aumentar as vendas". Assim também dizem as pessoas do departamento de crédito, exceto que as pessoas do marketing querem vender tudo para todo mundo, enquanto que as do departamento de crédito querem vender apenas para aqueles com bom crédito. Representantes dos trabalhadores e da empresa, às vezes, têm dificuldades para negociar porque suas funções englobam linguagens e interesses muito diferentes. Muitas falhas de comunicação interna nas organizações são apenas consequência de indivíduos atuando de modo consistente com os papéis que estão representando.

**PAPÉIS**
Padrões de comportamento que correspondem a posições que os indivíduos ocupam na organização.

### CONFIRA O QUE APRENDEU 10.1

1. A comunicação eficaz não inclui:
   a. transferência de significado.
   b. acordo.
   c. um remetente e um destinatário.
   d. *feedback*.

2. A conversão de uma mensagem em forma simbólica é vulgarmente referida como:
   a. a mensagem.
   b. comentários.
   c. codificação.
   d. um símbolo.

3. A ênfase dada a palavras ou frases é chamada:
   a. entonação verbal.
   b. linguagem corporal.
   c. boato.
   d. comentários.

4. Qual dos itens seguintes não é considerado uma barreira à comunicação eficaz?
   a. acordo.
   b. linguagem.
   c. percepção.
   d. emoções.

#### 10.5.6 Existe um meio preferencial de troca de informações?

A quantidade de informação transmitida em uma conversa face a face é consideravelmente maior do que a recebida por meio de um panfleto postado no quadro de avisos da empresa. A primeira oferece múltiplas dicas de informação (palavras, postura, expressões faciais e entonações) e a proximidade do contato físico, que o panfleto não tem. Isso nos lembra que a mídia difere na riqueza de informações que transmite. A Figura 10.4 ilustra a hierarquia da *riqueza de informações*. Quanto maior a riqueza de informações de um meio, mais informações ele é capaz de transmitir. De um modo geral, quanto mais ambígua e complicada é a mensagem, mais o remetente deve contar com um meio de comunicação rico.

**RIQUEZA DE INFORMAÇÕES**
Medida da quantidade de informações que é transmitida baseada em múltiplos sinais de informação, comentários imediatos e toque pessoal.

**Figura 10.4** Hierarquia da riqueza de informações

Gestores de alto desempenho tendem a ser sensíveis à mídia, e a sua seleção de canais de comunicação tende a focar o uso de meios ricos de comunicação para superar a ambiguidade em suas mensagens. Utilizar reuniões cara a cara, assim como aproveitar as oportunidades que surgem com o simples ato de caminhar pelo departamento, em vez de permanecer sentado no escritório, faz que coordenadores se engajem em comunicações ricas com seus funcionários. A riqueza vem da habilidade do canal de gerenciar sinais múltiplos, ao mesmo tempo que fornece comentários rápidos de uma forma personalizada. Reuniões cara a cara, videoconferências e conversas ao telefone dão ao coordenador a oportunidade de maximizar a informação que ele transmite, e o meio é especialmente apropriado para mensagens que precisam de grande clareza.

Por exemplo, se você quiser, como coordenador, compartilhar com seus funcionários uma grande e nova linha de produtos que a sua empresa irá introduzir – e que afetará a todos do departamento –, a sua comunicação será mais eficaz numa reunião cara a cara do que por meio de um memorando. Por quê? Porque essa mensagem provavelmente causará apreensão entre os funcionários e demandará mais esclarecimentos. Boletins, memorandos, discursos pré-gravados e e-mails não têm a riqueza da comunicação pessoal, mas são eficazes ao transmitirem mensagens rotineiras com o mínimo de ambiguidade. Mudanças modestas na programação do departamento de produção amanhã podem eficazmente ser comunicadas em um memorando ou e-mail. Infelizmente, pessoas em organizações nem sempre igualam o meio à mensagem e, assim, geram problemas de comunicação.[9]

### 10.5.7 Como a honestidade afeta a comunicação?

Uma boa parte do que passa por "comunicação pobre" nada mais é do que indivíduos que propositalmente evitam a honestidade e a sinceridade. Para evitar o confronto e evitar magoar os outros, nós frequentemente nos engajamos em práticas conversacionais como a transmissão de mensagens ambíguas, dizendo aos outros o que eles querem ouvir ou cortando a comunicação.

Algumas pessoas fogem do confronto. Elas querem que todos gostem delas. Por isso, evitam expressar qualquer mensagem que possa desagradar o receptor. O que elas acabam fazendo é aumentar a tensão e ainda impedir a comunicação eficaz.

A forma como o destinatário se sente quando recebe a mensagem influenciará em sua interpretação. A mesma mensagem recebida quando você está bravo ou consternado pode ser interpretada de maneira diferente quando você está com uma disposição neutra. Emoções extremas como júbilo ou depressão são as mais passíveis de impedir a comunicação eficaz. Nessas instâncias, nós estamos mais propensos a desconsiderar nossa mente racional e objetiva e substituí-la por julgamentos emocionais. Há também momentos

---

9    ROBBINS, S.; JUDGE, T. *Organizational behavior*. 13. ed. Upper Saddle River, NJ: Pearson Prentice Hall, 2009. p. 367-368.

# A NOVA ADM

em que ficamos mais inclinados a utilizar linguagem ou palavras inflamadas das quais nos arrependeremos mais tarde.

**OBJETIVO 10.5**

Descrever técnicas para superar as barreiras da comunicação.

### 10.5.8 Como podemos melhorar a eficácia de nossa comunicação?

Algumas das barreiras que descrevemos fazem parte da vida organizacional e nunca serão totalmente eliminadas. Diferenças de papel e de percepção, por exemplo, devem ser reconhecidas como barreiras, mas não são tão facilmente corrigidas. No entanto, a maioria das barreiras à comunicação eficaz pode ser superada. A seguir, temos algumas diretrizes.

**Pense antes de falar.** Esse clichê pode incluir todas as formas de comunicação. Antes de escrever ou falar, pergunte a si mesmo: que mensagem estou tentando expressar? E então pergunte: como posso organizar e apresentar minha mensagem para que atinja o resultado que desejo? A maioria de nós segue a regra do "Pense antes" quando escreve uma mensagem. O processo deliberado e formal da escrita encoraja o pensamento sobre o que queremos dizer e qual a melhor maneira de dizê-lo. O conceito de trabalhar num rascunho implica que o documento escrito será editado e revisado. Poucos de nós dão a mesma atenção para a comunicação verbal. E isso é um erro. Antes de falar, tenha certeza de que sabe o que quer dizer. Então, apresente a sua mensagem de forma lógica e organizada para que ela seja clara e possa ser entendida pelo seu destinatário.

**Segure suas emoções.** Seria ingenuidade presumir que você sempre se comunica de maneira totalmente racional. Ainda assim, você sabe que as emoções podem obscurecer e distorcer muito a transferência de significado. Se você está emocionalmente abalado a respeito de algum assunto, é mais provável que interprete erroneamente as mensagens e falhe em expressar suas mensagens claramente e corretamente. O que você pode fazer? A resposta mais simples é parar com a comunicação até que recupere a compostura.

**Aprenda a ouvir.** Nós dissemos anteriormente que a maioria de nós é mau ouvinte. Isso não quer dizer que não podemos melhorar nossas habilidades de escuta. Alguns comportamentos específicos foram descobertos como eficazes na escuta. Nós apresentamos essas habilidades na seção intitulada "Escuta ativa", ao final deste capítulo.

**Adapte a linguagem ao receptor.** Como a linguagem pode ser uma barreira, você deve escolher palavras e estruturar suas mensagens de forma que elas sejam claras e compreensíveis para o destinatário. Você precisa simplificar sua linguagem e considerar a audiência para quem a mensagem é dirigida, para que ela esteja adequada aos receptores. Lembre-se, a comunicação eficaz é atingida quando a mensagem é recebida e compreendida (veja **"Notícias rápidas! Twitter... benefício social ou desastre social?"**, mais adiante neste capítulo). A compreensão é melhorada pela simplificação da linguagem utilizada em relação à audiência desejada. Por exemplo, um gestor de enfermagem deveria sempre tentar se comunicar com sua equipe em termos claros e fáceis de entender. Ao mesmo tempo, a linguagem utilizada com os pacientes deveria ser propositalmente diferente do que a utilizada

_CAPÍTULO 10_
_Comunicação eficaz_

com a equipe médica. Jargões podem facilitar o entendimento quando utilizados por aqueles que sabem o que significam, mas podem causar inúmeros problemas quando utilizados fora do grupo.

**Ligue palavras e ações.** Ações falam mais do que palavras. Portanto, é importante prestar atenção a suas ações para se ter certeza de que elas estão alinhadas e são reforçadas pelas palavras que as acompanham. Nós ressaltamos anteriormente que as mensagens não verbais têm bastante peso. Levando isso em consideração, o gestor eficaz observa os sinais não verbais para certificar-se de que eles também expressam a mensagem que desejam. Lembre-se, também, de que, como gestor, seus funcionários olham para seu comportamento como um exemplo. Se seus comentários verbais forem amparados por suas ações, você ganhará credibilidade e construirá confiança. Se, no entanto, você diz uma coisa e faz outra, seus funcionários ignorarão o que você diz, seguindo o próprio exemplo dado por você. Ao extremo, as pessoas param de escutar porque elas não acreditam que suas palavras têm credibilidade. Esse problema persegue os políticos, por exemplo.

**Use o _feedback_.** Muitos problemas de comunicação podem ser diretamente atribuídos a desentendimentos e imprecisões. Isso é menos passível de acontecer se você utiliza o _feedback_. Esses comentários podem ser verbais ou não verbais. Se alguém pergunta: "Você entendeu o que eu disse?", a resposta representa um _feedback_. Mas _feedback_ deveria incluir mais do que respostas de sim ou não. Você pode perguntar uma série de questões sobre sua mensagem para determinar se ela foi recebida como você desejava. Melhor ainda, você pode pedir ao destinatário que repita a mensagem em suas próprias palavras. Se, então, você ouvir o que desejava, entendimento e precisão foram alcançados. _Feedback_ também inclui coisas mais sutis do que fazer perguntas diretas ou resumir mensagens. Comentários gerais podem lhe dar uma ideia da reação do receptor à mensagem. Claro, avaliações de desempenho, revisões salariais e promoções também representam formas de _feedback_. _Feedback_ não precisa ser expresso em palavras. O gerente de vendas que envia uma diretiva mensal descrevendo um novo relatório que todos os vendedores terão que preencher recebe _feedback_ se alguns dos vendedores não retornarem o relatório. O _feedback_ sugere que ele precisa dar mais clareza à diretiva inicial. Da mesma forma, você avalia sua mensagem quando, ao fazer um discurso para um grupo de pessoas, olha para os olhos delas e procura pistas não verbais de que elas estão ou não captando a sua mensagem. Isso pode explicar por que artistas de televisão ou shows de comédia preferem gravar seus programas com uma audiência ao vivo. Risadas imediatas e aplausos – ou a ausência delas – expressam ao artista se a mensagem está sendo transmitida como ele deseja.

**Participe de treinamento assertivo.** Muitas pessoas não têm nenhum problema em se impor. Ser abertas e honestas são qualidades naturais para elas. Algumas, na realidade, são assertivas demais. Elas ultrapassam a linha da assertividade e se tornam agressivas e ferinas. Outros indivíduos sofrem de um medo constante de magoar os outros e caem na fuga do conflito e

# A NOVA ADM

## TREINAMENTO ASSERTIVO

*Uma Técnica para fazer com que as pessoas tornem-se mais autoexpressivas e digam o que querem dizer sem ser rudes.*

na comunicação ambígua quando precisam ser mais abertos e assertivos. Tais pessoas se beneficiariam de participar de um *treinamento assertivo.* Um gestor eficaz não precisa ser sempre assertivo, mas deve ser capaz de sê-lo quando necessário.

O treinamento assertivo é criado para que as pessoas possam ser mais abertas e autoexpressivas. Elas confrontam questões de forma direta. Elas dizem o que pensam, sem ser rudes ou desatenciosas. Indivíduos que participam de treinamentos de assertividade aprendem comportamentos verbais e não verbais que melhoram suas habilidades de se comunicar abertamente e de forma não ambígua. Esses comportamentos incluem linguagem direta e não ambígua; o uso de afirmações com "Eu" e de frases cooperativas com "Nós"; uma voz audível, forte, firme; bom contato visual; expressões faciais combinadas com a mensagem; um tom sério apropriado e uma postura confortável e firme.

**Auxilie os trabalhadores imigrantes a assimilar a cultura local.** Imigrantes precisam aprender o idioma e se adaptar às normas culturais no local de trabalho, mas isso pode levar tempo. É responsabilidade dos gestores auxiliarem-nos nesse processo, além de que a empresa só tem a ganhar com isso. Muitos empregadores, no entanto, se omitem e esperam que esses funcionários descubram as coisas sozinhos. Em muitos casos, obviamente, isso não funciona, e a decisão acaba não sendo a mais sábia. Toda a empresa se beneficia ajudando os imigrantes a se adaptar ao local de trabalho. E quando essa ajuda é fornecida pelo empregador, isso causa um aumento da produtividade, maior desempenho, maior segurança, maior confiança e lealdade entre os colaboradores. No longo prazo, isso resulta em grande impacto positivo em termos de lucros. Profissionais de recursos humanos dão as seguintes dicas para gestores que queiram melhorar e manter seus colaboradores imigrantes:

- # Descubra a cultura da força de trabalho deles.
- # Esteja ciente da diversidade existente entre membros de um mesmo grupo étnico.
- # Demonstre respeito pelas pessoas, conhecendo-as e aprendendo sobre sua cultura.
- # Oriente as novas contratações de maneira culturalmente apropriada.
- # Estabeleça um programa de mentoria para ajudar os novos contratados a se adaptarem à cultura do local de trabalho.
- # Evite jargões ou gírias no local de trabalho que possam não ser compreendidas por imigrantes.
- # Enfatize a importância dos materiais de treinamento e sua utilidade para todos os funcionários.
- # Peça sempre uma paráfrase (exemplificação detalhada) de instruções importantes ou uma demonstração de um procedimento para verificar se funcionários com limitações no idioma compreenderam o que foi pedido.

_CAPÍTULO 10_
_Comunicação eficaz_

# Não seja impaciente com os imigrantes que têm dificuldade em se expressar.

# Incentive os funcionários e gestores bilíngues a se tornarem elos de comunicação ou tradutores no local de trabalho.

# Construa confiança e lealdade entre os trabalhadores imigrantes, proporcionando um ambiente seguro no local de trabalho e oferecendo cursos do idioma local para estrangeiros.

# Estabeleça fóruns internos para ajudar os trabalhadores com questões de transporte, crédito e formulários de imposto de renda.

# Estabeleça um treinamento de sensibilidade cultural para funcionários nativos interessados em aprender mais sobre as culturas imigrantes existentes no local de trabalho.

# Designe imigrantes qualificados para cargos de responsabilidade a fim de mostrar à força de trabalho imigrante que existe oportunidade de promoção dentro da empresa.

# Leia as informações do órgão de imigração para garantir que você está ciente das mais recentes normas e legislações para contratação de imigrantes.[10]

## 10.6 UMA HABILIDADE DE COMUNICAÇÃO ESPECIAL: ESCUTA ATIVA

A escuta eficaz é ativa, não passiva. Na escuta passiva, você está ouvindo um gravador. Você absorve a informação. Se o locutor oferece uma mensagem clara e apresenta uma mensagem interessante o suficiente para prender sua atenção, então, provavelmente, você entenderá a maior parte do que ele está tentando comunicar. Já a _escuta ativa_ requer que você escute ativamente, que "entre" na mente do falante para que possa entender a comunicação a partir do seu ponto de vista. Como você verá, a escuta ativa é bastante trabalhosa.[11] Você tem de se concentrar, tem de entender completamente o que o falante está dizendo (veja a seção sobre "Escuta ativa", no final deste capítulo). Alunos que usam técnicas de escuta ativa durante uma aula inteira estão tão cansados quanto seus professores quando a aula termina porque colocaram tanta energia ao escutar quanto o instrutor colocou ao falar.

Há quatro requisitos para uma escuta ativa. Você precisa escutar com (1) intensidade, (2) empatia, (3) aceitação e (4) uma disposição para assumir a responsabilidade pela compreensão. Como ouvir nos apresenta uma oportunidade para a mente divagar, o ouvinte ativo se concentra intensamente no que o falante está dizendo e se desconecta dos milhares de pensamentos (prazos no trabalho, dinheiro, problemas pessoais) que geram distrações. O

**OBJETIVO 10.6**

Enumerar os requisitos para uma escuta ativa.

**ESCUTA ATIVA**

Técnica que requer que o ouvinte "se coloque dentro" da mente do falante para entender a mensagem a partir do ponto de vista de quem fala.

---

10 JOSEPH, C. Cultural and language barriers in the workplace. Disponível em: https://smallbusiness.chron.com/cultural-language-barriers-workforce-11928.html. Acesso em: fev. 2020.

11 COUSINS, R. B. Active listening is more than just hearing. _Supervision_, v. 61, n. 9, set. 2000, p. 14.

345

que ouvintes ativos fazem com o tempo ocioso dos seus cérebros? Eles resumem e integram o que foi dito. Eles colocam cada novo pedaço de informação no contexto que o precedeu. Empatia requer que você se coloque no lugar do falante. Tente entender o que ele quer comunicar e não o que você quer entender. Observe que a empatia exige tanto o conhecimento do falante como a sua flexibilidade. Suspenda os seus próprios sentimentos e pensamentos e ajuste o que você vê e sente ao mundo do falante. Dessa forma, você aumenta a possibilidade de interpretar a mensagem que está sendo dita da forma que o locutor deseja.

Um ouvinte ativo demonstra aceitação. Ouve objetivamente sem julgar o conteúdo. Isso não é uma tarefa fácil. É natural se distrair com o conteúdo do que um falante diz, especialmente quando se discorda do que é dito. Quando você ouve algo de que discorda, tem a tendência de começar a formular argumentos mentais para se opor ao que está sendo dito. Claro, ao fazer isso, você frequentemente perde o resto da mensagem. O desafio é absorver o que está sendo dito e saber reter o julgamento do conteúdo até o falante terminar seu argumento.

O ingrediente final da escuta ativa é assumir a responsabilidade pela compreensão. Ou seja, como ouvinte ativo, você deve fazer o que for necessário para compreender totalmente o sentido da comunicação do emissor.[12]

**OBJETIVO 10.7**
Explicar os comportamentos necessários para fornecer um feedback eficaz.

## 10.7 A IMPORTÂNCIA DAS HABILIDADES DE OFERECER *FEEDBACK*

Pergunte a um gestor sobre o *feedback* que ele dá aos seus funcionários e é provável que você receba uma resposta qualificada. Se o *feedback* é positivo, é provável que seja dado imediatamente e com entusiasmo. *Feedback* para melhoria é comumente referido como negativo e é frequentemente tratado de forma muito diferente.[13] Como a maioria de nós, os gestores não gostam de comunicar más notícias. Eles temem ofender ou ter que lidar com postura defensiva da parte do receptor. O resultado é que o *feedback* para melhoria pode acabar sendo evitado, postergado ou distorcido. Os objetivos desta seção são mostrar a importância de fornecer tanto o *feedback* positivo como o *feedback* para a melhoria e identificar as técnicas específicas para ajudar a tornar o seu *feedback* mais eficaz.

### 10.7.1 Qual é a diferença entre *feedback* positivo e *feedback* para a melhoria?

Dissemos que os gestores tratam o *feedback* positivo e o *feedback* para a melhoria de forma diferente. Assim também fazem aqueles que recebem.

---

12 Veja, por exemplo, FRACARO, K. Two ears and one mouth. *Supervision*, fev. 2001, p. 3-5.

13 Veja, por exemplo, LEUNG, K.; SU, S.; MORRIS, M. W. When is criticism not constructive? The roles of fairness perceptions and dispositional attributions in employee acceptance of critical supervisory feedback. *Human Relations*, v. 54, n. 1, set. 2001, p. 1155; WALKER, C. A. Saving your rookie managers from themselves. *Harvard Business Review*, v. 80, n. 4, p. 97-103.

Você precisa entender esse fato e ajustar seu estilo de dar *feedback* adequadamente. O *feedback* positivo é mais fácil e imediatamente percebido se comparado ao *feedback* para a melhoria. Além disso, embora o fornecimento de *feedback* positivo quase sempre seja aceito, você pode esperar que o *feedback* para melhoria encontre resistência. Por quê? A resposta lógica parece ser que as pessoas querem ouvir uma boa notícia e bloquear o resto. O *feedback* positivo se encaixa no que a maioria das pessoas quer ouvir e já pensa sobre si. Isso significa, então, que você deve evitar dar *feedback* para a melhoria? Não! O que isso significa é que você precisa estar ciente da possível resistência e aprender a usar o *feedback* para a melhoria nas situações em que é mais provável de ser aceito. Em outras palavras, o *feedback* para a melhoria deve ser usado quando é apoiado por dados concretos – números, exemplos específicos e afins.

## NOTÍCIAS RÁPIDAS

### TWITTER... BENEFÍCIO SOCIAL OU DESASTRE SOCIAL?*

*Tweets* e *twittering*. Antes de 2006, a única definição que teríamos para esses termos envolvia pássaros e os sons que produzem (em inglês, *tweet* pode ser pio ou trinado). Hoje, praticamente todo mundo sabe que o Twitter também é uma rede social – com 500 milhões de usuários, 400 milhões de tuítes diários e 1,6 bilhão de termos pesquisados por dia – utilizada para troca de mensagens curtas por meio da internet, celulares e outros dispositivos. De acordo com seus fundadores, Jack Dorsey, Biz Stone e Evan Williams, o Twitter é muitas coisas: serviço de mensagens, ferramenta de atendimento ao cliente, mecanismo de pesquisa em tempo real e *microblog*. E, como mostram os números, é bem popular!

Um lugar onde o Twitter passou a dominar foi o mundo dos esportes, especialmente universitários. Les Miles, por exemplo, treinador de futebol da Universidade de Luisiana, refere-se a si mesmo como "um cara que tuíta". Ele sabe o poder da comunicação instantânea. Miles quer ficar à frente da concorrência, especialmente quando se trata de recrutar jogadores e manter os torcedores atualizados, e descobriu que tuitar é um jeito fácil e divertido de se comunicar com torcedores, estudantes e demais interessados, passando informações breves a eles. Além de ser um jeito conveniente de selecionar jogadores e se comunicar com a equipe técnica. Nos dias de jogo, Miles tuíta (com a ajuda de um assistente) antes dos jogos, nos intervalos e depois da partida. E se é tranquilo para os técnicos tuitarem, o que dizer de estudantes e atletas? Bom, aí a história muda.

Muitas universidades e treinadores estão monitorando atletas e, em alguns casos, proibindo o uso de mídias sociais. Isso porque um problema potencialmente grave pode surgir se um atleta fizer algum comentário no Twitter que ponha a universidade em maus lençóis, desperte ira ou ressentimentos ou viole alguma norma do regulamento da liga de futebol.

Eis alguns tuítes que podem ilustrar isso: um jogador do Kentucky foi suspenso após fazer críticas

aos torcedores; a liga cancelou 15 bolsas de estudo depois de investigar um tuíte de um jogador; e um outro, da Universidade de Lehigh, foi suspenso por retuitar uma ofensa racial. Vimos como um tuíte pode impactar negativamente durante as Olimpíadas de Londres – a primeira baixa, um atleta grego do salto triplo, foi banido dos jogos depois de tuitar comentários racistas.

Isto parece ser uma boa razão para gerentes (ou seja, técnicos e administradores) desses programas tentarem controlar o fluxo de informação. Mas proibir é a resposta? Alguns analistas dizem que não. Eles argumentam que estabelecer regras e regulamentações significa não compreender o que é a mídia social nem seu valor como ferramenta de marketing e recrutamento, e dizem que é necessário atentar para a liberdade de expressão. Em vez de proibir o uso de mídia social, várias universidades estão contratando empresas para monitorar o que os atletas escrevem. Isso, no entanto, exige que os atletas deem acesso às suas contas, o que pode ser considerado invasão de privacidade.

\* AHRENS, R. W. Tweets per day. *USA Today*, 20 mar. 2013; LOPRESTI, M. Elimination by Twitter. *USA Today*, 26 jul. 2012; HO, C. Companies tracking college athletes Tweets, Facebook posts go after local universities. *Washington Post Online*, 16 out. 2011; ROVELL, D. Coaches ban of Twitter proves college sports isn't about education. *CNBC Sports Business Online*, 8 ago. 2011; WHITESIDE, K. College coaches are chirping about Twitter! *USA Today*, 29 abr. 2009.

### 10.7.2 Como você oferece um *feedback* eficaz?

Temos seis sugestões específicas para ajudar você a tornar-se mais eficaz no fornecimento de *feedback*. Nós as apresentamos aqui e as resumimos na Figura 10.5.

**Concentre-se em comportamentos específicos.** O *feedback* deve ser específico e não generalista. Evite declarações como: "Você tem uma atitude ruim" ou "Estou realmente impressionado com o bom trabalho que você fez". Elas são vagas e, apesar de fornecer informações, não são suficientes para que o funcionário corrija a "má atitude" ou identifique as bases pelas quais se concluiu que foi feito um "bom trabalho", de maneira que a pessoa saiba quais comportamentos devem ser repetidos para atingir os mesmos resultados.

**Mantenha o *feedback* impessoal.** O *feedback* voltado para a melhoria deve ser descritivo em vez de ser crítico ou avaliativo. Não importa quão chateado esteja, mantenha o foco da avaliação em comportamentos relacionados ao trabalho e nunca critique alguém por causa de uma ação imprópria relacionada ao plano pessoal. Dizer às pessoas que elas são incompetentes e preguiçosas é quase sempre contraproducente. Isso provoca uma reação tão emocional que o desvio do desempenho em si tende a ser esquecido. Quando você estiver criticando o funcionário, lembre-se de que está censurando o comportamento relacionado ao trabalho, e não à pessoa. Você pode ficar tentado a dizer para alguém que ele ou ela é rude e insensível (o que pode ser verdade), porém isso não é nada impessoal. É melhor dizer algo mais específico, como: "Você me interrompeu três vezes com perguntas que não eram urgentes quando você sabia que eu estava em uma ligação de longa distância com um cliente no exterior".

CAPÍTULO 10
Comunicação eficaz

**Mantenha o *feedback* focado no objetivo.** O *feedback* não deve ser administrado para "despejar" ou "descarregar" suas emoções em outra pessoa. Se você tem de fornecer *feedback* para a melhoria, verifique se ele está direcionado para os objetivos do receptor. Pergunte a si mesmo a quem o *feedback* está direcionado a ajudar. Se a resposta é, essencialmente, "eu tenho algo engasgado na garganta e quero botar pra fora", morda a língua e guarde o comentário. Tal *feedback* prejudica sua credibilidade e diminui o significado e a influência das sessões de *feedback* futuras.

**Cronometre bem as sessões de *feedback*.** O *feedback* é mais significativo para o receptor quando há um intervalo curto entre o comportamento e o recebimento do *feedback* sobre esse comportamento. Por exemplo, um novo funcionário que comete um erro é mais passível de reagir a sugestões para melhorar logo após o erro ou no final do dia do trabalho – e não durante uma sessão de avaliação de desempenho seis meses depois. Se você tiver de passar o tempo recriando a memória de uma situação e relembrando alguém sobre ela, o *feedback* que está fornecendo provavelmente será ineficaz. Além disso, se você está particularmente preocupado com as mudanças de comportamento, atrasos no fornecimento de *feedback* em tempo útil sobre as ações indesejáveis diminuirão a probabilidade de que o *feedback* seja eficaz para atingir a mudança desejada. Claro, fazer comentários rapidamente apenas pela prontidão pode ser um tiro pela culatra se você não tiver informações suficientes ou se estiver emocionalmente perturbado. Nessas circunstâncias, "na hora certa" pode, na verdade, significar "um pouco atrasado".

**Garanta a compreensão.** Seu *feedback* é conciso e completo o suficiente para que o receptor entenda clara e completamente sua comunicação? Lembre-se de que cada comunicação bem-sucedida requer tanto a transmissão como a compreensão de seu significado. Para que o *feedback* seja eficaz, você precisa se certificar de que o receptor entende o que você comunica. Coerente com nossas discussões sobre técnicas de escuta, você deve pedir que seu receptor reformule o conteúdo do seu *feedback* a fim de saber se ele domina completamente o que você pretendia comunicar.

***Feedback* direto para aperfeiçoamento.** *Feedback* para aperfeiçoamento deve ser direcionado para que o receptor possa fazer algo a respeito. Não tem muita serventia lembrar uma pessoa de alguma deficiência sobre a qual ela não tem controle. Por exemplo, reprimir uma funcionária que chegou atrasada ao trabalho porque esqueceu de programar o despertador é válido. Reprimi-la quando chega tarde ao trabalho porque o metrô que toma todos os dias teve uma falha de energia, atrasando-a por 90 minutos, não tem sentido. Não há nada que ela poderia ter feito para tentar corrigir o que aconteceu – além de encontrar meios alternativos de ir ao trabalho, o que pode ser irreal.

Além disso, quando o *feedback* para aperfeiçoamento é dado acerca de algo sobre o qual o receptor tem controle, pode ser uma boa ideia indicar especificamente o que pode ser feito para melhorar a situação. Isso tira um pouco da má impressão da crítica e oferece um guia aos funcionários que entendem o problema – mas não sabem resolvê-lo.

**Figura 10.5** Sugestões para um *feedback* eficaz

> Foque em comportamentos específicos.
> Mantenha o *feedback* impessoal.
> Forneça *feedback* no momento certo.
> Assegure a compreensão.
> Forneça *feedback* direcionado a comportamentos que o receptor pode controlar.

## CONFIRA O QUE APRENDEU 10.2

5. A escuta ativa é mais bem descrita como:
   a. acordo que o emissor comunica.
   b. fazer muitas perguntas.
   c. concentrar-se no que está sendo comunicado.
   d. fornecer uma grande quantidade de comentários.

6. A ligação mais importante na comunicação é:
   a. o acordo.
   b. as emoções limitadoras.
   c. o *feedback*.
   d. a adequação à linguagem do receptor.

7. Qual das seguintes alternativas não apresenta uma recomendação para um *feedback* eficaz?
   a. Mantenha o *feedback* pessoal.
   b. Foque o comportamento específico.
   c. Mantenha o *feedback* focado nos objetivos.
   d. Faça comentários no momento certo.

8. A técnica para tornar as pessoas mais abertas e autoexpressivas é chamada:
   a. treinamento de *feedback*.
   b. treinamento de assertividade.
   c. treinamento de boato.
   d. treinamento de comunicação.

 **REFORÇANDO A COMPREENSÃO**

### RESUMO

Depois de ler esse capítulo, você será capaz de:
1. **Definir comunicação e processo comunicativo.** A comunicação é a transmissão e a compreensão de significado. Comunicação eficaz, no entanto, não significa acordo. O processo de comunicação começa com um remetente de comunicação (uma fonte), que tem uma mensagem a transmitir. A mensagem é convertida para a forma simbólica (codificação) e passada por meio de um canal para o receptor, que decodifica a mensagem. Para garantir a precisão, o receptor

CAPÍTULO 10
Comunicação eficaz

deve fornecer ao remetente um *feedback* como uma verificação de que a compreensão tenha sido alcançada.

2. **Contrastar comunicação formal e informal.** Comunicação formal aborda questões relacionadas a tarefas e tende a seguir a hierarquia de autoridade da organização. A comunicação informal tem movimentos de comunicação em qualquer direção, salta níveis de autoridade e é tão provável que satisfaça as necessidades sociais quanto que facilite as realizações de tarefas.

3. **Explicar como a comunicação eletrônica afeta o trabalho do gestor.** A comunicação eletrônica permite que os gestores transmitam mensagens 24 horas por dia e fiquem em contato constante com os membros do departamento, gerentes e outros membros-chave da organização, independentemente de onde eles estejam fisicamente. As redes também permitem que os gestores participem de reuniões eletrônicas e interajam com as pessoas essenciais fora da organização.

4. **Enumerar as barreiras à comunicação eficaz.** Barreiras à comunicação eficaz incluem diferenças de linguagem, maus hábitos de escuta, falta de *feedback*, diferenças de percepção, requisitos de papéis, escolhas fracas dos meios de comunicação, falta de honestidade e emoções.

5. **Descrever técnicas para superar as barreiras à comunicação.** Técnicas para a superação de barreiras à comunicação incluem pensar no que você quer dizer antes de se pronunciar, conter as emoções, aprender a ouvir, adaptar a linguagem para o receptor, combinar palavras e ações, utilizar o *feedback* e participar de treinamentos de assertividade.

6. **Listar os requisitos para a escuta ativa.** Os requisitos para a escuta ativa são (1) intensidade, (2) empatia, (3) aceitação, e (4)

disposição para assumir a responsabilidade pela compreensão.

7. **Explicar os comportamentos necessários para fornecer um *feedback* eficaz.** Comportamentos que são necessários para fornecer *feedback* eficaz incluem focar em comportamentos específicos, manter o *feedback* impessoal, orientado para metas e bem cronometrado, garantir a compreensão e dirigir o *feedback* para a melhoria de comportamentos que o receptor pode controlar.

## COMPREENSÃO: QUESTÕES PARA REVISÃO E DISCUSSÃO

1. "Tudo o que um gestor faz envolve comunicação." Construa um argumento para apoiar essa afirmação.

2. Por que concordar não é necessariamente uma parte positiva da comunicação?

3. Quando uma comunicação escrita é preferível a uma oral? Quando ela não é preferível?

4. Que tipo de método de comunicação você prefere usar no trabalho quando envia uma mensagem para alguém? Por quê? Você tem a mesma preferência quando mensagens são enviadas para você? Explique.

5. "Faça como eu digo, não como eu faço." Analise essa frase considerando gestores que são comunicadores eficazes e seu efeito na credibilidade e confiança entre os seus funcionários.

6. Como mensagens não verbais podem ser comunicadoras? Como os gestores podem usar mensagens não verbais que os ajudem?

7. Qual o uso, caso exista algum, do boato? Dê um exemplo específico.

8. Você acredita que os gestores podem controlar o boato? Explique sua posição.

9. Compare a escuta ativa e a passiva.

10. Por que as habilidades de *feedback* são tão importantes para o sucesso de um gestor?

## DESENVOLVENDO SUAS HABILIDADES DE GESTÃO

### MAIS AUTOCONHECIMENTO

Antes que você possa efetivamente supervisionar os outros, deve conhecer suas reais forças e áreas que precisam ser desenvolvidas. Para ajudar neste processo de aprendizagem, nós encorajamos você a realizar suas autoavaliações, que podem ajudar a determinar:
# Como são minhas habilidades de escuta?
# Qual é o meu estilo de comunicação cara a cara?

Após concluir a autoavaliação, sugerimos que guarde os resultados para seu "portfólio de autoconhecimento".

### CRIANDO UMA EQUIPE

**Exercício experimental: Praticando habilidades de escuta**

Esse é um faz de conta para a prática de habilidades auditivas. Dividam-se em grupos de três. Uma pessoa será o observador. Ela vai avaliar os dois atores e fornecer aos outros o *feedback* sobre suas habilidades de escuta usando os comentários listados na seção "Escuta ativa".

A segunda pessoa assumirá o papel de Christian Cardoso. Christian é um gerente regional de vendas da Hershey's que está passando o mês fazendo recrutamento em universidades. Chris entrou na Hershey's há três anos, logo após a faculdade, por meio do programa de treinamento de gestão de marketing da empresa.

A terceira pessoa no grupo assumirá o papel de Lauro Pedroso. Lauro é um estudante de faculdade, que se forma no final do semestre.

Observação para os atores: as descrições de papéis desse exercício buscam estabelecer cada personagem. Sigam as diretrizes. Não inventem ou mudem os fatos que receberam, mas se envolvam com os personagens.

*Situação:*
Entrevista preliminar (em um centro de estágio da faculdade) para uma posição de estagiário de gestão de marketing na Hershey's Chocolates. A descrição do trabalho e um breve currículo de Lauro estão a seguir.

*Breve descrição da vaga*
**Título:** *trainee* de marketing – Divisão de chocolates
**Relatórios para:** gerente regional de vendas
**Deveres e responsabilidades:** completar o treinamento formal na sede da Hershey's. Após o treinamento:
# Visitar as lojas de varejo.
# Apresentar novos produtos para funcionários das lojas.
# Distribuir materiais promocionais de vendas.
# Estocar prateleiras e organizar armazéns.
# Receber pedidos de vendas.
# Verificar a resolução de reclamações ou problemas.
# Completar todos os relatórios de vendas necessários.

*Currículo resumido*
**Nome:** Lauro Pedroso
**Formação:** bacharel em Administração; média ponderada 9,6 (de 10). Especialização: Marketing e Economia.
**Experiência profissional:** trabalhou 15 horas por semana durante o período de aulas e tempo integral durante as férias em uma grande livraria.
**Lista de honra do reitor** (é o primeiro dos cinco melhores do curso de administração).

*CAPÍTULO 10*
*Comunicação eficaz*

**Outros:** intercolegial de tênis (vencedor por dois anos); vice-presidente do clube da faculdade de Marketing.

### Pare!

O observador deve ler quais os papéis de Christian e Lauro. No entanto, as pessoas que atuam como Christian e Lauro devem ler apenas os seus próprios papéis. Após todos terem lido seus papéis, comece o exercício. Você tem até 15 minutos. Quando concluído, o observador deve fornecer o *feedback* para ambos os atores.

### Papel de Christian Cardoso

Você entrevistará cerca de 150 alunos ou mais ao longo das próximas seis semanas para preencher quatro vagas para estagiários. Você está à procura de candidatos brilhantes, articulados e ambiciosos e com potencial de gestão. O programa de formação de gestão da Hershey's é de 18 meses de duração. Os trainees serão representantes de vendas e visitarão lojas de varejo. Eles passarão as primeiras seis semanas participando de treinamento na sede da Hershey's. O salário inicial é de R$ 3.500, mais um carro. Você deve improvisar outras informações, conforme o necessário. Exemplos de perguntas que você pode fazer são as seguintes: Onde você espera estar daqui a cinco anos? O que é importante para você em um trabalho? Quais são os cursos de que você mais gostou na faculdade? De quais você menos gostou? O que o faz pensar que se sairia bem nesse trabalho?

### Papel de Lauro Pedroso

Revise seu currículo. Você é um aluno muito bom, cuja experiência anterior de trabalho foi limitada a vender em lojas de varejo em meio período, e durante as férias de verão em período integral. Essa é a sua primeira entrevista com a Hershey's, mas você está muito interessado em seu programa de formação. Preencha o restante das informações da maneira que achar melhor.

## PRATICANDO A HABILIDADE

**Escuta ativa:** A escuta ativa exige que você se concentre no que está sendo dito. É mais do que apenas ouvir as palavras. Trata-se de um esforço concentrado para compreender e interpretar a mensagem do falante.

**Etapa 1:** Faça contato visual. Como se sente quando alguém não olha para você quando você está falando? Se você for como a maioria das pessoas, é provável que interprete esse comportamento como indiferença ou desinteresse. Fazer contato visual com o orador concentra sua atenção, reduz a probabilidade de que você vá se distrair e incentiva o orador.

**Etapa 2:** Exiba acenos afirmativos e expressões faciais apropriadas. O ouvinte eficaz mostra interesse no que está sendo dito por meio de sinais não verbais. Acenos afirmativos e expressões faciais adequadas, quando aliados a um bom contato visual, transmitem ao orador o sinal de que você está ouvindo.

**Etapa 3:** Evite ações ou gestos que distraem e sugerem tédio. Outra maneira de mostrar interesse é a escuta ativa, evitando ações que sugerem que sua mente esteja em algum outro lugar. Ao ouvir, não olhe para o relógio, não mexa em papéis, não brinque com seu lápis ou se envolva em distrações semelhantes. Elas fazem o falante sentir que você está entediado ou desinteressado; ou indicam que você não está totalmente atento.

**Etapa 4:** Faça perguntas. O ouvinte crítico analisa o que ouve e faz perguntas. Esse comportamento fornece esclarecimento, garante compreensão e traz ao orador a segurança de que você o está ouvindo.

**Etapa 5:** Faça uso de paráfrases. O ouvinte eficaz usa frases como: "O que eu estou entendendo é que...", ou "Você quer dizer que...?". Parafrasear é um dispositivo de controle excelente para verificar se você está ouvindo com atenção e verificar se o que você ouviu e entendeu está correto.

353

**Etapa 6:** Evite interromper o orador. Deixe-o concluir seu pensamento antes de tentar responder. Não tente adivinhar aonde o raciocínio do orador está indo. Quando ele tiver concluído, você vai saber.

**Etapa 7:** Não fale demais. A maioria de nós prefere falar de nossas próprias ideias a ouvir o que outras pessoas têm a dizer. Falar pode ser mais divertido e o silêncio pode ser desconfortável, mas você não pode falar e ouvir ao mesmo tempo. O bom ouvinte reconhece esse fato e não fala demais.

**Etapa 8:** Faça transições suaves entre os papéis de falante e ouvinte. O ouvinte eficaz faz transições de falante a ouvinte sem problemas, e isso significa concentrar-se sobre o que um orador tem a dizer e só começar a falar quando chegar sua vez.

### Comunicação eficaz

Desenvolva um relatório de duas a três páginas descrevendo o que você pode fazer para melhorar a probabilidade de que suas comunicações verbais sejam recebidas e compreendidas como você pretendia que elas fossem.

Liste os atalhos comuns de comunicação que você usa em mensagens de texto ou e-mails. Identifique 15 siglas e descreva o que elas significam. Como e quando essas siglas são utilizadas de forma adequada? Que barreiras essas siglas podem criar para um usuário? Para um receptor? Para alguém familiarizado com mensagens de texto?

## PENSANDO DE FORMA CRÍTICA

### Caso 10A: Problemas de comunicação na corporação Ozark

Março é a época do ano de mais trabalho na Corporação Ozark. Assim, quando a linha de produção na Seção A teve um problema pela segunda vez em uma semana, Samuel Castro decidiu que era melhor resolvê-lo imediatamente. Sendo o líder dos gerentes, Samuel é diretamente responsável pelas seções A e B.

Samuel chama Paulo Barreto, o novo coordenador na Seção A. A conversa é como se segue:

"Paulo, parece que estamos tendo alguns problemas em sua seção. A linha já parou duas vezes nos últimos três dias. Essa é a época mais movimentada do ano para nós. Não podemos ter problemas desse tipo nessa época do ano. Quero que você pare com o projeto de controle de qualidade em que está trabalhando para descobrir qual é o problema na linha e se livrar dele."

"Ok, eu vou chegar lá, vou descobrir o que está causando o problema e me livrar dele."

"Está bem", responde Samuel.

Uma rápida verificação da linha revela que houve um problema com a unidade de controle automático. Paulo avalia e conclui que levaria quatro horas para substituir a unidade. "Se você colocar um novo", – diz o responsável pela manutenção, "você não vai ter problema com ele por pelo menos 16 meses. A decisão é sua. Vou fazer o que você me disser." Paulo diz ao homem para substituir a unidade de controle automático.

Ao final da tarde, a nova unidade está instalada e a linha está funcionando a toda velocidade. No entanto, na manhã seguinte, após Samuel receber os números do dia anterior da produção, ele chama Paulo. "O que aconteceu em sua seção? Eu achei que você tinha corrigido o problema." "Eu corrigi", Paulo lhe diz. "A unidade de controle automático estava nos dando problemas, então eu a substituí."

A voz de Samuel indica que ele não está feliz com a decisão. "Você parou a unidade no meio de um dia de trabalho? Por que você não esperou até que o turno terminasse para fazer isso? Você poderia ter feito uma manutenção preventiva para passar o resto do dia. Você gastou duas horas de tempo de produção para substituir uma unidade que poderia ter esperado a manutenção."

CAPÍTULO 10
Comunicação eficaz

Paulo fica chocado. Ele pensou que tinha feito a coisa certa. "Olhe, Samuel", diz ele, "você me disse para me livrar do problema, e foi o que eu fiz. Você não disse nada sobre manutenção preventiva ou não parar a linha."

Samuel percebe que a discussão está começando a sair do controle: "Olhe, vamos dar um passo para trás e calmamente discutir esse assunto." Com isso, os dois homens começam a discutir o problema desde o início.

### Analisando o caso 10A

1. Analise a comunicação entre o líder dos gerentes, Samuel Castro, e o novo gerente da seção A, Paulo Barreto. O que Samuel fez de errado?
2. Como o problema poderia ter sido evitado? Em sua resposta, discuta os requisitos da escuta ativa.
3. Discuta as barreiras à comunicação eficaz. O que Samuel e Paulo devem aprender com essa experiência que os tornará melhores comunicadores e gerentes mais eficazes?

### Caso 10B: Uma pitada disso e uma pitada daquilo

Como você combina duas empresas de alimentos, ambas com marcas muito conhecidas, e as faz funcionar? Esse é o desafio de gestores em geral. Esse foi o desafio que a General Mills enfrentou quando adquiriu a empresa Pillsbury. Kevin Wilde, o chefe de treinamento organizacional da empresa, disse: "Vamos juntar o melhor do marketing de nossas organizações. E não vamos parar por aí." Então eles decidiram identificar, compartilhar e integrar as melhores práticas de ambas as empresas. E equipes de funcionários desempenharam um papel importante na continuação do funcionamento da empresa.

Um intenso programa de treinamento chamado "Marcas campeãs" foi criado e lançado. O programa foi concebido não apenas para especialistas em marketing, mas para todos os funcionários de diferentes áreas funcionais que trabalharam em determinadas marcas. Essas equipes multifuncionais participaram de treinamentos internos como um grupo unificado. De acordo com uma das desenvolvedoras do programa, Beth Gunderson, benefícios específicos logo se tornarão evidentes. "Uma pessoa de recursos humanos, por exemplo, poderia fazer uma pergunta provocativa, precisamente por ela não ser da área comercial. E você vê o olhar no rosto dos representantes comerciais, como se dissessem: 'Caramba, nunca pensei nisso'. Isso ajudou os funcionários a compreenderem e apreciarem diferentes perspectivas."

Incluir pessoas de outras funções melhorou também a comunicação em toda a empresa. As pessoas já não estavam mais reclamando sobre o que outros departamentos estavam fazendo. Os funcionários começaram a entender como os outros departamentos funcionavam e como a contribuição de cada área era importante para o sucesso da empresa.

O programa de treinamento foi tão bem-sucedido que agora a produção das fábricas da General Mills pedia uma miniversão do curso. "Eles querem ouvir os publicitários falarem o porquê de as coisas serem feitas do jeito que são." Ah... e outro exemplo de como o programa tem sido bem-sucedido. A marca norte-americana Betty Crocker é bem conhecida por suas misturas para bolos, mas nem tanto pela mistura para cookies. Inspirada pela entrada do grupo, a equipe de misturas para cookies decidiu ir atrás de confeiteiros caseiros (pessoas que fazem biscoitos artesanalmente, sem usar misturas pré-fabricadas. Como uma pessoa disse "eles estavam competindo com a vovó"). As misturas de biscoito foram reformuladas, e agora a marca possui 90% do mercado de misturas para biscoitos.

### Analisando o caso 10B

1. Quais foram as barreiras de comunicação entre os funcionários da General Mills e da Pillsbury?
2. Embora não tenha propriamente uma "linguagem diferente", como a linguagem das áreas funcionais dentro da organização poderia ter interferido na comunicação?
3. Como os papéis dos funcionários das duas empresas combinadas impactaram o processo de comunicação?
4. Como gestor, que sugestões você daria para melhorar a comunicação entre grupos?

Fontes: Baseado em GRATTON, L.; ERICKSON, T. J. 8 Ways to build collaborative teams. *Harvard Business Review*, nov. 2007, p. 100-109; e GORDON, J. Building brand champions. *Training*, jan.-fev. 2007, p. 14-17.

# CAPÍTULO 11
## Desenvolvendo grupos

### CONCEITOS-CHAVE

Ao concluir este capítulo, você será capaz de definir os seguintes termos:

equipe
equipe autogerida
equipe multifuncional
equipe virtual

equipes de resolução
de problemas
grupo
grupo formal

grupo informal
líder emergente
natureza coesiva
*social loafing*

### OBJETIVOS DO CAPÍTULO

Depois de ler este capítulo, você será capaz de:

11.1 Comparar um grupo com uma equipe.

11.2 Definir *normas*.

11.3 Explicar a relação entre a natureza coesiva e a produtividade de um grupo.

11.4 Descrever quem, provavelmente, se tornará um líder emergente em um grupo informal.

11.5 Explicar o que um gestor pode fazer quando normas do grupo estão atrapalhando o desempenho do departamento.

11.6 Identificar três categorias de equipes.

11.7 Listar as características das verdadeiras equipes.

11.8 Listar ações que um gestor pode praticar para melhorar o desempenho da equipe.

11.9 Descrever o papel de equipes em programas de aperfeiçoamento contínuo.

### DILEMA DO LÍDER

Por mais de seis décadas, a Toyota Motor Corporation tem sido um exemplo de trabalho e colaboração de equipes. Embora muitas empresas falem com orgulho da sua cultura de equipe, na Toyota, a menção é bem merecida e sincera. O trabalho em equipe é um dos seus valores fundamentais, juntamente com confiança, melhoria contínua, planejamento de longo prazo, padronização, inovação e resolução de problemas. Além disso, quatro princípios de gestão (o modelo 4P) guiam os funcionários: resolução de problemas, pessoas e sócios, processos e filosofia. A ideia por trás desses princípios é que "uma boa ideia significa um bom produto". Outro detalhe interessante sobre a Toyota é sua crença de que a eficiência sozinha não garante o sucesso. A empresa reconhece que as equipes são mais que vários pares de mãos juntos – elas representam o *chie*, a "sabedoria da experiência".

Para os gestores, a questão é "Como a cultura da Toyota reflete a ênfase no trabalho em equipe?". O individualismo, um valor proeminente no Ocidente, não é considerado. Em vez disso, a Toyota dá ênfase a sistemas em que pessoas, processos e produtos são vistos como fluxos de valor entrelaçados. Colaboradores são treinados para serem solucionadores de problemas, com a importante responsabilidade de tornar o sistema de produção mais enxuto e melhor. Em segundo lugar, o processo de contratação da Toyota "elimina" aqueles que não são orientados a trabalhar em equipe. Os candidatos não precisam apenas ser competentes e possuir habilidades técnicas, mas também devem exibir capacidade de trabalhar em equipe, como ser capaz de confiar em seus parceiros, ficar à vontade para resolver problemas de maneira colaborativa e estar motivados para obter resultados coletivos. Em terceiro lugar, a Toyota estrutura seu trabalho em torno de equipes. Todo funcionário da organização conhece o ditado "Muitas cabeças pensam melhor que uma". Equipes não são usadas apenas na produção, mas em todos os níveis e funções. Na esteira do tsunami devastador, por exemplo, todos os funcionários da Toyota e GB (braço de vendas e marketing das marcas Toyota e Lexus no Reino Unido) entraram no "clima de sacrifício pessoal para garantir a estabilidade empregatícia do coletivo". Por fim, a Toyota considera as equipes de funcionários o centro de poder da empresa. O líder serve à equipe, não o contrário. Quando perguntado se cogitava estrelar um anúncio, o ex-CEO da Toyota dos Estados Unidos disse: "Não. Queremos mostrar todos que trabalham aqui. Os heróis. Não uma só pessoa".

O que você acha? A Toyota teve sucesso em razão de sua cultura orientada para as equipes ou poderia ter chegado onde chegou sem ela? Como a Toyota dá relevância ao trabalho em equipe em toda a empresa? Como os gestores conseguiriam fazer a diferença nesta empresa baseada em equipes? Você se sentiria confortável trabalhando em um ambiente assim? Por quê?

\* SHIM, W. S.; STEERS, R. M. Symmetric and asymmetric leadership cultures: a comparative study of leadership and organizational culture at Hyundai and Toyota. *Journal of World Business*, out. 2012.

## INTRODUÇÃO

O comportamento de indivíduos em grupo não representa a totalidade do comportamento dos indivíduos. Indivíduos agem de forma diferente em grupo do que quando estão sozinhos. Por isso, se quisermos entender o comportamento organizacional de forma mais completa, precisamos estudar grupos.

CAPÍTULO 11
Desenvolvendo grupos

## 11.1   O QUE É UM GRUPO?

Um *grupo* é definido como dois ou mais indivíduos interativos e interdependentes que se juntam para atingir objetivos específicos. Os grupos podem ser formais ou informais. *Grupos formais* são grupos de trabalho estabelecidos pela empresa que têm atribuições de trabalho designadas e tarefas estabelecidas. Em grupos formais, os comportamentos com os quais os indivíduos devem se comprometer são estipulados de acordo com os objetivos organizacionais. Exemplos de grupos formais incluem comitês, reuniões de grupo e equipes de trabalho.

Grupos formais podem ser permanentes ou temporários. Alguns comitês, por exemplo, são permanentes, já que se reúnem de forma regular e planejada. No Hospital Cedars-Sinai, em Nova York, as gerentes de enfermagem na unidade cirúrgica se encontram todas as segundas-feiras de manhã. Há também um comitê composto de gerentes e funcionários que estudam formas de melhorar continuamente o atendimento aos pacientes. Após terminar seu trabalho e apresentar suas recomendações para os administradores do hospital, o comitê é desfeito. Essa é uma ilustração de um grupo formal temporário.

Em comparação, *grupos informais* são de natureza social. Esses grupos são formações naturais que aparecem no ambiente de trabalho em resposta às necessidades de contato social. Grupos informais tendem a se formar ao redor de amizades e interesses comuns. Por exemplo, pessoas que pegam carona juntas, indivíduos que compartilham um interesse por um mesmo esporte ou almoçam juntos, ou empregados que se unem para ajudar um colega que passou por uma tragédia familiar são alguns dos exemplos de grupos informais.

Os grupos de trabalho formais são a mesma coisa que equipes? Não necessariamente. Muitos grupos de trabalho formais são indivíduos que esporadicamente interagem, mas que não têm comprometimento coletivo que exija esforços conjuntos. Em outras palavras, o desempenho final do grupo é apenas a soma do desempenho dos membros individuais do grupo.

O que diferencia uma *equipe* é que os membros estão comprometidos com um propósito comum, têm um conjunto de objetivos específicos a serem executados e se apoiam mutuamente com a responsabilidade de obter os resultados da equipe. Equipes, em outras palavras, são mais do que a soma de suas partes. Mais adiante, neste capítulo, abordamos as características que diferenciam equipes de sucesso de grupos de trabalho comuns.

## 11.2   POR QUE AS PESSOAS SE REÚNEM EM GRUPOS?

Não há uma única razão pela qual indivíduos se reúnem em grupos. Uma vez que a maioria das pessoas pertence a diversos grupos, é óbvio que diferentes grupos forneçam diferentes benefícios para seus membros. A maioria das pessoas se une a grupos por necessidade de segurança, *status*, autoestima, pertencimento, poder ou para atingir objetivos (veja Figura 11.1).

### OBJETIVO 11.1

Comparar um grupo com uma equipe

#### GRUPO
Dois ou mais indivíduos interativos e interdependentes que se juntam para atingir objetivos específicos.

#### GRUPO FORMAL
Grupo de trabalho estabelecido pela empresa que tem atribuições de trabalho designadas e tarefas estabelecidas.

#### GRUPO INFORMAL
Grupo social que se forma naturalmente no ambiente de trabalho em resposta às necessidades do contato social

#### EQUIPE
Grupo de trabalho cujos membros são comprometidos com um propósito comum, têm um conjunto de objetivos específicos a serem alcançados e se apoiam mutuamente com a responsabilidade de obter resultados.

359

Segurança reflete força em números. Ao fazer parte de um grupo, os indivíduos podem reduzir seu medo de "ficarem sozinhos". O grupo ajuda o indivíduo a se sentir mais forte, ter menos problemas pessoais e a ser mais resistente às ameaças. O *status* indica prestígio que vem do fato de pertencer a um grupo particular. A inclusão em um grupo que outros considerem importante dá reconhecimento a seus membros. Autoestima carrega consigo os sentimentos de autovalorização das pessoas. Quer dizer, além de demonstrar *status* aos que estão fora do grupo, ser membro pode também aumentar o sentimento de autoestima – por ser aceito em um grupo altamente valorizado.

**Figura 11.1** Motivos para as pessoas se unirem a grupos

| Razão | Benefícios percebidos |
|---|---|
| Segurança | Ganho de força em números; redução do medo de ficar sozinho. |
| *Status* | Atingir algum nível de prestígio por pretencer a um grupo específico. |
| Autoestima | Aumento do sentimento de autovalorização, especialmente ao se tornar membro de grupos altamente valorizados. |
| Pertencimento | Satisfação de necessidades sociais por meio da interação social. |
| Poder | Alcançar algo que não seria possível individualmente por meio de uma ação do grupo; proteção dos pedidos de membros do grupo em razão de outras pessoas. |
| Atingir objetivos | Fornecimento da oportunidade de completar uma tarefa específica quando são necessários os talentos, o conhecimento ou o poder de mais de uma pessoa para completar o trabalho. |

A associação com grupos pode preencher as necessidades sociais de uma pessoa. As pessoas gostam das interações regulares que vêm quando se tornam membros de um grupo. Para muitos, interações no trabalho são o primeiro meio de preencher suas necessidades de associação. Para quase todas as pessoas, os grupos de trabalho contribuem significativamente para o preenchimento de suas necessidades de amizades e relações sociais. Um dos aspectos que chamam a atenção nos grupos é que eles representam poder. O que muitas vezes não pode ser obtido individualmente se torna possível por meio da ação em grupo. É claro que esse poder pode não ser utilizado apenas para fazer exigências aos outros. Ele pode ser desejado apenas como medida defensiva. Para proteger a si mesmo de exigências irracionais feitas pelos gestores, os indivíduos podem se associar a outros indivíduos. Além disso, grupos informais fornecem oportunidades para que os indivíduos exerçam poder sobre os outros. Para aqueles que desejam influenciar outras pessoas, os grupos podem oferecer poder sem uma posição formal de autoridade na organização. Como líder de um grupo, você pode ser capaz de fazer pedidos a membros e eles efetivamente obedecerem sem qualquer uma das responsabilidades que tradicionalmente vêm com posições de gerenciamento

**CAPÍTULO 11**
*Desenvolvendo grupos*

formais. Para pessoas com grande necessidade de poder, os grupos podem ser um veículo de preenchimento dessa necessidade. Finalmente, as pessoas podem se unir a um grupo para atingir um objetivo. Há momentos em que é necessário mais de uma pessoa para executar uma tarefa específica; é preciso unir talentos, conhecimento ou poder para completar um trabalho. Nesses momentos, a direção confiará em um grupo formal.

## 11.3  ENTENDENDO GRUPOS DE TRABALHO INFORMAIS

Os gestores devem aprender a viver com o fato de que, como o boato (discutido no Capítulo 10), grupos de trabalho informais surgem naturalmente nas empresas. Você deve esperar que seus funcionários tornem-se membros de muitos grupos de trabalho informais. A razão pela qual você deve se interessar pelo funcionamento dos grupos informais é simples: esses grupos podem moldar o comportamento dos funcionários e afetar a produtividade em seu departamento.

Para avaliar completamente e começar a compreender os grupos de trabalho informais, precisamos observar três fatores: normas, natureza coesiva e liderança emergente.

### 11.3.1  O que são normas e como elas afetam o comportamento no trabalho?

**OBJETIVO 11.2**
*Definir normas.*

Você já percebeu que empregados geralmente não criticam seus chefes em público? Isso acontece por causa das *normas*. Todos os grupos estabelecem normas ou padrões aceitáveis que são compartilhados por seus membros. As normas ditam coisas como níveis de rendimento, taxas de ausência, presteza ou indolência e a quantidade de socialização permitida no trabalho.

As normas, por exemplo, definem o código de vestimenta entre os representantes do serviço ao cliente em uma companhia de telefones celulares. A maioria dos trabalhadores que têm pouco contato físico com o cliente vai para o trabalho vestida de forma casual. Entretanto, um funcionário recém--contratado poderá trabalhar nos primeiros dias usando um terno. Os que fazem isso são sempre provocados e pressionados até que suas roupas estejam de acordo com o padrão do grupo.

Embora cada grupo tenha seu próprio conjunto de normas únicas, classes gerais de normas aparecem na maioria das empresas. Estas se concentram no esforço e na execução, na vestimenta e na lealdade. Provavelmente, as normas mais difundidas estão relacionadas aos níveis de esforço e execução. Grupos de trabalho, normalmente, fornecem a seus membros dicas muito claras sobre quão duro eles precisam trabalhar, que nível de produção devem ter, quando devem parecer ocupados, quando é aceitável fugir da responsabilidade e assim por diante. Essas normas são extremamente poderosas no que diz respeito a afetar o desempenho individual de um empregado. Elas são tão poderosas que as previsões de execução que são baseadas apenas

361

na habilidade de um funcionário e no nível de motivação pessoal sempre se mostram erradas.

Algumas organizações têm códigos de vestimenta – declarações explícitas que dizem respeito a como os funcionários devem se vestir enquanto trabalham. Entretanto, mesmo quando não existem, as normas frequentemente se desenvolvem para definir o tipo de vestimenta que deve ser utilizada no trabalho. Jovens, em entrevistas para seu primeiro emprego depois de graduados, absorvem essas regras rapidamente. Eles estão aprovando as normas de vestimenta que aprenderam serem as esperadas em posições profissionais. É claro que as normas que definem uma vestimenta aceitável em uma organização podem ser muito diferentes das normas em outra.

Poucos gestores toleram funcionários que ridicularizam a empresa. Igualmente, funcionários e os que ocupam posições de gestão reconhecem que a maioria dos empregadores veem desfavoravelmente as pessoas que rapidamente procuram por outro emprego. As pessoas que estão infelizes sabem que devem manter sua busca por trabalho em segredo. Esses exemplos demonstram que normas de lealdade estão se espalhando nas empresas. Essa preocupação em demonstrar lealdade sempre explica por que candidatos ambiciosos por posições de mais autoridade em uma empresa prontamente levam trabalho para casa à noite, vão trabalhar nos fins de semana e aceitam ser transferidos para cidades onde não gostariam de morar.

Uma vez que os indivíduos desejam aceitação pelos grupos aos quais pertencem, eles ficam suscetíveis a ceder a pressões (veja **"Notícias Rápidas! Solomon Asch e a conformidade do grupo"**). O impacto que a pressão do grupo pode ter no julgamento de um membro individual e nas atitudes foi demonstrado nos, agora clássicos, estudos de Solomon Asch. Os resultados de Asch sugerem que há normas no grupo que nos pressionam em direção à conformidade.[1] Desejamos ser fazer parte do grupo e evitamos ser visivelmente diferentes. Podemos generalizar essa descoberta dizendo que quando a opinião de um indivíduo sobre dados objetivos difere significativamente das outras do grupo, ele se sente muito pressionado a ajustar sua opinião para que fique de acordo com a dos outros.

---

1 ASCH, S. E. Effects of group pressure upon the modification and distortion of judgements. In: GUETZKOW, H. (Ed.) *Groups, leadership and men.* Pittsburgh, PA: Carnegie Press, 1951. p. 177-190.

# CAPÍTULO 11
## Desenvolvendo grupos

# NOTÍCIAS RÁPIDAS

## SOLOMON ASCH* E A CONFORMIDADE DO GRUPO

O desejo de uma pessoa de ser aceita como parte de um grupo a deixa suscetível à conformidade com as normas do grupo? O grupo colocará pressão suficiente para mudar a atitude e o comportamento de um membro? Na pesquisa de Solomon Asch, a resposta parece ser sim.

O estudo de Asch envolvia grupos de sete ou oito pessoas que, reunidas em uma sala de aula, eram solicitadas a comparar dois cartões segurados por um pesquisador. Um cartão tinha uma linha; o outro tinha três linhas que variavam em extensão. Como mostrado na Figura 11.2, uma das linhas no cartão com três linhas era idêntica à linha do cartão de apenas uma linha. Também como mostrado na figura, a diferença na extensão da linha era bem óbvia; sob condições comuns, os sujeitos cometeram menos de 1% de erros. O objetivo era que cada um falasse em voz alta qual das três linhas combinava com a linha única. Mas o que aconteceria se todos os outros membros do grupo começassem a dar respostas incorretas? A pressão para se igualar levaria o sujeito sem confiança (SSC) a alterar sua resposta para se ajustar à resposta dos outros? Isso era o que Asch queria saber. Ele organizou o grupo de forma que apenas os SSC não soubessem que o experimento estava armado. Os assentos foram pré-organizados de forma que os SSC fossem os últimos a anunciar sua decisão.

O experimento começou com dois conjuntos de exercícios de combinação. Todos os sujeitos deram respostas corretas. No terceiro conjunto, entretanto, o primeiro sujeito deu, propositadamente, uma resposta errada – por exemplo, dizendo C, na Figura 11.2. O sujeito seguinte deu a mesma resposta errada, e os outros fizeram o mesmo, até chegarem aos sujeitos sem confiança. Eles sabiam que B era igual a X, mas todos os outros disseram C. A decisão que confrontou os SSC foi esta: publicamente, você declara uma percepção que difere da anunciada pelos outros? Ou dá uma resposta que você fortemente acreditava ser incorreta para que sua resposta esteja de acordo com as dos outros membros do grupo? Os sujeitos de Asch estiveram de acordo em aproximadamente 35% dos muitos experimentos e tentativas. Isto é, os sujeitos deram respostas que sabiam que eram erradas, mas que eram compatíveis com as respostas dos outros membros do grupo.

Para os gestores, o estudo de Asch fornece critérios consideráveis para os comportamentos do grupo de trabalho. A tendência, como Asch mostrou, é que membros individuais acompanhem a maioria. Para diminuir os aspectos negativos da conformidade, os gestores devem criar uma atmosfera de sinceridade, na qual funcionários sejam livres para discutir problemas sem medo de retaliação.

**Figura 11.2** Exemplos de cartões usados no estudo de Asch

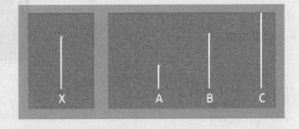

* Psicólogo norte-americano da Gestalt que é conhecido por seus experimentos de conformidade, nos quais demonstrou a influência da pressão do grupo sobre as opiniões dos indivíduos.

Fonte: ASCH, 1951. p. 177-190.

# A NOVA ADM

## OBJETIVO 11.3

Explicar a relação entre a natureza coesiva e produtividade de um grupo.

## NATUREZA COESIVA

Grau em que os membros de um grupo se atraem pelo grupo e são motivados a permanecer nele.

### 11.3.2 Os grupos coesivos são mais eficientes?

Grupos informais diferem em sua natureza coesiva. *Natureza coesiva* é o grau em que os membros de um grupo se atraem pelo grupo e são motivados a permanecer nele. Por exemplo, alguns grupos de trabalho são mais coesos porque os membros passaram boa parte do tempo juntos, o tamanho do grupo é pequeno e facilita altas interações; porque experimentou ameaças externas, que trouxeram consigo a necessidade de proximidade entre eles; ou porque desenvolveu uma história de sucesso anterior. A natureza coesiva é importante porque se acredita que esteja relacionada à produtividade do grupo.

Estudos mostram de forma coerente que a relação de coesão e produtividade depende de normas relacionadas ao desempenho estabelecidas pelo grupo. Quanto mais coesivo for o grupo, mais os membros seguirão seus objetivos. Se as normas relacionadas ao desempenho são altas (isto é, alta produção, qualidade de trabalho, cooperação com indivíduos de fora do grupo), um grupo coesivo será mais produtivo do que um menos coesivo. Mas se a natureza coesiva é alta e o desempenho é baixo, a produtividade será baixa. Se a natureza coesiva é baixa e as normas de desempenho são altas, a produtividade aumentará, mas menos do que nas situações de normas de alta natureza coesiva. E onde a natureza coesiva e as normas relacionadas ao desempenho são baixas, a produtividade tende a cair de baixa a moderada. Essas conclusões estão resumidas na Figura 11.3.

**Figura 11.3** Relação entre a natureza coesiva do grupo, normas de desempenho e produtividade

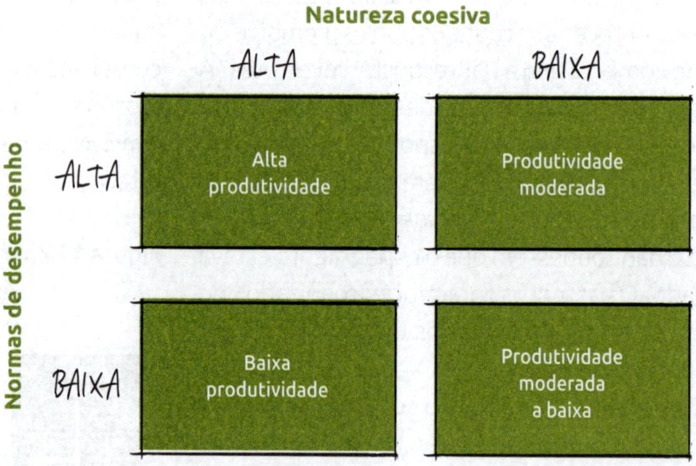

**Natureza coesiva**

| Normas de desempenho | ALTA | BAIXA |
|---|---|---|
| **ALTA** | Alta produtividade | Produtividade moderada |
| **BAIXA** | Baixa produtividade | Produtividade moderada a baixa |

## OBJETIVO 11.4

Descrever quem, provavelmente, se tornará um líder emergente em um grupo informal.

## LÍDER EMERGENTE

Líder que surge dentro de um grupo de trabalho sem ter uma autoridade formal na organização.

### 11.3.3 O que é um líder emergente (em potencial)?

Como observado no Capítulo 10, os líderes nem sempre são gestores ou gerentes formalmente nomeados. Eles, frequentemente, surgem dentro de grupos de trabalho, ainda que não tenham autoridade formal na organização. Apesar da falta de autoridade formal, esses *líderes emergentes* são uma força que os gestores devem estar preparados para enfrentar.

*CAPÍTULO 11*
*Desenvolvendo grupos*

Como você identifica um líder emergente? Eles são aqueles com quem os outros gostam de estar. As pessoas naturalmente vão em sua direção. Quando eles falam, os outros, muito provavelmente, escutam. Eles sempre se tornam porta-vozes de seus grupos. Também tendem a ser conexões centrais na cadeia informal de informação – informações importantes tendem a chegar até eles primeiro, e eles a passam adiante. Em muitos casos, eles se tornaram líderes informais principalmente por causa de seus contatos na empresa e de sua habilidade em usar esses contatos para acessar informações importantes.

Identifique os líderes emergentes dentro de grupos de trabalho e construa vínculos com eles. Reconheça que eles têm influência sobre os membros de seu grupo. Respeitando suas posições de liderança e ganhando sua cooperação, você pode transformar inimigos potenciais em aliados. O gestor eficiente também usa o boato como meio de identificar as necessidades que o sistema formal não está preenchendo. Ao fazer isso, os gestores são capazes de identificar de forma muito precisa quais indivíduos e grupos estão ganhando e quais estão perdendo influência.

Quem está apto a se tornar um líder emergente? Procure pessoas com traços carismáticos e aqueles que possuem conhecimento importante, mas escasso, sobre a organização e aspectos técnicos do trabalho do grupo. Qualidades carismáticas como autoconfiança e habilidade de articular objetivos claramente tendem a atrair seguidores. Da mesma maneira, o grupo sempre projeta o *status* da liderança em indivíduos que possuem conhecimento que os membros do grupo acreditam ser necessários para funcionar bem.

Tenha em mente, também, que líderes emergentes mudam ao longo do tempo. Como resultado, problemas e pessoas mudam dentro de um departamento e na empresa, e novos líderes surgem. Monitoramento contínuo do boato irá, normalmente, sinalizar essas mudanças para você. É importante manter o controle porque líderes diferentes procuram impor diferentes pautas em seus grupos.

### 11.3.4  Como grupos informais podem ser úteis?

Cada empresa – não importa quão bem estruturada ela seja – tem lacunas. Apesar de linhas de comunicação formal bem desenhadas, das designações dos departamentos e das descrições do trabalho, sempre haverá lacunas. Grupos informais preenchem esses buracos. Por exemplo, em empregos em que os funcionários passam por altos níveis de estresse (por exemplo, controladores de tráfego aéreo), grupos informais sempre se desenvolvem como recurso para empregados estressados compartilharem suas frustrações e desabafar. Isso porque tais empregos vêm com muita pressão criada pelo limite de tempo, têm consequências drásticas se erros são cometidos ou envolvem lidar com clientes extremamente exigentes. Em trabalhos em que todos fazem essencialmente as mesmas tarefas, os grupos informais podem preencher a necessidade de *status*. Aqueles que estão incluídos no grupo informal podem ganhar reconhecimento e prestígio que seu trabalho sozinho não fornece. E em departamentos ou unidades organizacionais nos quais a

365

# A NOVA ADM

comunicação formal com os empregados é limitada, os grupos informais normalmente nascem para preencher a lacuna da informação.

### OBJETIVO 11.5

Explicar o que um gestor pode fazer quando normas do grupo estão atrapalhando o desempenho do departamento

### 11.3.5 Há formas de influenciar um grupo de trabalho informal?

Grupos de trabalho informais podem oferecer benefícios para organizações e gestores. Eles preenchem lacunas da organização formal, fornecem um canal de comunicação útil e preenchem outras necessidades não satisfeitas dos funcionários. É claro que eles também podem ser disfuncionais – especialmente quando suas normas relacionadas ao desempenho são baixas. Algumas facetas desses grupos informais estão além do controle do gestor. Mas há também algumas ações que os gestores podem tomar para gerenciar esses grupos e torná-los um recurso para o departamento e para a empresa. Vamos olhar algumas.

**Normas do grupo.** Como gestor, preste atenção às normas dos grupos informais que incluem membros de seu departamento. Quem pertence a qual grupo? O que esses grupos valorizam? Como eles impõem suas regras? Se essas normas estão atrapalhando o desempenho do seu departamento, você pode considerar fazer algumas coisas. Pode pedir a transferência de um ou mais membros do grupo. A separação física pode enfraquecer a influência do grupo, reduzindo a natureza coesiva. Além disso, considere recompensar membros do departamento que agirem contra as normas disfuncionais. Por exemplo, prefira atribuição de trabalho, folga remunerada ou elogie empregados que não restringem os resultados do trabalho à satisfação das modestas normas de desempenho do grupo.

**Objetivos do departamento.** A ambiguidade trabalha a favor dos grupos informais cujos objetivos coincidem com os objetivos formais do departamento. Quando gestores falham ao não tornar os objetivos do departamento claros ou permitem que os funcionários percam de vista esses objetivos, o comportamento dos funcionários que atrapalham esses objetivos tende a não ser tão visível. Em comparação, quando os gestores reiteram veementemente os objetivos dos departamentos formais e esclarecem quais comportamentos são consistentes para atingir esses objetivos, comportamentos disfuncionais se tornam mais facilmente evidentes (e os empregados são desencorajados de se engajar em grupos que apresentem esses comportamentos disfuncionais).

Assim, se você encontrar grupos informais no seu departamento que estejam encorajando normas relacionadas a baixo desempenho, fazendo coisas como enfatizar a quantidade acima da qualidade, falhar na cooperação com outros departamentos, desrespeitar clientes, ignorar regras de segurança ou mostrar desrespeito pela minoria dos empregados, deixe claros os objetivos formais do departamento. Mostre como comportamentos disfuncionais minam esses objetivos, e prove esses pontos articulando de forma consistente o que o departamento está tentando realizar.

*CAPÍTULO 11*
*Desenvolvendo grupos*

---

## CONFIRA O QUE APRENDEU 11.1

**1.** Dois ou mais indivíduos independentes e interagindo que se unem para alcançar um objetivo particular são chamados:
  **a.** equipe.
  **b.** grupo.
  **c.** força-tarefa.
  **d.** todas as anteriores.

**2.** Padrões aceitáveis que são compartilhados por membros de uma equipe são chamados:
  **a.** comportamentos.
  **b.** cultura de organização.
  **c.** normas.
  **d.** regras de trabalho.

**3.** Qual das alternativas não é uma razão para as pessoas se reunirem em grupos?
  **a.** Autoestima.
  **b.** Segurança.
  **c.** Dinheiro.
  **d.** Poder.

**4.** Líder emergente é aquele que:
  **a.** desenvolve normas para o grupo seguir.
  **b.** estabelece objetivos de grupo a serem alcançados.
  **c.** desenvolve grupos de natureza coesiva.
  **d.** lidera sem ter uma autoridade formal na empresa.

---

## 11.4 O CRESCIMENTO NO USO DE EQUIPES

*OBJETIVO 11.6*
*Identificar três categorias de equipes.*

As equipes montadas para determinado projeto estão cada vez mais se tornando o principal meio ao redor do qual o trabalho tem sido designado. Por quê? Porque equipes desse tipo normalmente superam indivíduos quando as tarefas que estão sendo feitas exigem habilidades múltiplas, julgamento e experiência. Conforme as organizações se reestruturam para competir mais efetivamente e eficientemente, elas estão se aproveitando das equipes como forma de usar melhor os talentos dos funcionários. Estamos descobrindo que equipes são mais flexíveis e suscetíveis a mudanças do que departamentos ou outras formas de agrupamento permanente. Elas podem ser rapidamente reunidas, organizadas, reajustadas e dispersadas.

As equipes se dividem em três categorias dependendo de seus objetivos. Algumas empresas utilizam as equipes para oferecer conselhos. Por exemplo, elas criam forças-tarefa temporárias para recomendar formas de cortar custos, melhorar a qualidade ou selecionar um local para uma nova planta. Algumas empresas utilizam equipes para gerenciar. Elas introduzem equipes de gerenciamento em vários níveis da empresa para executar coisas. E outras empresas utilizam equipes para fazer ou criar coisas. É com essas equipes que os gestores tendem a se envolver mais, e elas incluem equipes de produção, equipes de design e equipes de negócios que dão suporte ao trabalho administrativo.

Muitas empresas reestruturaram os processos de trabalho em torno das equipes porque os gestores estão em busca da sinergia positiva que

# A NOVA ADM

## EQUIPES DE RESOLUÇÃO DE PROBLEMAS

Equipes do mesmo departamento ou área funcional envolvidas em esforços para melhorar as atividades ou resolver problemas específicos.

## EQUIPE AUTOGERIDA

Equipe de trabalho que opera sem um gerente e é responsável por um processo completo.

## EQUIPE MULTIFUNCIONAL

Equipe de trabalho composta de indivíduos de várias especialidades.

## EQUIPE VIRTUAL

Equipe de trabalho que usa a tecnologia para conectar membros distantes fisicamente a fim de alcançar um objetivo comum.

ajudará a organização a melhorar seu desempenho.[2] O uso extensivo de equipes cria o potencial para uma empresa gerar melhores resultados sem aumentar os gastos. No entanto, é importante lembrar que tais aumentos são simplesmente "potenciais". Não há nada inerente à criação de equipes de trabalho que garanta esta sinergia positiva e seu decorrente aumento na produtividade. Apenas chamar um grupo de equipe não aumentará automaticamente seu desempenho.[3]

Em empresas que estão reorganizando o trabalho ao redor do trabalho em equipe, os gestores devem aprender como coordenar efetivamente a atividade de uma equipe. Em muitos casos, a ênfase do gerenciamento tem sido na criação de equipes com autogestão. Como veremos, isso está definindo o papel gerencial do gestor.

### 11.4.1 Quais são os tipos de equipes de trabalho?

Quando as equipes de trabalho começaram a se popularizar, a maioria era composta por *equipes de resolução de problemas*, originadas no mesmo departamento ou área funcional respectiva, cuja atribuição era melhorar as atividades do departamento para resolver problemas específicos. Membros da equipe compartilham ideias ou dão sugestões sobre processos e métodos que podem ser melhorados, mas essas equipes raramente têm autoridade para implementar quaisquer sugestões oferecidas.

Para envolver os funcionários nas decisões e processos relacionados ao trabalho, as empresas introduziram a ideia da *equipe autogerida*, um grupo formal de funcionários que funciona sem um gerente, mas tem a responsabilidade de finalizar um processo ou segmento de trabalho. Esse tipo de equipe é responsável por fazer o trabalho e gerenciar a si mesma, e isso geralmente inclui planejar e agendar trabalhos, atribuir tarefas, controlar coletivamente o ritmo do trabalho, tomar decisões operacionais e agir. Estima-se que cerca de 30% dos empregadores dos Estados Unidos hoje em dia, diante de problemas, recorram a esse formato de equipes; entre as empresas maiores, o número está provavelmente em torno de 50%.[4]

Outro tipo é a *equipe multifuncional*, uma equipe de trabalho composta de indivíduos de várias especialidades. Muitas organizações utilizam equipes multifuncionais. Por exemplo, a ArcelorMittal, maior mineradora e produtora de aço do mundo, usa equipes multifuncionais de cientistas, gerentes de plantas e vendedores para revisar e monitorar as inovações de produtos.

A *equipe virtual* usa a tecnologia para conectar membros fisicamente dispersos a fim de atingir um objetivo comum. Em uma equipe virtual, os membros colaboram *on-line* com ferramentas como redes VPN, videoconferência, e-mail ou sites pelos quais a equipe possa conduzir o trabalho e as reuniões

---

2   ADAMS S.; KYDONIEFS, L. Making teams work: bureau of labor statistics learns what works and what doesn't. *Quality Progress*, jan. 2000, p. 43-49.

3   CAPOZZOLI, T. How to succeed with self-directed work teams. *Supervision*, fev. 2002, p. 25-27.

4   JOINSON, C. Teams at work. *Training*, out. 1996, p. 69.

a distância.[5] As equipes virtuais podem fazer tudo que as equipes presenciais fazem – compartilhar informações, tomar decisões e completar tarefas; no entanto, falta a elas as discussões normais de toma lá dá cá, e cara a cara. É por isso que as equipes virtuais tendem a ser mais voltadas para a realização de tarefas, especialmente se os membros da equipe não se conhecem pessoalmente.

### 11.4.2 Transformando grupos em equipes

Como observamos na abertura deste capítulo, grupos e equipes não são necessariamente a mesma coisa. A Figura 11.4 ilustra como um grupo de trabalho evolui para uma equipe real. A força primária que move um grupo de trabalho para se tornar uma equipe de alto desempenho é sua ênfase no desempenho.

Um *grupo de trabalho* é apenas um grupo de indivíduos que interagem primariamente para compartilhar informações e tomar decisões a fim de ajudar um ao outro no desempenho dentro de uma dada área de responsabilidade. Não há necessidade ou oportunidade de se engajar em um trabalho coletivo que exija esforço conjunto, então o desempenho é apenas resultado da contribuição individual de cada membro do grupo.

Uma *pseudoequipe* é o produto da sinergia negativa. A soma do todo é menos do que o potencial das partes individuais por causa de fatores como comunicação pobre, conflitos antagônicos e anulação de responsabilidades. Isso não é uma equipe porque não tem como foco o desempenho coletivo e os membros não têm interesse em moldar um propósito comum.

Uma *equipe potencial* está caminhando na direção correta. Ela reconhece a necessidade de um desempenho mais alto e realmente está tentando atingi-lo, mas seu propósito e seus objetivos precisam de mais clareza ou a equipe pode precisar de uma melhor coordenação. O resultado é que ela ainda não estabeleceu um sentido de responsabilidade coletiva.

Uma *equipe real* é o principal objetivo. Essa é uma unidade com um conjunto de características comuns que levam a desempenhos relativamente altos.

**OBJETIVO 11.7**
Listar as características das verdadeiras equipes.

**Figura 11.4** Comparando grupos e equipes

---

5 FLAMMIA, M.; CLEARY, Y.; SLATTERY, D. M. Leadership roles, socioemotional strategies, and technology use of irish and us students in virtual teams. *IEEE Transactions on Professional Communication*, jun. 2010, p. 89-101.

### 11.4.3 O modelo de cinco estágios de desenvolvimento do grupo

Os grupos tendem a passar por estágios de desenvolvimento conforme amadurecem, e existem diversos modelos de desenvolvimento de grupo. Um modelo popular de desenvolvimento de grupo foi criado por Tuckman e Jensen, em 1977.

Esse modelo propõe cinco estágios distintos de desenvolvimento de grupo, e a sugestão é que os grupos devem experimentar os primeiros quatro para atingir seu máximo desenvolvimento. Os cinco estágios são "Formação", "Tormenta", "Normalização", "Desempenho" e "Interrupção". A progressão através deles pode ser realizada inconscientemente, mas os gestores com conhecimento dos estágios podem facilitar o progresso para o grupo, acelerando, assim, até o estágio de desempenho.

**Estágio 1: formação.** No estágio "formação", os indivíduos sabem pouco sobre os outros membros do grupo e, ainda que demonstrem um comportamento independente, apresentam seu melhor comportamento porque querem ser aceitos pelos outros e evitar conflitos. Nesse estágio, os indivíduos estão motivados, mas sentem-se incertos sobre o que devem fazer no grupo. Eles têm como foco as obrigações dos membros do grupo e o que precisa ser feito, enquanto, simultaneamente, reúnem informações e formam impressões uns sobre os outros e sobre a tarefa do grupo. Durante esse estágio, muitos membros do grupo, experientes e maduros, modelam o comportamento apropriado do grupo. Esse estágio de desenvolvimento é importante porque os membros se conhecem e fazem novos amigos.

Esse estágio é muito dirigido ao gestor, e os membros do grupo dependem do líder para objetivos, orientações e direções. Os gestores podem usar essa oportunidade para ver como os indivíduos trabalham e respondem a pressões. Ao mesmo tempo, eles devem gastar tempo explicando o propósito, os objetivos e as relações externas. Os membros do grupo aprendem sobre as oportunidades e os desafios, aceitam os objetivos e começam a enfrentar as tarefas. Compartilhar informações sobre o desenvolvimento do grupo com seus membros é útil durante esse estágio e, ainda que esse seja um estágio cômodo, não há muita realização de tarefas.

**Estágio 2: tormenta.** Nesse estágio, os gestores podem se tornar mais acessíveis aos membros do grupo, mas ainda precisam direcionar e guiar tomadas de decisões enquanto modelam o comportamento profissional. Devem fazer o grupo focar seus objetivos para evitar que os membros se distraiam por questões emocionais e de relacionamento. Com a liderança do gestor, o grupo pode direcionar resultados relacionados aos problemas que devem resolver, determinar como atuar independentemente e juntos e definir o modelo de liderança que estão dispostos a aceitar. Durante esse estágio, o gestor tem a oportunidade de treinar os membros do grupo e convencê-los sobre a importância da tarefa.

O crescimento ocorre durante o estágio "tormenta", no qual ideias diferentes concorrem umas com as outras para serem consideradas. Esse pode ser um estágio destrutivo para o grupo e pode diminuir a motivação, se for

CAPÍTULO 11
Desenvolvendo grupos

permitido que se saia do controle. Às vezes, as tormentas são rapidamente resolvidas, mas, ocasionalmente, os grupos nunca saem desse estágio. As decisões não vêm facilmente para qualquer grupo, e os indivíduos permanecem numa boa uns com os outros apenas enquanto os resultados são determinados. Geralmente, os grupos são claros em seus propósitos, mas incertezas relacionadas ao trabalho do grupo ou a papéis e responsabilidades internas persistem, e compromissos podem ser necessários para possibilitar o progresso. Esse estágio será controverso, desagradável e mesmo dolorido para os membros do grupo que têm aversão a conflitos, e a paciência de algumas pessoas pode acabar cedo. Muitos confrontos secundários podem ser rapidamente resolvidos ou encobertos, e alguns membros da equipe podem continuar a focar minúcias para evitar questões reais. Muitos membros do grupo podem se sentir aliviados por estarem entrando nas questões de verdade, enquanto outros irão preferir permanecer no conforto e na segurança do estágio 1.

Durante esse estágio, a tolerância de cada membro da equipe e suas diferenças precisam ser enfatizadas, porque sem tolerância e paciência a equipe falhará. Membros do grupo irão expor e confrontar ideias e perspectivas dos outros enquanto competem por uma posição numa tentativa de se estabelecerem em relação aos outros membros da equipe e ao líder. Subgrupos e facções sempre se formam, e lutas de poder podem surgir enquanto membros desafiam o líder. Muitos membros de um grupo sentem como se estivessem ganhando ou perdendo batalhas e sempre procuram estruturas e regras para acabar com o conflito. Conforme os membros trabalham nesse estágio, o conflito pode parecer ter sido eliminado, mas, normalmente, está lá sob a superfície. A maturidade dos membros do grupo é um fator que determina se o grupo sairá desse estágio. Não é incomum ver membros imaturos do grupo agirem para demonstrar seu conhecimento e convencer os outros de que suas ideias estão corretas.

**Estágio 3: normalização.** O estágio "normalização" começa depois de os membros do grupo terem trabalhado em seus argumentos e aprendido a compreender melhor uns aos outros. Por fim, eles começam a apreciar as habilidades e experiência de cada um. Eles se escutam, apreciam e apoiam mutuamente, e estão preparados para mudar visões preconcebidas. Sentem que são parte de um grupo eficiente e coeso em que o comprometimento e a união são fortes, com papéis e responsabilidades claras e em comum acordo. O escopo das tarefas do grupo ou de suas responsabilidades está claro e decidido. Grandes decisões são tomadas em acordo e consenso com o grupo, mas decisões menores podem ser delegadas a indivíduos ou equipes menores dentro do grupo.

Nesse ponto, o grupo pode se tornar mais gregário, envolvendo atividades sociais conforme os membros discutem e desenvolvem seu processo e estilo de trabalho. Membros de um grupo modificam seu comportamento e desenvolvem hábitos de trabalho que fazem o grupo de trabalho parecer mais fácil. Esse estágio é marcado pelo acordo em relação a regras, valores, comportamento profissional, métodos compartilhados, ferramentas de trabalho e até mesmo tabus. A confiança começa a se desenvolver e a motivação individual aumenta conforme o grupo se familiariza mais com o projeto.

Durante esse período, o respeito pelo líder aumenta, e a liderança começa a ser compartilhada pelo grupo. Membros do grupo começam a ter a responsabilidade de tomar decisões e sobre seu comportamento profissional. Os gestores se tornam mais participativos do que nos primeiros estágios, sempre facilitando e capacitando mais o grupo para tomar decisões. Os gestores devem estar cientes de que devido ao fato de os membros do grupo terem trabalhado duro para alcançar esse estágio, eles podem resistir a pressões internas e externas para mudar, porque sentem medo de que o grupo possa se romper ou voltar para a tormenta. Os gestores devem ter em mente que os grupos nessa fase podem perder sua criatividade se os comportamentos de normalização forem muito fortes, de maneira que comecem a reprimir divergências saudáveis e exibir o pensamento do grupo.

**Estágio 4: desempenho.** O estágio "desempenho" é marcado pela aparente flexibilidade do grupo conforme ele trabalha para alcançar suas tarefas. Nesse ponto, o grupo aparece estrategicamente consciente e sabe por que está fazendo o que está fazendo. Essa visão compartilhada, aliada à motivação e ao conhecimento do grupo, resulta em um comportamento autônomo e na habilidade de trabalhar no processo de tomada de decisão sem supervisão. Com tarefas extremamente orientadas, o grupo trabalha para atingir objetivos e toma a maioria das decisões relacionadas a tarefas sob critérios que estão de acordo com o líder.

Os membros do grupo são interdependentes, mas a dissidência é esperada, e, quando discordâncias ocorrem, elas são resolvidas de maneira positiva com mudanças no processo e na estrutura feitas pelo grupo. O grupo está num modo de alto desempenho, e funciona como uma unidade para concluir um trabalho sem problemas e efetivamente, sem conflitos inadequados e sem necessidade de supervisão externa. Trabalhando para atingir seus objetivos, o grupo também se encarrega das relações, do estilo e das consequências do processo ao longo do caminho. Há um alto nível de identidade, lealdade e moral do grupo, com todos confiando uns nos outros suficientemente para permitir atividades independentes. Esse alto nível de conforto resulta em toda a energia do grupo sendo direcionada para a(s) tarefa(s).

Neste ponto, gestores delegam e supervisionam tarefas, mas o grupo toma a maioria das decisões necessárias. O grupo requer tarefas e projetos delegados, mas não precisa ser instruído ou assistido. Entretanto, pode pedir assistência ao líder com desenvolvimento pessoal e interpessoal. Os gestores devem estar cientes de que mesmo grupos de alto desempenho voltarão a estágios anteriores, passando pelos estágios quantas vezes uma reação alterar as circunstâncias. Por exemplo, mudanças na supervisão podem fazer o grupo voltar à tormenta enquanto o novo gestor desafia normas existentes e dinâmicas de grupo.

**Estágio 5: encerramento.** O estágio "encerramento" direciona o grupo de uma perspectiva além do propósito dos primeiros quatro estágios

_CAPÍTULO 11_
_Desenvolvendo grupos_

e é relevante para as pessoas no grupo e para o bem-estar delas. Nesse estágio, membros de um grupo reconhecem que a tarefa está completa e começam a se separar de outros membros do grupo. Se a tarefa foi finalizada com sucesso e o grupo tiver cumprido seu propósito, os membros podem se mover em direção a coisas novas, sentindo-se bem em relação ao que o grupo alcançou. Os membros de um grupo precisam reconhecer o que fizeram e, conscientemente, preparar-se para ir em frente. Os gestores devem encorajar os membros do grupo a se orgulharem de suas conquistas e de terem a oportunidade de fazer parte de uma equipe tão produtiva. Entretanto, os gestores devem reconhecer que pode haver um sentimento de perda devido à ruptura da equipe, além da possibilidade do surgimento de uma potencial vulnerabilidade por parte de alguns membros que tinham ligações muito próximas com a equipe e agora se sentem ameaçados com a suspensão dela.

O modelo de cinco estágios supõe que os grupos progridem através dos estágios e se tornam mais eficientes conforme persistem para completar uma tarefa, mas grupos nem sempre se movem de um estágio para o outro sem ter problemas. Eles podem estar em vários estágios simultaneamente e podem regredir ou progredir inesperadamente. Os gestores devem considerar que o processo é dinâmico, e não estático, e que, mesmo que a progressão através dos estágios pareça linear, os grupos podem regredir ou progredir entre os estágios conforme a mudança do conjunto de membros do grupo. Gestores experientes têm consciência disso e sempre se esforçam para levar os grupos de volta ao estágio de desempenho. Os gestores também devem estar cientes de que os grupos podem se tornar confortáveis com um estágio em particular e resistir a mudar para um novo estágio.[6]

### 11.4.4 Um modelo de desenvolvimento para grupos _ad hoc_ com prazo conduzido

Grupos _ad hoc_ enfrentando prazos apertados parecem ter um ciclo de desenvolvimento em duas fases. Esse ciclo é conhecido como _modelo de equilíbrio pontuado_. A primeira fase inclui a reunião inicial do grupo e determina sua direção. Nesse período inicial, muitas normas de comportamento, assim como condições ligadas ao processo do grupo, são estabelecidas. Apesar de essas normas poderem não ser tão interessantes para o grupo, elas geralmente continuam a guiá-lo durante o projeto. Durante esse período, o grupo fica trancado em um processo imutável que resiste a mudanças mesmo que sejam descobertas novas informações. O grupo continua a operar dessa forma até que alcance o ponto médio do tempo definido para sua existência (para grupos de estudantes, poderia ser o meio do semestre).

---

6    ROBBINS, S.; JUDGE, T. _Organizational behavior._ 13. ed. Upper Saddle River, NJ: Pearson Prentice Hall, 2009. p. 286-287; TUCKMAN, B. Developmental sequences in small groups. _Psychological Bulletin_, v. 63, n. 6, jun. 1965, p. 384-399; TUCKMAN, B.; JENSEN, M. Stages of small-group development revisited. _Group and Organizational Studies_, v. 2, n. 4, dez. 1977, p. 419-427.

No ponto médio da existência de um grupo, uma crise de conflito de personalidade, insatisfação com o progresso ou a direção do projeto, ou alguma outra força interna ou externa resultam em uma tomada de consciência de que algo precisa ser realizado, e rápido! Essa crise é o começo da segunda fase do ciclo. Durante a segunda fase, o grupo se torna altamente eficiente, funcionando como equipe em vez de um grupo de indivíduos desconectados. Esse esforço intensificado continua até o último encontro do grupo quando, geralmente, há um último minuto de explosão frenética de esforços para completar a tarefa.

Os gestores devem compreender que esse modelo é limitado para grupos *ad hoc* de prazo conduzido e devem prestar atenção à tarefa e ao tom do comportamento definido durante a fase de inicialização do projeto. Uma vez que os grupos alcançam o ponto de crise no meio do caminho durante o projeto, os gestores devem fazer planos para isso, monitorar sinais e traçar passos para uma transição positiva para fora da crise. Membros do grupo sempre se frustram por uma aparente falta de progresso, por isso, os gestores devem, periodicamente, informar o grupo sobre seu progresso em direção ao objetivo.[7]

### 11.4.5 Como você constrói equipes eficientes?

Estudos sobre equipes eficientes descobriram que elas possuem um pequeno número de pessoas com habilidades complementares que são igualmente comprometidas com um propósito comum, objetivos comuns e uma abordagem de trabalho comum em relação aos quais se apoiam mutuamente.[8]

**Tamanho pequeno.** As melhores equipes tendem a ser pequenas. Equipes com mais do que dez membros podem ter dificuldade para resolver muitas coisas. Elas têm problemas para interagir construtivamente e em comum acordo. Um grande número de pessoas, geralmente, não consegue desenvolver propósitos comuns, objetivos, abordagens e responsabilidades de uma equipe real. Elas tendem simplesmente a ir de acordo com o movimento. Assim, ao desenhar equipes eficientes, limite-as a dez ou menos pessoas. Se a unidade de trabalho natural é maior, e você quiser um esforço de equipe, divida o grupo em duas subequipes. A Federal Express, por exemplo, dividiu os mil funcionários do escritório de sua sede em equipes de cinco a dez membros cada.

**Habilidades complementares.** Para um desempenho eficiente, uma equipe precisa de pessoas com três tipos de habilidades. Primeiro, precisa de pessoas com *conhecimento técnico*. Segundo, precisa de pessoas com

---

7  ROBBINS; JUDGE, 2009, p. 287-288; GERSICK, C. Time and transition in work teams: toward a new model of group development. *Academy of Management Journal*, v. 31, n. 1, p. 9-41, mar. 1998, SEERS, A.; WOODRUFF, S. Temporal pacing in task forces: group development or deadline pressure? *Journal of Management*, v. 23, n. 2, mar.-abr. 1997, p. 169-187. Disponível em: <http://jom.sagepub.com/content/23/2/169.abstract>. Acesso em: 15 jul. 2013.

8  STROZNIAK, P. Teams at Work, *Industry Week*, 18 set. 2000, p. 47-50.

*habilidade para solução de problemas e tomada de decisões* para identificar problemas, gerar alternativas, avaliar essas alternativas e fazer escolhas competentes. Finalmente, as equipes precisam de pessoas com *boas habilidades interpessoais* (capacidade de ouvir, dar *feedbacks*, resolver conflitos). Nenhuma equipe atinge seu desempenho potencial sem desenvolver esses três tipos de habilidades. A mistura correta é crucial. Muito de uma habilidade em detrimento de outras resulta em um desempenho mais baixo da equipe.

A propósito, equipes não precisam ter todas as habilidades complementares no começo. Em equipes nas quais o valor pessoal dos membros cresce e se desenvolve, um ou mais membros sempre têm a responsabilidade de aprender as habilidades em que o grupo é deficiente, enquanto o potencial da habilidade existe. Além disso, compatibilidade pessoal entre os membros não é crucial para o sucesso da equipe, se as habilidades técnicas, de tomada de decisão e interpessoais estiverem em seu lugar.

**Propósito comum.** A equipe tem um propósito significativo a que todos os membros aspiram? Esse propósito é uma visão. Ele é mais amplo do que quaisquer objetivos específicos. Equipes com alto desempenho têm um propósito comum e significativo que fornece direção, energia e compromisso para os membros.

A equipe de desenvolvimento da Apple Computer que desenhou o Macintosh, por exemplo, foi quase que religiosamente responsabilizada pela criação de uma máquina de uso amigável que revolucionaria a forma como as pessoas usavam computadores. Equipes de produção da Ford estão unidas pelo propósito comum de construção de um automóvel que possa competir com sucesso em termos de qualidade e preço com os melhores carros japoneses.

Membros de equipes de sucesso colocam uma enorme quantidade de tempo e esforços na discussão, modelagem e no acordo em relação a um propósito que pertença a elas coletivamente ou individualmente. Esse propósito comum, quando aceito pela equipe, torna-se o equivalente ao que a navegação é para um capitão de um barco – fornece direção e orientação sob qualquer condição.

**Objetivos específicos.** Equipes de sucesso traduzem seu propósito comum em objetivos de desempenho específicos, mensuráveis e realistas. Assim como os objetivos levam indivíduos a desempenhos melhores, eles também dão energia às equipes. Objetivos específicos facilitam a clara comunicação e ajudam as equipes a manter seu foco em obter resultados. Exemplos de objetivos específicos de equipes podem ser, por exemplo, responder para todos os clientes dentro de 24 horas, corte de 30% no tempo do ciclo de produção pelos próximos seis meses, ou manter o equipamento em um nível zero de tempo de inatividade todo mês.

**Abordagem comum.** Objetivos são os fins que uma equipe se empenha em alcançar. Definir uma abordagem comum e haver concordância quanto a ela assegura que a equipe esteja unida nos meios para atingir esses fins. Os membros de uma equipe devem contribuir igualmente na partilha

# A NOVA ADM

da carga de trabalho e concordar sobre quem deve fazer o quê. Além disso, a equipe precisa determinar como serão organizados os horários, que habilidades precisam ser desenvolvidas, como os conflitos serão resolvidos e como as decisões serão tomadas e modificadas. A implementação de equipes de trabalho na empresa Olin Chemicals' Mcintosh, no Alabama, Estados Unidos, incluía ter equipes preenchendo questionários sobre como elas se organizariam e compartilhariam responsabilidades específicas. Integrar habilidades individuais para facilitar o desempenho da equipe é a essência da modelagem de uma abordagem comum.

**Responsabilidade mútua.** A característica final das equipes de alto desempenho é a responsabilidade tanto individual como coletiva. Equipes de sucesso tornam os indivíduos responsáveis individualmente e em conjunto pelos propósitos, objetivos e abordagens da equipe. Os membros entendem pelo que cada um é responsável e pelo que são responsáveis em conjunto.

Estudos mostram que, quando equipes focam apenas em alvos no nível do desempenho do grupo e ignoram contribuições e responsabilidades individuais, os membros da equipe sempre se engajam em *social loafing*.[9] Eles reduzem seus esforços porque suas contribuições individuais não podem ser identificadas. Na realidade, eles se tornam "sanguessugas" e se encostam nos esforços do grupo. O resultado é que o desempenho global da equipe sofre. Isso reafirma a importância de medir as contribuições individuais e também o desempenho global da equipe. Equipes de sucesso têm membros que coletivamente se sentem responsáveis pelo desempenho da equipe.

## 11.5 GESTORES E O DESAFIO DAS EQUIPES

As equipes, há algum tempo, têm sido populares no Japão. Quando no Ocidente gerentes começaram a introduzi-las mais amplamente, no final dos anos 1980, críticos avisaram que elas estavam destinadas a falhar. O Japão é uma sociedade coletivista; a cultura ocidental é baseada nos valores do individualismo. Trabalhadores ocidentais não irão sublimar suas necessidades por responsabilidade individual e reconhecimento para serem partes anônimas de uma equipe. Embora a introdução das equipes de trabalho em algumas organizações tenha encontrado resistência e desapontamento, o quadro geral tem sido encorajador. Quando as equipes são adequadamente usadas na abordagem, o resultado tem se mostrado muito positivo.

Nesta seção, discutimos obstáculos para a criação de equipes eficientes e oferecemos algumas sugestões para gestores superarem esses obstáculos.

---

## SOCIAL LOAFING

Tornar-se "sanguessuga" num grupo porque as contribuições individuais para os esforços do grupo não podem ser identificadas. Como resultado, o desempenho global da equipe sofre.

## OBJETIVO 11.8

Listar ações que um gestor pode praticar para melhorar o desempenho da equipe.

---

9   ALBANESE, R.; VAN FLEET, D. D. Rational behavior in groups: the free riding tendency. *Academy of Management Review*, v. 10, n. 2, abr. 1985, p. 244-255. No Brasil, o termo é conhecido como "folga social" para definir o comportamento de pessoas que trabalham em grupo e tendem a se esforçar menos no trabalho do que se estivessem trabalhando sozinhas.

# CAPÍTULO 11
## Desenvolvendo grupos

### ALGO PARA PENSAR
*(e promover discussão em sala de aula)*

## TEMPOS RÁPIDOS!

Imagine trabalhar para uma organização que emprega mais de 2,7 mil indivíduos tendo com cada um deles um foco idêntico.* Imagine também que os gestores da empresa querem que você trabalhe duro e seja o melhor no que faz. Se você for funcionário da Ferrari, tal realidade não é difícil de imaginar.

Quando a maioria das pessoas ouve o nome Ferrari, elas pensam em carros esportivos caros e super-rápidos. Por sua reputação em relação à velocidade, a Ferrari continua a ser bastante conhecida e respeitada em grupos de corrida pelo mundo. A empresa italiana foi fundada por Enzo Ferrari, em 1928, e mesmo em seu começo a corrida era uma parte importante da lenda da Ferrari. Hoje, Luca Cordero, presidente e diretor-gerente da empresa, acredita que seus empregados realmente fazem diferença na produção de um dos melhores carros esportivos do mundo. Ele reconhece isso e afirma que precisa de funcionários que entendam como trabalhar juntos e atingir objetivos comuns. Na Ferrari, equipes de funcionários combinam seus esforços para produzir um automóvel marcante, de qualidade condizente com sua reputação icônica. Você não encontrará linhas de montagem tradicionais na fábrica da Ferrari, nem cotas de produção. Com os preços de uma Ferrari começando em US$ 140 mil, o tempo de montagem do automóvel não é medido em segundos. Pelo contrário, forças-tarefa sempre duram mais de 90 minutos para cada parte de um carro. Então, a equipe orgulhosamente passa seu trabalho concluído para a próxima equipe, de forma que a etapa seguinte do trabalho possa começar bem. Assim, o tempo médio para fabricar um carro é de três dias. A empresa produz aproximadamente 6 mil Ferraris em um ano, embora espere aumentar esse número para 10 mil carros no futuro. Para atingir esse objetivo, a empresa está aumentando sua capacidade atual, embora seu foco na qualidade e na equipe de trabalho não tenha mudado.

Os funcionários da Ferrari realmente gostam de fazer parte de uma equipe. Eles dizem que trabalhar em torno de um objetivo comum é um dos elementos mais satisfatórios em seu trabalho. Também apreciam o que a empresa faz por eles. Eles desfrutam de uma academia moderníssima, consultas anuais na clínica local da empresa, uma cafeteria e treinamento para que os empregados possam aprender inglês. Eles sentem como se Cordero e sua equipe os tratassem como sócios, não só engrenagens da Ferrari. Como disse um funcionário, "Para muitos de nós, trabalhar para a Ferrari é como trabalhar no Vaticano". Recentemente, a empresa ganhou um prêmio como "Melhor Local para se Trabalhar na Europa". O prêmio foi resultado de uma iniciativa da empresa no local de trabalho inspirada na Fórmula 1, chamada Formula Uomo, que se apropriou dos princípios do sucesso da Ferrari na Fórmula 1 e os aplicou ao local de trabalho. O principal impulso foi o reconhecimento das pessoas como "sustentáculos do sistema de trabalho da empresa".

O conceito de equipe funciona na Ferrari? Por todos os relatos, sim. A empresa atingiu mais de US$ 2,3 bilhões em vendas. E, mais importante, o carro ainda mantém seu apelo como um dos melhores e mais desejados do mundo. Embora os lucros tenham sido nominais durante o período de recessão na economia global, sempre haverá consumidores que querem comprar o carro com o logo do cavalo.

Como os executivos da Ferrari, muitos gestores hoje acreditam que o uso de equipes permite que suas organizações aumentem as vendas ou fabriquem melhores produtos, mais rápido e com

baixos custos. Embora os esforços para criar equipes nem sempre sejam um sucesso, equipes bem planejadas podem revigorar a produtividade e posicionar melhor uma organização para negociar em um ambiente que muda rapidamente.

* Ferrari London store opening stops traffic. *License Magazine Online*, jun. 2009; OSTER, S. Open a bank account and test drive a Ferrari. *Wall Street Journal*, 1º jul. 2007, p. B3; Kudos: Ferrari named 'best place to work' in Europe. Disponível em: <http://www.edmonds.com>. Acesso em: 15 jul. 2013; MOSKOWITZ, M.; LEVERING, R. 100 best companies to work for, 10 great companies to work for in Europe, Ferrari: good food, good people, lots of fun – sound like a European holiday? No, it's a great job. *Fortune*, 7 jan. 2003.

### 11.5.1 Que obstáculos existem na criação de equipes eficientes?

Os seguintes obstáculos críticos podem impedir suas equipes de se tornarem equipes de alto desempenho.

**Um fraco senso de direção.** As equipes têm um desempenho pobre quando os membros não estão certos de seu propósito, de seus objetivos e da abordagem. Acrescente a isso uma liderança fraca e você terá uma receita para o fracasso. Nada mina tão rapidamente o entusiasmo para conceber uma equipe quanto a frustração de ser um membro involuntário de uma equipe que não tem foco.

**Conflitos internos.** Quando membros de uma equipe gastam tempo brigando e minando seus colegas, a energia está sendo mal direcionada. Equipes eficientes não são necessariamente compostas de pessoas que se gostam; entretanto, os membros devem respeitar uns aos outros e estar dispostos a colocar de lado muitas diferenças para facilitar o alcance dos objetivos.

**Fugindo das responsabilidades.** Os membros podem demonstrar falta de comprometimento com a equipe, realizando manobras tortuosas para que os outros façam sua parte do trabalho ou sendo rápidos para culpar colegas ou o gerenciamento por qualquer falha pessoal ou da equipe. O resultado é uma pseudoequipe – uma equipe apenas no nome e que realmente tem um baixo desempenho mesmo quando os membros poderiam realizar o trabalho independentemente.

**Falta de confiança.** Quando há confiança, os membros de uma equipe acreditam na integridade, no caráter e na habilidade uns dos outros. Quando isso está faltando, os membros não podem depender uns dos outros. As equipes em que não há confiança tendem a ser de curta duração.

**Sérias lacunas de habilidades.** Quando há lacunas de habilidades e a equipe não as preenche, seus membros ficam hesitantes. Eles têm problemas na comunicação uns com os outros, conflitos destrutivos não são resolvidos, decisões não são tomadas ou problemas técnicos dominam a equipe.

**Falta de apoio externo.** Equipes existem dentro das maiores organizações. Elas se apoiam nessas grandes organizações por causa de uma série de recursos – dinheiro, pessoas, equipamentos – e se esses recursos não estiverem disponíveis, é difícil que as equipes alcancem seu potencial. Por exemplo, as equipes devem conviver com o processo de seleção dos empregados

*CAPÍTULO 11*
*Desenvolvendo grupos*

da organização, com as regras formais e as regulamentações, os procedimentos de orçamento e sistemas de compensação. Se forem inconsistentes com as necessidades e os objetivos da equipe, ela sofre.

## 11.5.2 Como os obstáculos das equipes podem ser superados?

Os gestores podem fazer diversas coisas para superar os obstáculos mencionados e ajudar as equipes a alcançar seu completo potencial. Isso está listado na Figura 11.5.

**Crie propósito e objetivos claros.** Equipes de alto desempenho têm tanto um claro entendimento de seus objetivos como também acreditam que os objetivos incluem um resultado que valha a pena ou que seja importante. Além disso, a importância desses objetivos encoraja os indivíduos a idealizar conceitos pessoais neles. Em equipes eficientes, os membros são comprometidos com os objetivos do grupo, sabem o que precisam realizar e entendem como trabalharão juntos para atingir tais objetivos. Como gestor, seu trabalho é assegurar que as equipes sob sua liderança tenham propósito e objetivos claros. Seja participando da definição deles, seja delegando essa tarefa à própria equipe, é sua responsabilidade certificar-se de que isso seja realizado.

**Incentive pequenas vitórias.** A construção de equipes reais leva tempo. Membros de equipes têm de aprender a pensar e trabalhar como uma equipe. Não se pode supor que novos times de futebol façam muitos gols, logo no começo, toda vez que entram em campo. Assim, incentive a equipe a começar tentando alguns chutes. Ajude o time a identificar e definir objetivos atingíveis. O objetivo final de cortar custos globais em 30%, por exemplo, pode ser dividido em cinco ou dez objetivos menores e mais fáceis de serem alcançados. Conforme os objetivos menores vão sendo atingidos, o sucesso da equipe é reforçado. A natureza coesiva aumenta e o ânimo melhora. A confiança é construída. Sucesso gera sucesso, mas é muito mais fácil para equipes jovens alcançarem seus objetivos se começarem com pequenas vitórias.

**Construa confiança mútua.** A confiança é frágil. Leva um bom tempo para ser construída e pode ser facilmente destruída. Como discutido no Capítulo 2, há coisas que um gestor pode fazer para criar um clima de confiança mútua.[10] Mantenha os membros da equipe informados explicando as decisões dos superiores de gestão e as políticas e fornecendo um *feedback* preciso. Crie um clima de franqueza em que o funcionário fique livre para discutir problemas sem ter medo de retaliação. Seja sincero sobre seus próprios problemas e limitações. Certifique-se de que você estará disponível e acessível quando os funcionários precisarem de apoio. Seja respeitoso e ouça as ideias dos membros da equipe. Desenvolva uma reputação por ser justo, objetivo e imparcial no seu tratamento com os membros da equipe. Mostre coerência em suas ações e evite comportamentos irregulares e imprevisíveis. Treine membros da equipe conforme a necessidade (veja a seção **"Desenvolvendo suas**

---

10  DIRKS, K. T. The effects of interpersonal trust on work group performance. *Journal of Applied Psychology* 54, n. 3, jun. 1999, p. 445-455.

**habilidades de gestão"**, neste capítulo). Finalmente, seja fidedigno e honesto. Tenha certeza de acompanhar todas as promessas implícitas e explícitas.

**Avalie tanto o desempenho em grupo como o individual.** Todos os membros da equipe devem compartilhar a glória quando sua equipe obtiver o sucesso, mas também devem compartilhar a culpa quando ela falhar. Assim, uma grande parte da avaliação do desempenho de cada membro deve ser baseada no desempenho global da equipe. Mas os membros precisam saber que não podem ser levados nas costas pelos outros. Por isso, a contribuição individual de cada membro deve ser identificada e fazer parte de sua avaliação do desempenho global.

**Forneça o apoio externo necessário.** Você é o elo entre as equipes e os superiores de gerenciamento. Como tal, é sua responsabilidade certificar-se de que as equipes tenham os recursos organizacionais necessários para realizar seus objetivos. Isso significa que você deve estar preparado para apresentar o caso para seu chefe e tomar decisões-chave na organização na busca por ferramentas, equipamento, treinamento, pessoal, espaço físico ou outros recursos de que as equipes possam precisar.

**Ofereça treinamento para a construção de equipes.** As equipes, principalmente em seus primeiros estágios de formação, precisam de treinamento para construir suas habilidades. Normalmente, isso inclui solução de problemas, comunicação, negociação, solução de conflitos e habilidades no processamento de grupos. Se você não pode fornecer pessoalmente esse tipo de treinamento para os membros de sua equipe, procure especialistas em sua organização que possam ou obtenha fundos para trazer facilitadores de fora que sejam especializados nesse tipo de treinamento.

**Mude a associação da equipe.** Quando as equipes ficam atoladas em sua própria inércia ou em conflitos internos, permita que os membros circulem. Talvez você queira gerenciar essa mudança considerando como certas personalidades se entrosam e reformando equipes de modo que suas habilidades se complementem melhor. Se o problema for falta de liderança, use seu conhecimento acerca das pessoas envolvidas para criar equipes nas quais haja uma grande probabilidade de surgir um líder.

**Figura 11.5** Criando equipes eficientes

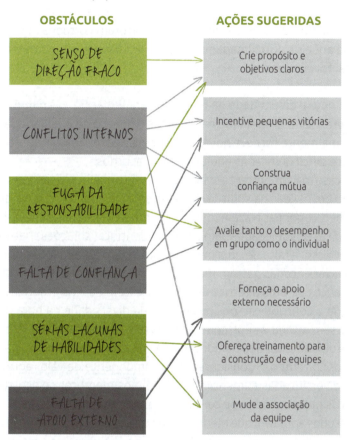

## 11.6 QUESTÕES CONTEMPORÂNEAS ACERCA DE EQUIPES

Ao concluirmos este capítulo, colocamos duas questões relacionadas à supervisão de equipes: programas de melhoria contínua e diversidade em equipes.

### 11.6.1 Por que as equipes são fundamentais para programas de melhoria contínua?

Uma das características centrais dos programas de melhoria contínua é o uso de equipes. Por que equipes? A essência da melhoria contínua é a melhoria de processos, e a participação dos funcionários é a peça-chave desse processo de melhoria. Em outras palavras, a melhoria contínua exige que o gerenciamento incentive os funcionários a compartilhar ideias e aja sobre o que eles sugerirem.

As equipes fornecem o meio natural para que os funcionários compartilhem ideias e implementem melhorias. Por exemplo, na BASF, a maior empresa química do mundo, um processo chamado Verbund permite que todas as 385 instalações da empresa e mais de 100 mil empregados pelo mundo todo estejam conectados uns com os outros – formando equipes para

*OBJETIVO 11.9*
Descrever o papel de equipes em programas de melhoria contínua.

direcionar questões específicas. Por exemplo, a equipe de um projeto testou 13 elementos de produção diferentes usando 32 experimentos. Como resultado do trabalho deles, mais de US$ 700 mil foram cortados dos custos de produção anuais e aproximadamente US$ 1 milhão em gastos com melhoria de capital foi eliminado.[11]

### 11.6.2 Como a diversidade na força de trabalho afeta as equipes?

Gerenciar a diversidade nas equipes é um ato de equilíbrio. A diversidade normalmente fornece novas perspectivas em relação às questões, mas torna mais difícil unificar as equipes e fazer acordos.

O caso mais importante sobre equipes de trabalho é quando essas equipes estão envolvidas na solução de um problema e na tomada de decisões. Equipes heterogêneas trazem múltiplas perspectivas para a discussão, assim, aumentam as possibilidades para a equipe identificar soluções criativas e únicas. Além disso, a falta de uma perspectiva comum geralmente significa que equipes diversificadas gastam mais tempo discutindo questões, o que diminui as chances de uma alternativa fraca ser escolhida. Entretanto, tenha em mente que a contribuição positiva dada pela diversidade na hora de tomar decisões, sem dúvida, se enfraquece com o tempo. Grupos diversificados têm mais dificuldade em trabalhar juntos e na solução de problemas, mas isso se dissipa com o tempo.[12] Considere que o componente de valor agregado de equipes diversificadas aumentará conforme os membros se acostumarem uns com os outros e a equipe se tornar mais coesa.

Estudos apontam que membros de equipes coesas têm mais satisfação, menos ociosidade e menos desgaste no grupo.[13] A natureza coesiva ainda é, provavelmente, menor em equipes diversificadas. Então, eis um potencial negativo da diversidade: ela pode ser prejudicial à natureza coesiva do grupo.[14] Entretanto, sugerimos que se as normas da equipe apoiam a diversidade, uma equipe pode maximizar o valor da heterogeneidade enquanto também obtém os benefícios da alta natureza coesiva.[15] Por isso, é importante que os membros de equipes participem de treinamentos sobre diversidade.

### 11.6.3 Quais são os desafios de gerenciar equipes globais?

As organizações de hoje são globais, e qualquer gestor pode vir a gerenciar uma equipe global. Portanto, além de reconhecer as habilidades, o

---

11 Veja o site da BASF (http://www.basf.com); e DRICKHAMER, D. BASF breaks through with statistics. *Industry Week*, jun. 2002, p. 81-82.

12 Diversity enhances decision-making. *Industry Week*, 2 abr. 2001, p. 9.

13 Veja BARSADE, S. G.; WARD, A. J.; TURNER, J. D. F.; SONNENFELD, J. A. To your heart's content: a model of effective diversity in top management teams. *Administrative Science Quarterly*, v. 45, dez. 2000, p. 802.

14 PELLED, L. H.; EISENHARDT, K. M.; XIN, K. R. Exploring the black box: an analysis of work group diversity, conflict, and performance. *Administrative Science Quarterly*, v. 46, n. 2, mar. 1999, p. 128.

15 JOY, H. E.; JOYENDU, D.; BHADURY, M. Maximizing workforce diversity in project teams: a network flow approach. *Omega*, v. 28, n. 2, abr. 2000, p. 143-155.

## CAPÍTULO 11
### Desenvolvendo grupos

conhecimento e a personalidade dos membros da equipe, o gestor precisa estar familiarizado e compreender claramente as características dos grupos e dos membros dos grupos que ele gerencia.[16] Algumas áreas onde há diferenças na gestão de equipes globais incluem a conformidade, *status, social loafing*, coesão, comunicação e conflito.

Pesquisas sobre a conformidade sugerem que as descobertas de Asch estão ligadas à cultura.[17] Por exemplo, como era esperado, a conformidade às normas sociais tende a ser maior em culturas coletivistas do que em culturas individualistas. No entanto, o pensamento grupal tende a ser um problema menor nas equipes globais porque seus membros têm menor propensão a se sentirem pressionados para se adequarem a ideias, conclusões e decisões do grupo.[18]

A importância do *status* varia de cultura para cultura. Os franceses são extremamente atentos ao *status*. Na América Latina e na Ásia, o *status* tende a vir da posição familiar e de papeis formais ocupados nas empresas. Nos Estados Unidos e na Austrália, o *status* tende a ser menos evidente e mais baseado em realizações. Gestores devem entender o que confere *status* ao interagirem com pessoas de culturas diferentes das suas. Um gestor que não compreende isso pode, inadvertidamente, ofender os demais e diminuir sua eficiência interpessoal.

O *social loafing* é mais visível em culturas individualistas, que são dominadas pelo interesse próprio. Não é condizente com sociedades coletivistas, nas quais os indivíduos são motivados por objetivos grupais. Por exemplo, comparados a funcionários dos Estados Unidos, os chineses e israelenses não mostraram propensão ao *social loafing*. Na verdade, eles tiveram melhor desempenho em grupo do que trabalhando sozinhos.[19]

Grupos coesos podem criar desafios especiais para os gestores porque seus membros são unificados e "agem como um". Há uma grande dose de camaradagem e a identidade de grupo é alta. Nas equipes globais, no entanto, a coesão é comumente mais difícil de ser alcançada por causa dos altos níveis de "desconfiança, falhas na comunicação e estresse".[20]

---

16  NIEDERMAN, F.; TAN, F. B. Emerging markets managing global IT teams: considering cultural dynamics. *Communications of the ACM*, abr. 2011, p. 24-27; BOYLE, R. M. B.; and Nicholas, S. Cross-cultural group performance. *The Learning Organization*, mar. 2011, p. 94-101; STAHL, G. K.; MAZNEVSKI, M. L.; VOIGT, A.; JONSEN K. Unraveling the effects of cultural diversity in teams: a meta-analysis of research on multicultural work groups. *Journal of International Business Studies*, maio 2010, p. 690-709.

17  BOND R.; SMITH, P. B. Culture and conformity: a meta-analysis of studies using Asch's [1952, 1956] line judgment task. *Psychological Bulletin*, jan. 1996, p. 111-137.

18  JANIS, I. L. *Groupthink*. 2. ed. Nova York: Houghton Mifflin Company, 1982. p. 175.

19  EARLEY, P. C. Social loafing and collectivism: a comparison of the United States and the people's Republic of China. *Administrative Science Quarterly*, dez. 1989, p. 565-581; EARLEY, P. C. East meets west meets mideast: further explorations of collectivistic and individualistic work groups. *Academy of Management Journal*, abr. 1993, p. 319-348.

20  ADLER, N. J. *International dimensions of organizational behavior*. 4. ed. Cincinnati: Southwestern, 2002. p. 142.

Problemas de comunicação costumam surgir porque falta aos membros da equipe a fluência na linguagem de trabalho, o que pode levar a inconsistências, mal-entendidos e ineficiência.[21] Por outro lado, pesquisas também mostram que uma equipe global e multicultural está mais apta para capitalizar a diversidade de ideias representadas se uma vasta gama de informações for usada.[22]

Por fim, lidar com o conflito em equipes globais não é fácil. O conflito pode interferir no modo como a informação é usada pela equipe. No entanto, pesquisas mostram que em culturas coletivistas um estilo mais colaborativo na gestão do conflito pode ser mais eficiente.[23]

### 11.6.4 Quando equipes não são a resposta?

O trabalho em equipe consome mais tempo e, com frequência, mais recursos do que o trabalho individual.[24] Como as equipes precisam de gestores que comuniquem mais, gerenciem conflitos e coordenem reuniões, os benefícios de utilizar equipes precisam exceder os custos, o que nem sempre acontece.[25] Alguns gestores introduziram equipes em situações em que teria sido melhor trabalhar de modo individual. Portanto, antes de implantar equipes, os gestores devem avaliar com cuidado se o trabalho requer ou será beneficiado por um esforço coletivo.

Três "testes" foram sugeridos para determinar se o trabalho será mais bem realizado individualmente ou por um grupo.[26] Primeiro, o trabalho pode ser bem realizado por mais de uma pessoa? A complexidade da tarefa seria um bom indicador da necessidade de perspectivas diferentes. Tarefas simples provavelmente serão bem realizadas por indivíduos. Segundo, o trabalho gera um propósito ou um conjunto de objetivos comuns para as pessoas no grupo que é maior do que a soma dos objetivos individuais? Terceiro, os gestores devem avaliar se equipes ou indivíduos são mais adequados para realizar o trabalho analisando a necessidade de interdependência dos indivíduos. Usar equipes faz sentido quando há interdependência entre as tarefas.

---

21 DAHLIN, K. B.; WEINGART, L. R.; HINDS, P. J. Team diversity and information use. *Academy of Management Journal*, dez. 2005, p. 1.107-1.123.

22 ADLER, 2002, p. 142.

23 PAUL, S.; SAMARAH, I. M.; SEETHARAMAN, P.; MYKYTYN, P. P. An empirical investigation of collaborative conflict management style in group support system-based global virtual teams. *Journal of Management Information Systems*, 2005, p. 185-222.

24 ROBBINS S. P.; JUDGE T. A. *Organizational Behavior*. 14. ed. Upper Saddle River, NJ: Pearson Prentice Hall, 2011.

25 NAQUIN, C. E.; TYNAN, R. O. The team halo effect: why teams are not blamed for their failures. *Journal of Applied Psychology*, abr. 2003, p. 332-340.

26 DREXLER, A. B.; FORRESTER, R. Teamwork – not necessarily the answer. *HR Magazine*, jan. 1998, p. 55-58; SAAVEDRA, R.; EARLEY, P. C.; VAN DYNE, L. Complex interdependence in task-performing groups. *Journal of Applied Psychology*, fev. 1993, p. 61-72.

# CAPÍTULO 11
## Desenvolvendo grupos

### CONFIRA O QUE APRENDEU 11.2

5. Uma equipe poderosa é aquela que:
   a. representa um grupo de indivíduos que interagem primariamente para compartilhar informações e tomar decisões.
   b. é fortemente influenciada pela sinergia negativa.
   c. está se movendo na direção certa, mas ainda não chegou lá.
   d. tem um conjunto de características comuns que levam a desempenhos verdadeiramente altos.

6. O ato de tornar-se um "sanguessuga" em um grupo é geralmente chamado de:
   a. *social loafing* (ou folga social).
   b. normatização social.
   c. equipes de trabalho sociais.
   d. nenhuma das anteriores.

7. Qual das opções a seguir não é um obstáculo para equipes eficientes?
   a. Falta de confiança.
   b. Falta de conflitos internos.
   c. Falta de apoio externo.
   d. Senso de direção fraco.

8. Por que as equipes são fundamentais para programas de melhoria contínua?
   a. Elas permitem que objetivos específicos sejam definidos.
   b. Elas fornecem um meio natural para que os empregados compartilhem ideias e implementem melhorias.
   c. Elas permitem um uso mais eficiente e melhor dos recursos.
   d. Elas promovem a diversidade na força de trabalho.

## REFORÇANDO A COMPREENSÃO

### RESUMO

Depois de ler este capítulo, você será capaz de:

1. **Comparar um grupo com uma equipe.** Um grupo é simplesmente duas ou mais pessoas que se juntam para atingir um objetivo particular. Uma equipe é um grupo de trabalho formal composto por indivíduos que estão comprometidos com um propósito comum, que têm um conjunto de objetivos de desempenho e que têm mutuamente a responsabilidade pelos resultados da equipe. Em comparação com um grupo de trabalho formal, as equipes alcançam uma sinergia positiva, produzindo um todo que é maior do que a soma de suas partes, por meio de um esforço conjunto.

2. **Definir normas.** Normas são padrões aceitáveis de comportamento dentro de um grupo que são compartilhados pelos membros do grupo.

3. **Explicar a relação entre a natureza coesiva e a produtividade de um grupo.** Embora a natureza coesiva afete a produtividade, ela depende das normas relacionadas ao desempenho do grupo. Se as normas relacionadas ao desempenho são altas, um grupo mais coeso será mais produtivo do que um menos coeso.

Se a natureza coesiva for alta, a produtividade será baixa. Se a natureza coesiva é baixa e as normas de desempenho são altas, a produtividade aumenta modestamente. Se a natureza coesiva e as normas relacionadas ao desempenho são baixas, a produtividade tende a ser de baixa a moderada.

4. **Descrever quem provavelmente se tornará um líder emergente em um grupo informal.** Líderes emergentes tendem a ser pessoas com traços carismáticos e ter importantes, mas escassos, conhecimentos sobre a organização ou aspectos técnicos de um trabalho de grupo.
5. **Explicar o que um gestor pode fazer quando normas do grupo estão atrapalhando o desempenho do departamento.** Quando as normas estão atrapalhando o desempenho do departamento, o gestor pode transferir um ou mais membros do grupo, separar fisicamente membros ou recompensar membros que agem contra normas disfuncionais.
6. **Identificar três categorias de equipes.** Equipes podem ser categorizadas de três formas: equipes que fornecem conselhos, equipes que gerenciam coisas e equipes que fazem coisas.
7. **Listar as características das verdadeiras equipes.** Verdadeiras equipes são caracterizadas por um pequeno número de pessoas com habilidades complementares que são igualmente comprometidas com um propósito comum, objetivos comuns e uma abordagem de trabalho comum nas quais eles se apoiam mutuamente no cumprimento das responsabilidades.
8. **Listar ações que um gestor pode praticar para melhorar o desempenho da equipe.** Os gestores podem melhorar o desempenho da equipe criando propósitos e objetivos claros, incentivando pequenas vitórias, construindo confiança mútua, avaliando desempenhos individuais e em grupo, fornecendo apoio externo necessário, oferecendo treinamento para a construção de equipes e mudando a inclusão de membros na equipe.
9. **Descrever o papel de equipes em programas de melhoria contínua.** Programas de aperfeiçoamento contínuo fornecem um meio natural para que os funcionários compartilhem ideias e implementem melhorias como parte do processo. As equipes são particularmente eficientes para a resolução de problemas complexos.

## COMPREENSÃO: QUESTÕES PARA REVISÃO E DISCUSSÃO

1. Como as normas afetam o comportamento dos funcionários?
2. Dê exemplos de normas relacionadas a baixo desempenho.
3. Grupos coesos sempre superam grupos menos coesos? Explique.
4. Por que sistemas formais não podem ser traçados para eliminar completamente as necessidades dos grupos informais?
5. Explique a crescente popularidade das equipes.
6. Compare uma pseudoequipe com uma verdadeira equipe.
7. Que habilidades todas as equipes precisam para ter um desempenho eficiente?
8. Compare o propósito de uma equipe e seus objetivos.
9. Como você constrói confiança numa equipe?
10. Qual é o papel do gestor para ganhar apoio externo para as equipes?

# CAPÍTULO 11
## Desenvolvendo grupos

 **DESENVOLVENDO SUAS HABILIDADES DE GESTÃO**

### MAIS AUTOCONHECIMENTO

Antes que você possa efetivamente supervisionar os outros, deve conhecer suas reais forças e áreas que precisam ser desenvolvidas. Para ajudar neste processo de aprendizagem, nós encorajamos você a realizar suas autoavaliações, que podem ajudar a determinar:

\# Eu sou bom em construir e liderar uma equipe?

Após concluir a autoavaliação, sugerimos que guarde os resultados para seu "portfólio de autoconhecimento".

### CRIANDO UMA EQUIPE

**Exercício experimental: Construindo equipes de trabalho eficientes**

Objetivo: esse exercício foi planejado para permitir que integrantes de uma sala de aula (a) experimentem trabalhar juntos como uma equipe e (b) analisem essa experiência.

Tempo: as equipes terão 45 minutos para se envolver com as etapas 2 e 3, a seguir. Outros 30 minutos serão usados em classe para criticar e avaliar o exercício.

*Procedimento*

1. Os alunos deverão ser organizados em equipes de aproximadamente seis pessoas.
2. Cada equipe deverá:
   a. determinar um nome para a equipe;
   b. compor uma música para a equipe.
3. Cada equipe deverá tentar encontrar os seguintes itens em sua caça ao tesouro:
   a. a imagem de uma equipe;
   b. um artigo de jornal sobre um grupo ou equipe;
   c. uma peça de vestuário com o nome da faculdade (ou instituição) ou o logo;
   d. um canudinho;
   e. uma bola de algodão;
   f. um pedaço de papel de carta timbrado de um departamento da faculdade;
   g. um bloco de notas;
   h. um *pen drive*;
   i. um copo de bebida de um restaurante fast-food;
   j. uma coleira;
   k. um livro de Machado de Assis;
   l. um catálogo de um produto da Fiat;
   m. um tubo de ensaio;
   n. um pacote de chiclete;
   o. um catálogo da faculdade.
4. Depois de 45 minutos, todas as equipes devem voltar para a sala de aula (uma penalidade, determinada pelo professor, será imposta às equipes atrasadas). A equipe com a maioria dos itens da lista será a vencedora. A classe e o professor determinarão se os itens atendem às exigências do exercício.
5. O interrogatório começará com cada equipe comprometida com a autoavaliação. Especificamente, devem ser respondidas as seguintes perguntas:
   a. Qual foi a estratégia da equipe?
   b. Qual papel cada membro individual teve?
   c. Quão eficiente foi a equipe?
   d. O que a equipe poderia ter feito para ser mais eficiente?
6. A discussão com a classe toda será focada em questões como as seguintes:
   a. O que diferenciou as equipes mais eficientes das menos eficientes?

b. O que você aprendeu com essa experiência que é relevante para planejar equipes eficientes?

Fonte: adaptado de MANNING, M. R.; SCHMIDT, P. J. Building effective work teams: a quick exercise based on a scavenger hunt. *Journal of Management Education*, v. 19, n. 3, ago. 1995, p. 392-398.

## PRATICANDO A HABILIDADE

Cada vez mais, os gestores eficientes estão sendo descritos como treinadores, em vez de chefes. Assim como os treinadores, espera-se que eles forneçam instruções, orientações, conselhos e incentivos para ajudar membros de equipes a melhorar seu desempenho no trabalho.

**Etapa 1: Analise formas de melhorar o desempenho e a capacidade da equipe.** Um treinador procura oportunidades para integrantes de equipes ampliarem suas capacidades e melhorarem seu desempenho. Como? Usando os seguintes comportamentos: observe o comportamento dos membros da equipe no dia a dia. Faça perguntas sobre eles: por que você fez uma tarefa desse jeito? Ela pode ser melhorada? Que outras abordagens poderiam ser utilizadas? Mostre interesse verdadeiro nos membros da equipe como indivíduos, não apenas como funcionários. Respeite-os individualmente. Escute o funcionário.

**Etapa 2: Crie um clima favorável.** É responsabilidade do treinador reduzir barreiras ao desenvolvimento e facilitar um clima que incentive melhorias no desempenho pessoal. Como? Usando os seguintes comportamentos: crie um clima que contribua para uma troca de ideias livre e aberta. Ofereça ajuda e assistência. Dê direcionamento e conselhos quando solicitados. Incentive sua equipe. Seja positivo e otimista. Não use ameaças. Pergunte "O que aprendemos com isso que pode nos ajudar no futuro?". Reduza obstáculos. Diga aos membros da equipe que você aprecia a contribuição deles para os objetivos da equipe. Assuma responsabilidades pessoais, mas não exima os membros da equipe de suas responsabilidades. Valide os esforços dos membros da equipe quando obtiverem sucesso. Aponte o que estava faltando quando eles falharam. Nunca os culpe por resultados ruins.

**Etapa 3: Influencie membros da equipe a mudar seu comportamento.** O teste definitivo da eficiência do treinamento é quando o desempenho de um funcionário melhora. A preocupação é com o crescimento e desenvolvimento contínuos. Como você pode fazer isso? Usando os seguintes comportamentos: reconheça e recompense pequenas melhorias e trate o treinamento como uma forma de ajudar os funcionários continuamente a trabalhar para melhorar. Use um estilo colaborativo, permitindo que os integrantes de uma equipe participem identificando e escolhendo ideias de melhoria. Decomponha tarefas difíceis em outras mais simples. Modele as qualidades que você espera de sua equipe. Se quiser abertura, dedicação, compromisso e responsabilidade dos membros de sua equipe, você deve demonstrar essas qualidades em si mesmo.

### Comunicação eficaz

Descreva por que equipes de trabalho são mais aceitáveis no Japão do que no Ocidente.

Em duas ou três páginas, explique se você prefere trabalhar sozinho ou fazer parte de uma equipe.

## PENSANDO DE FORMA CRÍTICA

### Caso 11A: Distribuição na Hewlett-Packard

Mesmo organizações bem gerenciadas nem sempre trabalham de forma tão eficiente e eficaz como os gerentes gostariam. Na Hewlett--Packard (HP), bilhões de dólares em produtos – de computadores e dispositivos diagnósticos

## CAPÍTULO 11
## Desenvolvendo grupos

a cartuchos de tinta – são transportados todo ano. Os pedidos dos clientes entram 24 horas por dia, 365 dias por ano. Aproximadamente 16 mil produtos diferentes são pedidos diariamente e devem ser despachados de seis depósitos diferentes – localizados a quilômetros de distância. Sempre leva semanas para que os clientes tenham os produtos em suas mãos. Esse é um sério problema com clientes que têm contratos com a HP que declaram que as entregas devem ser feitas em quatro horas ou menos. Isso significa que, a partir do momento em que um cliente liga para o serviço de atendimento ao cliente HP, ele deve receber sua peça de reposição e voltar à operação dentro de quatro horas – independentemente de onde estiver localizado!

Uma característica que distingue uma organização de destaque é sua capacidade de saber quando problemas precisam ser resolvidos e, assim, fazer algo em relação a isso. O trabalho de correção desse problema cai nas costas da gerente de distribuição da HP, Loretta Wilson.

Loretta rapidamente criou uma equipe de experts – de dentro e de fora da organização. Esses incluíam experts em logística, sistemas e operações. Eles rapidamente avaliaram a situação e definiram seus objetivos. Na verdade, a equipe queria "encontrar formas mais inteligentes e simples de manipular partes poucas vezes em vários pontos no canal de distribuição". Eles concluíram que uma planta nova e de alta tecnologia era necessária – uma em que o processo de distribuição pudesse maximizar sua eficiência. A equipe planejou um equipamento preciso de 405 mil metros quadrados e o layout da operação. Por exemplo, a planta da nova distribuição tem mais de 1,6 mil quilômetros de correias transportadoras que trabalham constantemente. Novas máquinas de seleção conseguem selecionar mais de 45 peças por minuto, permitindo que a companhia processe mais de 60 mil produtos todos os dias. O inventário agora é estocado depois de ser recebido no depósito em minutos – em vez dos aproximadamente oito dias que a tarefa levava antes. A embalagem é feita com a assistência de robôs. Estações de trabalho para os funcionários foram redesenhadas para reduzir seu envolvimento na manipulação de produtos. E uma doca de expedição especial é equipada de forma que as remessas possam ser guardadas e seu peso determinado bem no momento em que a Federal Express volta para a doca. A carga, então, é imediatamente colocada nos caminhões, e os motoristas são enviados para o aeroporto. Enquanto a FedEx se dirige ao aeroporto, eles usam seus telefones celulares para ligar para a pesagem de carga e dirigi-los para uma aeronave que já está esperando – e a carga é enviada ao consumidor.

A equipe de Loretta obteve sucesso? Sim. A nova facilidade de distribuição está atendendo a seus pedidos dentro do limite de quatro horas, como exigido no contrato. Além disso, consolidando as seis plantas independentes anteriores em uma única operação, a produtividade aumentou em mais de 33%.

### Analisando o caso 11A

1. Por que você acha que uma equipe foi necessária para planejar um projeto complexo como o centro de distribuição para a HP? Como você classificaria essa equipe?
2. Você acredita que as vantagens acumuladas a partir da especialização se perdem ou são reduzidas quando indivíduos de diferentes especialidades são colocados numa mesma equipe? Discuta.
3. Você acha que a equipe de Loretta Wilson alcançou seus objetivos? Explique.

Fonte: baseado em FEARE, T. Speeding HP orders "out the door in four". *Modern Materials Management*, maio 1999, p. 40-43.

## Caso 11B: Bem-vindo ao Hospital Santa Mariana

Paula Mendes é gerente de enfermagem do turno da noite no Hospital Santa Mariana há aproximadamente quatro anos. Paula supervisiona enfermeiras 24 horas que trabalham das 11h da noite às 7h30 da manhã. Sete das enfermeiras estão muito próximas umas das outras, tanto dentro como fora do hospital. Cada uma dessas sete enfermeiras está no hospital há mais de 20 anos e ganhou o respeito e a confiança da equipe médica e da administração. Uma delas, Bruna Lins, é excelente, muito cordial e extrovertida, e bem respeitada pelo grupo de sete enfermeiras.

Quando novas enfermeiras são trazidas para o turno, são gerenciadas por um mentor nos três primeiros meses. Além disso, as sete enfermeiras também se empenham numa rotina de boas-vindas com algumas brincadeiras e truques inofensivos. Muitas das novas enfermeiras reconhecem isso como um rito de passagem inofensivo para os novos membros da enfermagem do turno da noite. Mas Paula, como gerente, ficou preocupada que as brincadeiras e truques possam causar algum problema. Três enfermeiras recém-contratadas deixaram o Hospital Santa Mariana depois de apenas duas semanas de trabalho.

Paula organizou uma reunião com Bruna para expressar suas preocupações em relação às brincadeiras e aos truques. Bruna afirmou que são diversões inocentes necessárias para quebrar a tensão e a pressão constante de cuidar dos pacientes. Além disso, ela disse que "qualquer enfermeira que não goste de brincadeiras não deveria trabalhar no turno da noite no Hospital Santa Mariana".

Três semanas mais tarde, três enfermeiras novas recém-contratadas pediram demissão depois de dizerem a Paula que não gostaram das "brincadeiras e truques". Essas enfermeiras contaram a Paula que acreditam que a enfermagem é uma profissão séria e que não poderiam trabalhar sob as condições atuais. As enfermeiras deixaram a reunião afirmando que pretendiam comunicar suas preocupações ao administrador do hospital.

### Analisando o Caso 11B

1. Que tipo de grupo as sete enfermeiras do turno da noite representam? Esse tipo de grupo melhora o desempenho do turno da noite?
2. Discuta o tópico das normas do grupo em relação a esse caso. Como a revisão das normas do grupo poderia melhorar esta situação?
3. Como gerente, Paula deveria trabalhar para melhorar as normas do grupo informal ou deveria trabalhar para transformá-lo em um grupo formal de natureza coesiva?

# Parte IV
## AVALIAÇÃO, SEGURANÇA, NEGOCIAÇÃO, MUDANÇA E RELAÇÕES DE TRABALHO

Se há uma coisa comum no mundo do trabalho é o fato de que as coisas nunca permanecerão calmas – pelo menos, não por um longo período de tempo. Os gestores sabem que devem avaliar seus funcionários, além de lidar com problemas que possam surgir. Assim, também devem trabalhar para assegurar que o ambiente de trabalho seja seguro e saudável e estar preparados para lidar com a mudança dinâmica que ocupa lugar nas organizações. Todos esses assuntos são conteúdo da Parte IV

Os capítulos que compõem esta parte são:

**CAPÍTULO 12**
*Avaliação de desempenho*

**CAPÍTULO 13**
*Saúde e segurança no local de trabalho*

**CAPÍTULO 14**
*Conflitos, política, disciplina e negociação*

**CAPÍTULO 15**
*Gestão da mudança*

# CAPÍTULO 12
## Avaliação de desempenho

## CONCEITOS-CHAVE

Ao concluir este capítulo, você será capaz de definir os seguintes termos:

aconselhamento ao
   funcionário
avaliação 360 graus
avaliação de desempenho
classificação individual
classificação pela ordem
   do grupo
comparação de pares
efeito halo

ensaio escrito
erro constante
erro de recenticidade
erro de semelhança
erro de tendência central
escala de classificação adjetiva
escala de classificação
   baseada no comportamento
   (BARS)

*feedback* de desempenho
*feedback* extrínseco
*feedback* intrínseco
incidentes críticos
lista de verificação
processo de avaliação

## OBJETIVOS DO CAPÍTULO

Depois de ler este capítulo, você será capaz de:

12.1 Descrever os três propósitos da avaliação de desempenho.

12.2 Diferenciar avaliação de desempenho formal e informal.

12.3 Descrever as questões legais que são centrais em avaliações de desempenho.

12.4 Identificar os três conjuntos de critérios de avaliação mais utilizados pelos gestores.

12.5 Comparar padrões absolutos e relativos.

12.6 Listar erros humanos que possam distorcer os resultados em avaliações de desempenho.

12.7 Descrever o que significa o termo *avaliação 360 graus*.

12.8 Descrever o propósito do aconselhamento de funcionários.

### DILEMA DO LÍDER

"Em determinado dia, na maioria das organizações, você encontrará um gerente informando a um funcionário que é hora da avaliação periódica de seu desempenho. E normalmente a notícia não é entregue nem recebida com alegria. Perdendo apenas para a demissão, a avaliação de desempenho é a tarefa de que os funcionários menos gostam. Jim Heskett, na Harvard Business Review, diz que as análises de desempenho dos funcionários estão no topo da lista de coisas menos favoritas para serem feitas por funcionários e gerentes. Heskett argumenta que o debate sobre a utilidade das análises de desempenho se concentra num sistema de "classificação forçada", popularizado pela GE, que não só pretende identificar os melhores executores, mas também os que têm subdesempenho e que podem consequentemente ser "'aconselhados' a deixar a organização".*

A avaliação de desempenho pode ser definida como uma interação formal estruturada entre o funcionário e seu superior que geralmente tem o formato de uma entrevista periódica (anual ou semianual), na qual o desempenho do trabalho do funcionário é examinado e discutido, com o objetivo de identificar fraquezas e forças, assim como oportunidades de melhorar e desenvolver habilidades. O objetivo do processo de análise é reconhecer realizações para avaliar o progresso do trabalho. Assim, pode-se planejar o treinamento para o desenvolvimento das habilidades e dos pontos fortes. Uma avaliação de desempenho pode estimular o interesse do funcionário e melhorar seu desempenho no trabalho. O potencial verdadeiro da avaliação é que ela serve como uma ferramenta para motivação e desenvolvimento.

Felizmente ou não, os gestores provavelmente serão os que mais farão esse tipo de análise/avaliação. A maioria reconhece a importância de sistemas de gerenciamento de desempenho eficazes. Eles sabem que o desempenho dos funcionários é essencial para o sucesso ou a falha da empresa e que um sistema unificado de avaliação deve ser utilizado para que as organizações deem um *feedback* consistente para as pessoas. Quanto maior a empresa, mais provável que haja um formulário de avaliação padronizado e procedimentos formais a seguir. Os procedimentos são exigentes, a fim de assegurar que oportunidades iguais sejam dadas; em outras palavras, elas devem ser administradas de forma que resultem em um tratamento justo e equitativo de todos.

A avaliação de desempenho deve conter padrões que são mensuráveis, compreensíveis, verificáveis, equitativos e atingíveis. A avaliação de desempenho deve contar aos funcionários o que eles precisam fazer e como devem fazer. Os padrões de desempenho devem ser ajustados e analisados com cada funcionário de forma que ele saiba o que se espera dele. Quando usadas efetivamente, as avaliações trarão um histórico importante para discussão, em vez de um arquivo para ser visto apenas quando classificações são necessárias. Além disso, os padrões devem descrever as atribuições e responsabilidades de trabalho que sejam significativamente influenciadas pelos esforços de trabalho de um funcionário e dentro do controle dele.

Incorporada no documento deve estar uma lista de qualidades planejadas para direcionar o que se espera do funcionário, a fim de que ele desempenhe o trabalho e/ou o rigor ou a efetividade do produto final. Os critérios para quantidade devem ser direcionados a quanto de trabalho se espera que o funcionário produza. Os indicadores de oportunidades têm influência sobre quão rapidamente, quando ou em que data o funcionário deve produzir o trabalho. Uma avaliação de desempenho é

CAPÍTULO 12
Avaliação de desempenho

uma análise e discussão do desempenho do funcionário no que diz respeito aos deveres e às responsabilidades atribuídas. A avaliação deve ser baseada em resultados obtidos pelo funcionário no trabalho, não nas características de personalidade dele.

Os gestores devem planejar para fornecer *feedback* constantemente a seus funcionários. Planejar um *feedback* efetivo dentro de um programa de gerenciamento de desempenho melhorará o desempenho individual e tornará a organização mais eficiente. Com um processo de *feedback* efetivo, funcionários podem ver seu progresso e isso pode motivá-los a alcançar seus objetivos de desempenho. O *feedback* funciona melhor quando relacionado a um objetivo específico, e os funcionários devem receber informações sobre como estão trabalhando em tempo hábil. O *feedback* deve ser dado de forma a ajudar na melhoria do desempenho. Em alguns casos, os colegas dos funcionários, que trabalham com eles no dia a dia, saberão seu desempenho no trabalho e poderão auxiliá-los fornecendo o *feedback*.

Nenhuma norma legislativa existe para reforçar padrões éticos na avaliação de desempenho. Assim, o processo de avaliação pode sofrer, e frequentemente sofre, de falta de ética. Por causa disso, há muitos que acreditam que as organizações devem abolir avaliações de desempenho. Uma vez que há áreas cinzentas quando se trata de avaliações, eles podem encontrar exigências legais, mas limitar-se a práticas questionáveis.

Existem muitas fontes respeitáveis – pesquisadores, especialistas de gestão e psicometria – que apresentaram dúvidas em relação à validade e à fidelidade do processo de avaliação de desempenho. Alguns até sugeriram que o processo estivesse tão inerentemente defeituoso que seria impossível aperfeiçoá-lo.** De fato, algumas desvantagens do processo de avaliação são de tal maneira sérias que ainda que os superiores compreendam que a "finalidade da avaliação" é fornecer um *feedback* construtivo e definir bons objetivos e planejamentos de desenvolvimento, pessoas com classificações baixas ficam preocupadas com as taxas numéricas em vez de se preocuparem com a mensagem. A não ser por aqueles que recebem classificações mais altas, a boa conversa que eles esperavam raramente acontece. Os funcionários ignoram e completam educadamente a entrevista. Outros se tornam defensivos e rancorosos.***

Então qual é a resposta? Por que usar avaliações de desempenho? Você sente que as avaliações dos funcionários são ferramentas válidas para ajudar a compreender como eles têm desempenhado suas funções? Elas alcançam os objetivos pretendidos? Quais são os reais efeitos? Avaliações de desempenho são realmente necessárias? Há outras maneiras de atingir esses objetivos? Você acredita que uma organização possa ter um processo de avaliação eficiente sem que a sinceridade e a honestidade prejudiquem esse sistema? Como você controlaria as avaliações de seus funcionários?

\* WILLIAMS, Ray. Why CEOs need to scrap employee performance reviews. *Wired for Success*, 17 maio, 2011. *Psychology Today*. Disponível em: <http://www.psychologytoday.com/blog/wired-success/201105/why-ceos-need-scrap-employee-performance-reviews>. Acesso em: 15 jul. 2013.

\*\* DERVEN, M. G. The paradox of performance appraisals. *Personnel Journal*, v. 69, fev. 1990, p. 107-111.

\*\*\*COENS, T.; JENKINS, M. *Abolishing performance appraisals*: why they backfire and what to do instead. São Francisco, CA: Berrett-Koehler Publishers, 2000. Disponível em: <http://www.bkconnection.com/static/ Abolishing_Performance_Appraisals_EXCERPT.pdf>. Acesso em: 15 jul. 2013.

Fontes adicionais: veja JUNCAJ, T. Do appraisals work?,*Quality Progress*, v. 35, n. 11, nov. 2002, p. 45-50; BROWN, M.; BENSON, J., Rated to exhaustion? Reaction to performance appraisal process. *Industrial Relations Journal*, v. 34, n. 1, mar. 2003, p. 67-81; e ERDOGAN, B.; KRAIMER, M. L.; LIDEN, R. C. Procedural justice as a two-dimensional construct: an examination in the performance appraisal context. *Journal of Applied Behavioral Science*, jun. 2001, p. 205-223.

## INTRODUÇÃO

Eu sei que está errado", comentou Ronnie Costa. "Eu sei que deveria fazer mais em termos de avaliação de desempenho com os meus funcionários, mas não faço. Já que meu chefe não faz isso comigo, eu meio que ignoro. A razão é porque quando eu faço avaliações e dou *feedback* às pessoas, quase nunca concordamos. Todo mundo acha que está fazendo um trabalho acima da média. Como todo mundo pode estar acima da média? Se eu acreditasse em suas autoavaliações, eu teria apenas três tipos de pessoas trabalhando para mim – estrelas, superestrelas e megaestrelas!

Os comentários de Ronnie Costa sugerem por que, para muitos gestores, a avaliação de desempenho do funcionário é uma das tarefas mais difíceis. Neste capítulo, analisamos as avaliações de desempenho e fornecemos a você e aos Ronnies espalhados pelo mundo algumas técnicas que podem tornar a avaliação e análise de desempenho uma experiência menos traumática.

### OBJETIVO 12.1
Descrever os três propósitos da avaliação de desempenho.

## 12.1 O PROPÓSITO DAS AVALIAÇÕES DE DESEMPENHO DE FUNCIONÁRIOS

Há mais de 30 anos, os chefes típicos se sentavam todos os anos com seus funcionários, individualmente, e criticavam seu desempenho no trabalho. O objetivo era analisar quão bem eles haviam trabalhado a fim de atingir seus objetivos. Os funcionários que falhavam em relação a isso achavam que as avaliações de desempenho não resultavam em nada mais do que o gestor criando uma lista de suas falhas. É claro que devido ao fato de a avaliação de desempenho ser um ponto determinante no ajuste salarial e nas decisões de promoção, qualquer coisa relacionada a essa avaliação do trabalho causava medo no coração dos funcionários. Não é de surpreender, nesse clima, que os gestores sempre quisessem evitar todo o processo de avaliação.

### AVALIAÇÃO DE DESEMPENHO
Análise de desempenhos anteriores que enfatiza realizações positivas assim como deficiências; meio de ajudar o funcionário a melhorar seu desempenho futuro.

Hoje, profissionais eficientes tratam a *avaliação de desempenho* como uma ferramenta de avaliação e desenvolvimento, assim como um documento legal formal. Ela avalia desempenhos anteriores – enfatizando realizações positivas assim como deficiências. Além disso, estão usando a avaliação de desempenho para ajudar os funcionários a melhorar desempenhos futuros. Se as deficiências forem localizadas, o superior pode ajudar os funcionários a esboçar um plano detalhado para corrigir a situação. Enfatizando o futuro, assim como o passado, os funcionários ficam menos suscetíveis a responder defensivamente ao *feedback* do desempenho, e o processo de avaliação provavelmente os motivará a corrigir suas deficiências de desempenho. Tomar uma atitude contra o funcionário por um baixo desempenho pode criar um problema se a situação não for bem documentada. A avaliação de desempenho

CAPÍTULO 12
Avaliação de desempenho

tem o propósito vital de fornecer a documentação necessária para qualquer ação pessoal que seja tomada.[1]

### 12.1.1 Quando devem ocorrer as avaliações?

A avaliação de desempenho é uma atividade formal e informal. Análises de desempenho formais devem ser conduzidas uma vez por ano, no mínimo. Duas vezes pode ser até melhor. Assim como estudantes não gostam de ter a nota inteira de seu curso apoiada no resultado de um exame final, os funcionários também não sentem prazer em ter suas carreiras dependendo de apenas uma análise anual. Duas análises formais por ano significa que menos "desempenho" será avaliado em cada uma, e diminui a tensão que os funcionários sempre associam às análises formais.

Os gestores proativos podem até mesmo estabelecer a prática de ter análises informais periódicas em vez de esperar análises anuais ou bianuais. A avaliação de desempenho informal é a avaliação que um gestor faz do desempenho de um funcionário no dia a dia e o *feedback* contínuo que fornece ao funcionário sobre seu desempenho. O gestor eficiente fornece continuamente dados informais aos funcionários – comentando sobre aspectos positivos do trabalho deles e apontando problemas quando eles vêm à tona. Assim, considerando que análises formais podem ocorrer apenas uma ou duas vezes por ano, análises informais devem ser feitas o tempo todo. Além disso, quando o *feedback* informal for aberto e honesto, as análises formais provavelmente serão menos ameaçadoras aos funcionários e não apresentarão nenhuma grande surpresa. Quando as análises indicam deficiências ou os objetivos não tiverem sido atingidos, os gestores podem usar um processo de treinamento para analisar por que isso aconteceu e ajudar o funcionário no desenvolvimento de um lócus interno de responsabilidade pessoal. Um gestor pode achar que funcionários que têm lócus externo de responsabilidade pessoal irão colocar a culpa de um baixo desempenho na parcialidade do chefe, dos colegas de trabalho ou em outros eventos fora do controle deles, enquanto os funcionários que lócus interno de responsabilidade explicarão a mesma avaliação baseados em suas próprias ações.

### 12.1.2 Qual é seu papel nas avaliações de desempenho?

Qual é o alcance dos gestores no processo de avaliação? Quanto maior sua empresa, mais provável é que existam formulários de avaliação padronizados e procedimentos formais que você deva seguir. Mesmo as empresas pequenas tendem a padronizar alguns procedimentos de avaliação para assegurar que as mesmas exigências de oportunidades de emprego sejam cumpridas.

---

1 O material deste capítulo é derivado de DECENZO, D. A.; ROBBINS, S. P. *Fundamentals of human resource management*. 8. ed. Hoboken, NT: John Wiley & Sons, 2005. Capítulo 10.

> **OBJETIVO 12.2**
> Diferenciar avaliação de desempenho formal e informal.

**Você será o único avaliador?** A maioria das avaliações de desempenho dos funcionários é conduzida por gestores. Entretanto, um gestor nem sempre é a única fonte de informação pertinente sobre o desempenho do funcionário. Nos últimos anos, algumas organizações têm acrescentado autoavaliações e avaliações dos colegas de trabalho para complementar as feitas pelos gestores. Os próprios funcionários sempre têm percepções valiosas para fornecer sobre si, assim como sobre seus colegas.

Autoavaliações atingem altas marcas dadas pelos próprios funcionários. Elas tendem a diminuir a capacidade de defesa dos funcionários em relação ao processo de avaliação e transformam-se num excelente meio de estimular discussões sobre o desempenho no trabalho. Autoavaliações tendem a sofrer certa "inflação", por isso devem ser usadas de forma a complementar sua avaliação em vez de substituí-la. O uso da autoavaliação, entretanto, é completamente consistente do ponto de vista da avaliação de desempenho como ferramenta de desenvolvimento, no lugar de ter simplesmente propósitos avaliativos.

Há alguns elementos do trabalho de um funcionário que os outros funcionários podem julgar melhor do que você, como gestor. Em algumas funções, por exemplo, você não observa regularmente o trabalho do funcionário porque a extensão do seu controle é muito ampla ou por causa de uma separação física. Quando o trabalho é construído principalmente ao redor de grandes equipes, os membros das equipes são sempre melhores na avaliação uns dos outros porque eles têm uma visão mais compreensiva do desempenho de cada membro no trabalho. Em exemplos como esses, complementar suas avaliações com a avaliação feita pelos colegas pode aumentar a precisão do *processo de avaliação*.

**Que formulários ou documentações a organização fornece?** É raro ter organizações que não exijam que seus gestores usem um formulário padronizado para guiá-los em relação às avaliações de desempenho. Em alguns casos, gestores ou o departamento de recursos humanos fornecem um formulário condensado e permitem considerável liberdade na identificação e na avaliação dos fatores de desempenho do trabalho. No entanto, as empresas fornecem formulários detalhados e instruções que todos os gestores devem seguir.

Nosso ponto é que você raramente é completamente independente na avaliação de seus funcionários. Comece analisando qualquer formulário padrão que sua organização use para avaliação. Familiarize-se com as informações que se espera que você forneça e certifique-se de que todas as pessoas que se reportam a você – especialmente os novos funcionários – entendam como e com base em quais critérios serão avaliadas.

**Como você define as expectativas de desempenho?** Como gestor, você deve estar envolvido na determinação de padrões de desempenho para seus funcionários. Idealmente, você e cada funcionário devem analisar em conjunto o trabalho do funcionário, identificar os processos e os resultados necessários, e assim, determinar os padrões de desempenho que

---

*PROCESSO DE AVALIAÇÃO*
*Elementos de uma avaliação de desempenho como definidos pela organização; pode envolver autoavaliação e avaliação dos colegas, além da avaliação do gestor.*

# CAPÍTULO 12
Avaliação de desempenho

definirão como os resultados serão bem atingidos. Lembre-se de que, antes que o desempenho de um funcionário possa ser avaliado, algum padrão deve existir para que a avaliação possa ser feita. Você deve assegurar que as expectativas de desempenho tenham sido definidas para cada funcionário e que os funcionários entendam completamente essas expectativas.

## Figura 12.1 Exemplos de formulários de avaliação de funcionários

**AVALIAÇÃO DE DESEMPENHO NÃO ISENTA DA EDITORA HORIZONTE**

Nome do funcionário:    Cargo:

Período de análise: _____ — _____
            Mês/Ano    Mês/Ano

Nome do coordenador:    Cargo:

---

**ESCREVENDO A CLASSIFICAÇÃO DA AVALIAÇÃO DE DESEMPENHO**

**E** Excepcional — Ultrapassa consistentemente as expectativas nas principais áreas de responsabilidade.

**L** Louvável — Executa o trabalho como ele é definido e ultrapassa expectativas em algumas das principais áreas de responsabilidade.

**R** Recomendável melhorar — Atende aos requisitos mínimos na maioria das áreas, mas precisa melhorar em áreas restritas de responsabilidade.

**I** Insatisfatório — Não atende aos requisitos mínimos de desempenho. Deve melhorar se a posição atual for mantida.

---

**FATORES DE DESEMPENHO**

Classificação dos funcionários em cada categoria de desempenho. Inclua exemplos de apoio para cada fator de desempenho.

E = Excepcional      R = Recomendável Melhorar
L = Louvável      I = Insatisfatório

| FATORES DE DESEMPENHO | E | L | R | I | COMENTÁRIOS E EXEMPLOS DE APOIO |
|---|---|---|---|---|---|
| **Qualidade** Considere a precisão, a compreensão e o método de trabalho. | | | | | |
| **Quantidade** Considere velocidade e volume de trabalho produzido. | | | | | |
| **Iniciativa** Considere a habilidade de pensar independentemente com direções mínimas e de aplicar novos conceitos e técnicas. | | | | | |
| **Conhecimento do trabalho** Considere o entendimento do trabalho e a habilidade de aplicar conhecimento e a eficiência das habilidades. | | | | | |
| **Solução de problemas/Tomada de decisões** Considere a habilidade de identificar, analisar e resolver problemas, sugerir alternativas viáveis e analisar o impacto das decisões antes de executá-las. | | | | | |
| **Julgamento** Considere a habilidade de tomar decisões boas e lógicas e de saber quando agir independentemente ou procurar ajuda. | | | | | |

---

| FATORES DE DESEMPENHO | E | L | R | I | COMENTÁRIOS E EXEMPLOS DE APOIO |
|---|---|---|---|---|---|
| **Pontualidade** Considere a fidelidade ao horário de trabalho e a presteza na notificação do coordenador em caso de ausência. | | | | | |
| **Planejamento e habilidade organizacional** Considere a capacidade de estabelecer prioridades, manter horários e gerenciar o tempo efetivamente. | | | | | |
| **Comunicação** Considere a capacidade de se expressar claramente, tanto falando como escrevendo, e de escutar. | | | | | |
| **Habilidades interpessoais** Considere a capacidade de interagir diplomaticamente e com tato com contatos externos e internos. | | | | | |
| **Confiança** Considere adesão ao horário de trabalho, habilidade de manter confidencialidades, completar trabalhos dentro do prazo, acompanhar atribuições e ser confiável e flexível. | | | | | |
| **Habilidades de trabalho** Considere as habilidades em áreas como digitação/processamento de textos, computação, telefone etc. | | | | | |

**CLASSIFICAÇÃO DE DESEMPENHO GLOBAL**

__Excepcional    __Louvável    __Recomendável melhorar    __Insatisfatório

399

**RESUMO DO DESEMPENHO**

I. **Desempenho *versus* objetivos do ano passado:**
Descreva como os funcionários atingiram objetivos estabelecidos para o ano anterior e encontre objetivos adicionais, se aplicáveis.

II. **Objetivos para o próximo ano:**
Faça uma lista de objetivos quantificáveis com cronograma para realização.

**RESUMO DO DESEMPENHO**

III. **Forças**
Identifique as forças únicas do funcionário em relação aos fatores de desempenho listados anteriormente.

IV. **Áreas a serem melhoradas**
Identifique áreas que o funcionário pode focar para atingir melhor desempenho.

**RESUMO DO DESEMPENHO**

V. **Crescimento pessoal e desenvolvimento**
Descreva atividades a serem empreendidas que irão maximizar o desenvolvimento da carreira. Isto pode incluir programas educacionais, aconselhamento, treinamento no trabalho etc.

_____   _____
Assinatura do coordenador          Data

**COMENTÁRIOS DO FUNCIONÁRIO**
Seus comentários são benéficos para o processo de avaliação de desempenho. Comentários adicionais podem ser anexados em uma página separada, se desejado.

_____
A AVALIAÇÃO E OS COMENTÁRIOS FORAM DISCUTIDOS COM O FUNCIONÁRIO

_____
Assinatura do funcionário e data

_____   _____
Assinatura do coordenador e data       Cargo

## FEEDBACK DE DESEMPENHO

Informações que deixam um funcionário saber como está fazendo seu trabalho; pode ser intrínseco (fornecido pelo próprio trabalho) ou extrínseco (fornecido por um superior ou outra fonte).

**O que é *feedback* de desempenho?** Os funcionários podem receber *feedback de desempenho* de duas maneiras. Ele pode ser fornecido intrinsecamente, pelo próprio trabalho, ou extrinsecamente, por um superior ou alguma outra fonte externa (veja o tópico "Conduzindo uma avaliação de desempenho", no fim deste capítulo).

Em alguns trabalhos, os funcionários recebem regularmente um *feedback* sobre como estão trabalhando porque esse *feedback* é incorporado ao exercício da função. Por exemplo, um especialista em reclamações que trate de reclamações sobre assistência médica obtém seu próprio *feedback*. Seu computador sempre acompanha os formulários que ele processou, o tempo que ele passou em qualquer um deles e sua precisão, levando em conta que formulários incompletos não tenham sido encaminhados. Igualmente, um funcionário de logística em um departamento de expedição mantém um registro contínuo do número de caixas de embalagem e do peso de cada uma. No fim do dia, ele soma os números e compartilha com eles suas produções diárias. Esses cálculos fornecem a ele um *feedback intrínseco* autogerado sobre como trabalhou naquele dia.

O *feedback extrínseco* é fornecido para um funcionário por uma fonte externa. Se o especialista em reclamações encaminha as reclamações completas para o seu gerente, que as verifica em profundidade e faz qualquer ajuste necessário, o *feedback* do desempenho é extrínseco. Se os totais de expedição do funcionário de logística são calculados a cada dia por seu gerente e informados no quadro de avisos do departamento, seu *feedback* de desempenho também é extrínseco.

Você deve fornecer a seus funcionários *feedback* extrínseco contínuo, mesmo que o trabalho seja rico na variedade intrínseca. Isso pode ser realizado por meio de análises informais de desempenho – comentários contínuos que permitam que um funcionário saiba como está trabalhando – e análises de desempenho formais anuais ou semianuais.

### 12.1.3 Quais são as questões legais na avaliação de desempenho?

Ações judiciais têm surgido porque os gestores disseram ou fizeram algo que seus funcionários acreditaram tê-los afetado de forma adversa. Um gerente contou a um funcionário que havia abaixado sua nota da avaliação porque ele faltara no trabalho por ser feriado religioso. Outro funcionário argumentou que as avaliações de seu gerente foram arbitrárias e baseadas em julgamentos subjetivos. Ainda, outro funcionário foi indenizado porque seu gerente deixou de seguir as políticas e os procedimentos de avaliação de desempenho da empresa.

Sua empresa tem orientações e regras específicas que descrevam como deve ser seu procedimento em avaliações de desempenho? Se sim, certifique-se de que você tenha entendido completamente tais regras. A empresa pode ser responsabilizada caso esses procedimentos não sejam seguidos ou sejam seguidos de forma inadequada. Se o manual estabelecer, por exemplo, que as avaliações devem ser realizadas anualmente ou que os gestores irão aconselhar seus funcionários a corrigir deficiências, então você é obrigado a cumprir esses compromissos.

Os critérios de avaliação, os métodos e a documentação devem ser planejados para assegurar que sejam relacionados ao trabalho. Eles não devem ter um efeito diferente nas mulheres ou nas minorias. Os julgamentos de avaliação devem ser neutros em relação a raça, cor, religião, idade, gênero ou nacionalidade. Um número crescente de empresas está fornecendo treinamento de supervisão nas mecânicas de avaliação de desempenho, especialmente para minimizar a possibilidade de ocorrer discriminação no processo.

### 12.1.4 Há critérios apropriados para avaliação de desempenho?

Os critérios que você escolhe para avaliar o desempenho dos funcionários terão mais influência no que os funcionários fazem. Em uma agência de

---

*CAPÍTULO 12*
*Avaliação de desempenho*

**FEEDBACK INTRÍNSECO**
*Feedback autogerado. Veja também feedback de desempenho.*

**FEEDBACK EXTRÍNSECO**
*Feedback fornecido para um funcionário por uma fonte externa. Veja também feedback de desempenho.*

**OBJETIVO 12.3**
*Descrever as questões legais que são centrais em avaliações de desempenho.*

**OBJETIVO 12.4**
*Identificar os três conjuntos de critérios de avaliação mais utilizados pelos gestores*

empregos que cuida de trabalhadores em busca de empregos e empregadores que buscam por funcionários, os entrevistadores foram avaliados pelo número de entrevistas que conduziram. Coerente com a tese de que os critérios de avaliação influenciam o comportamento, os funcionários enfatizaram o número de entrevistas conduzidas em vez da atribuição dos clientes nos trabalhos.[2]

O exemplo anterior demonstra a importância de critérios na avaliação de desempenho. O que você deve avaliar? Os três conjuntos mais populares de critérios são resultados de tarefas, comportamentos e traços individuais.

**Quais são os resultados das tarefas?** Se os fins contam mais do que os meios, você deve avaliar os resultados das tarefas de um funcionário. Usando resultados das tarefas, um carpete mais limpo poderia ser julgado em função do número de metros quadrados que o funcionário é capaz de limpar por dia. Um vendedor poderia ser avaliado pelo volume de vendas global em seu território, pelo aumento do faturamento em vendas e pelo número de novas contas estabelecidas.

**Que comportamentos são importantes?** A avaliação dos funcionários – no que diz respeito a seu comportamento – precisa de uma oportunidade para observar os funcionários ou elaborar um sistema para relatar critérios de comportamento específicos. Usando os exemplos anteriores, os comportamentos de um limpador de carpetes que seriam usados com a finalidade de avaliar seu desempenho poderiam incluir presteza no local de trabalho ou perfeição nos equipamentos de limpeza no fim de um dia de trabalho. Comportamentos pertinentes ao vendedor poderiam ser o número médio de chamadas feitas por dia ou dias ausentes por ano.

Em muitos casos, é difícil identificar resultados específicos que sejam diretamente imputáveis a ações de um funcionário. Isso é particularmente verdadeiro para o pessoal organizado em equipes ou para indivíduos cujas atribuições de trabalho são intrinsecamente parte do esforço de um grupo. No último caso, o desempenho do grupo pode ser facilmente avaliado, mas a contribuição de cada membro pode ser difícil ou impossível de ser identificada claramente. Em tais exemplos, não é incomum avaliar o comportamento do funcionário.

**As avaliações de características são úteis?** Quando classifica pessoas de acordo com seu grau de segurança, confiança, agressividade, lealdade, cooperativismo e coisas do tipo, você está julgando características. Especialistas parecem concordar que as características são inferiores a resultados de tarefas e comportamentos como critérios de avaliação. A razão é que características se referem a prognosticadores potenciais de desempenho, não do próprio desempenho. Assim, a ligação entre as características e o desempenho do trabalho é sempre fraca. Além disso, as características normalmente têm um forte componente subjetivo. O que, por exemplo, significa agressividade? É insistência, dominação ou assertividade? Sua avaliação de alguém em relação a suas características é amplamente determinada pelo que esses termos significam para você. Apesar dos inconvenientes de ter as características como

---

2   BLAU, P. M. *The dynamics of bureaucracy*. Ed. rev. Chicago, IL: University of Chicago Press, 1963.

Avaliação de desempenho dos funcionários.

critério, elas ainda são amplamente usadas em organizações nas avaliações de desempenho dos funcionários.

### 12.1.5 Como você coleta dados de desempenho?

Uma vez que os padrões de desempenho tenham sido estabelecidos, as expectativas, comunicadas, e os critérios de avaliação, definidos, você precisará coletar dados de desempenho. Essa é uma atividade que cada gestor pode e deve fazer.

O melhor caminho é coletar dados de desempenho de forma contínua. Não se deve esperar uma semana antes de avaliar formalmente um funcionário para começar a coletar suas informações. Você deverá manter um arquivo contínuo para cada um de seus funcionários no qual tenha gravados incidentes atuais (comportamentos e/ou resultados) que afetem o sucesso ou a falha de seu trabalho. Tal documentação reduz o potencial de erros causados por excesso de confiança na sua memória para lembrar de eventos e fornece evidências de suporte para você guardar para eventuais avaliações. Lembre, também, que a frequência da observação melhorará a qualidade dos dados que você coleta. Quanto mais oportunidades você tiver para observar o desempenho de seus funcionários em primeira mão, mais precisas suas avaliações de desempenho tendem a ser.

## 12.2 MÉTODOS DE AVALIAÇÃO DE DESEMPENHO

Tendo seus dados em mãos, você pode começar suas avaliações de desempenho atuais. Se existem formulários fornecidos pela empresa, utilize-os; caso contrário, desenvolva seus próprios formulários de classificação. O objetivo é substituir as "impressões globais" que cada um de nós cria sobre o desempenho global dos outros por um procedimento sistemático para avaliação de desempenho. Esse procedimento sistemático aumenta a precisão e a consistência dos resultados.

Há três formas diferentes de fazer avaliações. Funcionários podem ser avaliados em relação a (1) padrões absolutos, (2) padrões relativos ou (3) objetivos. Nenhuma das opções é a melhor; cada uma tem suas forças e fraquezas. Entretanto, tenha em mente que sua escolha pode ser ditada, ou, pelo menos, limitada, por políticas e procedimentos de recursos humanos em sua empresa.

### 12.2.1 Quais são os padrões absolutos de medição?

Os padrões absolutos de medição significam que os funcionários não são comparados com qualquer outra pessoa. Incluídos nesse grupo estão os seguintes métodos: ensaios escritos, incidentes críticos, listas de verificação, escalas de classificação de adjetivos e escalas de classificação baseadas no comportamento.

# Ensaios escritos. Provavelmente o método mais simples de avaliação seja escrever uma narrativa descrevendo forças e fraquezas de um funcionário, desempenhos anteriores, potenciais e sugestões de

*OBJETIVO 12.5*
*Comparar padrões absolutos e relativos*

# A NOVA ADM

## ENSAIO ESCRITO
Narrativa escrita descrevendo forças e fraquezas de um funcionário, desempenhos anteriores, potenciais e sugestões de melhorias.

## INCIDENTES CRÍTICOS
Incidentes que chamam sua atenção para os comportamentos do funcionário e são essenciais para estabelecer a diferença entre executar um trabalho eficientemente e ineficientemente.

## LISTA DE VERIFICAÇÃO
Lista de descrições comportamentais que são marcadas quando se aplicam a um funcionário.

melhorias. Os *ensaios escritos* não exigem nenhum formulário complexo ou treinamento extensivo para ser efetuados. Uma desvantagem é o fato de que os resultados tendem a refletir a habilidade do escritor. Uma boa ou má avaliação poderá ser muito determinada tanto por seu estilo de escrita como pelo nível de desempenho atual do funcionário.

\# **Incidentes críticos.** Chamam sua atenção para os comportamentos do funcionário que são essenciais em estabelecer a diferença entre executar um trabalho eficientemente ou ineficientemente. Isto é, você escreve relatos curtos que descrevem o que o funcionário fez que foi realmente eficiente ou ineficiente. A chave, aqui, é que apenas comportamentos específicos, que não definiram de forma incerta características de personalidade, são citados. Uma lista de *incidentes críticos* fornece um rico conjunto de exemplos que podem mostrar ao funcionário aqueles comportamentos que são desejáveis e os que devem ser melhorados.

\# **Listas de verificação.** Com uma *lista de verificação*, você usa uma relação de descrições comportamentais e marca comportamentos que se aplicam ao funcionário. Como a Figura 12.2 ilustra, você simplesmente segue a lista e marca sim ou não para cada questão. As listas de verificação são rápidas e relativamente fáceis de administrar. Entretanto, elas têm desvantagens. Uma delas é o custo. Empresas com um certo número de categorias de trabalho devem desenvolver itens na lista de verificação para cada categoria. Outro ponto é que simplesmente marcar sim ou não fornece poucos dados para os funcionários – especialmente se você espera que eles melhorem seu trabalho.

**Figura 12.2** Amostra de itens de uma lista de verificação de um formulário de avaliação

| | Sim | Não |
|---|---|---|
| 1. As ordens dos coordenadores geralmente são seguidas? | —— | —— |
| 2. O indivíduo aborda os clientes prontamente? | —— | —— |
| 3. O indivíduo sugere mercadorias adicionais aos clientes? | —— | —— |
| 4. O indivíduo se mantém ocupado quando não está atendendo um cliente? | —— | —— |
| 5. O indivíduo perde a paciência em público? | —— | —— |
| 6. O indivíduo se oferece espontaneamente para ajudar outros funcinários? | —— | —— |

**CAPÍTULO 12**
*Avaliação de desempenho*

\# **Escalas de classificação adjetiva.** Um dos métodos mais antigos e populares de avaliação é a *escala de classificação adjetiva*. Um exemplo de alguns itens das escalas de classificação adjetiva é apresentado na Figura 12.3. Escalas de classificação adjetiva podem ser usadas para avaliar fatores como quantidade e qualidade do trabalho, conhecimento do trabalho, cooperação, lealdade, confiança, frequência, honestidade, integridade, atitudes e iniciativa. Esse método tem mais validade quando características subjetivas como lealdade e integridade são evitadas, a menos que elas possam ser definidas em termos comportamentais específicos.

Com essa escala, você segue a lista de fatores e observa os pontos ao longo da escala ou constante que melhor descrevem o funcionário. Normalmente, há de cinco a dez pontos em continuidade. No plano da escala de classificação, o desafio é assegurar que ambos os fatores avaliados e os pontos da escala sejam claramente compreendidos pelo gestor ao fazer a classificação.

Por que as escalas de classificação adjetiva são tão populares? Embora não forneçam informações em profundidade como os ensaios e incidentes críticos fazem, elas têm várias vantagens. Elas levam menos tempo para se desenvolver e administrar; preveem combinações quantitativas e comparação; e, ao contrário da lista de verificação, há uma padronização maior de itens, de modo que a comparação com outros funcionários em várias categorias de trabalho é possível. Além disso, ter essas avaliações quantificáveis ajuda a apoiar ou defender as decisões pessoais do gestor quando contestado.

> **ESCALA DE CLASSIFICAÇÃO ADJETIVA**
> Método de avaliação que usa uma escala ou constante que melhor descreve o funcionário, usando fatores como quantidade e qualidade de trabalho, conhecimento de trabalho, cooperação, lealdade, confiança, frequência, honestidade, integridade, atitudes e iniciativa.

**Figura 12.3**  Escalas de itens da classificação adjetiva

| FATORES DE DESEMPENHO | CLASSIFICAÇÃO DE DESEMPENHO | | | | |
|---|---|---|---|---|---|
| | **1** | **2** | **3** | **4** | **5** |
| *Qualidade de trabalho* é a precisão, a habilidade e a plenitude do trabalho | Consistentemente insatisfatório | Ocasionalmente insatisfatório | Consistentemente satisfatório | Às vezes superior | Consistentemente superior |
| *Quantidade de trabalho* é o volume de trabalho em um dia normal | Consistentemente insatisfatório | Ocasionalmente insatisfatório | Consistentemente satisfatório | Às vezes superior | Consistentemente superior |

| FATORES DE DESEMPENHO | CLASSIFICAÇÃO DE DESEMPENHO ||||| 
|---|---|---|---|---|---|
| | 1 | 2 | 3 | 4 | 5 |
| *Conhecimento do trabalho* é informação pertinente ao trabalho que um indivíduo deve ter para um desempenho de trabalho satisfatório. | Pouco informado sobre os deveres do trabalho | Ocasionalmente insatisfatório | Pode responder à maioria das questões sobre o trabalho | Compreende todas as fases do trabalho | Tem completo domínio de toda as fases do trabalho |
| *Confiança* é seguir as orientações e as políticas da empresa sem supervisão. | Precisa de constante supervisão | Precisa de acompanhamento ocasional | Geralmente não necessita de supervisão | Precisa de muito pouca supervisão | Precisa do mínimo de supervisão |

## ESCALAS DE CLASSIFICAÇÃO BASEADAS NO COMPORTAMENTO (BARS)

*Escala que ajuda um gestor a classificar um funcionário baseado em itens ao longo de um contínuo; pontos são exemplos do comportamento atual em um trabalho específico, e não descrições e características gerais.*

*Escalas de classificação baseadas no comportamento (BARS – do inglês, Behaviorally Anchored Rating Scales)* combinam os principais elementos do incidente crítico e da escala de classificação adjetiva. Você classifica seus funcionários baseado em itens ao longo de um contínuo, mas os pontos são exemplos do atual comportamento em um trabalho específico, e não descrições e características gerais.

Escalas de classificação ancoradas no comportamento especificam comportamentos de trabalho definitivos, observáveis e mensuráveis. Exemplos de comportamentos relacionados ao trabalho e dimensões de desempenho são encontrados por meio da obtenção de ilustrações específicas de comportamento eficiente e ineficiente para cada dimensão de desempenho. Esses exemplos comportamentais são, então, traduzidos em um conjunto de dimensões de desempenho, cada uma com níveis de desempenho variáveis. Os resultados deste processo são descrições comportamentais, como *antecipações, planos, execuções, soluções imediatas de problemas, realização de ordens e apoio a situações de emergência*. A Figura 12.4 fornece um exemplo de BARS.

**Figura 12.4** Amostra de BARS para gestores

**BARS PARA GESTORES**

Essa escala da dimensão de desempenho é feita para medir a capacidade dos gestores de focar e guiar os funcionários para atingirem objetivos de trabalho.

| CLASSIFICAÇÃO | DESCRIÇÃO COMPORTAMENTAL |
|---|---|
| 14 | Fornecer consistentemente o *feedback* necessário para maximizar o desempenho de indivíduos e equipes. |

# CAPÍTULO 12
## Avaliação de desempenho

| | |
|---|---|
| **13** | Estabelecer altas expectativas de desempenho para indivíduos e equipes, enquanto cria altos níveis de comprometimento e oferece comprometimento com os resultados. |
| **12** | Agir para encontrar recursos, treinamento, ferramentas etc., para apoiar as necessidades da equipe enquanto permanece acessível ao pessoal. |
| **11** | Enfatizar consistentemente a importância da alta qualidade do trabalho, enquanto apoia subordinados responsáveis pela qualidade de trabalho secundário. |
| **10** | Treinar os seguidores e trabalhar com eles para criar oportunidades de desenvolvimento para ampliar seus conhecimentos e seu nível de habilidade fornecendo um *feedback* positivo e orientações para o desenvolvimento da carreira. |
| **9** | Monitorar o desempenho dos funcionários e oferecer um *feedback* oportuno, objetivo e específico para completar a análise de desempenho anual. |
| **8** | Trabalhar com os seguidores para gerar objetivos de desempenho que sejam específicos, mensuráveis e com limite de tempo, e estabelecer um processo para monitorar o progresso deles. |
| **7** | Encontrar oportunidade para influenciar forças de membros da equipe e gerenciar limitações para facilitar a entrega de grandes resultados de equipe. |
| **6** | Identificar prêmios e reconhecer a excelência de seus seguidores de forma que motive os outros. |
| **5** | Ser incapaz de fornecer aos seguidores *feedback* regular sobre o desempenho de trabalho. |
| **4** | Ser incapaz de definir e descrever expectativas de sucesso no trabalho. |
| **3** | Ser inacessível aos funcionários que têm questionamentos. |
| **2** | Ser incosistente ao enfatizar a importância da alta qualidade do trabalho. |
| **1** | Ver avaliação de desempenho organizacional/sistema de classificação como obstáculo para completar o trabalho. |

Estudos conduzidos utilizando o método BARS indicam que ele tende a reduzir erros de classificação. Mas o principal fator positivo se origina das dimensões que um BARS gera em vez de qualquer vantagem de comportamento em relação às características ancoradas. O processo de desenvolvimento das escalas comportamentais é válido em si mesmo por esclarecer tanto ao funcionário quanto ao gestor quais comportamentos significam um bom desempenho e quais significam desempenho ruim.

Entretanto, o método BARS também tem suas desvantagens. Ele sofre distorções inerentes à maioria dos métodos de classificação. Um método BARS também é caro para ser desenvolvido e mantido.

# A NOVA ADM

### 12.2.2 Como você utiliza padrões relativos?

Na segunda categoria de avaliações de desempenho – padrões relativos –, os funcionários são comparados com outros funcionários na avaliação de seu desempenho. Discutiremos três métodos relativos: classificação pela ordem do grupo, classificação individual e comparação de pares.

*Classificação pela ordem do grupo* exige que você coloque seus funcionários em uma classificação, por exemplo, primeiro lugar entre os cinco ou segundo entre os cinco. Se você tiver 20 funcionários e estiver usando o método de classificação pela ordem do grupo, apenas quatro deles podem estar nos top 5 e, é claro, quatro também devem ser relegados a serem os últimos (veja Figura 12.5).

## CLASSIFICAÇÃO PELA ORDEM DO GRUPO

Colocar funcionários em classificações, como primeiro ou segundo lugar, entre cinco. Esse método impede o gestor de supervalorizar um funcionário ou igualar as avaliações de dois ou mais funcionários.

**Figura 12.5** Distribuição em ordem de classificação de grupo

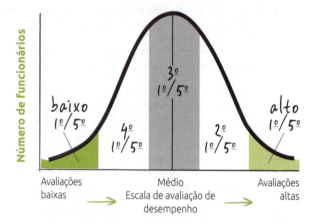

---

### CONFIRA O QUE APRENDEU 12.1

1. Qual das alternativas a seguir não é um componente de um sistema de avaliação de desempenho eficiente?
   a. *Feedback*.
   b. Desenvolvimento.
   c. Aumento de salário.
   d. Documentação.

2. O *feedback* autogerado sobre o desempenho de alguém é mais conhecido como:
   a. *Feedback* extrínseco.
   b. *Feedback* de supervisão.
   c. *Feedback* intrínseco.
   d. *Feedback* de autodesempenho.

3. O tipo de método de avaliação que envolve uma narrativa das forças e fraquezas de um funcionário, desempenhos anteriores, potenciais e sugestões de melhorias é:
   a. incidente crítico.
   b. ensaio escrito.
   c. lista de verificação.
   d. escalas de classificação ancoradas no comportamento.

4. Qual das alternativas a seguir não é uma medição de padrões absolutos?
   a. Classificação pela ordem de grupo.
   b. Incidente crítico.
   c. Lista de verificação.
   d. Escala de classificação adjetiva.

CAPÍTULO 12
Avaliação de desempenho

A vantagem da ordem de grupo é que ela impede você de supervalorizar avaliações de funcionários, de forma que todo mundo pareça bom, ou igualar as avaliações, de forma que todo mundo seja classificado próximo da média – resultados que não são incomuns no gráfico da escala de classificação. As desvantagens predominantes vêm à tona quando o número de funcionários que estão sendo comparados é pequeno. Porém, se você estiver olhando apenas para quatro funcionários, os quais podem ser todos realmente excelentes, você é forçado a classificá-los como primeiro de quatro funcionários, segundo de quatro, terceiro de quatro e último. É claro, conforme o tamanho da amostra aumenta, a validade das pontuações relativas como medida precisa aumenta também.

Outra desvantagem que atrapalha todas as medidas relativas é a consideração soma zero. Isso significa que qualquer mudança deve somar zero. Se há 20 funcionários em seu departamento com desempenho em diferentes níveis de eficiência, por definição, três estão entre os quatro primeiros, três estão entre os quatro segundos, e assim por diante. Os seis melhores funcionários, por exemplo, estarão no segundo lugar. Ironicamente, se dois dos trabalhadores no terceiro ou quarto lugar deixam o departamento e não são substituídos, então os seis melhores funcionários agora caem para o terceiro lugar. Já que as comparações são relativas, um funcionário que é medíocre pode ter altas pontuações apenas porque é "o melhor dos piores". No entanto, alguém que tenha um excelente desempenho combinado com bastante competição pode ser avaliado de forma mais pobre, quando seu desempenho for conhecido em termos absolutos.

*Classificação individual* exige que você liste todos os seus funcionários, em ordem, dos que têm desempenho mais alto aos que têm desempenho mais baixo. Nesse método, apenas um pode ser "o melhor". Esse método também considera que as diferenças entre as pessoas são uniformes. Isto é, ao avaliar 30 funcionários, considera-se que a diferença entre o primeiro e o segundo seja a mesma que existe entre o vigésimo primeiro e o vigésimo segundo. Esse método permite que não haja nenhum vínculo, o que pode ser uma vantagem porque impede que você evite comparar diferenças em níveis de desempenho. Mas sua principal desvantagem é que em situações em que as diferenças são pequenas ou não existem, esse método as amplia e sobrevaloriza.

No método da *comparação de pares*, cada funcionário é comparado com cada um dos outros funcionários do grupo de comparação e classificado como o mais forte ou o mais fraco do par. Depois de feitas todas as comparações, cada funcionário recebe um resumo da classificação com base no número de notas altas que recebeu. Essa abordagem se torna uma tarefa árdua quando é preciso avaliar um grande número de pessoas.

### 12.2.3 Objetivos

O método final para avaliação de desempenho é utilizar objetivos. É essencialmente uma aplicação da definição de objetivos.

> **CLASSIFICAÇÃO INDIVIDUAL**
> Método que exige que os supervisores listem todos os funcionários em ordem dos que têm desempenho mais alto para os que têm desempenho mais baixo.

> **COMPARAÇÃO DE PARES**
> Abordagem na qual cada funcionário é comparado com cada um dos outros funcionários do grupo de comparação e classificado como o mais forte ou mais fraco do par.

Uma vez que você e seu funcionário tenham estabelecido um conjunto de objetivos tangíveis, verificáveis e mensuráveis que envolvam os resultados-chave que se deverão atingir, você tem o padrão de comparação com o qual o desempenho do funcionário deve ser avaliado. No final do período para o qual os objetivos foram definidos – o que pode ocorrer mensalmente, trimestralmente, semianual ou anualmente –, você e seu funcionário podem se sentar e avaliar quão bom foi o desempenho dele. Se os objetivos tiverem sido cuidadosamente escolhidos para capturar as dimensões essenciais do desempenho no trabalho do funcionário e escritos de forma que possam ser mensurados prontamente, eles devem fornecer a você uma avaliação verdadeiramente precisa do desempenho global do trabalho do funcionário.

## OBJETIVO 12.6
Listar erros humanos que podem distorcer os resultados em avaliações de desempenho.

## ERRO CONSTANTE
Tolerância positiva ou negativa que exagera ou minimiza o desempenho, dando a um indivíduo uma avaliação mais positiva ou mais negativa do que a merecida.

### 12.3 PROBLEMAS POTENCIAIS NAS AVALIAÇÕES DE DESEMPENHO

Embora você e seu funcionário possam procurar tornar o processo de avaliação de desempenho livre de preferências pessoais, preconceitos e idiossincrasias, diversos problemas potenciais podem aparecer no processo. Enquanto os seguintes fatores forem predominantes, a avaliação de desempenho de um funcionário provavelmente será distorcida.

#### 12.3.1 O que é *erro constante*?

Cada avaliador tem seu próprio sistema de valores que age como padrão em relação ao qual as avaliações são feitas. Em relação ao desempenho real ou atual que um indivíduo tem, alguns avaliadores podem sinalizar erroneamente como alto, outros como baixo. O primeiro é considerado um erro de complacência positivo, e o último um erro de rigor excessivo negativo. Quando os avaliadores são positivamente tolerantes em suas avaliações, o desempenho de um funcionário se torna exagerado – isto é, classificado de forma mais alta do que realmente deveria ser. Igualmente, um erro de tolerância negativo minimiza o desempenho, dando ao indivíduo uma avaliação mais baixa do que a merecida.

Se todos os funcionários de uma empresa fossem avaliados pela mesma pessoa, não haveria problema. Embora houvesse um fator de erro, ele seria aplicado igualmente a todos. A dificuldade surge quando temos diferentes avaliadores com diferentes erros de tolerância fazendo julgamentos. Por exemplo, considere que Jean e Sérgio estejam prestando o mesmo trabalho para gestores diferentes, mas eles têm desempenhos no trabalho absolutamente idênticos. Se o coordenador de Jean tende a errar em direção à tolerância positiva, enquanto o de Sérgio erra em direção à tolerância negativa, poderíamos ser confrontados com duas avaliações de desempenho opostamente diferentes.

CAPÍTULO 12
Avaliação de desempenho

### 12.3.2 Como o efeito halo[3] afeta as avaliações?

O *efeito halo* é a tendência de classificar todos os fatores do desempenho de um indivíduo como altos ou baixos como resultado da impressão de uma classificação alta ou baixa em algum fator específico. Por exemplo, se um funcionário tende a ser seguro, você poderia ter uma ideia preconcebida em relação ao indivíduo se der a ele uma classificação alta em muitas características desejáveis. É a possibilidade de que a avaliação de um item possa interferir no julgamento de outros fatores, contaminando o resultado geral. É considerado o principal e mais divulgado de todos os erros de avaliação.

Pessoas que planejam formulários de avaliação de ensino para serem preenchidos por estudantes universitários a fim de avaliar a eficiência de seus instrutores a cada semestre devem enfrentar o efeito halo. Os estudantes tendem a classificar um membro do corpo docente como ilustre em todos os critérios quando eles particularmente gostam de algumas coisas que ele faz na sala de aula. Igualmente, alguns hábitos – como chegar atrasado em palestras, ser lento na devolução das provas ou solicitar muitas leituras – poderiam levar os estudantes a avaliar o professor como "ruim".

### 12.3.3 O que é erro de semelhança (autoidentificação)?

Quando avaliadores classificam outras pessoas dando importância especial às qualidades que percebem em si mesmos, eles estão cometendo um *erro de semelhança*. O gestor que se classifica como ousado pode avaliar outros olhando para essa característica. Aqueles que demonstram essa característica tendem a se beneficiar, enquanto outros são penalizados.

Mais uma vez, esse erro tende a ser desconsiderado se o mesmo avaliador avaliou todas as pessoas da empresa. Entretanto, a credibilidade do trabalho de múltiplos avaliadores obviamente é questionável quando vários deles favorecem aqueles que se parecem consigo mesmos.

### 12.3.4 O que é erro de recenticidade?

É mais fácil para a maioria de nós lembrar brilhantemente daquilo que aconteceu ontem que daquilo que aconteceu há seis meses. Isso cria o potencial para que o erro de recenticidade venha à tona nas avaliações de desempenho.

O *erro de recenticidade* acontece quando os avaliadores lembram, e priorizam, os comportamentos de trabalho do funcionário que tenham ocorrido próximos ao fim do período de mensuração do desempenho. Se você tiver que preencher um formulário de avaliação sobre seus funcionários todo dia 1º de junho, realizações e erros que ocorreram em maio podem ser lembrados, enquanto comportamentos durante o mês de novembro tendem a ser esquecidos. Considerando-se que todos nós temos dias bons e ruins – até

---

3 Em 1920, Louis Thurstone designou como *"efeito halo"* a primeira impressão sobre uma pessoa, em que temos a tendência de captar as características que vão confirmar essa mesma impressão. Como exemplo, se inicialmente avaliarmos alguém como "honesto", temos a tendência de lhe associar características positivas, tais como leal, sociável ou simpático. (N. do R.T.)

---

**EFEITO HALO**
Tendência de classificar todos os fatores do desempenho de um indivíduo como positivos ou negativos baseando-se na impressão de uma classificação positiva ou negativa em algum fator específico.

**ERRO DE SEMELHANÇA**
Classificar outros dando importância especial a qualidades que os avaliadores percebem em si mesmos.

**ERRO DE RECENTICIDADE**
Erro que ocorre quando avaliadores lembram-se e dão mais importância aos comportamentos de trabalho do funcionário que tenham ocorrido próximos do fim do período de mensuração do desempenho.

411

mesmo meses bons e ruins – e que eles não ocorrem ao mesmo tempo para todos os funcionários, uma análise semianual ou anual pode ser significativamente influenciada pelos comportamentos do funcionário que tenham ocorrido imediatamente antes da análise.

### ALGO PARA PENSAR
*(e promover discussão em sala de aula)*

#### UMA AVALIAÇÃO DE DESEMPENHO INJUSTA*

Uma pesquisa recente com funcionários nascidos depois de 1980 revelou uma enorme frustração com suas avaliações de desempenho. Por exemplo, 60% deles se sentiam "surpreendidos" com suas avaliações; 74% frequentemente se sentiam inseguros quanto ao que seus gestores pensavam de seu desempenho; 22% faltaram por motivos de saúde porque ficaram ansiosos com relação à avaliação; e 28% reagiram às avaliações procurando outro emprego. Ou seja, é possível que em algum momento de sua carreira você sinta frustração causada pela avaliação de seu desempenho.

Você pode ficar surpreso ao saber que a maioria dos gestores, na realidade, não gosta de análises de desempenho. Por quê? Em primeiro lugar, os gestores costumam se sentir desconfortáveis discutindo as fraquezas de desempenho diretamente com os funcionários porque temem ser confrontados quando apresentam um *feedback* negativo. Em segundo, muitos funcionários ficam na defensiva quando seus pontos fracos são apontados. Não é incomum que funcionários contestem a avaliação, criticando o gestor ou culpando alguma outra pessoa. Por fim, os colaboradores costumam ter uma avaliação superestimada de seu próprio desempenho. Estatisticamente falando, estima-se que metade de todos os funcionários tenha desempenho abaixo da média, mas as evidências indicam que cerca de 75% dos funcionários avaliam seu próprio desempenho como mediano. Então, mesmo quando os gestores estiverem dando boas notícias, os colaboradores provavelmente as perceberão como não tão boas assim!

Que recomendações você tem com relação ao melhor modo de lidar com uma avaliação de desempenho que você sentiu que não foi justa? Você deve se preparar para aceitar que alguns ou todos os comentários negativos possam ser verdadeiros? E quanto a pedir sugestões sobre o que você poderia fazer para melhorar, seria uma boa abordagem? Se você estivesse convencido de que a avaliação do seu chefe é injusta, deixaria assim mesmo ou contestaria?

\* ROBBINS, S. P. *The truth about managing people*. 3. ed. Upper Saddle River, NJ: Pearson Education, 2013. p. 199-201.

#### 12.3.5 Como o erro de tendência central afeta avaliações?

É possível que, independentemente de quem o avaliador avalie e quais características sejam usadas, o padrão de avaliação permaneça o mesmo. Também é possível que a habilidade de um gestor de avaliar objetivamente e precisamente tenha sido obstruída por uma falha ao usar o máximo das escalas de avaliação. Essa resistência em atribuir classificações extremas, em qualquer direção, para cima ou para baixo, é o *erro de tendência central*.

> **CAPÍTULO 12**
> *Avaliação de desempenho*

Avaliadores que são inclinados ao erro de tendência central evitam a categoria "excelente" assim como a categoria "inaceitável" e atribuem todas as classificações ao redor da "média" ou da classificação do ponto médio. Por exemplo, se você classifica todos os funcionários como 3 numa escala de 1 a 5, então não existe diferenciação entre eles. Eliminar diferenças faz com que o desempenho de trabalho dos funcionários pareça consideravelmente mais homogêneo do que realmente é.

### 12.3.6 Você é inclinado a problemas de classificação e de comparação?

Uma funcionária administrativa de uma grande empresa de seguros se decepcionou com o pequeno aumento de salário que recebeu após sua recente análise de desempenho. Depois de tudo, o gerente deu a ela uma nota geral de 86. Ela sabia que o sistema de avaliação da empresa definia um "desempenho excelente" como 90 ou mais, "bom" como 80 a 89, "médio" como 70 a 79 e "inaceitável" abaixo de 70. Essa funcionária ficou realmente confusa quando ouviu de alguns amigos no trabalho que o aumento salarial dela estava abaixo da média da empresa. Você pode imaginar a surpresa quando, após encontrar o assistente do diretor de recursos humanos, ela descobriu que a classificação "média" para um funcionário administrativo na empresa era 92!

Esse exemplo ilustra um problema potencial nas avaliações – a pressão decorrente da comparação que os funcionários fazem entre si. Aqui, você, como gestor, acaba minimizando as diferenças entre seus funcionários e empurrando todas as avaliações para uma classificação mais alta na escala de avaliações. Pressões por problemas de classificação e de comparação sempre existiram, mas se tornaram um problema nas últimas três décadas. Conforme os valores de igualdade têm crescido em importância, assim como o medo de vingança dos funcionários descontentes que fracassaram em alcançar excelentes avaliações, os avaliadores têm tendido a ser menos rigorosos e a reduzir a repercussão negativa do processo de avaliação, geralmente inflacionando ou melhorando as avaliações.

### 12.3.7 Como você pode vencer os obstáculos?

Só porque existem obstáculos potenciais para avaliações efetivas não significa que você deva desistir do processo. Há algumas coisas que você pode fazer para ajudar a superar obstáculos.

**Mantenha uma documentação contínua do desempenho do funcionário.** Tenha um arquivo para cada um de seus funcionários e coloque continuamente notas nesses arquivos descrevendo incidentes específicos de desempenho e comportamento. Inclua datas e detalhes. Quando chegar o tempo de conduzir avaliações formais de funcionários, você terá uma história abrangente de cada desempenho do funcionário gravada durante o período de avaliação. Isso irá minimizar erros de novidade, aumentará a precisão de suas avaliações e fornecerá documentação específica para apoiar suas avaliações.

**Use medidas baseadas em termos de comportamento.** Como observamos anteriormente, medidas baseadas em termos de comportamento

> **ERRO DE TENDÊNCIA CENTRAL**
> Tendência dos avaliadores em evitar a categoria "excelente" assim como a categoria "inaceitável" e atribuir todas as classificações ao redor da "média" ou da classificação do ponto médio.

> **OBJETIVO 12.7**
> Descrever o que significa o termo avaliação 360 graus.

são superiores àquelas desenvolvidas em relação a características. Muitas características identificadas como relacionadas ao desempenho podem, na verdade, ter pouca ou nenhuma relação com o desempenho. Características como lealdade, iniciativa, coragem e confiança são intuitivamente atrativas como características desejáveis em funcionários. Mas a questão relevante é: os funcionários que são bem avaliados em relação a essas características têm melhores desempenhos do que aqueles que têm baixa avaliação? Não podemos responder a essa questão. Sabemos que alguns funcionários são bem avaliados nessas características e têm desempenho ruim. Podemos encontrar outros que são excelentes no desempenho, mas não pontuam bem em características como essas. Nossa conclusão é que traços como lealdade e iniciativa podem ser valorizados pelas organizações, mas não há evidências de que esses tipos de características sejam substitutos adequados para o desempenho em um cruzamento de trabalhos. Além disso, como observamos anteriormente, as características sofrem com um acordo ineficiente entre múltiplos avaliadores. O que você considera lealdade, outra pessoa pode não considerar.

Medidas baseadas em termos de comportamento podem lidar com essas duas objeções. Uma vez que elas lidam com exemplos específicos de desempenho – bons e ruins –, você evita o problema de usar substitutos inapropriados. Além disso, por estar avaliando comportamentos específicos, você aumenta a probabilidade de que dois ou mais avaliadores vejam a mesma coisa. Você poderá considerar determinada funcionária amistosa, enquanto eu a classifico como retraída. Mas quando se pede para classificá-la em termos de comportamentos específicos, podemos concordar que ela diz frequentemente "Bom dia" aos clientes, raramente dá conselhos ou auxílio aos colegas de trabalho e quase sempre evita conversa fiada.

**Combine padrões relativos e absolutos.** A principal desvantagem dos padrões absolutos é que eles tendem a ser preconcebidos por pressões inflacionárias – os avaliadores tendem a colocar seus assuntos na parte mais alta das classificações. No entanto, padrões relativos padecem quando há uma pequena variabilidade atual entre os assuntos. A solução óbvia é considerar o uso de métodos de avaliação que combinem padrões absolutos e relativos. Por exemplo, você pode querer usar escalas de classificação adjetivas e métodos de classificação individual. É muito mais significativo comparar registros do desempenho de dois funcionários quando você sabe que o Gestor A deu a Rob Cardoso uma classificação global de 86, que ficou ranqueado em 4º lugar num departamento de 17; enquanto o Gestor B também deu a Tina Barbosa uma classificação de 86, mas ela foi ranqueada em 12º lugar em um departamento de 14. É possível que o Gestor B tenha funcionários com desempenho mais alto do que o Gestor A. As classificações do Gestor B podem também sofrer pressões inflacionárias. Fornecendo avaliações absolutas e positivas, fica mais fácil fazer comparações mais precisas dos funcionários entre os departamentos.

**Use múltiplos avaliadores.** Conforme o número de avaliadores aumenta, a probabilidade de alcançar informações mais precisas aumenta

## CAPÍTULO 12
### Avaliação de desempenho

também. Se o erro do avaliador tende a seguir uma curva normal, um aumento no número de avaliadores tenderá a encontrar a maioria reunida perto do ponto médio. Você verá essa abordagem ser usada em competições atléticas em esportes como mergulho, ginástica e skate. Um conjunto de avaliadores julga o desempenho, os pontos mais altos e mais baixos são suprimidos e a avaliação do desempenho final é feita a partir de pontuações cumulativas das notas que sobraram. A lógica de múltiplos avaliadores se aplica também às organizações.

Se um funcionário tiver dez gestores, sendo que nove o classificaram como excelente e um como ruim, a avaliação ruim tem menos importância. Múltiplos avaliadores, portanto, aumentam a segurança dos resultados e tendem a diminuir a importância de preconceitos pessoais do avaliador como tolerância, similaridade e erros de tendência central. Um caso especial de avaliadores múltiplos envolve uma tendência nas empresas de hoje conhecida como avaliação 360 graus. A *avaliação 360 graus* se tornou muito popular nas empresas contemporâneas e procura o *feedback* do desempenho a partir de fontes como o próprio avaliado dando um parecer sobre si, chefes, colegas de trabalho, membros da equipe, clientes e fornecedores.[4]

Nas organizações dinâmicas de hoje em dia, as avaliações de desempenho tradicionais podem parecer arcaicas. A diminuição das dimensões resultou do fato de gestores terem uma responsabilidade de trabalho maior e mais funcionários se reportarem diretamente a eles. Portanto, em alguns casos, é quase impossível para os gestores ter um amplo conhecimento do trabalho de cada um de seus funcionários. Além disso, o crescimento das equipes de projetos e o envolvimento dos funcionários nas empresas de hoje colocam a responsabilidade das análises naquilo que as pessoas são mais capazes de avaliar precisamente.[5] O processo de avaliação 360 graus também tem alguns benefícios para o desenvolvimento de interesses. Muitos gestores simplesmente não sabem como seus funcionários realmente os veem nem o trabalho que eles têm feito.

Pesquisas sobre a efetividade das avaliações de desempenho 360 graus estão apontando resultados positivos pelo fato de terem um *feedback* mais preciso, de a capacitação dos funcionários ser mais eficaz, e de haver redução de fatores subjetivos no processo de avaliação e desenvolvimento de liderança em uma organização.[6]

**Avalie seletivamente.** Como gerente direto de um funcionário, nem sempre você está numa posição para avaliar abrangentemente todos os aspectos-chave do desempenho daquele funcionário. Você deve avaliar somente

> **AVALIAÇÃO 360 GRAUS**
> Feedback do desempenho fornecido por gestores, funcionários, colegas de trabalho e possivelmente outras pessoas.

---

4   MAURER, T. J.; MITCHELL, D. R. D.; BARBEITE, F. G. Predictors of attitudes toward a 360-degree feedback system and involvement in post-feedback management development activity. *Journal of Occupational and Organizational Psychology*, v. 75, mar. 2002, p. 87-107.

5   HYMOWITZ, C. In the lead: do 360 job reviews by colleagues promote honesty or insults? *Wall Street Journal*, 12 dez. 2000, p. B-1.

6   MILLER, J. S.; HORN, P. W.; GOMEZ-MEJIA, L. R. The high cost of low wages: does maquiladora compensation reduce turnover? *Journal of International Business Studies*, v. 32, n. 3, out.-dez. 2001, p. 585- 595.

as áreas nas quais tem um conhecimento significativo do trabalho e tem sido capaz de observar em primeira mão o desempenho do funcionário. Se avaliar apenas as dimensões que consegue avaliar com segurança, você torna a avaliação de desempenho um processo mais válido.

Se há partes importantes do trabalho de um funcionário sobre as quais você não é capaz de fazer um julgamento preciso, você deve completar sua avaliação com autoavaliações, avaliações dos colegas de trabalho ou mesmo dos clientes, se for mais apropriado. Vários gestores de vendas usam a opinião dos consumidores como parte de suas avaliações. Os gestores que precisam se ausentar com frequência das áreas de trabalho, o que limita suas oportunidades de observar o comportamento de seus funcionários, usam análises dos companheiros de trabalho para melhorar a validade do processo de avaliação.

**Participe de treinamentos de avaliação.** Bons avaliadores não são necessariamente avaliadores natos. Se suas habilidades para avaliação são deficientes, você deve participar de treinamentos de avaliação de desempenho porque há evidências de que o treinamento pode tornar você um avaliador mais eficiente. Erros comuns como o de tolerância e o efeito halo têm sido minimizados ou eliminados em *workshops* em que os gestores praticam a observação e a avaliação de comportamentos. Esses *workshops* normalmente duram de um a três dias, mas fixar muitas horas para o treinamento nem sempre é necessário. Foi mencionado um caso em que tanto os erros de complacência/rigor excessivo como os erros advindos do efeito halo diminuíram imediatamente após os avaliadores participarem de treinamentos explicativos de apenas cinco minutos.[7] Entretanto, os efeitos do treinamento parecem diminuir com o tempo, o que sugere a necessidade de seções regulares de atualização.

**Conduza avaliações de desempenho de equipes.** Os conceitos de avaliação de desempenho têm sido desenvolvidos quase que exclusivamente tendo o funcionário individual como foco principal. Isso reflete as crenças históricas de que os indivíduos são o ponto central ao redor do qual as empresas são construídas. Recentemente, como observamos várias vezes neste livro, mais e mais organizações estão se reestruturando em equipes.

Em departamentos estruturados em equipes, o desempenho de trabalho é uma função da contribuição de cada indivíduo para a equipe e sua habilidade de ser um bom jogador em equipe. Essas duas dimensões de desempenho são sempre mais bem avaliadas pelos membros da equipe do que pelos gestores. Sugerimos, portanto, que você inclua avaliações dos membros da equipe feitas pelos colegas de trabalho nas avaliações de desempenho daqueles cujos trabalhos são inerentemente planejados de acordo com o trabalho em equipe. Isso favorece a autonomia da equipe, reforça a importância da cooperação e aumenta a validade do processo de avaliação. Além disso, considere os benefícios de minimizar contribuições individuais substituindo medidas de desempenho em grupo. Quando equipes têm claras

---

7 NECK, C. P.; STEWART, G. L.; MANZ, C. C. Thought self-leadership as a framework for enhancing the performance of performance appraisers. *Journal of Applied Behavior Science*, v. 31, n. 3, set. 1995, p. 278-302.

CAPÍTULO 12
Avaliação de desempenho

responsabilidades para atingir objetivos específicos, faz mais sentido avaliar o desempenho global da equipe do que ter foco em seus membros individuais.

### 12.3.8 Respondendo a problemas de desempenho

Sempre que um de seus funcionários apresentar comportamentos de trabalho que sejam inconsistentes com o ambiente de trabalho (por exemplo, brigas, furtos, ausências sem motivos) ou for incapaz de executar seu trabalho satisfatoriamente, você deve intervir. Mas antes que qualquer intervenção possa começar, é indispensável que você identifique o problema. Se perceber que o problema do desempenho está relacionado à habilidade, você deverá enfatizar o incentivo ao treinamento e esforços de desenvolvimento. Entretanto, quando o problema do desempenho está relacionado à falta de vontade do funcionário, voluntária ou involuntária, o *aconselhamento ao funcionário* é a próxima abordagem lógica.[8]

### 12.3.9 O que você precisa saber sobre o aconselhamento de funcionários?

Embora os processos de aconselhamento de funcionários sejam diferentes, alguns passos fundamentais devem ser seguidos para se aconselhar um funcionário (veja a Figura 12.6).

**Ouça o que o funcionário tem a dizer.** Você não pode aconselhar eficientemente os outros a menos que você ouça o que eles têm a dizer. Suas ações devem ser adaptadas às necessidades, demandas e à personalidade de seus funcionários. Esses fatores não podem ser avaliados precisamente sem que se escute ativamente.

Quando você senta com seu funcionário, demonstra sua boa vontade e seu desejo de ser útil. Então, ouça o que ele tem a dizer. Ouça também o que não está sendo dito. Como o funcionário está construindo o problema? Quem ele pensa ser o culpado? Suas emoções estão desviando-o do pensamento racional? Não faça julgamentos muito rapidamente. Tente compreender a percepção do funcionário sobre a situação, sem concordar com ele ou discordar dele. Nesse ponto, não é tão importante determinar se ele está certo ou errado, mas é preciso tentar entender completamente o problema a partir do ponto de vista dele.

**Identifique o problema.** Depois de ter escutado a avaliação inicial da situação de seu funcionário, comece a busca para identificar o problema e suas causas. O que o funcionário acha do problema? Quem ou o que é a causa? Como esse problema está afetando o funcionário? Qual parte da responsabilidade seu funcionário está levando do problema, se houver alguma? Você deve lembrar, assim, que está atacando algum comportamento, não o funcionário!

**Esclareça alternativas.** Problemas vêm com opções. Na maioria dos casos, diversas alternativas podem corrigir o problema. Essas alternativas precisam ser exploradas e esclarecidas. Esse é um ponto em que uma abordagem

---

**OBJETIVO 12.8**
Descrever o propósito do aconselhamento de funcionários.

**ACONSELHAMENTO AO FUNCIONÁRIO**
Ênfase em treinamentos que incentivem o desenvolvimento de esforços em uma situação em que a falta de vontade de um funcionário ou a falta de habilidade para executar seu trabalho satisfatoriamente é voluntária ou involuntária.

---

8  SCOTT, M. 7 pitfalls for managers when handling poor performers and how to overcome them. *Manage*, fev. 2000, p. 12-13.

participativa pode ser particularmente válida porque você pode ver e conhecer coisas que escapam da percepção do funcionário. Como resultado, fundir suas ideias com as do seu funcionário pode resultar num número maior de opções de qualidade.

Uma vez que as alternativas sejam identificadas, elas precisam ser avaliadas. Quais são as forças e as fraquezas de cada uma? Novamente, duas cabeças pensam melhor do que uma. Seu objetivo é fazer que o funcionário pese os prós e os contras de cada ação.

**Chegue a uma conclusão.** Qual é a melhor opção para o funcionário? Lembre-se de que a melhor opção para um funcionário não é necessariamente a melhor opção para outro. A solução deve refletir as características únicas de cada um. Idealmente, tanto você como o funcionário concordarão com a solução. Você quer se certificar de que o funcionário compre a escolha final, seja ela feita por você, pelo funcionário ou em conjunto. Uma incrível solução que não é aceita pelo funcionário provavelmente não resultará em qualquer mudança significativa

**Aceite um plano de ação.** Finalmente, o funcionário precisa desenvolver um plano de ação concreto para implementar uma solução. O que, especificamente, ele vai fazer? Quando ele fará? Quais recursos, se houver, serão necessários?

Geralmente, é uma boa ideia finalizar uma sessão de aconselhamento com o funcionário resumindo o que aconteceu e as ações específicas que ele planeja fazer. Estabeleça um ponto de acompanhamento em uma data específica no futuro para reavaliar o progresso do funcionário. Se uma reunião formal não for necessária, solicite um pequeno relatório de seu funcionário atualizando você sobre o progresso dele. Isso pode ser eficiente como lembrete para ele de que o progresso é esperado e um dispositivo de controle para que você avalie o progresso.

**Figura 12.6** O processo de aconselhamento

## CAPÍTULO 12
### Avaliação de desempenho

## NOTÍCIAS RÁPIDAS

### A FERRAMENTA DE *FEEDBACK* CONSTANTE DA AMAZON*

Fundada por Jeff Bezos em 1994, a Amazon é a maior varejista do mundo, com base no valor de mercado. Muitos atribuem a motivação dos funcionários para criar inovações, como o Kindle e entregas por drones, ao ambiente de trabalho e à cultura da empresa. Como outras no setor de tecnologia, a Amazon é conhecida por seu ambiente de trabalho não convencional. Contudo, ao contrário das instalações alegres, mais parecendo um clube de campo, que caracterizam muitas empresas da área de tecnologia, a cultura do ambiente de trabalho da Amazon enfatiza o trabalho duro e a competição.

Os gestores da Amazon são orientados por dados e focados na produtividade. Alguns dizem que o ambiente pode ser difícil porque os funcionários que não atingem as metas são eliminados em processos anuais de análise de desempenho. A competição é estimulada, e conflitos de trabalho ocorrem com frequência. A cultura da organização é reforçada por 14 princípios que orientam o comportamento dos funcionários. O número 13, "discorde e entre em acordo", reflete a crença de Bezos de que a harmonia no local de trabalho é supervalorizada e pode reprimir críticas sinceras. O *feedback* de desempenho é estimulado, e muitos funcionários afirmam que o ambiente competitivo os ajuda a prosperar, à medida que pressiona todos para superarem seus limites.

No entanto, nem todos na Amazon concordam com a maneira como o *feedback* é realizado. Alguns relatam que o *feedback* é, às vezes, muito direto e interpretado como enfrentamento ou até doloroso. Além disso, muitas vezes os gestores fornecem aos funcionários um *feedback* sobre um desempenho que eles não observaram diretamente. Os gestores recebem as avaliações de desempenho por meio de uma ferramenta *on-line* considerada polêmica. A Anytime Feedback Tool (Ferramenta de Feedback Constante) é um *widget* no diretório da empresa que permite aos funcionários enviarem *feedback* aos gestores sobre seus colegas de trabalho de maneira fácil. Os chefes sabem quem envia o *feedback*, mas, na prática, o mantêm anônimo ao enviar de volta ao funcionário. A Amazon alega que é só mais uma ferramenta para enviar o *feedback* aos gestores, como e-mails. No entanto, alguns afirmam que o uso anônimo desta ferramenta, aliado à facilidade de uso, cria problemas. Dada a natureza competitiva da organização, alguns funcionários alegam que a ferramenta é usada frequentemente para sabotar os demais. Os colaboradores podem enviar *feedback* falso ou enganoso por meio da ferramenta, e aqueles que recebem o *feedback* não conseguem se defender do relato anônimo.

Jeff Bezos afirma que, embora a empresa seja competitiva, denúncias desse tipo de comportamento impróprio não refletem a Amazon que ele conhece. Em carta aos acionistas, ele afirmou que a cultura da empresa evolui com o tempo, e as pessoas se autosselecionam dentro da organização. Embora a Amazon tenha alta rotatividade de funcionários, em mais de duas décadas de sua existência colecionou um número significativo de colaboradores que prosperaram em seu ambiente rico em *feedbacks*.

\* PETTYPIECE, S. Amazon passes Wal-Mart as biggest retailer by market value. *Bloomberg*, 23 jul. 2015; MYERS, C. Don't try this at home: why Amazon's culture isn't right for your business. *Forbes*, 16 ago. 2015; KANTOR, J.; STREITFELD, D. Inside Amazon: wrestling big ideas in a bruising workplace. *The New York Times*, 15 ago. 2015.

### 12.3.10 Sua ação é ética?

Que atividades você tem sondado na vida pessoal de seu funcionário? Essa é uma questão válida e exige que nós olhemos para a ética do aconselhamento. Os funcionários trazem uma imensidão de problemas e frustrações de sua vida pessoal para o trabalho. Alguns têm dificuldade em encontrar babás de qualidade para os filhos, outros têm o seu filho adolescente expulso do colégio, uns brigam com a esposa, enfrentam problemas de saúde na família, podem atrasar suas contas e ser cobrados por credores.

Pode parecer sensato não meter o nariz na vida pessoal de seus funcionários, mas isso sempre é irracional. Por quê? Porque não há uma clara demarcação que separe a vida pessoal do trabalho. Considere o seguinte cenário envolvendo um de seus funcionários, Denise. O filho de Denise foi preso na noite passada por posse de drogas. Ela passou a maior parte da noite com a polícia e o advogado. Hoje, no trabalho, está cansada e psicologicamente distante. Ela tem problemas de concentração; sua mente não está no trabalho. É ingênuo acreditar que os funcionários possam de alguma forma deixar seus problemas pessoais em casa quando saem para o trabalho.

Os funcionários têm direito de ter privacidade? Claro que sim! Entretanto, quando problemas pessoais interferem no desempenho de trabalho, você não deve considerar esses problemas como algo além de sua responsabilidade. Ao contrário, deve se oferecer para ouvir e verdadeiramente procurar ajudar com soluções. Se sua oferta for recusada, não force. Se o funcionário entender de que maneira seu problema pessoal está afetando o desempenho do trabalho, e você esclarecer quais serão as consequências se o desempenho do trabalho não melhorar, terá atingido o limite ético de seu envolvimento. Se o funcionário for reservado em relação a sua vida pessoal, seus direitos como superior não se estendem a ajudá-lo a resolver problemas pessoais. Entretanto, você tem o direito e o dever de certificar-se de que o funcionário entenda que se problemas pessoais interferem no trabalho dele, ele precisa resolvê-los – e você está lá para ajudar, se for preciso.

## CONFIRA O QUE APRENDEU 12.2

5. O tipo de erro de avaliação de desempenho que exagera ou minimiza o desempenho baseado no sistema de valores de classificação é chamado:
   a. erro de semelhança.
   b. erro de recenticidade.
   c. erro halo.
   d. erro constante.

6. Tendência central é:
   a. avaliação dos outros de forma que se dê especial importância às qualidades que os avaliadores percebem em si mesmos.
   b. tendência a classificar um indivíduo como tendo desempenho positivo ou negativo baseado na impressão de um fator específico.
   c. avaliar todas as classificações como médias.
   d. nenhuma das anteriores.

7. Qual das seguintes alternativas não é uma recomendação para vencer obstáculos na avaliação de desempenho?
   a. Usar avaliadores únicos.
   b. Usar medidas baseadas em termos de comportamento.
   c. Avaliar seletivamente.
   d. Treinar avaliadores.

8. A ênfase no incentivo ao treinamento e esforços de desenvolvimento em uma situação em que a falta de vontade de um funcionário ou a incapacidade de executar seu trabalho satisfatoriamente é tanto voluntária como involuntária é a descrição de:
   a. *feedback* do desempenho.
   b. aconselhamento do funcionário.
   c. avaliação 360 graus.
   d. disciplina.

# REFORÇANDO A COMPREENSÃO

## RESUMO

Depois de ler este capítulo, você será capaz de:

1. **Descrever os três propósitos da avaliação de desempenho.** A avaliação de desempenho é ao mesmo tempo uma avaliação e uma ferramenta de desenvolvimento e um documento legal. Ela analisa desempenhos anteriores para identificar realizações e deficiências; oferece um plano detalhado para melhora nos desempenhos futuros por meio de treinamento e desenvolvimento; e também se torna um documento legal que pode ser usado para apoiar e justificar ações pessoais.

2. **Diferenciar avaliação de desempenho formal e informal.** Avaliações de desempenho formais são encontros regulares, planejados, nos quais o gestor e o funcionário discutem e analisam o desempenho do trabalho mais recente. Avaliações de desempenho informais são avaliações diárias que um gestor faz do desempenho de um funcionário e o *feedback* contínuo que o gestor dá ao funcionário sobre seu desempenho.

3. **Descrever questões legais que são centrais em avaliações de desempenho.** Para

minimizar problemas legais, os gestores devem se certificar de que eles seguem cuidadosamente todas as políticas e os procedimentos da avaliação de desempenho estabelecidos publicamente no manual do funcionário da empresa (se existir) e fazer todos os esforços para evitar preconceito e discriminação.

4. **Identificar os três conjuntos de critérios de avaliação mais utilizados pelos gestores.** Os três conjuntos mais populares de critérios usados por gestores em avaliações são resultados de tarefas individuais, comportamentos e características. Os primeiros dois são quase sempre os preferidos.

5. **Comparar padrões absolutos e relativos.** Padrões absolutos comparam o desempenho do funcionário com tarefas específicas, comportamentos e características em vez de comparar com outros funcionários. Já os padrões relativos comparam o desempenho do funcionário com o de outros funcionários.

6. **Listar erros humanos que podem distorcer classificações em avaliações de desempenho.** Erros humanos comuns que podem distorcer avaliações incluem erro de constante (complacência/rigor excessivo), efeito halo, erro de semelhança, erro de recenticidade, erro de tendência central e pressão decorrente da comparação que funcionários fazem entre si.

7. **Descrever o que significa o termo avaliação 360 graus.** Na avaliação de desempenho 360 graus, avaliações são feitas pelo funcionário que está sendo avaliado, por gestores, por outros funcionários, por membros da equipe, por clientes, por fornecedores, entre outros. Ao fazer isso, um quadro completo do desempenho pode ser avaliado.

8. **Descrever o propósito do aconselhamento de funcionários.** O propósito do aconselhamento de funcionários é direcionar problemas de desempenho quando as deficiências são relatadas espontaneamente.

## COMPREENSÃO: QUESTÕES PARA REVISÃO E DISCUSSÃO

1. Por que, em sua opinião, muitos gestores não gostam ou evitam dar *feedback* do desempenho para os funcionários?
2. Compare as vantagens das avaliações conduzidas pelo gestor, das autoavaliações e das avaliações de colegas de trabalho.
3. Qual é a relação entre a definição de objetivos e a avaliação de desempenho?
4. Compare o *feedback* intrínseco com o extrínseco.
5. Se as avaliações de comportamento são superiores às avaliações de características, por que você acha que tantas organizações avaliam funcionários segundo critérios como esforços, lealdade e confiança?
6. Compare avaliações escritas em forma de relatórios com avaliações BARS.
7. Os erros humanos no processo de avaliação serão eliminados em pequenas empresas onde uma pessoa faz todas as avaliações? Explique.
8. O que um gestor pode fazer para minimizar a distorção no processo de avaliação?
9. O que é uma avaliação 360 graus? Quais são as vantagens e desvantagens de usar esse método de avaliação?
10. Você acredita que o aconselhamento é preferível à disciplinação de funcionários? Justifique sua posição.

# CAPÍTULO 12
## Avaliação de desempenho

# DESENVOLVENDO SUAS HABILIDADES DE GESTÃO

## MAIS AUTOCONHECIMENTO

Antes que você possa efetivamente supervisionar os outros, deve conhecer suas reais forças e áreas que precisam ser desenvolvidas. Para ajudar neste processo de aprendizagem, nós encorajamos você a realizar suas autoavaliações, que podem ajudar a determinar:

# Eu forneço *feedback* de desempenho de maneira eficiente?
# Quais são os objetivos de desempenho do meu curso?

Após concluir a autoavaliação, sugerimos que guarde os resultados para seu "portfólio de autoconhecimento".

## CRIANDO UMA EQUIPE

### Exercício experimental: A avaliação 360 graus

Como estudantes numa aula de liderança, você e seus colegas de sala de aula foram solicitados a conduzir uma apresentação de 15 minutos para 10 a 15 gestores na próxima reunião de gestores porque eles ainda não se adaptaram tão bem quanto desejado às mudanças no sistema de avaliação.

Desenvolva uma apresentação de 15 minutos sobre os propósitos dos sistemas de gerenciamento de desempenho, quem se beneficia, os seis passos básicos, a diferença entre padrões relativos e absolutos, possíveis distorções e o sistema de avaliação 360 graus.

## PRATICANDO A HABILIDADE

### Conduzindo uma avaliação de desempenho

Como alguém conduz adequadamente um processo de avaliação de desempenho? Oferecemos os passos a seguir que podem auxiliar nessa tarefa.

**Etapa 1:** prepare e agende a avaliação com antecedência. Antes de encontrar os funcionários, algumas atividades preliminares devem ser feitas. Você deve, no mínimo, analisar as descrições do trabalho do funcionário, objetivos do período que podem ter sido definidos, e dados sobre o desempenho que você pode ter sobre os funcionários. Além disso, você deve agendar a avaliação com bastante antecedência para dar aos funcionários a oportunidade de prepararem suas próprias informações para o encontro.

**Etapa 2:** crie um ambiente de apoio para deixar os funcionários tranquilos. As avaliações de desempenho fazem surgir várias emoções. Por isso, todo esforço deverá ser feito para deixar os funcionários confortáveis durante a reunião, de forma que estejam receptivos a um *feedback* construtivo.

**Etapa 3:** explique aos funcionários o propósito da avaliação. Certifique-se de que os funcionários saibam exatamente para que a avaliação é usada. Ela terá implicações no aumento de salário ou em outras decisões pessoais? Se sim, certifique-se de que os funcionários entenderam exatamente como o processo de avaliação funciona e suas consequências.

**Etapa 4:** envolva o funcionário na discussão da avaliação, incluindo uma autoavaliação. Avaliações de desempenho não devem ser uma comunicação de mão única. Embora como gestor

você possa acreditar que tem que falar mais na reunião, não precisa ser esse o caso. Em vez disso, os funcionários devem ter oportunidades para discutir o desempenho deles, levantar questões sobre os fatos que você destacou e acrescentar suas próprias informações/percepções sobre o trabalho deles. Uma forma de assegurar que uma comunicação de mão dupla aconteça é fazer que os funcionários conduzam a autoavaliação. Você deve escutar ativamente as avaliações deles. Esse envolvimento ajuda a criar um ambiente de participação.[9]

**Etapa 5:** foque a discussão no trabalho, não no funcionário. Uma forma de criar dificuldades emocionais é atacar o funcionário. Mantenha sua discussão nos comportamentos que observou referentes ao trabalho. Por exemplo, dizer ao funcionário que seu relatório não presta não resolve nada. Isso não é focar em seu comportamento. Em vez disso, indicar que você acredita que pouco tempo foi destinado à revisão do relatório descreve o comportamento com o qual você pode estar tendo um problema.

**Etapa 6:** apoie sua avaliação em exemplos específicos. Comportamentos de desempenho específicos ajudam a esclarecer aos funcionários as questões que você levanta. Em vez de dizer que algo não estava bom (avaliação subjetiva), seja o mais específico possível em suas explicações. Assim, para o funcionário que tiver falhado em seu trabalho, descrever que o relatório teve cinco erros gramaticais nas primeiras duas páginas já seria um exemplo específico.

**Etapa 7:** dê o *feedback* positivo e o *feedback* sobre o que precisa ser melhorado. Avaliações de desempenho não precisam ser completamente negativas. Embora exista uma percepção de que esse processo tem como foco o negativo, ele também deve ser usado para elogiar e reconhecer o bom trabalho. O *feedback* positivo, assim como o *feedback* sobre o que precisa ser melhorado, ajuda os funcionários a ganhar uma melhor compreensão de seu desempenho. Por exemplo, embora o relatório não estivesse com a qualidade esperada, o funcionário fez o trabalho e completou o relatório em tempo hábil. Esse é o comportamento que merece um reforço positivo.

**Etapa 8:** assegure-se de que os funcionários entendam o que foi discutido na avaliação. No final da avaliação, especialmente quando alguma melhoria é garantida, você deve pedir ao funcionário que resuma o que foi discutido no encontro. Isso ajudará a assegurar que sua informação foi compreendida pelo funcionário.

**Etapa 9:** gere um plano de desenvolvimento. A maioria das avaliações de desempenho gira em torno do *feedback* e da documentação. Mas outro componente é necessário. Quando os esforços de desenvolvimento são incentivados, um plano deve ser desenvolvido para descrever o que deve ser feito, quando e que apoio você, como gestor, dará para ajudar no esforço/reforço da melhoria.

Fonte: PETERS, P. 7 tips for delivering performance feedback. *Supervision*, v. 61, n. 5, maio 2000, p. 12-14.

### Comunicação eficaz

1. Desenvolva um relatório de duas a três páginas descrevendo as relações que existem entre a análise do trabalho e a avaliação de desempenho. Cite exemplos específicos quando for apropriado.
2. Faça uma pesquisa na Internet em busca de artigos que fornecem dados sobre os prós e os contras do uso da avaliação de desempenho 360 graus em uma empresa. Resuma os artigos e termine o relatório com suas crenças sobre se as avaliações 360 graus devem ser usadas em todas as organizações ou não.

---

9 Veja BOSWELL, W. R.; BOUDREAU, J. W. Employee satisfaction with performance appraisals and appraisers: the role of perceived appraisal use. *Human Resource Development Quarterly*, v. 11, n. 3, 2000, p. 283-299.

CAPÍTULO 12
*Avaliação de desempenho*

## PENSANDO DE FORMA CRÍTICA

### Caso 12A: "Pare e Siga" na empresa J. C. Penney

As coisas não andam muito boas para a empresa J. C. Penney e seu novo executivo-chefe, Ron Johnson.[10] Johnson chegou muito aclamado por ter sido chefe de operações de varejo da Apple. Na Penney, ele imediatamente deu início a uma das reformulações mais ambiciosas da varejista, na tentativa de alavancar o sucesso da empresa em um setor muito desafiador e difícil. Seus planos incluíam o conceito "lojas dentro da loja", nada de liquidações ou promoções, e um plano de diferenciação de preços. Ele afirmou que "a Penney precisa de um pouco da magia da Apple".

Desde o começo, analistas e peritos questionaram se os clientes da Penney, que estavam acostumados com liquidações e cupons, aceitariam essa nova abordagem. Para encurtar a história, os clientes não aceitaram. Em 2012, a Penney perdeu US$ 985 milhões (contra uma perda de US$ 152 milhões em 2011). Você pode estar se perguntando: O que essa história tem a ver com a gestão de recursos humanos? Bom, muita coisa! Quando uma empresa está em dificuldades financeiras, isso terá um impacto em seu pessoal. E para os funcionários da J. C. Penney, o impacto chegou com um sistema de avaliação de desempenho do tipo "semáforo" com códigos de cores. Em uma transmissão para toda a empresa, os gestores foram informados de que deveriam categorizar seus funcionários com uma destas três cores: verde, se o desempenho fosse satisfatório; amarelo, se eles precisassem de algum treinamento para melhorar o desempenho;

e vermelho, se o desempenho não fosse satisfatório e eles precisassem sair. Muitos funcionários nem tinham conhecimento desse sistema e os gestores não foram orientados se deveriam ou não informá-los, embora a sede da empresa tenha decidido não revelar o sistema de cores aos funcionários.

Embora as incertezas com relação a como informar ou mesmo se era necessário informar os colaboradores sobre essa nova iniciativa de RH sejam perturbadoras, especialistas de comunicação e RH dizem que existem outros problemas com essa abordagem verde/amarelo/vermelho. Em primeiro lugar, é falta de sensibilidade "abordar as vidas de seres humanos" dessa maneira. A natureza simplista e direta das cores não traduz de forma correta o que será uma situação extremamente pessoal e difícil para muitos funcionários, principalmente os que receberem a avaliação "vermelho". Outro problema é que rotular colaboradores pode criar situações interpessoais difíceis. Os rótulos podem tornar-se uma fonte de humor e provocação que pode desandar para sentimentos de mágoa ou até de discriminação. "Por melhor que possa parecer, um sistema de cores nunca vai funcionar". Isso não significa que os empregadores não devem avaliar os funcionários. Mas as empresas devem ser abertas com relação a isso. Os funcionários devem saber que estão sendo classificados, quais os critérios para isso, e, se tiverem uma avaliação ruim, que opções terão para melhorar. Também deve haver um processo justo para apelação ou contestação, caso um colaborador sinta que a classificação foi injusta.

Epílogo: Ron Johnson deixou o cargo de executivo-chefe da J.C. Penney em abril de 2013.

---

10  BHASIN, K. JCPenney Is firing more store employees after a 'secret' broadcast. *Businessinsider.com*, 7 mar. 2013; MATTIOLI, D. For Penney's heralded boss, the shine is off the Apple. *Wall Street Journal*, 25 fev. 2013; BHASIN, K. Inside JCPenney: widespread fear, anxiety, and distrust of Ron Johnson and his new management team. *Businessinsider.com*, 22 fev. 2013.

### Analisando o Caso 12A

1. Muitos gestores dizem que avaliar o desempenho de um funcionário é uma das tarefas mais difíceis. Por que você acha que eles se sentem assim?

2. O que os gestores podem fazer para tornar as avaliações de desempenho um processo eficaz?
3. O que as lideranças da J. C. Penney poderiam ter feito para tornar esse processo mais eficaz?

### Caso 12B: Reforce o que é positivo!

Controlar o desempenho dos colaboradores é uma responsabilidade de importância vital para os gestores. Afinal, são os funcionários que trabalham para alcançar objetivos, e o gestor quer que esses objetivos sejam atingidos conforme planejado. Dessa forma, não seria correto que a supervisão do desempenho dos funcionários cobrisse o que é bom e o que não é tão bom? Bem, algumas empresas estão estimulando seus gestores a deixar de lado os *feedbacks* duros e focar somente no lado positivo.[11]

No Boston Consulting Group, os gestores agora frequentemente elogiam os funcionários, incentivam que eles comemorem até as menores vitórias, e conduzem as análises de desempenho com foco nas forças individuais do funcionário e não nos erros que ele pode ter cometido. E os gestores devem tocar somente em uma ou duas áreas que necessitam ser desenvolvidas e melhoradas. Antes, não era assim. Quando o funcionário não fazia um bom trabalho com um cliente, os gestores focavam no que ele havia feito de errado, onde e como o funcionário precisava melhorar e desenvolver suas habilidades. Essa mudança na direção de *feedbacks* mais positivos ocorreu depois que a empresa percebeu que muitos colaboradores deixavam a organização e outros ficavam perturbados por um período de tempo depois de uma análise de desempenho negativa.

A BCG não é a única empresa a adotar essa abordagem. Outras organizações estão aumentando o uso do *feedback* positivo e minimizando discussões sobre as áreas que precisam ser melhoradas. Na Pricewaterhouse Coopers LLP, por exemplo, é pedido aos gestores que conversem com os funcionários sobre seu futuro na organização. Essas discussões sobre a "perspectiva de carreira" são mais focadas nos pontos em que o colaborador desempenhou bem e não onde ele pisou na bola. A empresa também estimula seu pessoal a enviar mensagens por meio de cartões eletrônicos elogiando colegas ou subordinados por seu trabalho. Os gestores também alocam dinheiro para recompensar ainda mais as realizações positivas.

Mas existem empresas que não seguem essa tendência. Tais organizações adotam uma abordagem de "amor bandido" e não se intimidam na hora de dar um *feedback* negativo. Por exemplo, na Netflix, a visão do executivo-chefe Reed Hasting é que eles são "uma equipe esportiva profissional, não uma equipe mirim", salientando que "um desempenho *apenas* adequado ganha um generoso acordo de rescisão". Nem todos na empresa irão ganhar troféus, mas há poucas dúvidas sobre quais são as expectativas de desempenho da empresa.

### *Analisando o Caso 12B*

1. Controlar o desempenho dos funcionários é uma responsabilidade importante dos gestores? Discuta.
2. Por que os gestores devem focar no *feedback* positivo?
3. Quais são os riscos associados a dar somente *feedback* positivo aos funcionários, limitando-se às áreas em que melhoraram?
4. Onde você se sentiria mais confortável, em uma organização com uma abordagem de desempenho parecida com a da BCG ou com a da Netflix? Por quê?

---

11 FEINTZEIG, R. Everything is awesome! Why you can't tell employees they're doing a bad job. *Wall Street Journal*, 10 fev. 2015; TCIISTRATEGIC AND MANAGEMENT CONSULTANTS. Why positive feedback is crucial to high performance. *Business Zone*, 13 maio 2013; PHOEL, C. M. Feedback that works. *Harvard Business Review*, 27 abr. 2009.

# CAPÍTULO 13
## Saúde e segurança no local de trabalho

### CONCEITOS-CHAVE

Ao concluir este capítulo, você será capaz de definir os seguintes termos:

doenças musculoesqueléticas (DMEs)

edifícios doentes

estresse

estressores

*karoshi*

lesões por esforço repetitivo

programa de assistência ao empregado (PAE)

programa de bem-estar

síndrome do túnel carpal

### OBJETIVOS DO CAPÍTULO

Depois de ler este capítulo, você será capaz de:

13.1 Descrever as principais causas dos acidentes de segurança e saúde.

13.2 Explicar o que os gestores podem fazer para prevenir a violência no ambiente de trabalho.

13.3 Explicar como um gestor pode criar um local de trabalho saudável.

13.4 Definir estresse.

13.5 Descrever os propósitos dos programas de bem-estar e de assistência aos funcionários.

 **DILEMA DO LÍDER**

Hoje, uma tendência que ocorre nas organizações continua a levantar questões importantes para muitas pessoas. Os custos da área de Recursos Humanos, especialmente aqueles ligados aos cuidados com a saúde dos funcionários, estão disparando. As organizações estão procurando maneiras de controlar esses custos.

Na Paychex, empresa americana de gestão de recursos humanos, os funcionários que passam por uma seleção de saúde confidencial e uma avaliação de risco, e os que fumam e concordam em se inscrever em um programa para deixar de fumar, podem ganhar *checkups* anuais gratuitos, colonoscopias e 100% de cobertura com cuidados preventivos, assim como franquias e preços mais baixos. Na Black & Decker Corporation, colaboradores e dependentes que confirmam por escrito que não fumam há pelo menos seis meses pagam US$ 75 a menos por mês por sua assistência médica e dentária. Na AmeriGas Propane, os funcionários receberam um ultimato: fazer *checkups* médicos ou perder seu seguro de saúde. Cerca de 67% dos empregadores estão preocupados com os efeitos da obesidade nos pedidos de reembolso médico.[a]

Todos esses exemplos ilustram como as empresas estão tentando controlar os crescentes custos com a saúde de seus funcionários.[b] Desde 2002, os custos com a saúde aumentaram, chegando a US$ 3,8 trilhões em 2013. O valor real em dólares para 2014 não está disponível, mas aumentou 5% sobre o ano anterior. Duas grandes preocupações para as organizações são funcionários que fumam e funcionários obesos. Estima-se que as empresas gastam com fumantes US$ 6 mil ao ano, sendo que cerca de um terço disso vai para custos com planos de saúde.[c] O maior custo de saúde para as empresas, no entanto, é a obesidade. Indivíduos com obesidade mórbida custam aos empregadores mais de US$ 8 mil ao ano.[d] Além disso, um estudo sobre empresas de manufatura descobriu que o presenteísmo, definido como um funcionário doente que vai para o trabalho e não desempenha em sua total capacidade, foi 1,8% mais alto entre trabalhadores com obesidade moderada a severa do que para todos os outros funcionários. A razão para a perda na produtividade é, provavelmente, a redução da mobilidade devido ao tamanho do corpo ou dores causadas por problemas como artrite. Outro estudo descobriu que lesões apresentadas por funcionários obesos frequentemente exigiram muito mais cuidados médicos e tiveram mais probabilidade de levar a incapacitações permanentes do que lesões sofridas por funcionários que não eram obesos.[e]

E como as organizações estão procurando maneiras de controlar seus custos com planos de saúde? Primeiro, muitas empresas estão oferecendo oportunidades para que seus funcionários tenham estilos de vida saudáveis. De incentivos financeiros a programas de saúde e bem-estar patrocinados pela empresa, o objetivo é limitar os crescentes custos com a saúde. Cerca de 43% das empresas usam algum tipo de incentivo positivo para estimular um comportamento saudável, um crescimento de 34% desde 1996.[f] Outro estudo indicou que quase 90% das empresas pesquisadas planejava promover estilos de vida saudáveis de uma maneira mais contundente junto a seus funcionários durante os próximos três a cinco anos.[g] Muitas estão começando mais cedo: Google, Yamaha Corporation of America, Caterpillar e outras estão introduzindo lanches saudáveis nos intervalos, nas cafeterias e nas máquinas de venda automática; fornecendo entrega de frutas frescas orgânicas; e colocando "número de calorias" nos alimentos gordurosos. No Wegmans Food Markets, os

*CAPÍTULO 13*
*Saúde e segurança no local de trabalho*

funcionários são desafiados a comer cinco xícaras de frutas e vegetais e a dar 10 mil passos por dia. E a "competição" entre departamentos e lojas já provou ser muito popular e eficaz.[h] No caso dos fumantes, no entanto, algumas empresas assumiram uma postura mais agressiva, aumentando o custo do plano de saúde, por exemplo.

Então, você acredita que as empresas têm o direito de ditar o que os funcionários fazem fora do trabalho? Se uma organização pode agir contra funcionários porque eles fumam e justificar-se alegando que isso gera problemas de saúde, e quanto às outras atividades que fazemos? Se estas são as políticas que você deve obedecer como gestor de uma organização, você estaria disposto a disciplinar ou mesmo despedir um funcionário que você viu violando as regras fora do local de trabalho? O que você acha? Até onde as regras de "saúde" podem ir em nossas empresas?

a. WELLS, S. J. Does work make you fat? *HR Magazine*, out. 2010, p. 26-32; TKACZYK, C. Lowering health-care costs. *Fortune*, 23 nov. 2009, p. 16; MATTHEWS, A. W. When all else fails: forcing workers into healthy habits. *Wall Street Journal*, 8 jul. 2009.

b. TOZZI, J. U.S. health-care spending is on the rise again. *Bloomberg*, 18 fev. 2015; MUNRO, D. Annual U.S. healthcare spending hits $3.8 trillion. *Forbes*, 2 fev. 2014.

c. ADAMS, S. Every smoker costs an employer $6,000 a year. Really? *Forbes*, 5 jun. 2013.

d. KAHN, K. Obese employees cost employers thousands in extra medical costs. *Center for Advancing Health*, 13 maio 2014.

e. CENICEROS, R. Obesity can exacerbate workplace injuries, study notes. *Workforce Management Online*, 15 dez. 2010; KATZ, J. Obesity weighs down production. *Industry Week*, 9 fev. 2008.

f. CAREY, A. R.; TRAP, P. Changes in wellness programs. *USA Today*, 17 jul. 2014.

g. KRANZ, G. Prognosis positive: companies aim to get workers healthy. *Workforce Management*, 15 abr. 2008.

h. WELLS, 2010; CONLIN, M. Hide the Doritos! Here comes HR. *BusinessWeek*, 28 abr. 2008, p. 94-96.

## INTRODUÇÃO

Gestores têm uma responsabilidade legal, se não moral, de garantir que o ambiente de trabalho esteja livre de perigos desnecessários e que as condições que cercam o trabalho não sejam prejudiciais à saúde física e mental do funcionário. Claro, acidentes podem acontecer e acontecem. De acordo com a Organização Internacional do Trabalho (OIT), cerca de 5 mil trabalhadores morrem no mundo todos os dias por causa de acidentes e doenças relacionadas ao trabalho. Mas esse número subestima o problema. O verdadeiro estrago de lesões no emprego é de duas a três vezes maior – cerca de 8 a 12 milhões de lesões e doenças no trabalho por ano. O custo delas é enorme – estimado entre US$ 159 bilhões e US$ 318 bilhões por ano em custos diretos e indiretos com lesões que causam deficiência.[1] Por mais cruel que pareça, os gestores têm que se preocupar com a saúde e a segurança dos funcionários também porque os acidentes custam dinheiro.

---

1 AFL-CIO Safety and Health Department. *Death on the job*: the toll of neglect. 20. ed., abr. 2011. Disponível em: <http://www.aflcio.org/issues/safety/memorial/upload/dotj_2011.pdf>. Acesso em: 15 jul. 2013. Veja também U.S. Department of Labor, Bureau of Labor Statistics. *Injuries, Illnesses, and Fatalities*, 2011. Disponível em: <http://www.bls.gov/iif/>. Acesso em: 15 jul. 2013.

Da virada do século XIX até o final dos anos 1960, um progresso marcante foi feito na redução da taxa e da gravidade de acidentes e doenças ligadas ao trabalho. Porém, a legislação mais significativa na área de saúde e segurança do funcionário só foi promulgada em 1978. A Portaria n. 3.214/78 definiu parâmetros para o Capítulo V da Consolidação das Leis do Trabalho (CLT) por meio das Normas Regulamentadoras (NRs), que tratam sobre o ambiente de trabalho e apresentam dispositivos de prevenção de segurança, medicina e higiene do trabalho.

## 13.1 NORMAS REGULADORAS DE PREVENÇÃO DE SEGURANÇA, MEDICINA E HIGIENE DO TRABALHO

A aprovação das Normas Reguladoras de Prevenção de Segurança, Medicina e Higiene do Trabalho mudaram drasticamente o papel que os gestores devem desempenhar para garantir que as condições físicas de trabalho sigam os padrões adequados.

São 35 NRs em vigor, que abordam segurança, medicina do trabalho, prevenção de acidentes, equipamentos de proteção individual, saúde ocupacional, riscos ambientais, serviços em eletricidade, ergonomia, explosivos, condições sanitárias e de conforto, entre outros. Segue relação das NRs existentes:

- NR-01 – Disposições Gerais
- NR-02 – Inspeção Prévia
- NR-03 – Embargo ou Interdição
- NR-04 – Serviços Especializados em Engenharia de Segurança e Medicina do Trabalho
- NR-05 – Comissão Interna de Prevenção de Acidentes
- NR-06 – Equipamentos de Proteção Individual (EPI)
- NR-07 – Programas de Controle Médico de Saúde Ocupacional (PCMSO)
- NR-08 – Edificações
- NR-09 – Programa de Prevenção de Riscos Ambientais (PPRA)
- NR-10 – Segurança em Instalações e Serviços em Eletricidade
- NR-11 – Transporte, Movimentação, Armazenagem e Manuseio de Materiais
- NR-12 – Segurança no Trabalho em Máquinas e Equipamentos
- NR-13 – Caldeiras, Vasos sob Pressão e Tubulações
- NR-14 – Fornos
- NR-15 – Atividades e Operações Insalubres
- NR-16 – Atividades e Operações Perigosas
- NR-17 – Ergonomia
- NR-18 – Condições e Meio Ambiente de Trabalho na Indústria da Construção
- NR-19 – Explosivos
- NR-20 – Segurança e Saúde no Trabalho com Inflamáveis e Combustíveis

*CAPÍTULO 13*
*Saúde e segurança no local de trabalho*

- NR-21 – Trabalho a Céu Aberto
- NR-22 – Segurança e Saúde Ocupacional na Mineração
- NR-23 – Proteção Contra Incêndios
- NR-24 – Condições Sanitárias e de Conforto nos Locais de Trabalho
- NR-25 – Resíduos Industriais
- NR-26 – Sinalização de Segurança
- NR-28 – Fiscalização e Penalidades
- NR-29 – Segurança e Saúde no Trabalho Portuário
- NR-30 – Segurança e Saúde no Trabalho Aquaviário
- NR-31 – Segurança e Saúde no Trabalho na Agricultura, Pecuária, Silvicultura, Exploração Florestal e Aquicultura
- NR-32 – Segurança e Saúde no Trabalho em Estabelecimentos de Saúde
- NR-33 – Segurança e Saúde no Trabalho em Espaços Confinados
- NR-34 – Condições e Meio Ambiente de Trabalho na Indústria da Construção e Reparação Naval
- NR-35 – Trabalho em Altura
- NR-36 – Segurança e Saúde no Trabalho em Empresas de Abate e Processamento de Carnes e Derivados

Programas de Saúde e Segurança do Trabalho (SST) consistem em planejamento e métodos para que os colaboradores possam desempenhar suas funções com segurança e ter qualidade de vida. Para Michel Klaime, gerente de SST do Sesi em Mato Grosso do Sul (MS), "muito mais do que só cumprir com as normas estabelecidas pela Legislação do Trabalho, de acordo com o tamanho e o segmento da sua empresa, é preciso proporcionar saúde e segurança para o trabalhador, visando o sucesso do seu empreendimento".[2]

Porém, segundo o Ministério Público do Trabalho (MPT), o Brasil é o 4º país com o maior número de acidentes de trabalho – só no estado de Mato Grosso do Sul, entre 2016 e 2019 foram registrados 13.399 acidentes, dos quais 9.474 em Campo Grande, conforme dados do Observatório Digital de Saúde e Segurança do Trabalho.

As normas regulamentadoras e procedimentos da Saúde e Segurança do Trabalho são estabelecidos para empresas públicas e privadas que possuam empregados regidos pela Consolidação das Leis do Trabalho (CLT). Essas normas têm como objetivo cuidar da saúde e minimizar as chances de acidentes ou doenças ocupacionais dos trabalhadores. Entre as principais obrigações estabelecidas pelas NRs para as organizações, podemos citar o cuidado com Equipamentos de Proteção Individual e Coletiva (EPI), Programa de Controle Médico e Saúde Ocupacional (PCMSO) e Programas de Prevenção e Riscos Ambientais (PPRA). E os benefícios de implementar essas ações nas empresas são evidentes: aumento da produtividade dos colaboradores; redução

---

2    SEBRAE MS. Saúde e segurança do trabalho para micro e pequenas empresas. *G1*, 3 jun. 2019. Disponível em: https://g1.globo.com/ms/mato-grosso-do-sul/especial-publicitario/sebrae-ms/sebrae-e-meu-proprio-negocio/noticia/2019/06/03/saude-e-seguranca-do-trabalho-para-micro-e-pequenas-empresas.ghtml. Acesso em: fev. 2020.

de despesas com processos judiciais, multas, pagamento de FGTS ou afastamento de um funcionário, entre outros fatores que podem interferir diretamente na área financeira do negócio.

Juliana Lameo, assistente da Unidade de Gestão de Pessoas do Sebrae/MS, diz que as empresas têm buscado cada vez mais soluções preventivas na área de saúde e segurança do trabalho. Ela dá algumas dicas para melhorar a qualidade de vida dos funcionários nas organizações:[3]

### Quando a questão é Saúde

Funcionários felizes produzem mais! Isso é fato. Por isso, pense em ações legais para agradar a seus funcionários. Pode ser com propósitos temáticos, como, por exemplo, Dia da Mulher, Dia das Mães; ou até mesmo no aniversário de cada colaborador. Um simples agrado ou gesto é o suficiente para que seus funcionários se sintam bem no ambiente de trabalho. Se os seus colaboradores trabalham com atividades repetitivas, é legal promover ações preventivas, estimulando os colaboradores a se movimentarem, como, por exemplo: ginástica laboral, competição de passos e até mesmo *quick* massagem, para relaxar e eliminar o estresse, proporcionando, assim, saúde e bem-estar.

### Quando a questão é Segurança

Levar orientação é a peça-chave. Promova aos colaboradores cursos, treinamentos e palestras sobre primeiros socorros e combate a incêndio. Também é importante ficar atento para as coisas mais simples, como, por exemplo, *mouse pad*, altura do computador, atentar-se à luminância na estação de trabalho, ter corrimão na escada, antiderrapante no chão, cavalete informativo (piso molhado), entre outros. Outra estratégia para melhorar a SST é preparar uma Comissão Interna de Prevenção de Acidentes (CIPA). Todas as empresas com mais de 20 funcionários são obrigadas por lei a criar a comissão, independentemente do grau de risco da empresa. E as que possuem menos de 20 colaboradores devem nomear pelo menos um responsável para criar e fiscalizar ações de segurança e saúde na sua empresa.

Os padrões de saúde e segurança estabelecidos pelas NRs são bastante complexos. Existem padrões para condições tão diferentes quanto níveis de ruído, impureza do ar, equipamento de proteção física, altura das divisões em banheiros e até tamanho correto das escadas.

## 13.1.1 O que causa acidentes relacionados ao trabalho?

A causa de um acidente geralmente pode ser classificada como humana ou ambiental. As causas humanas são diretamente atribuídas a erro humano ocasionado por falta de cuidado, intoxicação, distração, inabilidade de realizar o trabalho ou outra deficiência humana. Por sua vez, as causas ambientais são

---

[3] SEBRAE MS, 2019.

CAPÍTULO 13
Saúde e segurança no local de trabalho

atribuídas ao local de trabalho e incluem ferramentas, equipamentos, planta física e ambiente geral de trabalho. Ambas as fontes são importantes, mas em termos de números o fator humano é responsável pela maioria dos acidentes. Não importa quanto esforço seja feito para criar um ambiente livre de acidentes, uma taxa de acidentes baixa pode ser atingida somente ao se concentrar no elemento humano.

Um dos principais objetivos dos engenheiros de segurança é perscrutar o ambiente de trabalho para localizar fontes de acidentes em potencial. Além de procurar fatores óbvios como tábuas ou tapetes soltos, óleo em passarelas ou pontas afiadas em algum equipamento visíveis a olho nu, os engenheiros de segurança buscam aquilo que é menos óbvio.

### 13.1.2 Como acidentes podem ser prevenidos?

Quais medidas tradicionais os gestores podem procurar para prevenir acidentes? A resposta está em educação, treinamento de habilidades, engenharia, aparelhos de proteção e execução de regras. Resumimos esses tópicos na Figura 13.1.

### 13.1.3 Como os gestores garantem a segurança no trabalho?

Um modo de os gestores garantirem que as regras e regulamentações sejam executadas é desenvolver algum tipo de sistema de resposta. Isso pode ser oferecido ao inspecionar o ambiente de trabalho. Os gestores podem se voltar a relatórios orais e escritos para ter informação sobre a execução. Outra abordagem é obter informação em primeira mão ao passar periodicamente pelas áreas de trabalho e fazer observações.

**Figura 13.1** Mecanismos de prevenção de acidentes

| | |
|---|---|
| **Educação** | Criar consciência de segurança ao postar avisos altamente visíveis que exibem frase de segurança, colocar artigos sobre prevenção de acidentes em correspondência de comunicação interna, intranet ou exibir uma placa com o número de dias que a companhia operou sem acidentes. |
| **Treinamento de habilidades** | Incorporar medidas de prevenção de acidentes no processo de aprendizagem. |
| **Engenharia** | Prevenir acidentes por meio do design do equipamento e do design do trabalho em si. Também pode incluir a eliminação de fatores que provocam fadiga no operador, tédio e distração. |
| **Proteção** | Oferecer equipamento de proteção onde necessário. Pode incluir sapatos de segurança, luvas, capacetes e protetores nasais. A proteção também pode incluir a realização de manutenção preventiva em máquinas. |
| **Execução de regras** | As melhores regras e regulamentações de segurança serão ineficazes na redução de acidentes se não forem executadas. Além disso, se as regras não forem cumpridas, o empregador pode ser responsável por qualquer lesão que ocorrer no ambiente de trabalho. |

433

Apesar de a segurança ser responsabilidade de todos, ela deve ser parte da cultura da organização. As melhores gerências devem mostrar seu comprometimento com a segurança ao oferecer recursos para comprar aparelhos de segurança e equipamentos de manutenção. Além disso, a segurança tem que se tornar parte dos objetivos de performance de todos os funcionários. Se algo não for incluído, há uma tendência a diminuir a sua importância. Dar responsabilidade aos trabalhadores nas questões de segurança ao avaliar o desempenho deles passa a ideia de que a empresa tem seriedade com relação à segurança.

Outro meio de promover a segurança é encorajar os funcionários a tomar uma atitude. Nas organizações, tais grupos de trabalhadores são chamados de comitês de segurança. Apesar de prevalecerem sobretudo em ambientes sindicalizados, esses comitês possuem papel vital para ajudar a empresa e os funcionários a implementar e manter um bom programa de segurança.

## OBJETIVO 13.2
Explicar o que os gestores podem fazer para prevenir a violência no ambiente de trabalho.

## 13.2 UM CASO ESPECIAL DE SEGURANÇA: VIOLÊNCIA NO TRABALHO

Por mais que haja uma preocupação crescente com a segurança no trabalho de nossos funcionários, uma ênfase muito maior hoje está sendo dada à violência elevada que surgiu no trabalho. Nenhuma organização está imune a ela, e o problema parece estar piorando.[4] Em janeiro de 2015, uma cardiologista do Brigham and Women's Hospital, em Boston, foi baleada por um homem cuja mãe havia sido operada pela médica e acabara morrendo. Depois de matar a cardiologista, o homem se matou. Em setembro de 2014, um homem que acabara de ser despedido entrou na unidade da UPS em que havia trabalhado e matou dois indivíduos, em seguida tirando a própria vida. Em abril de 2014, um homem que trabalhava como carregador de bagagem abriu fogo dentro de uma agência da FedEx perto de Atlanta, ferindo seis funcionários. Em agosto de 2010, um motorista prestes a perder o emprego na Hartford Distributors, em Hartford, Connecticut, começou a atirar, matando oito funcionários e em seguida tirando a própria vida. Em julho de 2010, um ex-funcionário de uma fábrica de produtos à base de energia solar em Albuquerque, Novo México, entrou na empresa e abriu fogo, matando duas pessoas e ferindo outras quatro.[5]

---

4   COSTELLO, D. Stressed out: can workplace stress get worse? Incidents of 'desk rage' disrupt america's offices – long hours, cramped quarters produce some short fuses; flinging phones at the wall. *Wall Street Journal*, 16 jan. 2001.

5   GARRETT, T. K. Subduing violence at work: setting policies to help safeguard the workplace. *Workpforce*, 18 mar. 2015; BOTELHO, G. Workplace violence: know the numbers, risk factors and possible warning signs, 28 set. 2014; COPELAND, L.; STANGLIN, D. 'Rambo' gunman injures 6 at FedEx Facility. *USA Today Online*, 29 abr. 2014; RIVERA, R.; ROBBINS, L. Troubles preceded connecticut workplace killing. *New York Times Online*, 3 ago. 2010; SMERD, J. Workplace shootings in Florida, Texas again put focus on violence on the job. *Workforce Management Online*, 6 nov. 2009.

## CAPÍTULO 13
### Saúde e segurança no local de trabalho

A violência no trabalho é mesmo uma questão para os gestores? Sim. Informações recentes mostraram um aumento de homicídios no trabalho. Mas a violência no trabalho não inclui apenas homicídios. Ódio, raiva e violência no local de trabalho são intimidantes para os companheiros e afetam negativamente a produtividade. O custo anual para empresas é estimado entre US$ 20 bilhões e US$ 35 bilhões.[6] Portanto, a questão para os gestores é como prevenir a violência no trabalho e reduzir os gastos da organização caso um evento infeliz ocorra.

Como as circunstâncias de cada incidente são diferentes, um plano específico de ação para as empresas seguirem é difícil de detalhar. Porém, várias sugestões podem ser feitas. Primeiro, a organização deve desenvolver um plano para lidar com o problema. Isso pode significar revisar todas as políticas corporativas para garantir que não estão afetando os funcionários negativamente. Na verdade, em muitos casos, quando indivíduos violentos causaram transtorno no trabalho e não se suicidaram, um fator em comum apareceu: esses funcionários não eram tratados com respeito ou dignidade. Foram dispensados sem aviso ou perceberam que estavam sendo tratados com dureza no processo disciplinar. Práticas inteligentes de recursos humanos podem ajudar a garantir que o respeito e a dignidade sejam destinados aos trabalhadores, mesmo nas questões mais complicadas, como demissões.

Os gestores também devem ser treinados para identificar funcionários perturbados antes que o problema resulte em violência.[7] Programas de assistência ao empregado (PAEs) podem ser criados especificamente para ajudar esses indivíduos. Como tratamos brevemente em nossa discussão sobre PAEs, raramente um indivíduo vai da felicidade à execução de algum ato violento da noite para o dia! Além disso, se os gestores são capazes de notar os tipos de comportamentos demonstrados que podem levar à violência, aqueles que não podem ser ajudados pelo PAE podem ser removidos da organização antes de machucar outros. As organizações e os gestores também devem implantar mecanismos de segurança mais fortes. Por exemplo, muitas mulheres que são mortas no trabalho morrem pelas mãos de alguém que não fazia parte da empresa. Esses indivíduos, bem como os instrumentos de violência – armas, facas e assim por diante – devem ser impedidos de entrar nas instalações.

Infelizmente, não importa quão cuidadosa a organização seja e quanto se esforce para prevenir a violência no trabalho, pois ainda assim algo pode acontecer. Nesses casos, os gestores têm que estar preparados para enfrentar a situação e, junto com os líderes da empresa, oferecer algum tipo de assistência para lidar com o resultado.

---

6    Ten tips on recognizing and minimizing violence. *Workforce Online*, 3 dez. 2000. Disponível em: <http://www.workforce.com>. Acesso em: 15 jul. 2013.

7    FALCONE, P. Dealing with employees in crisis: use this blueprint for proactive management intervention, HR *Magazine*, maio 2003, p. 117-122. Para outra visão sobre este assunto, consulte ROCHE, E. Do something – he's about to snap. *Harvard Business Review*, jul. 2003, p. 23-30.

 **NOTÍCIAS RÁPIDAS**

## CAUSAS DA VIOLÊNCIA NO TRABALHO

Sem dúvida, o estresse dos funcionários causado por incertezas, diminuição no valor da aposentadoria, longas jornadas, sobrecarga de informações, outras interrupções diárias, prazos irreais e gestores indiferentes influenciam as causas de violência. Até mesmo a disposição dos escritórios, com pequenos cubículos em que os funcionários trabalham em meio ao barulho e confusão foram citados como agravantes do problema.[8] Outros especialistas descreveram ambientes de trabalho perigosamente disfuncionais, caracterizados pelos seguintes fatores principais, como agravantes do problema:[9]

- Trabalho do funcionário orientado por TNC (tempo, números e crises).
- Mudança rápida e imprevisível, em que a instabilidade e a incerteza afligem os funcionários.
- Estilo de comunicação destrutivo, no qual os gestores comunicam-se com agressividade excessiva, benevolência, de modo explosivo ou passivo/agressivo, provocações excessivas no ambiente de trabalho ou uso de bodes expiatórios.
- Liderança autoritária, com mentalidade rígida e militarista dos gestores contra os funcionários; funcionários não autorizados a contestar ideias, a participar da tomada de decisões e nem a envolver-se em esforços de formação de equipes.
- Atitude defensiva, com pouco ou nenhum *feedback* de desempenho; só importam os números. Gritaria, intimidação e rejeição como modos preferidos de lidar com conflitos.
- Padrões duplos em termos de políticas, procedimentos e oportunidades de treinamento para gestores e funcionários.
- Queixas não resolvidas devido à ausência de mecanismos ou à existência somente de mecanismos contraditórios para resolvê-las; indivíduos disfuncionais protegidos ou ignorados devido a regras antigas, cláusulas contratuais sindicais ou relutância em resolver os problemas.
- Funcionários emocionalmente perturbados e nenhuma tentativa dos gestores de ajudar essas pessoas.
- Trabalho repetitivo, tedioso e poucas oportunidades de fazer algo a mais e nem de entrada de novas pessoas.
- Equipamentos defeituosos ou inseguros, treinamento deficiente, que impede que os funcionários consigam trabalhar de forma eficiente e efetiva.
- Ambiente de trabalho perigoso em termos de temperatura, qualidade de ar, movimentos repetitivos, espaços superlotados, níveis de ruído, excesso de horas extras e outros; para minimizar custos, não contratar mais funcionários quando a carga de trabalho se torna excessiva, tornando as condições e expectativa de trabalho potencialmente perigosas.
- Cultura de violência perpetuada por uma história individual de violência ou abuso, modelos de papéis violentos ou explosivos, ou tolerância ao uso de drogas e álcool durante o trabalho.

---

8 COSH, C. Keep a close eye out for the signs. *Macleans*, 27 dez. 2010, p. 24; MCNATT, R. Desk rage. *BusinessWeek*, 27 nov. 2000, p. 12.

9 GORKIN, M. Key components of a dangerously dysfunctional work environment. *Workforce Online*, nov. 1999.

CAPÍTULO 13
Saúde e segurança no local de trabalho

Lendo esta lista, você certamente espera que os ambientes de trabalho em que você vai passar sua vida profissional não sejam assim. No entanto, as demandas competitivas para o sucesso em uma economia global que não para nunca exercem pressão sobre as organizações e funcionários de várias formas. O que os gestores podem fazer para impedir ou reduzir a possível violência nos locais de trabalho?

## 13.3 MANTENDO UM AMBIENTE DE TRABALHO SAUDÁVEL

Ambientes de trabalho não saudáveis são uma preocupação para todo gestor. Se os trabalhadores não podem operar adequadamente no trabalho por conta de dores de cabeça constantes, olhos mareados, dificuldades de respiração ou medo de se expor a materiais que podem causar problemas de saúde, a produtividade vai cair. Consequentemente, criar um ambiente de trabalho saudável não é apenas o ideal a se fazer como também beneficia a organização. Geralmente chamados de *edifícios doentes*, ambientes de trabalho que contêm produtos prejudiciais no ar, amianto ou poluição em lugar fechado (possivelmente causada por cigarro) forçaram os empregadores a tomar medidas drásticas. Para muitos, significou a remoção do amianto dos prédios. Pelo fato de a exposição longa a amianto estar relacionada a câncer de pulmão, vários países pedem às empresas para removê-lo por completo, ou pelo menos para isolá-lo para que não escape ao ar. Mas o amianto não é o único culpado: germes, fungos, mofo e uma variedade de poluentes sintéticos também causam transtornos.

Apesar de problemas específicos e sua eliminação irem além do objetivo desse texto, aqui estão algumas sugestões para manter o local de trabalho saudável:[10]

# **Certifique-se de que os funcionários tenham ar fresco.** O custo de oferecê-lo não é nada comparado às despesas para resolver os problemas decorrentes da falta de ar fresco.

# **Evite materiais e móveis suspeitos.** Uma regra geral é: se cheira mal, pode não ser saudável. Por exemplo, substitua cola de tapete por tachinhas ou madeira natural no lugar de madeira compensada tratada quimicamente.

# **Faça testes nos edifícios novos para encontrar resíduos tóxicos antes de ocupá-lo**. Não fazer isso pode levar a problemas de saúde. Muitos consultores dizem que deixar um prédio novo temporariamente desocupado faz que os piores gases se dissipem.

OBJETIVO 13.3
Explicar como um gestor pode criar um local de trabalho saudável.

EDIFÍCIOS DOENTES
Ambientes de trabalho não saudáveis.

---

10   Veja: CONLIN, M.; CAREY, J. Is your office killing you? *BusinessWeek*, 5 jun. 2000, p. 114-128; SCHNEIDER, R. Sick buildings threaten health of those who inhabit them, *Indianapolis Star*, 23 set. 2000, p. A-1; RICE, F. Do you work in a sick building? *Fortune*, 2 jul. 1990, p. 88.

# Ofereça um ambiente livre de cigarro.
Se você não quer banir o fumo inteiramente, estabeleça uma área para fumantes que tenha seu próprio sistema de ventilação.[11]

# Mantenha dutos de ar limpos e secos.
Água em dutos de ar é um terreno reprodutor fértil para fungos. Verificar os dutos de ar periodicamente pode ajudar a eliminar os fungos antes que causem danos.

# Preste atenção às queixas dos funcionários.
Faça que os funcionários registrem informações e detalhes. Por estarem mais perto dos problemas, os trabalhadores são uma fonte valiosa de informações.

**ALGO PARA PENSAR**
*(e promover discussão em sala de aula)*

## SALVE VIDAS, ECONOMIZE DINHEIRO. TORNE O SEU NEGÓCIO LIVRE DE CIGARRO

Pense em um cigarro aceso como um depósito de lixo tóxico em miniatura. O fumo contém mais de 50 substâncias químicas que causam câncer, e as toxinas do fumo podem causar doenças cardíacas e câncer de pulmão em não fumantes. Na verdade, respirar fumaça de segunda mão mesmo que por um tempo curto pode ter efeitos imediatos no sangue e nas veias, elevando potencialmente o risco de um ataque do coração.

Uma pesquisa com mais de 29 mil trabalhadores descobriu que o uso de tabaco era a principal causa de perda de tempo de produção dos trabalhadores, maior até que o abuso de álcool e emergências familiares. Uma empresa grande descobriu que os funcionários que fumavam tinham mais entradas em hospital (124 contra 76 entradas por mil funcionários) e um pagamento médio de seguro mais alto de planos de saúde (US$ 1.145 contra US$ 762) do que os funcionários não fumantes, em um período de 11 meses. Entretanto, parar de fumar, ou somente diminuir, melhora a produtividade do trabalhador.

Livrar-se do cigarro diminui o risco de incêndios e lesões acidentais, o que pode reduzir os custos de seguro. Muitas empresas livres de fumo negociaram bonificações de seguro mais baixas contra incêndio, com algumas companhias ganhando reduções de 25% a 30%.

A seguradora Unigard, em Seattle, Washington, economizou US$ 500 por mês depois de se livrar do cigarro quando a empresa de manutenção reduziu sua mensalidade, porque os funcionários não tinham mais que limpar cinzeiros, poeiras na mesa e tapetes ou móveis com tanta frequência.

---

11  No estado de São Paulo, vigora uma legislação antifumo que proíbe as pessoas de fumarem em ambientes coletivos fechados como bares, restaurantes, casas noturnas e outros estabelecimentos comerciais. Mesmo os fumódromos criados nos locais de trabalho e as áreas reservadas para fumantes em restaurantes foram proibidos.

> **CAPÍTULO 13**
> **Saúde e segurança no local de trabalho**

Todos se beneficiam quando o ar está limpo, inclusive os fumantes, alguns dos quais param de fumar ou pelo menos diminuem. Em um ambiente livre de fumo, os trabalhadores se tornam mais saudáveis, e trabalhadores mais saudáveis perdem menos dias de trabalho, são mais produtivos e têm menos custos com saúde.

Fontes: centers for disease control and prevention. *Save lives, save money.* make your business smoke-free. Atlanta, Geórgia: U.S. Department of Health and Human Services, Centers for Disease Control and Prevention, National Center for Chronic Disease Prevention and Health Promotion, Office on Smoking and Health, jun. 2006. Disponível em: <http://www.cdc.gov/tobacco/basic_information/secondhand_smoke/guides/business/pdfs/save_lives_save_moneypdf>. Acesso em: 15 jul. 2013.

### 13.3.1   O que são lesões por esforço repetitivo (LER)?

Sempre que os funcionários são submetidos a movimentos contínuos utilizando os membros superiores, como digitar sem um design de teclado adequado ou forçando a postura (assentos e ajustes inadequados), correm o risco de desenvolver *lesões por esforço repetitivo*. Esse fenômeno é conhecido como *doenças musculoesqueléticas (DMEs)*. Essas doenças, que respondem por quase 40% das enfermidades no local de trabalho, resultam em dores de cabeça, pés inchados ou dano nos nervos, e custam às empresas alguns bilhões de dólares anuais.

A forma mais frequente dessa doença é chamada de *síndrome do túnel carpal*, lesão do pulso, e afeta milhares de trabalhadores.[12]

Um meio fundamental para diminuir os efeitos potenciais de lesões por esforço repetitivo para uma organização é o uso da ergometria. A ergometria envolve adaptar o ambiente de trabalho ao indivíduo. A realidade nos diz que cada funcionário é diferente – nas formas, tamanhos, altura e assim por diante. Esperar que todo trabalhador se ajuste a móveis "padrão" de empresas não é realista. Em vez disso, reconhecer essas ergonomias diferentes e agir sobre elas ao personalizá-las no ambiente de trabalho faz com que o trabalho seja mais produtivo e também mantém a saúde do funcionário.

Quando falamos de ergonomias, dirigimo-nos basicamente a duas áreas principais; o ambiente do trabalho e os móveis. As organizações estão revisando a instalação dos escritórios, o local de trabalho e a utilização de espaço na tentativa de oferecer mais atmosferas produtivas. Isso significa que móveis novos desenhados para reduzir dores nas costas e fadiga estão sendo comprados. Equipamentos de escritório desenhados apropriadamente e adequados ao ambiente também podem ajudar a reduzir lesões por esforço repetitivo. Além disso, as empresas estão usando cores como malva e cinza, que são mais agradáveis aos olhos, e experimentando a claridade da luz como meio de diminuir a exposição dos funcionários à fadiga visual associada aos monitores.

**LESÕES POR ESFORÇO REPETITIVO**
Lesões advindas de movimentos contínuos e repetitivos realizados por uma parte do corpo.

**DOENÇAS MUSCULOESQUELÉTICAS (DMES)**
Doenças de movimento repetitivo causadas por lesões por esforço repetitivo.

**SÍNDROME DO TÚNEL CARPAL**
Lesão no pulso causada por esforço repetitivo.

---

12   Veja OCCUPATIONAL SAFETY AND HEALTH ADMINISTRATION, OSHA's Ergonomics Enforcement Plan, Washington, DC: Government Printing Office, 6 Mar. 2003; e <http://www.osha.gov/SLTC/ergonomics/enforce-ment_plan.html>. Acesso em: 15 jul. 2013.

Segundo estudo feito pelo Ministério da Saúde:[13]

> As Lesões por Esforços Repetitivos (LER) e os Distúrbios Osteomusculares Relacionados ao Trabalho (DORT) são as doenças que mais afetam os trabalhadores brasileiros. [...] Utilizando dados do Sistema de Informação de Agravos de Notificação (Sinan), o levantamento aponta que, entre os anos de 2007 e 2016, 67.599 casos de LER/Dort foram notificados à pasta. Neste período, o total de registros cresceu 184%, passando de 3.212 casos, em 2007, para 9.122 em 2016. Tanto o volume quanto o aumento nos casos nesse período sinalizam alerta em relação à saúde dos trabalhadores.

## 13.4 ESTRESSE

**OBJETIVO 13.4** Definir estresse.

**ESTRESSE** Algo que um indivíduo sente quando se depara com oportunidades, restrições ou exigências percebidas como coisas incertas e importantes. O estresse pode se manifestar de modo positivo e negativo.

O *estresse* é uma condição dinâmica em que um indivíduo depara com uma restrição, oportunidade ou demanda relacionada ao que ele deseja, e cujo resultado é percebido como algo incerto e importante. O estresse é uma questão complexa, então vamos analisá-la mais de perto. Ele pode se manifestar de modo positivo ou negativo. É positivo quando a situação oferece uma oportunidade para alguém se desenvolver, por exemplo, o processo de concentração pelo qual um atleta passa pode ser estressante, mas pode levar a um desempenho máximo. Mas quando restrições ou exigências são postas sobre nós, o estresse pode se tornar negativo. Exploremos essas duas características – restrições e exigências.

Restrições são barreiras que nos impedem de fazer o que desejamos. Comprar um carro esportivo utilitário pode ser o seu desejo, mas se você não tem como bancar o preço, há um impedimento a essa compra. Consequentemente, as restrições nos inibem, tirando o controle das situações de nossas mãos. No entanto, as exigências podem fazer que desistamos do que queremos. Se você pretende ir ao cinema com amigos na terça-feira à noite e tem uma prova importante na quarta, ela pode ser um impedimento para você sair de casa. Portanto, a exigência reorganiza o seu tempo e força a mudança de prioridades.

Restrições e exigências podem levar a estresse em potencial. Quando são combinadas com a incerteza do resultado e a importância dele, o estresse em potencial se transforma em estresse real. Independentemente da situação, se você retirar a incerteza ou a importância, remove-se também o estresse. Por exemplo, você pode ser impedido de comprar o esportivo utilitário por conta do orçamento, mas se você ganhá-lo em um concurso o elemento da incerteza é significativamente reduzido. Além disso, se você está

---

13 MACIEL, V. LER e DORT são as doenças que mais acometem os trabalhadores, aponta estudo. Agência Saúde, 30 abr. 2019. Disponível em: http://www.saude.gov.br/noticias/agencia-saude/45404-ler-e-dort-sao-as-doencas-que-mais-acometem-os-trabalhadores-aponta-estudo. Acesso em: fev. 2020.

assistindo a uma aula como ouvinte, a importância das provas finais é essencialmente nula. Entretanto, quando restrições ou exigências têm um efeito em um evento relevante e o resultado é desconhecido, é adicionada a pressão – o que resulta em estresse.

Embora não estejamos tentando minimizar o estresse na vida das pessoas, é importante reconhecer que fatores pessoais bons e ruins podem causar estresse. Claro, quando se consideram as mudanças, como reestruturações, não surpreende que o estresse esteja tão desenfreado nas companhias atualmente. Mas quão desenfreado? Problemas relacionados a estresse custam às empresas centenas de bilhões por ano! E o estresse no trabalho não tem limites. No Japão, o estresse no trabalho foi identificado em quase três quartos dos funcionários. Na verdade, lá existe um conceito chamado *karoshi*, que significa "morte por excesso de trabalho" – funcionários que morrem depois de ter trabalhado mais de três mil horas no ano anterior.

### 13.4.1 Existem causas comuns de estresse?

O estresse pode ser causado por uma série de fatores chamados *estressores*. Fatores que criam estresse podem ser agrupados em duas categorias principais – organizacional e pessoal (veja Figura 13.2). Ambas afetam diretamente os funcionários e também o trabalho.

Muitos fatores dentro da organização podem causar estresse. Pressão para evitar erros ou terminar tarefas em um período de tempo limitado, um gerente exigente e companheiros desagradáveis são alguns exemplos.

**KAROSHI**
Termo japonês para morte súbita causada por excesso de trabalho.

**ESTRESSORES**
Condições que causam estresse em um indivíduo.

**Figura 13.2** Fontes de estresse em potencial

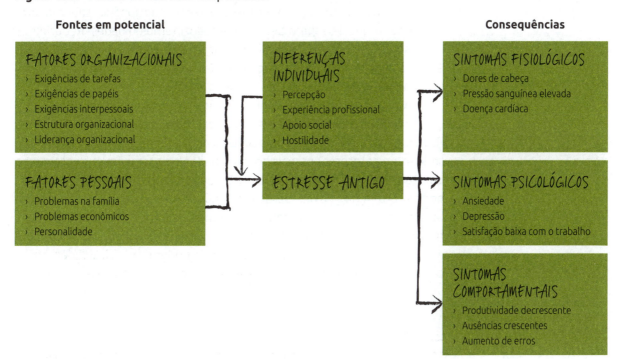

### 13.4.2 Quais são os sintomas de estresse?

Quais sinais indicam que o nível de estresse de um funcionário pode estar muito alto? O estresse se revela de três formas gerais: sintomas fisiológicos, psicológicos e comportamentais.

A maior parte do interesse inicial no estresse focou fortemente as *preocupações* relacionadas à saúde e à fisiologia. Níveis altos de estresse implicam mudanças no metabolismo, taxas crescentes de batimentos cardíacos e descompasso da respiração, pressão sanguínea alta, dores de cabeça e risco maior de ataques do coração. Detectar isso requer as habilidades de uma equipe médica treinada, por isso, a relevância imediata e direta é negligenciada pelo gestor.

Os sintomas psicológicos e comportamentais de estresse são de grande relevância para o gestor – sintomas que podem ser testemunhados na pessoa. Os *sintomas psicológicos* podem ser vistos como tensão crescente e ansiedade, tédio e procrastinação – os quais levam à queda de produtividade. Os *sintomas comportamentais* também – mudança de hábitos alimentares, consumo maior de cigarro e outras substâncias, fala rápida ou disfunções do sono.

### 13.4.3 Como o estresse pode ser reduzido?

Reduzir o estresse apresenta um dilema para os gestores. Um pouco de estresse na empresa é absolutamente necessário. Sem ele, as pessoas não têm energia. Assim, sempre que alguém considerar a redução de estresse, o que está em jogo é a diminuição dos aspectos problemáticos.

Um dos primeiros meios para reduzir o estresse é se certificar de que os funcionários estão bem encaixados no trabalho – e que entendem a extensão de sua "autoridade". Além disso, deixar os funcionários saberem precisamente o que se espera deles pode reduzir ambiguidades. Redefinir as tarefas também pode ajudar a aliviar a carga de "estressores" relacionada ao excesso. Os funcionários têm que ter alguns dados sobre aquilo que os afeta. O envolvimento e a participação aliviam o estresse.

Os gestores devem reconhecer que, independentemente do que façam para eliminar os "estressores" organizacionais, alguns funcionários ainda ficarão estressados. Os gestores simplesmente têm pouco ou nenhum controle sobre os fatores pessoais do trabalhador, pois também enfrentam uma questão ética quando fatores pessoais causam estresse – até onde alguém pode interferir na vida pessoal do funcionário? Para ajudar a lidar com a questão, muitas empresas começaram programas de bem-estar e assistência aos funcionários. Esses programas oferecidos pelo empregador são feitos para auxiliar os trabalhadores em áreas em que podem ter dificuldades, como planejamento financeiro, assuntos legais, saúde e cuidado com o estresse.[14]

---

14 Ver Institute for Management Excellence, *Reducing Stress in the Workplace*, out. 2002. Disponível em: <http://www.itstime.com/oct2002.htm>. Acesso em: 15 jul. 2013.

CAPÍTULO 13
Saúde e segurança no local de trabalho

## 13.5 AJUDANDO O FUNCIONÁRIO

Não importa o tipo de organização ou indústria em que se trabalha, uma coisa é certa: às vezes, os funcionários terão problemas pessoais. Seja ele estresse no trabalho, problema legal, conjugal, financeiro ou de saúde, há uma semelhança: se um trabalhador experimentar um problema pessoal, cedo ou tarde ele vai se manifestar no ambiente de trabalho em termos de produtividade mais baixa, ausências maiores ou erros (sintomas comportamentais de estresse). Para ajudá-los a lidar com esses problemas pessoais, muitas empresas estão implantando *programas de assistência ao empregado (PAEs)*.

### 13.5.1 De onde vieram os PAEs?

Os PAEs são extensões de programas que nasceram nas empresas americanas nos anos 1940.[15] Companhias como DuPont, Standard Oil e Kodak perceberam que alguns funcionários estavam tendo problemas com álcool. Para ampará-los, programas formalizados foram implementados na empresa para educar os trabalhadores sobre os perigos do álcool e auxiliá-los a superar o vício. A premissa por trás desses programas, que existem ainda hoje, é trazer um funcionário produtivo de volta ao trabalho o quanto antes. Vamos examinar isso por um instante.

Imagine que você tenha um funcionário, Roberto, que está na empresa há alguns anos. Roberto tem sido um funcionário ótimo durante anos, mas ultimamente o desempenho dele tem caído. A qualidade do trabalho está diminuindo, ele se atrasou três vezes nas últimas cinco semanas e há boatos de que passa por problemas conjugais. Você poderia, e teria todo o direito, de inserir Roberto no processo disciplinar da organização. Mas não é garantido que somente a disciplina ajudaria. Consequentemente, depois de um tempo, pode ser que você acabe demitindo-o. Agora você perdeu um bom funcionário e deve preencher a vaga com outro – um processo que pode levar 18 meses para finalmente atingir o nível de produtividade que Roberto tinha. Entretanto, em vez de demiti-lo, você decide encaminhá-lo para o programa de assistência ao empregado da empresa. Esse programa confidencial trabalha com Roberto para determinar a(s) causa(s) dos problemas e busca ajudá-lo a superá-los. Apesar de, no início, Roberto ter se encontrado frequentemente com o conselheiro do programa, você nota que após pouco tempo ele voltou ao trabalho, e seu desempenho está melhorando. Depois de quatro meses, ele está trabalhando no mesmo nível em que trabalhava antes do problema fugir de seu controle. Nesse cenário, agora você tem o seu funcionário totalmente produtivo de volta em quatro meses, em oposição aos possíveis 18 meses caso o tivesse demitido e substituído.

---

15 HANSEN, F. Employee Assistance Programs (EAPs) grow and expand their reach. *Compensation and Benefits Review*, p. 13, mar.-abr. 2000; EAPs with the most. *Managing Benefits Plans*, mar. 2003, p. 8; TYLER, K. Helping employees cope with grief. *HR Magazine*, set. 2003, p. 55-58.

---

**OBJETIVO 13.5**

Descrever os propósitos dos programas de bem--estar e de assistência aos funcionários.

**PROGRAMA DE ASSISTÊNCIA AO EMPREGADO (PAE)**
Programa criado para agir como um primeiro auxílio para indivíduos que buscam ajuda com o intuito de obter de volta a produtividade no trabalho o mais rápido possível.

# A NOVA ADM

**PROGRAMAS DE BEM-ESTAR**

Qualquer tipo de programa que é criado para manter os funcionários saudáveis, enfocando atividades como o abandono do cigarro, o controle de peso, o gerenciamento de estresse, exercícios físicos, educação nutricional, controle de pressão sanguínea e assim por diante.

### 13.5.2 Por que oferecer programas de bem-estar?

Quando mencionamos *programas de bem-estar* em qualquer organização, estamos falando de qualquer tipo de programa criado para manter os funcionários saudáveis. Esses programas são variados e podem focar atividades como abandono do cigarro, controle de peso, proteção contra violência, exercícios físicos, educação nutricional, controle de pressão sanguínea, gerenciamento de estresse e intervenção em problemas de trabalho em equipe. Programas de bem-estar são feitos para ajudar a cortar os custos de saúde do empregador e diminuir as faltas e erros dos funcionários ao prevenir problemas relacionados à saúde.[16]

É interessante notar que os programas de bem-estar não funcionam a não ser que os funcionários entendam a sua importância. Infelizmente para o bem-estar, os números não são promissores. Nem sempre os funcionários aceitam e utilizam esse tipo de programa. Para combater esse fato, alguns critérios-chave têm que existir. Primeiro de tudo, deve haver muito apoio do gestor – sem a ajuda dele em termos de recursos e uso pessoal dos programas, a mensagem errada pode ser passada aos funcionários. Segundo, parece haver uma necessidade de fazer que os programas sirvam à família, além dos trabalhadores em si. Isso não oferece apenas uma atmosfera em que as famílias possam ficar saudáveis juntas, mas também reduz possíveis custos médicos para os dependentes. E, finalmente, vem a questão dos dados do funcionário. Se os programas são criados sem considerar as necessidades dos funcionários, até mesmo os melhores podem falhar. Apesar de muitos gestores saberem que o exercício é benéfico, poucos se dirigiram inicialmente à tarefa de envolver os trabalhadores. Mas depois de descobrir que os funcionários gostariam de coisas como instalações para fazer exercício no trabalho, eles puderam dar início a um desenvolvimento apropriado de programas.

---

## CONFIRA O QUE APRENDEU 13.1

1. Qual dos seguintes não é um mecanismo de prevenção de acidentes?
   a. Treinamento de habilidades.
   b. Proteção.
   c. Critério de seleção válido.
   d. Exigência de regulamentação.

2. Um ambiente de trabalho não saudável é mais bem descrito como um(a):
   a. violação das Normas Reguladoras.
   b. edifício doente.
   c. perigo iminente.
   d. nenhuma das alternativas.

3. Lesões causadas por movimentos contínuos de uma parte do corpo são chamadas de:
   a. problemas musculoesqueléticos.
   b. síndrome do túnel carpal.
   c. doença de coordenação olho-mão.
   d. nenhuma das anteriores.

---

16 PETERSEN, C. Value of complementary care rises, but poses challenges. *Managed Healthcare*, nov. 2000, p. 47-48.

4. Quais fatores devem estar presentes para existir estresse?
   a. Importância e incerteza.
   b. Importância e certeza.
   c. Não importância e certeza.
   d. Não importância e incerteza.

## REFORÇANDO A COMPREENSÃO

### RESUMO

Ao ler esse capítulo, você será capaz de:

1. **Descrever as principais causas de acidentes de segurança e saúde.** Os motivos são fatores humanos e ambientais. Os fatores humanos incluem falta de cuidado, intoxicação, divagação, inabilidade para realizar o trabalho e outras deficiências humanas. Os fatores ambientais envolvem ferramentas, equipamentos, a planta física e o ambiente geral de trabalho.

2. **Explicar o que os gestores podem fazer para prevenir a violência no ambiente de trabalho.** Um gestor pode ajudar a evitar isso ao garantir que as políticas da organização não estejam afetando os funcionários negativamente, ao desenvolver um plano para lidar com a questão e ao ser treinado para identificar os funcionários com problemas.

3. **Explicar como um gestor pode criar um local de trabalho saudável.** Um gestor pode auxiliar na criação de um ambiente saudável ao remover substâncias prejudiciais como amianto, germes, mofo, fungos e poeira, limitando, assim, a exposição do funcionário.

4. **Definir estresse.** O estresse é uma condição dinâmica em que um indivíduo é confrontado com uma oportunidade, restrição ou exigência cujo resultado é entendido como importante e incerto.

5. **Descrever os propósitos dos programas de bem-estar e de assistência aos funcionários.** Eles são criados para oferecer aos funcionários uma variedade de serviços que vão ajudá-los a se tornar saudáveis mental e fisicamente, o que, por sua vez, auxilia a conter os custos com planos de saúde da organização.

### COMPREENSÃO: QUESTÕES PARA REVISÃO E DISCUSSÃO

1. Identifique três métodos de prevenção de acidentes. Como os gestores podem ajudar a garantir que acidentes sejam evitados?
2. O que é estresse? Como ele pode ser positivo?
3. Diferencie sintomas de estresse fisiológico, psicológico e comportamental. Quais são as maiores preocupações para os gestores?
4. "Os gestores têm que pensar em ajudar os funcionários a superar o estresse relacionado ao trabalho e fora dele." Você concorda ou discorda? Comente.
5. Alguns especialistas em medicina acreditam que exercícios diários regulares resultam em boa saúde, condicionamento melhor e maior tolerância a situações estressantes. O que você acharia de ser contratado por uma empresa que exige que você faça exercícios diariamente durante o expediente? Você acha que isso ajudaria ou prejudicaria a habilidade de recrutamento da organização? Explique seu posicionamento.

# DESENVOLVENDO SUAS HABILIDADES DE GESTÃO

## MAIS AUTOCONHECIMENTO

Antes que você possa efetivamente supervisionar os outros, deve conhecer suas reais forças e áreas que precisam ser desenvolvidas. Para ajudar neste processo de aprendizagem, nós encorajamos você a realizar suas autoavaliações, que podem ajudar a determinar:

# Estou esgotado?
# Minha vida é muito estressante?

Após concluir a autoavaliação, sugerimos que guarde os resultados para seu "portfólio de autoconhecimento".

## CRIANDO UMA EQUIPE

### Exercício experimental: saúde e segurança

Sua equipe pode querer reproduzir esse caso para a sala, e depois discutir o que o gestor tem que fazer e como deve reagir.

### A situação

Dario Rodrigues trabalha há 16 anos como operador da Minneo Ferramentas, uma produtora de partes de motores para equipamentos grandes. Ultimamente, as partes que Dario tem produzido têm sido rejeitadas devido a erros; Dario parece preocupado com assuntos externos – sai mais cedo, pede para ficar sem trabalhar mais que a licença contra doenças permite etc. Ele não foi trabalhar três dias em duas semanas, e Chris Loureiro, gerente de Dario, parece ter sentido cheiro de álcool depois que ele voltou do almoço certo dia. Ela ainda não disse nada, pois não quer invadir a privacidade de Dario. Chris acha que Dario pode estar apenas passando por uma fase dura porque ele sempre foi prestativo, positivo, altamente produtivo e raramente faltou por doença no passado. Além disso, o último mês foi complicado porque um carregamento importante exigiu hora extra, e todos os operadores tiveram que trabalhar de 80 a 95 horas por semana até que a carga estivesse completa.

No almoço, Chris ouve uma discussão entre Dario e outro funcionário, Pedro, cada um culpando o outro pela parte que foi rejeitada pelo controle de qualidade. Dario ameaça Pedro e diz para "ficar fora do caminho" e que "da próxima vez vamos resolver isso lá fora", cutucando Pedro no peito com o dedo. Depois Dario joga um equipamento de R$ 1.000,00 no chão, grita impropérios e acrescenta: "Não me importo mais que as partes caiam ou que esse lugar queime; já aguentei tudo que podia de você e desse lugar! Você sabe que minha esposa foi embora com o meu melhor amigo na semana passada, me deixou com uma criança de 2 anos para criar sozinho e meu outro filho foi preso por porte de armas. Não me importa o que você pensa; então se eu fosse você me deixaria em paz!". Chris não sabe como proceder.

### Questões em grupo

1. O que Chris deve fazer?
2. Que conselho você daria a Chris?
3. Como Chris deve reagir à situação imediata?
4. Que conselho você pode dar a Chris com relação à violência no trabalho para ajudá-la a lidar com situações futuras de modo mais eficaz?

## PRATICANDO A HABILIDADE

### Desenvolvendo suas habilidades de segurança

Várias etapas podem ser recomendadas para desenvolver um programa de segurança e saúde na empresa. Se esses programas são ou não

*CAPÍTULO 13*
*Saúde e segurança no local de trabalho*

responsabilidade de um único indivíduo, cada gestor tem que trabalhar para garantir que o ambiente de trabalho seja seguro para todos os funcionários.

**Etapa 1:** envolva gestores e funcionários no desenvolvimento de um plano de segurança e saúde. Se nenhum grupo puder ver a utilidade e o benefício de tal plano, até o melhor plano vai falhar.

**Etapa 2:** responsabilize alguém pela implantação do plano. Os planos não funcionam por si. Eles precisam de alguém para liderar a causa. Essa pessoa deve receber os recursos para colocar o plano em prática, mas também deve ser responsável pelo que está tentando atingir.

**Etapa 3:** determine as exigências de segurança e saúde do local de trabalho. Assim como todo indivíduo é diferente, cada ambiente de trabalho também é. Entender as necessidades específicas da instalação vai ajudar a determinar quais exigências de segurança e saúde serão necessárias.

**Etapa 4:** avalie quais perigos existem nas instalações. Identifique os problemas de saúde e segurança em potencial que podem existir no trabalho. Ao entender o que acontece, será possível desenvolver medidas preventivas.

**Etapa 5:** corrija perigos existentes. Se algum deles for identificado na avaliação, conserte ou elimine-o. Isso pode diminuir o efeito do perigo ou controlá-lo por meio de outros meios (por ex., roupas de proteção).

**Etapa 6:** treine funcionários em técnicas de segurança e saúde. Torne o treinamento de segurança e saúde obrigatório para todos os funcionários. Eles devem ser instruídos sobre como realizar o trabalho do modo mais seguro e entender que qualquer equipamento de proteção oferecido tem que ser usado.

**Etapa 7:** desenvolva a ideia nos funcionários de que a organização deve ser mantida livre de riscos. Frequentemente, os funcionários são os primeiros a testemunhar os problemas.

Estabeleça um meio para que eles registrem descobertas, incluindo procedimentos de emergência, se necessário. Garantir que a manutenção preventiva de equipamentos siga uma agenda recomendada também previne que colapsos se tornem perigosos.

**Etapa 8:** atualize constantemente e retoque o programa de segurança e saúde. Uma vez que o programa for implantado, ele deve ser continuamente avaliado, e mudanças necessárias têm que ser feitas. Documentar o progresso do programa é essencial para o uso na análise.

## Comunicação eficaz

Pesquise na internet programas de assistência ao empregado (PAE). Determine as áreas de auxílio e bem-estar que as empresas oferecem tipicamente aos trabalhadores. Em um texto de duas a três páginas explique por que uma organização tem que oferecer benefícios aos funcionários. Do ponto de vista dos funcionários, diga por que você deve ou não participar de um PAE patrocinado pela empresa.

## PENSANDO DE FORMA CRÍTICA

### Caso 13A: Quando o estresse mata[17]

Sabemos que estresse em demasia pode ser ruim para nossa saúde e bem-estar. Essa conexão provou ser verdadeira de forma dolorosa e trágica na France Télécom. Ao longo dos últimos sete anos, mais de 50 pessoas que trabalharam na empresa cometeram suicídio. A situação chamou a atenção da imprensa mundial, do público

---

17  DUNN, K. Employee turnover and suicide: it turns out the response to either is the same. *HR Capitalist Online*, 9 maio 2011; MAHONEY, S. Stress less, accomplish more. *Good Housekeeping*, maio 2010; CHRISAFIS, A. France Telecom worker kills himself in office car park. *The Guardian*, 27 abr. 2011; HOLBROOK, E. Beneath the Bell Jar: companies confront a rise in workplace suicides. *Risk Management*, nov. 2010; COLCHESTER, M. France Télécom faces inquiry over suicides. *New York Times Online*, 12 abr. 2010; SALTMARSH, M. France Télécom suicides prompt an investigation. *New York Times Online*, 9 abr. 2010.

e do governo francês porque muitos dos suicídios e mais de 12 tentativas fracassadas foram atribuídas a problemas relacionados ao trabalho. As máscaras usadas por funcionários da empresa em protestos diziam "Lombard me matou". Didier Lombard era presidente e executivo-chefe da France Télécom quando os suicídios aconteceram. Embora a França tenha uma taxa de suicídios maior do que qualquer outro grande país ocidental, este cenário foi especialmente perturbador. A onda de suicídios chamou a atenção para uma peculiaridade no âmago da sociedade francesa: "Mesmo tendo uma lei trabalhista sólida, os funcionários se veem com profunda insegurança em face da globalização, muitos se queixando de serem pressionados para ultrapassarem seus limites".

A França não é o único país a lidar com trabalhadores suicidas. As condições de trabalho na Foxconn chinesa, a maior fabricante de componentes eletrônicos do mundo (que incluem iPhone, iPod e iPad), foram duramente criticadas depois que 11 funcionários da empresa cometeram suicídio.

Algumas pesquisas recentes de opinião revelam as causas de estresse de funcionários:

- 75% dos americanos afirmam que seus níveis de estresse são moderados ou altos.
- 44% dos americanos dizem que seus níveis de estresse subiram nos últimos cinco anos.
- 81% dos gestores de RH dizem que a fadiga dos funcionários se tornou um problema maior nos últimos anos.
- Mais de 50% dos trabalhadores americanos e canadenses sentem-se fatigados no final de um dia de trabalho. Pelo menos 40% desses trabalhadores dizem que o trabalho os deixa deprimidos.
- 20% dos trabalhadores do Reino Unido alegam que faltaram por motivo de doença causada pelo estresse, mas 90% mentiram sobre a verdadeira razão pela qual ficaram em casa.
- 30% dos gestores dizem que se sentem mais estressados no trabalho atualmente do que há um ano.
- Motivos pelos quais funcionários acham o trabalho estressante: salários baixos, transporte, carga de trabalho excessiva, medo de demissão, colegas irritantes e dificuldades com os chefes.

O estresse e seus efeitos sobre os trabalhadores são (e devem ser mesmo) uma séria preocupação para os empregadores. Quando se coloca pressão excessiva nas pessoas por demandas ou limites esmagadores, elas sentem que não têm escolhas ou opções. Na France Télécom, a onda de suicídios de funcionários causou preocupação. Líderes sindicais culparam "a cultura brutal de gerenciamento de uma empresa que se transformou, ao longo de uma década, de uma ponderada estatal de serviços em uma das maiores empresas de telecomunicações". No entanto, durante meses, a diretoria da France Télécom desmentiu que os suicídios fossem uma "moda contagiosa entre sua força de trabalho". Sindicatos franceses criticaram a empresa pela péssima escolha de palavras. O escritório da promotoria de Paris abriu uma investigação na empresa baseada em acusações de assédio psicológico. O inquérito judicial teve origem em uma queixa do sindicato *Solidaires*: Unitaires Démocratiques contra o antigo executivo-chefe da France Télécom e dois membros da diretoria. A denúncia acusava a direção de conduzir uma "reestruturação patogênica". Trechos do relatório do inspetor, embora sem autorização, foram publicados na imprensa francesa. O relatório descrevia uma situação em que a empresa usava várias formas de pressão psicológica na tentativa de eliminar 22 mil empregos em um período de dois anos. Os médicos da empresa alertaram a diretoria sobre os perigos psicológicos do estresse que poderia

## CAPÍTULO 13
### Saúde e segurança no local de trabalho

seguir-se a mudança tão drástica. Apesar das descobertas, o advogado da empresa negou que a France Télécom tivesse sistematicamente pressionado funcionários a sair.

Executivos da empresa perceberam que precisavam tomar medidas drásticas para tratar do problema. Uma das primeiras mudanças foi um novo executivo-chefe, Stéphane Richard, que afirmou que sua prioridade "seria reconstruir o moral dos funcionários que passaram por traumas, sofrimento e coisas muito piores". A empresa também proibiu algumas práticas identificadas como especialmente prejudiciais, como transferências involuntárias, e estimulou práticas de maior apoio, incluindo trabalhar em casa. Um porta-voz disse que a empresa cumpriu dois de seis acordos com sindicatos que cobrem uma ampla gama de problemas no local de trabalho, como mobilidade, equilíbrio entre vida pessoal e trabalho, e estresse. Apesar dessas medidas, outro funcionário da France Télécom cometeu suicídio. Um representante do sindicato indicou que "o homem estava tendo dificuldades por ser forçado a mudar de atividade frequentemente". O trabalhador havia escrito para a diretoria várias vezes acerca da situação, e acredita-se que não tenha recebido resposta. Stéphane Richard, executivo-chefe da France Télécom, prometeu uma investigação minuciosa do suicídio. "Precisamos analisar em profundidade e detalhadamente o que aconteceu. É minha intenção que esta investigação seja particularmente meticulosa e transparente".

### Analisando o Caso 13A

1. Qual é a sua reação à situação descrita neste caso? Que fatores, tanto dentro como fora da empresa, parecem ter contribuído para esta situação?

2. O que parecia estar acontecendo no local de trabalho da France Télécom? Que sintomas de estresse os gestores poderiam ter procurado e que os alertaria para o problema?

3. Os gestores devem ser livres para tomar decisões no melhor interesse da empresa sem se preocupar com as reações dos funcionários? Comente. Quais são as implicações de gerenciar o estresse no local de trabalho?

### Caso 13B: Segurança em primeiro lugar na empresa Samson

A empresa Samson está no meio de uma disputa para aumentar a produção. Os departamentos de João e Alex têm sido os destaques, com a equipe de João atualmente na liderança. Porém, na semana passada João perdeu tempo com uma máquina, e o departamento poderia se atrasar e perder o primeiro lugar. Houve algumas provocações saudáveis entre os departamentos, e os operadores do time de João decidiram que não se entregariam sem lutar. O fato fica óbvio quando João chega à fábrica na segunda de manhã. Ele está cerca de 15 minutos adiantado, mas a maioria das pessoas já está nas máquinas esperando pelo sinal de início.

É assim que ocorre a semana toda. O pessoal de João tem desempenho máximo, e na quinta-feira parece haver uma boa chance de voltar ao topo.

Então, na quinta à tarde, uma das máquinas emperra. O operador Caio, um dos melhores funcionários de João, tenta poupar tempo e consertá-la por conta própria. Ele se estica para arrumar a parte emperrada e um de seus dedos é gravemente cortado. Outro funcionário pega o kit de primeiros socorros e faz um curativo temporário. Depois João o leva rapidamente à enfermaria.

"Como ele está?", perguntam os outros quando João volta.

"O enfermeiro fez o que pôde e mandou Caio ao hospital", responde João.

"Caio falou sério quando disse que a gente perderia só se ele morresse", um dos funcionários diz admirado. Alguns outros fazem comentários

parecidos, e João percebe que Caio é visto como um herói pelos companheiros.

O que Caio fez foi idiota, acredita João, além de ser uma violação de uma regra básica de segurança. Mas o que mais o perturba é a admiração mostrada pelos outros membros do grupo pelos atos de Caio. João está perdido sobre o que pode fazer para lidar com a situação. Caio é um funcionário excelente, mas quebrou um procedimento de segurança quando se esticou até a máquina emperrada com a energia ainda ligada. Ele tampouco está autorizado a fazer consertos. A punição normal por tal violação de segurança é uma suspensão de três dias, mas isso vai colocar o departamento de João ainda mais atrás e definitivamente fora da briga. João também sabe que Caio só estava pensando no departamento quando tentou arrumar a máquina. Suspendê-lo será considerado pelos demais um castigo pela lealdade à empresa e aos companheiros. João decide esperar o retorno de Caio antes de tomar uma decisão. Ele sai do trabalho sem preencher o relatório de acidente como exigido pela política da empresa.

Na tarde seguinte, Caio volta com um curativo ao redor da mão. Todos os funcionários se reúnem e o saúdam. Depois de muitas brincadeiras e boas-vindas sinceras, João decide se juntar ao grupo. Depois de cumprimentá-lo, ele lhe diz que o que fez foi errado. João explica a sua apreciação pelos esforços de Caio para economizar tempo, e diz a Caio que vai renunciar à suspensão de três dias dessa vez por causa das circunstâncias, mas se um incidente parecido ocorrer no futuro, a suspensão será dobrada. João se dirige ao grupo reunido e faz essa declaração: "Da próxima vez, não terei escolha a não ser suspender a pessoa de acordo com as regras. Confio que a experiência de Caio seja um bom aviso. Agora voltem ao trabalho, todos vocês". João volta para o seu escritório e começa a preencher o relatório de acidente. No espaço oferecido para a explicação das causas do acidente João escreve, "Máquina do operador teve problema, causando uma lesão pequena no dedo indicador da mão direita".

### Analisando o Caso 13B

1. Você acha que João teria lidado com a situação de modo diferente se Caio fosse um funcionário menos popular? Por quê?
2. Qual é o resultado provável de não preencher o relatório de acidente a tempo e com honestidade total?
3. Se você fosse o gerente nesse caso, o que teria feito para lidar com Caio e o grupo de trabalho?
4. O que esse caso mostra sobre as responsabilidades do gerente com a segurança e com os esforços para atingir níveis de produção mais elevados?

# CAPÍTULO 14
## Conflitos, política, disciplina e negociação

### CONCEITOS-CHAVE

Ao concluir este capítulo, você será capaz de definir os seguintes termos:

acomodação
advertência por escrito
advogado do diabo
aviso verbal
colaboração
compromisso
conflito
cultura

demissão
demissão indevida
disciplina
disciplina progressiva
fuga
gestão de conflitos
negociação
negociação distributiva

negociação integrativa
poder
politicagem
regra do "fogão quente"
*status*
suspensão

### OBJETIVOS DO CAPÍTULO

Depois de ler este capítulo, você será capaz de:

14.1 Definir *conflito*.
14.2 Identificar as três fontes gerais de conflito.
14.3 Listar as cinco técnicas básicas de resolução de conflitos.
14.4 Descrever como um gestor poderia estimular o conflito.
14.5 Definir *politicagem*.
14.6 Explicar a existência de uma política nas organizações.
14.7 Definir *disciplina* e os quatro tipos mais comuns de problemas de disciplina.
14.8 Listar as etapas comuns da disciplina progressiva.
14.9 Contrastar negociação distributiva e integrativa.

## DILEMA DO LÍDER

*Refém* e *gestor* não são palavras que você normalmente ouviria numa mesma frase. No entanto, durante os primeiros meses de 2009, os trabalhadores das fábricas da 3M, da Sony Corporation e da Caterpillar Inc., na França, tomaram os gestores como reféns. Por quê? Para negociar melhores pacotes de indenizações e benefícios para funcionários demitidos.

Trabalhadores franceses têm sido conhecidos por suas respostas agressivas e radicais para o que eles sentem ser um tratamento errado ou opressivo. Diz um executivo francês: "O protesto está inscrito nos genes da cultura francesa. No passado, os camponeses protestavam contra seus senhores. Hoje, a diferença é que os senhores são diretores-executivos". Os trabalhadores franceses manifestantes têm sido conhecidos por queimar pilhas de pneus nas ruas da cidade ou por obstruir o tráfego com caravanas de tratores agrícolas. Em um exemplo, caminhoneiros em greve bloquearam estradas e rodovias para destacar sua campanha de aposentadoria aos 55 anos de idade. O bloqueio de trabalho funcionou, já que o governo francês cedeu quando o abastecimento alimentar começou a se esgotar. E a tática de tomar chefe como refém também já foi utilizada anteriormente. Por exemplo: em 1997, trabalhadores do banco estatal hipotecário francês Crédit Foncier tomaram o chefe como refém durante cinco dias para tentar impedir que o banco fechasse, mesmo que perdessem dinheiro. Apesar de o rapto do chefe não ser legal, um sociólogo francês pesquisou 3 mil empresas em 2004 e descobriu que 18 delas tinham experimentado uma "detenção executiva" nos três anos anteriores.

As ações tomadas pelos trabalhadores, mesmo que tenham sido pacíficas e funcionassem mais como um ato simbólico de protesto, são uma resposta à recessão econômica continuada. Nas instalações da Caterpillar francesa, perto de Grenoble, os trabalhadores descontentes primeiro entraram em greve por um dia. No dia seguinte, detiveram o diretor da fábrica e quatro outros coordenadores por cerca de 24 horas. Os coordenadores foram libertados somente depois que a empresa concordou em retomar as negociações com os sindicatos e desenvolveu uma mediação do governo sobre "como melhorar a compensação para os trabalhadores que são demitidos". O incidente na Caterpillar foi seguido por outros da Sony e da 3M, nos quais os coordenadores também foram mantidos em cativeiro pelos trabalhadores irritados por terem sido despedidos. Apesar de todos os incidentes de tomada de reféns terem sido resolvidos de forma pacífica, alguns analistas se perguntam se mais ações violentas podem estar em voga, especialmente se os trabalhadores sentem que não têm nada a perder.

Qual é a sua reação a esses acontecimentos? Você acha que a sua reação é influenciada pela cultura, pelos valores e pelas tradições de seu país? Explique. Quão importante é para os coordenadores estar ciente das forças ambientais externas? Discuta o assunto à luz desses acontecimentos.

O que talvez os coordenadores franceses devessem ter feito de outra forma nessa situação, especialmente antes que os trabalhadores sentissem que tinham de apresentar seus pontos de vista, tomando-os como reféns? Explique.

Você acha que algo assim poderia acontecer no Brasil? Por quê?

Fontes: MARQUEZ, J. French hostage situations have some wondering if U.S. is next. *Workforce Management Online*, 3 Apr. 2009; GAUTHIER-VILLARS, D.; ABBOUD, L. In France, boss can become a hostage. *Wall Street Journal*, 3 abr. 2009, p. B11; ABBOUD, L.; COLCHESTER, M. French bosses besieged as worker anger rises. *Wall Street Journal*, 1º apr. 2009, p. B11; GAUTHIER-VILLARS, D. French business leaders vow to give up "abusive" benefits. *Wall Street Journal*, 8 out. 2008, p. A14; COLEMAN, F. Take a hostage, save your job. *U.S. News & World Report*, 3 fev. 1997, p. 43.

CAPÍTULO 14
Conflitos, política, disciplina e negociação

## INTRODUÇÃO

Lidar com conflitos e questões políticas é uma parte do trabalho de cada coordenador. Aqueles que aprendem a lidar com essas questões tendem a colher benefícios significativos.

Neste capítulo, definimos conflito, exploramos o que ele faz e examinamos várias maneiras de lidar com isso. Em seguida, discutimos a política organizacional, por que a política de compreensão é importante para todos os coordenadores e como fazer para que a política funcione para você. Em seguida, olharemos para uma das questões mais difíceis enfrentadas por um coordenador, a disciplina dos funcionários, e o conflito que ela causa. Finalmente, concluímos com algumas sugestões sobre como ter mais sucesso na negociação.

## 14.1 O QUE É CONFLITO?

*Conflito* é um processo em que uma das partes interfere conscientemente nos esforços da outra parte para conquistar os objetivos. Essa interferência pode acontecer entre um coordenador e um membro de seu departamento ou entre dois agentes dentro de um departamento. Também pode existir entre um coordenador e seu chefe, ou pode surgir entre partes interdepartamentais, como dois coordenadores em departamentos separados.

### 14.1.1 Todos os conflitos são ruins?

A maioria de nós cresceu com a ideia de que todos os conflitos são ruins. Fomos orientados a não discutir com nossos pais ou professores, a conviver com nossos irmãos e irmãs e a aceitar que países gastam bilhões em despesas militares para preservar a paz. Porém, nem todos os conflitos são ruins, especialmente nas organizações.[1]

O conflito é um fenômeno natural da vida organizacional.[2] Ele não pode ser completamente eliminado. Por quê? Porque (1) os membros organizacionais têm objetivos diferentes; (2) há recursos escassos, como alocações orçamentais, que várias pessoas querem e pelas quais estão dispostas a lutar; e (3) as pessoas em organizações não veem tudo de forma igual, como resultado das diversas origens, do tipo de educação, da formação cultural, das experiências vividas e de seus interesses. No entanto, a existência de conflitos nas organizações tem um lado positivo: estimula a criatividade, a inovação e a mudança – e somente por meio da mudança uma organização pode se adaptar e sobreviver (ver Figura 14.1). Um nível positivo de conflito em uma organização suporta desacordos, abre para questionamentos dos outros e desafia

---

**OBJETIVO 14.1**
Definir conflito.

**CONFLITO**
Processo em que uma das partes interfere conscientemente nos esforços da outra parte para conquistar os objetivos.

---

1 Veja: ROBBINS, S. P. *Managing organizational conflict*: a non-traditional approach. Upper Saddle River, NJ: Prentice Hall, 1974.

2 Veja: NOBLE, C. Resolving co-worker disputes through "coaching conflict management". *Canadian HR Reporter*, 24 set. 2001, p. 18-20.

o *status quo*. Se as organizações fossem completamente desprovidas de conflitos, elas se tornariam apáticas, estagnadas e sem resposta para mudança.

Você deve olhar o conflito como se tivesse um lado positivo bem como um negativo. Você deve incentivar o conflito suficientemente a fim de manter o departamento viável, autocrítico e criativo. Claro, a existência de muitos conflitos é ruim e o excesso deve ser evitado. Seu objetivo deve ser ter conflitos o bastante no departamento a fim de manter a unidade responsável e inovadora, mas não tanto a ponto de prejudicar o desempenho departamental.

**Figura 14.1** O papel positivo do conflito

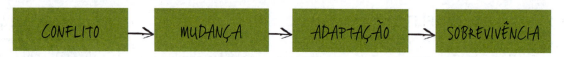

**OBJETIVO 14.2**
Identificar as três fontes gerais do conflito.

### 14.1.2 De onde vêm os conflitos?

Conflitos não nascem do nada. Eles têm causas. Essas causas podem ser divididas em três categorias gerais: diferenças de comunicação, diferenças estruturais e diferenças pessoais. Vejamos rapidamente cada uma delas.

# **Diferenças de comunicação.** Diferenças de comunicação abrangem os conflitos decorrentes de mal-entendidos e significados diversos atribuídos às palavras. Um dos principais mitos que a maioria de nós carrega é de que a má comunicação é a razão para todos os conflitos – "Se pudéssemos nos comunicar, poderíamos eliminar as nossas diferenças". Tal conclusão não é razoável, dada a quantidade de tempo que cada um de nós gasta para se comunicar. A má comunicação não é, certamente, a fonte de todos os conflitos, embora haja evidências consideráveis de que os problemas no processo de comunicação retardem a colaboração e estimulem o mal-entendido.

# **Diferenças estruturais.** As organizações são horizontal e verticalmente diferenciadas. Os funcionários da empresa dividem tarefas, agrupam tarefas comuns em departamentos e estabelecem normas e regulamentos a fim de facilitar as práticas padronizadas entre os departamentos. Essa diferenciação estrutural muitas vezes causa conflitos. Os indivíduos podem discordar sobre objetivos, alternativas de decisão, critérios de desempenho e alocações de recursos.

Esses conflitos, no entanto, não são causados por má comunicação ou hostilidade pessoal. Em vez disso, eles estão enraizados na estrutura da própria organização. Os "extras" que os gestores desejam – orçamentos, promoções, aumentos salariais, contratação de pessoal, espaço de escritório, influência sobre decisões – são recursos escassos que devem ser divididos. A criação de unidades horizontais (departamentos) e níveis verticais (a hierarquia organizacional) traz ganhos de eficiência por meio da especialização e da coordenação, mas ao mesmo tempo produz o potencial para conflitos estruturais.

# **Diferenças pessoais.** A terceira fonte de conflito são as diferenças pessoais. Elas incluem sistemas de valores e características de personalidade que reforçam as idiossincrasias individuais e diferenças.

Imagine as seguintes situações. Seus valores enfatizam o desenvolvimento de laços familiares fechados; seu chefe se concentra na aquisição de bens materiais. Um funcionário em seu departamento pensa que os aumentos de salário devem se basear no tempo de serviço; você acha que o critério deve ser o desempenho no trabalho. Essas diferenças de valores estimulam conflitos. Da mesma forma, a química entre algumas pessoas torna difícil que trabalhem juntos. Fatores como o histórico, a educação, a experiência e a formação moldam cada indivíduo em uma personalidade única. Alguns tipos de personalidade atraem-se, outros são como água e óleo – não se misturam. O resultado é que algumas pessoas podem ser percebidas por outras como rudes, difíceis de trabalhar, indignas de confiança ou estranhas. Isso cria conflitos interpessoais.

## 14.1.3 Como você gerencia conflitos?

Como gestor, você deseja ter um nível mínimo de conflito no seu departamento. Isso significa que você precisa gerenciá-lo. Você deseja resolver o conflito quando seu nível é muito alto e interrompe o desempenho do seu departamento. Você deseja estimular o conflito quando seu nível está muito baixo. Então, a *gestão de conflitos* é a aplicação de técnicas de resolução e estímulo a fim de atingir o nível ideal de conflito departamental.

## 14.1.4 Quais técnicas de resolução você pode usar?

Quais opções você tem disponíveis para eliminar ou reduzir conflitos? Existem cinco abordagens básicas ou técnicas para a resolução de conflitos: fuga de conflitos, acomodação, poder, compromisso e colaboração. Como mostrado na Figura 14.2, elas diferem em termos da ênfase que colocam sobre a preocupação pelos outros *versus* a preocupação por si mesmo. Cada técnica tem pontos fortes e fracos particulares, e não há uma técnica ideal para cada situação. Você deve considerar cada técnica como ferramenta em seu portfólio de gestão de conflito. Embora você possa ser melhor em utilizar algumas ferramentas do que outras, o gestor qualificado sabe o que cada ferramenta pode fazer e quando é melhor utilizá-la.

*GESTÃO DE CONFLITOS*
Método para identificar e resolver conflitos de uma maneira razoável, equitativa e competente.

*OBJETIVO 14.3*
Listar as cinco técnicas básicas de resolução de conflitos.

**Figura 14.2** Técnicas básicas para resolver conflitos

**FUGA**
Manter-se intencionalmente afastado de lugares, pessoas, pensamentos, sentimentos ou conversas relacionados a uma situação de conflito.

**ACOMODAÇÃO**
Método de manutenção de relações harmoniosas que coloca as necessidades dos outros e as preocupações referentes a eles acima de seus próprios interesses.

**PODER**
Satisfação das suas próprias necessidades à custa da outra parte.

**COMPROMISSO**
Abordagem para o conflito que exige que cada parte abra mão de algo que considera importante.

# **Fuga.** Às vezes, a *fuga* é a melhor solução, ou seja, apenas retirar-se do conflito ou ignorá-lo. Quando você deveria fazer isso? Quando o conflito que você enfrenta é trivial, quando as emoções estão elevadas e o tempo pode ajudar a arrefecer as coisas, ou quando uma possível interrupção de uma ação mais assertiva supera os benefícios da resolução, a fuga pode funcionar melhor. Porém, há uma questão com que se preocupar com relação a essa abordagem: alguns gestores acreditam que todos os conflitos podem ser ignorados. Esses, geralmente, são gestores fracos. Eles frustram os funcionários e, geralmente, perdem seu respeito. Há momentos em que a melhor ação é não ter nenhuma ação, mas essa não deve ser a maneira de responder a todos os conflitos.

# **Acomodação.** O objetivo da *acomodação* é manter relações harmoniosas, colocando as necessidades dos outros e as preocupações referentes a eles acima de seus próprios interesses. Você pode, por exemplo, ceder à posição de outra pessoa em um problema ou tentar neutralizar um conflito, concentrando-se em pontos de acordo. Essa abordagem é mais viável quando a questão não envolve problemas importantes para você ou quando você deseja "acumular créditos para mais tarde".

# **Poder.** Com o *poder*, você satisfaz as suas necessidades em detrimento das do outro. Nas organizações, isso é mais frequentemente ilustrado por gestores que usam de sua autoridade formal para resolver uma disputa. Usar a intimidação, aplicar a regra da maioria de votos ou teimar na recusa a ceder sua posição são outros exemplos de uso do poder. O uso do poder funciona bem (1) quando você precisa de uma resolução rápida; (2) em questões importantes para as quais ações impopulares devem ser tomadas; e (3) quando o compromisso dos outros para a sua solução não é crítico.

# **Compromisso.** A abordagem do *compromisso* exige que cada parte ofereça alguma coisa de valor. Essa normalmente é a abordagem

*CAPÍTULO 14*
*Conflitos, política, disciplina e negociação*

adotada pelo pessoal de gerência e sindicatos na negociação de um novo contrato de trabalho. Os gestores também usam frequentemente o compromisso para lidar com conflitos interpessoais. Por exemplo, um gerente em uma pequena empresa de impressão queria que um de seus funcionários trabalhasse durante o fim de semana para terminar um projeto importante. O funcionário não quis passar o seu fim de semana inteiro no trabalho. Depois de uma considerável discussão, eles chegaram a uma solução de compromisso: o funcionário trabalharia apenas no sábado, o gerente também ajudaria e o funcionário conseguiria oito horas extras e uma sexta-feira de folga.

Quando você deveria olhar para o compromisso como opção? Quando a parte com quem você está em conflito tem poder aproximadamente igual ao seu, quando se deseja alcançar uma solução temporária para um problema complexo ou quando as pressões de tempo demandam uma solução adequada.

\# **Colaboração.** Na *colaboração*, todas as partes envolvidas no conflito procuram satisfazer seus interesses. Essa técnica é tipicamente caracterizada por expor o conflito à discussão honesta entre as partes, ouvir com atenção para compreender as diferenças e identificar áreas de comum acordo. Por fim, cuidadosamente delibera-se sobre uma ampla gama de alternativas para encontrar uma solução que seja vantajosa para todos.

> *COLABORAÇÃO*
> *Abordagem para o conflito em que todas as partes procuram satisfazer seus interesses.*

Quando a colaboração é a melhor abordagem de conflito para você? A colaboração é mais bem usada quando as pressões de tempo são mínimas, quando todas as partes no conflito realmente desejam uma solução e quando o assunto é demasiado importante para ser objeto de compromisso.

## 14.1.5 Com quais conflitos você tem de lidar?

Nem todo conflito justifica sua atenção. Alguns podem não valer o esforço; outros podem ser difíceis de gerenciar. Embora a fuga possa parecer uma alternativa covarde, às vezes pode ser a resposta mais adequada. Você pode melhorar sua eficácia global de supervisão e suas habilidades de gestão de conflito em particular evitando conflitos triviais. Escolha suas batalhas criteriosamente, reservando seus esforços para aquelas que realmente importam.

Independentemente dos nossos desejos, alguns conflitos podem ser incontroláveis. Quando antagonismos estão profundamente enraizados, quando uma ou ambas as partes desejam prolongar um conflito ou quando as emoções estão tão altas que a interação construtiva é impossível, seus esforços para gerenciar o conflito dificilmente têm muito sucesso. Não seja atraído pela crença ingênua de que um bom gestor pode resolver todos os conflitos eficazmente. Alguns conflitos não valem o esforço. Alguns estão fora de sua esfera de influência, e outros, ainda, podem ser funcionais e, como tal, é melhor deixar que os funcionários os resolvam sozinhos. Para

aqueles que você escolher manipular, você deverá saber como lidar da melhor maneira possível.

### 14.1.6 Como escolher a resolução técnica apropriada?

Dado que você está familiarizado com suas opções, como procederia se encontrasse um conflito que precisasse resolver? Resumimos as opções na Figura 14.3 e as descrevemos nesta seção. Comece considerando seu estilo de manipulação de conflito preferido. Cada um de nós tem uma abordagem básica para lidar com conflitos com os quais nos sentimos mais confortáveis. Você tenta adiar lidar com conflitos, esperando que eles sumam (fuga)? Você prefere acalmar os sentimentos da outra parte para que a discordância não atrapalhe o seu relacionamento (acomodação)? Você é teimoso e determinado a conseguir o seu caminho (poder)? Você olha para soluções de meio-termo (compromisso)? Ou talvez você prefira sentar e discutir as diferenças a fim de encontrar uma solução que fará todo mundo feliz (colaboração)?

Todo mundo tem uma abordagem de resolução básica que reflete sua personalidade. Você deve entender qual é a sua. A maioria das pessoas não é prisioneira de sua abordagem básica. Elas são flexíveis e podem usar diferentes abordagens se precisarem. Infelizmente, algumas pessoas são extremamente rígidas e incapazes de ajustar seus estilos. Essas pessoas estão em uma grande desvantagem, pois não podem usar todas as opções de resolução de conflitos. Você deve conhecer seu estilo básico de resolução e tentar mostrar flexibilidade usando outros. No entanto, tenha em mente que, quando o impulso vem rápido demais, a maioria de nós escolhe a abordagem básica, pois é a que conhecemos melhor e com a qual nos sentimos mais confortáveis.

**Figura 14.3** Escolhendo a técnica de resolução apropriada: uma diretriz

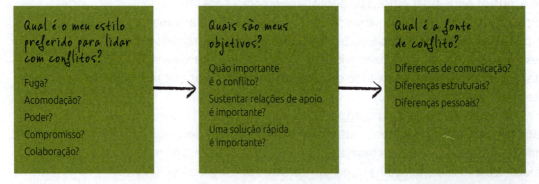

O próximo ponto a que você deve prestar atenção são seus objetivos. A melhor solução está intimamente entrelaçada com sua definição de melhor. Três objetivos pareciam dominar nossa discussão da proposta de abordagens de resolução de conflitos: a importância do conflito, a preocupação com a

CAPÍTULO 14
Conflitos, política, disciplina e negociação

manutenção em longo prazo das relações interpessoais e a velocidade com a qual você precisa resolver o conflito. Se todas as outras questões são mantidas constantes e se a questão é fundamental para o sucesso da sua unidade, a abordagem da colaboração é a preferida. Se sustentar relações favoráveis é importante, as melhores abordagens, em ordem de preferência, são: acomodação, colaboração, compromisso e fuga. Se for fundamental resolver o conflito o mais rápido possível, poder, acomodação e compromisso – nessa ordem – são os preferidos.

Finalmente, você precisa considerar a fonte do conflito. O que funciona melhor depende, em grande medida, da causa do conflito. Comunicação à base de conflitos gira em torno de desinformação e mal-entendidos. Tais conflitos se prestam à colaboração. Em contraste, os conflitos com base em diferenças pessoais surgem das disparidades entre os valores das partes e personalidades. Tais conflitos são mais suscetíveis a fuga porque essas diferenças são muitas vezes profundamente enraizadas. Quando precisa resolver os conflitos enraizados em diferenças pessoais, você frequentemente depende do poder, não tanto porque aplaca todos os envolvidos, mas porque funciona. A terceira categoria, os conflitos estruturais, oferece oportunidades para utilizar a maioria das abordagens de conflito.

Esse processo de misturar o seu estilo pessoal, os seus objetivos e a fonte do conflito deve resultar na identificação da abordagem ou em um conjunto de abordagens com mais probabilidade de ser eficaz para você em qualquer conflito específico.

### 14.1.7 Como você estimula o conflito?

E quanto ao outro lado da gestão de conflitos – situações que exigem que os gestores estimulem o conflito? A noção de conflito estimulante muitas vezes é difícil de aceitar. Para quase todos nós, o termo *conflito* tem uma conotação negativa, e a ideia de criar conflito propositadamente parece estar contra as boas práticas de supervisão. Poucos de nós, pessoalmente, gostam de estar em situações conflituosas. No entanto, há situações em que um aumento no conflito é construtivo. A Figura 14.4 oferece um conjunto de perguntas que podem ajudar a determinar se uma situação justifica a estimulação de conflitos. Uma resposta afirmativa para uma ou mais dessas questões sugere que o aumento do conflito pode ajudar o desempenho da sua unidade.

Sabemos muito mais sobre a resolução de conflitos do que sobre como estimulá-los. No entanto, a seguir, estão algumas sugestões que você pode considerar para avaliar se seu departamento precisa de um nível maior de conflito.

\# **Use comunicação.** Governos sistematicamente usam a comunicação na mídia para estimular o conflito[3]. Altos funcionários "plantam" possíveis decisões nos meios de comunicação por meio da famigerada

**OBJETIVO 14.4**

Descrever como um gestor poderia estimular o conflito.

---

3   Diz-se que o presidente norte-americano Franklin Roosevelt foi o pioneiro nesta estratégia.

"fonte confiável de notícias". Por exemplo, o nome de um juiz proeminente vaza como uma possível nomeação ao Supremo Tribunal Federal. Se o candidato sobrevive ao escrutínio público, a sua nomeação pode ser anunciada com menos risco. No entanto, se o candidato não encontra apelo na mídia e no público, a secretária de imprensa do presidente ou um funcionário de alto nível fará uma declaração formal, como: "Em nenhum momento o nome desse indivíduo foi cotado para o cargo".

Você pode usar rumores e mensagens ambíguas para estimular o conflito em seu departamento. Informações de que alguns funcionários podem ser transferidos, de que o orçamento sofrerá sérios cortes ou de que a demissão é possível podem reduzir a apatia, estimular novas ideias e forçar a reavaliação – todos os resultados positivos são advindos do crescente conflito.

# **Traga pessoas de fora.** Um método amplamente usado para agitar um departamento estagnado é trazer – por contratação ou por transferência interna – indivíduos de fora com histórico, valores, atitudes ou personalidades diferentes em relação aos membros atuais. Um dos principais benefícios do movimento de diversidade (incentivando a contratação e a promoção de pessoas diferentes) é que ele pode estimular o conflito e melhorar o desempenho da organização.

# **Reestruture o departamento.** Sabemos que variáveis estruturais são uma fonte de conflito. Por isso, é perfeitamente lógico olhar para a estrutura como dispositivo de estimulação do conflito. Centralizar decisões, realinhar grupos de trabalho e aumentar a formalização são exemplos de dispositivos estruturais que interrompem o *status quo* e aumentam os níveis de conflito.

# **Designe um advogado do diabo.** Um advogado do diabo é uma pessoa que propositadamente apresenta argumentos contrários aos propostos pela maioria ou contra as práticas atuais. Ele desempenha o papel do crítico, até mesmo a ponto de argumentar contra práticas atuais com as quais, na verdade, concorda.

Um *advogado do diabo* age como verificador contra o pensamento de grupo e as práticas que não têm justificativa melhor do que "esse é o caminho, nós sempre fizemos assim". Quando cuidadosamente ouvido, o advogado do diabo pode melhorar a qualidade da decisão do grupo. No entanto, outros no grupo muitas vezes consideram os advogados do diabo perda de tempo; a nomeação de um para essa função quase certamente irá atrasar qualquer processo de decisão.

ADVOGADO DO DIABO
Pessoa que, propositadamente, apresenta argumentos contrários aos propostos pela maioria ou contra as práticas atuais.

# CAPÍTULO 14
## Conflitos, política, disciplina e negociação

### 14.1.8  Você deve ser cauteloso(a) ao estimular conflitos?

Embora existam situações nas quais o desempenho do departamento possa ser aprimorado por meio da estimulação de conflito, pode não ser de seu interesse usar estimulações técnicas.

Se sua cultura organizacional ou seu superior hierárquico exibir qualquer tipo de conflito no seu departamento como um reflexo negativo no desempenho de controle, pense duas vezes antes de estimular o conflito ou mesmo permitir que baixos níveis de conflito ocorram. Quando os funcionários da empresa acreditam que todos os conflitos são ruins, não é incomum ser avaliado quanto às condições pacíficas e harmoniosas de seu departamento. Apesar de um clima livre de conflitos tender a criar organizações estagnadas e apáticas, e também um desempenho inferior, é importante para a sua sobrevivência adotar um estilo de gestão de conflito que seja compatível com sua organização. Em alguns casos, isso pode significar utilizar somente técnicas de resolução.

---

## CONFIRA O QUE APRENDEU 14.1

**1.** *Verdadeiro* ou *falso*? Todo conflito é ruim.

**2.** A técnica de gestão de conflito que envolve excluir ou ignorar um conflito é conhecida como:
   **a.** acomodação.
   **b.** fuga.
   **c.** compromisso.
   **d.** poder.

**3.** Quando você precisa de uma resolução rápida para uma questão importante e quando o compromisso com a sua solução não é crítico, o estilo _____ de resolução de conflitos funciona melhor.
   **a.** compromisso.
   **b.** fuga.
   **c.** poder.
   **d.** acomodação.

**4.** O conflito pode ocorrer por todos os motivos seguintes, exceto:
   **a.** diferenças de comunicação.
   **b.** diferenças pessoais.
   **c.** diferenças estruturais.
   **d.** diferenças estratégicas.

---

## 14.2  ENTENDENDO A POLÍTICA ORGANIZACIONAL

Não utilize técnicas de estimulação do conflito, mesmo que seja o melhor para o desempenho do departamento, se a gerência sênior da organização considera todos os conflitos ruins. O resumo do parágrafo anterior reconhece a natureza política das organizações. Você nem sempre é recompensado por fazer as coisas certas. No mundo real das organizações, os mocinhos nem sempre ganham. Demonstrar abertura, confiança, objetividade,

suporte e qualidades humanas semelhantes nos relacionamentos com outras pessoas nem sempre é considerado um desempenho aprimorado de gestão. Haverá tempos em que, para fazer as coisas ou para proteger seus interesses contra as manobras dos outros, você terá de se envolver em politicagem. A gestão eficaz compreende a natureza política das organizações e o ajuste de suas ações nesse sentido.

### 14.2.1 O que é política?

*Politicagem* diz respeito a quem recebe o que, quando e como. Consiste em ações que você pode tomar para influenciar, ou tentar influenciar, a distribuição de vantagens e desvantagens dentro da organização. Alguns exemplos de politicagem incluem reter informações-chave de tomadores de decisão, denunciar, espalhar boatos, deixar vazar informações confidenciais sobre atividades organizacionais para a mídia, trocar favores com os outros na organização para benefício mútuo e persuadir alguém a ser a favor ou contra determinado indivíduo ou uma decisão alternativa.[4]

Uma das ideias mais interessantes sobre a politicagem é que o que constitui uma ação política é quase inteiramente um julgamento. Como a beleza, a política está no olho de quem vê. Um comportamento que alguém possa rotular como "política organizacional" pode acabar sendo caracterizado como uma instância de "controle efetivo" por outra pessoa. A gestão efetiva não é necessariamente política, embora, em alguns casos, possa ser. Em vez disso, um ponto de referência da pessoa determina o que ela classifica como política organizacional. Dê uma olhada nos rótulos apresentados na Figura 14.4 que são usados para descrever as mesmas atividades.

**Figura 14.4  É politicagem ou uma gestão eficaz?**

| Rótulo político | | Rótulo de gestão efetiva |
|---|---|---|
| 1. Culpar os outros | ou | fixar responsabilidade |
| 2. Ser falso | ou | desenvolver relações de trabalho |
| 3. Puxar o saco | ou | demonstrar lealdade |
| 4. Passar responsabilidade | ou | delegar autoridade |
| 5. Cobrir a retaguarda | ou | documentar decisões |
| 6. Criar conflito | ou | incentivar a mudança e a inovação |
| 7. Formar coligações | ou | facilitar o trabalho em equipe |
| 8. Denunciar | ou | melhorar a eficiência |
| 9. Fazer picuinha | ou | prestar atenção meticulosa ao detalhe |
| 10. Conspirar | ou | planejar o futuro |

---

4  Ver, por exemplo, DECENZO, D. A.; SILHANEK, B. *Human relations*: personal and professional development. Upper Saddle River, NJ: Prentice Hall, 2002. p. 177-179.

---

**OBJETIVO 14.5**
Definir politicagem.

**POLITICAGEM**
Ações que alguém pode tomar para influenciar, ou tentar influenciar, a distribuição de vantagens e desvantagens dentro de uma organização.

_CAPÍTULO 14_
_Conflitos, política, disciplina e negociação_

## 14.2.2 Por que existe politicagem nas organizações?

Você pode imaginar uma organização que seja livre de politicagem? É possível, mas improvável. As organizações são compostas de indivíduos e grupos com diferentes valores, metas e interesses. Isso configura o potencial para o conflito de recursos. Orçamentos departamentais, alocações de espaço, responsabilidade de projeto e ajustes de salário são apenas alguns exemplos de recursos sobre os quais os membros organizacionais irão discordar.

Os recursos nas organizações são limitados. Isso, muitas vezes, transforma o conflito potencial em conflito real. Se os recursos são abundantes, os diversos interesses dentro da organização podem satisfazer os objetivos. Como os recursos são limitados, nem todos os interesses podem ser previstos. Além disso, verdade ou não, os ganhos individuais ou de grupo são muitas vezes percebidos como que à custa de outras pessoas dentro da organização. Essas forças criam concorrência entre os membros pelos recursos limitados da organização

Talvez o fator mais importante que conduza à politicagem nas organizações seja a percepção de que a maioria dos "fatos" usados para alocar recursos limitados está aberta à interpretação. O que, por exemplo, é "bom" desempenho? O que é um "bom" trabalho? O que é uma melhoria "adequada"? O treinador de qualquer equipe de futebol sabe que um atacante de destaque com um desempenho consistente, capaz de marcar a média de um gol por partida, é um grande atleta, e um com desempenho bem menor, que raramente marca um gol, é um atleta dispensável. Você não precisa ser um gênio do futebol para saber que deve manter o melhor atacante em campo, e o mais fraco, no banco. Mas e se você tiver que escolher entre dois atacantes com desempenhos bastante similares? Nesse caso, outros fatores – menos objetivos – entram em jogo: atitude, potencial, habilidade de executar bem suas responsabilidades estando sob pressão e assim por diante.

A maioria das decisões de supervisão em organizações se assemelha mais estreitamente a escolher entre dois "atacantes" avaliados igualmente do que decidir entre uma estrela e alguém do banco. É nesse grande e ambíguo meio-termo da vida organizacional – em que os fatos não falam por si – que a politicagem tem lugar.

Finalmente, como a maioria das decisões tem de ser tomadas em um clima de ambiguidade (em que os fatos são raramente objetivos por completo e, portanto, estão abertos à interpretação), as pessoas na organização usarão qualquer influência para manchar os fatos a fim de dar suporte às próprias metas e aos próprios interesses. Isso, evidentemente, cria motivação para as atividades que chamamos de politicagem.

## 14.2.3 Você pode agir com politicagem e ainda ser ético?

Nem todas as ações políticas são necessariamente antiéticas. Para ajudá-lo a diferenciar a politicagem ética da antiética, há algumas perguntas que você deve considerar. A Figura 14.5 ilustra uma árvore de decisão que pode orientar as ações éticas. Você precisa responder à primeira pergunta

**OBJETIVO 14.6**
_Explicar a existência de uma política nas organizações._

direcionando o autointeresse *versus* as metas organizacionais. As ações éticas são consistentes com os objetivos da organização. Espalhar falsos boatos sobre a segurança de um novo produto introduzido pela empresa para que o olhar do grupo de design sobre esse produto seja ruim é antiético. No entanto, não pode haver nada antiético se você, como chefe do departamento, por e-mail, trocar favores com o setor de compras da divisão para obter um contrato crítico rapidamente.

A segunda questão refere-se aos direitos das outras partes. Se, durante o almoço, você leu um e-mail dirigido ao gerente de compras (descrito no parágrafo anterior) com a intenção de "fazer algo sobre ele" a fim de que ele acelere seu contrato, você estaria agindo de má-fé. Você teria violado o direito do gerente de compras à privacidade.

A última pergunta diz respeito a se a atividade política está em conformidade com as normas de equidade e de justiça. Se você infla a avaliação de desempenho de um funcionário favorecido e desinfla a avaliação de um funcionário desaprovado e, em seguida, utiliza essas avaliações para justificar por que ofereceu ao favorecido um grande aumento e nada ao último, você tratou o funcionário desfavorecido injustamente e agiu de forma antiética.

**Figura 14.5**  Uma ação política é ética?

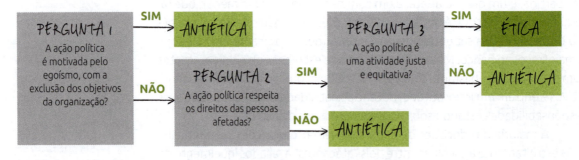

### 14.2.4 Como você sabe quando deve fazer política?

Antes de considerar suas opções políticas em qualquer caso, é preciso avaliar a situação. Os principais fatores situacionais são a cultura da organização, o poder dos outros e o seu próprio poder.

**CULTURA**
Conjunto de normas não escritas que os membros da organização aceitam e entendem, e que orienta suas ações.

**A cultura da sua organização.** Sua avaliação deve começar com a cultura de sua organização a fim de determinar quais comportamentos são desejáveis e quais não são.

Cada organização tem um sistema de significado compartilhado chamado *cultura*. Essa cultura é um conjunto de normas não escritas que os membros da organização aceitam e compreendem e que guia suas ações. Culturas de outras organizações podem diferir completamente: elas punem a tomada de risco, buscam a harmonia e a cooperação a qualquer preço, minimizam as

CAPÍTULO 14
Conflitos, política, disciplina e negociação

oportunidades para os funcionários a fim de mostrar iniciativa e alocam recompensas para as pessoas de acordo com critérios de tempo de serviço, esforço ou lealdade. A questão é que toda cultura é um pouco diferente, e se uma estratégia política é ter sucesso, ela deve ser compatível com a cultura (ver **"Notícias rápidas!** *Status* **nas organizações"**).

**O poder dos outros.** As pessoas são poderosas ou não são, certo? Errado! Poder é um diferencial. Uma pessoa pode ser muito poderosa em algumas questões, mas impotente em outras. O que você precisa fazer, portanto, é determinar os indivíduos ou grupos poderosos em dada situação.

Algumas pessoas têm influência como resultado de sua posição formal na organização. Esse é, provavelmente, o melhor ponto para começar a sua avaliação de poder. Qual decisão ou questão você deseja influenciar? Quem tem autoridade formal para afetar essa questão? A resposta para isso é só o começo. Depois de determinar quem tem autoridade formal, considere outros – indivíduos, coligações, departamentos – que podem ter um interesse efetivo nos resultados da decisão. Quem pode ganhar ou perder como resultado de ter sido escolhido em detrimento de outra pessoa? Isso ajuda a identificar os jogadores poderosos – aqueles que motivaram a participação na politicagem. Também destaca os seus prováveis adversários.

Você precisa avaliar especificamente o poder de cada jogador ou grupo de jogadores. Além de cada autoridade formal, avalie os recursos que cada um controla e sua localização na organização. Ter sob sua gestão funcionários com habilidades raras é uma fonte de poder nas organizações. Controle e acesso a informações essenciais, conhecimento especializado e habilidades especiais são exemplos de recursos que podem ser raros e importantes para a organização; assim, eles se tornam meios potenciais de influenciar decisões organizacionais. Além disso, estar no lugar certo na organização pode ser uma fonte de influência. Isso explica, por exemplo, o poder que muitos assistentes administrativos têm. Eles estão frequentemente no fluxo direto de informações essenciais e controlam o acesso dos outros ao seu chefe.

Avalie a influência do seu chefe em qualquer assunto que seja colocado em discussão. Qual é a posição dele sobre o assunto em questão: a favor, contra ou neutro? Se você é a favor ou contra, quando seu chefe apoia sua opinião? Qual é o *status* de poder do seu chefe na organização? Forte ou fraco? As respostas a essas perguntas podem ajudá-lo a avaliar se o apoio ou a oposição de seu chefe é relevante.

**Seu próprio poder.** Depois de analisar o poder dos outros, avalie sua própria base de poder. Qual é o seu poder pessoal? Que poder sua posição de controle tem na organização? Onde você está em relação às outras pessoas que detêm poder?

Sua energia pode vir de várias fontes. Se você tem uma personalidade carismática, por exemplo, pode exercer poder porque outras pessoas desejarão saber sua opinião sobre as questões, seus argumentos muitas vezes são percebidos como persuasivos e é provável que sua posição carregue um considerável peso nas decisões dos outros. Outra fonte frequente de energia

para os gestores é o acesso a informações importantes das quais os outros na organização precisam.

## NOTÍCIAS RÁPIDAS

### *STATUS* NAS ORGANIZAÇÕES

Tradicionalmente nas organizações, os indivíduos politicamente astutos têm frequentemente acompanhantes que andam com eles. Isso faz parte do que costuma-se chamar de *status*. *Status* é uma posição social ou a importância de um indivíduo em um grupo. O *status* não é algo que uma pessoa dá a si mesma. Embora um indivíduo possa trabalhar arduamente para alcançar algo, ter *status* requer pelo menos duas pessoas. Em outras palavras, alguém deve considerar a outra pessoa mais importante e com mais capacidade do que ela atribui a si mesma. O *status* do gestor pode vir de várias fontes. Em geral, essas fontes são agrupadas de duas maneiras — formal e informal. Grande parte da discussão sobre poder e política, bem como sobre autoridade, concentra-se em aspectos formais do *status*. Por exemplo, o título de *gerente* carrega certo nível de prestígio. Isso implica que você tem a capacidade de direcionar outros e afetar a vida profissional deles.

Em contrapartida, o *status* pode ser informalmente conferido a um gerente por características como educação, idade, habilidade ou experiência. Qualquer característica do gerente pode ter valor de *status* se os outros a considerarem relevante. Naturalmente, apenas porque o *status* é informal não significa que seja menos importante para um gerente ou que haja menos concordância sobre se ele o possui.

É especialmente importante para as organizações acreditar que o sistema de *status* formal é apropriado. Em outras palavras, deve haver equidade entre a posição social percebida e os "símbolos" de *status* dados. Se não houver, podem surgir problemas entre as pessoas nas organizações.*

Considere uma situação na qual o gerente do departamento de controle de qualidade tem um escritório menor, localizado em um local mais isolado da organização e que não está tão bem mobiliado como o de um novo funcionário recém-contratado. Se alguém atribui grande importância às instalações do escritório e a seu mobiliário, pode concluir que o novo funcionário é mais bem considerado que o gerente. Porém, provavelmente não é isso! Incoerências na posição de *status* podem passar uma mensagem errada.

O *status* também pode afetar funcionários dispostos a trabalhar arduamente. Por exemplo, imagine o potencial de conflito se os funcionários ganham mais do que o seu gerente — e isso não é tão irreal como se poderia pensar, pois o gerente pode ser pago com um salário fixo e não ser elegível para o pagamento de horas extras. Os funcionários, porém, são pagos sob uma base horária e, depois de trabalhar mais de 40 horas em uma semana, ganham pela hora extra trabalhada. Se um funcionário trabalha muitas horas extras, ele poderia concebivelmente ganhar mais dinheiro do que o gerente. Isso pode ser facilmente controlado se o gerente simplesmente parar com as horas extras. No entanto, ao fazê-lo, pode perder de vista os objetivos do departamento. Nesse caso, o *status* atrapalha a conquista do objetivo.

* WHYTE, W. F. The social structure of the restaurant. *American Journal of Sociology*, v. 54, jan. 1954, p. 302-308.

# CAPÍTULO 14
## Conflitos, política, disciplina e negociação

## 14.3 O PROCESSO DISCIPLINAR

A palavra *conflito* evoca várias emoções em qualquer organização. O conflito mais evidente ocorre quando um gestor tem de disciplinar um funcionário.

O objetivo desta seção é ajudá-lo a entender por que você pode ter de disciplinar um funcionário, como fazê-lo corretamente e como minimizar qualquer potencial conflito indevido que possa surgir. Isso porque qualquer forma de disciplina pode criar medo ou raiva nos funcionários. É provável que o gestor que torna o processo de disciplina menos doloroso para o funcionário, comporta-se com compaixão e trata o trabalhador com dignidade considere que formas mais graves de disciplina sejam desnecessárias. Em casos de demissão fica mais fácil para o ex-funcionário lidar com isso.

O que especificamente queremos dizer quando usamos o termo *disciplina* no local de trabalho? O termo se refere às ações tomadas por uma autoridade a fim de impor à organização padrões e regulamentos. Geralmente segue uma sequência típica de quatro etapas: aviso verbal, advertência escrita, suspensão e demissão (ver Figura 14.6).

A forma mais suave de disciplina é o *aviso verbal* documentado. Um aviso verbal é um registro temporário de uma repreensão e que é mantido pelo gestor. Essa advertência verbal tipicamente afirma o propósito, a data e o resultado da sessão de *feedback*. Se o aviso verbal é eficaz, não é mais necessária uma ação disciplinar. Contudo, um funcionário que falha na tentativa de melhorar o desempenho encontra uma ação mais severa – a *advertência por escrito*. A advertência por escrito é a primeira fase formal da advertência do processo disciplinar. Isso ocorre porque a advertência por escrito se torna parte do arquivo pessoal oficial do funcionário. Em todas as outras formas, no entanto, a advertência por escrito é semelhante ao aviso verbal. Em outras palavras, o funcionário é aconselhado em particular sobre a violação, seus efeitos e as consequências potenciais de futuras violações. Além disso, se não surgirem mais problemas disciplinares após um período de tempo, o aviso é removido do arquivo do funcionário.

**Figura 14.6** O processo de disciplina

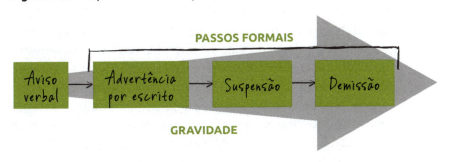

Uma *suspensão* pode ser o próximo passo disciplinar, geralmente tomado somente se as duas etapas anteriores não alcançaram os resultados

---

**OBJETIVO 14.7**
Definir disciplina e os quatro tipos mais comuns de problemas de disciplina.

**STATUS**
Posição social ou importância que alguém tem no grupo.

**DISCIPLINA**
Medidas tomadas pelos gestores para reforçar os padrões e os regulamentos de uma organização.

**AVISO VERBAL**
Repreenda, registro temporário que é mantido pelo gestor.

**ADVERTÊNCIA POR ESCRITO**
Primeira etapa formal do processo disciplinar; o aviso torna-se parte do arquivo oficial pessoal do funcionário.

## SUSPENSÃO
Tempo de folga sem remuneração; essa etapa é geralmente tomada apenas se os avisos verbal e escrito não alcançaram os resultados desejados.

## DEMISSÃO
Desligamento da empresa.

desejados – embora exceções existam, pois nos casos em que a infração é muito grave, a suspensão pode ocorrer sem prévio aviso verbal ou advertência escrita. Por que você suspenderia um funcionário? Uma razão é que uma suspensão curta é um alerta em potencial. Provavelmente, irá convencer o funcionário de que você é um gestor sério e o está ajudando a compreender e a aceitar as responsabilidades necessárias para seguir as regras da empresa.

Seu último castigo disciplinar encerrará o emprego. A *demissão* é usada frequentemente para os delitos mais graves, e pode ser a única alternativa viável se o comportamento do funcionário interfere seriamente no funcionamento do departamento ou da organização.

Embora muitas organizações possam seguir o processo descrito aqui, reconheça que ele pode ser ignorado se o comportamento do funcionário for extremamente grave. Assim, por exemplo, roubar ou atacar outro funcionário com a intenção de infligir danos graves pode resultar em imediata suspensão ou demissão. Independentemente de qualquer ação tomada, no entanto, a disciplina deve ser justa e coerente. Em outras palavras, a punição que um funcionário recebe deve ser apropriada para o que ele fez, e outros que ajam da mesma maneira devem ser disciplinados de forma similar.

### 14.3.1 Que tipos de problemas de disciplina você pode enfrentar?

Facilmente poderíamos listar dezenas de infrações, ou mais, que gestores podem julgar como merecedoras de uma ação disciplinar. Basicamente, se o problema está associado com a falta de vontade de um funcionário em fazer o próprio trabalho, e não com suas habilidades, torna-se um problema de disciplina. Para simplificar, podemos classificar as violações mais frequentes em quatro categorias: comparecimento, comportamentos no trabalho, desonestidade e atividades externas.

# **Comparecimento/presença/serviço.** Problemas disciplinares mais frequentes perante os gestores, sem dúvida, envolvem o comparecimento. Problemas de comparecimento parecem ser ainda mais generalizados do que aqueles relacionados à produtividade (descuido ao fazer um trabalho, negligência do dever e indisciplina para seguir os procedimentos estabelecidos).

# **Comportamentos no trabalho.** A segunda categoria de problemas de disciplina no trabalho abrange o comportamento. Esse rótulo inclui insubordinação, grosserias, briga, não utilização de equipamentos de segurança, descuido e dois dos problemas mais amplamente discutidos nas organizações atualmente – abuso de álcool e de drogas.

# **Desonestidade.** Embora não seja um dos problemas que mais comumente os gestores enfrentam, a desonestidade tradicionalmente tem resultado em ações disciplinares mais graves. É uma questão de confiança. Como gestor, você terá de confiar em seus funcionários para fazer certas coisas ou manipular informações corretamente. Mentir, enganar ou outros aspectos da desonestidade simplesmente destroem a credibilidade do funcionário – e a confiança nele.

# CAPÍTULO 14
## Conflitos, política, disciplina e negociação

**# Atividades externas.** O último problema abrange atividades nas quais os funcionários se envolvem fora do trabalho, mas que afetam seu desempenho no trabalho ou têm reflexos, em geral negativos, na imagem da organização. Incluídas aqui estão greves não autorizadas, atividades criminosas e trabalhos para uma empresa concorrente.

### 14.3.2 Disciplina sempre é a solução?

Apenas porque você tem um problema com um funcionário, não pense que a disciplina é a resposta automática para isso. Antes de considerar disciplinar um funcionário, certifique-se de que ele tem capacidade e influência para corrigir o comportamento.

Se um funcionário não tem a capacidade – isto é, se ele não consegue mudar –, a ação disciplinar não é a resposta. Porém, treinar o funcionário pode ser. Treinar o funcionário é um processo destinado a ajudá-lo a superar os problemas relacionados ao desempenho. Em vez de ver o problema de desempenho do ponto de vista punitivo (disciplina), o treinamento do funcionário, também conhecido como *coaching*, tenta descobrir por que os trabalhadores perderam o desejo ou a capacidade de trabalhar de forma produtiva. Mais importante ainda, esse processo foi projetado para encontrar maneiras de resolver o problema. A premissa por trás do treinamento do funcionário é bastante simples: É benéfico para ambos, para a organização e para o funcionário. Assim como é caro quando um funcionário sai logo após ser contratado, também é caro quando se demite alguém. Mas não se engane sobre isso, o treinamento não se destina a diminuir o efeito do mau desempenho de um colaborador, nem se destina a reduzir a sua responsabilidade por mudar o comportamento de trabalho inadequado. Se o funcionário não consegue aceitar ou não aceita a ajuda, as medidas disciplinares devem ser tomadas em seguida.

Da mesma forma, se existem fatores externos que bloqueiem a realização do foco e estejam fora do controle do funcionário, como equipamentos inadequados, colegas perturbadores ou ruído excessivo, disciplina não faz muito sentido. Se um funcionário pode executar, mas não o faz, a ação disciplinar deve ser usada. No entanto, os problemas de capacidade devem ser atacados com soluções como o treinamento de habilidades, o reprojeto do trabalho ou uma transferência de emprego. Sérios problemas pessoais que interferem no desempenho do trabalho são tipicamente mais bem abordados com aconselhamento profissional, um encaminhamento médico ou programas de assistência ao funcionário. Claro que, se existem obstáculos externos à conduta do funcionário, você deve agir para removê-los. O fato é que, se a causa do problema de um funcionário está fora do seu controle, a disciplina não é a resposta.

### 14.3.3 Princípios básicos da disciplina

Com base em décadas de experiência, gestores têm aprendido o que funciona melhor para administrar a disciplina. Nas seções a seguir, vamos

examinar algumas das lições aprendidas. Mostraremos o terreno básico que precisa ser apresentado antes de qualquer ação punitiva, a importância de tornar a disciplina progressiva e o modo como a regra do "fogão quente"[5] pode guiar suas ações (ver o tópico "Disciplinando um funcionário", no final deste capítulo).

### 14.3.4 Como preparar o terreno para a disciplina?

Qualquer ação disciplinar que você tomar deve ser encarada como justa e razoável. Isso aumenta a probabilidade de que o funcionário mude o comportamento para se alinhar com as normas da organização. Tal ação também previne complicações legais desnecessárias.

A instituição que tem um clima disciplinar justo e razoável garante que os funcionários recebam um aviso prévio adequado sobre as regras de disciplina e que uma investigação adequada preceda qualquer ação.

**Avisar previamente.** "A melhor surpresa é não ter surpresa." Essa frase, usada há alguns anos por uma rede de hotéis para descrever os seus quartos e serviço, é válida para os gestores ao considerar a disciplina. Os trabalhadores têm o direito de saber o que é esperado deles e as prováveis consequências se não satisfizerem essas expectativas. Eles devem também entender quais são os diferentes tipos de infrações graves. Essa informação pode ser transmitida em manuais dos trabalhadores, newsletters, intranet ou contratos de trabalho. É sempre preferível ter essas expectativas por escrito. Isso proporciona proteção para você, para a organização e para seus colaboradores.

**Relato documental.** O relato documental é extremamente importante quando a ação disciplinar é tomada. Os funcionários e gestores podem ser convidados a explicar em detalhe o que aconteceu. Um gestor pode ser protegido se uma documentação cuidadosa for feita. Se um funcionário tenta refutar a alegação que conduz a uma ação disciplinante, um gestor pode usar o relato para provar que as etapas apropriadas foram tomadas no processo disciplinar.

Um relato documental se inicia com o fornecimento por parte do gestor de descrições escritas que estabelecem expectativas para cada trabalho específico. Os funcionários devem estar cientes disso e assinar a descrição de cargo que lhes cabe. Além disso, a organização deve ter por escrito as políticas de funcionários que estabelecem as expectativas de todos os funcionários, junto com as confirmações de recepção.

O fraco desempenho, o comportamento ruim, a atitude errada, e assim por diante, precisam ser desencorajados por meio de avisos verbais, porque não fazê-los significa aceitação. Os gestores devem manter um registro das observações e diálogos e, após uma série de conversas, uma nota deve ser escrita para o arquivo pessoal do funcionário. O treinamento de funcionários

---

5   Esta regra faz uma analogia com o fato de que, ao tocarmos um fogão quente, imediatamente sofremos as consequências. Da mesma forma ocorre em uma empresa, quando um funcionário viola uma regra informada previamente: ele sofrerá uma consequência imediata.

_CAPÍTULO 14_
_Conflitos, política, disciplina e negociação_

e/ou _coaching_ quando necessário, junto com certificados de conclusão e notas de arquivo para documentar o que aconteceu fazem parte do relato documental. Se a queixa envolve questões de atendimento, todas as notas escritas e e-mails referentes às ausências não devem ser retidos. Advertências verbais devem ser documentadas quando ocorrem, e uma nota de arquivo deve ser elaborada para documentar o que aconteceu.

# Advertências escritas. Devem incluir cópias para o arquivo pessoal e para o funcionário. Deve-se tentar conseguir a assinatura do funcionário na cópia do arquivo do aviso ou o coordenador deve escrever que ele "se recusou a assinar". Os coordenadores devem também criar um arquivo separado para documentar qualquer conversa que ocorra quando o aviso foi dado. Lembre-se sempre de que os funcionários devem assinar as confirmações escritas das políticas que recebem e documentos semelhantes. Avaliações de desempenho anuais precisas nunca devem incluir classificações inadequadas como "satisfatório" quando o desempenho não é aceitável. Finalmente, o arquivo do funcionário deve incluir provas de todos os informes sobre as expectativas dos funcionários, bem como prova de sua capacidade, ou incapacidade, de atender a essas expectativas e, finalmente, provas, de qualquer _coaching_, aconselhamento, ou aplicação de determinada disciplina.[6]

# Investigação rigorosa. O tratamento equitativo dos funcionários exige que um inquérito adequado preceda qualquer decisão. Tal como no sistema jurídico, os funcionários devem ser tratados como inocentes até que se prove sua culpa. Igualmente importante é que nenhum julgamento ocorra antes que todos os fatos relevantes sejam recolhidos.

Como gestor, você será responsável pela condução da investigação. No entanto, se o problema inclui um conflito interpessoal entre você e o funcionário, uma terceira parte neutra deve ser escolhida de forma a conduzir a investigação.

A investigação deve incidir não só sobre o incidente que pode conduzir à aplicação de uma ação disciplinante, mas também sobre quaisquer assuntos relacionados. Isso é importante porque essas preocupações relacionadas podem revelar atenuantes que terão de ser considerados. Naturalmente, o funcionário deve ser informado do delito pelo qual ele está sendo cobrado para que a defesa possa estar preparada. Lembre-se, você tem a obrigação de ouvir objetivamente a interpretação e explicação da infração do funcionário. Uma investigação justa e objetiva inclui identificar e entrevistar as testemunhas e documentar todas as evidências que sejam descobertas.

---

6   LINDEMAN, D. Creating a paper trail supports discipline and discharge decisions. _Human Resouces IQ_, ago. 2008. Disponível em: <http://www.humanresourcesiq.com/employment-law/columns/creating-a-paper-trail-supports-discipline-and-dis/>. Acesso em: 15 jul. 2013.

# A NOVA ADM

O fracasso para realizar uma investigação completa e imparcial pode trazer custos elevados. Um bom trabalhador pode ser injustamente punido, a confiança dos demais funcionários pode ser severamente comprometida e a organização pode ser colocada sob risco de danos financeiros caso o funcionário entre com uma ação.

## OBJETIVO 14.8
Listar as etapas comuns da disciplina progressiva.

## DISCIPLINA PROGRESSIVA
Ação que começa com uma advertência verbal, e então passa por repreensões por escrito, suspensão e, finalmente, chega - nos casos mais graves - à demissão.

## REGRA DO "FOGÃO QUENTE"
Conjunto de princípios para disciplinar efetivamente um funcionário. Baseia--se na analogia entre tocar um fogão quente e sofrer a consequência imediata.

### 14.3.5  Como fazer uma disciplina progressiva?

A punição deve ser aplicada em etapas. Em outras palavras, as sanções devem ficar mais fortes progressivamente ou quando uma ofensa se repete. Como mencionado anteriormente (ver Figura 14.6), a disciplina progressiva começa com um aviso verbal, e, em seguida, passa para repreensão escrita, suspensão e, depois, nos casos mais graves, demissão.

A lógica que inspira a *disciplina progressiva* possui duas partes. Em primeiro lugar, sanções mais fortes aplicadas a ofensas repetidas desencorajam a repetição. Em segundo lugar, a disciplina progressiva é coerente com sentenças judiciais e de arbitragem que atenuam os fatores (por exemplo, tempo de serviço, registro de desempenho passado ou políticas organizacionais ambíguas) que devem ser considerados quando se tomam as medidas disciplinares.[7]

A *regra do "fogão quente"* é um conjunto de princípios frequentemente sugeridos que podem guiá-lo para efetivamente disciplinar um funcionário. O nome vem das semelhanças entre tocar um fogão quente e receber uma disciplina (ver Figura 14.7).

Ambos são dolorosos, mas a analogia vai mais longe. Quando você toca um fogão quente, você tem uma resposta imediata. A queimadura que recebe é instantânea, sem deixar dúvida sobre a causa e o efeito. Você tem um aviso claro. Você sabe o que acontece se tocar um fogão quente. Além disso, o resultado é consistente. Cada vez que você toca um fogão quente, tem a mesma resposta – você se queimará. Finalmente, o resultado é imparcial. Independentemente de quem você é, se tocar um fogão quente, será queimado. A analogia com a disciplina deve ser evidente, mas vamos brevemente explicar melhor cada um desses quatro pontos porque se trata de princípios centrais no desenvolvimento de suas habilidades de disciplinador.

# **Resposta imediata.** O impacto de uma ação disciplinar é reduzido com o tempo entre a infração e a execução da pena. Quanto mais rapidamente ocorre a disciplina, maior a probabilidade de que o funcionário associe a medida disciplinar com a ofensa e não com você, como o dominador. Portanto, é melhor começar a disciplinar logo que possível, após notar uma violação. Obviamente, o requisito de imediatismo não deve resultar na pressa injustificada. Um tratamento justo e objetivo não deve ser comprometido por conveniência.

# **Aviso antecipado.** Como observado anteriormente, você tem a obrigação de avisar antecipadamente a respeito da ação disciplinar

---

7    BAHLS, S.; BAHLS, J. E. Fire proof. *Entrepreneur*, jul. 2002, p. 70.

# CAPÍTULO 14
## Conflitos, política, disciplina e negociação

formal. Isso significa que o funcionário deve estar ciente das regras da organização e aceitar seus padrões de comportamento. Uma ação disciplinar tende a ser interpretada como justa pelos funcionários quando eles recebem um aviso claro de que determinada violação conduzirá à disciplina e quando eles sabem qual será a disciplina.

# **Ação consistente.** Um tratamento justo para com os funcionários exige uma disciplina consistente. Se você impuser as violações de regra de forma inconsistente, as regras perderão seu impacto. A produtividade vai diminuir e como resultado os funcionários sofrerão de ansiedade e insegurança. Seus funcionários querem saber os limites do comportamento admissível, e olham para suas ações de orientação. Se uma funcionária é repreendida hoje por algo que ela também fez na semana passada, quando nada foi dito, esses limites se tornam confusos. Da mesma forma, se dois funcionários estão brincando na mesa de trabalho e apenas um deles é repreendido, este poderá questionar a imparcialidade da ação. O ponto, então, é que a disciplina deve ser coerente. Mas não significa tratar todos exatamente da mesma forma, porque isso seria ignorar as circunstâncias atenuantes. Isso coloca a responsabilidade sobre você para justificar claramente as ações disciplinares que poderão parecer inconsistentes aos funcionários.

# **Imparcialidade.** A última diretriz da regra do "fogão quente" é a de manter a disciplina impessoal. As sanções devem ser relacionadas à situação, não à personalidade do infrator. Em outras palavras, a disciplina deve ser direcionada à ação do funcionário, não à pessoa. Como gestor, você deve tornar claro que está evitando julgamentos pessoais sobre as características do funcionário. Você está penalizando a violação da regra, não o indivíduo. Todos os funcionários que cometem uma violação esperam ser penalizados. Além disso, uma vez que a pena tenha sido imposta, você deve se esforçar para esquecer o incidente. Trate o funcionário da mesma maneira que fazia antes da infração.

**Figura 14.7** A regra do "fogão quente"

### 14.3.6 Que fatores você deve considerar na disciplina?

Definir o que é "razoável em relação à ofensa" é um dos aspectos mais desafiadores do processo de disciplina. Por quê? Porque as infrações variam muito em termos de gravidade. A suspensão de um funcionário é consideravelmente mais rigorosa do que um aviso verbal. Da mesma forma, demitir alguém é dramaticamente mais punitivo do que uma suspensão de duas semanas sem salário. Se você não conseguir reconhecer os fatores relevantes atenuantes e fazer os ajustes adequados à severidade das penas, correrá o risco de ter sua ação percebida como injusta. Os fatores resumidos na Figura 14.8 devem ser levados em consideração ao aplicar a disciplina.

**Figura 14.8** Fatores relevantes que determinam a gravidade das penalidades

> Gravidade do problema.
> Duração do problema.
> Frequência e natureza do problema.
> Histórico de trabalho do funcionário.
> Circunstâncias atenuantes.
> Grau de advertência.
> História das práticas da disciplina na organização.
> Implicações para os outros funcionários.
> Suporte de gestões superiores.

### 14.3.7 E quanto à lei?

Cometer um erro na aplicação de uma medida disciplinar pode ter repercussões muito graves para uma organização. Como resultado, a maioria das grandes organizações tem procedimentos específicos que os gestores são obrigados a seguir. Os gestores normalmente são treinados sobre como lidar com o processo de disciplina.

Os funcionários, hoje, estão desafiando a legalidade da demissão mais frequentemente. Funcionários demitidos sem justa causa podem recorrer aos tribunais para abordar a demissão injusta. Hoje, se você quiser despedir um funcionário, você e seu empregador podem acabar em um tribunal defendendo-se contra alegações de *demissão indevida* ou inadequada. Também não se pode demitir alguém por causa de raça, religião, gênero, nacionalidade, idade ou deficiência.

Como os tribunais têm mudado para proteger o direito dos funcionários ao trabalho, as organizações têm respondido reforçando suas práticas de contratação e suas ações disciplinares. Elas estão revendo cuidadosamente os seus processos de contratação. No passado, os manuais de emprego, os entrevistadores e os gestores, muitas vezes, davam garantias implícitas ou promessas sobre a manutenção do emprego. Os tribunais têm interpretado tais declarações escritas e verbais como contratos implícitos que protegem os funcionários contra a demissão. Então, como gestor, você deve ter cuidado para não fazer qualquer declaração a um funcionário, como

**DEMISSÃO INDEVIDA**
Rescisão indevida ou injusta de um funcionário.

> CAPÍTULO 14
> Conflitos, política, disciplina e negociação

"nós nunca demitimos pessoas aqui" ou "você vai ter um lugar nessa empresa, desde que faça o seu trabalho".

Os tribunais também têm se tornado cada vez mais preocupados com a garantia de que, quando um funcionário é demitido, os direitos do trabalhador não sejam desrespeitados e a medida disciplinar tenha sido justamente aplicada. A documentação adequada de toda ação disciplinar é a melhor proteção contra os trabalhadores que afirmam: "Eu nunca soube que havia qualquer problema", ou "Fui tratado injustamente". Além disso, você vai querer obedecer ao devido processo quando tomar qualquer ação disciplinar. Isso inclui (1) presumir a inocência até que uma prova razoável do papel de um funcionário em um crime seja fundamentada; (2) garantir o direito do funcionário de ser ouvido e, em alguns casos, ser representado por outra pessoa; e (3) aplicar disciplina razoável em relação à infração em causa.

## 14.4 NEGOCIAÇÃO

Sabemos que os advogados e vendedores de automóveis gastam uma quantidade significativa de tempo do trabalho em negociação. Assim também fazem os gestores. Eles têm de negociar salários para os trabalhadores que chegam, fazer acordos com os chefes, trabalhar as diferenças com os pares e resolver os conflitos com os funcionários. Para nossos propósitos, podemos definir a *negociação* como um processo no qual duas ou mais partes com preferências diferentes devem tomar uma decisão conjunta e chegar a um acordo. Para alcançar essa meta, ambas as partes costumam usar uma estratégia de negociação.

### 14.4.1 De que maneira as estratégias de negociação diferem?

Há duas abordagens gerais para negociação – negociação distributiva e negociação integrativa.[8] Vamos ver o que está envolvido em cada uma dessas abordagens.

Suponha que você veja um anúncio de carro usado à venda no jornal. Parece se enquadrar no que está procurando. Você sai para ver o carro. Ele é muito bom e você o quer. O proprietário informa o preço, mas você não quer pagar o que está sendo cobrado. Por isso, vocês dois entram em negociação. O processo em que você está envolvido é chamado *negociação distributiva*. Sua característica mais interessante é que ele opera na soma-zero. Ou seja, qualquer ganho que você tenha é à custa da perda da outra pessoa e vice-versa. Referindo-se ao exemplo do carro usado, cada centavo que o vendedor pode cortar do preço do carro é uma quantia que você economiza. Em contrapartida, o valor a mais que o vendedor cobra e você concorda em pagar sairá de sua conta. Assim, a essência da negociação distributiva é a negociação sobre quem recebe que parte de uma mesma quantia.

---

8    WALTON, R. E.; MCKERSIE, R. B. *Behavioral theory of labor relations*: an analysis of a social interaction system. Nova York: McGraw-Hill, 1965.

> ## OBJETIVO 14.9
> Contrastar negociação distributiva e integrativa
>
> ## NEGOCIAÇÃO
> Processo em que duas ou mais partes com preferências e prioridades diferentes devem tomar uma decisão conjunta e chegar a um acordo.
>
> ## NEGOCIAÇÃO DISTRIBUTIVA
> Processo de negociação que opera sob condições em que os interesses das partes são opostos e qualquer ganho é feito à custa da perda do outro lado, e vice-versa.

Provavelmente, o exemplo mais amplamente citado de negociação distributiva se dá no ambiente de trabalho – na gestão de negociações sobre salários e benefícios. Geralmente, os funcionários vão para a mesa de negociação determinados a obter tanto quanto puderem da gerência. Como cada centavo a mais negociado no trabalho aumenta os custos de gestão, cada parte negocia de forma agressiva e muitas vezes trata o outro como um adversário que deve ser derrotado. Na negociação distributiva, cada parte tem um objetivo que define o que gostaria de alcançar. Cada um também tem um ponto de resistência que marca o menor resultado aceitável (ver Figura 14.9). A área entre os seus pontos de resistência é o intervalo de ajuste. Enquanto há alguma sobreposição em suas faixas de aspiração, existe uma área de ajuste em que os anseios de cada um podem ser atendidos.

Quando você está envolvido na negociação distributiva, suas táticas devem se concentrar em tentar obter o acordo de seu oponente com seu ponto-alvo específico, ou em chegar o mais perto possível desse acordo. Exemplo de tal tática é tentar convencer o seu adversário da impossibilidade de chegar ao objetivo que ele quer e da conveniência de aceitar um acordo que penda para o seu lado, argumentando que seu objetivo é justo, enquanto o de seu oponente não é. Além disso, esta tática inclui convencer seu adversário a ser emocionalmente generoso com você e, portanto, aceitar um resultado próximo do que você deseja.

Suponha que um representante de vendas de fabricantes de roupa esportiva feminina acaba de fechar um pedido de R$ 35 mil de uma loja de roupas de pequeno porte. O representante de vendas solicita crédito ao departamento responsável de sua empresa, mas é informado de que a empresa não pode aprovar crédito para esse cliente por causa de um registro de atrasos em pagamentos anteriores. No dia seguinte, o representante de vendas e o gerente de crédito da empresa se reúnem para discutir o problema. O representante de vendas não quer perder o negócio, nem o gerente de crédito, mas ele também não quer ficar com uma dívida que não poderá ser cobrada. Os dois abertamente reveem as opções. Depois de muita discussão, eles concordam com uma solução que atenda às necessidades dos dois. O gerente de crédito irá aprovar a venda, mas o proprietário da loja de roupas deve fornecer uma garantia bancária que assegure o pagamento se a conta não for paga no prazo de 60 dias.

**Figura 14.9** Demarcando a zona de negociação ou o intervalo de ajuste

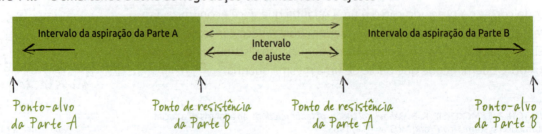

CAPÍTULO 14
Conflitos, política, disciplina e negociação

A negociação de crédito de vendas é um exemplo de *negociação integrativa*. Em contraste com a negociação distributiva, a integrativa opera sob a suposição de que há pelo menos um acordo que pode criar uma solução ganha-ganha. Em geral, a negociação integrativa é preferível à negociação distributiva. Por quê? Porque os envolvidos constroem relacionamentos de longo prazo e facilitam a ação de trabalharem juntos no futuro. Esse tipo de negociação liga os negociadores e permite que cada um deixe a mesa de negociação com a sensação de que alcançou uma vitória. A negociação distributiva, no entanto, deixa uma parte como perdedor potencial. Ela tende a construir animosidades e aprofundar as diferenças entre as pessoas que têm de trabalhar juntas em uma base contínua.

Por que, então, não vemos mais negociação integrativa nas organizações? A resposta está nas condições necessárias para que esse tipo de negociação tenha sucesso. Essas condições incluem a abertura de informações e franqueza entre as partes, uma sensibilidade de cada parte para as necessidades da outra, a capacidade de confiar um no outro, e uma vontade de ambas as partes de ser flexível.[9] Como muitas culturas organizacionais e as relações intraorganizacionais não são caracterizadas pela abertura, confiança e flexibilidade, não surpreende que as negociações muitas vezes assumam uma dinâmica ganhar-a-qualquer-custo. Com isso em mente, vamos olhar algumas sugestões para ter sucesso na negociação.

> **NEGOCIAÇÃO INTEGRATIVA**
> Processo de negociação que opera sob a suposição de que há pelo menos um acordo que pode criar uma solução ganha-ganha.

### 14.4.2 Como você desenvolve habilidades de negociação eficazes?

A essência da negociação eficaz pode ser resumida nas seis recomendações a seguir.[10]

**Considere a situação da outra parte.** Obtenha quantas informações conseguir sobre os interesses e objetivos da outra parte. Qual público ela deve apaziguar? Qual é a sua estratégia? Essa informação irá ajudá-lo a entender o comportamento do seu adversário, prever respostas para as suas ofertas e desenvolver soluções em termos de interesses do oponente. Além disso, quando você pode antecipar a posição do seu oponente, você está mais bem equipado para lutar contra seus argumentos com fatos e números que sustentam a sua posição.

**Tenha uma estratégia concreta.** Trate a negociação como uma partida de xadrez. Jogadores de xadrez inteligentes têm uma estratégia. Eles sabem, antes do tempo, como vão responder a qualquer situação. Quão forte é o adversário e quão importante é a questão? Os lados estão dispostos a dividir as diferenças para alcançar uma solução antecipada? Se a questão é muito importante para você, sua posição é forte o suficiente para que você jogue

---

9    THOMAS, K. W. Conflict and negotiation processes in organizations. In: DUNNETTE, M. D.; HOUGH, L. M. (Ed.). *Handbook of industrial and organizational psychology*. 2. ed. Palo Alto, CA: Consulting Psychologists Press, 1992. v. 3, p. 651-717.

10   Baseado em FISHER, R.; URY, W. *Getting to yes:* negotiating agreement without giving in. Boston, MA: Houghton Mifflin, 1981; WALL, J. A. Jr.; BLUM, M. W. Negotiations. *Journal of Management*, v. 17, n. 2, jun. 1991, p. 295-296; BAZERMAN, M. H.; Neale, M. A. *Negotiating rationally*. Nova York: Free Press, 1992.

477

duro e mostre pouca ou nenhuma vontade de ceder? Essas são perguntas que você deve abordar antes de iniciar a negociação.

**Começe com uma abertura positiva.** Estudos sobre negociação mostram que as concessões tendem a ser correspondidas e ganhar os acordos. Assim, você deve começar a negociação com uma abertura positiva – talvez uma pequena concessão – e então esperar retribuições com concessões de seu oponente.

**Concentre-se nos problemas, não nas pessoas.** Concentre-se nas questões de negociação, e não nas características pessoais de seu oponente. Quando as negociações se tornarem difíceis, evite atacar seu oponente. São as ideias de seu oponente ou a posição dele de que você discorda, e não dele pessoalmente. Separe as pessoas do problema e não personalize as diferenças.

**Dê pouca atenção às ofertas iniciais.** Trate uma oferta inicial apenas como um ponto de partida. Todo mundo deve ter uma posição inicial. Essas ofertas iniciais tendem a ser extremas e idealistas. Trate-as como tal.

**Enfatize soluções ganha-ganha.** Negociadores frequentemente assumem que seu ganho deve vir à custa da perda de outra parte. Como já foi referido na negociação integrativa, este não precisa ser o caso. Muitas vezes, há soluções ganha-ganha. Se você assumir um jogo de soma zero, poderá perder oportunidades de compromisso que poderiam beneficiar ambos os lados. Então, se as condições são favoráveis, procure uma solução integrativa. Projete opções em termos de interesses do seu oponente e procure soluções que permitam ao seu adversário, assim como a você, declarar a vitória.

**ALGO PARA PENSAR**
*(e promover discussão em sala de aula)*

### DÊ-ME UMA TOALHA

Como muitas revoluções, isso começou como algo simples.* Na Microsoft, foram as toalhas desaparecidas. Para os funcionários que iam de bicicleta para o trabalho e se submetiam ao tempo muitas vezes chuvoso de Seattle, as toalhas haviam se tornado um direito e uma necessidade. No entanto, um dia, quando os funcionários chegaram para trabalhar, não havia mais toalhas – foram tiradas sem prévio aviso dos vestiários na garagem subterrânea da empresa. O gerente de recursos humanos da empresa pensou em remover as toalhas como medida de redução de custos, "não era para ser sequer um probleminha". Mas foi. Os funcionários irados travaram uma guerra nos quadros de avisos da empresa e nos *blogs*. Um *post* enfurecido declarou: "É um dia escuro e sombrio na sede da Microsoft. Faça um favor a você mesmo e fique longe". A intensidade dos comentários chocou os executivos seniores. O fiasco da toalha, em conjunto com um lânguido preço de ações e um pouco de "inveja do Google", sugeria um problema moral grave e uma necessidade de trazer

**CAPÍTULO 14**
**Conflitos, política, disciplina e negociação**

uma nova cara ao RH. Lisa Brummel, uma bem-sucedida gerente de desenvolvimento de produto da Microsoft, sem experiência em RH, foi transferida para se tornar a nova chefe de RH. Seu desafio: melhorar o humor do pessoal. E Lisa, que sempre fora uma forte líder das pessoas, foi chamada exatamente para liderar.

Além de devolver as toalhas, Lisa olhou para outras coisas que a empresa poderia mudar. E ao fazê-lo, trouxe um entendimento único e perspicaz do comportamento humano. Uma coisa que ela fez foi apresentar projetos inovadores de escritório que permitiram que os funcionários reconfigurassem seus espaços de trabalho para a tarefa em que eles estavam trabalhando. As áreas de trabalho personalizadas incluíram opções como portas deslizantes, paredes móveis e características que fizeram que o espaço parecesse mais com um *loft* urbano do que com um escritório. Ao iniciar um redesenho do espaço de trabalho, "os funcionários são primeiro divididos" em quatro tipos de trabalhadores: os prestadores (os que "patrocinam" grupos de trabalho), os viajantes (os tipos que conseguem trabalhar em qualquer lugar), os concentrados (os que ficam de cabeça baixa, sempre concentrados no trabalho), e os orquestradores (diplomatas naturais da empresa). Com base no "tipo", os funcionários, em seguida, escolhiam o tipo de espaço de trabalho que funcionaria melhor para eles. Ao permitir que as pessoas criassem, de maneira peculiar e talentosa, livremente os projetos de seus espaços de trabalho, a empresa foi capaz de dar-lhes algum controle sobre seu ambiente caótico e, muitas vezes, agitado.

Com Lisa no comando do RH, a empresa tem feito progressos em suas políticas de pessoal. No entanto, por vezes, uma decisão que sai do One Microsoft Way (sede da empresa) ainda faz você pensar e perguntar por quê. A mais recente foi quando 25 funcionários recentemente demitidos foram solicitados a devolver o pagamento de indenização. O montante, uma pequena quantia, foi de US$ 5 mil por funcionários. Mas, ao pedir esse dinheiro de volta, a organização de bilhões de dólares não transmitiu uma mensagem muito boa, especialmente quando está tentando melhorar o moral e manter os funcionários entusiasmados e comprometidos com o trabalho. Mais uma vez, Lisa interveio. Ela chamou os funcionários envolvidos e disse que a empresa não tinha lidado com a situação de "forma ponderada" e que o dinheiro era deles. Como qualquer gestor de sucesso, Lisa reconhece a importância das habilidades das pessoas.

Qual é a sua opinião? A Microsoft deveria ter permanecido firme na sua determinação de cortar custos, mesmo correndo o risco de desagradar à cultura corporativa? Os funcionários tiveram qualquer poder de negociação nessa situação? A resolução original da toalha foi um exemplo de negociação integrativa ou distributiva? Como você poderia classificar a solução de Lisa – negociação integrativa ou distributiva? Por quê? O que a classifica como um ou outro tipo? Esse conflito resultou em uma consequência criativa? Por que sim ou por que não?

\*  CONLIN, M. Making the case for unequal pay and perks. *BusinessWeek Online*, 12 mar. 2009; Good job, Microsoft. *The Bing Blog*. Disponível em: <http://stanleybing.blogs.fortune.cnn.com>. Acesso em: 15 jul. 2013; CONLIN, M.; GREENE, J. How to make a Microserf Smile. *BusinessWeek*, 10 set. 2007, p. 56-59; CONLIN, M. Online extra: Microsoft's meet-my-mood offices, *BusinessWeek Online*, 10 set. 2007; CONLIN, M.; GREENE, J. Online extra: reshaping Microsoft's HR agenda. *BusinessWeek Online*, 10 set. 2007.

## CONFIRA O QUE APRENDEU 14.2

5. Ações tomadas para influenciar a distribuição de vantagens e desvantagens na organização são chamadas de:
   a. alimentação.
   b. influência.
   c. politicagem.
   d. nenhuma das opções anteriores.

6. Nome dado a um conjunto de normas não escritas que os membros organizacionais aceitam e compreendem:
   a. código de ética.
   b. cultura.
   c. influência.
   d. supervisão.

7. A posição social em uma organização reflete:
   a. sua posição.
   b. sua influência.
   c. sua autoridade.
   d. seu *status*.

8. O primeiro passo formal do processo disciplinar é:
   a. a suspensão.
   b. o aviso escrito.
   c. o aviso verbal.
   d. nenhuma das opções anteriores.

9. Qual das seguintes alternativas não é uma característica da regra do "fogão quente"?
   a. Aviso antecipado.
   b. Flexibilidade.
   c. Imparcialidade.
   d. Resposta imediata.

## REFORÇANDO A COMPREENSÃO

### RESUMO

Depois de ler este capítulo, você será capaz de:

1. **Definir conflito.** Conflito é um processo no qual uma parte conscientemente interfere na consecução dos esforços para um objetivo da outra parte.

2. **Identificar as três fontes gerais de conflito.** O conflito geralmente advém de uma das três origens: diferenças de comunicação, diferenciação estrutural ou diferenças pessoais.

3. **Listar as cinco técnicas básicas de resolução de conflitos.** As cinco técnicas básicas de resolução de conflitos são fuga, acomodação, poder, compromisso e colaboração.

4. **Descrever como um gestor poderia estimular o conflito.** Um gestor poderia estimular o conflito por meio da comunicação de mensagens ambíguas, plantando rumores, trazendo profissionais de fora com diferentes históricos ou personalidades, reestruturando o departamento ou nomeando um advogado do diabo.

5. **Definir politicagem.** Politicagem consiste de ações que você pode tomar para influenciar, ou tentar influenciar, a distribuição de vantagens e desvantagens em seu departamento.

6. **Explicar a existência de uma política nas organizações.** Política existe nas organizações porque os indivíduos têm valores,

# CAPÍTULO 14
## Conflitos, política, disciplina e negociação

objetivos e interesses diferentes; os recursos organizacionais são limitados; os critérios para a atribuição de recursos limitados são ambíguos; e os indivíduos buscam influência para que possam moldar os critérios a fim de apoiar seus objetivos e interesses.

7. **Definir disciplina e os quatro tipos mais comuns de problemas de disciplina.** Disciplina refere-se às ações empreendidas para impor regras e normas da organização. Os quatro tipos mais comuns de problemas de disciplina que um gestor enfrenta são (1) absenteísmo, atraso e abuso de faltas por doença; (2) comportamentos no trabalho como insubordinação e uso de drogas; (3) desonestidade; e (4) atividades externas que afetem o desempenho no trabalho ou afetem a imagem da organização.

8. **Listar as etapas comuns da disciplina progressiva.** As etapas comuns de um processo disciplinar progressivo são (1) aviso verbal, porém documentado; (2) repreensão escrita; (3) suspensão; e (4) demissão.

9. **Contrastar negociação distributiva e integrativa.** Negociação distributiva cria uma situação de ganha-perde porque o objeto de negociação é tratado como fixo em quantidade. A negociação integrativa trata os recursos disponíveis como variáveis e, portanto, cria o potencial para soluções de ganha-ganha.

## COMPREENSÃO: QUESTÕES PARA REVISÃO E DISCUSSÃO

1. Como o conflito pode beneficiar uma organização?
2. O que é gestão de conflitos?
3. Quando você deve evitar conflitos? Quando você deve procurar o compromisso?
4. O que é um advogado do diabo? Como um advogado de diabo produz conflitos em um departamento?
5. Uma organização pode ser livre de política? Explique.
6. Como você avalia o poder de outra pessoa em uma organização?
7. "Um bom gestor nunca terá de usar disciplina." Você concorda com essa afirmação ou discorda dela? Discuta.
8. Por que é importante documentar qualquer ação disciplinar executada contra um funcionário?
9. Por que a disciplina nem sempre é a melhor solução?
10. Suponha que você encontrou um apartamento que queria alugar e o anúncio dizia: "R$ 1.800/mês negociável". O que você poderia fazer para melhorar a probabilidade de negociar o menor preço?

## DESENVOLVENDO SUAS HABILIDADES DE GESTÃO

### MAIS AUTOCONHECIMENTO

Antes que você possa efetivamente supervisionar os outros, deve conhecer suas reais forças e áreas que precisam ser desenvolvidas. Para ajudar neste processo de aprendizagem, nós encorajamos você a realizar suas autoavaliações, que podem ajudar a determinar:

# Qual é o meu estilo para lidar com conflitos?
# Qual é o meu estilo de negociação?
# Eu sou criativo?

- # Eu sou bom em fazer política?
- # Eu sou bom em gerenciar impressões?
- # Eu sou eficiente na aplicação de ações disciplinares?

Após concluir a autoavaliação, sugerimos que guarde os resultados para seu "portfólio de autoconhecimento".

## CRIANDO UMA EQUIPE

### Exercício experimental: Negociando um aumento

Dividam-se em pares para esse exercício de jogo de papéis. Uma pessoa irá desempenhar o papel de Tiago, o gerente do departamento. A outra pessoa vai ser Diego, chefe de Tiago.

### A situação

Tiago e Diego trabalham para a Nike. Tiago supervisiona um laboratório de pesquisa. Diego é gerente de pesquisa e desenvolvimento. Diego foi chefe de Tiago por dois anos.

Uma das funcionárias de Tiago, Bárbara, tem impressionado muito com seu trabalho. Bárbara foi contratada há 11 meses. Ela tem 26 anos e possui um mestrado em engenharia mecânica. Seu salário era de R$ 6.541 por mês. Tiago disse a ela que, de acordo com a política corporativa, ela receberia uma avaliação de desempenho inicial de seis meses e uma revisão completa após um ano. Com base em seu registro de desempenho, foi dito que ela poderia esperar um reajuste salarial no momento da avaliação de um ano.

A avaliação de Tiago a respeito de Bárbara depois de seis meses foi muito positiva. Tiago comentou sobre as longas horas de empenho dela, sobre seu espírito de cooperação, sobre o fato de que os outros no laboratório gostavam de trabalhar com ela e que ela estava causando um impacto positivo imediato sobre o projeto que lhe fora atribuído. Agora que Bárbara está perto de completar um ano na empresa, Tiago novamente elogiou o desempenho dela. Ele acha que Bárbara pode ser a melhor funcionária no grupo P&D já contratada. Após apenas um ano, Tiago avaliou o desempenho de Bárbara como o terceiro do *ranking* em um departamento com 11 pessoas. Os salários no departamento variam muito. Tiago, por exemplo, tem um salário-base de R$ 10.580 mil, além de elegibilidade para um bônus que pode adicionar mais R$ 8 mil a R$ 11 mil por ano. A faixa salarial dos 11 membros do departamento é de R$ 6.033 a R$ 10.100. O menor salário é de recém-contratado com graduação em Física. As duas pessoas que Tiago avaliou e deu notas melhores que as de Bárbara ganham salários-base de R$ 8.140 e R$ 8.445. Ambos têm 31 anos de idade e estão na Nike há três e quatro anos, respectivamente. O salário médio no departamento de Tiago é de R$ 8.380.

### Papel de Tiago

Você quer dar um grande aumento a Bárbara. Embora esteja em sua unidade há apenas 11 meses, ela tem provado ser uma excelente ajuda ao departamento. Por isso, você não quer perdê-la. Mais importante, Bárbara sabe, superficialmente, quanto as outras pessoas do departamento estão ganhando e acredita que está sendo mal remunerada. A empresa normalmente dá aumentos de 5% após um ano, embora 10% de aumento não seja incomum e aumentos de 20% a 30% tenham sido aprovados. Você gostaria de dar a Bárbara um aumento tão grande quanto Diego possa aprovar.

### Papel de Diego

Todos os gerentes subordinados a você normalmente tentam esprimê-lo para conseguir o maior orçamento possível para seu pessoal. Você entende isso porque fez a mesma coisa quando era um gerente de primeiro nível. No entanto, o seu chefe quer manter um limite de custos. Ele quer que você mantenha os aumentos para as contratações recentes na faixa de 5% a 8%. Na verdade, ele enviou um memorando

## CAPÍTULO 14
### Conflitos, política, disciplina e negociação

a todos os gerentes e coordenadores dizendo isso. No entanto, seu chefe também é muito preocupado com a equidade e com pagar às pessoas aquilo que elas merecem. Você está seguro de que ele apoiará qualquer recomendação de salário que você fizer, contanto que seja justificada. Seu objetivo, consistente com a redução de custos, é manter os aumentos salariais tão baixos quanto possível.

Tiago tem uma reunião agendada com Diego para discutir o desempenho de Bárbara e seu reajuste salarial. Use até 15 minutos para realizar sua negociação. Quando a sua negociação estiver concluída, a classe irá comparar as diversas estratégias de negociação utilizadas e os resultados.

### Como resolver um conflito

Os conflitos quase sempre resultam de necessidades não satisfeitas, comportamentos destrutivos dos outros e circunstâncias que surgem como resultado do comportamento alheio. As estratégias de resolução de conflitos mais eficazes dependem da comunicação do problema às partes envolvidas. Uma estratégia simples para resolver o conflito segue seis etapas:

1. **Identificar de quem é o problema.** Você pode ser o dono do problema, porque é o único incomodado, ou outra pessoa pode ser a dona do problema porque o seu comportamento é ofensivo para ela.
2. **Pesquisar e refletir.** Reúna informações relacionadas com o problema à medida que você verifica os fatos e testa suas hipóteses e percepções de autoanálise sobre o problema.
3. **Selecionar uma alternativa para seguir.** Quando um conflito resulta de um comportamento ou uma situação inaceitável, você pode escolher uma das três alternativas: (1) mudar sua atitude, (2) alterar o seu ambiente ou (3) confrontar a pessoa sobre o comportamento.
4. **Ensaiar.** Peça ajuda a alguém para simular a situação com você e ensaiar vários cenários

para que você possa ver qual é sua própria reação emocional com relação ao problema antes de interagir com as partes envolvidas.

5. **Reunir-se para resolver o problema.** Você tem dois objetivos nessa etapa. Primeiro, quer conscientizar a outra pessoa sobre o problema engajando-se em uma conversa sobre ele, mas você deve controlar sua raiva. Segundo, você deve se envolver na resolução de conflitos, oferecendo opções aceitáveis e concordando com elas de modo que atendam a você e a outra parte.
6. **Finalizar e acompanhar.** Após a implementação da resolução, você deve monitorar continuamente a situação para garantir que o acordo está sendo honrado, e você deve olhar para os problemas imprevistos que possam ter surgido.

Fontes: GOODWIN, C.; GRIFFITH, D. *The conflict survival kit*: tools for resolving conflict at work. Upper Saddle River, NJ: Pearson Prentice Hall, 2007. p. 133-144.

## PRATICANDO A HABILIDADE

### Disciplinando um funcionário

Disciplinar um funcionário não é uma tarefa fácil. Muitas vezes é doloroso para ambas as partes envolvidas. Os seguintes princípios, no entanto, devem guiá-lo quando tiver de disciplinar um funcionário.

**Etapa 1:** antes de acusar alguém, faça sua lição de casa. O que houve? Se você não viu pessoalmente a infração, investigue e verifique quaisquer acusações feitas pelos outros. A falha foi completamente do funcionário? Se não, quem ou o que mais estava envolvido? Eu fiz que o funcionário conhecesse e compreendesse a regra ou o regulamento que foi quebrado? Documente os fatos: data, hora, lugar, pessoas envolvidas, circunstâncias, atenuantes e assim por diante.

**Etapa 2:** foi fornecido um aviso amplo? Antes de tomar uma ação formal, certifique-se de que forneceu ao funcionário avisos anteriores

razoáveis e que eles foram documentados. Pergunte a si mesmo: em caso de contestação, minha ação será defensável? Forneci um aviso claro ao funcionário antes de tomar a ação formal? É muito provável que aplicar ações punitivas mais duras seja mais tarde julgado como injusto pelo funcionário, por um juiz do trabalho e pelos tribunais se for determinado que essas ações punitivas não poderiam ser facilmente antecipadas pelo funcionário.

**Etapa 3:** aja em tempo hábil. Quando você tomar conhecimento de uma infração e tiver apoio, tome uma providência rapidamente. A demora enfraquece a ligação entre as ações e as consequências, transmite uma mensagem errada para as outras pessoas, mina sua credibilidade com seus subordinados, cria a dúvida de que nenhuma ação será tomada e convida à repetição do problema.

**Etapa 4:** conduza a sessão de disciplina em particular. Elogie os funcionários em público, mas puna em particular. Seu objetivo não é humilhar o infrator. Reprimendas públicas constrangem o funcionário e podem não produzir a mudança de comportamento que você deseja.

**Etapa 5:** adote um tom calmo e sério. Muitas situações interpessoais são facilitadas pela maneira solta, informal e descontraída do gestor. A ideia em tais situações é deixar o funcionário à vontade. Disciplinar não deixa ninguém à vontade. Evite a raiva ou outras respostas emocionais, mas transmita seus comentários em um tom calmo e sério. Não tente diminuir a tensão fazendo piadas ou com conversa fiada. Tais ações podem confundir o funcionário porque enviam sinais contraditórios.

**Etapa 6:** seja específico sobre o problema. Quando você se reunir com um funcionário, diga que tem registros documentados a respeito do problema e seja específico sobre o que precisa ser dito. Defina a violação em termos exatos, em vez de apenas citar regulamentos da empresa ou o acordo do sindicato. Não é sobre a quebra das regras por si só que você deseja transmitir preocupação. É o efeito que a violação de regra tem sobre o desempenho da equipe. Explique por que o comportamento não pode ser continuado, mostrando especificamente como isso afeta o desempenho profissional do funcionário, o comportamento dos colegas de trabalho e, por consequência, a eficácia da equipe.

**Etapa 7:** mantenha a impessoalidade. A crítica deve ter o foco no comportamento do funcionário em vez de sobre o indivíduo pessoalmente. Por exemplo, se um funcionário tem se atrasado para o trabalho várias vezes, mostre como esse comportamento aumentou a carga de trabalho dos outros ou como afetou o moral do departamento. Não critique a pessoa por ser descuidada ou irresponsável.

**Etapa 8:** ouça o lado da história do funcionário. Independentemente do que a investigação revelou, e mesmo se você tiver a prova irrefutável para apoiar suas acusações, um processo justo exige que você dê ao funcionário a oportunidade de explicar sua posição. Do ponto de vista dele, procure descobrir: o que houve? Qual o motivo para que isso tenha acontecido? Qual foi a infração que ele cometeu? Qual é a sua percepção das regras, regulamentos e circunstâncias? Se houver discrepâncias significativas entre sua versão da violação e a do funcionário, talvez seja necessário investigar mais. Claro, você deve documentar a resposta do seu funcionário.

**Etapa 9:** mantenha o controle da discussão. Na maioria dos intercâmbios interpessoais com os funcionários, você quer incentivar o diálogo aberto. Você quer desistir de controlar e quer criar um clima de comunicação entre iguais. Isso não vai funcionar na administração da disciplina. Por quê? Os infratores são propensos a usar qualquer igualitarismo permitido para se colocarem na defensiva. Em outras palavras, se você não tiver o controle, eles terão. Por definição, disciplina é um ato baseado na autoridade. Você está aplicando as normas da organização e os

## CAPÍTULO 14
### Conflitos, política, disciplina e negociação

regulamentos, portanto, assuma o controle. Peça ao funcionário que conte o lado dele da história. Obtenha os fatos, mas não permita que ele o interrompa ou o desvie do seu objetivo.

**Etapa 10:** entre em um acordo sobre como os erros podem ser evitados da próxima vez. A disciplina deve incluir a orientação e a direção para corrigir o problema. Deixe o funcionário definir o que planeja fazer no futuro para garantir que a violação não se repita. Para violações graves, o funcionário deve projetar um plano passo a passo para alterar o problema de comportamento. Em seguida, defina um calendário, com reuniões de acompanhamento em que o progresso pode ser avaliado.

**Etapa 11:** escolha a ação disciplinar progressiva e considere as circunstâncias atenuantes. Escolha uma punição apropriada para a violação. A punição escolhida deve ser vista como justa e coerente. Uma vez que você chegou à sua decisão, diga ao funcionário qual será a ação, suas razões para tomá-la e quando ela será realizada.

**Etapa 12:** documente a sessão disciplinar. Para completar a sua ação disciplinar, certifique-se de que o registro de tudo (o que ocorreu, os resultados da sua investigação, os avisos iniciais, a explicação do funcionário e suas respostas, a decisão de disciplina e as consequências da má conduta) é completo e preciso. Esse registro documentado de forma completa deverá fazer parte do arquivo permanente do funcionário. Além disso, é uma boa ideia dar a ele uma carta formal que destaca o que foi resolvido durante a sua discussão, detalhes sobre a punição, expectativas futuras e as ações que estão dispostos a tomar se o comportamento não for corrigido ou a violação se repetir. Também recomenda-se a presença de um funcionário do departamento do RH durante a conversa na sessão disciplinar.

### Comunicação eficaz

Faça algumas pesquisas sobre o estilo de lidar com o conflito de homens e mulheres. Forneça um resumo de duas a três páginas do que você encontrou. Aqui estão duas questões norteadoras: as mulheres e os homens lidam com o conflito de forma diferente? Se sim, quais são as implicações de suas descobertas para os gestores?

## PENSANDO DE FORMA CRÍTICA

### Caso 14A: A rede social vai mal

Um jovem médico em um hospital da comunidade local estava chateado pelo conteúdo postado por outros médicos, enfermeiros e estagiários em uma famosa rede social. Esses médicos e enfermeiras falavam sobre o próprio trabalho, incluindo casos específicos que eles presenciavam. Suas postagens incluíam comentários depreciativos e insultos a pacientes economicamente mais desfavorecidos, mentalmente perturbados e homossexuais. Eles também comentavam que a população de classe alta e os políticos da cidade se recusavam a usar os serviços do hospital, preferindo ir a um hospital de grande porte, particular e fora da cidade. Fotos desses médicos e enfermeiros nas páginas deles os mostravam em uniformes hospitalares com o logotipo e o nome do hospital claramente visíveis.

O jovem médico que estava chateado pelo material no site informou a situação à gerência médica. O gerente falou com a administração do hospital para prosseguir com as queixas. O hospital fez questão de consultar a legislação para saber de que forma poderiam lidar com isso. Um conselho de revisão do hospital se reuniu a portas fechadas para examinar a denúncia e o comportamento dos médicos e enfermeiros, a fim de recomendar a disciplina adequada.

Finalmente, o conselho de revisão recomendou a repreensão por escrito dos médicos e enfermeiros envolvidos, e a perda de privilégios no hospital durante seis meses, período durante o qual eles trabalhariam no centro local de saúde à pobreza. Eles também teriam de participar de

diversos programas de treinamento. A administração do hospital aceitou as recomendações e as apresentou para os médicos e enfermeiros.

Os médicos e enfermeiros aceitaram a disciplina com a condição de que depois dos seis meses retornariam à posição que tinham antes dentro do hospital. A expectativa da administração hospitalar era de que os médicos e enfermeiros se empenhassem em seguir em frente e em trabalhar para melhor e esquecer o incidente, enquanto o hospital trabalharia para melhorar as relações com a comunidade.

### Analisando o Caso 14A

1. É adequado que a administração do hospital discipline os médicos e enfermeiros pelo comportamento que ocorreu fora do ambiente hospitalar? Por quê?
2. Se você fosse o gestor que recebeu as informações sobre as postagens nas redes sociais, qual seria sua reação?
3. Esse caso foi um exemplo de disciplina eficaz? Por quê?

### Caso 14B: Conflito na Nomura Holdings Inc.

Nem sempre é fácil fazer negócios globalmente, conforme descobriram executivos da corretora de valores japonesa Nomura Holdings.[11] A Nomura adquiriu as operações internacionais do Lehman Brothers após a companhia controladora pedir falência, herdando assim 8 mil trabalhadores de diversos países. Para a Nomura, parecia o momento certo para reforçar sua estratégia de expansão global. No entanto, desde a aquisição, diferenças culturais e de negócios entre as duas organizações foram um grande empecilho. Embora mesclar duas culturas distintas demande esforços intencionais quando diferentes organizações se fundem ou são adquiridas, isso é ainda mais desafiador quando as pessoas empregadas também vêm no pacote.

Surgiram conflitos sobre a remuneração dos executivos, sobre a rapidez com que as decisões eram tomadas e sobre como as mulheres eram tratadas. Por exemplo, durante a sessão de treinamento inicial na Nomura para os novos contratados, os homens e as mulheres foram separados. As mulheres – muitas das quais eram egressas de Harvard e outras universidades de grande prestígio – foram ensinadas a se pentear, a servir chá e a escolher seus trajes conforme a estação do ano. O código de vestuário feminino da Nomura também era rigidamente imposto. Mulheres oriundas do Lehman foram instruídas a remover reflexos dos cabelos, a usar mangas no mínimo até o meio do braço e a evitar roupas muito coloridas. Várias mulheres foram dispensadas do trabalho por se vestir "inadequadamente". Uma delas disse: "Fui mandada de volta para casa porque meu vestido tinha mangas curtas, embora eu estivesse usando uma jaqueta". Um porta-voz da Nomura deu a seguinte justificativa: "O código de vestuário está disponível na intranet da empresa e visa não deixar os clientes e colegas constrangidos".

Para aumentar a tensão, banqueiros do Lehman também disseram que o processo de aprovação de negócios era "mais lento e mais difícil do que no Lehman", onde os clientes eram em grande parte categorizados pelas taxas que pagavam. A Nomura dava mais ênfase a outros fatores, como o tempo de relacionamento. Os banqueiros da Nomura disseram que "seus novos colegas eram demasiado dispostos a chutar clientes fiéis em prol de lucros rápidos". Para se

---

11 HOUSE A.; JOHNSON, K. Delivering integrated global training. *Chief Learning Officer*, dez. 2011, p. 68-72; TUDOR, A. Bhattal's goal: keep Lehman talent. *Wall Street Journal*, 19 abr. 2010; TUDOR, A. Lehman defections continue at Nomura. *Wall Street Journal*, 23 mar. 2010; TUDOR, A. Nomura turns to a foreigner from Lehman. *Wall Street Journal*, 18 mar. 2010; OR, A. More quit Nomura as bonuses lapse. *Wall Street Journal*, 12 mar. 2010; ROZENS, A. The return of Nomura. *Investment Dealers' Digest*, 12 fev. 2010; TUDOR, A. Nomura stumbles in new global push. *Wall Street Journal*, 29 jul. 2009.

## CAPÍTULO 14
### Conflitos, política, disciplina e negociação

defender, a Nomura continua tentando mesclar as duas culturas. Em escritórios na Europa e na Ásia, exceto no Japão, há diversas nacionalidades. A empresa também promoveu funcionários estrangeiros a posições no alto escalão. "Para reduzir a influência de Tóquio na empresa, Hiromi Yamaji, chefe de investimentos globais, foi para Londres, e Naoki Matsuba, chefe global das posições acionárias, mudou-se para Nova York." Até março de 2010, o comitê executivo da Nomura era composto apenas por homens japoneses. No entanto, a fim de dar um verniz mais global à empresa, um ex-executivo do Lehman, o indiano Jasjit "Jesse" Bhattal foi promovido ao comitê. O presidente-adjunto e CEO da Nomura, Takumi Shibata, disse: "Quando seu negócio é global, a gestão tem de ser global". Porém, dois anos depois, sem conseguir apoio de Tóquio para uma reestruturação das operações bancárias globais por atacado, Bhattal renunciou ao cargo de principal executivo estrangeiro da Nomura.

### Analisando o Caso 14B

1. Na sua opinião, o que originou esse conflito?
2. Qual técnica de resolução de conflito seria adequada para essa situação?
3. Qual é o sentido da afirmação "quando seu negócio é global, a gestão tem de ser global"? Em sua opinião, a Nomura faz isso? Explique.

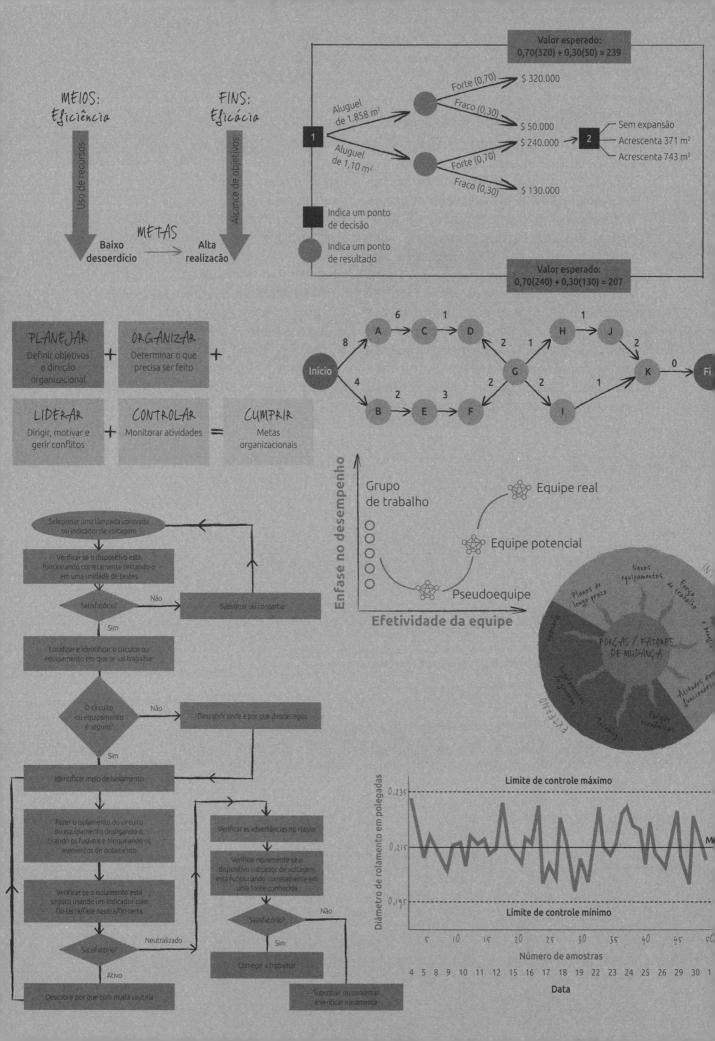

# CAPÍTULO 15
## Gestão da mudança

### CONCEITOS-CHAVE

Ao concluir este capítulo, você será capaz de definir os seguintes termos:

agente de mudança
atitudes
criatividade

desenvolvimento
organizacional (DO)
inovação
inovação disruptiva

inovação sustentada
mudança
processo de mudança

### OBJETIVOS DO CAPÍTULO

Depois de ler este capítulo, você será capaz de:

15.1 Descrever as visões tradicionais e contemporâneas de mudança.
15.2 Explicar por que funcionários resistem à mudança.
15.3 Identificar como os gestores podem reduzir a resistência à mudança.
15.4 Listar as etapas que um gestor pode usar para mudar atitudes negativas dos funcionários.
15.5 Diferenciar criatividade e inovação.
15.6 Explicar como os gestores podem estimular a inovação.

 **DILEMA DO LÍDER**

"Não há nada tão prático quanto uma boa teoria."

"Se você quer realmente entender uma coisa, tente mudá-la."

Essas duas citações de Kurt Lewin fornecem uma visão única de quem ele era e de como ele chegou a estudar supervisão.* Lewin, que é frequentemente chamado de o pai da psicologia social moderna (disciplina que utiliza métodos científicos para "compreender e explicar como o pensamento, o sentimento e o comportamento dos indivíduos são influenciados pela presença real, imaginada ou subentendida de outros seres humanos"), fez nome nos círculos da supervisão pelos seus estudos de dinâmica de grupo. Sua abordagem foi baseada na convicção de que "comportamento de grupo é um intrincado conjunto de interações simbólicas e forças que não afetam apenas a estrutura de grupo, mas também modificam o comportamento individual".

Um de seus estudos de investigação que analisou os hábitos alimentares familiares, modificados durante a Segunda Guerra Mundial, forneceu perspectivas novas e importantes para introduzir mudanças. Para ele, "as mudanças foram mais facilmente induzidas por meio de tomada de decisão em grupo do que por meio de palestras e apelo individual". Então, o que isso significa? Seus achados sugeriram que as mudanças seriam mais facilmente aceitas quando as pessoas sentissem que tinham oportunidade de ser envolvidas e participar da mudança, em vez de quando lhes fosse simplesmente pedido ou dito para mudar. Essa é uma lição importante para qualquer gestor aprender e aplicar, mesmo atualmente.

Outra das grandes contribuições de Lewin foi a análise de campo, um enquadramento para analisar os fatores (forças) que influenciam a situação. Essas forças poderiam estar *direcionando* o movimento rumo a um objetivo ou *bloqueando* o movimento em direção a um objetivo. Quando você visualiza essa ideia em termos de gestão da mudança, pode ver como esse processo também poderia contribuir para a compreensão da dinâmica do que faz a mudança funcionar e de como gestores podem superar a resistência a mudar, isto é, aumentar as forças impulsionadoras, diminuir as forças de bloqueio, ou ambos.

Quando os gestores, em cooperação com os funcionários da empresa, fazem mudanças radicais nos departamentos para produzir algo positivo, esse esforço é frequentemente chamado de *desenvolvimento organizacional* (DO). Como as intervenções de DO muitas vezes contam com a participação dos membros da organização, elas podem fomentar uma atmosfera de franqueza, confiança e respeito entre colegas de trabalho. Intervenções também podem fortalecer os colaboradores e incentivá-los a assumir riscos. A esperança é que essas características (franqueza, confiança, respeito, fortalecimento e tomada de risco) levem a um melhor desempenho organizacional.

Com base na sugestão de Lewin, a participação ativa pode fazer que os funcionários digam o que têm em mente. No entanto, isso acarreta alguns riscos. Por exemplo, imagine um funcionário questionando um gerente acerca da razão para a mudança no local de trabalho. Esse funcionário acredita plenamente que o raciocínio do gerente é prejudicial à unidade de trabalho. No entanto, exprimindo essa preocupação, ele poderia sofrer uma retaliação. Embora o gerente possa parecer, inicialmente, receptivo a tal preocupação, ele pode retaliar mais tarde. Em qualquer dos casos – participação ou não –, os funcionários poderiam ser prejudicados.

Você acredita que os gestores devem ser envolvidos em iniciativas de mudança, como intervenções de DO? Eles devem envolver seus funcionários? Quando o fazem, mesmo com a assistência de alguém de fora do departamento, você acredita que os colaboradores podem ser demasiado

> **CAPÍTULO 15**
> *Gestão da mudança*

> participativos conforme dirigem ou bloqueiam o movimento em direção a um objetivo da intervenção de DO? O que você acha que, como gestor, poderia fazer para assegurar que funcionários que participam de um processo de mudança sejam protegidos?
>
> \* Extraído de Past to the present, quadro baseado em WREN, D. A.; BEDEIAN, A. G. *The evolution of management thought*. 6. ed. Nova York: John Wiley & Sons, Inc., 2009; Biography and quotes of Kurt Lewin. *About.com*. Disponível em: <http://psychology.about.com>. Acesso em: 15 jul. 2013; e LEWIN, K. T. The dynamics of group action. *Educational Leadership*, v. 1, n. 4, jan. 1944, p. 195-200.

## INTRODUÇÃO

*Mudança* é uma alteração de ambiente, estrutura, tecnologia ou pessoas de uma organização. Se não houvesse mudança, o cargo de gerente seria relativamente fácil. O planejamento não teria problemas, porque o amanhã não seria diferente do hoje. Dado que o ambiente seria livre de incertezas, não haveria nenhuma necessidade de se adaptar. A tomada de decisão seria dramaticamente simplificada porque o resultado de cada alternativa poderia ser previsto com certeza quase absoluta. Isso seria, de fato, simplificar o trabalho do geremte, se, por exemplo, nenhum dos novos produtos fossem introduzidos, regulamentos governamentais nunca fossem modificados, a tecnologia nunca mudasse, nem as necessidades dos funcionários se alterassem.

> **MUDANÇA**
> *Alteração de ambiente, estrutura, tecnologia ou pessoas.*

No entanto, a mudança é uma realidade organizacional. Gerir a mudança é uma parte integrante do trabalho de todos os gestores. As forças que estão "lá fora" simplesmente o exigem (ver **"Notícias rápidas – Isso muda tudo"**).

## 15.1  AS FORÇAS PARA A MUDANÇA

No Capítulo 14, notamos que as forças externas e internas restringem os gestores. Essas mesmas forças trarão igualmente a necessidade de mudança. Olhemos brevemente para os fatores que podem criar a necessidade de mudança (ver Figura 15.1).

### 15.1.1  Quais são as forças externas que criam uma necessidade de mudança?

As forças externas que criam a necessidade de mudança vêm de várias fontes. Nos últimos anos, a entrada de novos concorrentes no mercado afetou inúmeras empresas. Verifica-se que leis e regulamentos governamentais são um impulso frequente para a mudança. A legislação de acessibilidade, por exemplo, exigiu que milhares de empresas alargassem suas portas, reconfigurassem os banheiros, adicionassem rampas e tomassem outras ações para melhorar a acessibilidade dessas pessoas. Outro exemplo de força externa que criou uma necessidade de mudança ocorreu em meados da década de 1990, quando a internet tornou-se um veículo multifacetado para obter informações e vender produtos.

**Figura 15.1** Fatores de mudança

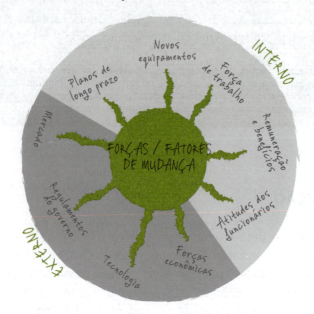

A tecnologia também cria a necessidade de mudança. Desenvolvimentos recentes em equipamentos sofisticados criaram economias de escala significativas para muitas organizações. Em corretoras de valores, novas tecnologias permitem processar milhares de operações financeiras por dia. A linha de montagem, em muitas indústrias, está passando por mudanças dramáticas, como empregadores que substituem o trabalho humano por robôs mecanizados tecnologicamente avançados, e a flutuação nos mercados de trabalho está forçando os gestores a implantar mudanças.

As mudanças econômicas naturalmente afetam quase todos nós. Segundo o Departamento de Estatísticas de Trabalho, recessões se caracterizam por uma desaceleração geral na atividade econômica, uma queda no ciclo de negócios e uma redução no volume de produtos e serviços produzidos e vendidos.[1] A Grande Recessão (2007-2009) foi uma das mais graves em escala mundial. Nos Estados Unidos, a taxa de desemprego saltou de 5% para 10,8%. Em reação, executivos tentaram proteger os lucros cortando gastos e até demitindo em massa. Embora inevitáveis, essas medidas contribuíram para a gravidade da recessão, já que indivíduos desempregados consomem menos produtos e serviços. Ironicamente, o aumento no desemprego e a queda subsequente nas vendas levaram muitas organizações a tomarem medidas mais drásticas para cortar gastos.

---

[1] US BUREAU OF LABOR STATISTICS. The Recession of 2007-2009. *Spotlight on Statistics*, fev. 2012.

*CAPÍTULO 15*
*Gestão da mudança*

## NOTÍCIAS RÁPIDAS

### ISSO MUDA TUDO*

No início de 2007, após 30 anos como uma companhia de computadores, a Apple Computers se tornou a Apple, eliminando a palavra "computers" de seu nome. A Apple continua produzindo computadores, mas, com o lançamento do iPhone, passou a ser bem mais abrangente. O iPhone, que depois deu origem ao iPod pela fusão com telefones celulares, estava prestes a mudar todo o setor de computadores pessoais. A introdução do iPhone claramente ameaçava os smartphones no mercado naquela época, mas seu impacto foi muito maior do que o imaginado. Essencialmente, o iPhone era um agente de mudança, criando um novo mercado para a computação móvel. Inicialmente, o iPhone competia com smartphones como o BlackBerry e teve sucesso imediato por ser um produto melhor. No entanto, passou também a concorrer no mercado de laptops por oferecer uma nova maneira de acessar a internet. Bem mais fácil e prático do que o laptop, o iPhone conectava usuários à rede com uma tecnologia simples de tela de toque. Pode-se dizer que ele lançou um novo mercado de computação móvel fundindo serviços de telefonia celular e internet em um só dispositivo.

No primeiro ano de seu lançamento, o iPhone conquistou 5,4 milhões de usuários, e desenvolvedores criaram mais de 17 mil aplicativos de celular (ou apps). Esse novo mercado de aplicativos mudou a visão sobre *softwares* – em vez de *softwares* criados por poucas grandes empresas de desenvolvimento, a evolução dos aplicativos criou uma minieconomia de desenvolvedores individuais e empresas menores. Isso gerou um novo grupo de empreendedores fundando negócios relacionados a aplicativos de celular. Antes do iPhone, empresas como Twitter e Snapchat seriam inviáveis.

A introdução dos aplicativos permitiu que os consumidores customizassem seus iPhones, pois podiam baixar aplicativos conforme suas necessidades e preferências. A demanda e o acesso fácil à customização instigaram a reação de empresas de tecnologia, o que mudou a direção do setor de computação pessoal. O iPhone levou ao desenvolvimento do iPad e, essencialmente, de todo o mercado de tablets. O mercado de laptops também reagiu integrando as funcionalidades que os consumidores preferiam, como a capacidade de instalar aplicativos e o acesso por meio de tela de toque. O iPhone, portanto, provocou uma ruptura no mundo da tecnologia por meio de seu modelo inovador de negócio, que criou um novo mercado para o acesso à internet. Desenvolvedores de aplicativos e usuários de celulares ficaram conectados, mudando não só o setor de telefones celulares como também desafiando o mercado de laptops. A Apple não está acomodada. Com suas inovações, o mercado de computação móvel continua evoluindo. Mais recentemente, houve o lançamento do Apple Watch. O que virá a seguir?

\* CHRISTENSEN, C.; RAYNOR, M.; MCDONALD, R. What is disruptive innovation? *Harvard Business Review*, dez. 2015; WILSON, M. The Apple effect: nine ways the Apple changed the world with the iPhone. *Fast Company*, dez. 2015; KELLY, H. 5 ways the iPhone changed the world. *CNN*, 30 jun. 2012; MARTIN; K.; PON, B. Structuring the smartphone industry: is the mobile internet OS platform the key? *Journal of Industry, Competition, and Trade*, set. 2011; SCANLON, J. Moving to the mobile web. *Bloomberg Business*, 23 jun. 2008.

### 15.1.2 Quais forças internas criam a necessidade de mudança?

Em adição às forças externas observadas anteriormente, as forças internas também podem estimular a necessidade de mudança. Essas forças internas tendem a originar-se, principalmente, em operações internas da organização ou do impacto das mudanças externas.

Quando os funcionários da empresa redefinem ou modificam a estratégia da organização, eles, muitas vezes, introduzem uma série de mudanças. Por exemplo, quando a Herman Miller, Inc. desenvolveu uma nova estratégia de competição mais agressiva no mercado de móveis para escritório, os membros organizacionais tiveram de mudar a forma como realizavam seus trabalhos: os esforços de marketing mudaram dramaticamente e processos de fabricação foram remodelados.[2] A introdução de novos equipamentos representa outra força interna para a mudança. Os funcionários podem ter os seus empregos redesenhados, precisam passar por treinamento para operar o equipamento novo ou ser obrigados a estabelecer novos padrões de interação dentro do seu grupo formal.

A força de trabalho de uma organização raramente é estática. Sua composição muda em termos de idade, gênero, escolaridade, nacionalidade e assim por diante. Em uma organização estável, em que gestores têm estado em suas posições durante anos, pode haver necessidade de reestruturar os cargos a fim de reter funcionários mais ambiciosos, oferecendo-lhes mais flexibilidade de programação e, possivelmente, alguma mobilidade ascendente. A compensação e os sistemas de benefícios também podem ter de ser reformulados para refletir as necessidades de uma força de trabalho diversificada – e forças de mercado nas quais certas habilidades estão em falta. As atitudes dos funcionários, como insatisfação no trabalho, podem levar ao aumento de absenteísmo, a demissões voluntárias e até mesmo greves. Tais eventos, por sua vez, muitas vezes conduzem a mudanças nas políticas da empresa e em suas práticas.

### 15.1.3 De que modo os gestores podem servir como agentes de mudança?

Mudanças dentro de uma organização precisam de um catalisador. Pessoas que agem como catalisadores e assumem a responsabilidade de supervisionar o processo de mudança são chamados *agentes de mudança*. Eles assim o fazem em um processo chamado de *desenvolvimento organizacional (DO)*.

Qualquer gestor pode ser um agente de mudança. O agente de mudança também pode não ser um gestor; poder ser, por exemplo, um especialista em pessoal interno ou consultor externo cuja especialização consiste na mudança de implementação. Para grandes mudanças em todo o sistema, os funcionários da empresa costumam contratar consultores externos para prestar aconselhamento e assistência. Como eles são externos, muitas vezes podem oferecer uma perspectiva objetiva normalmente ausente de informações privilegiadas. Entretanto, consultores externos podem estar em

---

**AGENTE DE MUDANÇA**
Pessoa que age como catalisador e assume a responsabilidade por supervisionar o processo de mudança.

**DESENVOLVIMENTO ORGANIZACIONAL (DO)**
Processo de fazer uma mudança sistemática em uma organização.

---

2  ROCKS, D. Reinventing Herman Miller. *BusinessWeek* E.Biz, 3 abr. 2000, p. EB89-EB96.

desvantagem porque têm um entendimento inadequado de história, cultura, procedimentos operacionais da organização e do pessoal. Consultores externos são também propensos a iniciar mudanças mais drásticas do que os internos – o que pode ser tanto um benefício como uma desvantagem – porque eles não precisam vivenciar a repercussão depois que a mudança é implementada. Em contraste, os gestores que atuam como agentes de mudança podem refletir mais sobre ela (e possivelmente serão mais cautelosos), porque terão de vivenciar as consequências de suas ações.

## 15.2 DOIS PONTOS DE VISTA SOBRE O PROCESSO DE MUDANÇA

Existem duas maneiras muito diferentes de se ver o *processo de mudança*. A maneira tradicional é ver a organização como um grande navio cruzando um mar calmo. O comandante do navio e a tripulação sabem exatamente aonde estão indo porque já fizeram a viagem várias vezes antes. Mudanças podem ocorrer, como uma tempestade ocasional ou uma distração breve, mas a viagem geralmente é calma e previsível. A visão contemporânea vê a organização como uma pequena jangada navegando em um rio caudaloso, com corredeiras ininterruptas. A bordo da balsa estão meia dúzia de pessoas que nunca trabalharam juntas antes, que não estão totalmente familiarizadas com o rio, que não têm certeza do seu destino final e, como se isso não bastasse, que viajam na noite escura. Na visão contemporânea, a mudança é um estado natural, e dirigir a mudança é um processo contínuo. Essas duas maneiras de encarar a mudança apresentam abordagens muito diferentes para compreender e responder à mudança. Vamos dar uma olhada em cada uma.

### 15.2.1 O que é a visão tradicional da mudança?

A visão tradicional da mudança dominou o pensamento da maioria dos indivíduos familiarizados com as organizações. Essa visão é mais bem ilustrada na descrição de três passos da mudança do processo[3] (ver Figura 15.2).

**Figura 15.2** Os três passos da visão tradicional do processo de mudança

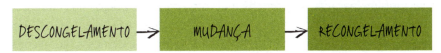

De acordo com esse modelo, a mudança bem-sucedida exige descongelamento do *status quo*, mudando para um novo estado e recongelamento novamente para tornar o novo estado permanente. O *status quo* pode ser considerado um estado de equilíbrio. Para mover a partir desse equilíbrio, o descongelamento é necessário. Isso poderia ser feito de três maneiras:

> **OBJETIVO 15.1**
> Descrever as visões tradicionais e contemporâneas de mudança.
>
> **PROCESSO DE MUDANÇA**
> Modelo que permite a mudança bem-sucedida exigindo descongelamento do status quo (estado de equilíbrio) e o recongelamento da nova mudança para torná-la permanente. O descongelamento do estado de equilíbrio é alcançado por (1) aumento das forças de condução, (2) diminuição das forças restringidas ou (3) combinação dessas duas abordagens.

---

3   LEWIN, K. *Field theory in social science*. Nova York: Harper & Row, 1951.

1. As forças condutoras, que o comportamento afasta do *status quo*, podem ser aumentadas.
2. As forças restritivas, que dificultam a circulação do equilíbrio existente, podem ser diminuídas.
3. As duas abordagens podem ser combinadas.

Uma vez que o descongelamento foi realizado, a mudança em si pode ser implementada. No entanto, a mera introdução da mudança não garante que se firmará. A nova situação, portanto, tem de ser recongelada de modo que possa ser sustentada ao longo do tempo. A menos que a última etapa seja atendida, há uma forte probabilidade de que a mudança seja de curta duração e os trabalhadores revertam para o estado de equilíbrio anterior. O objetivo do recongelamento, então, é estabilizar a nova situação, equilibrando as forças condutoras e de restrição.

Note que esse processo de três passos trata a mudança como uma quebra na organização do estado de equilíbrio. O *status quo* foi perturbado, e é necessária uma mudança a fim de estabelecer um novo estado de equilíbrio. Essa visão pode ter sido adequada ao ambiente relativamente calmo que a maioria das organizações enfrentaram nas décadas de 1950, 1960 e 1970. No entanto, a visão tradicional da mudança é cada vez mais obsoleta como forma de descrever os tipos de mares nos quais os gestores atuais têm de navegar.

### 15.2.2 O que é a visão contemporânea da mudança?

A visão contemporânea de mudança leva em consideração a ideia de que os ambientes são tanto incertos como dinâmicos. Para se ter uma ideia da direção que a mudança pode tomar em situações inconstantes e dinâmicas, considere o seguinte: pistas de esqui abertas variam em tamanho e dificuldade. Infelizmente, quando você começa uma descida, não sabe como a pista de esqui será. Pode ser uma pista simples ou muito desafiadora. Além disso, alguém que planejou passar férias esquiando apostou que elas estariam abertas, com neve e funcionando perfeitamente. Mas as pistas não estão sempre abertas, pois dependem do fator climático. Como se isso já não fosse ruim o bastante, em alguns dias as pistas estarão fechadas sem qualquer motivo aparente. Ah, sim, há mais uma coisa: os preços dos ingressos para descer as pistas podem mudar drasticamente a cada hora. E não há um padrão claro para as flutuações de preços. Para ter sucesso nessas condições, você teria de ser extremamente flexível e capaz de responder rapidamente a todas as condições de mudança. Aqueles que são muito lentos ou muito estruturados terão dificuldade e claramente não se divertirão!

Um número crescente de gestores começa a aceitar que seu trabalho tem muito a ver com a situação de férias narrada aqui. A estabilidade e a previsibilidade da visão tradicional de mudança podem não existir. Interrupções no *status quo* não são ocasionais e temporárias, seguidas de um retorno a águas calmas. Muitos dos gestores de hoje nunca saem da situação de instabilidade e incerteza. Eles enfrentam mudanças constantes na

CAPÍTULO 15
Gestão da mudança

fronteira com o caos. Esses gestores se veem obrigados a participar de um jogo que nunca haviam jogado antes, e que é regido por regras criadas no decorrer do próprio jogo.

### 15.2.3   Você vai enfrentar um mundo caótico e em constante mudança?

Nem todo gestor enfrenta um mundo caótico e em constante mudança. No entanto, o número de gestores que não enfrentam uma situação assim tem diminuído muito. Hoje, poucos gestores podem tratar a mudança como uma perturbação ocasional em um mundo, de outra forma, pacífico. Se assim o fizer, ele poderá se colocar em grande risco. Muitas coisas têm mudado rápido demais para que sejamos complacentes. Como o escritor de negócios Tom Peters notou, o velho ditado "Se não está quebrado, não conserte" não se aplica mais. Em seu lugar, ele sugeriu: "Se não está quebrado, você simplesmente não olhou o suficiente. Corrija-o de qualquer maneira".[4]

### 15.2.4   Por que as pessoas resistem à mudança?

Uma das descobertas mais bem documentadas no estudo das pessoas no trabalho é que os indivíduos resistem à mudança. Como uma pessoa disse uma vez: "A maioria das pessoas odeia qualquer mudança que não tilinte em seus bolsos".

A resistência à mudança aparece de muitas formas. Ela pode ser aberta, implícita, imediata ou diferida. É mais fácil para os gestores lidar com a resistência quando ela é evidente e imediata. Por exemplo, uma mudança é proposta e funcionários respondem rapidamente queixando-se, engajando-se em uma desaceleração de trabalho, ameaçando entrar em greve ou algo parecido. O maior desafio é manejar a resistência que está implícita ou diferida. Os esforços de resistência implícita são mais sutis (perda de lealdade com a organização, perda de motivação para o trabalho, aumento de erros ou enganos, aumento do absenteísmo com alegação de falsa doença) e, portanto, mais difíceis de serem reconhecidos. Do mesmo modo, as ações diferidas turvam a ligação entre a fonte da resistência e a reação a ela. Uma mudança pode produzir o que parece ser apenas uma reação mínima no momento em que é iniciada, mas, em seguida, a resistência aparece semanas, meses ou mesmo anos mais tarde. Uma mudança sozinha, que pode ter em si pouco impacto, pode tornar-se a gota d'água que vai transbordar o copo. Reações à mudança podem se acumular e, em seguida, explodir em alguma resposta que parecerá totalmente fora de proporção na ação contra a mudança seguinte. A resistência, naturalmente, foi apenas adiada e guardada. O que sobressai é uma resposta a um acúmulo de mudanças anteriores.

Então, por que as pessoas resistem à mudança? Há um número de razões. Nós as listamos na Figura 15.3 e as descrevemos na seção seguinte.

OBJETIVO 15.2
Explicar por que funcionários resistem à mudança.

---

4   PETERS, T. *Thriving on chaos*. Nova York: Knopf, 1987. (Ed. brasileira: *Prosperando no caos*. São Paulo: Harbra, 1989.)

**Figura 15.3** Por que as pessoas resistem à mudança?

# **Hábito.** Como seres humanos, somos criaturas de hábitos. A vida é complexa o suficiente, não precisamos considerar toda a gama de opções para as centenas de decisões que temos de tomar todos os dias. Para lidar com essa complexidade, todos confiamos em hábitos ou respostas programadas. Quando somos confrontados com uma mudança, a tendência a responder da forma como estamos acostumados torna-se uma fonte de resistência. Então, quando seu departamento é movido para um novo edifício de escritórios do outro lado da cidade, isso significa que seus funcionários estarão suscetíveis a mudar muitos hábitos: acordar dez minutos mais cedo, passar por um novo conjunto de ruas para chegar ao trabalho, encontrar um novo lugar para estacionar, ajustar-se à organização espacial do novo escritório, desenvolver uma nova rotina de almoço e assim por diante.
# **Ameaça ao emprego e ao salário.** Funcionários, muitas vezes, temem qualquer mudança que possa reduzir a segurança quanto ao trabalho ou ao salário. Um novo equipamento que poupe trabalho, por exemplo, pode ser interpretado como o precursor de demissões. As pessoas também se sentem ameaçadas por mudanças de funções ou rotinas estabelecidas no trabalho se elas temem que não serão capazes de executá-las com sucesso. Isso é particularmente ameaçador quando a remuneração está intimamente ligada à produtividade.
# **Medo do desconhecido.** Mudanças criam ambiguidade e incerteza quanto ao conhecido, e seres humanos não gostam de ambiguidade. Se a introdução de um sistema de desenvolvimento de *e-books* por uma pequena editora significa que as pessoas do editorial terão de aprender a fazer o trabalho em novos *softwares*, algumas delas podem ter medo de ser incapazes de aprender os meandros do sistema. Elas podem, portanto, desenvolver uma atitude negativa em relação a trabalhar com *e-books* ou comportar-se disfuncionalmente.

> CAPÍTULO 15
> Gestão da mudança

# Percepção seletiva.
Indivíduos moldam o mundo por meio de suas percepções. Uma vez que esse mundo foi criado, é comum resistir à mudança. Assim, os indivíduos são culpados de processar seletivamente o que querem ver e ouvir a fim de manter suas percepções intactas. Eles costumam ouvir o que querem ouvir, enquanto ignoram informações que desafiam o mundo que criaram.

# Ameaça à experiência.
Alterações em políticas e práticas organizacionais podem ameaçar a experiência de grupos especializados e departamentos. A introdução dos computadores pessoais, que dão a gestores acesso direto a informações no computador central de uma empresa, encontrou forte resistência por parte de muitos departamentos de sistemas de informática no início dos anos 1980. Por quê? Porque a computação descentralizada do usuário final era uma ameaça às habilidades especializadas daqueles que trabalhavam nos departamentos de sistemas de informação centralizados.

# Ameaça às relações de poder estabelecidas.
Qualquer redistribuição de autoridade de tomada de decisão pode ameaçar as relações de poder estabelecidas há muito tempo em uma organização. Os esforços dos funcionários da empresa para capacitar os funcionários operacionais ou para introduzir equipes de trabalho autogeridas têm encontrado frequentemente resistência dos gestores que são ameaçados pela redistribuição de poder.

# Ameaça às relações interpessoais.
Trabalho é mais do que um meio de ganhar a vida. As relações interpessoais que fazem parte do trabalho de uma pessoa muitas vezes desempenham um papel importante em satisfazer as necessidades sociais do indivíduo. Ficamos ansiosos para ir trabalhar a fim de interagir com os colegas e fazer amigos. A mudança pode ser uma ameaça a essas relações. Reorganizações, transferências e reestruturação de *layouts* de trabalho mudam as pessoas com quem os funcionários trabalham, se informam e interagem regularmente. Como essas mudanças são muitas vezes vistas como ameaças, eles tendem a ser resistentes.

## 15.2.5 Como você pode reduzir a resistência à mudança?

A resistência à mudança pode ser superada. Nós oferecemos cinco técnicas específicas. A resistência é mais passível de ser eliminada quando você implementar todas estas cinco técnicas:

**Construa confiança.** Se os funcionários confiam em você, eles são menos propensos a se sentir ameaçados pelas alterações que você vai implementar. A implantação de equipes de trabalho autodirigidas na Ocean Spray's Vero Beach,[5] na Flórida, encontrou resistência, inicialmente, porque os funcionários não confiavam em seus gestores. Durante anos, os gestores

> **OBJETIVO 15.3**
> Identificar como os gestores podem reduzir a resistência à mudança.

> **OBJETIVO 15.4**
> Listar as etapas que um gestor pode usar para mudar atitudes negativas dos funcionários.

---

5 Famosa cooperativa americana que fabrica bebidas tendo como matéria-prima a fruta *cranberry*.

não tinham confiança em seus funcionários para tomar decisões, então, de repente, esses mesmos gestores diziam a eles para tomar suas próprias decisões. Demorou mais de um ano para que os funcionários aceitassem a responsabilidade de resolver seus próprios problemas. Confiança leva muito tempo para ser desenvolvida. É também muito frágil, podendo ser destruída facilmente. As ideias que oferecemos no Capítulo 14 devem ajudá-lo a construir confiança com seus funcionários.

**Abra canais de comunicação.** A resistência pode ser reduzida por meio da comunicação com os funcionários a fim de ajudá-los a ver a lógica de uma mudança. Quando os funcionários têm a consciência plena dos fatos e os mal-entendidos são esclarecidos, a resistência muitas vezes desaparece. Por exemplo, quando há o boato de cortes e demissões, a comunicação aberta e honesta sobre os fatos reais pode acalmar os ânimos. Mesmo se a notícia é ruim, uma mensagem clara, muitas vezes, ganha pontos e ajuda que as pessoas aceitem a mudança. Quando a comunicação é ambígua e as pessoas se sentem ameaçadas, muitas vezes inventam cenários que são consideravelmente piores do que as verdadeiras "más notícias".

**Envolva os funcionários.** Muitas empresas pedem que os funcionários ajudem a planejar programas amplos de mudanças, pois dificilmente os indivíduos resistem a decisões de mudanças das quais participaram. Quando se envolvem em uma mudança desde o início, os funcionários afetados geralmente a apoiam. Ninguém quer se opor a algo que ajudou a desenvolver.

**Ofereça incentivos.** Mostre às pessoas que apoiar uma mudança será benéfico para elas. Proporcione treinamento de novas habilidades ou uma licença curta remunerada para que tenham tempo de refletir sobre seus temores, se acalmar e perceber que suas preocupações eram infundadas. Demissões podem ser uma oportunidade para aqueles que ficam. Os cargos podem ser redesignados para trazer novos desafios e responsabilidades. Um aumento de salário, uma promoção, flexibilidade no horário do expediente ou mais autonomia no trabalho são outros exemplos de incentivos que ajudam a diminuir a resistência.

**Lide com os sentimentos dos funcionários.** "Eu odeio o meu trabalho." "Meu chefe é insensível às mulheres." "Para mim, os produtos médicos que produzimos fazem uma diferença real na vida das pessoas." Essas declarações de funcionários são exemplos de *atitudes*. Em outras palavras, são declarações de atitudes avaliativas ou opiniões a respeito de objetos, pessoas ou eventos. Elas refletem o modo como as pessoas se sentem em relação a algo. Como gestor, o que você pode fazer para mudar as atitudes negativas dos funcionários? Em primeiro lugar, identifique a atitude que você deseja alterar. Em seguida, determine o que sustenta essa atitude. Depois, ofereça uma atitude alternativa. Finalmente, reforce e apoie a nova atitude.

**ATITUDES**
Declarações valorativas ou julgamentos sobre objetos, pessoas ou eventos.

# CAPÍTULO 15
## Gestão da mudança

## ALGO PARA PENSAR
### (e promover discussão em sala de aula)

### ROBOT DOC

Imagine deitar-se em um leito de hospital como se fosse um paciente e ser visitado por um robô de 1,5 metro.* Você pode atribuir essa "visão" ao excesso de medicamentos ou ao fato de estar dormindo pouco. Porém, no Hospital Metodista de Houston, o robô de 1,5 metro não é uma visão. Ele é real. O robô, que parece "um aspirador de pó gigante com um monitor de computador preso em cima", visita pacientes guiado remotamente pelo médico a partir de um centro de comando em outro andar. Com esse tipo de tecnologia, especialmente em uma unidade de cuidados intensivos, uma equipe médica pode fazer as suas rondas, "ler" os sinais vitais e "ver" como os pacientes estão sem perturbá-los ou angustiá-los.

Robôs vagando pelos corredores do hospital não são apenas avanços tecnológicos transformando a forma como centros médicos e de saúde funcionam. Etiquetas de radiofrequência ID mantêm o controle em tempo real de médicos, enfermeiros e peças de equipamentos, proporcionando uma resposta de emergência mais rápida. "Camas inteligentes leem automaticamente a respiração dos pacientes e a frequência cardíaca para registrar em seus prontuários", alertando rapidamente os enfermeiros sobre problemas potenciais ou em desenvolvimento. E uma das maiores mudanças tecnológicas está na manutenção das informações dos registros médicos. Em vez de ter um grande número de arquivos impressos, as organizações de saúde estão se movendo em direção a registros médicos digitais. No entanto, a taxa de mudança tem sido lenta. Atualmente, apenas 1,5% dos hospitais privados têm um abrangente sistema eletrônico de registros médicos em todas as unidades clínicas. Apenas 7,6% têm um sistema de base em pelo menos uma unidade. Porém, é uma grande mudança com uma promessa significativa. "Transformar os registros dos pacientes em formato digital pode fornecer uma riqueza de informações sobre quais tratamentos funcionam e quais não e acelerar o diagnóstico e os cuidados médicos."

O investimento em tecnologia que os hospitais e as organizações de cuidados em saúde têm feito tem basicamente dois objetivos: (1) melhorar a assistência médica e reduzir as taxas de erro e (2) minimizar a tensão do paciente, encorajando a cura. "Ironicamente, um dos resultados mais aguardados é que a tecnologia permita que os hospitais mantenham as pessoas fora deles." O vice-presidente do grupo de inovação e tecnologia da Kaiser Permanente's Sidney R. Garfield Health Care Innovation Center diz: "a residência será o centro dos cuidados de saúde". E essas mudanças já estão ocorrendo. Em muitas áreas rurais, onde a assistência médica especializada é escassa, a telemedicina cobre as lacunas. Por exemplo, 31 hospitais em locais remotos, em Michigan, usam robôs, semelhantes ao descrito anteriormente, para o diagnóstico e acompanhamento. Os robôs são encontrados até mesmo em salas de operação – a "linha de montagem" de um sistema de cuidados de saúde –, assim como em linhas de montagem de outras organizações, e pelas mesmas razões: controle de qualidade e controle de custos.

Em uma indústria na qual se espera encontrar as tecnologias mais atuais, as mudanças na forma como as organizações de cuidados de saúde fazem o trabalho não têm ocorrido tão rápida e satisfatoriamente como desejado. No entanto, as mudanças tecnológicas continuarão a transformar a indústria e as organizações e as pessoas que as fazem funcionar.

Qual é a sua opinião? Os trabalhadores e a população em geral abraçarão esse tipo de mudança tecnológica ou resistirão? Por quê? Os gestores esperam avaliar seus funcionários pela capacidade de se comunicar por meio do robô? Como gestor, de que forma você abordaria a introdução dessa nova tecnologia para seus funcionários?

* ANDREWS, M. The hospital of the future. U.S. News & *World Report*, ago. 2009, p. 68-74; SALTER, C. The doctor of the future. *Fast Company*, maio 2009, p. 64-70; LANDRO, L. An affordable fix for modernizing medical records. *Wall Street Journal*, 30 abr. 2009, p. A11; e IOFFE, J. Tech Rx for health care. *Fortune*, 16 mar. 2009.

### CONFIRA O QUE APRENDEU 15.1

1. A alteração de ambiente, estrutura, tecnologia ou de pessoal em uma organização é chamada:
   a. mudança.
   b. planejamento estratégico.
   c. gestão de conflitos.
   d. nenhuma das alternativas anteriores.

2. Qual das seguintes alternativas *não* é uma força interna para a mudança?
   a. Novo ambiente.
   b. Força de trabalho.
   c. Atitudes dos funcionários.
   d. Mercado.

3. A pessoa que age como catalisador para a mudança e assume a responsabilidade por essa mudança é chamada:
   a. gestor.
   b. agente de mudança.
   c. gerente de nível superior.
   d. consultor.

4. Qual dos itens a seguir *não* está associado com a visão tradicional da mudança?
   a. Recongelamento.
   b. Mudança.
   c. Caos.
   d. Congelamento.

5. As pessoas resistem à mudança por todas as razões a seguir, exceto:
   a. ameaça ao emprego e ao salário.
   b. hábito.
   c. medo do desconhecido.
   d. ameaça à construção da confiança.

## 15.3 ESTIMULAR A INOVAÇÃO

"Inove ou morra!". Essas palavras rigorosas são cada vez mais o grito de guerra dos gestores de hoje. No mundo dinâmico da concorrência global, as organizações devem criar novos produtos e serviços e adotar tecnologia avançada se quiserem competir com êxito.[6] O padrão de inovação para o qual muitas organizações se esforçam é obtido por empresas como DuPont, Sharp,

---

6 BENDITT, J. Lessons from innovation. *Technology Review*, jul.-ago. 2002, p. 9.

## CAPÍTULO 15
### Gestão da mudança

Eastman Chemical e 3M.[7] Os gerentes da 3M, por exemplo, têm desenvolvido a reputação de serem capazes de estimular a inovação durante um longo período de tempo. Um dos seus objetivos é que 25% dos lucros de cada divisão provenham de produtos com menos de cinco anos. Para isso, a 3M lança, normalmente, mais de duas centenas de novos produtos a cada ano. Num período recente de cinco anos, a 3M gerou mais do que 30% de seus rendimentos de US$ 13 bilhões a partir de produtos lançados nos últimos cinco anos.

Qual é o segredo para o sucesso da 3M? O que, se houver alguma coisa, os outros gestores podem fazer para tornar suas organizações mais inovadoras? Nas páginas seguintes, tentamos responder a essas questões à medida que discutimos os fatores por trás da inovação.

### 15.3.1 Como a criatividade e a inovação estão relacionadas?

No uso geral, *criatividade* significa a capacidade de combinar ideias de forma única ou a capacidade de fazer associações incomuns entre elas. Por exemplo, na Mattel, funcionários da empresa introduziram o Project Platypus. Essa divisão especial traz pessoas de todas as disciplinas, como engenharia, marketing, design e vendas – para que os funcionários "pensem fora da caixa" a fim de "entender a sociologia e a psicologia por trás de padrões de jogos de crianças". Para que isso aconteça, os membros da equipe embarcam em atividades como fazer exercícios de imaginação, atividades de choro em grupo e outras como atirar coelhinhos de pelúcia.[8] O primeiro produto do Project Platypus, o Ello, chegou ao mercado em 2002, após dois anos de desenvolvimento.

*Inovação* é o processo de tomar uma ideia criativa e transformá-la em um produto útil, serviço ou método de operação.[9] A organização inovadora é caracterizada pela capacidade de canalizar o fluxo criativo em resultados úteis. Quando os gerentes falam sobre a mudança de uma organização para torná-la mais criativa, isso normalmente significa que eles querem estimular a inovação. A 3M é habilmente descrita como inovadora porque tomou novas ideias e as transformou em produtos rentáveis, como a fita adesiva, revestimentos de proteção Scotch Guard, blocos de notas Post-it e fraldas com cintura elástica. A Intel também é considerada inovadora e, segundo seu CEO, Brian Krzanich, "somos uma corporação de manufatura e tecnologia global, mas nos consideramos uma empresa líder em inovação". Maior investidora americana em alta tecnologia, a Intel injetou US$ 5,1 bilhões nos Estados Unidos em 2015, além de ser a terceira maior investidora global em pesquisa e desenvolvimento, tendo injetado US$ 12,1 bilhões em 2015 no segmento. No início de 2017, a Intel anunciou planos de investir mais de US$

---

**OBJETIVO 15.5**
Diferenciar criatividade e inovação.

**CRIATIVIDADE**
Capacidade de combinar ideias de forma única ou de fazer associações incomuns entre as ideias.

**INOVAÇÃO**
Processo de transformar uma ideia criativa em produto útil, serviço ou método de operação.

---

7    HAMMONDS, K. H. How to design the perfect product start with craig vogel and Jonathan Cagan: integrate style and technology with a dash of fantasy. Apply everything from toasters to cars. *Fast Company*, jul. 2002, p. 122-127.

8    BANNON, L. Think tank in Toyland. *Wall Street Journal*, 6 jun. 2002, p. B1, B3.

9    Learning from leading innovators. *The Futurist*, maio 2002, p. 62.

7 bilhões para concluir a Fab 42, que deverá ser a fábrica de semicondutores mais avançada do mundo.[10]

### 15.3.2 Em que consiste a inovação?

Algumas pessoas acreditam que a criatividade é inata; outras acreditam que com treinamento qualquer um pode ser criativo. De acordo com esse último ponto de vista, a criatividade pode ser encarada como um processo de quatro etapas: percepção, incubação, inspiração e inovação.[11]

*Percepção* envolve o modo como você vê as coisas. Ser criativo significa ver as coisas de uma perspectiva única. Em outras palavras, um trabalhador pode ver soluções para um problema que outros não conseguem ver ou não veriam. Ir da percepção à realidade, no entanto, não ocorre instantaneamente. Em vez disso, as ideias passam por um processo de *incubação*. Às vezes, os funcionários precisam refletir sobre suas ideias. Isso não significa esperar e nada mais fazer. Pelo contrário, durante esse período de incubação os funcionários devem coletar dados massivos que armazenem, recuperem, estudem, reformulem e, finalmente, moldem algo novo. Esse período pode, por vezes, levar anos.

Muitas vezes trabalhando como agentes de mudança organizacional, gestores de recursos humanos corporativos especializados em treinamento reconhecem mudanças que ocorram como um dos maiores desafios enfrentados pelos gestores. Mudanças constantes em organizações que lutam para manter a lucratividade muitas vezes interrompem a responsabilidade normal de funcionários. Nesses tempos, um gestor deve ser magistral em comunicar a necessidade de mudança.

Pense, por um momento, sobre alguma vez em que você tenha lutado por uma resposta em um teste. Embora tenha se esforçado para refrescar a memória, nada funcionou. Então, de repente, como um *flash*, a resposta apareceu. Você encontrou! *Inspiração* no processo criativo é parecido com isso. A inspiração é o momento em que todos os seus esforços anteriores vêm junto com o sucesso.

Apesar de a inspiração levar à euforia, o trabalho criativo não é completo. Ele requer um esforço inovador. A inovação envolve tomar essa inspiração e transformá-la em um produto útil, serviço ou maneira de fazer as coisas. Thomas Edison é, muitas vezes, creditado por ter dito que "criatividade é 1% de inspiração e 99% de transpiração". Esses 99%, ou a transpiração, envolvem testar, avaliar e reexaminar o que a inspiração encontrou. Normalmente, é nessa fase que um indivíduo envolve outros no que ele estava trabalhando. Esse envolvimento é fundamental, porque mesmo a maior invenção pode ser atrasada, ou perdida, se um indivíduo não puder lidar efetivamente com os outros a fim de comunicar e alcançar o que a ideia criativa supõe fazer!

---

10   INTEL. Intel supports american innovation with $7 billion investment in next-generation semiconductor factory in Arizona. *Intel Newsroom*, 8 fev. 2017.

11   VOGEL, C.; CAGAN, J. *Creating breakthrough products:* innovation from product planning to program approval. Upper Saddle River, NJ: Prentice Hall, 2002.

# CAPÍTULO 15
## Gestão da mudança

### 15.3.3 O que é inovação disruptiva?

Em um passado até recente, estávamos acostumados a ver uma livraria em toda rua principal de grandes centros urbanos, outras livrarias menores em bairros e *megastores* nos shopping centers. Então surgiu a Amazon.com, oferecendo mais de 1 milhão de títulos a preços irrisórios, sem que os consumidores tivessem que sair de casa. A Amazon foi um golpe duríssimo para o varejo do livro físico.

*Inovação disruptiva* significa inovações em produtos, serviços ou processos que mudam radicalmente as regras do jogo de um setor de atividade.[12] Não é incomum uma empresa menor e com menos recursos desafiar com êxito empresas consolidadas.[13] Essas empresas menores são disruptivas porque atendem segmentos negligenciados de possíveis consumidores, com produtos ou serviços a preços relativamente baixos. Embora o termo "inovação disruptiva" seja um tanto recente, o conceito não é. O economista Joseph Schumpeter, por exemplo, usou o termo "destruição criativa" há mais de 70 anos para descrever de que modo o capitalismo se baseia em processos que destroem antigas tecnologias e as substituem por outras novas e melhores.[14] Isso é, essencialmente, a inovação disruptiva.

É útil distinguir inovação disruptiva de *inovação sustentada*. Quando pensamos em inovações, vêm à cabeça exemplos como a televisão em alta definição, câmeras para dar marcha a ré em carros, a tecnologia de impressões digitais em smartphones. Esses são exemplos de inovação sustentada, pois mantêm o *status quo* e representam pequenas mudanças incrementais em produtos, em vez de rupturas drásticas. Enquanto o aparelho original de televisão causou um baque no setor radiofônico, a TV em alta definição apenas melhorou a qualidade das imagens na tela.

### 15.3.4 Como um gestor pode estimular a inovação?

Três conjuntos de variáveis foram encontrados para estimular a inovação. Eles se referem à estrutura de organização, cultura e práticas de recursos humanos.

**Variáveis estruturais.** Com base em uma extensa pesquisa, podemos fazer três declarações sobre o efeito das variáveis estruturais em matéria de inovação. Primeiro, as estruturas menos formais influenciam positivamente a inovação, porque elas estão em um nível mais baixo na especialização do trabalho, têm menos regras, e são mais descentralizadas do que as burocracias, facilitam a flexibilidade, a adaptação e o enriquecimento mútuo que torna a adoção de inovações mais fácil. Segundo, fácil acesso a abundantes recursos proporciona um alicerce fundamental para a inovação. Abundância de recursos permite aos gestores dar-se ao luxo de adquirir inovações, arcar com o

> **INOVAÇÃO DISRUPTIVA**
> Inovações em produtos, serviços ou processos que mudam radicalmente as regras do jogo de um setor de atividade.

> **INOVAÇÃO SUSTENTADA**
> Pequenas mudanças incrementais em produtos, em vez de rupturas drásticas.

> **OBJETIVO 15.6**
> Explicar como os gestores podem estimular a inovação.

---

12  CHRISTENSEN, C. M. *The innovator's dilemma*: when new technologies cause great firms to fail. Boston: *Harvard Business Review Press*, 1997.

13  CHRISTENSEN, C. M.; RAYNOR, M.; MCDONALD, R. What is disruptive innovation? *Harvard Business Review*, dez. 2015, p. 44-53.

14  SCHUMPETER, J. *Capitalism, socialism and democracy*. Nova York: Harper & Row, 1942.

custo dessas aquisições e absorver falhas. Finalmente, a comunicação frequente entre unidades ajuda a quebrar as possíveis barreiras à inovação, facilitando a interação entre os departamentos.

**Variáveis culturais.** Organizações inovadoras tendem a ter culturas semelhantes.[15] Elas incentivam a experimentação. Recompensam os sucessos e fracassos. Celebram os erros. Por exemplo, na Sony, os funcionários são estimulados e recompensados por experiências com novos produtos no mercado. Ao contrário de outras organizações, a Sony leva muitos produtos para o mercado, ciente de que nem todos terão sucesso. Sua cultura, portanto, promove esse comportamento de correr riscos. Uma cultura inovadora provavelmente terá as sete características seguintes:

# **Aceitação da ambiguidade.** Muita ênfase na objetividade e especificidade restringe a criatividade.
# **Tolerância ao impraticável.** Indivíduos que oferecem respostas impraticáveis, mesmo tolas, para perguntas "e se" não são reprimidos. O que parece impraticável no início pode levar a soluções inovadoras.
# **Baixos controles externos.** Regras, regulamentos, políticas e controles semelhantes são mantidos de forma mínima.
# **Tolerância de risco.** Os funcionários são incentivados a experimentar sem medo das consequências caso falhem. Os erros são tratados como oportunidades de aprendizagem.
# **Tolerância de conflito.** A diversidade de opiniões é incentivada. Harmonia e concordância entre indivíduos ou unidades não são entendidas como prova de desempenho alto.
# **Concentre-se nos fins mais do que nos meios.** As metas são esclarecidas e os indivíduos são encorajados a considerar rotas alternativas para a sua realização. Concentrar-se em fins sugere que pode haver várias respostas certas para determinado problema.
# **Concentre-se em sistemas abertos.** A organização acompanha de perto o ambiente e responde rapidamente às mudanças que ocorrerem.
# **Variáveis de recursos humanos.** Na categoria de recursos humanos, descobrimos que organizações inovadoras promovem ativamente a formação e o desenvolvimento de seus membros para que os seus conhecimentos permaneçam atuais, oferecem aos seus funcionários maior garantia de emprego a fim de reduzir o medo de ser demitido em virtude de erros e incentiva as pessoas a se tornarem defensoras da mudança. Uma vez que uma ideia nova é desenvolvida, os defensores da mudança a promovem ativa e entusiasticamente, apoiam, superam a resistência e garantem que a inovação seja implementada. Pesquisas constatam que os campeões têm características de personalidade comuns: autoconfiança extremamente elevada, persistência, energia e uma tendência a assumir riscos. Defensores também exibem características associadas com a liderança dinâmica. Eles inspiram e energizam os outros com sua

---

15   VOGEL; CAGAN, 2002, p. 63.

visão do potencial de inovação e pela sua forte convicção pessoal na missão. Eles também são bons em ganhar o compromisso dos outros a fim de apoiar a própria missão. Além disso, os defensores têm empregos que oferecem uma tomada de decisão discreta. Essa autonomia ajuda a definir e implementar inovações.

## CONFIRA O QUE APRENDEU 15.2

5. A capacidade de combinar ideias de uma forma única é chamada:
   a. criatividade.
   b. inovação.
   c. engenharia de processo de trabalho.
   d. todas as opções anteriores.

6. Tomar uma nova ideia e transformá-la em um produto útil, serviço ou método de operação é chamado:
   a. criatividade.
   b. inovação.
   c. engenharia de processo de trabalho.
   d. todas as opções anteriores.

7. Que tipo de variável cultural se define por manter as regras, os regulamentos e as políticas em um nível mínimo?
   a. Tolerância de conflito.
   b. Tolerância do impraticável.
   c. Baixos controles externos.
   d. Tolerância a correr riscos.

8. Incentivar os funcionários a experimentar sem medo das consequências em caso de falha trata-se de que tipo de variável cultural?
   a. Tolerância de risco.
   b. Tolerância de conflito.
   c. Concentrar-se mais nos fins do que nos meios.
   d. Foco no sistema aberto.

## REFORÇANDO A COMPREENSÃO

### RESUMO

Depois de ler este capítulo, você será capaz de:

1. Descrever as visões tradicionais e contemporâneas de mudança. A visão tradicional da mudança a trata como uma ruptura no estado de equilíbrio da organização. A mudança está iniciada e então é estabilizada em um novo equilíbrio. A visão contemporânea da mudança é a de que ela é constante. O desequilíbrio é o estado natural.

2. Explicar por que os funcionários resistem à mudança. Funcionários resistem à mudança por causa do hábito, do medo do desconhecido ou devido à percepção seletiva. Também porque percebem a mudança como ameaça ao emprego, à renda, ao conhecimento, às relações de poder estabelecidas ou às relações interpessoais.

3. **Identificar como os gestores podem reduzir a resistência à mudança.** Gestores podem reduzir a resistência ao construir confiança, abrindo canais de comunicação, ao envolver os funcionários nas decisões de mudança, fornecendo incentivos aos trabalhadores para aceitar a mudança e ajudando os funcionários a mudar suas atitudes.

4. **Listar as etapas que um gestor pode usar para mudar atitudes negativas dos funcionários.** Os cinco passos para mudar atitudes são (1) identificar a atitude que você quer mudar; (2) determinar o que sustenta a atitude; (3) descongelar a atitude; (4) oferecer uma atitude alternativa; e (5) recongelar a nova atitude.

5. **Diferenciar criatividade e inovação.** Criatividade é a habilidade de combinar ideias de uma única forma ou de fazer associações incomuns entre elas. Inovação é o processo de tomar ideias criativas e transformá-las em produto útil, serviço ou método de operação.

6. **Explicar como os gestores podem estimular a inovação.** Os gestores podem estimular a inovação por meio de estruturas flexíveis, facilitando o acesso a recursos e estabelecendo uma comunicação fluida; uma cultura relaxada apoia novas ideias e incentiva o controle do meio ambiente; pessoas criativas bem treinadas, atualizadas em seus campos, são seguras no trabalho.

## COMPREENSÃO: QUESTÕES PARA REVISÃO E DISCUSSÃO

1. Dê alguns exemplos de forças ambientais que podem afetar os gestores e exigir mudanças em um departamento.
2. Descreva o modelo tradicional do processo de mudança. Como ele difere da concepção contemporânea de mudança?
3. Que sinais ou pistas poderão lhe dizer que um funcionário é resistente a alguma mudança que você está planejando implementar?
4. Como a percepção de um funcionário se relaciona com a sua resistência à mudança?
5. Ao construir confiança, como se pode diminuir a resistência à mudança?
6. Por que os gestores se preocupam com uma atitude do funcionário relacionada com o trabalho?
7. O que acontece se uma mudança de atitude não for recongelada?
8. Em que a criatividade difere da inovação? Dê um exemplo para cada.
9. Como uma cultura inovadora torna uma organização mais eficaz? Você acha que tal cultura inovadora poderá tornar uma organização menos eficaz? Por quê?
10. Você acha que mudanças podem ocorrer em organizações sem um defensor que promova maneiras inovadoras de fazer as coisas? Explique.

## DESENVOLVENDO SUAS HABILIDADES DE GESTÃO

### MAIS AUTOCONHECIMENTO

Antes que você possa efetivamente supervisionar os outros, deve conhecer suas reais forças e áreas que precisam ser desenvolvidas. Para ajudar neste processo de aprendizagem, nós encorajamos você a realizar suas autoavaliações, que podem ajudar a determinar:

# Até que ponto sou criativo?
# Como eu reajo a uma mudança turbulenta?

CAPÍTULO 15
Gestão da mudança

Após concluir a autoavaliação, sugerimos que guarde os resultados para seu "portfólio de autoconhecimento".

## CRIANDO UM EQUIPE

### Exercício experimental: Space Cowboys Company (SCC)

#### *Objetivos*
1. Ilustrar como as forças de mudança e estabilidade devem ser abordadas nas organizações.
2. Ilustrar os efeitos de técnicas de mudança de alternativas sobre o poder relativo das forças de mudança e forças para a estabilidade.

#### *A situação*

A divisão de marketing da Space Cowboys Company (SCC) passou por duas grandes reorganizações nos últimos sete anos. Inicialmente, a estrutura foi alterada de uma forma funcional para uma matricial. Mas a forma matricial não satisfez alguns gerentes da área funcional nem levou a melhorias organizacionais. Eles se queixaram do fato de que a estrutura confundiu a autoridade e a responsabilidade dos relacionamentos. Em reação a essas queixas, os gestores seniores revisaram a estrutura de volta para a forma funcional. Essa "nova" estrutura manteve o mercado e as equipes de projetos, que foram gerenciadas pelos gerentes do projeto com algumas pessoas da equipe em geral. Porém nenhum especialista funcional foi atribuído a esses grupos.

Depois da mudança, alguns problemas surgiram. Os gerentes do projeto se queixaram de que não conseguiam obter assistência necessária a partir de equipes funcionais. Eles passaram a levar mais tempo para obter a assistência necessária e também começaram a ter problemas em estabelecer relações estáveis com o pessoal funcional. Como esses problemas afetaram seus serviços a clientes, os gerentes de projeto exigiram uma mudança na estrutura organizacional.

Confrontada com essas queixas e exigências dos gerentes do projeto, a gerência sênior está ponderando, ainda, outra reorganização para a divisão. Eles pediram a um consultor externo (você) que os ajudasse no plano de reorganização que fornecerá certa estabilidade à estrutura, resolverá os problemas e ajudará a organização a alcançar seus objetivos estratégicos.

1. Dividam-se em grupos de cinco a sete pessoas e assumam o papel de consultores.
2. Cada grupo deve identificar as forças que necessitam de mudança e a resistência a essa mudança na companhia.
3. Cada grupo deverá desenvolver um conjunto de estratégias para lidar com a resistência à mudança e para aplicar essas estratégias.
4. Reúna a classe novamente e ouça as recomendações e as explicações de cada grupo.
5. Depois da apresentação de cada grupo, permita que outros "grupos de consultoria" façam questões de sondagem sobre as recomendações do grupo que está se apresentando.

## PRATICANDO A HABILIDADE

Em *The innovator's way*,[16] os especialistas em inovação Peter Denning e Robert Dunham sugerem que é possível aumentar significativamente as margens de êxito da inovação. Em sua visão, inovação é uma habilidade pessoal que pode ser aprendida, desenvolvida com a prática e estendida a organizações. Denning e Dunham indicam e descrevem detalhadamente oito práticas pessoais de todos os inovadores bem-sucedidos, e frisam que essas práticas podem conduzir um inovador inexperiente ao êxito, enquanto negligenciá-las pode ser um bloqueio à inovação.

**PASSO 1: Detectar.** Desenvolva sua capacidade de detectar e descrever oportunidades

---

16 DENNING P.; DUNHAM, R. *The innovator's way:* essential practices for successful innovation. Cambridge, MA: The MIT Press, 2010.

emergentes e seu valor para as pessoas e para a organização. Procure novas possibilidades oriundas de produto e discrepâncias em algum produto, serviço ou processo atual.

**PASSO 2: Imaginar.** Articule uma visão atraente e persuasiva do benefício advindo da nova possibilidade que você identificou. Ouse ter uma nova visão de uma situação na qual uma oportunidade foi aproveitada e descreva como isso pode ser atingido.

**PASSO 3: Oferecer.** Proponha uma nova prática, regra ou estratégia baseada na oportunidade emergente, descrevendo seus benefícios para as pessoas. Ganhe credibilidade solicitando *feedback* e modificando a proposta para que se ajuste melhor aos anseios das pessoas.

**PASSO 4: Adotar.** Faça a liderança se comprometer em participar de um teste, porém mantendo a opção de descartar a ideia se ela não cumprir as expectativas. Use essa oportunidade para mostrar o valor da nova proposta e conquistar a adesão das partes interessadas. Alinhe a proposta com práticas existentes, a fim de vencer a resistência, enquanto você cria uma estratégia para divulgar melhor a ideia.

**PASSO 5: Sustentar.** Obtenha um compromisso de longo prazo com a nova oportunidade, a fim de ter tempo suficiente para integrá-la a outras práticas, padrões, incentivos e processos existentes. Demonstre como a inovação será desenvolvida e como pode ser integrada a situações atuais para apoiar a infraestrutura existente. Durante esse processo, fique atento a inovações relacionadas que possam ter consequências negativas e abandone-as, se for o caso.

**PASSO 6: Executar.** Desenvolva a infraestrutura e os processos necessários para a implementação confiável e sustentável da inovação. Nesse período, será necessário administrar ações e planos essenciais para conquistar o apoio de indivíduos e equipes à adoção da inovação.

**PASSO 7: Liderar.** Demonstre cuidado, coragem, valor, poder, foco e o sentido de um propósito maior ao transmitir sua visão. Durante esse passo você está agindo proativamente para comunicar novas possibilidades e conquistar a confiança e engajamento dos seguidores. Esteja ciente de seu impacto ao articular e comunicar a visão de mudança.

**PASSO 8: Incorporar.** Treine as sete práticas anteriores até ficarem automáticas e ajude seus liderados a adotarem a inovação até que ela se torne uma prática aceita por todos. A essa altura, a inovação estará tão enraizada que a organização sentirá que ela é natural e faz parte da rotina.

Na realidade, essas práticas não são sequenciais, e o inovador se movimenta constantemente entre elas, refinando os resultados das anteriores após ver suas consequências. É melhor observar essas práticas quando estão simultaneamente em andamento, e não em uma ordem sequencial.

### Comunicação eficaz

1. Descreva um evento de mudança significativa que você tenha experimentado (quando foi da escola para a faculdade, mudou de emprego etc.). Como você se preparou para a mudança? Que medos você encontrou e como você os superou? Usando seus novos conhecimentos sobre mudança, o que você faria de forma diferente hoje que você não fez na época em que enfrentou a mudança? Como você pode aplicar esses "devia ter feito" às mudanças que vai enfrentar no futuro?

2. Programas empresariais se concentram tradicionalmente em desenvolvimento de racionalidade. Eles não têm enfatizado a criatividade. Isso pode ser um erro. Em duas ou três páginas, descreva como você mudará o currículo dos cursos a fim de promover a criatividade do aluno. Especifique os tipos de cursos ou atividades que você acredita que devam ser incluídos nas aulas das escolas de negócios e que possam incentivar a criatividade e a inovação.

**CAPÍTULO 15**
*Gestão da mudança*

## PENSANDO DE FORMA CRÍTICA

### Caso 15A: Mau desempenho força uma transformação na Avon[17]

Você já ouviu falar ou comprou produtos da Avon, com certeza. Maior vendedora direta de cosméticos e produtos de beleza do mundo, a Avon consolidou uma marca global e um portfólio de produtos comercializado primordialmente por meio de venda direta. Embora sediada nos Estados Unidos, suas receitas no país continuam em declínio. Atualmente, 86% das vendas da Avon ocorrem em outras regiões do mundo. A CEO da companhia está analisando possíveis mudanças organizacionais para enfrentar os problemas de desempenho.

Fundada em 1886 (imagine isso!), a Avon teve bastante êxito até os últimos cinco anos. No início, recrutava mulheres para vender perfumes de porta em porta, e depois se expandiu. Hoje, há 6 milhões de representantes de vendas da Avon em 60 países ou territórios mundo afora. O maior mercado da companhia é o Brasil. No entanto, a Avon anda em dificuldades, pois o setor mudou, a concorrência está mais agressiva e a tecnologia mudou drasticamente o modelo de vendas. Um problema grave enfrentado pela companhia foi a descoberta de um esquema de subornos em suas operações na China. A companhia se explicou voluntariamente em 2008 à Comissão de Valores Mobiliários (CVM) e ao Departamento de Justiça dos Estados Unidos. Após seis anos, a investigação de pagamentos e presentes dados a autoridades do governo chinês chegou ao fim, e, no final de 2014, a Avon concordou em pagar

US$ 135 milhões de multas e penalidades civis por violar a Lei Anticorrupção no Exterior.

Outro problema foi a estratégia de introdução global de um sofisticado sistema de gestão de pedidos em funcionamento desde 2009. A Avon havia iniciado uma atualização massiva de *softwares* que facilitaria o rastreamento de pedidos e pagamentos para seus representantes. No entanto, o programa foi desativado em 2013 após um período de testes no Canadá. Uma denúncia na CVM dizia que o programa piloto causara "um tumulto significativo nos negócios do setor, sem mostrar um retorno claro sobre o investimento". Em suma: a tecnologia funcionava, mas seu uso era muito difícil para os vendedores da Avon, a ponto de vários deles pararem de trabalhar para a companhia. Embora tenha concluído a primeira grande reestruturação de seu site em dez anos, agora a Avon está competindo com concorrentes mais ágeis do *e-commerce* como Birchbox, Cult Beauty, Bliss, Doobop e até Chanel e Clinique. Além dessa batalha nas vendas *on-line* e da falta de uma estratégia coesa nas redes sociais, a Avon está sendo massacrada por outros gigantes do setor, incluindo L'Oreal, Unilever e Coty, que aumentaram seus esforços para manter a fatia de mercado doméstica e estão entrando nos mercados lucrativos de países em desenvolvimento onde a Avon tradicionalmente tem as vendas mais robustas.

Transformar uma organização envolve analisar condições do mercado externo, assim como os aspectos internos. A CEO da Avon, Sherilyn McCoy, que atuava na Johnson & Johnson até 2012, está batalhando para achar as chaves para uma transformação bem-sucedida. Suas tentativas nesse sentido giram em torno de retificar a alta administração da Avon por meio de demissões, contratações e reengenharias; reverter a queda nas vendas, especialmente no mercado norte-americano, por meio da expansão da variedade de produtos disponíveis; inserir rapidamente mais representantes de vendas no sistema; tentar apontar quem e o que a Avon quer ser. O

---

17   TURNER, N.; COLEMAN-LOCHNER, L. Avon shares fall on report that buyers haven't materialized. *Bloomberg,* 5 maio 2015; RUPP L.; COLEMAN-LOCHNER, L. Avon profit misses estimates as North American sales suffer. *Bloomberg,* 30 abr. 2015; LUBLIN, S.; BYRON, E. Avon explores strategic alternatives. *Wall Street Journal,* 14 abr. 2015; HENSCHEN, D. Avon pulls plug on $125 million SAP project. *Information Week,* dez. 2013.

mundo mudou, e, agora, a Avon tem de achar a combinação certa de pessoas, produtos e tecnologia para recuperar sua prosperidade.

Em maio de 2019, a fabricante brasileira de cosméticos Natura anunciou a fusão com a Avon, em uma operação de troca de ações, e criou a Natura Holding, avaliada em US$ 11 bilhões, com mais de 40 mil colaboradores em 100 países.[18]

*Analisando o Caso 15A*

1. Que forças externas em prol da mudança são descritas nesse caso? Você descreveria a situação da Avon, antes da fusão, como "águas tranquilas" ou "corredeiras"? Explique.
2. Por que seria importante a CEO analisar essas forças externas ao planejar a mudança organizacional?
3. Por que é difícil mudar uma companhia global com mais de 130 anos de atuação?

### Caso 15B: Mudanças na Introl Systems, Inc.

Quase desde o seu início, a Introl Systems, Inc. (empresa que produz chips de computador utilizados em computadores pessoais e notebooks), esteve localizada em Englewood Cliffs, Nova Jersey, nos Estados Unidos. Essa localização era conveniente para vários funcionários. Aqueles que viviam na cidade de Nova York faziam um trajeto de apenas 20 minutos para o trabalho. Aqueles que preferiam viver nas zonas suburbanas tinham mais de uma dúzia de pequenas comunidades de Nova Jersey para escolher. Mesmo aqueles que preferiam um estilo de vida rural podiam chegar ao trabalho com um trajeto de 45 minutos.

Em 2003, no entanto, os funcionários da empresa perceberam que era necessário ampliar as instalações. Como teve dificuldades em conseguir as licenças do governo local para a expansão, a empresa optou por comprar a antiga sede da Eastern Union em outra cidade (Morris Plains). Depois de alguma remodelação para atender às necessidades da empresa, a Introl Systems começou a operar em Morris Plains, em junho de 2003.

O maior problema enfrentado pelos gerentes sobre a mudança foi a percepção de que a contratação e a retenção de funcionários podiam ser afetadas, especialmente nos departamentos de engenharia e design. Isso porque muitos desses funcionários viviam em Nova York. O que antes era um trajeto de 20 minutos, passaria a ser de quase uma hora em cada sentido. Para agravar ainda mais essa mudança, constatou-se que nenhum transporte público estava disponível. A locomoção para o trabalho agora exigia o uso de veículos particulares.

Kathy Wilson supervisionava um pequeno grupo da Introl que trabalhava exclusivamente na concepção de chips de computador. Todos os seis funcionários viviam em Nova York. Quando Kathy soube da mudança para Morris Plains, ela imediatamente os informou. Inicialmente, as notícias da mudança pareceram ter pouco efeito. No entanto, conforme a data da mudança se aproximava, os rumores a respeito de que quase todos de sua equipe haviam saído à procura de emprego em Nova York estavam desenfreados.

*Analisando o Caso 15B*

1. Por que você acredita que a maioria dos funcionários de Kathy Wilson foi resistente à mudança? Descreva os fatores que levam a essa resistência.
2. Suponha que você é Kathy Wilson e esteja no primeiro semestre de 2003. Você não quer perder nenhuma das pessoas qualificadas e talentosas que tem em sua equipe. Que medidas específicas você tomará para garantir que seus funcionários permaneçam na Introl System?
3. Você acredita que os líderes da empresa poderiam ter evitado a resistência à mudança, especialmente a dos funcionários que viviam em Nova York? Explique.

---

18 G1. Natura anuncia compra da Avon. *G1*, 22 maio 2019. Disponível em: <https://g1.globo.com/economia/noticia/2019/05/22/natura-anuncia-compra-da-avon.ghtml>. Acesso em: fev. 2020.

# REFERÊNCIAS

[S.A.] Digital report: tug-of-war for digital talent. *Campaign Asia Pacific*, jun. 2012, p. 12.

[S.A.] Diversity enhances decision-making. *Industry Week*, p. 9, 2 apr. 2001.

[S.A.] E-commerce: online recruiting. Notable websites. *Fortune*, 2001, p. 224.

[S.A.] Employee referral programs: highly qualified new hires who stick around. *Canadian HR Reporter*, jun. 2001, p. 21.

[S.A.] Ferrari London store opening stops traffic. *License Magazine Online*, jun. 2009.

[S.A.] GM blogger's code of ethics, *GM FastLane Blog*, 18 jun. 2008. Disponível em: <http://fastlane.gmblogs.com/about.html>. Acesso em: 5 jul. 2013.

[S.A.] Is blogging really good for my company? Or just a buzz word?, *Intra Focus*, 18 Jan. 2007. Disponível em: <http://intrafocus.wordpress.com/2007/01/18/isblogging-really-good-for-my-company-or-just-a-buzz-word/>. Acesso em: 5 jul. 2013.

[S.A.] Kudos: Ferrari named 'best place to work' in Europe. Disponível em: <http://www.edmonds.com>. Acesso em: 15 jul. 2013.

[S.A.] Learning from leading innovators. *The Futurist*, p. 62, may 2002.

[S.A.] Pfizer: making it 'leaner, meaner, more efficient. *BusinessWeek Online*, 2 mar. 2009;

[S.A.] Technology can enhance employee communications, help attract and retain workers. *Employee Benefit Plan Review*, p. 24-28, jun. 2000.

[S.A.] Ten tips on recognizing and minimizing violence. *Workforce Online*, 3 Dec. 2000. Disponível em: <http://www.workforce.com>. Acesso em: 15 jul. 2013.

[S.A.]. Patagonia CEO & president casey sheahan talks business, conservation & compassion. *Offyonder.com*, 13 fev. 2012.

[S.A.].Do incentive awards work? *HRFocus*, out. 2000, p. 1–3.

[S.A] EAPs with the most. *Managing Benefits Plans*, p. 8, mar. 2003.

[S.A]. Crime spree, *BusinessWeek*, p. 8, 9, set. 2002.

[S.A]. Federal monitors find illinois mitsubishi unit eradicating harassment. *Wall Street Journal*, 7 set. 2000, p. A-8.

[S.A]. Stem-cell research is forging ahead in Europe. *Wall Street Journal*, 13 jul. 2001, p. B6.

[S.A]. Union will defend fired ferry workers. *Kamloops Daily News*, p. A5, 7 maio 2007;

[S.A]. What companies can do in traumatic times. *BusinessWeek*, 8 out. 2001, p. 92.

[S.A]. Women lose jobs over office scuttlebutt. *AARP Bulletin*, p. 11, jul.-aug. 2007.

ABBOUD, L.; COLCHESTER, M. French bosses besieged as worker anger rises. *Wall Street Journal*, p. B11, 1º apr. 2009.

ACAR, W.; AUPPRELE, K. E.; LOWRY, R. M. An empirical exploration of measures of social responsibility across the spectrum of organizational types. *International Journal of Organizational Analysis*, jan. 2001, p. 26-57.

ADAMS S.; KYDONIEFS, L. Making teams work: bureau of labor statistics learns what Works and what doesn't. *Quality Progress*, jan. 2000, p. 43-49.

ADAMS, J. S. Inequity in social exchange. In: BERKOWITZ, L. (Ed.). *Advances in experimental social psychology*. Nova York: Academic Press, 1965, p. 276-299.

ADAMS, J. S. Inequity in social exchanges. In: BERKOWITZ, L. (Ed.). *Advances in experimental social psychology*, v. 2. Nova York: Academic Press, 1965. p. 267-300.

ADLER N. J. (Ed.). *International dimensions of organizational behavior*. 4. ed. Cincinnati: South-Western College Publishing, 2001.

ADLER, 2002, p. 142.

ADLER, N. J. *International dimensions of organizational behavior*. 4. ed. Cincinnati: Southwestern, 2002. p. 142.

AFL-CIO Safety and Health Department. *Death on the job: the toll of neglect*. 20. ed., Apr. 2011. Disponível em: <http://www.aflcio.org/issues/safety/memorial/upload/dotj_2011.pdf>. Acesso em: 15 jul. 2013.

AGLE, B. R.; NAGARAJAN, N. J.; SONNENFELD, J. A.; SRINIVASAN, D. Does CEO charisma matter? an empirical analysis of the relationships among organizational performance, environmental uncertainty, and top management team perceptions of CEO charisma. *Academy of Management Journal* 49, p. 161-174, Feb. 2006.

AHRENS, R. W. Tweets per day. *USA Today*, 20 mar. 2013.

ALBANESE, R.; VAN FLEET, D. D. Rational behavior in groups: the free riding tendency. *Academy of Management Review*, 10, n. 2, p. 244-255, apr. 1985.

ALLEN, P. One of the biggest information technology companies in the world to abolish e-mails. Disponível em: https://www.dailymail.co.uk/news/article-2067520/One-biggest-IT-companies-worldabolish-emails.html. Acesso em: fev. 2020.

ANAND, R.; WINTERS, M. F. A Retrospective View of Corporate Diversity Training from 1964 to the Present. *Academy of Management Learning & Education*, set. 2008, p. 356-372.

ANCONA, D.; BRESMAN, H.; KAEUFER, K. The comparative advantage of x-team. *Sloan Management Review* 43, n. 3, p. 33-39, 2002.

ANDERS, G. The rare find. *Bloomberg BusinessWeek*, out. 2011, p. 106-12.

ANDERSEN, B.; FAGERHAUG, T. The nominal group technique. *Quality Progress*, p. 144, fev.2000.

ANDERSEN, J. A. Intuition in managers: are intuitive managers more effective? *Journal of Managerial Psychology* 15, n. 1-2, p. 46-63, jan. 2000.

ANDERSON, J. V. Mind mapping: a tool for creative thinking. *Business Horizons*, jan.-fev. 1993, p. 42-46.

ANTONI, C. Management by objectives: an effective tool for teamwork. *International Journal of Human Resource Management* 16, n. 2, p. 174-184, fev. 2005.

AQUINO, J. *8 traits of stellar managers. Defined by Googlers*, 15 mar. 2011. Disponível em: www.businessinsider.com. Acesso em: mar. 2020.

ARCHER, D. Evaluating your managed system. *CMA Management*, p. 12-14, jan. 2000.

ARCOVERDE, L. Mais companhias aderem à remuneração variável para reter funcionários. *Valor Econômico*, 21 fev. 2019. Disponível em: http://www.granadeiro.adv. br/clipping/2019/02/21/mais-companhias-aderem-a-remuneracao-variavel-para-reterfuncionarios. Acesso em: fev. 2020.

ARMOUR, S. Did you hear the story about office gossip? *USA Today*, p. 1B+, 10 sep. 2007.

ARMOUR, S. Employees' new motto: trust no one. *USA Today*,, p. 1B, 5 fev. 2002.

ARNDT, M. Quality isn't just for widgets. *business week*, 22 jul. 2002. Disponível em: http://www.lasaterinstitute.com/casestudy/Information%20Technology/Dell,%20Sales%20&%20Financial%20Processes(Lean%20Six%20Sigma).pdf. Acesso em: mar. 2020.

ASCH, S. E. Eff ects of group pressure upon the modifi cation and distortion of judgements. In: GUETZKOW, H. (Ed.) *Groups, leadership and men*. Pittsburgh, PA: Carnegie Press, 1951. p. 177-190.

ASTD STAFF . Job characteristics key to motivating federal employees. *Association for Talent Development*, 9 jan. 2013.

AUDITORE, P. Enabling knowledge management in today's knowledge economy, *KM World*, p. S8-S9, jan. 2002.

AUTOMOTIVE NEWS EUROPE. Fiat completes Chrysler acquisition in $4.35 billion deal. *Autonews.com*, 21 jan. 2014. Disponível em: http://europe.autonews.com/article/20140121/ANE/140129979/fiat-completes-chrysler-acquisition-in-$4.35-billion-deal. Acesso em: mar. 2020

AVOLIO, B. J.; BASS, B. M. *Transformational leadership*: charisma and beyond, working paper, school

of management. State University of New York, Binghamton, 1995, p. 14.

AVOLIO, B. J.; KAHAI, S. S. Adding the 'E' to e-leadership: how it may impact your leadership. *Organizational Dynamics*, jan. 2003, p. 325-338.

BAHLS, S.; BAHLS, J. E. Fire proof. *Entrepreneur*, p. 70, jul. 2002.

BAILEY, S. No manager left behind. *Chief Learning Officer*, 3 fev. 2015. Disponível em: http://www.clomedia.com/2015/02/03/no-manager-left-behind/. Acesso em: jan. 2020.

BANKER, R. D.; LEE, S. Y.; POTTER, G.; SRINIVASAN, D. Contextual analysis of performance impacts on outcome-based incentive compensation. *Academy of Management Journal*, ago. 1996, p. 920-948.

BANNON, L. Think tank in Toyland. *Wall Street Journal*, p. B1, B3, 6 jun. 2002.

BARNETT, R. C.; HALL, D. T. How to use reduced hours to win the war for talent. *Organizational Dynamics*, mar. 2001, p. 42.

BARON, E.; O'CONNOR, E. Why so far off course? *Province* (Vancouver), p. A3, 23 mar. 2006.

BARSADE, S. G.; WARD, A. J.; TURNER, J. D. F.; SONNENFELD, J. A. To your heart's content: a model of effective diversity in top management teams. *Administrative Science Quarterly* 45, p. 802, dec. 2000.

BARTELS, A. The difference between e-business and e-commerce. *Computerworld*, 30 out. 2000. Disponível em: http://www.computerworld.com/article/2588708/e-commerce/e-commerce-the-difference-between-ebusiness-and-ecommerce. html. Acesso em: fev. 2020.

BARTHOLOMEW, D. One product, one customer. *Industry Week*, 12 set. 2002. Disponível em: <http://www.industryweek.com>. Acesso em: jul. 2013.

BASF. Disponível em : http://www.basf.com. Acesso em: abr. 2020.

BASS, B. M. From transactional to transformational leadership: learning to share the vision, *Organizational Dynamics* 18, n. 3, 1990, p. 19-31.

BASSI, L.; MCMURRER, D. Developing measurement systems for managers in the knowledge era. *Organizational Dynamics*, p. 185-196, maio 2005.

BATES, S. Getting engaged. *HR Magazine*, fev. 2004, p. 44-51.

BATTEN, E. Out of the blue and into the black. *Harvard Business Review*, p. 112-119, abr. 2002.

BAUM, J. R.; LOCKE, E. A.; KIRKPATRICK, S. A. A longitudinal study of the relation of vision and vision communication to venture growth in entrepreneurial firms. *Journal of Applied Psychology* 83, n. 1, p. 43-54, Feb. 1998.

BAUM, J. R.; OLIAN, J.; EREZ, D. M.; SCHNELL, E. R. Nationality e work role interactions: a cultural contrast of Israel and U.S. entrepreneurs' versus managers' needs. *Journal of Business Venturing* 8, n. 6, nov. 1993, p. 499–512.

BAZERMAN, M. H.; Neale, M. A. *Negotiating rationally*. Nova York: Free Press, 1992.

BECK, R. J.; HARTER, J. Why great managers are so rare. *Gallup Business Journal*, 26 mar. 2014. Disponível em: https://www.gallup.com/workplace/231593/why-great-managersrare.aspx. Acesso em: jan. 2020.

BELKIN, L. From dress-down friday to dress-down life. *New York Times*, 22 jun. 2003.

BELL, A. H.; SMITH, D. M. Why some employees bite the hand that feeds them. *Workforce Online*, 3 dez. 2000. Disponível em: https://www.workforce.com/news/why-someemployees-bite-the-hand-that-feeds-them. Acesso em: mar. 2020.

BELL, A. M.; SMITH, D. M. Theft and fraud may be an inside job. *Workforce Online*, 3 dez. 2000. Disponível em: https://www.workforce.com/news/theft-and-fraud-may-be-an-insidejob. Acesso em: mar. 2020.

BEMMELS, B. Local union leaders satisfaction with grievance procedures. *Journal of Labor Research*, 2001, p. 653-669.

BENDITT, J. Lessons from innovation. *Technology Review*, p. 9, jul.-aug. 2002.

BENNHOLD, K. Working (Part-Time) in the 21st Century. *New York Times Online*, 29 dez. 2010.

BERLO, D. K. *The process of communication*. Nova York: Holt.

BEYER, M.; LANEY, D. The importance of 'big data': a definition. *Gartner*, 21 jun. 2012. Disponível em: https://www.gartner.com/en/documents/2057415/the-importance-of-bigdata-a-definition. Acesso em: jan. 2020.

BHASIN, K. Inside JCPenney: widespread fear, anxiety, and distrust of Ron Johnson and his new management team. *Businessinsider.com*, 22 fev. 2013.

BHASIN, K. JCPenney Is firing more store employees after a 'secret broadcast. *Businessinsider.com*, 7 mar. 2013.

BIRCHFIELD, R. Creating charismatic leaders. *Management*, p. 30-31, jun. 2000.

BLACKSMITH, N.; YANG, Y. Executives: your company isn't attracting the best talent. *Gallup Management Journal Online*, 29 maio 2012, p. 1.

BLAU, P. M. *The dynamics of bureaucracy*. Ed. rev. Chicago, IL: University of Chicago Press, 1963.

BOEI, W.; BRIDGE, M.; PYNN, L. 99 escape after ship runs aground, slides into depths. *Vancouver Sun*, p. A1, 23 mar. 2006.

BOHNER, R. J. Jr.; SALASKO, E. R. Beware the legal isks of hiring temps. *Workforce*, out. 2002, p. 50-57.

BOND R.; SMITH, P. B. Culture and conformity: a meta-analysis of studies using Asch's [1952, 1956] line judgment task. *Psychological Bulletin*, jan. 1996, p. 111-137.

BOSWELL, W. R.; BOUDREAU, J. W. Employee satisfaction with performance appraisals and appraisers: the role of perceived appraisal use. *Human Resource Development Quarterly* 11, n.3, p. 283-299, 2000.

BOTELHO, G. Workplace violence: know the numbers, risk factors and possible warning signs, 28 set. 2014.

BOYATZIS, R. E. *The competent manager*: a model for effective performance. Nova York: Wiley, 1982.

BOYLE, R. M. B.; and Nicholas, S. Cross-cultural group performance. *The Learning Organization*, mar. 2011, p. 94-101.

BRADFORD, H. Top-level professionals view 40-hour work week as part-time report. *The Huffington Post*, 30 ago. 2011. Disponível em: http://www.huffingtonpost.com/2011/06/30/americans-nowview-40-hou_n_888231.html. Acesso em: jan. 2020.

BRANDT, J. Survivors need your solace. *Chief Executive*, out. 2001, p. 12.

BROCKNER, J.; SIEGEL, P. A.; DALY, J. P.; TYLER, T.; MARTIN, C. When trust matters: the moderating effect of outcome favorability. *Administrative Science Quarterly* 42, p. 558, sep. 1997.

BRONSON, P. What should i do with my life now? *Fast Company*, abr. 2009, p. 35-37.

BROWN, M.; BENSON, J., Rated to exhaustion? Reaction to performance appraisal process. *Industrial Relations Journal* 34, n. 1, p. 67-81, mar. 2003.

BROWN, T. Strategy by design. *Fast Company*, p. 52-54, jun. 2005.

BRYANT, A. Google's Quest to Build a Better Boss. *New York Times Online*, 12 mar. 2011.

BURDETT, J. Changing channels: using the electronic meeting system to increase equity indecision making. *Information Technology, Learning, and Performance Journal*, p. 3-12, 2000.

BUTCHER, D. The interview rights and wrongs. *Management Today*, abr. 2002, p. 4.

BYRNE, J. A. Restoring trust in corporate America. *Business Week*, p. 30-35, 24 jun. 2002.

CALANO, J.; SALZMAN, J. Ten ways to fire up your creativity. *Working Woman*, jul. 1989, p. 94-95.

CAMINITI, p. 93-100.

CAMINITI, S. What team leaders need to know. *Fortune*, p. 93-100, 20 feb., 1995.

CAPOZZOLI, T. How to succeed with self-directed work teams. *Supervision*, fev. 2002, p. 25-27.

CAPPELLI, P.; CONSTANTINE, J.; CHADWICK, C. It pays to value family: work and family trade-offs reconsidered. *Industrial Relations*, abr. 2000, p. 175-198.

CASCIO, W. F. Managing a virtual workplace. *Academy of Management Executive*, ago. 2000, p. 81-90.

CASTELLANO, J. F.; ROEHM, H. A. The problem with managing by objectives and results. *Quality Progress* 34, n. 3, p. 39-46, mar. 2001.

CATALANO, R. E.; KIRKPATRICK, D. L. Evaluating training programs: the state of the art. *Training and Development Journal* 22, n. 5, maio 1968, p. 2-9.

CAUDRON, S. Growing charisma. *IndustryWeek*, p. 54-55, 4 maio, 1998.

CAUHORN, J. The journey to world class. *Industry Week*, 6 abr. 2001. Disponível em: https://www.industryweek.com/operations/continuous-improvement/article/21960589/the-journey-to-world-class. Acesso em: mar. 2020.

CAVICO, F. J.; SAMUEL, M.; MUJTABA, B. G. Office romance: legal challenges and strategic implications. *International Journal of Management, IT and Engineering*, n. 2, ago. 2012, p. 10-35. Disponível em: http://www.ijmra.us/project%20doc/IJMIE_AUGUST2012/IJMRA-MIE1479.pdf. Acesso em: fev. 2020.

CENTERS FOR DISEASE CONTROL AND PREVENTION. *Save lives, save money*: make your business smoke-free. Atlanta, Geórgia: U.S. Department of Health and Human Services, Centers for Disease Control and Prevention, National Center for Chronic Disease Prevention and Health Promotion, Office on Smoking and Health, jun. 2006. Disponível em: <http://www.cdc.gov/tobacco/basic_information/secondhand_smoke/guides/business/pdfs/save_lives_save_moneypdf>. Acesso em: 15 jul. 2013.

CHAMBERLIN, J. Reaching flow to optimize work and play. *APA Online* 29, n. 7, jul. 1998.

CHAPMAN, J. Anxiety and defective decision making: an elaboration of the groupthink mode. *Management Decision*, p. 1.391-1.404, out. 2006.

CHAUSSE, S.; LANDRY, S.; PAISN, F.; FORTIER, S. Anatomy of a kanban: a case study. *Production and inventory management Journal* 41, n. 4,2000, p. 4-15.

CHESBROUGH, H.; TEECE, D. When is virtual virtuous: organizing for innovation. *Harvard Business Review*, jan.-fev. 1996, p. 65-73.

CHRISAFIS, A. France Telecom worker kills himself in office car park. *The Guardian*, 27 abr. 2011.

CHRISTENSEN, C. M. The innovator's dilemma: when new technologies cause great firms to fail. Boston: *Harvard Business Review Press*, 1997.

CHRISTENSEN, C. M.; RAYNOR, M.; MCDONALD, R. What is disruptive innovation? *Harvard Business Review*, dez. 2015, p. 44-53.

CLARK, R. A.; HARTLINE, M. D.; JOANA, K. C. The effects of leadership style on hotel employees' commitment to service quality. *Cornell Hospitality Quarterly*, maio 2009, p. 209-231.

CLARKE, R. D. Over their heads. *Black Enterprise*, p. 79, dez. 2000.

COENS, T.; JENKINS, M. *Abolishing performance appraisals*: why they backfire and what to do instead. San Francisco, CA: Berrett-Koehler Publishers, 2000. Disponível em: <http://www.bkconnection.com/static/Abolishing_Performance_Appraisals_EXCERPT.pdf>. Acesso em: 15 jul. 2013.

COHEN, A. Scuttling scut work. *Fast Company*, fev. 2008, p. 42-43.

COHEN, P. One company's new minimum wage: $70,000 a year. *New York Times*, 13 abr. 2015.

COLCHESTER, M. France Télécom faces inquiry over suicides. *New York Times Online*, 12 abr. 2010.

COLEMAN, F. Take a hostage, save your job. U.S. News & World Report, p. 43, 3 feb. 1997.

COMBS, G. M. Meeting the leadership challenge of a diverse and pluralistic workplace: implications of self-efficacy for diversity training. *Journal of Leadership Studies* 8, n. 4, 2002, p. 1-17.

CONGER, J. A.; KANUNGO, R. N. Behavioral dimensions of charismatic leadership. In: CONGER, J. A.; KANUNGO, R. N. e associados (Eds.). *Charismatic Leadership*. San Francisco, CA: Jossey-Bass, 1988. p. 78-97.

CONGER, J. A.; KANUNGO, R. N. *Charismatic leadership in organizations*. Thousand Oaks, CA: Sage, 1998.

CONGER, J. A.; KANUNGO, R. N. Training charismatic leadership: a risky and critical task. In: CONGER, J. A.; KANUNGO, R. N. (Eds.). *Charismatic leadership*. San Francisco, CA: Jossey-Bass, 1988. p. 309-323.

CONGER, J. A.; KANUNGO, R. N.; MENON, S. T. Charismatic leadership and follower effects. *Journal of Organizational Behavior* 21, n. 7, p. 747-767, 2000.

CONGER; KANUNGO. Behavioral dimensions of charismatic leadership. In: CONGER, J.A.; JANUGO, R.N., 1988, p. 79.

CONLIN, M. Making the case for unequal pay and perks. *BusinessWeek Online*, 12 mar. 2009.

CONLIN, M. Online extra: Microsoft's meet-my-mood offices, *usinessWeek Online*, 10 sep. 2007.

CONLIN, M. The new debate over working moms. *BusinessWeek*, 18 nov. 2000, p. 102-103.

CONLIN, M.; CAREY, J. Is your office killing you? *BusinessWeek*, p. 114-128, 5 jun. 2000.

CONLIN, M.; GREENE, J. How to make a Microserf smile. *BusinessWeek*, p. 56-59, 10 sep. 2007.

CONLIN, M.; GREENE, J. Online extra: reshaping Microsoft's HR agenda. *BusinessWeek Online*, 10 sep. 2007.

COPELAND, L.; SLIWA, C.; HAMBLEN, M. Companies urged to revisit disaster recovery plans. *Computerworld*, 15 out. 2001, p. 7.

COPELAND, L.; STANGLIN, D. 'Rambo' gunman injures 6 at FedEx Facility. *USA Today Online*, 29 abr. 2014.

CORPORATE BLOG, *Wikipedia*, 18 jun. 2008. Disponível em: http://en.wikipedia.org/wiki/Corporate_blog.

COSH, C. Keep a close eye out for the signs. *Macleans*, 27 dez. 2010, p. 24.

COSTELLO, D. Stressed out: can workplace stress get worse? Incidents of 'desk rage' disrupt america's offices—long hours, cramped quarters produce some short fuses; flinging phones at the wall. *Wall Street Journal*, 16 jan. 2001.

COUSINS, R. B. Active listening is more than just hearing. *Supervision* 61, n. 9, p. 14, sep. 2000.

CRANT, J. M.; BATEMAN, T. S. Charismatic leadership viewed from above: the impact of proactive personality, *Journal of Organizational Behavior* 21, n. 1, p. 63-75, Feb. 2000.

CROSS, R. L.; YAN, A.; LOUIS, M. R. Boundary activities in "boundaryless" organizations: a case study of a transformation to a team-based structure. *Human Relations* 53, n. 6, p. 841-868, jun. 2000.

CROW, J. R. crashing with the nose up: building a cooperative work environment. *Journal for Quality and Participation* 25, n. 1, p. 45-50, Spring 2002.

CROWELL, C. Staff management is key for smaller budgets. *Hotel & Motel Management*, fev. 2009;

CSÍKSZENTMIHÁLYI, M. *Flow*: the psychology of optimal experience. Nova York: Harper & Row, 1990.

CSÍKSZENTMIHÁLYI, M. *Good business*: leadership, flow, e the making of meaning. Nova York: Penguin Books, 2003.

CUKIER, K.; MAYER-SCHÖNBERGER, V. The financial bonanza of big data. *Wall Street Journal*, 8 mar. 2013, p. A15.

CULLEN, J. Stop searching for the elusive purple squirrel. *Computerworld*, 9 abr. 2012, p. 25.

CUYLER, G. Hooksett 4 to seek judge's aid in getting jobs back. *New Hampshire Union Leader*, 25 jun. 2007.

D'APRIX, R. A Simple Effective Formula for Leadership. *Strategic Communication Management*, maio 2011, p. 14; JAISH, R., Pieces of Eight. E-learning Age, maio 2011, p. 6.

DAHLIN, K. B.; WEINGART, L. R.; HINDS, P. J. Team diversity and information use. *Academy of Management Journal*, dez. 2005, p. 1.107–1.123.

DAHLSTEN, F.; STYHRE, A.; WILLIANDER, M. The unintended consequences of management by objectives: the volume growth target at volvo cars. *Leadership & Organization Development Journal* 26, n. 7, p. 529-541, jul. 2005.

DAVIDOW, W. H.; MALONE, M. S. *The virtual corporation*. Nova York: Harper Collins, 1992.

DAVIDSON, P. Temporary workers reshape companies, jobs. *USA Today*, 13 out. 2010, p. 1B1; BROSCHAK, J. P.; DAVIS-BLAKE, A. Mixing standard work and nonstandard deals: the consequences of heterogeneity in employment arrangements. *Academy of Management Journal*, abr. 2006, p. 371-393.

DAVIS, K. Management communication e the grapevine. *Harvard Business Review*, set.-out. 1953, p. 43-49.

# REFERÊNCIAS

DE DRUE, C. K. W.; WEST, M. A. Minority dissent and team innovation: the importance of participation in decision making. *Journal of Applied Psychology* 86, n. 6, p. 1.191-1.201, dez. 2001.

DECENZO, D. A.; Robbins, S. P. *Fundamentals of human resource management.* 8. ed. Hoboken, NT: John Wiley & Sons, 2005. Cap. 10.

DECENZO, D. A.; ROBBINS, S. P. *Human resource management,* 8th ed. Nova York: John Wiley Sons, 2005, p. 286.

DECENZO, D. A.; Silhanek, B. *Human relations: personal and professional development.* Upper Saddle River, NJ: Prentice Hall, 2002. p. 177-179.

DECENZO, D. D.; ROBBINS, S. P. *Human resource management.* 8. ed. Nova York: John Wiley & Sons, 2005.

DECKER, W. H.; ROTONDO, D. M. Relationships among gender, types of humor, and perceived leader effectiveness. *Journal of Managerial Issues* 13, n. 4, p. 450-466, 2001.

DEHOOGH, A. H. B.; DEN HARTOG, D. N.; KOOPMAN, P. L.; THIERRY, H.; VAN DEN BERG, P. T.; VAN DER WEIDE, J. G.; WILDEROM, C. P. M. Leader motives, charismatic leadership, and subordinates' work attitudes in the profit and voluntary sector. *Leadership Quarterly* 16, p. 17-38, feb. 2005.

DeKONING, G. J. J. Making the balanced scorecard work (part 1). *Gallup Brain,* 8 jul. 2004.

DeKONING, G. M. J. Making the balanced scorecard work (part 2). *Gallup Brain,* 12 ago. 2004.

DENNING P.; DUNHAM, R. *The innovator's way:* essential practices for successful innovation. Cambridge, MA: The MIT Press, 2010.

DENNIS, D.; MEOLA, D.; HALL, M. J. Effective leadership in a virtual workforce. *Association for Talent Development,* 8 fev. 2013.

DERVEN, M. G. The paradox of performance appraisals. *Personnel Journal* 69, p. 107-111, Feb. 1990.

DIRKS, K. T. The effects of interpersonal trust on work group performance. *Journal of Applied Psychology* 54, n. 3, p. 445-455, jun. 1999.

DISHMAN, L. Can a $70,000 minimum wage work? *FastCompany.com,* 20 abr. 2015. Disponível em: http://www.fastcompany.com/3045138/the-future-of-work/can-a-70000-minimum-wage-work. Acesso em: jan. 2020.

DISHMAN, L. The state of the american entrepreneur in 2015. *Fast Company,* 29 maio 2015. Disponível em: https://www.fastcompany.com/3046773/hit-the-ground-running/thestate-of-the-american-entrepreneur-in-2015. Acesso em: fev. 2020.

DORFMAN, P. W.; COBB, A. T.; COX, R. Investigations of sexual harassment allegations: legal means fair—or does it? *Human Resource Management* 39, n. 1, 2000, p. 33-39.

DOWLING, K. L.; ST. LOUIS, R. D. Asynchronous implementation of the nominal group technique: is it effective? *Decision Support Systems* 29, n. 3, p. 229-248, out. 2000.

DOYLE, A. Workplace flexibility definition, skills, and examples. *The Balance Careers,* out. 2019. Disponível em: https://www.thebalancecareers.com/workplace-flexibility-definitionwith-examples-2059699. Acesso em: jan. 2020.

DREXLER, A. B.; FORRESTER, R. Teamwork – not necessarily the answer. *HR Magazine,* jan. 1998, p. 55-58.

DRICKHAMER, D. BASF breaks through with statistics. *Industry Week,* p. 81-82, jun. 2002.

DRICKHAMER, D. Europe's best plants: mission critical. *Industry Week,* p. 44-46, mar. 2002.

DRUCKER, P. *Práticas da administração de empresas.* São Paulo: Thompson, 1998.

DUFFY, M. Training for success in a new industrial world. *Industrial and commercial training* 26, n. 5, p. 48-54, fev. 2001.

DUNHAM, K. J. Amid sinking workplace morale, employers turn to recognition. *Wall Street Journal,* 19 nov. 2002.

DUNN, K. Employee turnover and suicide: it turns out the response to either is the same. *HR Capitalist Online,* 9 maio 2011.

DUNNE, D.; MARTIN, R. Design thinking and how it will change management education: an interview and discussion. *Academy of Management Learning & Education,* p. 512, dez. 2006.

DURYEE, T. Cha-ching! U.S. e-commerce sales surpass $300B for the first time in 2014. *GeekWire,* 17 fev. 2015.

Disponível em: https://www.geekwire.com/2015/cha-ching-u-s-ecommerce-sales-surpass-300b-for-the-first-time-in-2014/. Acesso em: mar. 2020.

EARLEY, P. C. East meets west meets mideast: further explorations of collectivistic and individualistic work groups. *Academy of Management Journal,* abr. 1993, p. 319-348.

EARLEY, P. C. Social loafing and collectivism: a comparison of the United States and the people's Republic of China. *Administrative Science Quarterly,* dez. 1989, p. 565-581.

EDE, A. Leadership and decision making: management styles and culture. *Journal of Managerial Psychology,* p. 28-31, jul. 1992.

EDE, A. Leadership and decision making: management styles and culture. *Journal of Managerial Psychology,* p. 28-31, jul. 1992.

EEOC. Charges alleging sexual harassment FY 2010-FY 2015. *U.S. Equal Employment Opportunity Commission.* Disponível em: https://www.eeoc.gov/eeoc/statistics/enforcement/sexual_harassment_new.cfm. Acesso em: fev. 2020.

ELIAS, M. The family-first generation. *USA Today,* 13 dez. 2004, p. 5D.

ELLIOTT, M. Breakthrough thinking. *IIE Solution,* p. 22-25, out. 2001.

ELLIS, K. A ticket to ride: balanced scorecard. *Training,* p. 50, abr. 2001.

ELSASS, P. M.; GRAVES L. M. Demographic diversity in decision-making groups: the experience of women and people of color. *Academy of Management Review,* p. 946-973, out. 1997.

EMRICH, C. G.; BROWER, H. H.; FELDMAN, J. M.; GARLAND, H. Images in words: presidential rhetoric, charisma, and greatness. *Administrative Science Quarterly* 46, n. 3, p. 527-561, sep. 2001.

ENBYSK, M. 10 tips for using instant messaging for business, 2011.

ENGARDIO, P. The future of outsourcing. *BusinessWeek,* 30 jan. 2006, p. 50-58.

EPOLICY INSTITUTE. *2007 Electronic monitoring & surveillance survey.* Disponível em: http://www.epolicyinstitute.com/2007-survey-results. Acesso em: mar. 2020.

ERDOGAN, B.; KRAIMER, M. L.; LIDEN, R. C. Procedural justice as a two-dimensional construct: an examination in the performance appraisal context. *Journal of Applied Behavioral Science,* p. 205-223, jun. 2001.

EREZ, M.; EARLEY, P. C.; HULIN C. L. The impact of participation on goal acceptance and performance: a two step model. *Academy of Management Journal* 28, n. 1, p. 50-66, mar. 1985.

ERICKSON, P. B. Drawing the line between gossip, watercooler chat. *NewsOK.com,* 15 jun. 2007.

FALCONE, P. Dealing with employees in crisis: use this blueprint for proactive management intervention, HR *Magazine,* p. 117-122, may 2003.

FALCONE, P. Motivating staff without money. *HR Magazine,* ago. 2002, p. 105-108.

FAYOL, H. *Administração industrial e geral.* 10. ed. São Paulo: Atlas, 1994.

FAYOL, H. *General and industrial management.* Londres: Pitman Publishing, 1949. p. 19-42.

FAZLOLLAHI, B.; VAHIDOV, R. A Method for generation of alternatives by decision support systems. *Journal of Management Information Systems,* p. 229-250, 2001.

FEARE, T. Speeding HP orders "out the door in four". *Modern Materials Management,* p. 40-43, may 1999.

FEDERAL POLICY. Stem cell information. bethesda, MD: National Institutes of Health, U.S. Department of Health and Human Services, 2016. Disponível em: https://stemcells.nih.gov/. Acesso em: mar. 2020.

FEINTZEIG, R. Everything is awesome! Why you can't tell employees they're doing a bad job. *Wall Street Journal,* 10 fev. 2015.

FIGUEIRA, J.; RAY, B. Determining the weights of criteria in the electre type of methods with a revised Simons' procedure. *European Journal of Operational Research,* p. 317-326, 1º jun. 2002.

FINE, C. H. Are you modular or integral? *Strategy & Business,* 2005, p. 44-51.

FISHER, A. Harmless office chitchat or poisonous gossip? *CNNMoney.com,* 12 nov. 2007.

FISHER, A. *Unhappy Manager? You're Far from Alone,* jul. 2012. Disponível em: https://fortune.com/2012/07/20/unhappymanager-youre-far-from-alone/. Acesso em: fev. 2020.

FISHER, R.; Ury, W. *Getting to yes:* negotiating agreement without giving in. Boston, MA: Houghton Mifflin, 1981.

FLAMMIA, M.; CLEARY, Y.; SLATTERY, D. M. Leadership roles, socioemotional strategies, and technology use of irish and us students in virtual teams. *IEEE Transactions on Professional Communication,* jun. 2010, p. 89-101.

FORTUNE. *Global 500 2016.* Disponível em: https://fortune.com/global500/2016/. Acesso em: mar. 2020.

FOTTRELL, Q. The home office in the spotlight. *Wall Street Journal,* 27 fev. 2013, p. B6.

FOURNIER, R. Teamwork is the key to remote development – Inspiring trust and maintaining motivation are critical for a distributive development team. *InfoWorld,* 5 mar. 2001, p. 48.

FOX, A. Help Managers Shine. HR Magazine, fev. 2013, p. 43-48.

FOX, A. Pave the way for volunteers. *HR Magazine,* jun. 2010, p. 70-74.

FOY, N. F. Sexual harassment can threaten your bottom line. *Strategic Finance,* ago. 2000, p. 56-57.

FRACARO, K. Pre-planning: key to problem solving. *Supervision,* p. 9-12, nov. 2001.

FRACARO, K. Two ears and one mouth. *Supervision,* Feb. 2001, p. 3-5.

FRAUENHEIM, E. Companies focus their attention on flexibility. *Workforce Management Online,* 6 mar. 2011. Disponível em: http://www.workforce.com/2011/03/06/companiesfocus-their-attention-on-flexibility/. Acesso em: jan. 2020; DAVIDSON, P. Companies do more with fewer workers. *USA Today,* 23 fev. 2011, p. 1B1.

FREY, B. S.; OSTERLOH, M. Stop typing pay to performance. *Harvard Business Review,* jan.-fev. 2012, p. 51-52.

FULFER, M. Nonverbal communication: how to read what's plain as the nose… or eyelid…or chin… on their faces. *Journal of Occupational Excellence* 20, n. 2, p. 19-38, 2001.

G1. Natura anuncia compra da Avon. G1, 22 maio 2019. Disponível em: https://g1.globo.com/economia/noticia/2019/05/22/natura-anuncia-compra-da-avon.ghtml. Acesso em: fev. 2020.

GALE, S. F. Formalized fl extime: the perk that brings productivity. *Workforce,* fev. 2001;

GALLO, A. How to deliver bad news to yor employees. *Harvard Business Review,* 30 mar. 2015. Disponível em: https://hbr.org/2015/03/how-to-deliver-bad-news-to-your-employees. Acesso em: jan. 2020.

GALLUP WORKPLACE. State of the global workplace: employee engagement insights for business leaders worldwide. *Gallup,* 2013. Disponível em: https://www.gallup.com/workplace/238079/state-global-workplace-2017.aspx?g_source=global%20workplace&g_medium=search&g_campaign=tiles. Acesso em: jan. 2020.

GARIETY, B. S.; SHAFFER, S. Wage diff erentials associated with fl extime. *Monthly Labor Review* 124, n. 3, mar. 2001, p. 68-75.

GARRETT, T. K. Subduing violence at work: setting policies to help safeguard the workplace. Workpforce, 18 mar. 2015.

GARVEY, C. Steer teams with the right pay, *HR Magazine,* p. 70-78, maio 2002.

GAUTHIER-VILLARS, D. French business leaders vow to give up "abusive" benefi ts.*Wall Street Journal,* p. A14, 8 oct. 2008.

GAUTHIER-VILLARS, D.; ABBOUD, L. In France, boss can become a hostage. *Wall Street Journal,* p. B11, 3 apr. 2009.

GELLERMAN, S. W. Why good managers make bad ethical choices. *Harvard Business Review,* jul.-ago. 1986, p. 89.

GLOBAL WORKPLACE ANALYTICS. *Latest telecommuting statistics,* 2015. Disponível em: http://globalworkplaceanalytics.com/telecommuting-statistics. Acesso em: jan. 2020.

GOODMAN, P. S. An examination of referents used in the evaluation of pay. *OrganizationalBehavior and Human Performance,* out. 1974, p. 170–195; RONEN, S. Equity perception in multiple comparisons: a field study. *Human Relations,* abr. 1986, p. 333-346.

# A NOVA ADM

GOODWIN, C. B.; GRIFFITH, D. B. The supervisor's role and responsibility in the modern organization. In: *Supervisor's survival kit*. 11. ed. Upper Saddle River, NJ: Pearson-Prentice Hall, 2006.

GOODWIN, C.; GRIFFITH, D. *The conflict survival kit*: tools for resolving conflict at work. Upper Saddle River, NJ: Pearson Prentice Hall, 2007. p. 133-144.

GORDON, J. Building brand champions. *Training*, p. 14-17, Jan.-feb. 2007.

GORKIN, M. Key components of a dangerously dysfunctional work environment. *Workforce Online*, nov. 1999.

GOUVEIA, A. 2013 Wasting time at work survey: everything you've always wanted to know about wasting time in the office. *SFGate*, jul. 2013. Disponível em: https://www.sfgate.com/jobs/salary/article/2013-Wasting-Time-at-Work-Survey-4374026.php. Acesso em: fev. 2020.

GOZA, B. Graffiti needs assessment involving students in the first class session. *Journal of Management Education*, v. 17, n. 1, fev. 1993, p. 99-106.

GRAHAM, K. Balanced scorecard, *New Zealand Management*, p. 32-34, mar. 2003.

GRATTON, L.; Erickson, T. J. 8 Ways to build collaborative teams. *Harvard Business Review*, p. 100-109, nov. 2007.

GREENBERG, J. *Behavior in organizations: understanding and managing the human side of work*. 8. ed. Upper Saddle River, NJ: Prentice Hall, 2003. p. 329-330.

GREENBERG, J. the cognitive geometry of employee theft. *Dysfunctional behavior in organizations: nonviolent and deviant behavior*. Stamford, CT: JAI Press, 1998. p. 147-193.

GREENBERG, J. The STEAL motive: managing the social determinants of employee theft. In: GIACALONE, R.; GREENBERG, J. (Eds.). *Antisocial behavior in organizations*. Newbury Park, CA: Sage, 1997. p. 85-108.

GROVES, K. S. Linking leader skills, follower attitudes, and contextual variables via an integrated model of charismatic leadership. *Journal of Management* 31, n. 2, p. 255-277, apr. 2005.

GUGLIELMO, C. Apple loop: the week in review. *Forbes.com*, 25 maio 2012. Disponível em: https://www.forbes.com/sites/connieguglielmo/2012/06/08/apple-loop-the-week-inreview-8/#6132a6cfee9e. Acesso em: fev. 2020.

HACKMAN, J. R.; OLDHAM, G. R. Motivation through the design of work: test of a theory. *Organizational Behavior and Human Performance*, ago. 1976, p. 250-279.

HAMMER, M.; CHAMPY, J. *Reengineering the corporation*: a manifesto for business revolution. Nova York: Collins Business Essentials, 1993.

HAMMONDS, K. H. How to design the perfect product start with craig vogel and Jonathan Cagan: integrate style and technology with a dash of fantasy. Apply everything from toasters to cars. *Fast Company*, p. 122-127, jul. 2002.

HANEL, M. Surf's up at Patagonia. *Bloomberg BusinessWeek*, set. 2011, p. 88-89.

HANSEN, F. Employee Assistance Programs (EAPs) grow and expand their reach. *Compensation and Benefits Review*, p. 13, mar.-apr. 2000.

HANSEN, J. D. To catch a thief. *Journal of Accountancy*, mar. 2000, p. 43-46.

HARNETT, C. E. Ferry brass. *Times Colonist* (Victoria), p. A3, 6 jun. 2006.

HARNETT, C. E. Human error sank B.C. Ferry. *Calgary Herald*, p. A5, 27 mar. 2007.

HARPER BUSINESS, 2006.

HARROLD; BARTOS, 1999.

HART, P. Benefits of employee recognition in the workplace: reduced risk e raised revenues. *EHS Today*, fev. 2011, p. 49-52; LUTHANS, F.; STAJKOVIC, A. D. Provide recognition for performance improvement. In: LOCKE, E. A. (Ed.). *Principles of organizational behavior*. Oxford, England: Blackwell, 2000, p. 166-180.

HARTER, J.; ADKINS, A. Employees want a lot more from their managers. *Gallup Business Journal*, 8 abr. 2015. Disponível em: http://www.gallup.com/businessjournal/182321/employees-lot-managers.aspx?g_source=Employees%20 Want%20a%20 Lot%20More%20From%20Their%20Managers&g_medium=search&g_campaign=tiles. Acesso em: jan. 2020.

HASEK, G. Merger marries quality effort. *IndustryWeek*, 21 dez. 2004. Disponível em: https://www.

industryweek.com/leadership/companies-executives/article/21948612/merger-marries-quality-efforts. Acesso em: mar. 2020.

HASH, L. J. Ethics without the sermon. *Harvard Business Review*, nov.-dez. 1981, p. 81.

HENNEMAN, T. Patagonia fills payroll with people who are passionate. Workforce, 5 nov. 2011. Disponível em: https://www.workforce.com/news/patagonia-fills-payroll-with-people-who-arepassionate. Acesso em: jan. 2020.

HENSCHEN, D. Avon pulls plug on $125 million SAP project. *Information Week*, dez. 2013.

HERMELIN E.; ROBERTSON, I. T. A Critique and standardization of meta-analytic coeffi cients in personnel selection. *Journal of Occupational and Organizational Psychology* 73, n. 4, set. 2001, p. 253-277.

HERNÁNDEZ, S. Prove its worth. *IESE Insight*, n. 9, 2011, p. 68.

HERSEY, P.; BLANCHARD, K. *Management of organization behavior: utilizing human resources*. 5. ed. Upper Saddle River, NJ: Prentice Hall, 1988.

HERSHCOVIS, M. S. Incivility, social undermining, bullying . . . oh my! A call to reconcile constructs within workplace aggression research. *Journal of Organizational Behavior*, abr. 2011, p. 499-519.

HERZBERG, F. I. One more time: how do you motivate employees? *Harvard Business Review*, set.-out. 1987, v. 65, p. 109–120.

HERZBERG, F.; MAUSER, B.; SNYDERMAN, B. *The motivation to work*. Nova York: John Wiley & Sons, 1959.

HESSELDAHL, A. Yahoo redux: hp says "all hands on deck" needed, requiring most employees to work at the office (memo). *AllThingsD.com*, 8 out. 2013. Disponível em: http://allthingsd.com/20131008/yahoo-redux-hp-says-all-hands-on-deckneeded-requiring-mostemployees-to-work-at-the-office-memo. Acesso em: 6 jan. 2017.

HILL, L. A. *Becoming a manager*: mastery of new identity. Boston, MA: Harvard Business School Press, 1992.

HIRSCHMAN, C. Someone to listen: ombuds can offer employees a confidential, discrete way to handle problems – but setup and communication are crucial to making this role work properly. *HR Magazine*, p. 46-52, jan. 2003.

HO, C. Companies tracking college athletes Tweets, Facebook posts go after local universities. *Washington Post Online*, 16 out. 2011.

HOETKER, G. Do modular products lead to modular organizations? *Strategic Management Journal*, jun. 2006, p. 501-518.

HOFSTEDE, G. *Cultural consequences*: international differences in work-related values. Beverly Hills, CA: Sage, 1990.

HOFSTEDE, G. Motivation, leadership, and organization: do american theories apply abroad? *Organizational Dynamics* 9, n. 1, p. 55-57, 1980.

HOLBROOK, E. Beneath the Bell Jar: companies confront a rise in workplace suicides. *Risk Management*, nov. 2010.

HOLLENSBE, E. C.; GUTHRIE, J. P. Group Pay-for-Performance plans: the role of spontaneous goal setting. *Academy of Management Review* 25, n. 4, p. 864-872, out. 2000.

HORNSBY, J. S.; KURATKO, D. E.; ZAHARA, S. A. Middle managers' perception of the internal environment for corporate entrepreneurship: assessing a measurement scale. *Journal of Business Venturing* 17, n. 2, p. 253-273, maio 2002.

HORTA, A. M. O capitalismo bandido: escândalos chegam à Casa Branca e minam a confiança dos americanos no sistema. Ainda há ética nos negócios? *Revista Época*. Disponível em: http://revistaepoca.globo.com/Epoca/0,6993,EPT341656-1662,00.html. Acesso em: jan. 2020.

HOUSE A.; JOHNSON, K. Delivering integrated global training. *Chief Learning Officer*, dez. 2011, p. 68-72.

HOUSE, R. J. A 1976 theory of charismatic leadership.

HOUSE, R. J.; ADITYA, R. N. The social scientific study of leadership: quo vadis? *Journal of Management* 23, n. 3, p. 316-3231997.

HOUSE, R. J.; WOYCKE, J.; FODOR, E. M. Charismatic and noncharismatic leaders: differences in behavior and effectiveness. In: CONGER, J.A.; KANUNGO, R.N., 2000, p. 103-104.

HOWELL, J. M.; SHAMIR, B. The role of followers in the charismatic leadership process: relationships and their consequences. *Academy of Management Review* 30, n. 1, p. 96-112, jan. 2005.

HOWELL, J. P.; BOWEN, D. E.; DORFMAN, P. W.; KERR, S.; PODSAKOFF, P. M. Substitutes for leadership: effective alternatives to ineffective leadership. *Organizational Dynamics*, 19, n. 1, p. 21-38, 1990.

HOWELL, J. P.; DORFMAN, P. W. Substitutes for leadership: test of a construct. *Academy of Management Journal* 24, n. 4, p. 714-728, dec. 1981.

HOWELL, J. P.; DORFMAN, P. W.; Kerr, S. Leadership and substitutes for leadership. *Journal of Applied Behavioral Science* 22, n. 1, p. 29-46, 1986.

HUFF, C. Recognition that resonates. *Workforce Management Online*, abr. 2008.

HUFFCUTT, A. I.; CONWAY, J. M.; ROTH, P. L.; STONE, N. J. Identification and meta-analysis assessment of psychological constructs measured in employment interviews. *Journal of Applied Psychology* 86, n. 5, out. 2001, p. 897-913.

HUFFCUTT, A. I.; WEEKLEY, J. A.; WIESNER, W. H.; DEGROOT, T. G.; JOANA, C. Comparison of situational and behavioral description interview questions for higher-level positions. *Personnel Psychology* 54, n. 3, 2001, p. 619-644.

HUMPHREY, B.; STOKES, J. The 21st century supervisor. *HR Magazine*, p. 185-192, maio 2000.

HUNDLEY, S.; JACOBS, F.; DRIZIN, M. *Workforce engagement*: strategies to attract, motivate, and retain talent. Scottsdale, AZ: WorldatWork Press, 2007.

HUNT, J. G.; BOAL, K. B.; DODGE, G. E. The effects of visionary and crisis-responsive charisma on followers: an experimental examination. *Leadership Quarterly*, p. 423-448, 1999.

HYMOWITZ, C. In the lead: do 360 job reviews by colleagues promote honesty or insults? *Wall Street Journal*, p. B-1, 12 dec. 2000.

IGNATIUS, A. Shaking things up at Coca-Cola. *Harvard Business Review*, out. 2011, p. 94-99.

INSTITUTE FOR MANAGEMENT EXCELLENCE. *Reducing Stress in the workplace*, oct. 2002. Disponível em: <http://www. itstime.com/oct2002.htm>. Acesso em: 15 jul. 2013.

INSTITUTE FOR SUSTAINABLE LEADERSHIP. *Symposium on Sustainability – Profiles in Leadership*. Nova York, out. 2001.

INTEL. Intel supports american innovation with $7 billion investment in next-generation semiconductor factory in Arizona. *Intel Newsroom*, 8 fev. 2017.

INTERNATIONAL ORGANIZATION FOR STANDARDIZATION. *ISO9000 essentials*, 2011. Disponível em: http://www.iso.org/iso/iso_catalogue/management_and_leadership_standards/quality_management/iso_9000_essentials.htm. Acesso em: 15 jul. 2013.

ISAACSON, W. The real leadership lessons of Steve Jobs. *Harvard Business Review*, abr. 2012.

ISRAEL, S. 9 Tips on conducting great interviews. *Forbes*, 14 abr. 2012. Disponível em: https://www.forbes.com/sites/shelisrael/2012/04/14/8-tips-on-conducting-greatinterviews/#57c5e6a356f1. Acesso em: fev. 2020.

JACKSON, H. G. Flexible workplaces: the next imperative. *HR Magazine*, mar. 2011, p. 8.

JANIS, I. L. *Groupthink*. 2. ed. Nova York: Houghton Mifflin Company, 1982. p. 175.

JANIS, I. L. *Groupthink*. Boston: Houghton Mifflin, 1982.

JANIS, I. L. *Victims of groupthink*: a psychological study of foreign-policy decisions and fiascoes. Boston: Houghton, Mifflin, 1972.

JANIS, I. L.; MANN, L. *Decision making*: a psychological analysis of conflict, choice and commitment. Nova York: Free Press, 1977.

JERMIER, J. M.; KERR, S. Substitutes for leadership: their meaning and measurement – contextual recollections and current observations. *Leadership Quarterly* 8, n. 2, p. 95-101, 1997.

JOINSON, C. Teams at work. *Training*, out. 1996, p. 69.

JONES, C.; HESTERLY, W.; BORGATTI, S. A general theory of network governance: exchange conditions and social mechanisms. *Academy of Management Review*, out. 1997, p. 911-945.

JOSEPH, C. Cultural and language barriers in the workplace. Disponível em: https://smallbusiness.chron.

## REFERÊNCIAS

com/cultural-language-barriers-workforce-11928.html. Acesso em: fev. 2020.

JOSSI, E. Take a peek inside. *HR Magazine*, p. 46-52, jun. 2002.

JOY, H. E.; JOYENDU, D.; BHADURY, M. Maximizing workforce diversity in project teams: a network flow approach. *Omega* 28, n. 2, p. 143-155, apr. 2000.

JUDGE, T. A.; BONO, J. E.; ILIES, R.; GERHARDT, M. W. Personality and leadership: a qualitative e quantitative review. *Journal of Applied Psychology*, ago. 2002, p. 765-780.

JUNCAJ, T. Do appraisals work?,*Quality Progress* 35, n. 11, p. 45-50, nov. 2002.

JUSKO, J. An elite crew of master black belts. *IndustryWeek*, 14 fev. 2011. Disponível em: http://www.industryweek.com/companies-amp-executives/elite-crew. Acesso em: mar. 2020.

KAIHLA, P. Best-kept secrets of the world's best companies. *Business 2.0*, abr. 2006, p. 83.

KANTOR, J.; STREITFELD, D. Inside Amazon: wrestling big ideas in a bruising workplace. *The New York Times*, 15 ago. 2015.

KAPLAN, R. S.; NORTON, D. P. How to implement a new strategy without disrupting your organization. *Harvard Business Review*, p. 100-109, mar. 2006.

KARKGAARD, R. ASAP interview: Mike Hammer. *Forbes ASAP*, p. 70, 13 set. 1993.

KASSEL, M. From a Molehill to a Mountain. *Wall Street Journal*, 11 mar. 2013, p. R1.

KATZ, R. L. Skills of an effective administrator. *Harvard Business Review*, p. 90-102, set.-out. 1974.

KATZENBACH, J. The Steve Jobs way. *Strategy+Business Online*, 23 abr. 2012.

KEHRLI e SOPP, 2006.

KELLEY, T. Six ways to kill a brainstormer. *Across the Board*, p. 12, mar.-abr. 2002.

KELLY, E. Keys to effective virtual global teams. *Academy of Management Executive* 15, n. 2, p. 132-133, maio 2001.

KELLY, H. 5 ways the iPhone changed the world. *CNN*, 30 jun. 2012.

KERR, S.; JERMIER, J. M. Substitutes for leadership: their meaning and measurement. *Organization Behavior and Human Performance* 22, n. 3, p. 375-403, dec. 1978.

KETCHEN, D. A. Jr.; HULT, G. T. M. To be modular or not to be? Some answers to the question. *Academy of Management Executive*, maio 2002, p. 166-167.

KING, R.; ROSENBUSH, S. Big data broadens its range. *Wall Street Journal*, 14 mar. 2013, p. B5.

KIRKPATRICK, S. A.; LOCKE, E. A. Direct and indirect effects of three core charismatic leadership components on performance and attitudes. *Journal of Applied Psychology* 81, n. 1, p. 36-51, feb. 1996.

KIRKPATRICK, S. A.; LOCKE, E. A. Leadership: do traits matter? *Academy of Management Executive* 5, n. 2, p. 48-60, May 1991.

KNOWLEDGE@WARTHON. Benefits offered by google and others may be grand, but they're all business. *Knowledge@Wharton*, 21 mar. 2007. Disponível em: https://knowledge.wharton.upenn.edu/article/perk-place-the-benefits-offered-by-google-and-others-may-be-grandbut-theyre-all-business/. Acesso em: fev. 2020.

KOONTZ, H.; O'DONNELL, C. *Principles of management*: an analysis of managerial functions. Nova York: McGraw-Hill, 1955.

KORN, M.; SILVERMAN, R. E. Forget B-School, D-School is hot. *Wall Street Journal*, 7 jun. 2012.

KOSANOVICH, W. L.; ROSENBERG, J. L.; SWANSON, L. Preventing and correcting sexual harassemennt: a guide to the ellerth/faragher affirmative defense. *Employee Relations Law Journal* 28, n. 1, 2002, p. 79-99.

KOULOPOULOS, T. Know thyself. *IESE Insight*, n. 9, 2011, p. 69.

KOUZES, J. M.; POSNER, B. Z. *Credibility: how leaders gain and lose it, and why people demand it*. San Francisco, CA: Jossey-Bass, 1993. p. 14.

KPMG GLOBAL SUSTAINABILITY SERVICES, *Sustainability Insights*, out. 2007.

KRANZ, G. Hospitality's sharpened focus. *Workforce Management Online*, set. 2008.

KRATSAS, G. AOL firestorm grows despite CEO apology. *USA Today*, 10 fev. 2014; SINGER, N. Revelations for AOL boss raise fears over privacy. *New York Times Online*, 10 fev. 2014.

KRELL, E. Will forensic accounting go mainstream? *Business Finance*, p. 30-34, out. 2002.

KRUEGER, J.; KILLHAM, E. At work, feeling good matters. *Gallup Management Journal*, dez. 2005. Disponível em: http://businessjournal.gallup.com/content/20311/work-feeling-good-matters.aspx. Acesso em: fev. 2020.

KULIK, C. T.; AMBROSE, M. L. Personal and situational determinants of referent choice. *Academy of Management Review*, abr. 1992, p. 212–237.

KUMAR, S. Managing workplace romance: an emerging challenge for human resource leaders in corporate world. *National Conference on Emerging Challenges for Sustainable Business 2012*, jun. 2012, p. 954-964.

LAABS, J. Mixing business with pleasure. *Workforce*, mar. 2000, p. 80-85.

LACHNIT, C. Employee referral saves time, saves money. Delivers Quality. *Workforce*, jun. 2001, p. 66-72.

LANGDON, J. Differences between males and females at work. *USA Today*, 5 fev. 2001.

LARSEN, K. R. T.; MAINERNEY, C. R. Preparing to work in the virtual organization. *Information and Management* 39, n. 6, p. 445-456, maio 2002.

LASHINSKY, A. How Apple works: inside the world's biggest startup. *Fortune.com*, 9 maio 2011.

LASHINSKY, A. Where does google go next? *CNNMoney.com*, 12 maio 2008.

LATHAM, G. P.; EREZ, M.; LOCKE, E. A. Resolving scientific disputes by the joint design of crucial experiments by the antagonists: application to the erez latham dispute regarding participation in goal setting. *Journal of Applied Psychology* 73, n. 4, p. 753-772, nov. 1988.

LATHAM, P.; SAARI, L. M. The effects of holding goal difficulty constant on assigned and participatively set goals. *Academy of Management Journal* 22, n. 1, p. 163-168, mar. 1979.

LEAHY, T. Tailoring the Balanced Scorecard. *Business Finance*, ago. 2000.

LEI, D.; HITT, M. A.; GOLDHAR, J. D. Advanced manufacturing technology: organizational design and strategic flexibility. *Organization Studies*, v. 17, 1996, p. 501-523.

LEUNG, K.; SU, S.; MORRIS, M. W. When Is criticism not constructive? The roles of fairness perceptions and dispositional attributions in employee acceptance of critical supervisory feedback. *Human Relations* 54, n. 1, p. 1155, sep. 2001.

LEVERING; R.; MOSKOWITZ, M. And the winners are… *Fortune*, 2 fev. 2009, p. 67+.

LEWIN, K. *Field theory in social science*. Nova York: Harper & Row, 1951.

LEWIN, K. T. The dynamics of group action. *Educational Leadership* 1, n. 4, p. 195-200, jan. 1944.

LEWIS, J. D.; WEIGERT, A. Trust as a social reality. *Social Forces*, p. 970, Jun. 1985.

LIEDTKA, J.; OGILVIE, T. Helping business managers discover their appetite for design thinking. *Design Management Review*, p. 6-13, 2012.

LIFEWIRE. *Differences between telecommuting and telework*. Disponível em: https://www.lifewire.com/differencebetween-telecommuting-and-telework-2378090. Acesso em: jan. 2020.

LIGHT, J. At mature techs, a young vibe. *Wall Street Journal*, 13 jun. 2011, p. B7.

LINDEMAN, D. Creating a paper trail supports discipline and discharge decisions. *Human Resouces IQ*, aug. 2008. Disponível em: <http://www.humanresourcesiq.com/employmentlaw/columns/creating-a-paper-trail-supports-discipline-and-dis/>. Acesso em: 15 jul. 2013.

LITTMAN, M. Best bosses tell all. *Working woman*, out. 2000, p. 54.

LITZKY, B. E.; EDDLESTON, K. A.; KIDDER, D. L. The good, the bad, and the misguided: how managers inadvertently encourage deviant behaviors. *Academy of Management Perspective*, p. 91-103, fev. 2006.

LIVERMORE, D. What Facebook tells us about the future of leadership. *Management Issues*, 15 out. 2013.

LIVINGSTON, J. S. Pygmalion in management. *Harvard Business Review* 66, p. 121-130, n. 5, set.-out. 1988; TAU researchers examine "Great Expectations" in the workplace. *American Friends of Tel Aviv University*, 29 abr. 2008. Disponível em: http://www.aftau.org/site/News2?page=NewsArticle&id=6927. Acesso em: mar. 2020.

LOCKE, E. A. The relative effectiveness of four metods of motivating employee performance. In: DUNCAN, K. D.; GRUNEBERG, M. M.; WALLIS, D. (Eds.). *Changes in working life*. Londres: John Wiley & Sons, 1980, p. 363-383.

LOCKE, E. A. Toward a theory of task motivation and incentives. *Organizational Behavior and Human Performance* 3, n. 2, p. 157-189, maio 1968.

LOCKE, E. A.; LATHAM, G. P. *A theory of definition of metasand task performance*. Englewood Cliff s, NJ: Prentice Hall, 1990.

LOCKE, E. A.; LATHAM, G. P. A theory of goal setting and task performance. *Upper Saddle River*, NJ: Prentice Hall, 1990.

LOCKE, E. A.; SHAW, K. N.; SAARI, L. M.; LATHAM, G. P. Goal setting and task performance: 1969-1980. *Psychological Bulletin*, p. 12-52, jul. 1981.

LOEHR, J.; Schwartz, T. The making of a corporate athlete. *Harvard Business Review*, p. 120-128, jan. 2001.

LOHR, S. Customer service? Ask a volunteer. *New York Times Online*, 26 abr. 2009.

LOHR, S. Sure, big data is great. But so is intuition. *New York Times Online*, 29 dez. 2012. Disponível em: http://www.nytimes.com/2012/12/30/technology/big-data-is-great-butdont-forget-intuition.html?_r=0. Acesso em: fev. 2020.

LOMAS, N. Forrester: U.S. online retail sales to rise to $370BN by 2017 (10% CAGR) as ecommerce motors on with help from tablets & phones. *TechCrunch*, 13 mar. 2013. Disponível em: http://techcrunch.com/2013/03/13/forrester-2012-2017-ecommerceforecast. Acesso em: mar. 2020.

LOPRESTI, M. Elimination by Twitter. *US Today*, 26 jul. 2012.

LUBLIN, S.; BYRON, E. Avon explores strategic alternatives. *Wall Street Journal*, 14 abr. 2015.

LUCAS, J. R. Anatomy of a vision statement. *Management Review* 87, n. 2, p. 22-26, feb. 1998.

LUDWIG, T. D.; GELLER, E. S. Intervening to improve the safety of delivery drivers: a systematic behavioral approach. *Journal of Organizational Behavior Management* 24, n. 1, p. 11-24, 4 abr. 2000.

LYKINS; L; PACE, A. Mastering millennial leadership development. *T&D*, maio 2013, p. 42-45.

LYONS, D. Smart and smarter. *Forbes*, 18 mar. 2002, p. 40-41.

MAATMAN, G. L. Jr. A global view of sexual harrasment. *HR Magazine*, jul. 2000, p. 151-158.

MAC, R. One medical group: a concierge service by another name (and price). *Forbes*, 27 mar. 2013. Disponível em: http://www.forbes.com/sites/ryanmac/2013/03/27/one-medical-group-a-concierge-service-by-another-name-andprice. Acesso em: mar. 2020.

MACIEL, V. LER e DORT são as doenças que mais acometem os trabalhadores, aponta estudo. *Agência Saúde*, 30 abr. 2019. Disponível em: http://www.saude.gov.br/noticias/agencia-saude/45404-ler-e-dort-sao-as-doencas-que-mais-acometem-os-trabalhadoresaponta-estudo. Acesso em: fev. 2020.

MAHONEY, S. Stress less, accomplish more. *Good Housekeeping*, maio 2010.

MALUGANI, M. Coping with layoff survivor sickness. *Monster*, 9 maio 2011. Disponível em: https://www.monster.com/career-advice/article/layoff-survivor-sickness. Acesso em: mar. 2020.

MANION, J. He said, she said. *Materials Management in Health Care*, nov. 1998, p. 52-62.

MANNING, M. R.; SCHMIDT, P. J. Building effective work teams: a quick exercise based on a scavenger hunt. *Journal of Management Education* 19, n. 3, p. 392-398, aug. 1995.

MARINO, S. Where there is no visionary, companies falter. *Industry Week*, p. 20, 15 Mar., 1999.

MARQUEZ, J. French hostage situations have some wondering if U.S. is next. *Workforce Management Online*, 3 apr. 2009.

MARSH, A. The art of work. *Fast Company*, 1º ago. 2005. Disponível em: https://www.fastcompany.com/53713/art-work. Acesso em: fev. 2020.

MARTIN, R.; EUCHNER, J. Design thinking. *Research Technology Management*, p. 10-14, maio-jun. 2012; LARSEN, T.; FISHER, T. Design thinking: a solution to fracture-critical systems. *DMI News & Views*, p. 31,

# A NOVA ADM

maio 2012; BERNO, T. Design thinking versus creative intelligence. *DMI News & Views*, p. 28, maio 2012.

MARTIN; K.; PON, B. Structuring the smartphone industry: is the mobile internet OS platform the key? *Journal of Industry, Competition, and Trade*, set. 2011.

MARTINEZ, M. N. Get job seekers to come to you. *HR Magazine*, ago. 2000, p. 42-52.

MARTINS, R. A. Continuous improvement strategies and production competitive criteria: some findings in brazilian industries. *Total Quality Management* 12, n. 3, p. 281-291, maio 2001.

MASLOW, A. *Motivation e personality*. Nova York: Harper & Row, 1954.

MASUNAGA, S. Millennials want more fl exibility in workplace schedule, survey says. *Los Angeles Times,* 31 dez. 2016.

MATTIOLI, D. For Penney's heralded boss, the shine is off the Apple. *Wall Street Journal*, 25 fev. 2013.

MAURER, T. J.; MITCHELL, D. R. D.; BARBEITE, F. G. Predictors of attitudes toward a 360-degree feedback system and involvement in post-feedback management development activity. *Journal of Occupational and Organizational Psychology* 75, p. 87-107, mar. 2002.

MBO PARTNERS, 2016.

McCLELLAND, D. C. *The achieving society*. Nova York: Van Nostrand Reinhold, 1961.

McCONNEL, B. Executives, HR must set moral compass, says ethics group. *HR News*, 19 ago. 2003.

MCDONALD, B. C.; HUTCHESON, D. Dealing with diversity is key to tapping talent. *Atlanta Business Chronicle*, 18 dez. 1998, p. 45A+.

MCGARVEY, 1999.

MCGREGOR, D. *The human side of enterprise*. Nova York: McGraw-Hill, 1960.

McGregor, J. Mining the office chatter. *BusinessWeek*, p. 54, 19 May 2008; Zimmerman, E. Gossip is information by another name. *New York Times Online*, 3 feb. 2008

MCGREGOR, J. The chore goes offshore. *Business Week*, mar. 2009, p. 50-51.

MCNATT, R. Desk rage. *BusinessWeek*, 27 nov. 2000, p. 12.

MEIER, F. *USA Today*, 12 abr. 2011. Disponível em: http://content.usatoday.com/communities/driveon/post/2011/04/fiat-given-another-5-by-feds-now-owns-30-ofchryslerl. Acesso em: mar. 2020.

MEINERT, D. Executive Briefing. *HR Magazine*, maio 2012, p. 18.

MICROSOFT CORPORATION. Microsoft Business. Disponível em: <http://www.microsoft.com/business/en-us/resources/technology/communications/10-tips-for-using-instant-messaging-for-business.aspx?fbid=2jacj0bxZ2>. Acesso em: 5 jul. 2013.

MIDDENDORF, C. H.; MACAN, T. H. Note-taking in the employment interview: eff ects on recall and judgments. *Journal of Applied Psychology* 87, n. 2, abr. 2002, p. 293-303.

MILES, R. E.; SNOW, C. C.; MATTHEWS, J. A.; MILES, G.; COLEMAN, H. J. Jr. organizing in the knowledge age: anticipating the cellular form. *Academy of Management Executive*, nov. 1997, p. 7-24.

MILES, R. E.; SNOW, C. C. Causes of failures in network organizations. *California Management Review*, v. 34, n. 4, 1992, p. 53-72.

MILES, R. E.; SNOW, C. C. The new network firm: a spherical organizational structure built on human investment philosophy. *Organizational Dynamics*, 1995, p. 5-18.

MILGRAM, S. *Obedience to authority*. Nova York: Harper & Row, 1974.

MILLER, C. C.; PERLROTH, N. Yahoo says new policy is meant to raise morale. *New York Times Online*, 5 de março de 2013.

MILLER, C. C.; RAMPELL, C. Yahoo orders home workers back to the office. *New York Times Online*, 25 fev. 2013.

MILLER, D. The architecture of simplicity. *Academy of Management Review* 18, n. 1, jan. 1993, p. 116-138.

MILLER, D.; HOPE, Q.; EISENSTAT, R.; FOOTE, N.; GALBRAITH, J. The problem of solutions: balancing clients and capabilities. *Business Horizons*, p. 3-12, mar.-abr. 2002.

MILLER, J. S.; HORN, P. W.; GOMEZ-MEJIA, L. R. The high cost of low wages: does maquiladora compensation

reduce turnover? *Journal of International Business Studies* 32, n. 3, p. 585-595, third quarter 2001.

MILLER, P.; WEDELL-WEDELLSBORG, T. How to make an offer that managers can't refuse? *IESE Insight*, n. 9, 2011, p. 66-67.

MINTZBERG, H. *Ascensão e queda do planejamento estratégico*. Nova York: Bookman Companhia, 2008.

MITCHELL, T. R.; SMYSER, C. M.; WEED, S. E. Locus of control: supervision e work satisfaction. *Academy of Management Journal* 18, n. 1, set. 1975, p. 623-631.

MONTGOMERY, C. Loose manifest rules led to miscount, *Province* (Vancouver), p. A4, 28 mar. 2006.

MONTGOMERY, C.; AUSTIN, I. Human error is faulted for ship sinking. *Province* (Vancouver), p. A6, 27 mar. 2007.

MORSE, G. The power of unwitting workers. *Harvard Business Review*, out. 2009, p. 27-27.

MOSKOWITZ, M.; LEVERING, R. 100 best companies to work for, 10 great companies to work for in Europe, Ferrari: good food, good people, lots of fun – sound like a european holiday? No, it's a great job, *Fortune*, 7 jan. 2003.

MUNSON, L. J.; HULIN C.; DRASGOW, F. Longitudinal analysis of dispositional influences and sexual harassment: effects on job and psychological outcomes. *Personnel Psychology*, 2000, p. 21.

MYERS, C. Don't try this at home: why Amazon's culture isn't right for your business. *Forbes*, 16 ago. 2015.

NALSKY, M. How quitting email helped my company communicate better. Disponível em: http://thenextweb.com/entrepreneur/2014/11/09/quitting-email-helped-company-team-communicate-better/. Acesso em: mar. 2020.

NANUS, B. *Visionary leadership*. Nova York: Free Press, 1992. p. 8.

NAQUIN, C. E.; TYNAN, R. O. The team halo effect: why teams are not blamed for their failures. *Journal of Applied Psychology*, abr. 2003, p. 332-340.

NECK, C. P.; STEWART, G. L.; MANZ, C. C. Thought self-leadership as a framework for enhancing the performance of performance appraisers. *Journal of Applied Behavior Science* 31, n.3, p. 278-302, sep. 1995.

NEEDLEMAN, S. E. Businesses say theft by their workers is up. *Wall Street Journal*, p. B8, 11 dez. 2008.

NELSON, B. Try praise. *Inc.*, set. 1996, p. 115; WISCOMBE, J. Rewards get results. *Week*, 3 abr. 1995, p. 15-16.

NEWMAN, W. H. *Constructive control: design and use of control systems*. Upper Saddle River, NJ: Prentice Hall, 1975. p. 33.

NEWSTROM, J.; DAVIS, K. *Comportamento organizacional:* o comportamento humano no trabalho. 12. ed. São Paulo: McGraw-Hill, 2008.

NIEDERMAN, F.; TAN, F. B. Emerging markets managing global IT teams: considering cultural dynamics. *Communications of the ACM*, abr. 2011, p. 24-27.

NIEHOFF, B. P.; PAUL, R. J. Causes of employee theft and strategies that HR managers can use for prevention. *Human Resource Management* 39, n. 1, p. 51-64, 2000.

NIEHOFF, B. P.; PAUL, R. J. Causes of employee theft and strategies that hr managers can use for prevention. *Human Resource Management*, 2000, p. 51-64.

NILLES, J. M. *Managing telework:* options for managing the virtual workforce. Nova York: John Wiley & Sons, 1998.

NOCERA, J. What makes Steve Jobs great. *New York Times Online*, 26 ago. 2011.

NOER, D. M. *Healing the wounds:* overcoming the trauma of layoffs and revitalizing downsized organizations. San Francisco: Jossey Bass, 2009.

NUSSBAUM, B. The power of design. *Business Week*, 17 maio 2004, p. 86-94.

O'BRIEN, K. P. Value chain report: supply chain success in the aftermarket. *Industry Week*, 15 jul. 2002. Disponível em: https://www.industryweek.com/leadership/companiesexecutives/article/21945495/valuechain-report-supplychain-success-in-the-aftermarket. Acesso em: fev. 2020.

O'ROARK, A. M. *The quest for executive effectiveness:* turning inside-out charismatic-participatory leadership. Nevada City, CA: Symposium, 2000.

OCCUPATIONAL SAFETY AND HEALTH ADMINISTRATION. OSHA's ergonomics enforcement plan. Washington, DC: Government Printing Office, 6 mar. 2003. Disponível em: http://www.osha.gov/SLTC/

ergonomics/enforce-ment_plan.html>. Acesso em: 15 jul. 2013.

OR, A. More quit Nomura as bonuses lapse. *Wall Street Journal*, 12 mar. 2010.

ORGAN, D. W.; GREENE, C. N. Role ambiguity, locus of control and work satisfaction. *Journal of Applied Psychology* 59, n. 1, fev. 1974, p. 101–102.

OSTER, S. Open a bank account and test drive a Ferrari. *Wall Street Journal*, p. B3, 1º Jul. 2007.

PASTER, H. Manager's journal: be prepared. *Wall Street Journal*, 24 set. 2001, p. A-24.

PAUL, J.; COSTLEY, D. L.; HOWELL, J. P.; DORFMAN, P. W.; TRAFIMOW, D. The effects of charismatic leadership on followers' self-concept accessibility. *Journal of Applied Social Psychology* 31, n. 9, p. 1821-1844, sep. 2001.

PAUL, S.; SAMARAH, I. M.; SEETHARAMAN, P.; MYKYTYN, P. P. An empirical investigation of collaborative conflict management style in group support system-based global virtual teams. *Journal of Management Information Systems*, 2005, p. 185-222.

PELLED, L. H.; EISENHARDT, K. M.; XIN, K. R. Exploring the black box: an analysis of work group diversity, conflict, and performance. *Administrative Science Quarterly* 46, n. 2, p. 128, mar. 1999.

PEPITONE, J. Best Buy ends work-from-home program. *CNNMoney*, 5 mar. 2013. Disponível em: http://money.cnn.com/2013/ 03/05/technology/bestbuy-work-from-home. Acesso em: 6 jan. 2017.

PETERS, T. *Thriving on chaos*. Nova York: Knopf, 1987. (Ed. brasileira: *Prosperando no caos*. São Paulo: Harbra, 1989).

PETERS, T. *Thriving on chaos:* handbook for a management revolution. Nova York: Knopf, 1987.

PETERS, T.; AUSTIN, N. *A passion for excellence: the leadership difference*. Nova York: Random House, 1985. p. 325-326.

PETERS; AUSTIN, p. 328.

PETERSEN, C. Value of complementary care rises, but poses challenges. *Managed Healthcare*, p. 47-48, nov. 2000.

PETTYPIECE, S. Amazon passes Walmart as biggest retailer by market value. *Bloomberg*, 23 jul. 2015.

PHOEL, C. M. Feedback that works. *Harvard Business Review*, 27 abr. 2009.

PINCHOT III, G. *Intrapreneuring*. São Paulo: Harbra, 1989.

PLAKOTNIK, M. S.; ROCCO, T. S. A Succession Plan for First-Time Managers. *T&D*, dez. 2011, p. 42-45.

PODSAKOFF, P. M.; MACKENZIE, S. B.; BOMMER, W. H. Meta-analysis of the relationships between Kerr and Jermier's substitutes for leadership and employee attitudes, role perceptions, and performance. *Journal of Applied Psychology* 81, p. 380-399, aug. 1996.

PORTER, M. E. *Vantagem competitiva:* criando e sustentando um desempenho superior. Rio de Janeiro: Campus, 1990.

POSTHUMA, R. A.; MORGESON, F. P.; CAMPION, M. A. Beyond employment interview validity: a comprehensive narrative review of recent research and trends over time. *Personnel Psychology* 55, n. 1, 2002, p. 1-81.

PREMACK, S. L.; WANOUS, J. P. A meta-analysis of realistic job preview experiments. *Journal of Applied Psychology* 70, n. 4, nov. 1985, p. 706-720.

PRESTON, R. Inside out. *Management Today*, p. 37, set. 2001.

PROCTOR, T. *Creative problem solving for managers*. Nova York: Routledge, 2005.

PROFITS WHILE TRYING TO SAVE THE WORLD. Disponível em: http://www.washingtonpost.com/business/a-company-that-profitsas-it-pampers-workers/2014/10/22/d3321b34-4818-11e4-b72e-d60a9229cc10_story.html. Acesso em: jan. 2020.

PSYCHOLOGY.ABOUT. Biography and quotes of Kurt Lewin. *About.com*.Disponível em: <http://psychology.about.com>. Acesso em: 15 jul. 2013.

QUALITY GLOSSARY DEFINITION. What is the ISO 9000 standards series? *American Society for Quality*. Disponível em: http://asq.org/learn-about-quality/iso-9000/overview/overview.html. Acesso em: fev. 2020.

RAFTER, M. V. Cultivating a virtual culture. *Workforce Management Online*, 5 abr. 2012.

RAMSEY, R. D. So You've been promoted or changed jobs. Now what? *Supervision*, p. 6-8, nov. 1998.

# REFERÊNCIAS

RASOWSKY, E. 4 examples of companies using social technology to increase sales. *Get With the Future Blog*, 18 nov. 2013.

RAY, D. W. Productivity and profitability. *Executive Excellence*, p. 14, out. 2001.

REASON, T. Why bonus plans fail. *CFO*, jan. 2003, p. 53; Has pay for performance had its day? *The McKinsey Quarterly*, n. 4, 2002.

REBELLO, K.; BURROWS, P. The fall of an american icon. *BusinessWeek*, fev. 1996, p. 34-42.

REGALADO, A. Experiments in controversy—ethicists, bodyguards monitor scientists' eff ort to create copy of human embryo. *Wall Street Journal*, 13 jul. 2001, p. B1.

REILLY, R. Five ways to improve employee engagement now. *Gallup Business Journal*, 7 jan. 2014. Disponível em: https://www.gallup.com/workplace/231581/five-waysimprove-employee-engagement.aspx. Acesso em: jan. 2020.

REVELL, J.; BIGDA, C.; ROSATO, D. The rise of freelance nation. *CNNMoney.com*, 12 jun. 2009. Disponível em: https://money.cnn.com/2009/06/11/magazines/moneymag/entreprenuerial_workplace.moneymag/. Acesso em: jan. 2020.

RHEEM, H. Performance management programs. *Harvard Business Review*, set.-out. 1996, p. 8-9.

RICE, F. Do you work in a sick building? *Fortune*, p. 88, 2 Jul. 1990.

RICH, M. Weighing costs, companies favor temporary help. *New York Times Online*, 19 dez. 2010. Disponível em: http://unionstats.gsu.edu/4960/NYT_Rich_TempEmployeeGrowth.pdf. Acesso em: jan. 2020.

RINEHART; WINSTON, 1960. p. 30-32.

RIPPERGER, J. L. How employee ownership benefits executives, companies, and employees. *American Management Association*, 21 jul. 2014.

RIVERA, R.; ROBBINS, L. Troubles preceded connecticut workplace killing. *New York Times Online*, 3 ago. 2010; SMERD, J. Workplace shootings in Florida, Texas again put focus on violence on the job. *Workforce Management Online*, 6 nov. 2009.

ROBBINS S. P.; JUDGE T. A. *Organizational Behavior*. 14. ed. Upper Saddle River, NJ: Pearson Prentice Hall, 2011.

ROBBINS, S. P. *Decida e conquiste*: o guia definitivo para tomada de decisão. São Paulo: Saraiva, 2015.

ROBBINS, S. P. *Managing organizational conflict: a non-traditional approach*. Upper Saddle River, NJ: Prentice Hall, 1974.

ROBBINS, S. P. *The truth about managing people*. 3. ed. Upper Saddle River, NJ: Pearson Education, 2013. p. 199-201.

ROBBINS, S.; DECENZO, D. *Fundamentos de administração*: conceitos essenciais e aplicações. 4. ed. São Paulo: Pearson, 2004.

ROBBINS, S.; DECENZO, D.; COULTER, M. *Fundamentos de administração*. São Paulo: Prentice Hall Brasil, 2004.

ROBBINS, S.; JUDGE, T. *Organizational behavior*. 13. ed. Upper Saddle River, NJ: Pearson Prentice Hall, 2009.

GERSICK, C. Time and transition in work teams: toward a new model of group development. *Academy of Management Journal* 31, n. 1, p. 9-41, mar. 1998.

ROBERTS, S. Companies slow to employ alternative work options; use of arrangements like flextime is up slightly, if at all. *Business Insurance*, 8 abr. 2002.

ROCHE, E. Do something: he's about to snap. *Harvard Business Review*, p. 23-30, jul. 2003.

ROCKS, D. Reinventing Herman Miller. *BusinessWeek E.Biz*, p. EB89-EB96, 3 apr. 2000.

RONEN, S.; KRANUT, A. Similarities among countries based on employee work values and attitudes. *Columbia Journal of World Business* (verão de 1977), Elsevier Limited., 1994.

ROSENBUSH, S.; STEVENS, L. At UPS, the algorithm is the driver. *Wall Street Journal*, 17 fev. 2015, p. B1+.

ROSS-NAZZAL, J. From farm to fork: *how space food standards impacted the food industry and changed food safety standards*. Disponível em: http://history.nasa.gov/sp4801-chapter12.pdf. Acesso em: jan. 2020.

ROTH P. L.; CAN IDDEKINGE, C. H.; HUFFCUTT, A. I.; EIDSON, C. E.; BOBKO, P. Corrections for range restriction in structured interview ethnic group differences: the value may be larger than researchers thought. *Journal of Applied Psychology* 87, abr. 2002, 369-376.

ROVELL, D. Coaches ban of Twitter proves college sports isn't about education. *CNBC Sports Business Online*, 8 ago. 2011.

ROWDEN, R. W. The relationship between charismatic leadership behaviors and organizational commitment. *Leadership & Organization Development Journal* 21, n. 1, p. 30-35, jan. 2000.

ROZENS, A. The return of Nomura. *Investment Dealers' Digest*, 12 fev. 2010.

RUPP L.; COLEMAN-LOCHNER, L. Avon profit misses estimates as North American sales suffer. *Bloomberg*, 30 abr. 2015.

SAAVEDRA, R.; EARLEY, P. C.; VAN DYNE, L. Complex interdependence in task-performing groups. *Journal of Applied Psychology*, fev. 1993, p. 61-72.

SALOPEK, J. Employee referrals remain a recruiter's best friend. *Workforce Management Online*, dez. 2010.

SALTMARSH, M. France Télécom suicides prompt an investigation. *New York Times Online*, 9 abr. 2010.

SANCHEZ, R. Strategic flexibility in product competition. *Strategic Management Journal*, v. 16, 1995, p. 135-159.

SANCHEZ, R.; MAHONEY, J. Modularity flexibility and knowledge management in product and organization design. *Strategic Management Journal*, v. 17, 1996, p. 63-76.

SASHKIN, M. The visionary leader. In: CONGER, J. A.; KANUNGO, R. N. *et al.* (Ed.). *Charismatic leadership: the elusive factor in organizational effectiveness*. San Francisco, CA: Jossey-Bass, 1988. p. 124-125.

SAUER, P. J. Open-door management. *Inc.*, jun. 2003, p. 44.

SBA.GOV. Frequently asked questions about small business. *U.S. Small Business Administration Office of Advocacy*, jun. 2016. Disponível em: https://www.sba.gov/sites/default/files/advocacy/SB-FAQ-2016_WEB.pdf. Acesso em: fev. 2020.

SCANLON, J. Moving to the mobile web. *Bloomberg Business*, 23 jun. 2008.

SCHILLING, M. A. The use of modular organizational forms: an industry-level analysis. *Academy of Management Journal*, dez. 2001, p. 1.149-1.168.

SCHINDLER, P. L.; THOMAS, C. C. The structure of interpersonal trust in the workplace. *Psychological Reports*, p. 563-573, oct. 1993.

SCHNEIDER, R. Sick buildings threaten health of those who inhabit them, *Indianapolis Star*, p. A-1, 23 sep. 2000.

SCHOLL, R. W.; COOPER, E. A.; MCKENNA, J. F. Referent selection in determining equity perception:differential effects on behavioral and attitudinal outcomes. *Personnel Psychology*, 1987, p. 113-127.

SCHULTE, B. A company that profits as it pampers workers. Disponível em: http://www.washingtonpost.com/business/a-company-that-profits-as-itpampersworkers/.Acesso em: jan. 2020.

SCHUMPETER, J. Capitalism, socialism and democracy. Nova York: Harper & Row, 1942.

SCOTT, J. Once bitten, twice shy: a world of eroding trust. *New York Times*, p. WK5, 21 apr. 2002.

SCOTT, M. 7 pitfalls for managers when handling poor performers and how to overcome them. *Manage*, p. 12-13, feb. 2000.

SEBRAE MS. Saúde e segurança do trabalho para micro e pequenas empresas. G1, 3 jun. 2019. Disponível em: https://g1.globo.com/ms/mato-grosso-do-sul/especial-publicitario/sebrae-ms/sebrae-e-meu-proprio-negocio/noticia/2019/06/03/saude-e-seguranca-dotrabalho-para-micro-e-pequenas-empresas.ghtml. Acesso em: fev. 2020.

SEERS, A.; WOODRUFF, S. Temporal pacing in task forces: group development or deadline pressure? *Journal of Management* 23, n. 2, p. 169-187, mar.-apr. 1997. Disponível em: <http://jom.sagepub.com/content/23/2/169.abstract>. Acesso em: 15 jul. 2013.

SEGAL, J. A. The joy of uncooking. *HR Magazine*, nov. 2002, p. 53.

SELLERS, P. The new coke. *Fortune*, 21 maio 2012, p. 138-144.

SENGE, P. M. *A quinta disciplina: arte e prática da organização que aprende*. Rio de Janeiro: Best Seller, 1990.

SESSUM, J. Why CEOs should blog, global PR blog week 2.0, 19 set., 2005. Disponível em: <http://www.intuitive.com/blog/global_pr_week_why_ceos_shouldnt_blog.html>. Acesso em: 5 jul. 2013.

SHAH, P. P. Network destruction: the structural implications of downsizing. *Academy of Management Journal* 43, n. 1, fev. 2002, p. 101-112.

SHARMA, A.; GRANT, D. The stagecraft of Steve Jobs. *Strategy+Business Online*, 10 jun. 2011.

SHEA, G. P.; HOWELL, C. M. Charismatic leadership and task feedback: a laboratory study of their effects on self-efficacy. *Leadership Quarterly* 10, p. 375-396, 1999.

SHERIDAN, 1999, p. 50-66.

SHERIDAN, J. H. Managing the value chain for Growth. *Industry Week*, 6 set. 1999. Disponível em: https://www.industryweek.com/leadership/corporate-culture/article/21965071/managing-the-value-chain-for-growth. Acesso em: fev. 2020.

SHIM, W. S.; STEERS, R. M. Symmetric and asymmetric leadership cultures: a comparative study of leadership and organizational culture at Hyundai and Toyota. *Journal of World Business*, out. 2012.

SHIN, Y. A Person-environment fit model for virtual organizations. *Journal of Management*, dez. 2004, p. 725-743.

SHIROUZU, N.; BIGNESS, J. 7-Eleven Operators Resist System to Monitor Managers. *Wall Street Journal*, 16 jun. 1997, p. B1.

SILBERMANN, S. How culture and regulation demand new ways to sell. *Harvard Business Review*, jul.-ago. 2012, p. 104-105.

SILVERMAN, R. E.; BELL, R. *Examining Marissa Mayer's out-of-office message to Yahoo employees*. Disponível em: www.workforce.com. Acesso em: 26 fev. 2013.

SILVESTER, J.; ANDERSON-GOUGH, F. M.; ANDERSON, N. R.; MOHAMED, A. R. Locus of control, attributions e impression management in the selection interview. *Journal of Occupational e Organizational Psychology* 75, n. 1, mar. 2002, p. 59-77.

SIMSARIAN, S. Leadership and trust facilitating cross-functional team success. *Journal of Management Development* 21, n. 3, p. 201-215, mar.-apr. 2002.

SINGER, J. Healing your workplace. *Supervision*, mar. 2011, p. 11-13.

SNYDER, N. H.; GRAVES, M. Leadership and vision. *Business Horizons* 37, n. 1, p. 1, jan.-feb. 1994.

SOSIK, J. J. The role of personal meaning in charismatic leadership, *Journal of Leadership Studies* 7, n. 2, p. 60-75, 2000.

SOSIK, J. J. The role of personal values in the charismatic leadership of corporate managers: a model and preliminary field study. *Leadership Quarterly* 16, n. 2, p. 221-244, apr. 2005.

SPARROW, P. R. New employee behaviors, work designs and forms of work organization: what is in store for the future of work? *Journal of Managerial Psychology* 15, n. 3, p. 202-218, mar. 2000.

SPRINKLE, G. The effect of incentive contracts on learning and performance. *Accounting Review*, jul. 2000, p. 299–326.

STAHL, G. K.; MAZNEVSKI, M. L.; VOIGT, A.; JONSEN K. Unraveling the effects of cultural diversity in teams: a meta-analysis of research on multicultural work groups. *Journal of International Business Studies*, maio 2010, p. 690-709.

STALLARD, M. L. *Google's Project Oxygen*: A Case-Study in Connection Culture, mar. 2011. Disponível em: https://www.hrexchangenetwork.com/hr-talent-management/articles/google-a-case-study-inconnection-culture. Acesso em: fev. 2020.

STANFORD, D. D. Coke has a secret formula for orange juice, too. *Bloomberg Businessweek*, fev. 2013, p. 19-20.

STELTER, B. Musk: SpaceX could take humans to Mars in 9 years. *CNN Money*, 2 jun. 2016. Disponível em: https://money.cnn.com/2016/06/02/news/companies/musk-mars-2025/. Acesso em: jan. 2020.

STEVENS, H. How top-ranked companies develop leaders. *Clomedia*, 6 ago. 2014.

STEWART, J. I'm standing up for the industry. Are you? *Restaurant Business*, fev. 2011, p. 36-37.

STODGILL, R. M.; COONS, A. E. (Eds.). Leader behavior: its description and measurement. *Research Monograph*, n. 88, Columbus, OH, Ohio State University, Bureau of Business Research, 1951.

STODGILL; COONS, 1951; KAHN, R.; KATZ, D. Leadership practices in relation to productivity and morale. In: CARTWRIGHT, D.; ZANDER, A *Group dynamics: research* and theory. 2. ed. Elmsford, NY: Row, Paterson, 1960. p. 41.

STRANG, K. D. Leadership substitutes and personality impact on time e quality in virtual new product development projects. *Project Management Journal*, fev. 2011.

STROUT, E. Launching an e-business: a survival guide. *Sales and Marketing Management*, jul. 2000, p. 90-92.

STROZNIAK, P. Averting disaster. *Industry Week*, 12 fev. 2001, p. 11-12.

STROZNIAK, P. Teams at Work, *Industry Week*, 18 Sep. 2000, p. 47-50.

SUDDATH, 2013; ANTE, S. E. IBM's chief to employees: think fast, move faster. *Wall Street Journal Online*, 24 abr. 2013.

SUDDATH, C. I'm sorry to have to say this. *Bloomberg BusinessWeek*, 13 maio 2013, p. 80.

SUDDATH, C. Work-from-home truths, half-truths, and myths. *Bloomberg Business Week*, 4-10 mar. 2013, p. 75.

SUNDHEIM, K. What really motivates employees? *Forbes*, 26 nov. 2013. Disponível em: https://www.forbes.com/sites/kensundheim/2013/11/26/what-really-motivates-employees/#1be3b8057f7c. Acesso em: jan. 2020; MCGREGOR, 1960.

SWISHER, K. Physically together: here's the internal yahoo no-work-from-home memo for remote workers and maybe more. *AllThingsD.com*, 22 fev. 2013.

TAHMINICIOGLU, E. By telecommuting, the disabled get a key to the office, and a job. *New York Times*, 20 jul. 2003.

TAN, H. H.; TAN, C. S. F. Toward the differentiation of trust in supervisor and trust in organization: *genetic, social, and general*. *Psychology Monographs* 126, n. 2, p. 241-260, may 2000.

TAYLOR, C. School of bright ideas. *Time Inside Business*, abr. 2005, p. A8-A12.

TCIISTRATEGIC AND MANAGEMENT CONSULTANTS. Why positive feedback is crucial to high performance. *Business Zone*, 13 maio 2013.

THE BING BLOG. Good job, Microsoft. *The Bing Blog*. Disponível em: <http://stanleybing.blogs.fortune.cnn.com>. Acesso em: 15 jul. 2013.

THE CONFERENCE BOARD. Global productivity growth stuck in the slow lane with no signs of recovery in sight. *The Conference Board Productivity Brief 2015*. Disponível em: https://www.conference-board.org/retrievefile.cfm?filename=the-conference-board-2015-productivity-brief.pdf&type=subsite. Acesso em: fev. 2020.

THOMAS, K. W. Conflict and negotiation processes in organizations. In: DUNNETTE, M. D.; HOUGH, L. M. (Ed.). *Handbook of industrial and organizational psychology*. 2. ed. Palo Alto, CA: Consulting Psychologists Press, 1992. p. 651-717. v. 3

THOMAS, S. L.; RAY, K. Recruiting and the web: high-tech hiring. *Business Horizons*, maio-jun. 2000, p. 43.

TOOSSI, M. Labor force projections to 2022: The labor force participation rate continues to fall. *Monthly Labor Review*, dez. 2013. Disponível em: http://www.bls.gov/opub/mlr/2013/article/labor-force-projections-to-2022-the-labor-force-participation-rate-continues-to-fall.htm. Acesso em: mar. 2020.

TUCKMAN, B. Developmental sequences in small groups. *Psychological Bulletin* 63, n. 6, p. 384-399, jun. 1965.

TUCKMAN, B.; JENSEN, M. Stages of small-group development revisited. *Group and Organizational Studies* 2, n. 4, p. 419-427, Dec. 1977.

TUDOR, A. Bhattal's goal: keep Lehman talent. *Wall Street Journal*, 19 abr. 2010.

TUDOR, A. Lehman defections continue at Nomura. *Wall Street Journal*, 23 mar. 2010.

TUDOR, A. Nomura stumbles in new global push. *Wall Street Journal*, 29 jul. 2009.

TUDOR, A. Nomura turns to a Foreigner from Lehman. *Wall Street Journal*, 18 mar. 2010.

TURNER, N.; COLEMAN-LOCHNER, L. Avon shares fall on report that buyers haven't materialized. *Bloomberg*, 5 maio 2015.

TYLER, 2008.

TYLER, K. Helping employees cope with grief, *HR Magazine*, p. 55-58, sep. 2003.

U.S. DEPARTMENT OF LABOR; BUREAU OF LABOR STATISTICS. *Injuries, illnesses, and fatalities*, 2011. Disponível em: <http://www.bls. gov/iif/>. Acesso em: 15 jul. 2013.

US BUREAU OF LABOR STATISTICS. The Recession of 2007-2009. *Spotlight on Statistics*, fev. 2012.

VAN DER VEGT, G.; EMANS, B. VAN DER VLIERT, E. Motivating effects of task and outcome interdependence in work teams. *Journal of Managerial Psychology*, jul. 2000, p. 829;

VERESPEJ, M. A. Balancing act. *Industry Week*, 15 maio 2000, p. 81-85.

VERSCHOOR, C. C. New evidence of benefits from effective ethics systems. *Strategic Finance*, p. 20-21.

VOGEL, C.; CAGAN, J. *Creating breakthrough products*: innovation from product planning to program approval. Upper Saddle River, NJ: Prentice Hall, 2002.

VOGL, A. J. Drucker, of course. *Across the Board*, p. 1, nov.-dez. 2000.

VROOM, V. H. *Work e motivation*. Nova York: John Wiley & Sons, 1984.

WAGSTAFF, J. Brainstorming requires drinks. *Far Eastern Economic Review*, 2 maio 2002.

WALDMAN, D. A.; BASS, B. M.; YAMMARINO, F. J. Adding to contingent- reward behavior: the augmenting effect of charismatic leadership. *Group & Organization Studies* 15, n. 4, p. 381-394, dec. 1990.

WALKER, C. A. Saving your rookie managers from themselves. *Harvard Business Review* 80, n. 4, p. 97-103.

WALL, J. A. Jr.; BLUM, M. W. Negotiations. *Journal of Management* 17, n. 2, p. 295-296, jun. 1991.

WALSH, D. H. B.; LUTHENS, F.; SOMMER, S. M. Organizational behavior modification goes to Russia: replicating an experimental analysis across cultures e tasks. *Journal of Organizational Behavior Management* 13, n. 2, 1993, p. 15-35.

WALSH, G.; HENNING-THURAU, T.; WAYNE-MITCHELL, V.; WIEDMANN, K. P. Consumers' decisionmaking styles as a basis for market segmentation. *Journal of Targeting, Measurement and Analysis for Marketing* 10, n. 2, p. 117-131, dez. 2001.

WALTON, R. E.; MCKERSIE, R. B. *Behavioral theory of labor relations: an analysis of a social interaction system*. Nova York: McGraw-Hill, 1965.

WANG F. K.; LEE, W. Learning curve analysis in total productive maintenance. *Omega*, p. 491-499, dez. 2001.

WANG, J. Patagonia, from the ground up. *Entrepreneur*, jun. 2010, p. 26-32.

WARD, P.; CARNES; M. Effects of posting self-set goals on collegiate football players' skill execution during practice and games. *Journal of Applied Behavioral Analysis* 35, n. 1, p. 1-12, Spring 2002.

WEINSTEIN, M. Retrain and restructure your organization. *Training*, maio 2009, p. 36.

WEISE, E. Telecommuters to Yahoo: boo. *USA Today*, 26 fev. 2013, p. 1ª.

WHITACRE, M. My life as a corporate mole for the FBI. *Fortune*, 4 set. 1995, p. 52-62.

WHITE, 2005.

WHITE, E. Praise from peers goes a long way. *Wall Street Journal*, 10 dez. 2005, p. B3.

WHITE, E. Rethinking quality improvement. *The Wall Street Journal*, 19 set. 2005. Disponível em: http://www.wsj.com/articles/SB112709098674044484. Acesso em: mar. 2020.

WHITESIDE, K. College coaches are chirping about Twitter! *USA Today*, 29 abr. 2009.

WHITFORD, M. Hi-tech hr, hotel. *Hotel and Motel Management*, 16 out. 2000, p. 49.

WHYTE, W. F. The social structure of the restaurant. *American Journal of Sociology* 54, p. 302-308, jan. 1954.

WILKIE, 2013.

WILKIE, D. Forbidden love: workplace-romance policies now stricter. *SHRM.org*, 24 set. 2013. Disponível em: http://www.shrm.org/hrdisciplines/employeerelations/articles/pages/forbidden-love-workplace-romance-policies-stricter.aspx. Acesso em: fev. 2020.

WILKIN, C. L. I can't get no job satisfaction: meta-analysis comparing permanent e contingent workers. *Journal of Organizational Behavior*, v. 34, 2013, p. 47-64.

WILLIAMS, G. A.; MILLER, R. B. Change the way you persuade. *Harvard Business Review*, p. 65-73, maio 2002.

WILLIAMS, J. C.; BOUSHEY, H. The three faces of work-family conflict: the poor, the professionals, and the missing middle. *Center for Work Life Law*, jan. 2010.

WILLIAMS, R. Why CEOs need to scrap employee performance reviews. Wired for success, *Psychology Today*, 17 may, 2011. Disponível em: <http://www.psychologytoday.com/blog/wired-success/201105/why-ceosneed-scrap-employee-performance-reviews>. Acesso em: 15 jul. 2013.

WILLIAMS, S. Think your boss is tough? Chinese employees are forced to CRAWL on the street for missing their sales targets. *DailyMail.com*, 8 abr. 2016. Disponível em: http://www.dailymail. co.uk/news/peoplesdaily/article-3529474/Think-boss-tough-Chineseemployees-forced-CRAWL-street-missing-sales-targets.html. Acesso em: fev. 2020.

WILSON, J. P.; WALSH, M. A. T.; NEEDY, K. L. An examination of the economic benefits of ISO 9000 and the baldrige award to manufacturing firms. *Engineering Management Journal* 15, n. 4, p. 3-5, dez. 2003.

WILSON, M. The Apple effect: nine ways the Apple changed the world with the iPhone. *Fast Company*, dez. 2015.

WINTER, G. Taking at the office reaches new heights: employee larceny is bigger and bolder. *New York Times*, p. C11, 12 jul. 2000.

WISCOMBE, J. Flex appeal: not just for moms. *Workforce*, 18 mar. 2002.

WOLF, J.; EGELHOFF, W. G. A reexamination and extension of international strategy structure theory. *IEEE Transaction on Engineering Management* 43, n. 1, p. 144-156, maio 2001.

WORKFORCE.COM. One's CEO's perspective on the power of recognition. *Workforce Management*, 27 fev. 2004. Disponível em: http://www.workforce.com/2004/02/27/one-ceos-perspective-on-the-power-of-recognition/. Acesso em: jan. 2020.

WORLD COMMISSION ON ENVIRONMENT AND DEVELOPMENT. Towards sustainable development. In: *Our common future*. (Capítulo 2).. Disponível em: http://un-documents.net/ocf-02.htm. Acesso em: jan. 2020.

WORLD ECONOMIC FORUM. Big data, big impact: new possibilities for international development. *World Economic Forum*, 2012. Disponível em: https://www.weforum.org/reports/big-data-big-impact-new-possibilities-international-development. Acesso em: fev. 2020.

WORLDATWORK. Incentive pay practices: privately held companies. *WorldatWork*, fev. 2016.

WREN, D. A.; BEDEIAN, A. G. *The evolution of management thought*. 6. ed. Nova York: John Wiley & Sons, Inc., 2009.

WYATT, W. weathering the storm: a study of employee attitudes and opinions. *WorkUSA 2002 Study*. Disponível em: <http://www.watsonwyatt.com/research/printable.asp?id=w-557>. Acesso em: 15 jul. 2013.

XU, B.; JOANA, D. R.; SHAO, B. Volunteers' involvement in online community based software development. *Information & Management*, abr. 2009, p. 151-158.

YANG, J.; TRAP, P. What Is Effective in Increasing Your Loyalty to Your Company. USA Today, 14 ago. 2012, p. 1B.

YAZINSKI, S. K. Strategies for retaining employees and minimizing turnover. *HR.BLR.com*, 3 ago. 2009.

YUKL, G.; HOWELL, J. M. Organizational and contextual influences on the emergence and effectiveness of charismatic leadership. *Leadership Quarterly* 10, n. 2, p. 257-283, 1999.

ZACK, D. *How to Manage When You Hate Being a Boss*. Disponível em: https://www.fastcompany.com/3001576/how-manage-when-you-hate-being-manager. Acesso em: fev. 2020.

ZACK, D. Lead from Your Strengths. *T&D*, fev. 2013, p. 72-73.

ZALL, M. Internet. Recruiting. *Strategic Finance*, jun. 2000, p. 66.

ZALL, M. Workplace harassment and employer liability. *Fleet Equipment*, jan. 2000, p. B1.

ZAROBAN, S. U.S. e-commerce grows 14.6% in 2015. *Digital Commerce 360*, 17 fev. 2016. Disponível em: https://www.digitalcommerce360.com/2016/02/17/us-e-commercegrows-146-2015/. Acesso em: fev. 2020.

ZAX, D. Brown down: UPS drivers vs. the UPS algorithm. *Fast Company*, 1º mar. 2013. Disponível em: http://www.fastcompany.com/3004319/browndown-ups-drivers-vs-upsalgorithm.Acesso em: fev. 2020.

ZEMKE, R. The confidence crisis. *Training*, p. 22-30, jun. 2004.